Springer-Lehrbuch

Gerhard Schmitt-Rink
Dieter Bender

Makroökonomie geschlossener und offener Volkswirtschaften

Zweite, vollständig überarbeitete und erweiterte Auflage

Mit 128 Abbildungen

Springer-Verlag

Berlin Heidelberg New York
London Paris Tokyo
Hong Kong Barcelona
Budapest

Prof. Dr. Gerhard Schmitt-Rink
Prof. Dr. Dieter Bender
Fakultät für Wirtschaftswissenschaft
Ruhr-Universität Bochum
Postfach 10 21 48
D-4630 Bochum 1

ISBN 3-540-55905-1 Springer-Verlag Berlin Heidelberg New York Tokyo
ISBN 3-540-52403-7 1. Aufl. Springer-Verlag Berlin Heidelberg New York Tokyo
Die Deutsche Bibliothek - CIP-Einheitsaufnahme
Schmitt-Rink, Gerhard:
Makroökonomie geschlossener und offener Volkswirtschaften/
Gerhard Schmitt-Rink; Dieter Bender. - 2., vollst. überarb.
und erw. Aufl. - Berlin; Heidelberg; New York; London;
Paris; Tokyo; Hong Kong; Barcelona; Budapest; Springer,
1992
(Springer-Lehrbuch)
Frühere Aufl. u.d.T.: Schmitt-Rink, Gerhard: Makroökonomie
ISBN 3-540-55905-1
NE: Bender, Dieter:

Druck: Weihert-Druck GmbH, Darmstadt
Bindearbeiten: J. Schäffer GmbH u. Co. KG., Grünstadt
42/7130-543210

Vorwort

Der vorliegende Text wendet sich an Studierende wirtschaftswissenschaftlicher Richtungen im Grund- und Hauptstudium. Studenten im Grundstudium sollten sich nach der Einarbeitung in die makroökonomischen expost-Analysen geschlossener und offener Volkswirtschaften zunächst auf die Darstellung (1) der kurzfristigen neoklassischen und keynesianischen Standardmodelle und (2) der älteren Ansätze zur Synthese der kurzfristigen neoklassischen und keynesianischen Modelle im Kontext geschlossener Volkswirtschaften beschränken. Die Grundlagen keynesianischer Standardmodelle offener Volkswirtschaften könnten bereits einbezogen werden, doch bleibt dies in der Regel dem Hauptstudium vorbehalten. Studierende im Hauptstudium sollten die Darstellung (3) der neueren Ansätze zur Synthese der kurzfristigen neoklassischen und keynesianischen Modelle, (4) der keynesianischen Standard- und neoklassischen Synthesemodelle offener Volkswirtschaften, (5) der finanzmarkttheoretischen Modelle internationaler Kapitalbewegungen und (6) der langfristigen, der wachstums- und verteilungstheoretischen Ausgestaltung der neoklassischen und keynesianischen Standardmodelle erarbeiten. Erst die Kenntnis dieser Teile der makroökonomischen Theorie vermittelt die Grundlage für ein vernünftiges Gesamturteil über Stellenwert und wirtschaftspolitische Implikationen der – teils konkurrierenden, teils komplementären – makroökonomischen Doktrinen.

Der Text geht von der Darstellung neoklassischer und keynesianischer Standardmodelle aus. Dies impliziert eine drastische Stilisierung der beiden Ansätze, eine Reduktion auf die wesentlichen, die unerläßlichen Aussagen. Erst in den Synthese- und nicht schon in den Standardmodellen werden dann neoklassische und keynesianische Bausteine kombiniert. Dieses Vorgehen erspart dem Leser die Beschäftigung mit der üblichen, eher verwirrenden Aufzählung vorgeblich neoklassischer oder keynesianischer Modellvarianten, die im allgemeinen weder das eine noch das andere Etikett verdienen. Anstelle dieser Modellvielfalt in der kurzfristigen Makroanalyse findet der Leser einee Ausweitung des Stoffes auf die neoklassischen und keynesianischen Modelle der monetären Außenwirtschaftstheorie und der langfristigen Theorie gleichgewichtigen Wachstums. Die zunächst unter Vernachlässigung des Wachstumsaspekts dargestellte Verbindung beider Ansätze in der Theorie internationaler Wirtschaftsbeziehungen macht deutlich, wo die Gründe für die Abweichungen zwischen neoklassischen und keynesianischen Schlußfolgerungen liegen. Sie erhellen aber auch, unter welchen Bedingungen sich die Positionen einander annähern werden, wenn die Rolle der Lohnpolitik in offenen Volkswirtschaften Berücksichtigung findet. Die Leichtigkeit, mit der die beiden Ansätze in der Wachstumstheorie widerspruchsfrei verbunden werden können, zeigt schließlich eindrucksvoll, daß Divergenzen zwischen neoklassischen und keynesianischen wirtschaftspolitischen Schlußfolgerungen nur im kurzfristigen Kontext stationärer und nicht auch im langfristigen Kontext wachsender Volkswirtschaften auftreten. Diese Einsicht vermag eine Darstellung allein der kurzfristigen makroökonomischen Beziehungen nicht zu vermitteln.

Das vorliegende Buch ist aus der vom gleichen Verlag 1990 veröffentlichten "Makroökonomie" von Gerhard Schmitt-Rink hervorgegangen. Durch Kooperation zweier Autoren, die auf verwandten und eng verzahnten Gebieten der Wirtschaftswissenschaft arbeiten, ist hieraus ein neuer Text entstanden. Ob die damit angestrebten Spezialisierungsgewinne aus wissenschaftlicher Arbeitsteilung zum Nutzen des Lesers wirksam werden, möge seinem kritischen Urteil überlassen bleiben.

Bochum, im Juni 1992

Gerhard Schmitt-Rink
Dieter Bender

Inhaltsverzeichnis

Teil III Makroökonomische Ex-Ante-Analysen wachsender Volkswirtschaften

Symbolverzeichnis

A	Arbeit, Beschäftigungsvolumen
$A_\$$	U.S. Dollar-Angebot am DM-$-Devisenmarkt
B	Geldbasis Lagerbestand reales Bondsvermögen inländische Bonds (auf DM lautende, im Inland emittierte festverzinsliche Wertpapiere)
C	Konsum
C_0	autonomer Konsum
D	Sichteinlagen der Nichtbanken bei den Geschäftsbanken
DA	Devisenauszahlungen, Abfluß von Devisen
DB	Devisenbilanz, Devisenbilanzsaldo
DE	Deviseneinzahlungen, Zufluß von Devisen
E	Absorption, Ausgaben inländischer Wirtschaftseinheiten für Güterkäufe
Ex	Güterexport (Wert aller ausgeführten Sachgüter und Dienstleistungen)
F	Freizeit ausländische Bonds (auf U.S. Dollar lautende, im Ausland emittierte festverzinsliche Wertpapiere)
G	staatliche Konsum- und Investitionsausgaben
I	Investition der privaten Unternehmen
I_0	autonome Investition der privaten Unternehmen
I(r)	zinsinduzierte Investition der privaten Unternehmen
Im	Güterimport (Wert aller eingeführten Sachgüter und Dienstleistungen)
Im_0	autonomer Güterimport
K	Anlagenbestand Kapitalstock der Unternehmen
KB	Kapitalbilanz, Kapitalbilanzsaldo
KEx	Kapitalexport
KIm	Kapitalimport
L	Lohneinkommen Kassenhaltung, Geldnachfrage
L_S	Spekulationskasse
L_T	Transaktionskasse
LB	Leistungsbilanz, Leistungsbilanzsaldo

LB_r	realer Leistungsbilanzsaldo, Außenbeitrag
M	Auswanderungszahl Geldmenge
M_i	Geldmengenabgrenzung
N	Bevölkerungszahl Notenumlauf
$N_\$$	U.S. Dollar-Nachfrage am DM-\$-Devisenmarkt
NAV	Netto-Auslandsvermögen (Auslandsforderungen – Auslandsverbindlichkeiten) inländischer Wirtschaftseinheiten
P	Preisniveau aller im Inland hergestellten Güter (Preisniveau der Inlandsproduktion)
P^E	erwartetes Preisniveau
P_c	Konsumentenpreisniveau
P_{ex}	Exportpreisniveau
P_{im}	Importpreisniveau
Q	Barwert der Einnahmenüberschüsse
R	Kapitaleinkommen Sichteinlagen der Geschäftsbanken bei der Zentralbank
RP	Risikoprämie
S	Ersparnis Spareinlagen
S_0	autonome Ersparnis
T	Steuereinnahmen des Staates Termineinlagen Zeitvolumen
U	gesamtwirtschaftliches Transaktionsvolumen Nutzenindex
V	reales Sachvermögen der Haushalte
W	Finanzvermögen der Haushalte
WR	Währungsreserve der Zentralbank
X	geplante Bruttoproduktion
Y	Volkseinkommen
ZB	Zahlungsbilanz, Zahlungsbilanzsaldo
a	Grenzarbeitskoeffizient
b	Vermögensquote der Lohnempfänger
1-b	Vermögensquote der Zinsempfänger
c	durchschnittliche Konsumquote regionale Bevölkerungsverteilung
c_Y	marginale Konsumquote

e	U.S. Dollar-Wechselkurs in DM (DM/$)
e^E	erwarteter U.S. Dollar-Wechselkurs
e_r	realer Wechselkurs des U.S. Dollar
ex	Exportvolumen (Mengenindex aller ausgeführten Sachgüter und Dienstleistungen)
f_A	Rate des arbeitsvermehrenden technischen Fortschritts
f_K	Rate des kapitalvermehrenden technischen Fortschritts
g_A	Wachstumsrate des Arbeitspotentials
g_K	Wachstumsrate des Kapitalstocks
g_P	Inflationsrate
$g_P{}^E$	erwartete Inflationsrate
g_Y	Wachstumsrate des Sozialprodukts
g_e	Auf- oder Abwertungsrate des U.S. Dollar (gg. DM)
$g_e{}^E$	erwartete Auf- oder Abwertungsrate des U.S. Dollar (gg. DM)
i	nominelles Zinsniveau
im	Importvolumen (Mengenindex aller eingeführten Sachgüter und Dienstleistungen)
im_Y	marginale Importquote
k	Kassenhaltungskoeffizient Wertpapierkurs
l	Lohnsatz
m	Einkommensquote der Lohnempfänger
1-m	Einkommensquote der Zinsempfänger
m_i	Geldangebotsmultiplikator
n	Bevölkerungswachstumsrate Verhältnis Notenumlauf zu Sichteinlagen
p	Grenzrate der Vermehrung
r	realer Zinssatz
r_i	Reservequote
s	Sparquote Grenzrate der Vermögensbildung Verhältnis Spareinlagen zu Sichteinlagen
s_0	durchschnittliche, langfristige Sparquote
s_L	Sparquote der Lohnempfänger
s_R	Sparquote der Gewinnempfänger
s_Y	marginale Sparquote
t	Verhältnis Termineinlagen zu Sichteinlagen Zeitindex
u_i	Auswanderungsquote

v	Umlaufgeschwindigkeit des Geldes
w	Lohnquote
1-w	Gewinnquote
x	Kapitalproduktivität
y	Arbeitsproduktivität
α	Produktionselastizität der Arbeit Winkelbezeichnung
β	Produktionselastizität des Kapitals Winkelbezeichnung
δ	Effizienzniveau
γ	Produktionselastizität der natürlichen Ressourcen
η_{ex}	Preiselastizität der Auslandsnachfrage nach inländischen Exportgütern (Preiselastizität der Exportnachfrage)
η_{im}	Preiselastizität der Inlandsnachfrage nach Importgütern (Preiselastizität der Importnachfrage)
σ	Substitutionselastizität

Methodologische Vorbemerkungen

Ökonomische ex-post-Analysen beschreiben die Ergebnisse des Wirtschaftsprozesses einer einzelnen vergangenen Periode oder einer Reihe von vergangenen Perioden. Ökonomische ex-ante-Analysen erklären, wie die wirtschaftlichen Ergebnisse einer einzelnen Periode oder einer Reihe von künftigen Perioden aus den Planungen und Handlungen einzelner Individuen oder ganzer Gruppen von Individuen (Produzenten, Konsumenten, Investoren; Anbieter, Nachfrager) hervorgehen. Ex-post-Analysen können die Ergebnisse vergangener Planungen und Handlungen nur beschreiben, nicht aber erklären, warum und wie sie zustande gekommen sind. Dies vermag allein die ex-ante-Analyse, die ökonomische Theorie.

Ökonomische Analysen sind mikro- oder makroökonomische Untersuchungen. Mikroökonomische Analysen beschreiben oder erklären die Ergebnisse der Planungen und Handlungen von Individuen, makroökonomische Analysen die Ergebnisse der Planungen und Handlungen von Gruppen von Individuen:

(1) In der mikroökonomischen ex-post-Analyse werden die Ergebnisse einzelner Perioden mit Hilfe einzelwirtschaftlicher Größen (zum Beispiel: der Konsum einzelner Haushalte, die Produktion einzelner Unternehmungen), in der makroökonomischen ex-post-Analyse werden sie mit Hilfe von Aggregaten (beispielsweise: der Gesamtkonsum aller Haushalte oder bestimmter Gruppen von Haushalten, die Gesamtproduktion aller Unternehmungen oder bestimmter Gruppen von Unternehmungen) beschrieben.

(2) In der mikroökonomischen ex-ante-Analyse werden die Ergebnisse einzelner Perioden mit Hilfe einzelwirtschaftlicher Verhaltensfunktionen (zum Beispiel: einzelwirtschaftliche Konsum- oder Produktionsfunktionen), in der makroökonomischen ex-ante-Analyse werden sie mit Hilfe von Verhaltensfunktionen erklärt, die die Planungen und Handlungen nicht von Individuen, sondern von Gruppen von Individuen beschreiben (beispielsweise: gesamtwirtschaftliche Konsum- oder Produktionsfunktionen).

Die Probleme der Aggregation mikroökonomischer in makroökonomische Verhaltensfunktionen sind nur für spezielle Fälle lösbar und gelöst. Im allgemeinen werden makroökonomische Verhaltensannahmen darum nicht über eine Aggregation, sondern in Analogie zu mikroökonomischen Verhaltensannahmen bestimmt. Mit anderen Worten: Es wird unterstellt, Gruppen von Individuen agierten und reagierten in gleicher Weise wie ein normales, durchschnittliches, ein repräsentatives Individuum. Makroökonomische Konsum-, Investitions-, Produktions-, Angebots- und Nachfragefunktionen haben im allgemeinen die gleiche Form wie ihre mikroökonomischen Gegenstücke.

Die ökonomische Theorie untersucht einerseits Gleichgewichts-, andererseits Ungleichgewichtszustände eines durch bestimmte Annahmen beschriebenen Wirtschaftssystems. Im ökonomischen Gleichgewicht sind die Planungen der Anbieter und Nachfrager auf den analysierten Märkten konsistent; die geplanten Angebots- und Nachfragemengen stimmen bei den gegebenen Preisen auf allen betrachteten Märkten überein. Im ökonomischen Ungleichgewicht sind die Planungen der Anbieter und Nachfrager auf den analysierten Märkten inkonsistent; die geplanten Angebots- und Nachfragemengen stimmen bei den gegebenen Preisen nicht auf allen betrachteten Märkten überein. Drei Fragen stehen im Mittelpunkt der ökonomischen Gleichgewichtstheorie: das Existenz-, das Eindeutigkeits- und das Stabilitätsproblem.

(1) Existenzproblem: Ist unter den getroffenen Annahmen überhaupt eine Preis-Mengen-Konstellation möglich, bei der geplante Angebots- und Nachfragemengen auf allen untersuchten Märkten übereinstimmen?

(2) Eindeutigkeitsproblem: Existiert unter den eingeführten Annahmen nur eine oder mehr als eine Gleichgewichtskonstellation? Existiert mehr als eine Gleichgewichtslösung, so spricht man von multiplen Gleichgewichten.

(3) Stabilitätsproblem: Was geschieht unter den getroffenen Annahmen, wenn zwar eine (oder mehr als eine) Gleichgewichtskonstellation existiert, wenn aber die Planungen der Anbieter und Nachfrager bei den gegebenen Preisen inkonsistent sind, wenn also geplante Angebots- und Nachfragemengen nicht übereinstimmen? Werden in einer solchen Situation Reaktionen der Anbieter und Nachfrager ausgelöst, die das beschriebene System in die Gleichgewichtskonstellation führen, so handelt es sich um ein stabiles Gleichgewicht, führen die Reaktionen der Anbieter und Nachfrager das beschriebene System nicht in die Gleichgewichtskonstellation, so handelt es sich um ein instabiles Gleichgewicht. Im Fall multipler Gleichgewichte ist denkbar, daß das eine Gleichgewicht stabil und das andere instabil ist.

Existenz- und Eindeutigkeitsprobleme werden im Rahmen statischer oder komparativ-statischer, Stabilitätsprobleme im Rahmen dynamischer Analysen untersucht. In der statischen Analyse sind alle Konstanten und Variablen dem gleichen Zeitpunkt oder der gleichen Periode zugeordnet. Veränderungen der Variablen vollziehen sich in der statischen Analyse nicht in der Zeit: Preis- und/oder Mengenänderungen sind gedankliche Operationen, die die Implikationen bestimmter Parameterkonstellationen klarstellen. Derart lassen sich alternativen Parameterwerten Gleichgewichtswerte der Variablen zuordnen, ohne daß im Rahmen komparativ-statischer Analysen erklärt würde, ob und wie sich die Variablen vom einen zum anderen Gleichgewichtswert bewegen. Genau dies ist Gegenstand der dynamischen Analyse. Diese verknüpft die Werte der Variablen verschiedener Zeitpunkte oder verschiedener Perioden; sie kann darum erklären, wie eine Gleichgewichts- oder Ungleichgewichtskonstellation in t aus einer bestimmten Konstellation in t-1 hervorgeht. So kann das Angebot oder die Nachfrage in t als Funktion des Preises in t-1, der Konsum in t als Funktion des Einkommens in t-1 oder die Investition in t als Funktion des Konsums in t-1 genommen werden. Existenz- und Eindeutigkeitsanalysen sind darum statische, Stabilitätsanalysen dynamische Analysen.

In der Theorie des kurzfristigen Gleichgewichts werden die makroökonomischen Gleichgewichtswerte unter der Annahme einer gegebenen Arbeits- und Kapitalausstattung bestimmt. Gleichgewicht impliziert unter kurzfristigem Aspekt, daß die Variablen konstant sind. Unter langfristigem Aspekt können Arbeits- und Kapitalausstattung nicht ohne weiteres als konstant genommen werden. Bei positiver Spar- und Investitionsquote wächst der Kapitalbestand, und je nach der Größe und Altersstruktur der Bevölkerung im Ausgangszeitpunkt und der Höhe der Geburten- und Sterberaten wächst oder schrumpft die Arbeitsausstattung mit konstanter oder variabler Rate. Das langfristig variable Arbeitspotential ist der durch das Ein- und Austrittsalter einerseits, durch die Quote der freiwilligen Arbeitslosigkeit und der dauernden oder zeitweiligen Arbeitsunfähigkeit andererseits bestimmte Teil der Bevölkerung, der als arbeitsfähig und arbeitswillig zur Verfügung steht. Wächst das Arbeitspotential, dann muß die Kapitalausstattung ebenfalls wachsen, wenn die Vollbeschäftigung beider Produktionsfaktoren in der Zeit erhalten bleiben soll. Gleiches gilt, wenn nicht nur das Arbeitspotential, sondern auch die Arbeitsproduktivität in der Zeit wächst, wenn also technische Fortschritte realisiert werden. Im langfristigen, im Wachstumsgleichgewicht verändert sich der Kapitalstock bei der gegebenen Wachstumsrate des Arbeitspotentials und der Arbeitsproduktivität mit jener Rate, bei der die Vollbeschäftigung beider Produktionsfaktoren bestehen bleibt. Gleichgewicht impliziert also unter langfristigem Aspekt, daß die ökonomischen Variablen mit konstanter Rate wachsen oder schrumpfen. Nur im Grenzfall der stationären Wirtschaft ist die Gleichgewichtswachstumsrate gleich null.

Der folgende Text diskutiert einerseits neoklassische, andererseits keynesianische Gleichgewichtskonzeptionen. Im neoklassischen Gleichgewicht werden den Akteuren, den Anbietern und Nachfragern, durch den Markt allein Preis- und nicht auch Mengenrestriktionen vorgegeben. Bei jeder gegebenen Höhe der Marktpreise bestimmen die Akteure die Angebots- und Nachfragemengen ohne Berücksichtigung von wirksamen Mengenbeschränkungen. Mengenbeschränkungen sind dann wirksam, wenn die Akteure bei den gegebenen Preisen nicht die Mengen kaufen oder verkaufen können, die sie ohne Mengenrestriktionen kaufen oder verkaufen würden. Im neoklassischen Gleichgewicht haben die Marktpreise jene Höhe, bei der geplantes Angebot und geplante Nachfrage unter Nichtwirksamkeit von Mengenrestriktionen auf allen Märkten übereinstimmen. Im keynesianischen Gleichgewicht werden Anbietern und/oder Nachfragern durch den Markt nicht nur Preis-, sondern auch Mengenrestriktionen vorgegeben. Beispiele: Die Haushalte planen ihre Güternachfrage unter der Annahme, daß sie auf dem Arbeitsmarkt einer wirksamen Nachfragerestriktion unterliegen, oder: die Unternehmungen planen ihre Arbeitsnachfrage unter der Annahme, daß sie auf dem Gütermarkt einer wirksamen Nachfragebeschränkung unterworfen sind. Bei den gegebenen Marktpreisen bestimmen die Akteure die Angebots- und Nachfragemengen für jeden Markt unter Berücksichtigung wirksamer Mengenbeschränkungen auf anderen Märkten. Im keynesianischen, im Mengen- oder Rationierungsgleichgewicht, haben die Mengenbeschränkungen bei den gegebenen Preisen jene Höhe, bei der die unter Berücksichtigung eben dieser Mengenbeschränkungen geplanten Angebots- und Nachfragemengen auf allen Märkten übereinstimmen. Neoklassische Gleichgewichte stellen jenen Grenzfall keynesianischer Gleichgewichtskonstellationen dar, in denen die wirksamen Mengenbeschränkungen eine Höhe von null haben.

Teil I

Makroökonomische Ex-Post-Analysen

§ 1 Geschlossene Volkswirtschaft

I. Realwirtschaftliche Ex-Post-Größen

Die makroökonomische ex-post-Analyse beschreibt die gesamtwirtschaftlichen Ergebnisse abgeschlossener Perioden mit Hilfe des Begriffssystems der makroökonomischen Theorie, der makroökonomischen ex-ante-Analyse. In diesem Einführungstext werden die ökonomischen Transaktionen von privaten Haushalten, Unternehmungen, Staat und Ausland auf Güter-, Arbeits- und Kapital- bzw. Geldmarkt diskutiert. Zunächst wird freilich die Existenz von Staat und Ausland vernachlässigt. In einer geschlossenen Wirtschaft ohne ökonomische Aktivität des Staates treten, so die Annahme,

(1) die privaten Haushalte auf dem Gütermarkt als Nachfrager nach Konsumgütern, auf dem Arbeits- und Kapitalmarkt als Anbieter von Arbeits- und Kapitalleistungen,

(2) die privaten Unternehmungen auf dem Gütermarkt einerseits als Anbieter von Konsum- und Investitionsgütern, andererseits als Nachfrager nach Investitionsgütern und auf dem Arbeits- und Kapitalmarkt als Nachfrager nach Arbeits- und Kapitalleistungen

auf. Die privaten Haushalte erzielen durch die Überlassung von Arbeits- und Kapitalleistungen an die privaten Unternehmungen Lohn- und Zins- bzw. Gewinneinkommen (Zinseinkommen, wenn die Unternehmungen Fremd-, Gewinneinkommen, wenn sie Eigenkapital aufnehmen), und die Haushalte verwenden dieses Einkommen zum Kauf von Konsumgütern und zur Ersparnis. Die privaten Unternehmungen erzielen durch den Verkauf von Konsum- und Investitionsgütern das Einkommen, das sie an die privaten Haushalte als Lohn- und Zins- bzw. Gewinneinkommen ausschütten.

Diese ökonomischen Transaktionen zwischen privaten Haushalten und Unternehmungen lassen sich in einem einfachen Kontensystem als Buchungen darstellen. Erfaßt man die laufenden Einnahmen jeweils auf der rechten, die laufenden Ausgaben jeweils auf der linken Seite der Konten, so ergibt sich das Kontensystem in Abb. 1.

Haushalte		Unternehmungen	
C	L	L	C
S	R	R	I
Y	Y	Y	Y

Abb. 1

Die privaten Haushalte erzielen Einnahmen in Höhe des Einkommens Y=L+R, und sie verwenden dieses Einkommen in Höhe von C für den Konsum, in Höhe von S=Y–C für die Ersparnis. Die privaten Unternehmungen erzeugen ein Einkommen in Höhe von Y=C+I, und sie verteilen dieses Einkommen in Form von Löhnen L und Zinsen bzw. Gewinnen R an die privaten Haushalte.

In Abb. 1 ist die Ersparnis als Ausgabe der Haushalte, die Investition als Einnahme der Unternehmungen ausgewiesen. Man kann sich vorstellen, daß die privaten Haushalte in der Tat finanzielle Mittel in Höhe der Ersparnis am Kapitalmarkt plazieren, daß sie Wertpapiere kaufen, die von den privaten Unternehmungen zum Zwecke der Finanzierung der laufenden Investitionen emittiert werden. Unter dieser Annahme ist das Vermögen der privaten Haushalte, die Summe der Ersparnisse aller vergangenen Perioden, gleich dem Wert des Kapitalstocks der privaten Unternehmungen, der Summe der Investitionen aller verflossenen Perioden. Die privaten Haushalte sind direkt (wenn die Investitionen eigenfinanziert sind) oder indirekt (wenn die Investitionen fremdfinanziert sind) Eigentümer des Kapitalstocks der privaten Unternehmungen. Das Vermögen der privaten Haushalte ebenso wie das der privaten Unternehmungen ist gleich der Summe aus dem jeweiligen Sachvermögen und dem Saldo zwischen den Forderungen und Verpflichtungen gegenüber dem jeweils anderen Sektor. Unter den getroffenen Annahmen haben die privaten Haushalte eine Nettoforderung gegen die privaten Unternehmungen und diese damit eine Nettoverpflichtung gegenüber den privaten Haushalten in Höhe der Summe aller vergangenen Nettoersparnisse (= Nettoinvestitionen).

Nettoersparnisse sind die Salden aus positiven und negativen Ersparnissen, Nettoinvestitionen die Salden zwischen positiven und negativen Investitionen. Die privaten Haushalte sind also unter den getroffenen Annahmen die wirtschaftlichen Eigentümer des Kapitalstocks der privaten Unternehmungen. Bezeichnet man das Vermögen der Haushalte mit V, den Kapitalstock der Unternehmungen mit K, so ist also in jeglicher Periode T:

$$V_T = \sum_{t=0}^{T} S_t$$

$$K_T = \sum_{t=0}^{T} I_t \quad .$$

Das Volksvermögen einer geschlossenen Wirtschaft ohne ökonomische Aktivität des Staates ist gleich dem Sachvermögen der Haushalte und Unternehmungen. Vernachlässigt man das Sachvermögen der privaten Haushalte, so ist das Volksvermögen gleich dem Kapitalstock der privaten Unternehmungen, und dieser ist unter den getroffenen Annahmen im wirtschaftlichen Eigentum der privaten Haushalte. Das Volksvermögen ändert sich in jeder Periode um die Ersparnis (= Investition) der Periode. Diesen Umstand kann man im oben verwendeten Kontensystem durch Einführung eines Vermögenskontos berücksichtigen, das auf der rechten, der Entstehungs-, der Einnahmenseite die Ersparnis S, auf der linken, der Verwendungs-, der Ausgabenseite die Investition I der Periode ausweist:

Haushalte	
C S	L R
C+S	L+R

Unternehmungen	
L R	C I
L+R	C+I

Volksvermögen	
I	S

Abb. 2

Die rechte Seite des Vermögenskontos weist aus, daß die privaten Haushalte den Teil S=Y–C des Einkommens nicht für Konsumzwecke, und die linke Seite des Vermögenskontos zeigt, daß die privaten Unternehmungen den Teil I=Y–C für Investitionszwecke verwendet haben. Ersparnis und Investition sind die beiden Seiten der Vermögens-, der Kapitalbildung: Ersparnis bezeichnet die negative Seite, den Nicht-Konsum, Investition die positive Seite, die produktive Verwendung des nicht-konsumierten Einkommensteils. Aus den Einkommensgleichungen

$$Y = C + S$$

$$Y = C + I$$

folgt unmittelbar, daß Ersparnis und Investition jeder Periode in der geschlossenen Wirtschaft ohne ökonomische Aktivität des Staates ex definitione gleich sind. Sind Y, C, S und I bekannt, so sind auch die Einkommensverwendungsquoten

$$c = \frac{C}{Y}$$

$$s = 1 - c = \frac{Y - C}{Y} = \frac{S}{Y} = \frac{I}{Y}$$

bestimmt. Die Konsumquote c nennt den Anteil des Konsums, die Spar- und Investitionsquote s=1-c den Anteil der Ersparnis und damit der Investition am Volkseinkommen. Ebenso lassen sich die Einkommensverteilungsquoten

$$w = \frac{L}{Y}$$

$$1 - w = \frac{Y - L}{Y} = \frac{R}{Y}$$

bestimmen. Die Lohnquote w nennt den Anteil der Löhne L, die Zins- und Gewinnquote 1–w den Anteil der Zinsen und Gewinne R am Volkseinkommen.

Insoweit wurde die ökonomische Aktivität des Staates, seine Einwirkung auf Güter-, Arbeits- und Kapitalmarkttransaktionen, vernachlässigt. In Wirklichkeit tritt der Staat auf Güter- und Kapitalmarkt als Anbieter und Nachfrager, auf dem Arbeitsmarkt als Nachfrager auf. Hier jedoch wird allein die Güter- und Kapitalnachfrage des Staates und die Tatsache berücksichtigt, daß sich der Staat die für staatlichen Konsum und staatliche Investition notwendigen finanziellen Mittel durch Zwangsabgaben, durch Steuern verschafft. Der Einfachheit halber wird angenommen, der Staat besteuere nurmehr das Einkommen der privaten Haushalte. Das um das Staatskonto erweiterte Kontensystem bietet dann dieses Bild.

Haushalte	
C	L
T	R
S	

Unternehmungen	
L	C
R	G
	I

Staat	
G	T
	G–T

Volksvermögen	
I	S
G–T	

Abb. 3

Die Staatsausgaben für Konsum- und Investitionsgüter sind mit G, die Steuereinnahmen des Staates mit T bezeichnet. In Abb. 3 ist angenommen, die staatlichen Konsum- und Investitionsausgaben G seien höher als die Steuereinnahmen. Das Vermögenskonto weist wiederum auf der rechten, der Entstehungsseite, die Ersparnis der privaten Haushalte, auf der linken, der Verwendungsseite, erstens die private Investition, zweitens das Budgetdefizit des Staates aus. Die Ersparnis der privaten Haushalte wird also in Höhe von I zur Finanzierung der privaten Investition, in Höhe von G-T zur Finanzierung des Budgetdefizits verwendet. Wäre nicht ein

Budgetdefizit, sondern ein Budgetüberschuß gegeben, so würde auf der rechten Seite des Vermögenskontos die Ersparnis der privaten Haushalte, auf der linken Seite die private Investition ausgewiesen. Die private Investition würde in Höhe von S durch die private Ersparnis und in Höhe von T–G durch den Budgetüberschuß finanziert. Das Vermögenskonto weist eben auf der rechten Seite immer die Herkunft und auf der linken die Verwendung der Finanzierungsmittel aus.

Sind Y, G und T gegeben, so sind auch Staats- und Steuerquote bestimmt. Die Steuerquote ist der Quotient aus laufenden Steuereinnahmen und Volkseinkommen, die Staatsquote der Quotient aus laufenden Staatsausgaben und Volkseinkommen. Unter den hier der Vereinfachung halber getroffenen Annahmen bestehen die laufenden Staatsausgaben allein aus Konsum- und Investitionsausgaben. Der Quotient aus Finanzierungssaldo T–G und Volkseinkommen nennt den relativen Anteil des Volkseinkommens, den der Staat im Fall eines Budgetüberschusses anderen Finanzierungszwecken zuführt, im Falle eines Budgetdefizits anderen Finanzierungszwecken entzieht.

II. Geldwirtschaftliche Ex-Post-Größen

Geld existiert unter modernen Bedingungen in Gestalt von (1) Bargeld, das von der Zentralbank und (2) Buchgeld (Giralgeld), das einerseits von der Zentralbank, andererseits von den Geschäftsbanken geschaffen wird. Geld ist unter modernen Bedingungen ein "Geschöpf des Kredits": Es stellt eine Forderung des Geldbesitzers gegenüber der Bank dar, die das Geld geschaffen hat, und damit eine Verpflichtung der Bank gegenüber dem Geldbesitzer. Solche Geld darstellenden Forderungen entstehen immer dann, wenn eine Bank ein Aktivum kauft und ihre Zahlungsverpflichtung in der Weise erfüllt, daß sie dem Verkäufer ein Sichtguthaben, also eine Forderung gegen die Bank verschafft. Zwei Fälle sind zu unterscheiden:

(1) Die Bank räumt einer Nichtbank einen Kredit ein, und sie stellt den Kreditbetrag auf dem laufenden Konto der Nichtbank zur Verfügung. Die Bank erwirbt also ein Aktivum, das zuvor nicht existiert hat:

Bank		Nichtbank	
+ Forderung gegenüber Nichtbank	+ Sichteinlage	+ Sichteinlage	+ Verpflichtung gegenüber Bank

Abb. 4

Beide Bilanzen werden durch diese Monetisierung eines Kredittitels verlängert. Umgekehrt, wenn der Kredit getilgt wird: Beide Bilanzen werden durch die Demonetisierung des Kredittitels verkürzt.

(2) Die Bank kauft von einer Nichtbank Gold, Devisen oder Wertpapiere, und sie stellt den Kaufbetrag auf dem laufenden Konto der Nichtbank zur Verfügung.

Bank		Nichtbank	
+ Gold, Devisen, Wertpapiere	+ Sichteinlage	+ Sichteinlage – Gold, Devisen, Wertpapiere	

Abb. 5

Die Bank erwirbt also ein Aktivum, das zuvor bereits existiert hat. Die Bankbilanz wird verlängert, wenn die Bank solche Aktiva kauft, die Bilanzsumme der Nichtbank ist konstant: Sie tauscht Aktiva, die nicht Geld sind, gegen Aktiva, die Geld darstellen oder umgekehrt. Die Monetisierung solcher Aktiva verlängert die Bilanz der Bank, nicht die der Nichtbank.

Eine Erhöhung der Notengeldmenge folgt, wenn die Nichtbank Notengeld zu Lasten ihres laufenden Kontos auszahlen läßt. Die Verlängerung der Bilanz der Nichtbank ist ein Indikator für die Vergrößerung des Kreditvolumens. Dieses variiert im ersten, nicht aber im zweiten der dargestellten Fälle. Geld- und Kreditschöpfung und -vernichtung können, müssen aber nicht Hand in Hand gehen. Die Geldmenge läßt sich zu jedem Zeitpunkt aus den Bilanzen der Zentralbank, der Geschäftsbanken und der Nichtbanken (private Haushalte, Unternehmungen und Staat) ablesen:

Zentralbank	
	Notenumlauf (N)
	Reserven der Geschäftsbanken (R)

Nichtbanken	
Notenumlauf (N)	
Sichteinlagen (D)	
Termineinlagen (T)	
Spareinlagen (S)	

Geschäftsbanken	
Reserven bei der Zentralbank (R)	Sichteinlagen (D)
	Termineinlagen (T)
	Spareinlagen (S)

Abb. 6

Die drei Bilanzen weisen jene Aktiva und Passiva aus, die in die Ermittlung der Geldmengen M_1, M_2 und M_3 eingehen:

$$M_1 = N + D$$

$$M_2 = N + D + T$$

$$M_3 = N + D + T + S\,.$$

Die Geldmenge M_1 umfaßt den Notenumlauf N und die Sichteinlagen D der Nichtbanken bei den Geschäftsbanken. Die Geldmenge M_2 ist um die Termineinlagen T der Nichtbanken bei den Geschäftsbanken mit einer Fälligkeit bis zu vier Jahren größer als die Geldmenge M_1, und die Geldmenge M_3 ist um die Spareinlagen S der Nichtbanken bei den Geschäftsbanken mit einer Fälligkeit von drei Monaten (Spareinlagen mit gesetzlicher Kündigungsfrist) größer als die Geldmenge M_2. Die Sichteinlagen R der Geschäftsbanken bei der Zentralbank rechnen zur Zentralbankgeldmenge, zur Geldbasis B=N+R, nicht aber zur Geldmenge M_1, M_2 oder M_3. In den drei Bilanzen sind (1) die Kassenbestände der Geschäftsbanken und (2) die Sichteinlagen von Nichtbanken bei der Zentralbank nicht ausgewiesen. Es ist also unterstellt, die Nichtbanken unterhielten Sichteinlagen allein bei Geschäftsbanken und nicht auch bei der Zentralbank. In Wirklichkeit haben nicht nur die Geschäftsbanken, sondern auch viele Nichtbanken laufende Konten bei der Zentralbank.

Das gesamtwirtschaftliche Transaktionsvolumen, die Summe der Einnahmen oder Ausgaben aller Sektoren, ist unter den getroffenen Annahmen doppelt so hoch wie das Volkseinkommen, weil jede Einkommenseinheit zweimal, einmal im Rahmen ihrer Verteilung Y=L+R und einmal im Rahmen ihrer Verwendung Y=C+I+G =C+S+T Ausgaben und Einnahmen impliziert. Unberücksichtigt ist dabei, daß in Wirklichkeit ein großer Teil aller finanziellen Transaktionen innerhalb der einzelnen Sektoren, vor allem innerhalb des Unternehmungssektors (Produktions-, Handelsstufen), stattfindet. Ebenso sind die vielen finanziellen Transaktionen vernachlässigt, die mit der Entstehung, Verteilung und Verwendung des Volkseinkommens unmittelbar nichts zu tun haben, die der Vermögensdisposition dienen (Umsätze in Grundstücken, Gebäuden, Wertpapierbeständen usw.). Erfaßt man diese Finanztransaktionen, so gilt erst recht, daß das gesamtwirtschaftliche Transaktionsvolumen U größer als das Volkseinkommen ist.

Sind das gesamtwirtschaftliche Transaktionsvolumen U, das Volkseinkommen Y und die gesamte Geldmenge M gegeben, so ist auch die Häufigkeit bestimmt, mit der jede Geldeinheit im Laufe der Periode einerseits zu Zahlungen überhaupt, andererseits zu Einkommenszahlungen verwendet wird:

$$v_U = \frac{U}{M}$$

$$v_Y = \frac{Y}{M}$$

Diese Quotienten aus dem Transaktionsvolumen U oder dem Volkseinkommen Y und der Geldmenge werden auch als Umlaufsgeschwindigkeit des Geldes bezeichnet.

Nimmt man an, daß einerseits das Transaktionsvolumen U das Produkt aus der Menge U^{real} und dem gewogenen Durchschnittspreis P_U der Umsatzobjekte, daß andererseits das Volkseinkommen Y das Produkt aus der Gütermenge Y^{real} und dem gewogenen Durchschnittspreis P_Y der erstellten Güter ist, so beschreiben die Quantitätsgleichungen

$$U^{real} P_U = M v_U$$

$$Y^{real} P_Y = M v_Y$$

den definitorischen Zusammenhang zwischen der jeweils umgesetzten Menge der Güter, dem Preisniveau dieser Güter, der Geldmenge und der Häufigkeit, mit der eine Geldeinheit im Laufe der Periode zu Transaktionen der jeweiligen Art verwendet wird. Im einen Fall handelt es sich um die Umsatz-, im anderen Fall um die Einkommensvariante der Quantitätsgleichung.

§ 2 Offene Volkswirtschaft

I. Realwirtschaftliche Ex-Post-Größen

Bislang wurde eine geschlossene Volkswirtschaft unterstellt. In einer offenen Volkswirtschaft treten ausländische Güteranbieter und -nachfrager neben die inländischen, wird ein Teil der inländischen Produktion an Ausländer, ein Teil der ausländischen Produktion an Inländer verkauft. Nennt man die Summe aus inländischem Konsum und inländischer Investition die inländische Absorption, so kann nun die inländische Produktion grösser oder kleiner als die inländische Absorption sein. Bezeichnet man den Teil der inländischen Produktion, der auf dem ausländischen Gütermarkt verkauft wird, den inländischen Leistungsexport, mit Ex und den Teil der ausländischen Produktion, der auf dem inländischen Gütermarkt verkauft wird, den inländischen Leistungsimport, mit Im, und nimmt man an, daß allein die privaten Unternehmungen und nicht auch die privaten Haushalte als Ex- und Importeure auftreten, so erhält man das bereits oben verwendete, um ein Auslandskonto erweiterte Kontensystem von Abb. 7:

Haushalte	
C	L
S	R

Unternehmungen	
L	C
R	I
Im	Ex

Ausland	
Ex	Im
	Ex–Im

Volksvermögen	
I	S
Ex–Im	

Abb. 7

Es wird dabei angenommen, der Leistungsexport Ex sei größer als der Leistungsimport Im, es bestehe ein Exportüberschuß in Höhe von Ex-Im. Das Vermögenskonto zeigt nun auf der rechten, der Entstehungsseite, die Ersparnis der privaten Haushalte und auf der linken, der Verwendungsseite, einerseits die private Investition und andererseits den Exportüberschuß. Die inländische Ersparnis ist also teils zur Finanzierung der inländischen Investition, teils zur Finanzierung des Exportüberschusses verwendet worden. Mit anderen Worten: Die inländische Ersparnis alimentiert einen Teil der ausländischen Absorption. Würde nicht ein Export-, sondern ein Importüberschuß bestehen, so fände sich dieser Importüberschuß auf der rechten, auf der Entstehungsseite des Vermögenskontos: Die inländische Investition wäre teils durch die inländische Ersparnis, teils durch den Importüberschuß finanziert. Das heißt: Die ausländische Ersparnis alimentiert einen Teil der inländischen Absorption.

Im Falle eines Exportüberschusses erwirbt das Inland eine Nettoforderung gegenüber dem Ausland. Erfolgen die Export- und Importlieferungen gegen Barzahlung in Devisen, erhöhen Exporte die in zufließenden Devisen verkörperten Forderungen inländischer Wirtschaftseinheiten gegen ausländische Zentralbanken, während die mit Importen verbundenen Devisenabflüsse diese Bestände an Auslandsforderungen reduzieren. Werden die international gehandelten Güter auf Kredit geliefert, werden Exporte die inländischen Forderungen gegenüber ausländischen Abnehmern, Importe die inländischen Verbindlichkeiten gegenüber ausländischen Lieferanten erhöhen. Das inländische Volksvermögen, die Summe aus inländischem Sachvermögen und Nettovermögensposition gegenüber dem Ausland, steigt somit um den Exportüberschuß des Inlandes; das ausländische Volksvermögen, die Summe aus ausländischem Sachvermögen und Nettovermögensposition gegenüber dem Inland, sinkt um den Importüberschuß des Auslandes. Im Falle eines inländischen Importüberschusses, eines Leistungsbilanzdefizits, erwirbt das Ausland eine Nettoforderung gegenüber dem Inland; das ausländische Volksvermögen steigt, das inländische sinkt um den Importüberschuß des Inlandes.

Das Volksvermögen einer offenen Wirtschaft ist also um die Nettoverschuldung gegenüber dem Ausland kleiner oder um die Nettoforderungsposition gegenüber dem Ausland größer als das inländische Sachvermögen. Den Saldo aller im Laufe der Zeit aufgelaufenen Forderungen und Verpflichtungen gegenüber dem Ausland bezeichnet man als Auslandsvermögensbilanz. Ein positiver Leistungsbilanzsaldo, ein Exportüberschuß, verbessert, ein negativer Leistungsbilanzsaldo, ein Importüberschuß, verschlechtert die Auslandsvermögensbilanz eines Landes. Ein Land, das mehr Forderungen als Verpflichtungen gegenüber dem Ausland hat, nennt man ein Gläubigerland (positives Nettoauslandsvermögen), ein Land mit weniger Forderungen als Verpflichtungen ein Schuldnerland (negatives Nettoauslandsvermögen). Die Auslandsvermögensbilanz, die alle im Laufe der Zeit entstanden Kredittransaktionen zwischen In- und Ausland registriert, darf nicht mit der im folgenden Kapitel behandelten Zahlungsbilanz verwechselt werden, die nur die ökonomischen Transaktionen einer Periode erfaßt. Die Nettoforderungs- oder -verschuldungsbilanz nennt den in vielen Perioden entstandenen Vermögensstatus eines Landes gegenüber allen anderen Ländern, die Zahlungsbilanz seine in einer Periode eingetretenen Veränderungen.

Das Volkseinkommen der offenen Wirtschaft ist um den Leistungsexport größer und um den Leistungsimport kleiner als die Summe aus inländischem Konsum und inländischer Investition:

$$Y = C + I + Ex - Im.$$

Der Saldo zwischen Leistungsex- und Leistungsimport wird mitunter als Außenbeitrag bezeichnet. Die exportierten Güter werden im Inland produziert, im Ausland absorbiert; das mit der Erzeugung verknüpfte Einkommen entsteht im Inland. Die importierten Güter werden im Ausland produziert, im Inland absorbiert; das mit der Herstellung verbundene Einkommen entsteht im Ausland. Also müssen in obiger Gleichung die Importe vom Volkseinkommen subtrahiert werden, weil die inländische Absorption E=C+I neben im Inland produzierten auch importierte Güter umfaßt. Die Umformung der Einkommensgleichung zu

$$Y + Im = C + I + Ex$$

zeigt, daß eine Volkswirtschaft nur soviel Güter konsumieren, investieren und exportieren kann, wie aus Inlandsproduktion und aus Importen verfügbar sind. Da die Gesamtausgaben inländischer Wirtschaftseinheiten unter dem Begriff der Absorption zusammengefaßt worden sind, läßt sich die Einkommensgleichung schließlich umformen zu:

$$Y - E = Ex - Im.$$

Diese Gleichung macht deutlich, daß ein Exportüberschuß nur entstehen kann, wenn die Absorption die Inlandsproduktion unterschreitet. Ein Importüberschuß entspricht dem Überhang der Absorption über das Einkommen, ein Exportüberschuß dem Überhang des Einkommens über die Absorption.

Insoweit war angenommen, die außenwirtschaftlichen Transaktionen seien auf den Gütermarkt beschränkt. In Wirklichkeit spielen auch internationale Arbeits- und Kapitalwanderungen eine Rolle:

(1) Im Inland wird auch ausländische, im Ausland auch inländische Arbeit eingesetzt. Inländer erzielen also im Ausland, Ausländer im Inland Lohneinkommen.

(2) Im Inland wird auch ausländisches, im Ausland auch inländisches Kapital eingesetzt. Inländer erzielen also im Ausland, Ausländer im Inland Zins- und Gewinneinkommen.

Man muß daher zwischen Inland- und Inländereinkommen unterscheiden. Das Inländereinkommen ist gleich dem Inlandeinkommen Y=C+I+Ex–Im plus Lohn-, Zins- und Gewinneinkommen, die von Inländern im Ausland verdient werden, minus Lohn-, Zins- und Gewinneinkommen, die von Ausländern im Inland verdient werden. In der amtlichen Statistik wird zwischen dem Bruttosozial- und dem Bruttoinlandprodukt unterschieden: Das Bruttosozialprodukt BSP ist gleich dem Bruttoinlandprodukt BIP plus den im Ausland erzielten Faktoreinkommen von Inländern minus den im Inland erzielten Faktoreinkommen von Ausländern. Das im Inland erwirtschaftete Einkommen ergibt sich aus dem Bruttoinlandprodukt, das von Inländern insgesamt verdiente Einkommen aus dem Bruttosozialprodukt. Im folgenden wird wiederum angenommen, daß beide Größen übereinstimmen.

In einer offenen Volkswirtschaft mit ökonomischer Aktivität des Staates ist das Volkseinkommen gleich der Summe aus privatem Konsum, privater Investition, Staatskonsum, Staatsinvestition und Außenbeitrag. Das so bestimmte Volkseinkommen wird in Form von Lohn-, Zins- und Gewinneinkommen von den privaten Unternehmungen an die privaten Haushalte ausgeschüttet und von diesen für Konsum, Steuerzahlungen und Ersparnis verwendet. Es gilt also

$$Y = C + I + G + Ex - Im$$

$$Y = L + R$$

$$Y = C + T + S.$$

Die erste Gleichung zeigt die Komponenten der Einkommensentstehung, die zweite die der Einkommensverteilung und die dritte Gleichung die Komponenten der Einkommensverwendung durch die privaten Haushalte. In einer offenen Volkswirtschaft mit ökonomischer Aktivität des Staates sind Ersparnis und Investition offenbar nicht notwendig gleich. Die Gleichungen $Y=C+I+G+Ex-Im$ und $Y=C+T+S$ implizieren

$$S = I + G - T + Ex - Im.$$

Die inländische Ersparnis wird teils zur Finanzierung der privaten Investition, teils zur Finanzierung des staatlichen Haushaltsdefizits ($G>T$) und teils zur Finanzierung des Exportüberschusses verwendet. Ersparnis und Investition stimmen nur dann überein, wenn die Finanzierungssalden $T-G$ und $Ex-Im$ gleich sind.

Bezeichnet man die Differenzen zwischen den laufenden Einnahmen und den laufenden Ausgaben als den Finanzierungssaldo eines Sektors, so ist unter den getroffenen Annahmen

$$\begin{aligned} S &= \text{Finanzierungssaldo der privaten Haushalte} \\ -I &= \text{Finanzierungssaldo der privaten Unternehmen} \\ T - G &= \text{Finanzierungssaldo des Staates} \\ Ex - Im &= \text{Finanzierungssaldo des Auslandes.} \end{aligned}$$

Aus der Gleichung $S=I+G-T+Ex-Im$ ist nun nach einer Umformung zu erkennen, daß die Summe aus dem Finanzierungssaldo des privaten Sektors ($S-I$) und des staatlichen Sektors ($T-G$) dem Saldo von Export und Import entspricht:

$$(S - I) + (T - G) = Ex - Im.$$

Ist der private Finanzierungssaldo oder der staatliche Finanzierungssaldo Null, entspricht ein Importüberschuß dem staatlichen Haushaltsdefizit oder dem Überhang der privaten Investition über die private Ersparnis. Ein Exportüberschuß wird durch einen Überschuß privater Ersparnis über private Investitionen oder aus einem staatlichen Haushaltsüberschuß finanziert. Der ausländische Finanzierungssaldo Ex–Im bestimmt zugleich die Veränderung der Nettovermögensposition NAV des Inlandes gegenüber dem Ausland:

$$(S - I) + (T - G) = \Delta NAV.$$

Private Ersparnisüberschüsse und staatliche Einnahmenüberschüsse finanzieren Zuwächse des Auslandsvermögens. Private Investitionsüberschüsse und staatliche Haushaltsdefizite werden durch Auflösung von Auslandsvermögen finanziert.

II. Geldwirtschaftliche Ex-Post-Größen

Angenommen, in einer offenen Wirtschaft würden die finanziellen Transaktionen zwischen Inländern unter Verwendung inländischen Geldes, die finanziellen Transaktionen zwischen In- und Ausländern unter Verwendung ausländischen Geldes abgewickelt. Der Leistungsimport ist dann mit Devisenausgaben, der Leistungsexport mit Deviseneinnahmen verbunden. Auf Ex- wie Importseite können Leistung und Zahlung zeitlich auseinanderfallen: Zahlung früher, Leistung später oder Leistung früher, Zahlung später. Alle diese Auslandstransaktionen werden in der Zahlungsbilanz der Periode erfaßt. Diese ist ein Verzeichnis aller ökonomischen Transaktionen zwischen In- und Ausländern in einer Periode, wobei als Inländer im Sinne der Zahlungsbilanz alle Wirtschaftseinheiten gelten, die ihren ständigen Wohnsitz, Geschäftssitz oder Aufenthaltsort im Inland haben.

Die Zahlungsbilanz ist ein System der doppelten Buchführung über den internationalen Zahlungsverkehr. Auf der Aktivseite, der linken Seite des Zahlungsbilanzkontos, werden alle internationalen Transaktionen erfaßt, die tatsächlich oder potentiell zu Zahlungseingängen führen, und auf der Passivseite, der rechten Seite, erscheinen alle mit entsprechenden Zahlungsausgängen verbundenen grenzüberschreitenden Transaktionen. Um diese Vorgänge systematisch verbinden zu können, wird die Zahlungsbilanz in Leistungs-, Kapital- und Devisenbilanz untergliedert.

Die Leistungsbilanz erfaßt den internationalen Handel mit Sachgütern (Handelsbilanz) und Dienstleistungen (Dienstleistungsbilanz) sowie internationale Transferzahlungen (Übertragungsbilanz). Exporte von Waren und Dienstleistungen werden auf der Aktivseite, Importe auf der Passivseite der Leistungsbilanz verbucht. Zu den auf der Aktivseite der Dienstleistungsbilanz erfaßten Einnahmen aus Verkäufen von Dienstleistungen gehören die an Ausländer verkauften Transport- und Versicherungsleistungen, Ausgaben von Ausländern, die sich als Touristen oder Geschäftsreisende vorübergehend im Inland aufhalten, und die inländischen Wirtschaftseinheiten zufließenden Kapitalerträge auf ihr Auslandsvermögen. Die auf der Passsivseite der Dienstleistungsbilanz erfaßten Ausgaben für Dienstleistungskäufe umfassen an Ausländer gezahlte Entgelte für beanspruchte Dienstleistungen (einschließlich Auszahlungen von Zinsen, Dividenden und sonstigen Kapitalerträgen) und die bei Auslandsreisen getätigten Ausgaben. In der Übertragungsbilanz schließlich werden auf der Aktivseite die aus dem Ausland empfangenen unentgeltlichen Güter- und Geldleistungen verbucht, und auf der Passivseite erscheinen entsprechende Transferleistungen an das Ausland, z.B. in Form von Nahrungsmittelhilfe, Kapitalhilfe oder Finanzzuweisungen an den EG-Haushalt. Im folgenden wird von diesen einseitigen Übertragungen abgesehen, so daß die Leistungsbilanz nur die Leistungsexporte Ex und die Leistungsimporte Im umfaßt. Sind nun die gesamten Zahlungseingänge größer als die Zahlungsausgänge, bezeichnet man diesen Saldo als Leistungsbilanzüberschuß

(LB=Ex–Im>0), während im umgekehrten Fall ein Leistungsbilanzdefizit (LB=Ex–Im<0) vorliegt.

Die Kapitalbilanz erfaßt den internationalen Kapitalverkehr. Dazu gehören alle internationalen Finanztransaktionen, durch die Auslandsforderungen oder -verbindlichkeiten inländischer Wirtschaftseinheiten (ohne Zentralbank) verändert werden. Die Zentralbank wird nicht in die Kapitalbilanz einbezogen, weil die Veränderung ihrer Nettoauslandsforderungen in einer gesonderten Teilbilanz, der Devisenbilanz, ermittelt wird. Den Kapitalimporten KIm werden alle internationalen Kapitalströme zugerechnet, die Auslandsverbindlichkeiten erhöhen (z.B. Kreditaufnahme im Ausland, ausländische Käufe inländischer Wertpapiere oder Immobilien) oder Auslandsforderungen senken (z.B. Verkäufe ausländischer Wertpapiere oder Immobilien durch Inländer). Da diese Finanztransaktionen mit Zahlungseingängen verbunden sind, werden Kapitalimporte auf der Aktivseite, der linken Seite, der Kapitalbilanz verbucht. Kapitalexporte KEx sind umgekehrt alle auf der Passivseite der Kapitalbilanz verbuchten Finanzströme, die Auslandsforderungen erhöhen (z.B. Einlagen bei ausländischen Geschäftsbanken, Erwerb von Unternehmensbeteiligungen im Ausland) oder Auslandsverbindlichkeiten reduzieren (z.B. Tilgung von Auslandskrediten). Ein Überschuß der Zahlungseingänge wird als Kapitalbilanzüberschuß (KB=KIm–KEx>0), ein Überschuß der Zahlungsausgänge als Kapitalbilanzdefizit (KB=KIm–KEx<0) bezeichnet.

Die Devisenbilanz erfaßt als Kapitalbilanz der Zentralbank auf der linken Seite die Zunahme von Auslandsverbindlichkeiten und die Abnahme von Auslandsforderungen dieser Institution, auf der rechten Seite die Zunahme ihrer Auslandsforderungen und die Abnahme ihrer Auslandsverbindlichkeiten. Angenommen, die Zentralbank habe keine Auslandsverbindlichkeiten, so entspricht die Auslandsvermögensposition dem Devisenbestand der Zentralbank. In Wirklichkeit ist die sogenannte Währungsreserve WR zwar größer als die Devisenreserve, weil die Auslandsposition auch die Goldbestände der Zentralbank sowie ihre Reserveposition und Sonderziehungsrechte beim Internationalen Währungsfonds umfaßt, doch soll sie im folgenden mit der Devisenreserve identisch sein. Deviseneinzahlungen DE finden statt, wenn Geschäftsbanken Deviseneingänge bei der Notenbank in inländisches Geld umtauschen. Diese Finanztransaktionen werden auf der rechten Seite der Devisenbilanz verbucht, da sie den Devisenbestand der Zentralbank erhöhen. Devisenauszahlungen DA kommen zustande, wenn Geschäftsbanken Devisenausgaben finanzieren, indem sie inländisches Geld bei der Zentralbank in ausländisches Geld umtauschen. Diese Vorgänge sind auf der linken Seite der Devisenbilanz zu verbuchen, da sie den Devisenbestand der Notenbank senken. Kauft die Zentralbank Devisen gegen inländisches Geld betreibt sie Geldschöpfung. Mit der Devisenreserve wächst auch die inländische Geldmenge. Verkauft die Zentralbank Devisen gegen inländisches Geld, wird letzteres stillgelegt. Mit der Devisenreserve schrumpft auch die inländische Geldmenge. Ein Überschuß oder positiver Saldo der Devisenbilanz ist gegeben, wenn die

Summe aller Deviseneinnahmen größer als die aller Devisenausgaben ist (DB=DE–DA>0). Im umgekehrten Fall liegt ein Defizit oder negativer Saldo der Devisenbilanz vor (DB=DE–DA<0). Im Falle eines Devisenbilanzüberschusses wächst, im Falle eines Devisenbilanzdefizits sinkt die inländische Geldmenge.

Wendet man nun das Prinzip der doppelten Verbuchung an, so wird aus geldwirtschaftlicher Sicht der Zusammenhang zwischen den in Leistungs-, Kapital- und Devisenbilanz erfaßten Transaktionen deutlich. Kapitalimporte sind mit einem Zufluß DE, Kapitalexporte mit einem Abfluß DA von Devisen verbunden, wenn davon abgesehen wird, daß Kapitalexporte auch durch Kapitalimporte finanziert werden können. Leistungsexporte sind mit Devisenzuflüssen DE in der gleichen Periode, einer früheren Periode (Vorauszahlungen ausländischer Käufer) oder einer späteren Periode (Gewährung von Lieferantenkredit) verbunden. Leistungsimporte führen zu Devisenabflüssen DA in der gleichen Periode, einer früheren Periode (Vorauszahlungen an den ausländischen Verkäufer) oder einer späteren Periode (Inanspruchnahme eines Lieferantenkredits). Das System der Zahlungsbilanzstatistik einer Periode t stellt sich dann folgendermaßen dar:

	Art der Transaktion		Leistungsbilanz		Kapitalbilanz		Devisenbilanz	
1	Ex in t	DE in t	Ex					DE
2	Ex in t	DE in t–1	Ex			KEx		
3	Ex in t	DE in t+1	Ex			KEx		
4	Ex in t–1	DE in t			KIm			DE
5	Ex in t+1	DE in t			KIm			DE
6	Im in t	DA in t		Im			DA	
7	Im in t	DA in t–1		Im	KIm			
8	Im in t	DA in t+1		Im	KIm			
9	Im in t-1	DA in t				KEx	DA	
10	Im in t+1	DA in t				KEx	DA	
11	KIm in t	DE in t			KIm			DE
12	KEx in t	DA in t				KEx	DA	

Abb. 8

Die Zahlungsbilanz erfaßt nicht nur die mit früheren, jetzigen und späteren Leistungstransaktionen verbundenen, sondern auch von der Leistungsbilanz unabhängige Finanztransaktionen, vor allem Wertpapierumsätze zwischen In- und Ausländern. Solche reinen Finanztransaktionen haben keinen Einfluß auf die Höhe des Auslandsvermögens: Erwerben Inländer ausländische Wertpapiere, so wächst zwar der inländische Wertpapier-, aber es schrumpft der Devisenbestand des Inlandes. Umgekehrt: Erwerben Ausländer inländische Wertpapiere, so schrumpft zwar der inländische Wertpapier-, aber es wächst der Devisenbestand des Inlandes. Das Auslandsvermögen des Inlandes wächst nur im Falle eines positiven Leistungsbilanzsaldos, eines Exportüberschusses. Es sinkt im Falle einer defizitären Leistungsbilanz.

Der Saldo der Zahlungsbilanz im weiteren Sinn, der konsolidierten Leistungs-, Kapital- und Devisenbilanz, ist wegen der doppelten Verbuchung aller Transaktionen notwendig gleich Null:

$$(Ex - Im) + (KIm - KEx) + (DA - DE) = LB + KB - DB = 0.$$

Rein buchhaltungstechnisch ist also die Zahlungsbilanz immer ausgeglichen. Wenn gleichwohl von Zahlungsbilanzüberschüssen oder -defiziten, von Zahlungsbilanzungleichgewichten, gesprochen wird, dann ist damit der zusammengefaßte Saldo von Leistungs- und Kapitalbilanz gemeint. Dieser ist positiv, wenn die mit Leistungsexport und Kapitalimport verknüpften Devisenzuflüsse größer als die mit Leistungsimport und Kapitalexport verbundenen Devisenabflüsse sind, und wenn somit der Devisenbestand des Landes wächst. Der Saldo der Zahlungsbilanz im engeren Sinn umfaßt nurmehr die Leistungs- und Kapitalbilanz und als deren Spiegelbild die Devisenbilanz. Ein Überschuß der Zahlungsbilanz impliziert also eine Zunahme des inländischen Devisenbestandes:

$$ZB = (Ex - Im) + (KIm - KEx) = DE - DA = DB = \Delta WR > 0.$$

Ein Defizit der Zahlungsbilanz ist mit einer Schrumpfung der Devisenreserve verbunden:

$$ZB = LB + KB = DB = \Delta WR < 0.$$

Zahlungsbilanzgleichgewicht besteht, wenn die Devisenabflüsse durch die Devisenzuflüsse finanziert werden, so daß die Devisenreserve konstant gehalten wird:

$$ZB = LB + KB = DB = \Delta WR = 0.$$

Gleichgewicht der Zahlungsbilanz ist mit positiven oder negativen Leistungsbilanzsalden kompatibel, wenn Leistungsbilanzüberschüsse gleich große Kapitalbilanzdefizite, oder Kapitalbilanzüberschüsse gleich große Leistungsbilanzdefizite finanzieren. Der Saldo einer dieser beiden Teilbilanzen erlaubt noch keine Diagnose der Zahlungsbilanzposition. Erst der im Devisenbilanzsaldo zusammengefaßte Leistungs- und Kapitalbilanzsaldo vermittelt die Information über Ungleichgewichte oder Gleichgewicht der Zahlungsbilanz.

Literaturangaben

BRÜMMERHOFF, D., Volkswirtschaftliche Gesamtrechnungen, 3.A., München, 1991.

CASSEL, D. / MÜLLER, H., Kreislaufanalyse und volkswirtschaftliche Gesamtrechnung. Einführung in die ex-post-Analyse des Sozialprodukts, 2.A., Stuttgart, 1985.

DERNBURG, T.F. / MCDOUGALL, D.M., Macroeconomics, 7.A., New York 1985; dt. Übers., 3.A., Stuttgart, 1981.

DORNBUSCH, R. /FISCHER, S., Macroeconomics, 4.A., New York 1987; deutsch: Makroökonomik, 4.A., München, 1985.

HASLINGER, F., Volkswirtschaftliche Gesamtrechnung, 4.A., München, 1986.

HÜBL, L., Wirtschaftskreislauf und gesamtwirtschaftliches Rechnungswesen, in: Vahlens Kompendium der Wirtschaftstheorie und Wirtschaftspolitik, Bd. 1, 5.A., München, 1992.

HÜBL, L. / HARTIG, R. / SCHEPERS, W., Einführung in das gesamtwirtschaftliche Rechnungswesen, Darmstadt, 1986.

RICHTER, R., Volkswirtschaftliche Gesamtrechnung, Volkswirtschaftliche Finanzierungsrechnung, Zahlungsbilanz. Ein Grundriß, 2.A., Wiesbaden, 1982.

ROSE, K., Theorie der Außenwirtschaft, 10.A., München, 1989.

SIEBERT, H., Einführung in die Volkswirtschaftslehre, 10.A., Stuttgart, 1991.

SCHNEIDER, E., Einführung in die Wirtschaftstheorie, I. Teil: Theorie des Wirtschaftskreislaufs, 14.A., Tübingen, 1969.

STOBBE, A., Volkswirtschaftliches Rechnungswesen, 7.A., Berlin u.a., 1989.

WOLL, A., Allgemeine Volkswirtschaftslehre, 10.A., München, 1990.

Teil II

Makroökonomische Ex-Ante-Analysen stationärer Volkswirtschaften

§ 1 Geschlossene Volkswirtschaft

I. Neoklassische Standardmodelle

A. REALWIRTSCHAFTLICHES GLEICHGEWICHT IM NEOKLASSISCHEN STANDARDMODELL

1. Güter- und Arbeitsmarktgleichgewicht auf der Grundlage von Ein-Perioden-Optimierungskalkülen

a. Güternachfrage und Arbeitsangebot der privaten Haushalte im Ein-Perioden-Modell

Die privaten Haushalte treten auf dem Gütermarkt als Nachfrager, auf dem Arbeitsmarkt als Anbieter auf. In neoklassischer Interpretation bestimmen sie Güternachfrage und Arbeitsangebot im Rahmen eines Optimierungskalküls. Unter den mit den gegebenen wirtschaftlichen Mitteln erreichbaren Güterbündeln wählen die Haushalte bei gegebenen Preisen jenes, das einen maximalen Nutzen, ein maximales Maß an Befriedigung vermittelt. In der Abbildung des Verhaltens der privaten Haushalte im Modell wird die Existenz einer neoklassischen, einer stetigen und differenzierbaren makroökonomischen, Nutzenindexfunktion angenommen, die alternative Güterbündel in der Weise bewertet, daß beim Vergleich zweier beliebiger Güterkomplexe I und II

(1) dem Güterbündel I immer dann ein höherer Nutzenindex U zugeordnet ist, wenn eine Präferenz für I besteht, während

(2) beiden Güterbündeln immer dann der gleiche Nutzenindex zugeordnet ist, wenn Indifferenz herrscht.

Unterstellt zunächst, der Planungshorizont der Haushalte umfasse eine Periode. Die als stetig und zweifach differenzierbar angenommene neoklassische Nutzenindexfunktion

$$U = U(C,F)$$

$$\text{mit} \qquad U(0,F) = 0 \qquad \frac{\partial U}{\partial C} > 0 \qquad \frac{\partial^2 U}{\partial C^2} < 0$$

$$U(C,0) = 0 \qquad \frac{\partial U}{\partial F} > 0 \qquad \frac{\partial^2 U}{\partial F^2} < 0$$

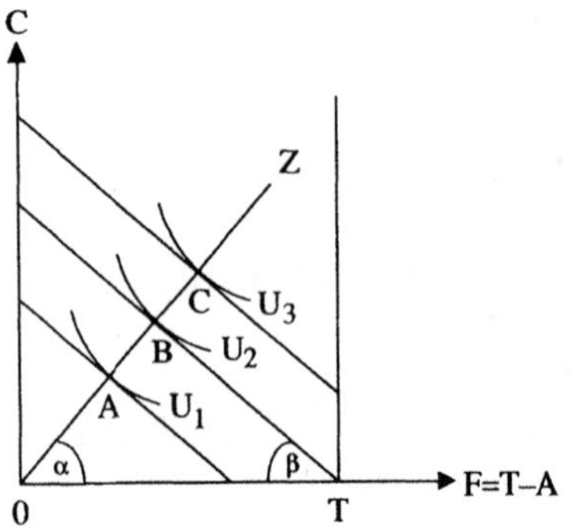

Abb. 9a

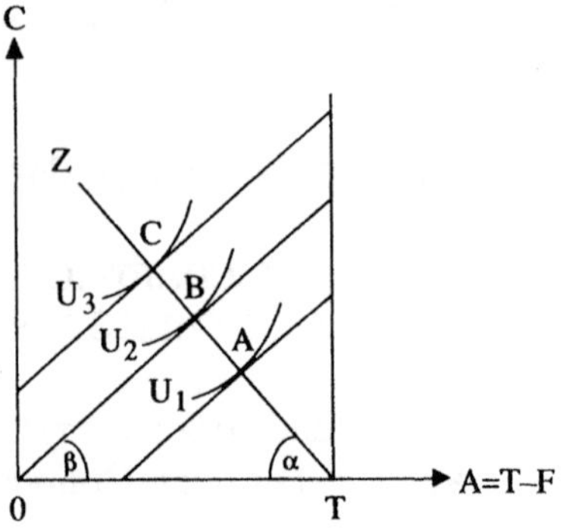

Abb. 9b

ordnet jeder alternativen Konsum-Freizeit-Kombination; der Planperiode einen und nur einen Nutzenindex U zu. Sind zwei Güterbündeln unterschiedliche Nutzenindexwerte zugeordnet, so besteht "Präferenz"; stimmen die Nutzenindexwerte überein, so herrscht "Indifferenz". Die Nutzenfunktion beschreibt also das Präferenzsystem des repräsentativen, des durchschnittlichen Haushalts. Präferenz herrscht gemäß neoklassischen Annahmen immer dann, wenn ein Güterbündel im Vergleich mit einem anderen

(1) von beiden Gütern größere Mengen oder

(2) von einem Gut die gleiche, vom anderen eine größere Menge enthält.

Umfaßt ein Güterbündel von dem einen Gut eine größere, von dem anderen Gut eine geringere Menge als ein anderes Güterbündel, so kann Präferenz ebenso wie Indifferenz gegeben sein. Indifferenz gegenüber zwei Güterbündeln impliziert, daß die Nutzeneffekte der Mengendifferenzen dC und dF zwischen den beiden Güterbündeln übereinstimmen, d.h. daß

$$dU = \frac{\partial U}{\partial C} dC + \frac{\partial U}{\partial F} dF = 0 .$$

Die erste Ableitung von U nach C ist der Grenznutzen des Konsums, die erste Ableitung von U nach F der Grenznutzen der Freizeit. Bei Indifferenz verhält sich also der Quotient der Mengendifferenzen dC und dF dem Betrage nach wie das umgekehrte Verhältnis der Grenznutzen beider Güter:

$$-\frac{dC}{dF} = \frac{\frac{\partial U}{\partial F}}{\frac{\partial U}{\partial C}}$$

Das Verhältnis der Mengendifferenzen dC und dF, bei denen Indifferenz herrscht, wird als Grenzrate der Substitution von Konsum durch Freizeit bezeichnet. Diese ist dem Betrage nach gleich dem Verhältnis der Grenznutzen beider Güter. Im Konsum-Freizeit-Raum lassen sich für jede gegebene Konsum-Freizeit-Kombination alle anderen Konsum-Freizeit-Kombinationen bestimmen, denen der gleiche Nutzenindex zugeordnet ist, denen also die Haushalte indifferent gegenüberstehen.

In den Abb. 9a und 9b bestimmt jede der drei Indifferenzkurven U_1, U_2 und U_3 Konsum-Freizeit-Kombinationen, denen der gleiche Nutzenindex zugeordnet ist. Zwischen den durch eine solche Kurve bestimmten Konsum-Freizeit-Kombinationen herrscht Indifferenz. Diese impliziert unter den getroffenen Annahmen, daß eine Verringerung von C durch eine Vergrößerung von F, eine Vergrößerung von C durch eine Verringerung von F ausgeglichen wird. Da der Grenznutzen des Konsums

(1) bei einer einseitigen Verringerung von C ebenso wie bei einer einseitigen Vergrößerung von F steigt, und da

(2) der Grenznutzen der Freizeit bei einer einseitigen Vergrößerung von F wie bei einer einseitigen Verringerung von C sinkt,

läßt eine gleichzeitige Verringerung von C und Vergrößerung von F die Grenzrate der Substitution von Konsum durch Freizeit, also das Verhältnis der Grenznutzen von Freizeit und Konsum, dem Betrage nach sinken. Der absolute Anstieg jeder einzelnen Indifferenzkurve nimmt mit sinkendem C und wachsendem F ab. Dieses "Gesetz von der abnehmenden Grenzrate der Substitution" ist also nichts weiter als eine spezielle Formulierung des "Gesetzes vom abnehmenden Grenznutzen" (Erstes GOSSENsches Gesetz).

Nimmt man an, daß den Haushalten insgesamt ein Zeitvolumen T zur Verfügung steht, das im Rahmen des Nutzenmaximierungskalküls auf die Freizeit F=T–A und die Arbeitszeit A=T–F aufgeteilt wird, so läßt sich das Indifferenzkurvensystem nicht nur im Konsum-Freizeit-Raum (Abb. 9a), sondern auch im Konsum-Arbeitszeit-Raum (Abb. 9b) darstellen. Abb. 9b ergibt sich durch Spiegelung von Abb.9a an der Senkrechten über T. Der Anstieg der Indifferenzkurven im Konsum-Freizeit-Raum nennt die Grenzrate der Substitution von Konsum durch Freizeit, der Anstieg der Indifferenzkurven im Konsum-Arbeitszeit-Raum die Grenzrate der Substitution von Konsum durch Arbeitszeit. Da dF=–dA, stimmen die Grenzraten der Substitution dC/dF und dC/dA bis auf das Vorzeichen überein. Die Grenzrate der Substitution von Konsum durch Arbeitszeit ist positiv, weil eine Erhöhung der Arbeitszeit (also Senkung der Freizeit) den Nutzenindex nur dann unverändert läßt, wenn der Konsum erhöht wird. Umgekehrt: Eine Senkung der Arbeitszeit (also Erhöhung der Freizeit) läßt den Nutzenindex nur dann unverändert, wenn der Konsum gesenkt wird. Abb. 9a und 9b drücken also den gleichen Sachverhalt aus.

In den beiden Abbildungen ist eine homothetische Nutzenindexfunktion unterstellt. Einfach erklärt besagt dies, daß der Anstieg aller Indifferenzkurven in den Schnittpunkten mit einer beliebigen Ursprungsgeraden übereinstimmt (Perspektivische Ähnlichkeit der Indifferenzkurven). In Abb. 9a, im Konsum-Freizeit-Raum, haben die drei Indifferenzkurven U_1, U_2, U_3 in den Schnittpunkten A, B, C mit dem Ursprungsstrahl 0Z, dessen Anstieg $\tan\alpha$ beträgt, den gleichen Anstieg $\tan\beta$. Homothetie impliziert also, daß die Grenzrate der Substitution bei gleichgerichteten Variationen von C und F unverändert bleibt, wenn das Verhältnis von C und F konstant ist, wenn also die relativen Veränderungen von Konsum und Freizeit übereinstimmen. Solche Niveauvariationen haben bei homothetischer Nutzenfunktion keinen Einfluß auf das Verhältnis der partiellen Grenznutzen, auf die Grenzrate der Substitution.

Die privaten Haushalte maximieren den Nutzenindex im Rahmen der gegebenen wirtschaftlichen Mittel. Angenommen also, ihnen stünde ein Arbeitsvermögen, ein Zeitvolumen in Höhe von T, und ein Realvermögen, ein in Gütern bewertetes Vermögen in Höhe von V, zur Verfügung. Der Nominalwert des Realvermögens, das in Geld und nicht in Gütereinheiten bewertete Vermögen, hat also bei einem Preisniveau P die Höhe PV. Das erreichbare nominelle Lohneinkommen hat bei einem gegebenen nominellen Lohnniveau l die Höhe lT, das erreichbare nominelle Zinseinkommen die Höhe PR. Die Höhe des faktischen Lohneinkommens hängt bei gegebener Höhe von l und T von der Aufteilung des verfügbaren Zeitvolumens T auf Arbeitszeit A und Freizeit F ab, und die Höhe des faktischen Zinseinkommens wird durch die Aufteilung von V auf verzinsliche und unverzinsliche Vermögensanlagen bestimmt. Einstweilen wird unterstellt, das gesamte Vermögen der Haushalte sei verzinslich angelegt, und die Haushalte planten weder Vergrößerungen noch Verkleinerungen ihres Vermögens, weder positive noch negative Ersparnisse. Das Vermögen der Haushalte sei in Eigentumsanteilen am Kapitalstock der Unternehmungen angelegt, und dieser sei konstant. Die privaten Haushalte sind so die Empfänger der Unternehmungsgewinne, die Verzinsung des privaten Vermögens ist gleich der Rentabilität des in den Unternehmungen investierten Kapitals.

Die nominellen wirtschaftlichen Mittel und damit der maximale Konsum C^{max} der privaten Haushalte sind unter den getroffenen Annahmen gleich der Summe aus dem erzielbaren nominellen Lohneinkommen lT und dem nominellen Zinseinkommen PR. Sie werden bei gegebenem Güterpreis P in Höhe von PC für den Konsum und in Höhe von lF für Freizeit verwendet. Die Freizeit wird also mit ihren Opportunitätskosten bewertet, mit dem Lohneinkommen, das durch Verzicht auf Freizeit erzielt werden könnte. Die Budgetgleichung der privaten Haushalte lautet demnach

$$PC^{max} = lT + PR = PC + lF.$$

Die linke Seite der Budgetgleichung beschreibt die Herkunft, die rechte Seite die Verwendung der nominellen wirtschaftlichen Mittel. Subtrahiert man auf beiden Seiten lF, so lautet die Budgetgleichung

$$PY = lA + PR = PC.$$

In dieser Schreibweise nennt die linke Seite der Budgetgleichung die Erzielung, die rechte Seite die Verwendung des nominellen Einkommens PY der Periode. Das Einkommen ist gleich der Summe aus Lohn- und Zinseinkommen, und es wird unter den eingeführten Annahmen in voller Höhe für den Konsum verwendet. Die Ersparnis ist gleich null. Geometrische Darstellung der Budgetrestriktion:

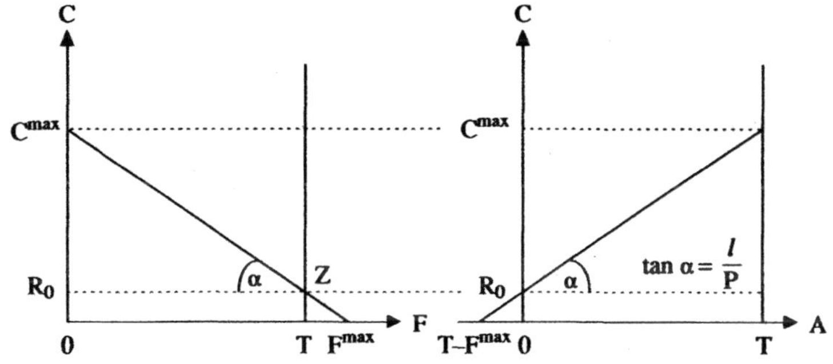

Abb. 10a Abb. 10b

Abb.10a zeigt die Budgetrestriktion im Konsum-Freizeit-Raum, Abb.10b im Konsum-Arbeitszeit-Raum. Der Konsum C^{max} ist gleich den in Konsum-, die Freizeit F^{max} gleich den in Freizeiteinheiten umgerechneten wirtschaftlichen Mitteln. Es nennt C^{max} die maximale Zahl der Konsumgütereinheiten, F^{max} die maximale Zahl der Freizeiteinheiten, die bei gegebener Höhe von l, P, r und T realisiert werden könnte. Da Freizeit aber nicht auf dem Markt gekauft, sondern nur durch Verzicht auf Arbeitszeit realisiert werden kann, ist die tatsächlich erreichbare Freizeit gleich dem verfügbaren Zeitvolumen T. Der Anstieg tan α der Budgetlinie $C^{max}F^{max}$ ist gleich dem realen Lohnniveau l/P, dem Quotienten aus Lohn- und Preisniveau. Eine Erhöhung der Freizeit um eine Einheit belastet das Budget mit l Geldeinheiten, und eine Senkung des Konsums um eine Einheit entlastet das Budget um P Geldeinheiten. Es ist also l/P das Verhältnis, in dem C und F bei Wahrung der Budgetrestriktion variiert werden können.

Abb.10b beschreibt den gleichen Zusammenhang wie Abb.10a. Die Budgetrestriktion ist nicht im C-F- sondern im C-A-Raum dargestellt. Die Budgetlinie im C-A-Raum ist gleich der an der Senkrechten über T gespiegelten Budgetlinie des C-F-Raums: A=T–F. Eine Erhöhung der Arbeitszeit um eine Einheit erhöht das Einkommen um l Geldeinheiten, so daß der Konsum um l/P Gütereinheiten erhöht werden kann. Konsum und Arbeitszeit sind in der Budgetrestriktion positiv, Konsum und Freizeit negativ verknüpft.

Die privaten Haushalte bestimmen Konsum, Freizeit und damit auch Arbeitszeit so, daß der Nutzenindex bei gegebener Budgetrestriktion ein Maximum ist. Analytisch betrachtet, handelt es sich um eine Optimierungsaufgabe, bestehend aus der Zielfunktion

$$U = U(C,F) \text{ -> } \text{Max} \quad !$$

und der Nebenbedingung

$$W = C + \frac{l}{P}\ F \quad \text{bzw.} \quad 0 = W - C - \frac{l}{P}F$$

Zur Lösung dient die Methode der LAGRANGE-Multiplikatoren: Zunächst wird die Zielfunktion U(C,F) durch "Addition der Nebenbedingung" in die LAGRANGE-Funktion

$$L = L(C,F,\lambda) = U(C,F) + \lambda\,(W - C - \frac{l}{P}F)$$

übergeführt. Aufgrund ihrer Konstruktion erfüllt ein Optimum der LAGRANGE-Funktion die Nebenbedingung und ist zugleich Optimum der Zielfunktion. Die äquivalente Aufgabe ist daher die Maximierung der LAGRANGE-Funktion. Gemäß den oben getroffenen Annahmen verläuft die Nutzenindexfunktion im gesamten Definitionsbereich, sowohl in C- als auch in F-Richtung, degressiv ansteigend. So genügt es, die notwendige Bedingung für die Existenz des Maximums, das Verschwinden der partiellen Ableitungen, zu fordern:

$$\frac{\partial L}{\partial C} = \frac{\partial U}{\partial C} - \lambda = 0$$

$$\frac{\partial L}{\partial F} = \frac{\partial U}{\partial C} - \lambda\,\frac{l}{P} = 0\,.$$

Nach der Eliminierung von λ verbleibt:

$$\frac{l}{P} = \frac{\frac{\partial U}{\partial F}}{\frac{\partial U}{\partial C}} = -\frac{dC}{dF}\,.$$

Dies bedeutet: Unter allen durch die Budgetrestriktion bestimmten Konsum-Freizeit-Kombinationen ist jene nutzenmaximal, für die gilt, daß die Grenzrate der Substitution von Konsum durch Freizeit dem Betrage nach mit dem Verhältnis der Preise von Freizeit und Konsum, also mit dem realen Lohnniveau l/P übereinstimmt. Dies impliziert, daß im Nutzenmaximum das Verhältnis der partiellen Grenznutzen von Freizeit und Konsum mit dem relativen Preis dieser beiden Aktivitäten übereinstimmt. Oder anders formuliert: im Nutzenmaximum sind die mit den Kehrwerten ihrer Preise gewogenen Grenznutzen gleich:

$$\frac{\partial U}{\partial C}\frac{1}{P} = \frac{\partial U}{\partial F}\frac{1}{l} \cdot$$

Im Nutzenmaximum stimmt der Grenznutzen des Geldes in beiden Verwendungen überein. Wäre der Grenznutzen des Geldes für die Aktivitäten C und F nicht gleich, so würde der Nutzenindex bei Umverteilung der verfügbaren Mittel zugunsten der Aktivität mit dem höheren, zu Lasten jener mit dem niedrigeren gewogenen Grenznutzen steigen (Gesetz vom Ausgleich der gewogenen Grenznutzen; Zweites GOSSENsches Gesetz).

In beiden Abb. 11a und 11b bestimmt der Tangentialpunkt Z* den nutzenmaximalen Konsum C*, die nutzenmaximale Freizeit F* und damit auch die nutzenmaximale Arbeitszeit A*=T–F*. Im Punkt Z* stimmt der Anstieg von Budgetlinie und Indifferenzkurve überein; Grenzrate der Substitution und relative Preise sind dem Betrage nach gleich. Der Nutzenindex ist im Tangentialpunkt Z* ein Maximum.

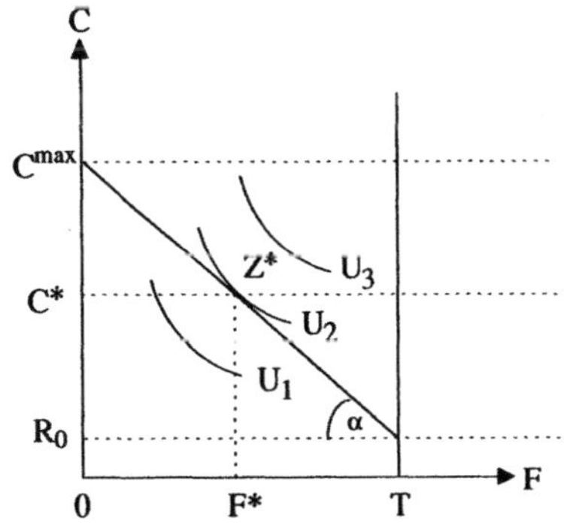

Abb. 11a

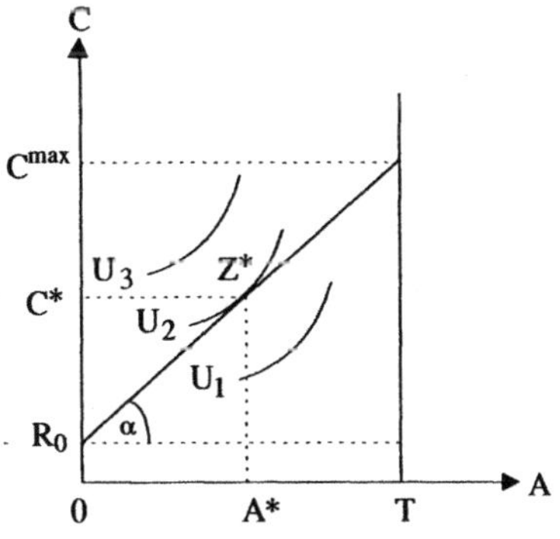

Abb. 11b

Wie beeinflussen nun Lohn- und Preisänderungen die nutzenmaximale Höhe von Konsum, Freizeit und damit Arbeitszeit? Dies hängt bei gegebener homothetischer Nutzenindexfunktion, bei gegebenem Indifferenzkurvensystem offenbar davon ab, wie die angenommene Preis- oder Lohnvariation Lage und Anstieg der Budgetlinie beeinflußt:

(1) Variationen des Preisniveaus bei konstantem Lohnniveau. Das reale Zinseinkommen ist unter den getroffenen Annahmen in Höhe von R_0 konstant. Das nominelle Zinseinkommen PR steigt und sinkt so linear mit dem Preisniveau P. Bei gegebenem nominellen Lohnsatz und gegebenem Zeitvolumen T ist das erreichbare nominelle Lohneinkommen in Höhe von lT konstant. Das erreichbare reale Lohneinkommen lT/P hingegen sinkt, wenn das Preisniveau bei konstantem Lohnniveau steigt. Also sinken auch die in Gütereinheiten umgerechneten wirtschaftlichen Mittel C^{max} mit steigendem Preisniveau.

(2) Variationen des Lohnniveaus bei konstantem Preisniveau. Eine Erhöhung des nominellen Lohnniveaus bei konstantem Preisniveau läßt das nominelle Zinseinkommen PR unverändert. Es steigt das erreichbare nominelle Lohneinkommen lT und damit auch das erreichbare reale Lohneinkommen lT/P. Also steigen mit dem Lohnniveau auch die in Gütereinheiten umgerechneten wirtschaftlichen Mittel C^{max}.

Ist das reale Zinseinkommen R, wie hier angenommen, unabhängig von der Höhe des Preisniveaus fixiert, so steigt und sinkt das nominelle Zinseinkommen PR linear mit dem Preisniveau, und dann wirken Lohnerhöhungen in gleicher Weise auf die Budgetlinie ein wie Preissenkungen. In dem einen wie in dem anderen Fall variiert das Reallohnniveau l/P und damit der Anstieg der Budgetlinie.

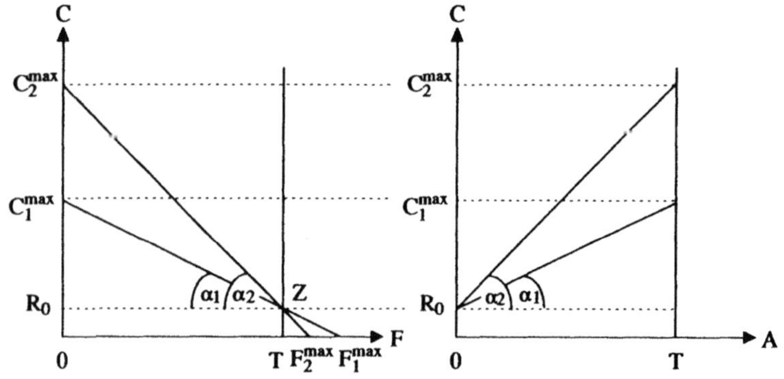

Abb. 12a Abb. 12b

Abb. 12a beschreibt im Konsum-Freizeit-, Abb. 12b im Konsum-Arbeitszeit-Raum die Wirkung einer Lohnerhöhung von l_1 auf l_2 oder einer Preissenkung von P_1 auf P_2. In beiden Fällen steigt das Reallohnniveau von $\tan\alpha_1$ auf $\tan\alpha_2$. Die in Gütereinheiten umgerechneten wirtschaftlichen Mittel C^{max} steigen mit dem steigenden Reallohnniveau. Das reale Zinseinkommen R ist unter den getroffenen Annahmen von der Höhe des Lohn- und Preisniveaus unberührt. Eine Senkung des Lohnniveaus von l_1 auf l_2 oder eine Erhöhung des Preisniveaus von P_1 auf P_2, also eine Senkung des Reallohnniveaus von $\tan \alpha_1$ auf $\tan \alpha_2$ würde die in Gütereinheiten ausgedrückten wirtschaftlichen Mittel C^{max} sinken lassen.

Unter den getroffenen Annahmen wird also die Budgetlinie in Abb. 12a bei einer Erhöhung des Reallohnniveaus in Uhrzeigerrichtung, bei einer Senkung des Reallohnniveaus entgegen der Uhrzeigerrichtung um den Punkt Z gedreht. Dabei ist freilich angenommen, daß die Höhe des realen Zinseinkommens R von der des Reallohnniveaus unabhängig ist. Bei der Darstellung des neoklassischen Unternehmungsmodells wird sich zeigen, daß Erhöhungen des Reallohnniveaus regelmäßig das Zinseinkommen sinken lassen. Bei Berücksichtigung dieses Sachverhaltes würde die Budgetlinie durch eine Erhöhung des Reallohnniveaus nicht nur nach rechts gedreht, sondern auch nach unten verschoben, weil sich mit dem Reallohnniveau auch das reale Zinseinkommen verändert.

Die Eigenschaften der Nutzenindexfunktion U(C,F) bzw. U(C,A) entscheiden darüber, welche Veränderungen von Konsum, Freizeit und damit Arbeitszeit durch Erhöhungen oder Senkungen des Reallohnniveaus verursacht werden. In makroökonomischen Untersuchungen wird im allgemeinen angenommen, der Konsum sei positiv, die Freizeit negativ, die Arbeitszeit also positiv mit dem Reallohnniveau verknüpft. Die relative Verteuerung der Freizeit induziert nach dieser Annahme eine Substitution von Freizeit durch Konsum, und dies impliziert, daß die Arbeitszeit mit dem Reallohniveau steigt. Abb. 13a demonstriert diesen Fall im Konsum-Freizeit-, Abb. 13b im Konsum-Arbeitszeit-Raum.

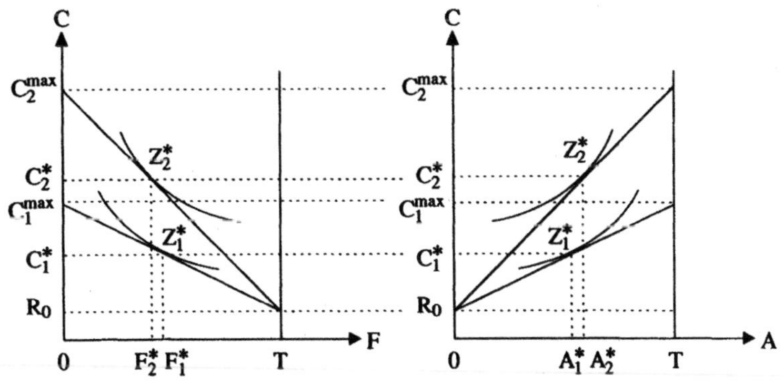

Abb. 13a Abb. 13b

Der in diesen Abbildungen dargestellte Fall einer positiven Beziehung zwischen nutzenmaximaler Arbeitszeit und Reallohniveau setzt natürlich bestimmte Eigenschaften der Nutzenindexfunktion voraus. Bei entsprechenden Annahmen sind nutzenmaximale Arbeitszeit und Reallohnniveau nicht positiv sondern negativ verknüpft. Eine Erhöhung des Reallohnniveaus veranlaßt dann die privaten Haushalte, nicht nur den Konsum sondern auch die Freizeit zu vergrößern, die Arbeitszeit also zu verringern.

Die Reaktion des Arbeitsangebots auf eine Reallohnänderung läßt sich auch mit Hilfe der von HICKS eingeführten Unterscheidung von Einkommens- und Substitutionseffekt beschreiben. Dabei bezeichnet

(1) der Einkommenseffekt die Änderung des Arbeitsangebots bei einer Parallelverschiebung der Budgetlinie,

(2) der Substitutionseffekt die Änderung des Arbeitsangebots bei einer Drehung der Budgetlinie entlang der Indifferenzkurve.

Im Normalfall ist der Einkommenseffekt in bezug auf das Arbeitsangebot negativ, der Substitutionseffekt positiv. Ob das Arbeitsangebot bei einer Erhöhung des Reallohnniveaus steigt oder sinkt, hängt also davon ab, ob der Einkommenseffekt kleiner oder größer als der Substitutionseffekt ist.

b. Güterangebot und Arbeitsnachfrage der privaten Unternehmen im Ein-Perioden-Modell

Die privaten Unternehmungen setzen im Rahmen der Güterproduktion Arbeit A und Kapital K ein. Der Güterausstoß Y und der Einsatz der beiden Produktionsfaktoren sind durch eine neoklassische Produktionsfunktion verknüpft:

$$Y = Y(A,K)$$

mit

$$Y(0,K) = 0 \qquad Y(A,0) = 0$$

$$\frac{\partial Y}{\partial A} > 0 \qquad \frac{\partial Y}{\partial K} > 0$$

$$\frac{\partial^2 Y}{\partial A^2} < 0 \qquad \frac{\partial^2 Y}{\partial K^2} < 0 .$$

Neoklassische Produktionsfunktionen sind regelmäßig linear-homogen. Das heißt: Eine Vergrößerung oder Verringerung des Arbeits- und des Kapitaleinsatzes mit der gleichen Rate x läßt auch den Güterausstoß mit der Rate x steigen oder sinken. Hier wird zunächst angenommen, der Kapitaleinsatz sei konstant, die Nettoinvestition habe eine Höhe von null. Die Unternehmungen variieren bei gegebenem Kapitaleinsatz allein den Arbeitseinsatz. Sie planen also anhand der partiellen Produktionsfunktion

$$Y = Y(A)$$

mit

$$Y(0) = 0$$

$$\frac{\partial Y}{\partial A} > 0$$

$$\frac{\partial^2 Y}{\partial A^2} < 0 .$$

Die Abb. 14a und 14b demonstrieren eine solche partielle Produktionsfunktion: Die partielle Produktionsfunktion Y(A) hat unter den getroffenen Annahmen einen degressiven Verlauf: Durchschnitts- und Grenzproduktivität der Arbeit sinken bei steigendem Arbeits- und konstantem Kapitaleinsatz. Die Durchschnittsproduktivität der Arbeit Y/A ist stets größer als die Grenzproduktivität der Arbeit dY/dA. Die Durchschnittsproduktivität ist gleich dem Anstieg $\tan\alpha$ des jeweiligen Ursprungsstrahls, die Grenzproduktivität gleich dem Anstieg $\tan\beta$ der jeweiligen Tangente an die partielle Produktionsfunktion.

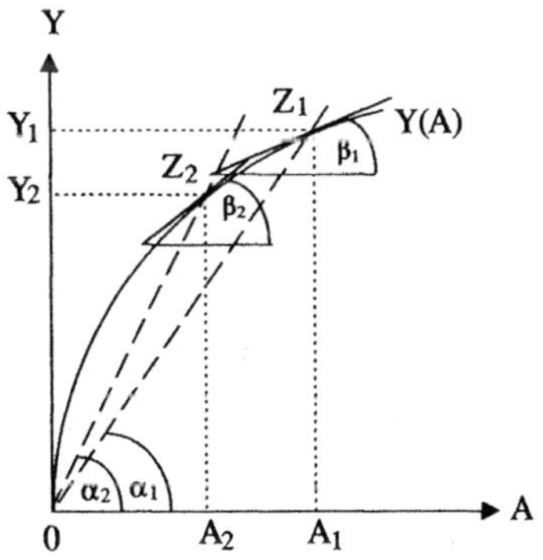

Abb. 14a

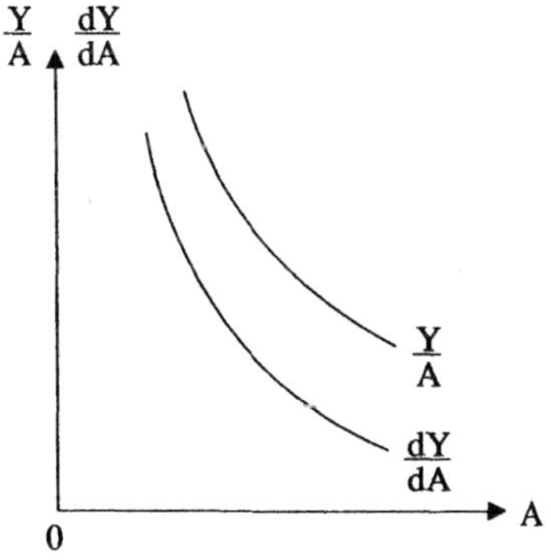

Abb. 14b

Unter neoklassischen Prämissen wählen die privaten Unternehmungen jenen Arbeitseinsatz und damit jenen Güterausstoß, bei dem der Periodengewinn ein Maximum ist. Wie bei der Diskussion des neoklassischen Haushaltsmodells wird zunächst unterstellt, der Planungshorizont der Unternehmungen umfasse nurmehr eine Periode. Der reale, in Gütereinheiten ausgedrückte, Gewinn R ist gleich der Differenz zwischen der realen Gütermenge Y und den realen Lohnkosten $L = lA/P$:

$$R(A) = Y(A) - \frac{l}{P} A.$$

Die realen Lohnkosten steigen und sinken bei gegebenem Reallohnniveau l/P linear mit dem Arbeitseinsatz. Geometrische Darstellung:

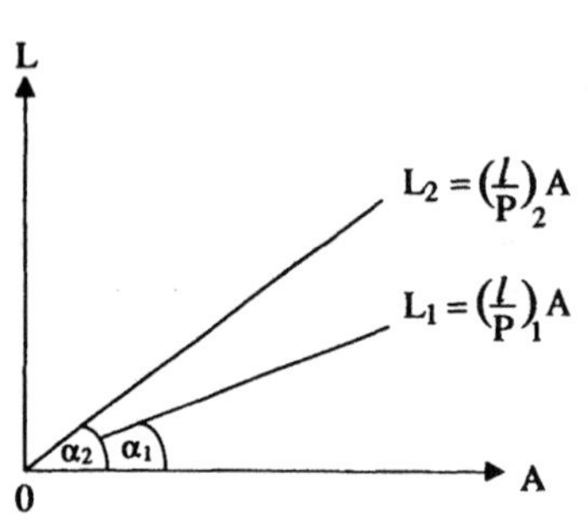

Abb. 15a

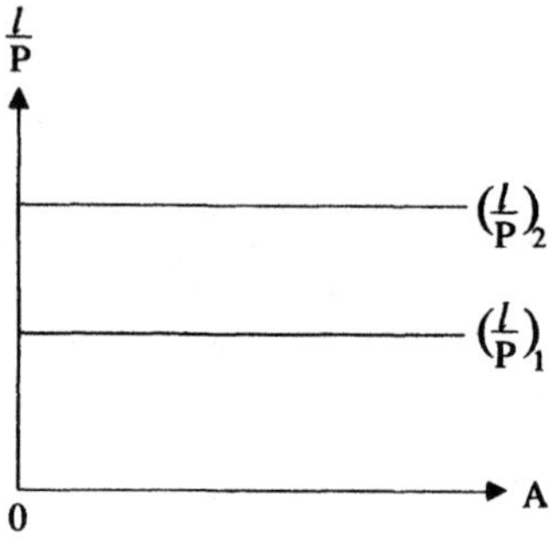

Abb. 15b

Im Gewinnmaximum ist der Grenzgewinn dR/dA gleich null. Der Grenzgewinn ist die Differenz zwischen der Grenzproduktivität dY/dA und den realen Grenzkosten dL/dA der Arbeit. Bei gegebenem Reallohnniveau l/P sind die realen Grenzkosten der Arbeit gleich dem Reallohnsatz: Die Erhöhung des Arbeitseinsatzes um eine Einheit läßt die realen Lohnkosten L um das Reallohnniveau steigen. Im Gewinnmaximum ist darum die Grenzproduktivität der Arbeit gleich dem Reallohnniveau. Die Unternehmungen erhöhen also den geplanten Arbeitseinsatz bis zu dem Punkt, in dem der Grenzgewinn gleich null, in dem die Grenzproduktivität der Arbeit gleich dem Reallohnniveau ist.

Im Gewinnmaximum Z* stimmt der Anstieg der Produktionsfunktion Y(A) mit dem der realen Lohnkostenfunktion L(A) überein:

$$\tan \alpha = \frac{dL}{dA} \stackrel{!}{=} \frac{dY}{dA} = \tan \beta = \frac{l}{P} .$$

Bei dem in den Abb. 16a und 16b angenommenen Reallohnniveau hat der gewinnmaximale Arbeitseinsatz die Höhe A*, die gewinnmaximale Produktionsmenge die Höhe Y*, das gewinnmaximale Lohneinkommen die Höhe L* und der maximale Gewinn die Höhe R*. Eine Erhöhung des Reallohnniveaus läßt den gewinnmaximalen Arbeitseinsatz und damit auch die gewinnmaximale Gütermenge sinken.

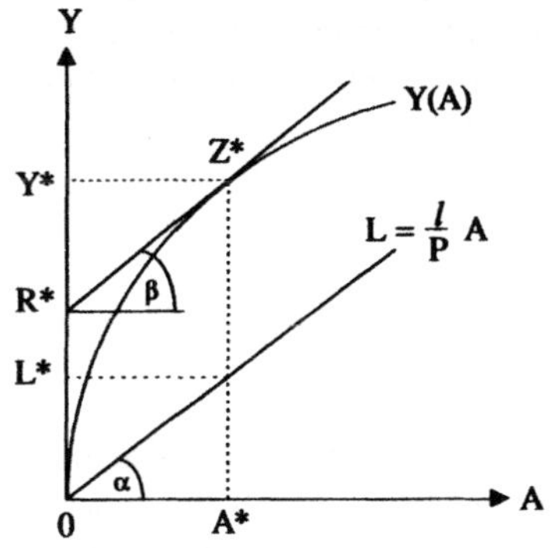

Abb. 16a

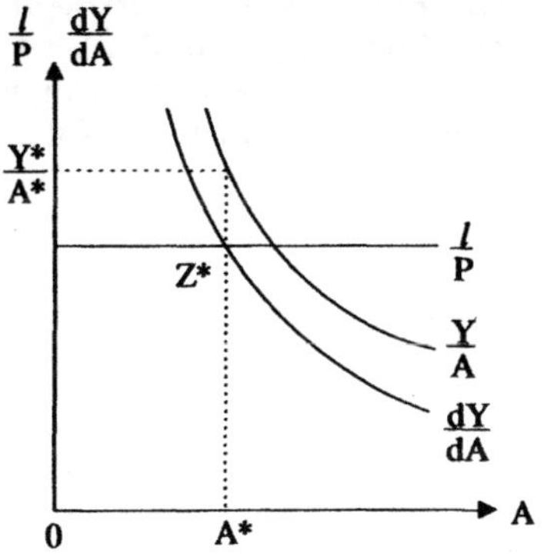

Abb. 16b

Abb. 17a demonstriert, daß eine Schwenkung der realen Lohnkostenfunktion L(A) von $L_1(A)$ nach $L_2(A)$ den gewinnmaximalen Arbeitseinsatz von A_1^* auf A_2^*, die gewinnmaximale Gütermenge von Y_1^* auf Y_2^* sinken läßt. Umgekehrt würde eine Schwenkung der realen Lohnkostenfunktion von $L_2(A)$ nach $L_1(A)$ den gewinnmaximalen Arbeitseinsatz von A_2^* auf A_1^*, die gewinnmaximale Gütermenge von Y_2^* auf Y_1^* steigen lassen. Abb. 17b demonstriert den gleichen Sachverhalt anhand der Kurve der Grenzproduktivität der Arbeit dY/dA und der Waagerechten *l*/P: Im jeweiligen Gewinnmaximum stimmt die Grenzproduktivität der Arbeit mit dem Reallohnniveau überein.

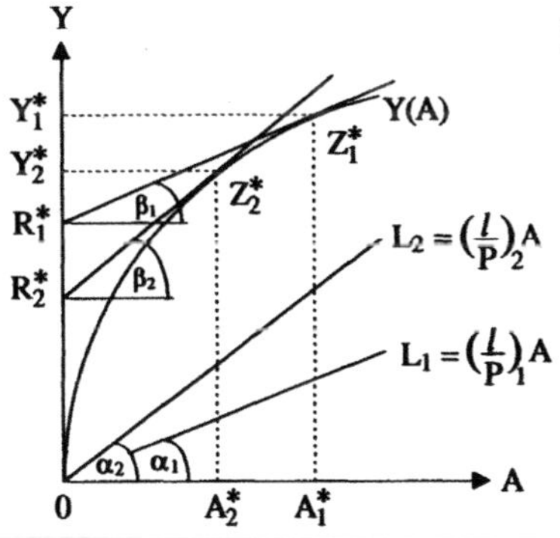

Abb. 17a

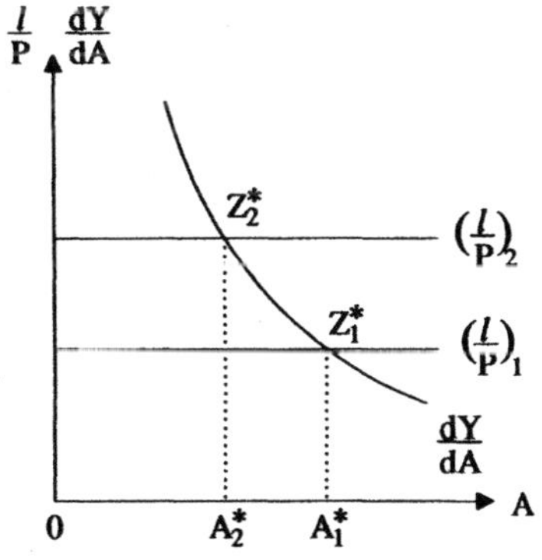

Abb. 17b

Unter den eingeführten Annahmen ist also das geplante Güterangebot ebenso wie die geplante Arbeitsnachfrage der Unternehmungen negativ mit dem Reallohnniveau verknüpft. Anders ausgedrückt: Die Lohnelastizität des Arbeitsangebots, das Verhältnis der relativen Variationen von Arbeitsangebot und Reallohnniveau, ist negativ. Dies impliziert, wie gesagt, bestimmte Eigenschaften der Nutzenfunktion.

c. *Simultanes Güter- und Arbeitsmarktgleichgewicht im Ein-Perioden-Modell*

Bei jeder gegebenen Höhe des Reallohnniveaus bieten die privaten Haushalte die nutzenmaximale Arbeitsmenge an, und sie fragen die nutzenmaximale Gütermenge nach. Nutzenmaximales Arbeitsangebot und nutzenmaximale Güternachfrage sind unter den entsprechenden Annahmen positiv mit dem Reallohnniveau verknüpft. Im Nutzenmaximum stimmt die Grenzrate der Substitution von Konsum durch Freizeit, stimmt das Verhältnis der Grenznutzen von Freizeit und Konsum, mit dem Reallohnniveau l/P überein. Die privaten Unternehmungen fragen bei jeder gegebenen Höhe des Reallohnniveaus die gewinnmaximale Arbeitsmenge nach, und sie bieten die gewinnmaximale Gütermenge an. Gewinnmaximale Arbeitsnachfrage und gewinnmaximales Güterangebot sind negativ mit dem Reallohnniveau verknüpft. Im Gewinnmaximum stimmt die Grenzproduktivität der Arbeit mit dem Reallohnniveau überein. Die Lohnelastizität des Arbeitsangebots und der Güternachfrage ist also positiv, die Lohnelastizität der Arbeitsnachfrage und des Güterangebots negativ.

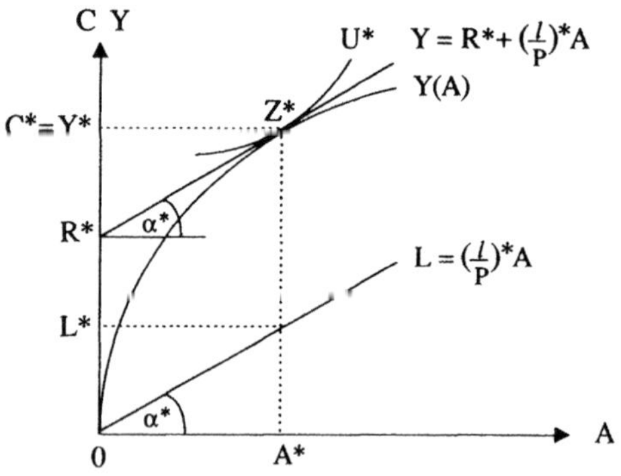

Abb. 18

Im Gütermarktgleichgewicht stimmen nutzenmaximale Güternachfrage und gewinnmaximales Güterangebot, im Arbeitsmarktgleichgewicht gewinnmaximale Arbeitsnachfrage und nutzenmaximales Arbeitsangebot überein. Im simultanen Güter- und Arbeitsmarktgleichgewicht hat das

Reallohnniveau jene Höhe, bei der einerseits geplantes Güterangebot und geplante Güternachfrage, bei der andererseits geplantes Arbeitsangebot und geplante Arbeitsnachfrage gleich sind. Unter neoklassischen Annahmen existiert jedenfalls eine Lösung für das simultane Gleichgewicht auf Güter- und Arbeitsmarkt. In Abb. 18 sind die Gleichgewichtsbedingungen

$$Y^a\left(\frac{l}{P}\right) \stackrel{!}{=} Y^n\left(\frac{l}{P}\right) \quad \text{und} \quad A^a\left(\frac{l}{P}\right) \stackrel{!}{=} A^n\left(\frac{l}{P}\right)$$

gleichzeitig erfüllt, wenn das Reallohnniveau die Höhe $(l/P)^*$ hat. Geplantes Angebot und geplante Nachfrage stimmen dann auf dem Arbeitsmarkt in Höhe von A^*, auf dem Gütermarkt in Höhe von Y^* überein.

Arbeits- und Gütermarktgleichgewicht lassen sich auch getrennt darstellen. In Abb. 19a wird an der Waagerechten die Arbeitsmenge, an der Senkrechten das Reallohnniveau gemessen. Die Kurve A^a nennt die jeder alternativen Höhe des Reallohnniveaus zugeordnete nutzenmaximale Höhe des Arbeitsangebots der Haushalte, die Kurve A^n die jeder alternativen Höhe des Reallohnniveaus zugeordnete gewinnmaximale Höhe der Arbeitsnachfrage der Unternehmungen. Das nutzenmaximale Arbeitsangebot ist positiv, die gewinnmaximale Arbeitsnachfrage negativ mit dem Reallohnniveau verknüpft. Das Arbeitsmarktgleichgewicht wird durch den Schnittpunkt von Angebots- und Nachfragekurve bestimmt: Bei einem Reallohnniveau $(l/P)^*$ stimmen geplantes Angebot und geplante Nachfrage in Höhe von A^* überein.

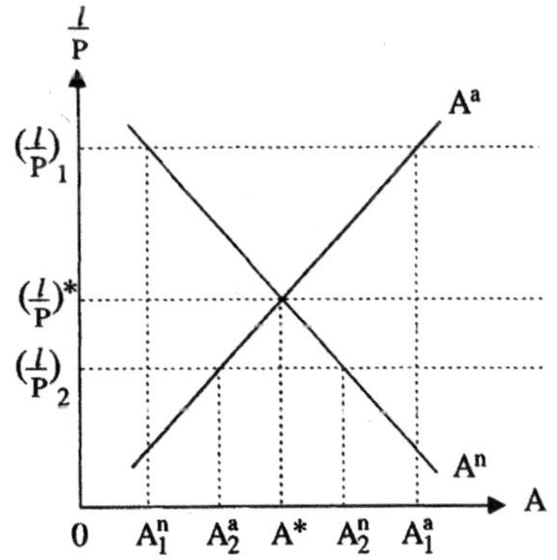

Abb. 19a

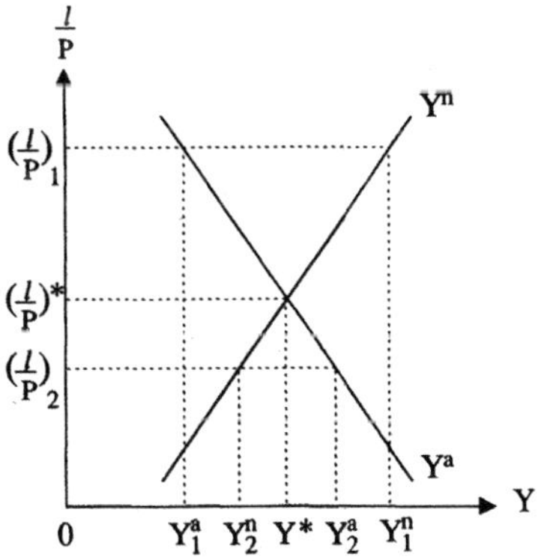

Abb. 19b

In Abb. 19b wird an der Waagerechten die Gütermenge, an der Senkrechten das Reallohnniveau gemessen. Die Kurve Y^n nennt die jeder alternativen Höhe des Reallohnniveaus zugeordnete nutzenmaximale Höhe der Güternachfrage der Haushalte, die Kurve Y^a die jeder alternativen Höhe des

Reallohnniveaus zugeordnete gewinnmaximale Höhe des Güterangebots der Unternehmungen. Das gewinnmaximale Güterangebot ist negativ, die nutzenmaximale Güternachfrage positiv mit dem Reallohnniveau verknüpft. Das Gütermarktgleichgewicht wird durch den Schnittpunkt von Angebots- und Nachfragekurve bestimmt: Bei dem Reallohnniveau $(l/P)^*$ stimmen geplantes Angebot und geplante Nachfrage überein. Der Einfachheit halber sind alle vier Kurven als Gerade gezeichnet.

Im beschriebenen Zwei-Märkte-Modell impliziert das Gleichgewicht auf dem Arbeitsmarkt immer auch das auf dem Gütermarkt, bzw. ein Ungleichgewicht auf dem Arbeitsmarkt impliziert ein gleichzeitiges Ungleichgewicht auf dem Gütermarkt. Hat zum Beispiel

(1) das Reallohnniveau die Höhe $(l/P)_1$, liegt es also über dem Gleichgewichtswert $(l/P)^*$, so ist einerseits die nutzenmaximale Güternachfrage Y_1^n größer als das gewinnmaximale Güterangebot Y_1^a, und es ist andererseits das nutzenmaximale Arbeitsangebot A_1^a größer als die gewinnmaximale Arbeitsnachfrage A_1^n. Auf dem Arbeitsmarkt herrscht eine Nachfrage-, auf dem Gütermarkt eine Angebotslücke. Hat stattdessen

(2) das Reallohnniveau die Höhe $(l/P)_2$, liegt es also unter dem Gleichgewichtswert $(l/P)^*$, so ist einerseits die nutzenmaximale Güternachfrage Y_2^n kleiner als das gewinnmaximale Güterangebot Y_2^a, und es ist andererseits das nutzenmaximale Arbeitsangebot A_2^a kleiner als die gewinnmaximale Arbeitsnachfrage A_2^n. Auf dem Arbeitsmarkt herrscht eine Angebots-, auf dem Gütermarkt eine Nachfragelücke.

Ganz gleich also, ob das Reallohnniveau zu hoch oder zu niedrig ist: In beiden Fällen impliziert das Ungleichgewicht auf dem einen Markt das auf dem anderen. Es ist im neoklassischen Zwei-Märkte-Modell nicht möglich, daß auf einem Markt Gleichgewicht, auf dem anderen Ungleichgewicht besteht. Entweder herrscht auf beiden Märkten zugleich oder auf keinem der beiden Märkte Gleichgewicht (WALRAS-Gesetz).

Das WALRAS-Gesetz besagt, einfach erklärt, daß in einem System von n Märkten, die über die Budgetrestriktionen der Akteure verbunden sind, die Summe der mit den aktuellen Preisen gewogenen Nachfrageüberschüsse notwendig gleich null ist. Dies impliziert, daß bei einem Gleichgewicht auf n-1 Märkten auch auf dem n-ten Markt Gleichgewicht herrscht. Oder: Das Ungleichgewicht auf einem der n Märkte impliziert, daß auf mindestens einem der n-1 anderen Märkte Ungleichgewicht herrscht. Im Zwei-Märkte-Modell bedeutet dies, daß das Gleichgewicht (Ungleichgewicht) auf dem einen Markt immer auch Gleichgewicht (Ungleichgewicht) auf dem anderen Markt impliziert.

2. Güter- und Arbeitsmarktgleichgewicht auf der Grundlage von Mehr-Perioden-Optimierungskalkülen

a. *Güternachfrage und Arbeitsangebot der Haushalte im Zwei-Perioden-Modell*

Bisher war angenommen, der Optimierungskalkül der privaten Haushalte umfasse nur eine Periode, und die für diesen Zeitraum geplante Ersparnis habe eine Höhe von null. Unterstellt nun die Nutzenmaximierung über zwei Perioden. In den Zwei-Perioden-Optimierungskalkül der Haushalte geht unter den getroffenen Annahmen die homothetische Nutzenindexfunktion

$$U = U(C_1, F_1, C_2, F_2)$$

mit

$$\frac{\partial U}{\partial C_1} > 0, \quad \frac{\partial^2 U}{\partial C_1^2} < 0$$

$$\frac{\partial U}{\partial F_1} > 0, \quad \frac{\partial^2 U}{\partial F_1^2} < 0$$

und

$$\frac{\partial U}{\partial C_2} > 0, \quad \frac{\partial^2 U}{\partial C_2^2} < 0$$

$$\frac{\partial U}{\partial F_2} > 0, \quad \frac{\partial^2 U}{\partial F_2^2} < 0$$

ein. Auf eine Spezifikation dieser temporalen Nutzenindexfunktion wird verzichtet. Bei additiver oder multiplikativer Verknüpfung der vier Argumente ist wegen der Homothetie der Nutzenindexfunktion jedenfalls gewährleistet, daß

(1) Änderungen von C_1 und F_1 bei Konstanz von C_2/F_2 keinen Einfluß auf den relativen Grenznutzen von C_2 und F_2, und daß

(2) Änderungen von C_2 und F_2 bei Konstanz von C_1/F_1 keinen Einfluß auf den relativen Grenznutzen von C_1 und F_1 haben.

Dies wiederum impliziert, daß

(1) Zentrum und Krümmung des Indifferenzkurvensystems im C_1-F_1-Raum von der absoluten und relativen Höhe von C_2 und F_2 und daß

(2) Zentrum und Krümmung des Indifferenzkurvensystems im C_2-F_2-Raum von der absoluten und relativen Höhe von C_1 und F_1 unabhängig sind.

Zentrum und Krümmung der partiellen Indifferenzkurvensysteme existieren damit unabhängig von der Aufteilung der wirtschaftlichen Mittel auf beide Perioden, also unabhängig von der Höhe des Sachvermögens, das aus der ersten in die zweite Periode übertragen wird. Bezeichnet man das reale, in Gütereinheiten umgerechnete, also das Sachvermögen am Anfang von Periode 1 mit V_0, das am Ende der ersten und Anfang der zweiten Periode mit V_1, jenes am Ende der Periode 2 mit V_2 und das reale, in Gütereinheiten umgerechnete Zins- und Gewinneinkommen beider Perioden mit R_1 und R_2, so lauten die realen Budgetrestriktionen:

$$V_0 + \frac{l_1}{P_1} T_1 + R_1 = C_1 + \frac{l_1}{P_1} F_1 + V_1$$

$$V_1 + \frac{l_2}{P_2} T_2 + R_2 = C_2 + \frac{l_2}{P_2} F_2 + V_2 \,.$$

Der Haushaltssektor erhält als Eigentümer des Arbeitsvermögens T das reale Lohneinkommen L, als Eigentümer des Kapitalstocks der Unternehmungen das reale Zins- und Gewinneinkommen R. Subtrahiert man in den beiden Bilanzgleichungen das jeweilige Anfangsvermögen und die bewertete Freizeit, so lauten die realen Budgetrestriktionen beider Perioden

$$Y_1 = \frac{l_1}{P_1} A_1 + R_1 = C_1 + (V_1 - V_0) = C_1 + S_1$$

$$Y_2 = \frac{l_2}{P_2} A_2 + R_2 = C_2 + (V_2 - V_1) = C_2 + S_2 \,.$$

Die linke Seite dieser Bilanzgleichungen beschreibt die Einkommensverteilung, die rechte Seite die Einkommensverwendung beider Perioden. Eine positive Ersparnis in Periode 1 überträgt wirtschaftliche Mittel von der Gegenwart in die Zukunft, eine negative Ersparnis in Periode 1 wirtschaftliche Mittel von der Zukunft in die Gegenwart.

Bei homothetischer Nutzenindexfunktion ist, wie bereits im atemporalen Haushaltsmodell geklärt, mit dem Reallohnniveau das nutzenmaximale Verhältnis von Konsum und Freizeit in Periode 1 determiniert. Mit der Höhe der Ersparnis S_1 variiert also nicht das nutzenmaximale Verhältnis von Konsum und Freizeit, sondern die absolute Höhe C_1 und F_1 von Konsum und Freizeit und damit auch die der Arbeitszeit der Periode 1. Ebenso variiert bei gegebenem Reallohnniveau der Periode 2 mit der Höhe der Ersparnis S_2 nicht das nutzenmaximale Verhältnis von Konsum und Freizeit, sondern die absolute Höhe C_2 und F_2 von Konsum und Freizeit und damit auch die der Arbeitszeit der Periode 2. Es zeigt sich, daß unter den eingeführten Annahmen eine intertemporale Übertragung von wirtschaftlichen Mitteln, daß also positive und negative Ersparnisse nicht nur die nutzenmaximale Höhe und Aufteilung des Gesamtkonsums C_1+C_2 sondern auch die der gesamten Freizeit F_1+F_2 und damit die der gesamten Arbeitszeit A_1+A_2 beider Perioden beeinflußt.

Bei gegebener Höhe der Reallohnniveaus l_1/P_1 und l_2/P_2 sind die nutzenmaximalen Konsum-Freizeit-Relationen C_1/F_1 und C_2/F_2 beider Perioden determiniert. Die Höhe des Sachvermögens V_1, das aus der ersten Periode in die zweite übertragen wird, entscheidet dann unter den getroffenen Annahmen nur noch über die absolute Höhe von Konsum und Freizeit in beiden Perioden. Mißt man das Konsum-Freizeit-Niveau einer Periode anhand der Zahl von Konsum-Freizeit-Bündeln, deren jedes eine Konsumgütermenge von eins und eine Freizeitmenge f enthält, wobei f so bestimmt ist, daß 1/f die bei dem gegebenen Lohn- und Preisniveau nutzenmaximale Konsum-Freizeit-Relation ist, so kann der reale Konsum der jeweiligen Periode als Maß für das Konsum-Freizeit-Niveau genommen werden.

Unter dieser Annahme kann die Nutzenindexfunktion $U(C_1,F_1,C_2,F_2)$ auf

$$U = U(C_1,C_2)$$

mit

$$\frac{\partial U}{\partial C_1} > 0, \qquad \frac{\partial^2 U}{\partial C_1^2} < 0$$

$$\frac{\partial U}{\partial C_2} > 0, \qquad \frac{\partial^2 U}{\partial C_2^2} < 0$$

reduziert werden. Diese reduzierte Nutzenfunktion existiert also unter der Annahme, daß das nutzenmaximale Verhältnis von Konsum und Freizeit für beide Perioden bereits festgestellt ist, und dies impliziert eine bestimmte Höhe des Reallohnniveaus in beiden Perioden. Die reduzierte Nutzenindexfunktion läßt sich im C_1-C_2-Raum in Form eines Indifferenzkurvensystems darstellen. Unter den getroffenen Annahmen gilt das "Gesetz von der abnehmenden Grenzrate der Substitution", und die Homothetie der Funktion – also: die perspektivische Ähnlichkeit der Indifferenzkurven – impliziert, daß die Grenzrate der Substitution, daß das Verhältnis der Grenznutzen von Gegenwarts- und Zukunftsgütern auf Ursprungsstrahlen, also bei Konstanz des Verhältnisses C_1/C_2, ebenfalls konstant ist.

Sind die Haushalte in der Lage, wirtschaftliche Mittel zum gegebenen realen Zinsniveau r von Periode 1 nach Periode 2 oder umgekehrt von Periode 2 nach Periode 1 zu übertragen und derart das gegenwärtige Konsum-Freizeit-Niveau zugunsten des zukünftigen zu verringern oder zu Lasten des zukünftigen Konsum-Freizeit-Niveaus zu vergrößern, so ist der maximale Konsum beider Perioden durch die Gleichungen

$$C_1^{max} = C_1^0 + \frac{1}{1+r} C_2^0$$

$$C_2^{max} = C_1^0(1+r) + C_2^0$$

bestimmt. C_1^0 und C_2^0 sind die jeweiligen Höhen des Konsums, die sich bei einer Ersparnis von null ergeben, C_1^{max} und C_2^{max} die jeweiligen Höhen des Konsums, die sich dann ergeben, wenn die wirtschaftlichen Mittel der anderen Periode in der betreffenden Periode verfügbar sind. Also ist

$$\frac{C_2^{max}}{C_1^{max}} = (1+r)\,\frac{C_1^0 + \frac{1}{1+r} C_2^0}{C_1^0 + \frac{1}{1+r} C_2^0} = 1+r\ .$$

Der Zinsfaktor 1+r ist gleich der realen Austauschrelation von Zukunfts- und Gegenwartskonsum. Die Verringerung des gegenwärtigen Konsums um eine Einheit (bei gleichzeitiger Senkung der gegenwärtigen Freizeit um f_1 Einheiten) erlaubt, den zukünftigen Konsum um 1+r Einheiten (und die zukünftige Freizeit um $(1+r)f_2$ Einheiten) zu erhöhen. Die Abb. 20a und 20b demonstrieren diesen Zusammenhang im C_1-C_2-Raum. Bei gegebenem Zinsfaktor 1+r nennt die Budgetlinie C_2^{max}/C_1^{max} mit dem Anstieg $1+r=\tan\gamma$ die den Haushalten erreichbaren Kombinationen von zukünftigem und gegenwärtigem Konsum:

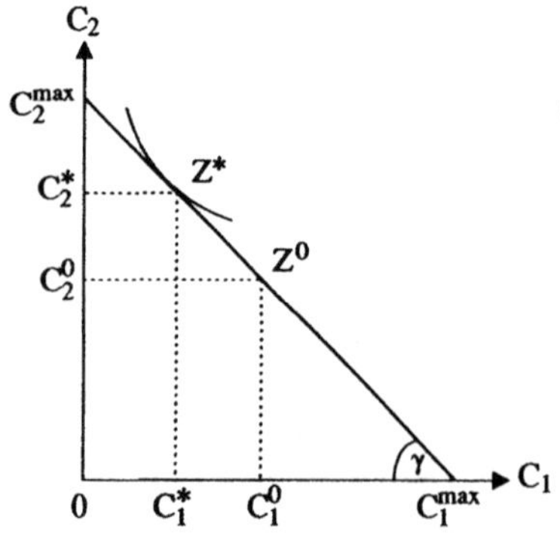

Abb. 20a

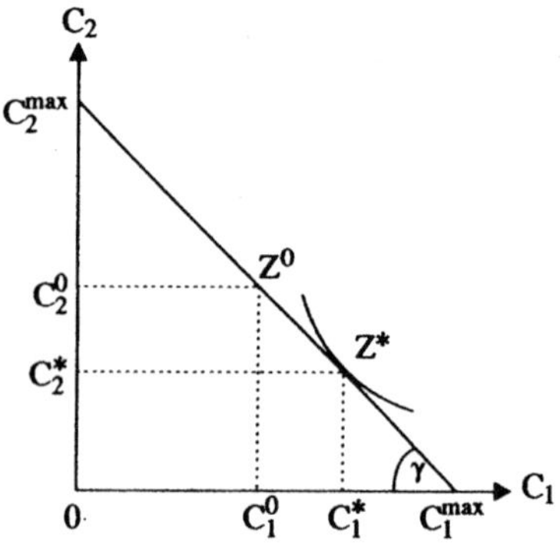

Abb. 20b

Bei der gegebenen Höhe des Reallohnniveaus beider Perioden und des Zinsniveaus ist die durch den Tangentialpunkt Z* bestimmte Kombination von C_2^* und C_1^*, von Zukunfts- und Gegenwartskonsum (und zugeordneter Freizeit), nutzenmaximal. Mit Hilfe der Methode der LAGRANGE-Multiplikatoren ist nachweisbar, wie im Ein-Perioden-Modell demonstriert, daß in diesem Punkt die Grenzrate der Substitution, das Verhältnis der Grenznutzen von Zukunfts- und Gegenwartskonsum mit dem relativen Preis dieser Güter, mit dem Zinsfaktor 1+r übereinstimmt:

$$-\frac{dC_2}{dC_1} = \frac{\frac{\partial U}{\partial C_1}}{\frac{\partial U}{\partial C_2}} = 1+r\,.$$

Anders ausgedrückt: Im Zwei-Perioden-Gleichgewicht stimmen die mit den Kehrwerten ihrer Preise gewogenen Grenznutzen von Gegenwarts- und Zukunftsgütern überein. In Abb. 20a ist angenommen, daß die nutzenmaximale Ersparnis der ersten Periode positiv und die der zweiten Periode negativ ist. Das nutzenmaximale Konsumniveau C* ist in Periode 1 kleiner und in Periode 2 größer als der Wert C_0, der sich bei einer Ersparnis von null ergäbe. In dem in Abb. 20b dargestellten Fall einer negativen Ersparnis in Periode 1 und einer positiven Ersparnis in Periode 2 liegt der Tangentialpunkt Z* nicht oberhalb sondern unterhalb des Punktes Z^0, der die Konsum-Freizeit-Niveaus beider Perioden bestimmt, die sich ohne eine zeitliche Verlagerung wirtschaftlicher Mittel, also unter der Annahme $S_1=S_2=0$ ergäben.

Eine Erhöhung des realen Zinsniveaus dreht die Budgetlinie im Uhrzeigersinn, weil (1) der aufgezinste Wert von C_1^0 und damit die Höhe von C_2^{max} steigt, und weil (2) der abgezinste Wert von C_2^0 und damit die Höhe von C_1^{max} sinkt. Die relative Verteuerung der Gegenwartsgüter gegenüber den Zukunftsgütern läßt das nutzenmaximale Verhältnis C_2/C_1 von Zukunfts- und Gegenwartsgütern steigen. Dies kann, muß aber nicht bedeuten, daß das gegenwärtige Konsumniveau C_1 sinkt, daß also das geplante Sachvermögen V_1, die geplante Ersparnis S_1, mit dem Zinsniveau steigt.

Abb. 21a demonstriert den Fall einer positiven, Abb. 21b den einer negativen Zinselastizität von Ersparnis und Vermögen. In beiden Darstellungen läßt eine Zinserhöhung die Budgetlinie im Uhrzeigersinn um den Punkt Z^+ rotieren. Diesem Punkt sind die Konsumniveaus C_1^+ und C_2^+ zugeordnet, die sich dann ergeben, wenn $V_1=0$ und damit $S_1=-V_0$, $S_2=V_0$ ist. Unter dieser Annahme entstehen in der zweiten Periode keine Zinseinkommen, weil das Sachvermögen, das von der ersten Periode in die zweite übertragen wird, eine Höhe von null hat, und in dieser Konstellation hat das Zinsniveau keinen Einfluß auf die Höhe der wirtschaftlichen Mittel beider Perioden.

In Abb. 21a läßt die Zinserhöhung, die Drehung der Budgetlinie im Uhrzeigersinn um den Punkt Z^+, C_2^* steigen und C_1^* sinken: Die Zinserhöhung verursacht

(1) eine Senkung der geplanten gegenwärtigen Güternachfrage und eine Erhöhung des geplanten gegenwärtigen Arbeits- und Kapitalangebots,

(2) eine Erhöhung der geplanten zukünftigen Güternachfrage und eine Senkung des geplanten zukünftigen Arbeits- und Kapitalangebots.

In Abb. 21b dagegen läßt die Zinserhöhung sowohl C_1^* als auch C_2^* steigen: In beiden Perioden steigt die geplante Güternachfrage, und es sinkt das geplante Arbeits- und Kapitalangebot.

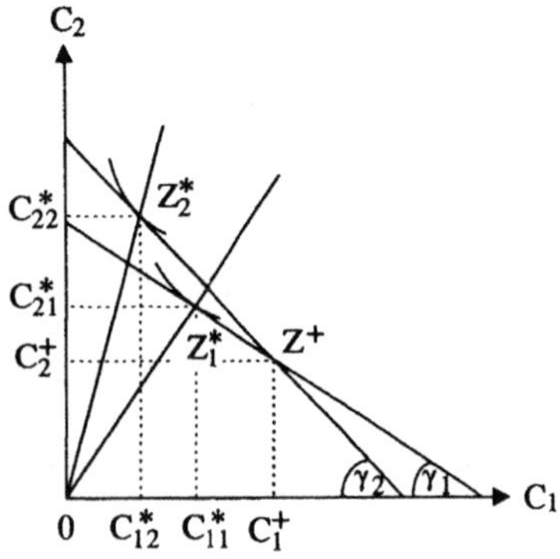

Abb. 21a

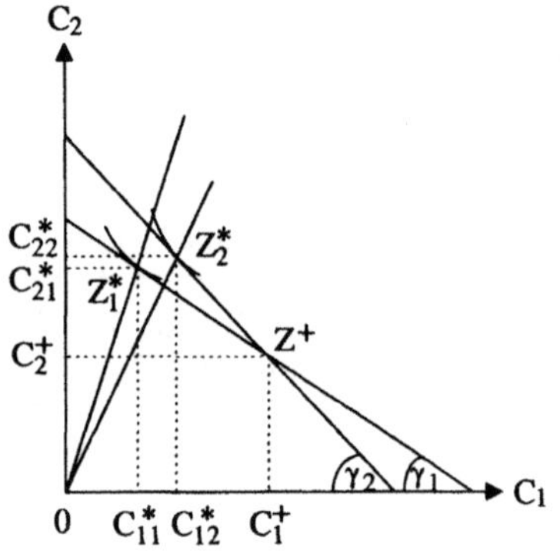

Abb. 21b

Mit anderen Worten: In Abb. 21a dominiert der Substitutions-, in Abb. 21b der Einkommenseffekt der Zinserhöhung. Entsprechendes gilt für eine Senkung des Zinsniveaus: Eine Drehung der Budgetlinie entgegen dem Uhrzeigersinn um den Punkt Z^+ läßt in Abb. 21a, bei Dominanz des Substitutionseffektes, die geplante gegenwärtige Güternachfrage steigen und das geplante gegenwärtige Arbeits- und Kapitalangebot sinken, während in Abb. 21b, bei Dominanz des Einkommenseffektes, die geplante gegenwärtige Güternachfrage sinkt und das geplante gegenwärtige Arbeits- und Kapitalangebot steigt.

Die Eigenschaften der Nutzenindexfunktion entscheiden darüber, wie die geplante Güternachfrage und das geplante Arbeits- und Kapitalangebot auf Veränderungen des realen Zinsniveaus reagieren. In neoklassischen Standardtexten wird im allgemeinen angenommen, die Zinselastizität der gegenwärtigen Güternachfrage sei negativ, die des gegenwärtigen Kapitalangebots also positiv. Unter den getroffenen Annahmen impliziert eine negative Zinselastizität der gegenwärtigen Güternachfrage freilich auch eine positive Zinselastizität des gegenwärtigen Arbeitsangebots, weil die Konsum-Freizeit-Relation mit dem gegenwärtigen Reallohnniveau konstant ist.

Insoweit war angenommen, das Reallohnniveau, das dem Optimierungskalkül zugrunde liegt, sei für beide Perioden konstant. Es bleibt also zu klären, welchen Einfluß eine Veränderung von l_1/P_1 oder l_2/P_2 auf die nutzenmaximale Höhe des Konsums und der Freizeit beider Perioden hat. Eine Erhöhung des Reallohnniveaus der Periode 1 verschiebt einerseits die Budgetlinie, andererseits das Indifferenzkurvensystem nach außen, und dies impliziert, daß die nutzenmaximale Höhe des Gegenwarts- ebenso wie die des Zukunftskonsums steigt:

(1) Eine Erhöhung von l_1/P_1 um $d(l_1/P_1)$ läßt die wirtschaftlichen Mittel und damit bei homothetischer Nutzenindexfunktion auch das nutzenmaximale Konsumniveau C_1^0 steigen. Dies impliziert Erhöhungen von C_1^{max} und C_2^{max} um

$$dC_1^{max} = dC_1^0$$

$$dC_2^{max} = dC_1^0(1+r) \ .$$

Also wird die Budgetlinie im C_1-C_2-Raum um den Betrag dC_1^0 nach rechts bzw. um den Betrag $dC_1^0(1+r)$ nach oben verschoben. Umgekehrt verschiebt eine Senkung von l_1/P_1 die Budgetlinie um den Betrag dC_1^0 nach links bzw. um den Betrag $dC_1^0(1+r)$ nach unten.

(2) Bei homothetischer Nutzenindexfunktion läßt eine Erhöhung von l_1/P_1 die nutzenmaximale Konsum-Freizeit-Relation steigen: Die relative Verteuerung der Freizeit impliziert eine Senkung der Freizeit je Konsumeinheit (f). Veränderungen des Reallohnniveaus lassen also die einem Konsumniveau C_1 zugeordneten nutzenmaximalen Freizeitmengen steigen oder sinken. Es läßt sich zeigen, daß solche Veränderungen der Konsum-Freizeit-Relation bei den angenommenen Eigenschaften der Nutzenindexfunktion zwar das Niveau, nicht aber die Krümmung der Indifferenzkurven im C_1-C_2-Raum beeinflussen. Das Indifferenzkurvensystem wird im C_1-C_2-Raum bei einer Senkung der Konsum-Freizeit-Relation C_1/F_1 bei Konstanz von Zentrum und Krümmung der Kurven vom Ursprung weg verschoben. Mit anderen Worten: Für jede beliebige C_1-C_2-Konstellation steigt der absolute Nutzenindex U bei konstanter Grenzrate der Substitution. Der absolute Nutzenindex, anders als die Grenzrate der Substitution, als das Verhältnis der Grenznutzen von Gegenwarts- und Zukunftsgütern, spielt indessen im Optimierungskalkül keine Rolle.

Eine Erhöhung des Reallohnniveaus l_1/P_1 impliziert also

(1) im C_1-F_1-Raum eine Drehung der Budgetlinie nach oben, weil das maximale Arbeitseinkommen $(l_1/P_1)T_1$ bei gegebenem Zins- und Gewinneinkommen R_1 steigt. Diese Verteuerung der Freizeit läßt in Periode 1 die nutzenmaximale Konsum-Freizeit-Relation steigen. Die Veränderung von l_1/P_1 hat bei gegebener Höhe von l_2/P_2 keinen Einfluß auf die nutzenmaximale Konsum-Freizeit-Kombination der Periode 2.

(2) im C_1-C_2-Raum bei konstanter Krümmung der Indifferenzkurven eine Parallelverschiebung der Budgetlinie nach außen.

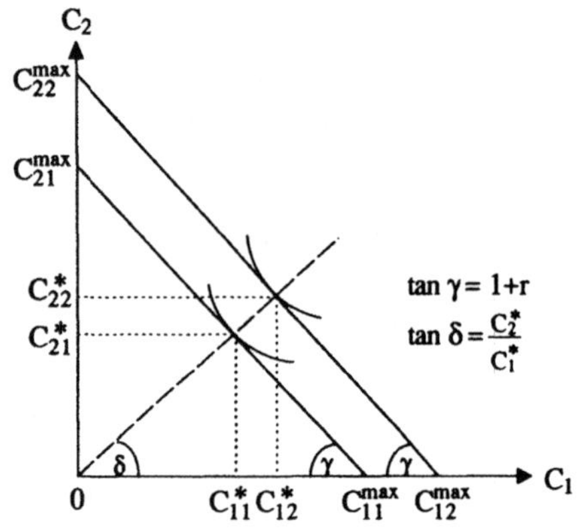

Abb. 22

Eine Erhöhung des Reallohnniveaus l_1/P_1 um $d(l_1/P_1)$ verschiebt die Budgetlinie C_2^{max}/C_1^{max} bei gegebenem Zinsniveau r um den Betrag dC_1^{max} nach rechts, um den Betrag $dC_2^{max}=(1+r)dC_1^{max}$ nach oben. Das Indifferenzkurvensystem bleibt bis auf die den einzelnen Kurven zugeordneten Nutzenindizes unverändert. Die Parallelverschiebung der Budgetlinie nach außen läßt darum das nutzenmaximale Verhältnis von Zukunfts- und Gegenwartskonsum unverändert: C_2^* und C_1^* steigen bei konstanter Relation von C_2^* und C_1^*. Die Veränderung von l_1/P_1 hat in Hinsicht auf die Aufteilung des gesamten Einkommens auf gegenwärtigen und zukünftigen Konsum allein einen Einkommens- und keinen Substitutionseffekt. Die Erhöhung des gegenwärtigen Rallohnniveaus läßt nicht nur den gegenwärtigen Konsum, sondern auch den zukünftigen steigen, und dies impliziert eine höhere Ersparnis, ein höheres Sachvermögen, das von Periode 1 in Periode 2 übertragen wird.

Eine Verbesserung der wirtschaftlichen Verhältnisse in der Gegenwart impliziert unter den getroffenen Annahmen

(1) eine Zunahme der geplanten gegenwärtigen Güternachfrage und des geplanten gegenwärtigen Kapitalangebots, der geplanten gegenwärtigen Ersparnis,

(2) eine Zunahme der geplanten zukünftigen Güternachfrage und eine Abnahme des geplanten zukünftigen Kapitalangebots, der geplanten zukünftigen Ersparnis.

Die Veränderung des für die Periode 2 erwarteten Reallohnniveaus beeinflußt unter den eingeführten Annahmen die nutzenmaximale Konsum-Freizeit-Relation der Periode 2 bei Konstanz der nutzenmaximalen Konsum-Freizeit-Relation der Periode 1. Eine Erhöhung von l_2/P_2 läßt die erwarteten wirtschaftlichen Mittel und damit die Höhe von C_2^0 um dC_2^0 steigen. Dies impliziert eine Erhöhung von C_2^{max} und C_1^{max} um

$$dC_2^{max} = dC_2^0$$

$$dC_1^{max} = dC_2^0 \frac{1}{1+r} .$$

Die Erhöhung des Reallohnniveaus der Periode 2 verschiebt, nicht anders als die des Reallohnniveaus der Periode 1, die Budgetlinie im C_1-C_2-Raum nach außen, und dies impliziert bei den angenommenen Eigenschaften der Nutzenindexfunktion eine Zunahme von C_1^* und C_2^* bei konstanter Relation von C_1^* und C_2^*. In Hinsicht auf die Aufteilung der wirtschaftlichen Mittel auf beide Perioden hat die Veränderung von l_2/P_2 nicht anders als die von l_1/P_1 nur einen Einkommens- und keinen Substitutionseffekt. Die erwartete Verbesserung der zukünftigen wirtschaftlichen Verhältnisse läßt

(1) die geplante gegenwärtige Güternachfrage steigen und das geplante gegenwärtige Kapitalangebot, die geplante gegenwärtige Ersparnis, sinken, während

(2) die geplante zukünftige Güternachfrage steigt und die geplante zukünftige Ersparnis, das geplante zukünftige Kapitalangebot, sinkt.

Reallohnvariationen in Periode 1 wirken über Veränderungen des geplanten Sachvermögens auf die Angebots- und Nachfragedispositionen für Periode 2 ein, erwartete Reallohnveränderungen in Periode 2 beeinflussen in gleicher Weise die Güternachfrage und das Arbeits- und Kapitalangebot der Periode 1.

b. *Güterangebot und Arbeitsnachfrage der Unternehmungen im Zwei-Perioden-Modell*

ba. *Die Planung von Lagerinvestitionen im Zwei-Perioden-Modell*

Im atemporalen Unternehmungsmodell war angenommen, der Gewinnmaximierungskalkül der privaten Unternehmungen umfasse eine Periode, und die geplante Investition sei gleich null, der geplante Endkapitalstock stimme mit dem gegebenen Anfangskapitalstock überein. Angenommen nun, der Planungshorizont der Unternehmungen erstrecke sich über zwei Perioden, und der für das Ende der Periode 2, für den Planungshorizont geplante Kapitalstock sei ebenso wie der Kapitalstock am Beginn der Periode 1 positiv. Eine Vergrößerung oder Verringerung des Kapitalstocks in der ersten oder zweiten Periode impliziert positive oder negative Investitionen, und dabei kann es sich um Lager- oder Anlageinvestitionen handeln. Lagerinvestitionen vergrößern oder verringern die Bestände an Vor-, Zwischen- und Endprodukten, Anlageninvestitionen die Bestände an Gebäuden, Maschinen und anderen langlebigen Produktionsmitteln, die im Produktionsprozeß eingesetzt werden. Angenommen der Einfachheit halber, die Unternehmungen planten für das Ende der Periode 2 einen Lagerbestand, der mit dem am Beginn der Periode 1 übereinstimmt, so daß also die geplante Nettolagerinvestition über beide Perioden eine Höhe von null hat. Bezeichnet man den Lagerbestand am Anfang der ersten Periode mit B_0, jenen am Ende der ersten und am Anfang der zweiten Periode mit B_1 und den Lagerbestand am Ende der zweiten Periode mit B_2, so gilt also $B_0=B_2$ und damit

$$\begin{aligned} I_1 &= B_1 - B_0 \\ I_2 &= B_2 - B_1 \\ \hline I_1 + I_2 &= B_2 - B_0 = 0\,. \end{aligned}$$

Die Lagerhaltung sei ein spezieller Produktionsprozeß, der den Einsatz von (1) Anlagenkapital und (2) Lagerkapital in Form der gelagerten Gütermenge verlangt. Der Anlagenbestand in der Lagerproduktion sei wie jener in der Güterproduktion konstant, der Arbeitseinsatz in der Lagerproduktion gleich null. Güterausstoß und Faktoreinsatz sollen durch neoklassische Produktionsfunktionen abgebildet werden:

$$Y^a = Y^a(A) \quad \text{mit} \quad \frac{dY^a}{dA} > 0, \quad \frac{d^2Y^a}{dA^2} < 0$$

$$Y^b = Y^b(B) \quad \text{mit} \quad \frac{dY^b}{dB} > 0, \quad \frac{d^2Y^b}{dB^2} < 0$$

Dabei ist Y^a der Ausstoß, A der Arbeitseinsatz in der Güterproduktion, Y^b der Ausstoß und B der Lagereinsatz in der Lagerproduktion. Unter den getroffenen Annahmen laufen also in jeder der beiden Perioden zwei Produktionsprozesse ab:

(1) Der $Y^a(A)$-Prozeß, die Güterproduktion, in der neben dem konstanten Anlagenbestand K^a Arbeitseinheiten in variabler Menge eingesetzt werden und

(2) der $Y^b(B)$-Prozeß, die Lagerproduktion, in der neben dem konstanten Anlagenbestand K^b Gütereinheiten in variabler Menge eingesetzt werden.

Beide Prozesse erzeugen gleiche Endprodukte, nämlich Güter, die zu Konsum- und Investitionszwecken verwendet werden. Das Güterangebot C der Unternehmungen ist unter diesen Annahmen in jeder der beiden Perioden gleich Güterproduktion Y^a plus Lagerproduktion Y^b minus Bruttoinvestition. Die Bruttoinvestition ist gleich dem Lagerbestand, der in die nächste Periode übernommen wird. Die Nettoinvestition I der einzelnen Periode ist dann positiv, wenn der Endbestand, der in die nächste Periode übertragen wird, größer als der Anfangsbestand der jeweiligen Periode ist. Wird der Lagerbestand durch Aufnahme von Fremd- oder Eigenmitteln finanziert, so impliziert eine positive Lagerinvestition eine Erhöhung und eine negative Lagerinvestition eine Senkung der Kapitalnachfrage der Unternehmungen. Unter diesen Annahmen bestimmen die Unternehmungen Güterangebot, Arbeits- und Kapitalnachfrage so, daß der Gegenwartswert der Einnahmenüberschüsse

$$Q_1 = C_1 - \frac{l_1}{P_1} A_1$$

$$Q_2 = C_2 - \frac{l_2}{P_2} A_2$$

beider Perioden, daß der Kapitalwert

$$Q = Q_1 + \frac{1}{1+r} Q_2$$

ein Maximum ist. Es gelten die Budgetgleichungen

$$C_1 = Y_1^a(A_1) + Y_1^b(B_0) - B_1$$

$$C_2 = Y_2^a(A_2) + Y_2^b(B_1) - B_2$$

Dabei ist $Y_1^a+Y_1^b$ die Bruttoproduktion der Periode 1 und $Y_2^a+Y_2^b$ die der Periode 2.

Die realen, in Gütern bewerteten, Einnahmenüberschüsse sind gleich der Differenz zwischen dem realen Güterangebot C und den realen Lohnkosten L beider Perioden. Im Zwei-Perioden-Optimierungskalkül der Unternehmungen müssen also

(1) optimale Produktionspläne $Y_1^{a*}(A_1)$ und $Y_2^{a*}(A_2)$ und

(2) ein optimaler Investitionsplan $I_1^*=-I_2^*$ bestimmt werden,

die die zeitliche Verteilung des Güterangebots festlegen. Das Güterangebot C_1 und C_2 und die Kapitalnachfrage B_1 und B_2 werden durch die Produktionspläne $Y_1^a(A_1)$ und $Y_2^a(A_2)$ und den Investitionsplan $I_1=-I_2$, die Arbeitsnachfrage A_1 und A_2 wird allein durch die Produktionspläne $Y_1^a(A_1)$ und $Y_2^a(A_2)$ determiniert. In jeder der beiden Perioden sind gewinnmaximale Güterproduktion und gewinnmaximale Arbeitsnachfrage bei gegebener Produktionsfunktion $Y^a(A)$ mit der Höhe des Reallohnniveaus eindeutig bestimmt. Im Perioden-Gewinnmaximum stimmt, wie bereits im atemporalen Unternehmungsmodell erklärt, die Grenzproduktivität der Arbeit mit dem Reallohnniveau überein:

$$\frac{dY_1^a}{dA} = \frac{l_1}{P_1}$$

$$\frac{dY_2^a}{dA} = \frac{l_2}{P_2} \cdot$$

In den Tangentialpunkten Z_1^* und Z_2^* in Abb. 23a und 23b stimmen die Anstiege von Produktions- und Lohnkostenfunktion, stimmen Grenzproduktivität der Arbeit und Reallohnniveau überein. Die Periodengewinne

$$R_1^a = Y_1^a(A_1) - \frac{l_1}{P_1} A_1$$

$$R_2^a = Y_2^a(A_2) - \frac{l_2}{P_2} A_2$$

sind für die Produktionsmengen Y_1^{a*}, Y_2^{a*} und damit für die Arbeitsmengen A_1^* und A_2^* ein Maximum.

Mit der Höhe des Reallohnniveaus ist zwar die Höhe der Arbeitsnachfrage, nicht aber die des Güterangebots beider Perioden bestimmt. Dieses steht erst mit der Höhe der Bruttoinvestition fest. Das optimale Produktionsprogramm muß durch ein optimales Investitionsprogramm – und das heißt unter den eingeführten Annahmen: durch ein optimales Lagerprogramm – ergänzt werden. Da der Anfangslagerbestand B_0 und der geplante Endla-

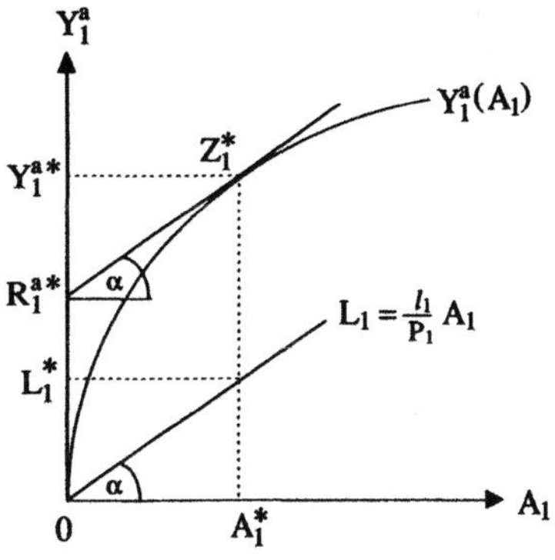

Abb. 23a

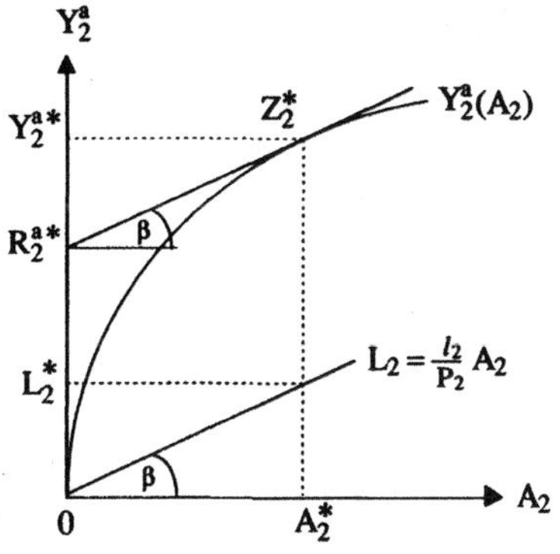

Abb. 23b

gerbestand $B_2=B_0$ vorgegeben sind, ist die optimale Höhe des Lagerbestandes B_1 zu bestimmen, der aus der ersten Periode in die zweite übertragen wird. Bei einem gegebenen realen Zinsniveau r ist der reale Lagergewinn R_b durch

$$R_b(B_1) = Y_2^b(B_1) - (1+r)\, B_1$$

bestimmt. Der reale Lagergewinn ist maximal, wenn die ersten Ableitungen von Brutto-Lagerproduktion $Y_2^b(B_1)$ und realen Lagerkosten $(1+r)B_1$, wenn die Brutto-Grenzproduktivität des Lagerkapitals und der reale Zinsfaktor 1+r übereinstimmen:

$$\frac{dY_2^b}{dB_1} = 1 + r \ .$$

Die Gleichheit von Brutto-Grenzproduktivität und Zinsfaktor 1+r impliziert die von Netto-Grenzproduktivität des Lagerkapitals und Zinsniveau r. Die Netto-Lagerproduktion ist die Differenz zwischen der Brutto-Lagerproduktion $Y_2^b(B_1)$ und dem Lagereinsatz B_1; die Netto-Grenzproduktivität des Lagerkapitals ist gleich der ersten Ableitung der Netto-Lagerproduktion nach dem Lagereinsatz. Die Netto-Grenzproduktivität des Lagerkapitals ist also gleich der Brutto-Grenzproduktivität minus eins.

In Abb. 24 ist $Y_2^b(B_1)$ die Lager-Produktionsfunktion und nennt $(1+r)B_1$ die bei gegebenem realen Zinsfaktor 1+r linear mit dem Lagereinsatz B_1 steigenden realen Zins- plus Amortisationskosten. Im Tangentialpunkt Z* ist das Lageroptimum realisiert: Der Anstieg der Lager-Produktionsfunktion $Y_2^b(B_1)$ stimmt mit dem der Lagerkostenfunktion $(1+r)B_1$ überein, Brutto-Grenzproduktivität des Lagerkapitals und Zinsfaktor 1+r – und

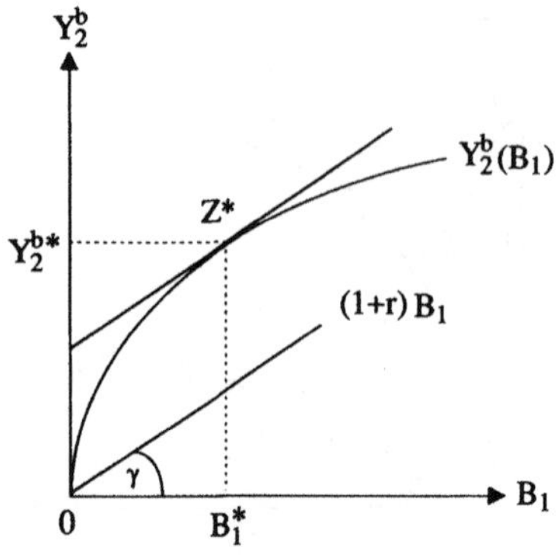

Abb. 24a

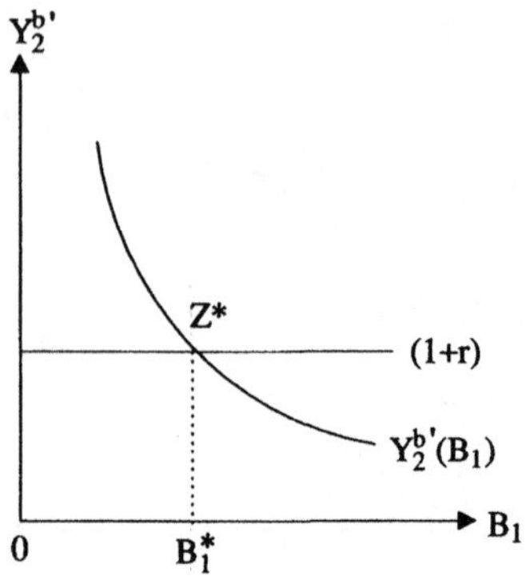

Abb. 24b

das heißt zugleich: Netto-Grenzproduktivität des Lagerkapitals und Zinsniveau r – stimmen überein. Die Bedingung "Brutto-Grenzproduktivität des Lagerkapitals gleich Zinsfaktor" bzw. "Netto-Grenzproduktivität des Lagerkapitals gleich Zinsniveau" läßt sich auch unmittelbar aus der temporalen Gewinnfunktion

$$Q = Q_1 + \frac{1}{1+r} Q_2$$

herleiten. Das totale Differential

$$dQ = \frac{dQ_1}{dB_1} dB_1 + \frac{1}{1+r} \frac{dQ_2}{dB_1} dB_1 = 0$$

impliziert

$$-\frac{\dfrac{dQ_2}{dB_1}}{\dfrac{dQ_1}{dB_1}} = 1 + r\,.$$

In den beiden Gleichungen

$$Q_1 = C_1 - A_1 \frac{l_1}{P_1}$$

$$Q_2 = C_2 - A_2 \frac{l_2}{P_2}$$

sind die Reallohnniveaus l_1/P_1, l_2/P_2 als Daten vorgegeben, und die Arbeitsmengen A_1, A_2 sind bereits durch die gewinnmaximalen Produktionsprogramme $Y_1^{a*}(A_1)$, $Y_2^{a*}(A_2)$ determiniert. Die Funktionen für die Einnahmenüberschüsse Q_1 und Q_2 beider Perioden sind also bereits voroptimiert. Darum gilt:

$$dQ_1 = dC_1$$

$$dQ_2 = dC_2 \,.$$

Wegen $dC_1 = -dB_1$ und $dC_2 = dY_2^b$ gilt:

$$\frac{dQ_1}{dB_1} = \frac{dC_1}{dB_1} = -1$$

$$\frac{dQ_2}{dB_1} = \frac{dC_2}{dB_1} = \frac{dY_2^b}{dB_1} \,.$$

Also lautet die Bedingung für die Maximierung des Barwerts Q der abgezinsten Einnahmenüberschüsse Q_1 und Q_2

$$-\frac{\dfrac{dQ_2}{dB_1}}{\dfrac{dQ_1}{dB_1}} = \frac{dY_2^b}{dB_1} = 1 + r \,.$$

Je höher das reale Zinsniveau, je steiler also die Lagerkostenfunktion $(1+r)B_1$, umso kleiner bei der angenommenen Lager-Produktionsfunktion der optimale Lagerbestand B_1^*, umso größer bei gegebener Höhe von $Y_1^a(A_1)$ und $Y_1^b(B_0)$ das Güterangebot $C_1 = Y_1^a(A_1) + Y_1^b(B_0) - B_1$, umso grösser mit $Y_2^b(B_1)$ das Güterangebot $C_2 = Y_2^a(A_2) + Y_2^b(B_1) - B_2$. Diese Beziehungen lassen sich auch im C_1-C_2-Raum darstellen:

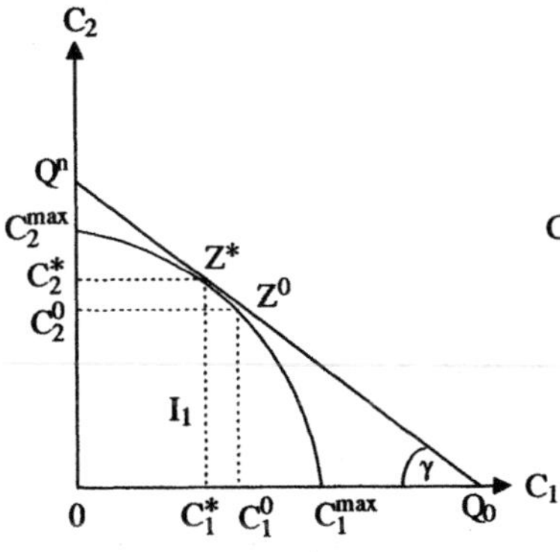

Abb. 25a

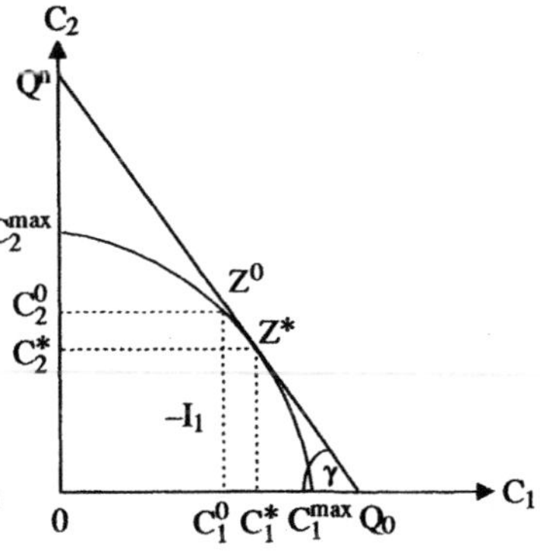

Abb. 25b

In den Abb. 25a und 25b nennt die Transformationskurve $C_2(C_1)$ sämtliche Kombinationen von C_1 und C_2, die bei den gegebenen Produktionsmengen Y_1^{a*} und Y_2^{a*} realisiert werden können:

(1) Das maximale Güterangebot $C_1^{max}=Y_1^a+Y_1^b=X_1$ ergibt sich dann, wenn $B_1=0$, wenn die Lagerproduktion in Periode 2 gleich null ist. Dies impliziert $C_2^{min}=0$ nur dann, wenn die Güterproduktion in Periode 2 gerade gleich dem geplanten Endlagerbestand B_2 ist. Ist dagegen Y_2^a größer als $B_2=B_0$, so erfordert eine Bruttoinvestition $B_1=0$ und damit eine Nettoinvestition $I_1=-B_0$ der ersten Periode in der zweiten Periode ein positives Güterangebot in Höhe von $C_2^{min}=Y_2^a-B_2$.

(2) Das maximale Güterangebot C_2^{max} ergibt sich dann, wenn $C_1=0$ und damit $B_1=Y_1^a+Y_1^b$. Die Bruttoinvestition B_1 ist dann also gleich der gesamten Bruttoproduktion $Y_1^a+Y_1^b$.

Unter den eingeführten Annahmen ist die Grenzrate der Transformation von Zukunftsgütern durch Gegenwartsgüter, ist das Verhältnis der Veränderungen von zukünftigem und gegenwärtigem Güterangebot, wie bereits erklärt, gleich der Brutto-Grenzproduktivität des Lagerkapitals:

$$-\frac{dC_2}{dC_1} = \frac{dY_2^b}{dB_1} .$$

Die kontinuierliche Senkung von C_1 und damit Erhöhung von B_1 läßt Y_2^b und damit C_2 nur degressiv steigen. Die Grenzrate der Substitution dC_2/dC_1 nimmt mit steigendem C_1 und damit sinkendem B_1 zu. Die Transformationskurve $C_2(C_1)$ wäre nur dann linear, wenn die Lager-Produktionsfunktion $Y_2^b(B_1)$ linear, wenn die Grenzproduktivität des Kapitals konstant wäre.

Im Grenzfall $B_1=B_0=B_2$ ist die Lagerinvestition in jeder der beiden Perioden gleich null, und das Güterangebot der Unternehmungen stimmt jeweils mit der Nettoproduktion überein:

$$C_1^0 = Y_1^a + Y_1^b - B_1$$

$$C_2^0 = Y_2^a + Y_2^b - B_2$$

In den Abb. 25a und 25b repräsentiert der Produktionspunkt Z^0 diese Konstellation. In beiden Fällen ist freilich das durch den Punkt Z^0 bestimmte Investitionsprogramm, in dem $C_1=C_1^0$, $C_2=C_2^0$ und damit $I_1=-I_2=0$, nicht optimal. Die Maximierung des Barwerts bzw. des Endwerts der Einnahmenüberschüsse Q_1 und Q_2 verlangt, wie bereits erklärt, die Übereinstimmung der Grenzrate der Substitution von Gegenwartsgütern durch Zukunftsgüter mit dem relativen Preis von Zukunfts- und Gegenwartsgütern, mit dem realen Zinsfaktor 1+r. Jede Budgetlinie mit dem Anstieg 1+r nennt alle C_1-C_2-Kombinationen, die bei dem gegebenen realen Zinsniveau den gleichen Barwert bzw. den gleichen Endwert der Einnahmenüberschüsse haben. Bezeichnet man den Barwert der Einnahmenüberschüsse Q_1 und Q_2 mit Q_0 und den Endwert, den auf das Ende der Periode 2 aufgezinsten Einnahmenüberschuß mit Q_n, so ist offenbar

$$Q_0 = \frac{1}{1+r} Q_n .$$

Je höher das Zinsniveau, umso steiler die Budgetlinie, umso höher also der Endwert im Verhältnis zum Barwert der Einnahmenüberschüsse. Bei konstantem Zinsniveau implizieren höhere Einnahmenüberschüsse Q_n und Q_0 parallele Verschiebungen der Budgetlinie nach außen. Die Unternehmungen trachten annahmegemäß nach dem maximalen Wert von Q. Dieser ergibt sich im C_1-C_2-Raum in dem Punkt, in dem eine Budgetlinie mit dem Anstieg 1+r die Transformationskurve $C_2(C_1)$ tangiert, in dem also die Grenzrate der Transformation von gegenwärtigem und zukünftigem Güterangebot mit dem Zinsfaktor 1+r, mit dem relativen Preis von Zukunfts- und Gegenwartsgütern, übereinstimmt.

In den Abb. 25a und 25b hat das optimale Güterangebot in Periode 1 die Höhe C_1^*, in Periode 2 die Höhe C_2^*. In Abb. 25a ist angenommen, das optimale Güterangebot sei in Periode 1 kleiner, in Periode 2 größer als die jeweilige Güterproduktion, in Abb. 25b, das optimale Güterangebot sei in Periode 1 größer, in Periode 2 kleiner als die jeweilige Güterproduktion. Mit anderen Worten: In Abb. 25a, bei einem relativ niedrigen Zinsniveau, ist die geplante Lagerinvestition I_1 positiv, in Abb. 25b, bei einem relativ hohen Zinsniveau, ist I_1 negativ. Unter den getroffenen Annahmen ergibt sich also eine negative Zinselastizität der geplanten Lagerinvestition.

Es bleibt zu klären, ob und wie eine Änderung des Reallohnniveaus l_1/P_1 oder l_2/P_2 das optimale Produktions- und Investitionsprogramm beeinflußt:

(1) Eine Erhöhung des Reallohnniveaus l_1/P_1 läßt die gewinnmaximale Arbeitsnachfrage A_1^* und die gewinnmaximale Güterproduktion Y_1^{a*} auf jene Höhe sinken, bei der wiederum die Grenzproduktivität der Arbeit mit dem Reallohnniveau übereinstimmt. Die optimale Höhe des Lagerbestandes B_1^*, der von der ersten Periode in die zweite übertragen wird, und damit die Höhe der Lagerinvestition I_1^*, bleibt unter den eingeführten Annahmen – nämlich: Arbeitseinsatz in der Lagerproduktion gleich null – von der Variation des Reallohnniveaus unberührt. Die Erhöhung des Reallohnniveaus dedr Periode 1 läßt darum mit der Produktion die Arbeitsnachfrage und das Güterangebot dieser Periode sinken.

(2) Eine Erhöhung des erwarteten Reallohnniveaus l_2/P_2 läßt die geplante Arbeitsnachfrage A_2^* und die geplante Güterproduktion Y_2^{a*} bis zu dem Punkt sinken, in dem wiederum die Grenzproduktivität der Arbeit mit dem Reallohnniveau übereinstimmt. Die optimale Höhe des Lagerbestandes B_1^*, der von der ersten in die zweite Periode übertragen wird, und damit die Höhe der Investition I_1^*, bleibt unter den getroffenen Annahmen von der Variation des erwarteten Reallohnniveaus unbeeinflußt. Die Erhöhung des erwarteten Reallohnniveaus der Periode 2 läßt darum mit der Produktion die Arbeitsnachfrage und das Güterangebot dieser Periode sinken.

Der Umstand, daß die Investition und damit die Kapitalnachfrage der Unternehmungen im diskutierten Modell zwar zins- nicht aber lohnabhängig ist, folgt allein aus der Annahme, im Lager-Produktionsprozeß sei der Arbeitseinsatz gleich null. Würde nicht nur in der Güter-, sondern auch in der Lagerproduktion Arbeit eingesetzt, so würde eine Erhöhung oder Senkung des Reallohnniveaus nicht nur die Güter-, sondern auch die Lagerproduktion beeinflussen. Diese Lohnabhängigkeit der Investition kommt unter den getroffenen Annahmen nicht zum Vorschein.

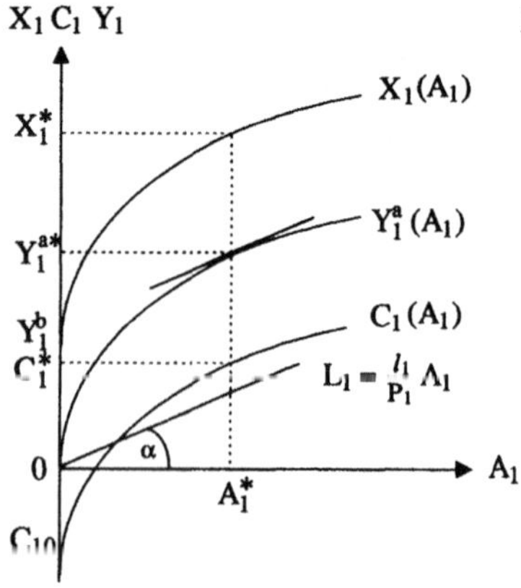

Abb. 26a

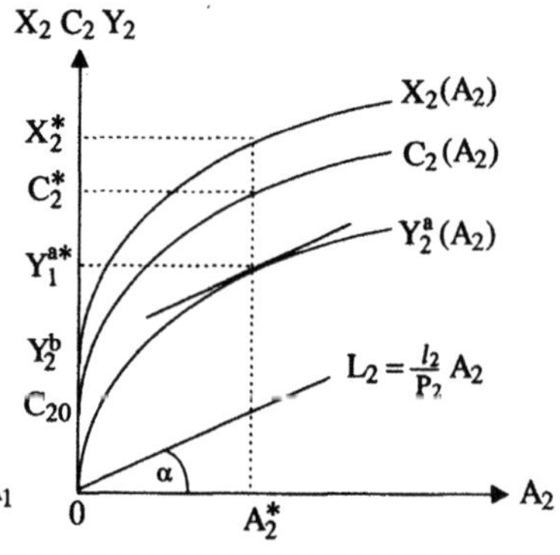

Abb. 26b

In jeder der beiden Perioden ist das geplante Güterangebot C gleich der Differenz zwischen der geplanten Bruttoproduktion (X) und dem geplanten Lagerbestand (B), der in die nächste Periode übernommen wird. Mit dem Lagerbestand B_0 ist die Lagerproduktion Y_1^b der ersten Periode, mit dem Lagerbestand B_1 die Lagerproduktion Y_2^b der zweiten Periode bestimmt. Während B_0 und damit Y_1^b als Datum gegeben sind, variiert B_1 und damit Y_2^b mit dem realen Zinsniveau. Bei konstantem Zinsniveau sind nicht nur B_0 und Y_1^b, sondern auch B_1 und damit Y_2^b konstant. Das geplante Güterangebot C_1 in Periode 1 ist dann nur noch von der Güterproduktion $Y_1^a(A_1)$, das Güterangebot C_2 in Periode 2 nur noch von der Güterproduktion $Y_2^a(A_2)$ abhängig. In jeder der beiden Perioden ist die geplante Güterproduktion vom Reallohnniveau abhängig. Damit ist bei gegebener Höhe von B_0 und Y_1^b einerseits, B_1 und Y_2^b andererseits das geplante Güterangebot in jeder der beiden Perioden vom jeweiligen Reallohnniveau abhängig.

Die Abb. 26a zeigt diesen Zusammenhang für Periode 1, Abb. 26b für Periode 2. In jeder der beiden Perioden ist das geplante Güterangebot C gleich der Differenz zwischen der geplanten Bruttoproduktion $X=Y^a+Y^b$ und der geplanten Bruttoinvestition B. Die geplante Bruttoproduktion X(A) ist um die jeweils konstante Lagerproduktion Y^b höher als die geplante Güterproduktion $Y^a(A)$, das geplante Güterangebot C um die jeweils konstante Bruttoinvestition B niedriger als die geplante Bruttoproduktion. In Abb. 26a ist angenommen, das für $A_1=0$ und damit $Y_1^a=0$ geplante Güterangebot C_{10} sei negativ, es sei also $Y_1^b<B_1$, in Abb. 26b, das für $A_2=0$ und damit $Y_2^a=0$ geplante Güterangebot C_{20} sei positiv, es sei also $Y_2^b>B_2$. Im einen Fall verläuft C(A) unterhalb, im anderen Fall oberhalb der Produktionsfunktion $Y^a(A)$.

bb. Die Planung von Anlageninvestitionen im Zwei-Perioden-Modell

Insoweit war angenommen, der von den Unternehmungen für das Ende von Periode 2 geplante Anlagenbestand K_2 stimme mit dem Anlagenbestand K_0 am Anfang der Periode 1 ebenso wie mit dem Anlagenbestand K_1 am Anfang der Periode 2 überein, die geplanten Anlageninvestitionen $I_1=K_1-K_0$ und $I_2=K_2-K_1$ hätten eine Höhe von null. Es bleibt also, unter den eingeführten neoklassischen Prämissen das Problem der Bestimmung des gewinnmaximalen Anlagenbestandes und damit der gewinnmaximalen Anlageninvestition zu diskutieren. Da an dieser Stelle Wachstums- und Schrumpfungsprozesse noch nicht interessieren, werden wiederum partielle Faktorvariationen unterstellt: Die Unternehmungen bestimmen bei gegebenem Arbeitseinsatz jenen Anlagenbestand, bei dem der Gewinn ein Maximum ist. Die Abb. 27a und 27b demonstrieren eine solche partielle Produktionsfunktion: Durchschnitts- und Grenzproduktivität des Kapitals sinken bei steigendem Kapital- und konstantem Arbeitseinsatz. Die Durchschnittsproduktivität des Kapitals Y/K ist stets größer als die Grenzproduktivität des Kapitals dY/dK. Die Durchschnittsproduktivität ist gleich dem Anstieg $\tan\alpha$ des jeweiligen Ursprungsstrahls, die Grenzproduktivität gleich dem Anstieg $\tan\beta$ der jeweiligen Tangente an die partielle Produktionsfunktion.

Erhöhen oder senken positive oder negative Anlageninvestitionen in jeglicher Periode t die Produktionsmöglichkeiten erst in Periode t+1, so bestimmen die Unternehmungen bei gegebenem Anfangskapitalstock K_0

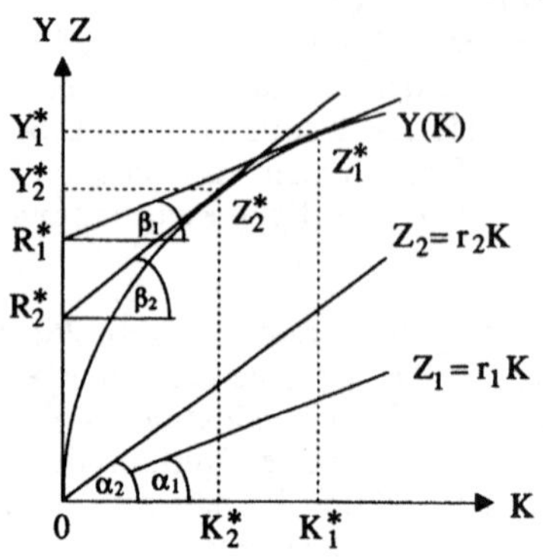

Abb. 27a

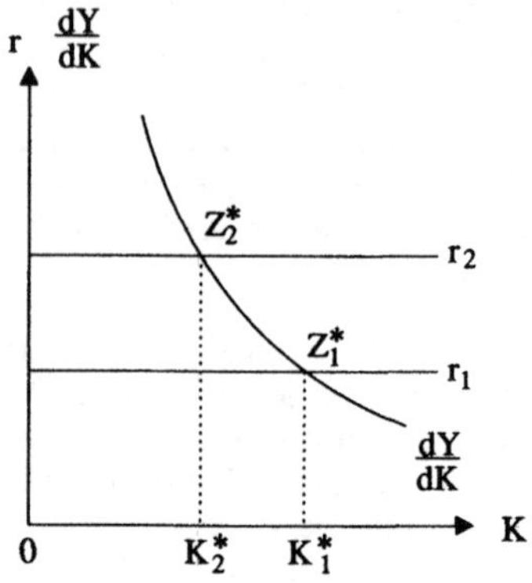

Abb. 27b

mit der Investition I_1 den Kapitalstock K_1, der in Periode 2 verfügbar ist. Nimmt man der Einfachheit halber an, der für den Planungshorizont, für das Ende von Periode 2 geplanteKapitalstock K_2 sei als Datum vorgegeben, so ist die für Periode 2 geplante Investition $I_2=K_2-K_1=K_2-K_0+I_1$ mit der Investition I_1 der Periode 1 eindeutig bestimmt. Unter den getroffenen Annahmen wählen die Unternehmungen jenen Kapitaleinsatz K_1 und damit jenen Güterausstoß Y_2 in Periode 2, bei dem der Periodengewinn dieser Periode ein Maximum ist. Der reale, in Gütereinheiten ausgedrückte, Gewinn R_2 ist gleich der Differenz zwischen der realen Gütermenge Y_2 und den realen Zinskosten $Z_2 = rK_1$:

$$R_2(K_1) = Y_2(K_1) - rK_1.$$

Im Fall der Marktfinanzierung der Investition sind die Zinskosten gleich den Zins- und Dividendenausgaben, die die Unternehmungen den Kapitalanbietern leisten müssen, im Fall der Selbstfinanzierung gleich den Zins- und Dividendeneinnahmen, die ihnen entgehen, weil sie nicht als Kapitalanbieter auftreten, also gleich den Opportunitätskosten der Investition. Hier wird angenommen, Investitionen würden ausnahmslos über den Kapitalmarkt finanziert.

Im Gewinnmaximum ist der Grenzgewinn des Kapitaleinsatzes gleich null. Der Grenzgewinn ist die Differenz zwischen der Grenzproduktivität dY/dK und den realen dZ/dK des Kapitals. Bei gegebenem Realzinsniveau sind die realen Grenzkosten des Kapitals gleich dem Realzinssatz: Die Erhöhung des Kapitaleinsatzes um eine Einheit läßt die realen Zinskosten um das Realzinsniveau steigen. Im Gewinnmaximum ist darum die Grenzproduktivität des Kapitals gleich dem Realzinsniveau. Die Unternehmungen erhöhen den geplanten Kapitaleinsatz bis zu dem Punkt, in dem der

Grenzgewinn gleich null, in dem die Grenzproduktivität des Kapitals gleich dem Realzinsniveau ist. Im Gewinnmaximum Z* stimmt also der Anstieg der Produktionsfunktion Y(K) mit dem der realen Zinskostenfunktion Z(K) überein:

$$\tan \alpha = \frac{dZ}{dK} \stackrel{!}{=} \frac{dY}{dK} = \tan \beta = r .$$

Abb. 27a demonstriert, daß eine Schwenkung der realen Zinskostenfunktion von $Z_1(K)$ nach $Z_2(K)$ den gewinnmaximalen Kapitaleinsatz von K_1^* auf K_2^*, die gewinnmaximale Gütermenge von Y_1^* auf Y_2^* sinken läßt. Umgekehrt würde eine Schwenkung der realen Zinskostenfunktion von $Z_2(K)$ nach $Z_1(K)$ den gewinnmaximalen Kapitaleinsatz von K_2^* auf K_1^*, die gewinnmaximale Gütermenge von Y_2^* auf Y_1^* steigen lassen. Abb. 27b demonstriert den gleichen Sachverhalt anhand der Kurve der Grenzproduktivität des Kapitals dY/dK und der Waagerechten r: Im jeweiligen Gewinnmaximum stimmt die Grenzproduktivität des Kapitals mit dem Realzinsniveau überein.

Unter den eingeführten Annahmen ist also das geplante Güterangebot ebenso wie die geplante Kapitalnachfrage der Unternehmungen negativ mit dem Realzinsniveau verknüpft. Anders ausgedrückt: Die Zinselastizität der Kapitalnachfrage, das Verhältnis der relativen Variationen von Kapitalnachfrage und Reallohnniveau, ist negativ. Dies gilt unter neoklassischen Prämissen für Anlagen- nicht anders als für Lagerinvestitionen.

c. *Simultanes Güter- und Arbeitsmarktgleichgewicht im Zwei-Perioden-Modell*

Auf der Grundlage gegebener Einkommenserwartungen bieten die Haushalte in Periode 1 bei jeder bestimmten Höhe des realen Lohn- und Zinsniveaus die nutzenmaximale Arbeitsmenge an, und sie fragen die nutzenmaximale Gütermenge nach. Im temporalen Nutzenmaximum stimmt

(1) die Grenzrate der Substitution von Konsum durch Freizeit, das Verhältnis der Grenznutzen von Freizeit und Konsum, mit den relativen Preisen dieser Güter, mit dem Reallohnniveau l_1/P_1, und

(2) die Grenzrate der Substitution von Zukunfts- durch Gegenwartsgüter, das Verhältnis der Grenznutzen von Gegenwarts- und Zukunftsgütern, mit den relativen Preisen dieser Güter, mit dem realen Zinsfaktor 1+r, überein.

Bei den angenommenen Eigenschaften der Nutzenindexfunktion sind nutzenmaximales Arbeitsangebot A_1 und nutzenmaximale Güternachfrage C_1 positiv mit dem Reallohnniveau l_1/P_1 verknüpft. Eine Erhöhung des Reallohnniveaus läßt unter den getroffenen Annahmen bei konstantem Realzinsniveau nicht nur den geplanten Konsum sondern auch die geplante Ersparnis und damit das geplante Kapitalangebot, die geplante Bondsnachfrage, steigen. Umgekehrt läßt eine Erhöhung des realen Zinsniveaus bei konstantem Reallohnniveau unter den getroffenen Annahmen die geplante Güternachfrage C_1 sinken und das geplante Arbeitsangebot A_1 ebenso wie die geplante Ersparnis und damit das geplante Kapitalangebot, die geplante Bondsnachfrage, steigen.

Auf der Grundlage gegebener Gewinnerwartungen bieten die Unternehmungen in Periode 1 bei jeder gegebenen Höhe des Reallohn- und Realzinsniveaus die gewinnmaximale (kapitalwertmaximale) Gütermenge an, und sie fragen die gewinnmaximale (kapitalwertmaximale) Arbeitsmenge nach. Im Optimum stimmt

(1) die Grenzproduktivität der Arbeit mit dem Reallohnniveau, und

(2) die Grenzproduktivität des Kapitals mit dem Realzinsniveau

überein. Bei gegebenen Lohn- und Zinserwartungen sind geplante Arbeitsnachfrage, geplante Kapitalnachfrage und geplantes Güterangebot negativ mit dem gegenwärtigen Reallohnniveau einerseits, dem gegenwärtigen Realzinsniveau andererseits verknüpft. Im Gütermarktgleichgewicht stimmen nutzenmaximale Güternachfrage und gewinnmaximales Güterangebot, im Arbeitsmarktgleichgewicht nutzenmaximales Arbeitsangebot und gewinnmaximale Arbeitsnachfrage, im Kapitalmarktgleichgewicht nutzenmaximales Kapitalangebot und gewinnmaximale Kapitalnachfrage überein. Bei gegebenen Erwartungen der Haushalte und Unternehmungen haben Reallohn- und Realzinsniveau im simultanen Güter-, Arbeits- und Kapitalmarktgleichgewicht jene Höhe, bei der geplantes Angebot und geplante Nachfrage auf allen drei Märkten gleichzeitig übereinstimmen. Unter neoklassischen Prämissen existiert jedenfalls eine Lösung für das simultane Gleichgewicht auf Güter-, Arbeits- und Kapitalmarkt, das heißt es existiert in Periode 1 eine Lohn-Preis-Zins-Konstellation, bei der die Bedingungen

$$C_1^a\left(\frac{l_1}{P_1}, r\right) = C_1^n\left(\frac{l_1}{P_1}, r\right)$$

$$A_1^a\left(\frac{l_1}{P_1}, r\right) = A_1^n\left(\frac{l_1}{P_1}, r\right)$$

$$K_1^a\left(\frac{l_1}{P_1}, r\right) = K_1^n\left(\frac{l_1}{P_1}, r\right)$$

gleichzeitig erfüllt sind. Unter neoklassischen Annahmen gilt im temporalen Modell nicht anders als im atemporalen, daß das simultane Gleichgewicht auf zweien der drei Märkte auch das Gleichgewicht auf dem dritten Markt impliziert (WALRAS-Gesetz). Es genügt also, die Implikationen des simultanen Güter- und Arbeitsmarktgleichgewichts darzustellen. Das Güterangebot $C_1(A_1)$ ergibt sich als Produktion $Y_1(A_1)$ minus Investition I_1^*. Bei gegebenem Realzinsniveau ist die gewinnmaximale Investition I_1^* unter den getroffenen Annahmen konstant. Also ist die Kurve $C_1(A_1)=Y_1(A_1)-I_1^*$ die um die konstante positive oder negative Investition I_1^* nach unten oder oben verschobene Produktionsfunktion $Y(A)$.

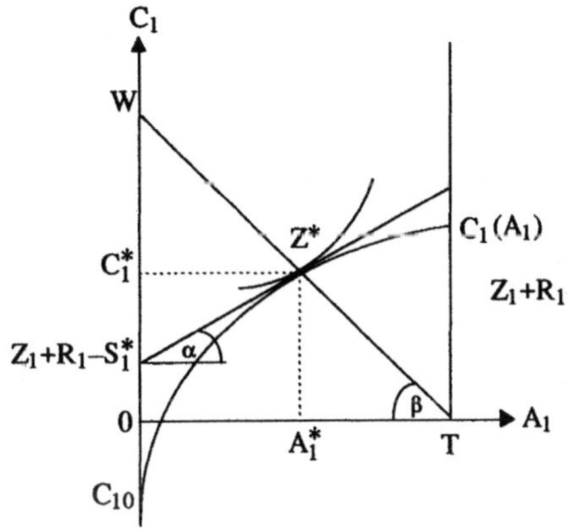

Abb. 28a

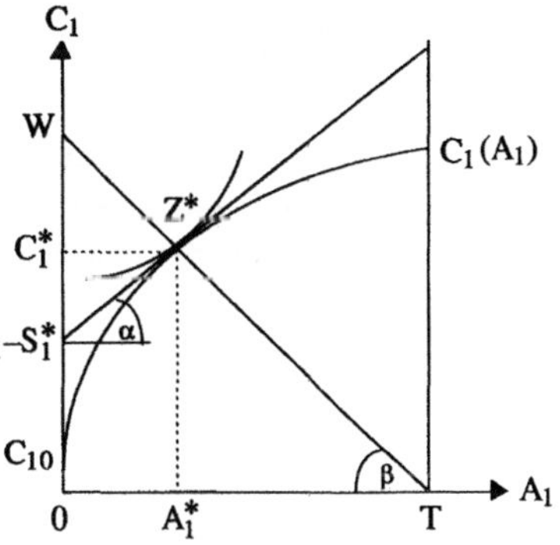

Abb. 28b

In Abb. 28a ist angenommen, der autonome Konsum sei negativ, in Abb. 28b, er sei positiv. Bei der in den beiden Diagrammen angenommenen Höhe des Reallohnniveaus ist das Güterangebot in Höhe von C_1^*, die Arbeitsnachfrage in Höhe von A_1^* determiniert. Simultanes Güter- und Arbeitsmarktgleichgewicht impliziert, daß auch die Güternachfrage die Höhe C_1^* und das Arbeitsangebot die Höhe A_1^* hat. In beiden Diagrammen hat die nutzenmaximale Konsum-Freizeit-Relation bei einem Reallohnniveau von $(l_1/P_1)^*=\tan\alpha$ die Höhe $(C_1/F_1)^*=\tan\beta$, und der Strahl TW nennt alle Konsum-Freizeit-Kombinationen, für die die Grenzrate der Substitution von Konsum durch Freizeit gleich dem Reallohnniveau ist. Diese Gerade schneidet die $C_1(A_1)$-Funktion im Punkt Z*. Die Güternachfrage C_1^* und das Arbeitsangebot A_1^* sind allerdings nur dann Gleichgewichtswerte, wenn das Realzinsniveau jene Höhe r* hat, bei der die von den Haushalten geplante Bruttoersparnis mit der von den Unternehmungen geplanten Bruttoinvestition B_1^*, oder, was auf das Gleiche hinausläuft: wenn die von den Haushalten geplante Nettoersparnis mit der von den Unternehmungen geplanten Nettoinvestition $I_1^*=Y_1^*-C_1^*$ übereinstimmt. Hat zwar das Reallohnniveau die Gleichgewichtshöhe $(l_1/P_1)^*$, ist aber das reale Zinsniveau zu hoch, so ist die von den Unternehmungen geplante Bruttoinvestition niedriger und die von den Haushalten geplante Bruttoersparnis höher als

I_1^* (die $C_1(A_1)$-Kurve ist nach oben, die Budgetlinie der Haushalte nach unten verschoben), und dies impliziert einerseits, daß die geplante Güternachfrage kleiner als das geplante Güterangebot und andererseits, daß das geplante Arbeitsangebot größer als die geplante Arbeitsnachfrage ist. Umgekehrt: Hat zwar das Reallohnniveau die Gleichgewichtshöhe, ist aber das reale Zinsniveau zu niedrig, so ist die von den Unternehmungen geplante Investition höher und die von den Haushalten geplante Ersparnis niedriger als I_1^* (die $C_1(A_1)$-Kurve ist nach unten, die Budgetlinie der Haushalte nach oben verschoben), und dies impliziert einerseits, daß die geplante Güternachfrage größer als das geplante Güterangebot und andererseits, daß das geplante Arbeitsangebot kleiner als die geplante Arbeitsnachfrage ist. Das simultane Gleichgewicht auf Güter- und Arbeitsmarkt erfordert eine bestimmte Höhe nicht nur des Reallohn- sondern auch des Realzinsniveaus. Dieses erscheint freilich in den Abb. 28a und 28b nicht explizit sondern nurmehr implizit, nämlich in der Lage der $C_1(A_1)$-Kurve und der Budgetlinie der Haushalte.

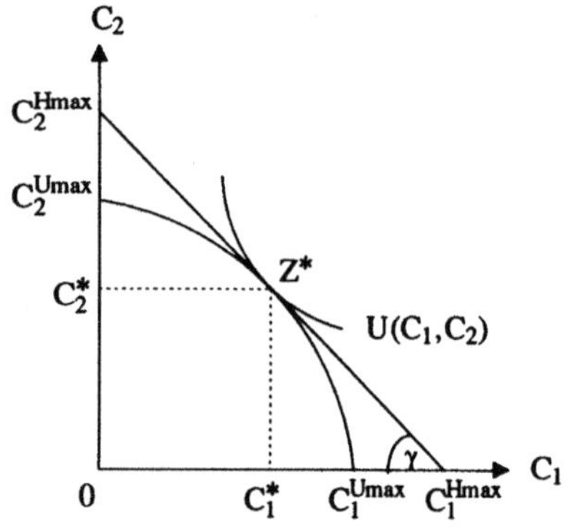

Abb. 29

Das simultane Güter- und Arbeitsmarktgleichgewicht läßt sich unter der Annahme gegebener Faktorbestände auch im C_1-C_2-Raum darstellen. In Abb. 29 erscheint explizit nicht das Reallohn-, sondern das Realzinsniveau. Dabei ist angenommen, das Reallohnniveau habe die Gleichgewichtshöhe, bei der die Budgetlinie $C_2^{Hmax}C_1^{Hmax}$ die Transformationskurve $C_2^{Umax}C_1^{Umax}$ einerseits, die Indifferenzkurve $U^*(C_1,C_2)$ andererseits im Punkt Z* tangiert. Wäre das Reallohnniveau zu hoch, wäre die Transformationskurve $C_2^{Umax}C_1^{Umax}$ nach innen und die Budgetlinie $C_2^{Hmax}C_1^{Hmax}$ nach außen verschoben, und der Tangentialpunkt Z* würde in diesen Fällen nicht existieren. Angenommen also, das Reallohnniveau hätte jene Höhe, bei der die Budgetlinie $C_2^{Hmax}C_1^{Hmax}$ die Transformationskurve C_2^{Umax} C_1^{Umax} im Punkt Z* tangiert, in dem die Grenzrate der Transformation von Zukunftsgütern in Gegenwartsgüter mit der Grenzrate der Substitution von Zukunftsgütern durch Gegenwartsgüter übereinstimmt.

Das simultane Güter- und Arbeitsmarktgleichgewicht impliziert dann, daß der reale Zinsfaktor mit dem Anstieg von Transformationskurve und Budgetlinie im Punkt Z* übereinstimmt. Hat der reale Zinsfaktor die Gleichgewichtshöhe $1+r^*=\tan\gamma$, so stimmen geplante gegenwärtige Güternachfrage und geplantes gegenwärtiges Güterangebot in Höhe von C_1^* überein. Damit sind auch geplante gegenwärtige Ersparnis und geplante gegenwärtige Investition, sind geplantes gegenwärtiges Kapitalangebot und geplante gegenwärtige Kapitalnachfrage gleich. Das simultane Gleichgewicht auf Güter- und Kapitalmarkt indessen impliziert, daß auch auf dem Arbeitsmarkt Gleichgewicht herrscht, daß geplantes gegenwärtiges Arbeitsangebot und geplante gegenwärtige Arbeitsnachfrage übereinstimmen. Ist das reale Zinsniveau stattdessen zu hoch oder zu niedrig, so verläuft die Budgetlinie C_2^{Hmax}/C_1^{Hmax} steiler oder flacher, und die nutzenmaximale gegenwärtige Güternachfrage C_1^H ist kleiner oder größer als das kapitalwertmaximale gegenwärtige Güterangebot. Mit anderen Worten: Bei einem zu hohen oder zu niedrigen Realzinsniveau ist die geplante gegenwärtige Ersparnis höher oder niedriger als die geplante gegenwärtige Investition, und damit ist die geplante gegenwärtige Bondsnachfrage größer als das geplante gegenwärtige Bondsangebot. Ein solches Ungleichgewicht auf Güter- und Kapitalmarkt impliziert, daß auch auf dem dritten Markt, auf dem Arbeitsmarkt, geplantes Angebot und geplante Nachfrage voneinander abweichen. Die Abb. 30a und 30b demonstrieren solche Ungleichgewichtskonstellationen.

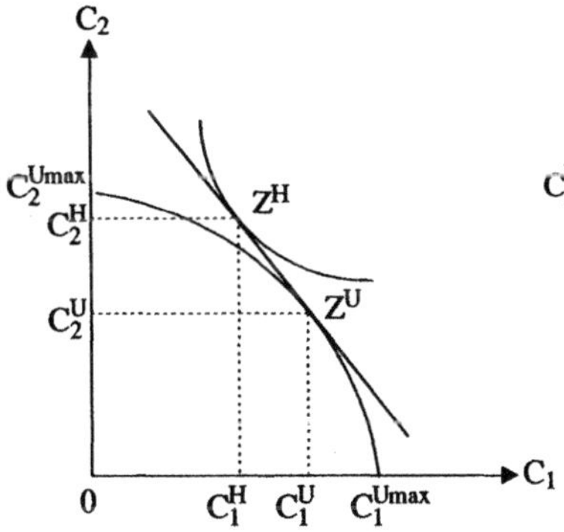

Abb. 30a

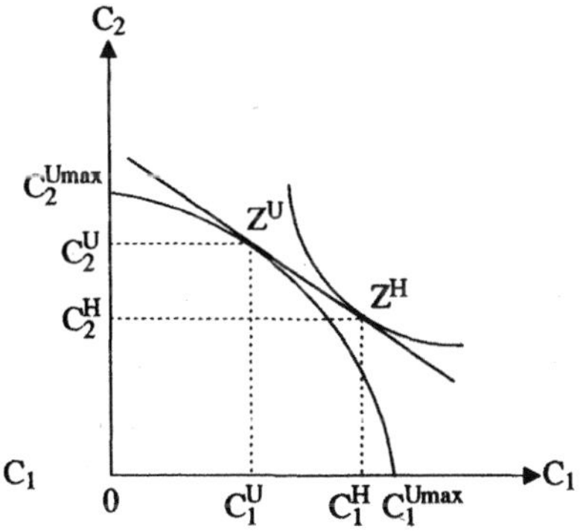

Abb. 30b

In Abb. 30a, bei einem zu hohen Realzinsniveau, ist die dem Tangentialpunkt Z^H entsprechende geplante gegenwärtige Güternachfrage C_1^H kleiner als das dem Tangentialpunkt Z^U entsprechende geplante gegenwärtige Güterangebot C_1^U, und in Abb. 30b, bei einem zu niedrigen Realzinsniveau, ist die dem Tangentialpunkt Z^H entsprechende geplante gegenwärtige Güternachfrage C_1^H größer als das dem Tangentialpunkt Z^U entsprechende geplante gegenwärtige Güterangebot C_1^U. Solche Ungleichgewichte auf dem Gütermarkt implizieren unter neoklassischen Prämissen, daß auch auf Arbeits- und Kapitalmarkt geplantes Angebot und geplante Nachfrage voneinander abweichen.

Die Gleichheit von geplanter gegenwärtiger Ersparnis und geplanter gegenwärtiger Investition impliziert natürlich nicht notwendig die von geplanter zukünftiger Ersparnis und geplanter zukünftiger Investition. In Abwesenheit von Zukunfts-, von Terminmärkten, auf denen in der Gegenwart Güter-, Arbeits- und Kapitaltransaktionen vereinbart werden, die erst in Zukunft zum Zuge kommen, bringt das gegenwärtige Gleichgewichtslohn- und Gleichgewichtszinsniveau im allgemeinen nur die für die Gegenwart und nicht auch die für die Zukunft geplanten Angebots- und Nachfragemengen in Übereinstimmung. Wenn aber die in Verbindung mit der gegenwärtigen Gleichgewichtskonstellation für die Zukunft getroffenen Angebots- und Nachfragedispositionen von Haushalten und Unternehmungen nicht konsistent sind, dann bedarf es in jeder Periode einer Revision der in der Vergangenheit für diese Periode getroffenen Angebots- und Nachfrageentscheidungen. Das gegenwärtige Gleichgewicht auf Güter-, Arbeits- und Kapitalmarkt ist nicht von Dauer, es gilt nur für eine Periode, es ist ein temporäres Gleichgewicht.

B. GELDWIRTSCHAFTLICHES GLEICHGEWICHT IM NEOKLASSISCHEN STANDARDMODELL

Güterwirtschaftliches Gleichgewicht impliziert, daß Reallohn- und Realzinsniveau jene Höhe haben, bei der geplantes Angebot und geplante Nachfrage auf Arbeits-, Güter- und Kapitalmarkt übereinstimmen. Anders als in einem naturalwirtschaftlichen System, in dem Realobjekte gegen Realobjekte getauscht werden, impliziert im geldwirtschaftlichen System jede Nachfrage nach Gütern, Arbeit und Wertpapieren ein Angebot von Geld und jedes Angebot von Gütern, Arbeit und Wertpapieren eine Nachfrage nach Geld. Bei gegebener Höhe des nominellen Preis-, Lohn- und Zinsniveaus impliziert also das simultane Gleichgewicht auf Güter-, Arbeits- und Kapitalmarkt eine bestimmte Höhe des monetären Transaktionsvolumens. Nimmt man an, daß die Summe aller Güter-, Arbeits- und Wertpapiertransaktionen linear mit dem nominellen Volkseinkommen steigt und sinkt, so kann das nominelle Volkseinkommen, das Produkt aus Preisniveau P und realem Volkseinkommen Y als Indikator für das monetäre Transaktionsvolumen einer Periode genommen werden. Wird jede Geldeinheit im Durchschnitt v mal zu Einkommens-, also zu Lohn-, Zins- und Gewinnzahlungen verwendet, wobei

$$v = P\frac{Y}{M}$$

die – zunächst als konstant angenommene – Umlaufsgeschwindigkeit des Geldes ist, so wird also die zur Abwicklung der mit einem gegebenen realen Gleichgewichtseinkommen Y_0 verbundenen Güter-, Arbeits- und Wertpapiertransaktionen erforderliche nominelle Geldmenge durch

$$M^n = \frac{P}{v} Y_0$$

bestimmt. Bei gegebener Höhe des realen Gleichgewichtseinkommens Y_0 und der Umlaufsgeschwindigkeit des Geldes v steigt und sinkt also die nominelle Geldnachfrage M^n linear mit dem nominellen Preisniveau P. Ist das nominelle Geldangebot M^a in Höhe von M_0 als Datum gegeben, so erfordert das geldwirtschaftliche Gleichgewicht, die Übereinstimmung von gegebenem Geldangebot und geplanter Geldnachfrage, eine bestimmte Höhe des nominellen Preisniveaus:

$$P^* = v\frac{M_0}{Y_0} .$$

Mit dem für die Übereinstimmung von geplantem Angebot und geplanter Nachfrage auf Güter-, Arbeits- und Kapitalmarkt notwendigen Reallohn- und Realzinsniveau einerseits und dem für die Übereinstimmung von gegebenem Geldangebot und geplanter Geldnachfrage erforderlichen nominellen Preisniveau andererseits ist auch die erforderliche Höhe des nominellen Lohn- und Zinsniveaus bestimmt.

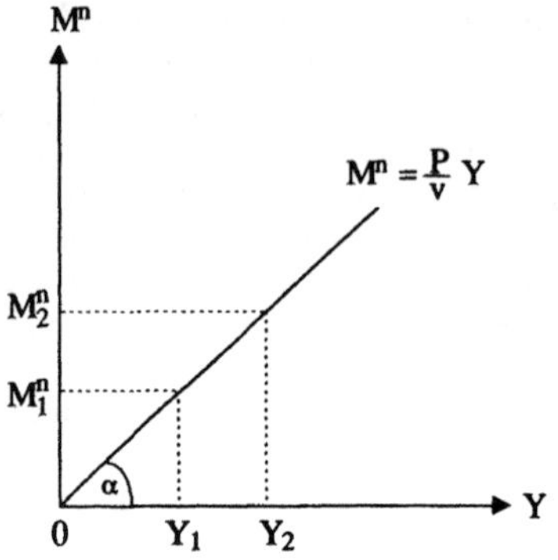

Abb. 31a

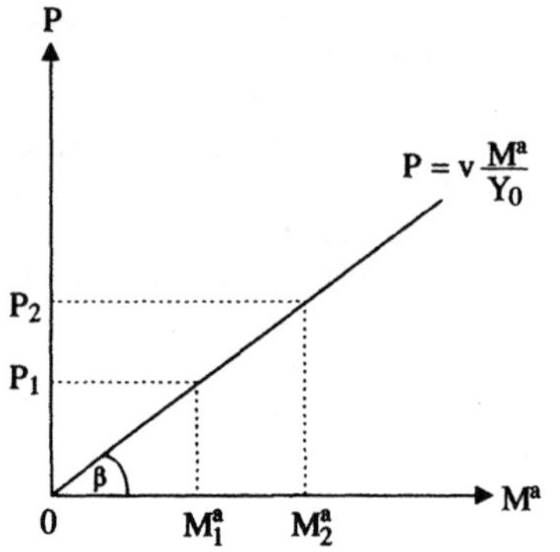

Abb. 31b

Abb. 31a veranschaulicht die Abhängigkeit der geplanten Geldnachfrage M^n vom realen Volkseinkommen Y bei gegebenem nominellen Preisniveau P und gegebener Umlaufsgeschwindigkeit des Geldes v, Abb. 31b die Abhängigkeit des für die Übereinstimmung von Geldangebot und Geldnachfrage erforderlichen nominellen Preisniveaus P von der Höhe des nominellen Geldangebots M^a bei gegebenem realen Volkseinkommen Y_0 und gegebener Umlaufsgeschwindigkeit des Geldes v:

(1) Bei gegebenem nominellen Preisniveau P und gegebener Umlaufsgeschwindigkeit des Geldes v steigt und sinkt die geplante Geldnachfrage M^n linear mit der Höhe des realen Gleichgewichtsvolkseinkommens Y. Also steigt und sinkt auch das für die Übereinstimmung von nominellem Geldangebot und nomineller Geldnachfrage bei gegebenem nominellen Preisniveau und gegebener Umlaufsgeschwindigkeit des Geldes erforderliche nominelle Geldangebot linear mit der Höhe des realen Gleichgewichtsvolkseinkommens.

(2) Bei gegebenem nominellen Geldangebot M^a ist mit gegebenem realen Gleichgewichtsvolkseinkommen Y_0 und gegebener Umlaufsgeschwindigkeit des Geldes v auch die für die Übereinstimmung von nominellem Geldangebot und nomineller Geldnachfrage erforderliche Höhe des nominellen Preisniveaus P determiniert. Das Gleichgewichtspreisniveau steigt und sinkt bei gegebenem realen Volkseinkommen und gegebener Umlaufsgeschwindigkeit des Geldes linear mit dem nominellen Geldangebot, mit der nominellen Geldmenge.

Unter neoklassischen Prämissen ist mit dem für das realwirtschaftliche Gleichgewicht, für die Übereinstimmung von geplantem Angebot und geplanter Nachfrage auf Güter-, Arbeits- und Kapitalmarkt, erforderlichen Reallohn- und Realzinsniveau einerseits und mit der für das geldwirtschaftliche Gleichgewicht, für die Übereinstimmung von gegebenem nominellen Geldangebot und geplanter nomineller Geldnachfrage, erforderliche Höhe des nominellen Preisniveaus andererseits zugleich das für das simultane Gleichgewicht aller Märkte notwendige nominelle Preis-, Lohn- und Zinsniveau bestimmt. Das realwirtschaftliche Gleichgewicht determiniert die erforderliche relative Höhe, das geldwirtschaftliche Gleichgewicht die erforderliche absolute Höhe von Preis-, Lohn- und Zinsniveau.

Insoweit wurde angenommen, daß

(1) Geld allein zu gegenwärtigen Transaktionszwecken, zur Abwicklung der mit den für die laufende Periode geplanten Angebots- und Nachfragemengen auf Güter-, Arbeits- und Kapitalmarkt, nachgefragt wird und daß

(2) die Geldnachfrage zwar von der Höhe des Volkseinkommens, nicht aber von der des Zinsniveaus abhängt.

In Wirklichkeit wird Geld aber nicht nur zur Abwicklung laufender Güter-, Arbeits- und Kapitalmarkttransaktionen, sondern auch als ein Medium der Vermögensanlage nachgefragt, die im Vergleich zu den Nichtgeld-Anlagen (Realobjekte, Aktien, Bonds) zwar den Nachteil der nominellen Unverzinslichkeit, aber auch den Vorteil der Liquidität hat. Geld kann jederzeit und überall unmittelbar zum Kauf von Gütern, Arbeit und Wertpapieren verwendet werden. Die anderen Vermögensformen besitzen diese Liquidität nicht. Sie können nicht unmittelbar sondern nur durch besondere Verkaufs- und Kauftransaktionen von der einen in die andere Form umgewandelt werden. Dient das Vermögen, wie in neoklassischen Standardmodellen angenommen, der Verschiebung des Konsums von der Gegenwart in die Zukunft, so muß es, wenn und soweit es in der Form von Grundstücken, Gebäuden, Aktien oder Bonds gehalten wird, durch den Verkauf dieser Vermögensobjekte in die Geldform gebracht werden, ehe es zum Kauf von Konsumgütern verwendet werden kann. Bei gegebener nomineller Verzinsung dieser Vermögensformen entscheidet offenbar die erwartete Entwicklung ihrer Marktpreise, ihrer Kurse, einerseits, die des Güterpreisniveaus andererseits über die reale Verzinsung dieser Nichtgeld-Anlagen. Je nach der Höhe des Nominalzinssatzes und der erwarteten Kursentwicklung ist die erwartete Effektivverzinsung der einzelnen Nichtgeld-Anlagen größer oder kleiner als die erwartete Inflationsrate. Die reale Verzinsung des in der Form von Geld in die Zukunft übertragenen Vermögens wird dagegen allein durch die erwartete Entwicklung des Güterpreisniveaus determiniert: Sie ist gleich dem negativen Wert der erwarteten Inflationsrate.

Da die erwarteten Renditen und ihre Eintrittswahrscheinlichkeiten für die einzelnen Vermögensformen im allgemeinen voneinander abweichen, bestimmen die Haushalte unter neoklassischen Annahmen die Zusammensetzung des Vermögens im Rahmen eines Optimierungskalküls, in dem der Erwartungswert des Portefeuilles maximiert wird. In diesem Einführungstext können diese Probleme der optimalen Vermögensgestaltung nicht diskutiert werden. Es wird darum der Einfachheit halber unterstellt, daß

(1) die Haushalte das geplante Vermögen teils in der Form von verzinslichen Kapitalmarkttiteln (Aktien, Bonds), teils in der unverzinslichen Form von Geld halten und daß

(2) das geplante Geldvermögen unter sonst gleichen Annahmen mit steigendem realen Zinsniveau r sinkt.

Unter diesen Annahmen ist also die geplante nominelle Geldnachfrage negativ mit dem Realzinsniveau verknüpft. Bei gegebenem nominellen Geldangebot erfordert darum geldwirtschaftliches Gleichgewicht eine bestimmte Höhe des realen Zinsniveaus:

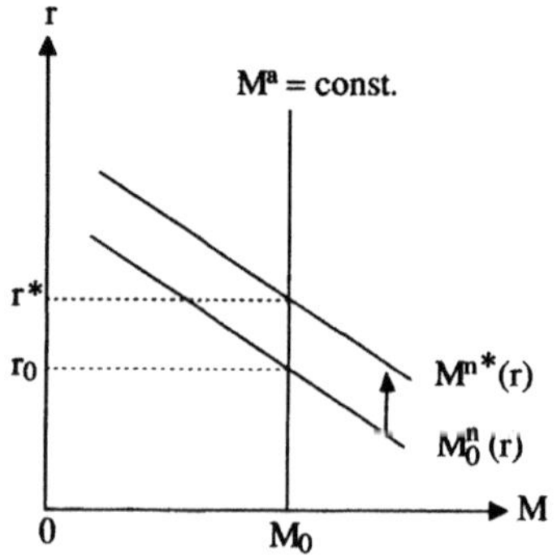

Abb. 32a

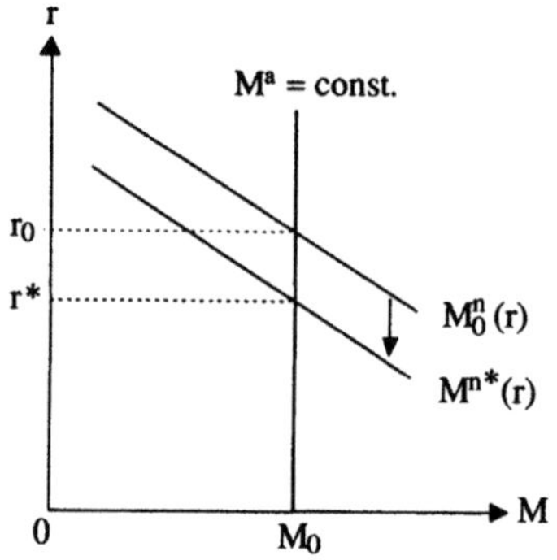

Abb. 32b

Bei der angenommenen Höhe M_0 des nominellen Geldangebots und der gegebenen nominellen Geldnachfragefunktion $M_0^n(r)$ impliziert die Übereinstimmung von gegebenem nominellen Geldangebot und geplanter nomineller Geldnachfrage ein reales Zinsniveau r_0. Ist das reale Zinsniveau r_0, das nominelles Geldangebot und nominelle Geldnachfrage in Übereinstimmung bringt, niedriger als das Realzinsniveau r*, bei dem realwirtschaftliches Gleichgewicht herrscht, bei dem also geplantes Angebot und geplante Nachfrage auf Güter-, Arbeits- und Kapitalmarkt übereinstimmen, so kann allein eine Verschiebung der Geldnachfragefunktion nach oben geldwirtschaftliches Gleichgewicht herbeiführen. Bei gegebenem realen Gleichgewichtseinkommen Y_0 steigt die beim Realzinsniveau r* geplante Geldnachfrage unter den getroffenen Annahmen linear mit dem Preisniveau. Eine Erhöhung des nominellen Preisniveaus läßt mit dem nominellen Gleichgewichtseinkommen die jedem realen Zinsniveau zugeordnete Höhe der geplanten Geldnachfrage steigen, und im geldwirtschaftlichen Gleichgewicht hat das Preisniveau jene Höhe, bei der geplante nominelle Geldnachfrage und gegebenes nominelles Geldangebot beim Realzinsniveau r* übereinstimmen.

Der Zusammenhang zwischen Geldmenge, Preisniveau und geldwirtschaftlichem Gleichgewicht läßt sich auch im Rahmen einer Realanalyse erklären. Bezeichnet man den Quotienten aus nominellem Geldangebot und Preisniveau als reales Geldangebot und den Quotienten aus nomineller Geldnachfrage und Preisniveau als reale Geldnachfrage, so impliziert geldwirtschaftliches Gleichgewicht die Übereinstimmung von realem Geldangebot und realer Geldnachfrage:

$$\left(\frac{M}{P}\right)^a = \left(\frac{M}{P}\right)^n .$$

Bei gegebenem nominellen Geldangebot M^a steigt das reale Geldangebot $(M/P)^a$ bei sinkendem und es sinkt bei steigendem Preisniveau. Im geldwirtschaftlichen Gleichgewicht hat das Preisniveau die Höhe, bei der das reale Geldangebot mit jener Höhe der realen Geldnachfrage $(M/P)^n$ übereinstimmt, die mit dem für realwirtschaftliches Gleichgewicht erforderlichen Realzinsniveau r* verbunden ist.

Hat das für realwirtschaftliches Gleichgewicht erforderliche Realzinsniveau die Höhe r*, so impliziert geldwirtschaftliches Gleichgewicht bei der in Abb. 33 angenommenen realen Geldnachfragefunktion $(M/P)^n$ ein reales Geldangebot $(M/P)^*$. Die Übereinstimmung von realem Geldangebot und realer Geldnachfrage erfordert

(1) bei gegebener Höhe der nominellen Geldmenge eine bestimmte Höhe P* des Preisniveaus,

(2) bei gegebener Höhe des Preisniveaus eine bestimmte Höhe M* der nominellen Geldmenge.

Ist das reale Geldangebot größer als $(M/P)^*$, so besteht ein Geldangebotsüberschuß, der nur durch eine Erhöhung des Preisniveaus und/oder durch eine Senkung der nominellen Geldmenge abgebaut werden kann. Umgekehrt: Ist das reale Geldangebot kleiner als $(M/P)^*$, so besteht ein Geldnachfrageüberschuß, der nur durch eine Senkung des Preisniveaus und/ oder durch eine Erhöhung der nominellen Geldmenge eliminiert werden kann. Wird das nominelle Geldangebot durch das Bankensystem bewußt gelenkt, so impliziert also unter den eingeführten Annahmen

(1) die Festlegung eines bestimmten Geldmengenziels auch die eines bestimmten Preisniveaus oder

(2) die Festlegung eines bestimmten Preisniveauziels auch die einer bestimmten Geldmenge.

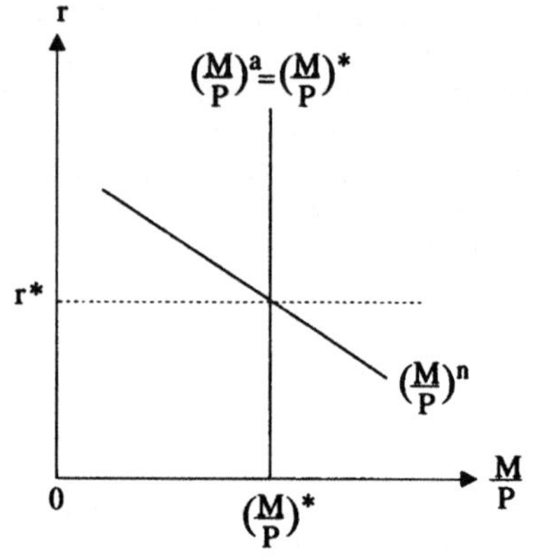

Abb. 33

Ist die geplante reale Geldnachfrage positiv mit dem realen Volkseinkommen und negativ mit dem realen Zinsniveau verknüpft, so steigt die Umlaufsgeschwindigkeit des Geldes mit sinkendem Realzinsniveau: Je höher das reale Zinsniveau, umso niedriger die geplante Geldnachfrage, umso höher also die Umlaufsgeschwindigkeit des Geldes. Diese ist unter solchen Annahmen keine institutionelle Konstante, sondern eine Variable, die im Rahmen des ökonomischen Systems bestimmt wird. Jedem Gleichgewichtswert des realen Volkseinkommens ist ein bestimmtes reales Gleichgewichtszinsniveau und damit ein bestimmter Gleichgewichtswert der realen Geldnachfrage und des realen Geldangebots zugeordnet, und erst mit diesen Gleichgewichtswerten ist auch die Umlaufsgeschwindigkeit des Geldes determiniert. Unter den eingeführten Annahmen ist die Umlaufsgeschwindigkeit des Geldes nur dann konstant, wenn die geplante Geldnachfrage zwar einkommens-, nicht aber zinsabhängig ist. Bei einer Zinselastizität der Geldnachfrage von null und einer Einkommenselastizität der Geldnachfrage von eins ist die Umlaufsgeschwindigkeit des Geldes als Konstante vorgegeben.

C. SIMULTANES REAL- UND GELDWIRTSCHAFTLICHES GLEICHGEWICHT IM NEOKLASSISCHEN STANDARDMODELL

Realwirtschaftliches Gleichgewicht auf der einen Seite erfordert jene Höhe von Reallohn- und Realzinsniveau, bei der geplantes Angebot und geplante Nachfrage auf Güter-, Arbeits- und Kapitalmarkt übereinstimmen. Geldwirtschaftliches Gleichgewicht auf der anderen Seite erfordert bei gegebener Höhe des nominellen Geldangebots jene absolute Höhe des Preisniveaus, bei der das reale Geldangebot mit der durch die Gleichgewichtswerte des realen Volkseinkommens und des realen Zinsniveaus determinierten realen Geldnachfrage übereinstimmt. Das realwirtschaftliche Gleichgewicht impliziert also eine bestimmte relative Höhe von Lohn- und Preisniveau, das geldwirtschaftliche Gleichgewicht bei gegebener nomineller Geldmenge eine bestimmte absolute Höhe von Lohn- und Preisniveau oder bei gegebenem Lohn- und Preisniveau eine bestimmte Höhe der nominellen Geldmenge.

Hat das Reallohnniveau die für realwirtschaftliches Gleichgewicht erforderliche Höhe, so erfordert das simultane Gleichgewicht aller Märkte jene Höhe des realen Zinsniveaus, bei der einerseits die geplante reale Ersparnis mit der geplanten realen Investition, bei der andererseits das reale Geldangebot mit der realen Geldnachfrage übereinstimmt. Dabei ist die geplante Ersparnis S(r) die Differenz zwischen dem geplanten, dem nutzenmaximalen Sachvermögen V(r) und dem gegebenen Sachvermögen V_0, und die geplante Investition I(r) ist gleich der Differenz zwischen dem geplanten, dem rentabilitätsmaximalen Kapitalstock K(r) und dem gegebenen Kapitalstock K_0:

$$S(r) = V(r) - V_0$$

$$I(r) = K(r) - K_0 \; .$$

Unter neoklassischen Annahmen ist das nutzenmaximale Sachvermögen V(r) positiv und der rentabilitätsmaximale Kapitalstock K(r) negativ mit dem realen Zinsniveau verknüpft. Wird in jeder Periode die gesamte Ersparnis in Anteilen am Kapitalstock der Unternehmungen angelegt, und wird in jeder Periode die gesamte Investition durch Ausgabe von Anteilen am Kapitalstock der Unternehmungen finanziert, so stimmt in jeder Periode das gegebene Sachvermögen V_0 – dieses soll der Einfachheit halber wiederum nur aus Eigentumsanteilen am Kapitalstock der Unternehmungen bestehen – mit dem gegebenen Kapitalstock K_0 überein.

Kapitalmarktgleichgewicht impliziert die Gleichheit von geplanter Ersparnis $S(r)=V(r)-V_0$ und geplanter Investition $I(r)=K(r)-K_0$ und damit die von geplantem Sachvermögen $V(r)=V_0+S(r)$ und geplantem Kapitalstock $K(r)=K_0+I(r)$. Abb. 34a demonstriert diese Bedingungen für den Fall einer positiven, Abb. 34b für den Fall einer negativen Ersparnis und Investition.

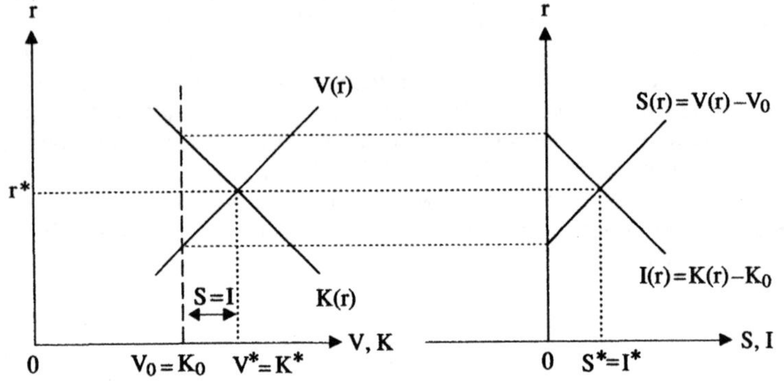

Abb. 34a

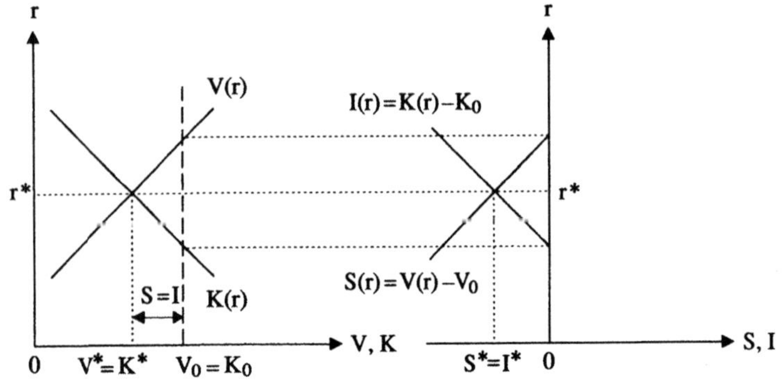

Abb. 34b

In beiden Diagrammen impliziert die Übereinstimmung des geplanten Sachvermögens $V(r)$ mit dem geplanten Kapitalstock $K(r)$ und damit die der geplanten Ersparnis $S(r)=V(r)-V_0$ und der geplanten Investition $I(r)=K(r)-K_0$ einen Realzinssatz in Höhe von r^*. Ist der Realzinssatz höher als r^*, so ist das geplante Sachvermögen $V(r)$ größer als der geplante Kapitalstock $K(r)$, und damit ist auch die geplante Ersparnis $S(r)$ größer als die geplante Investition I(r). Dies impliziert bei gegebenem Reallohnniveau, daß die geplante Güternachfrage kleiner als das geplante Güterangebot und das geplante Arbeitsangebot kleiner als die geplante Arbeitsnachfrage ist. Umgekehrt: Ist der Realzinssatz niedriger als r*, so ist das geplante Sachvermögen V(r) kleiner als der geplante Kapitalstock K(r), und damit ist auch die geplante Ersparnis S(r) kleiner als die geplante Investition I(r). Dies impliziert bei gegebenem Reallohnniveau, daß die geplante Güternachfrage größer als das geplante Güterangebot und das geplante Arbeitsangebot größer als die geplante Arbeitsnachfrage ist. Das Ungleichgewicht auf dem Kapitalmarkt impliziert ein Ungleichgewicht auf Güter- und Arbeitsmarkt auch dann, wenn das Reallohnniveau die für das simultane Gleichgewicht der drei Märkte erforderliche Höhe hat.

Halten die Haushalte Vermögen nicht nur in der Form von Sachvermögen, von Anteilen am Kapitalstock der Unternehmungen, sondern auch in der Form von Geld, und ist die geplante reale Geldnachfrage einerseits vom realen Volkseinkommen, andererseits vom realen Zinsniveau abhängig, so ist mit der Gleichgewichtshöhe des realen Volkseinkommens und des realen Zinsniveaus auch die reale Geldnachfrage determiniert. Das simultane Gleichgewicht auf Güter-, Arbeits- und Kapitalmarkt erfordert dann auch, daß das reale Geldangebot mit der realen Geldnachfrage übereinstimmt. Dies impliziert bei gegebenem nominellen Geldangebot eine bestimmte Höhe des nominellen Preisniveaus, bei gegebenem Preisniveau eine bestimmte Höhe des nominellen Geldangebots. Die Abb. 35a und 35b zeigen diese Beziehung zwischen real- und geldwirtschaftlichem Gleichgewicht:

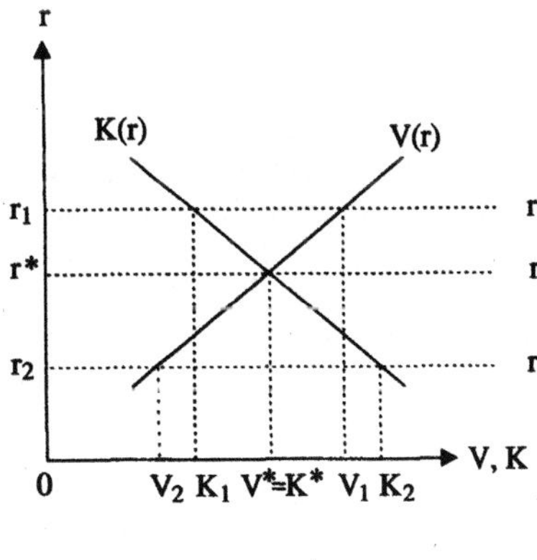

Abb. 35a

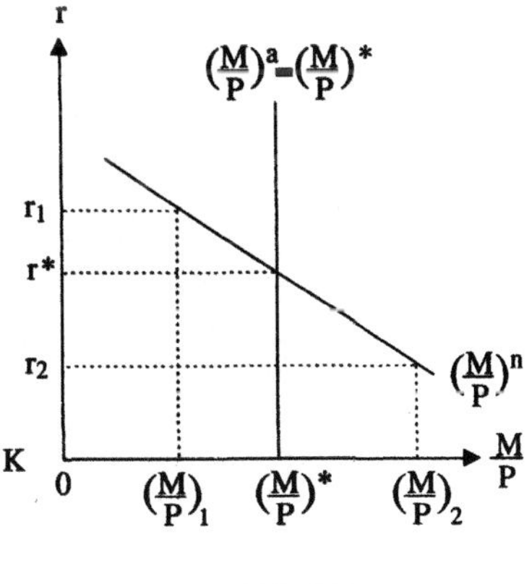

Abb. 35b

Hat das Reallohnniveau die für simultanes Güter-, Arbeits- und Kapitalmarktgleichgewicht erforderliche Höhe, so impliziert dieses Gleichgewicht überdies, daß das reale Zinsniveau die Höhe r* hat, bei der einerseits V(r) und K(r) und damit auch S(r) und I(r), bei der andererseits $(M/P)^n$ und $(M/P)^a$ übereinstimmen. Ist stattdessen

(1) das reale Geldangebot kleiner als $(M/P)^*$, hat es beispielsweise die Höhe $(M/P)_1$, so impliziert die Übereinstimmung von realem Geldangebot und realer Geldnachfrage ein reales Zinsniveau r_1, und bei diesem Zinsniveau ist das geplante Sachvermögen größer als der geplante Kapitalstock, die geplante Ersparnis größer als die geplante Investition. Das simultane Gleichgewicht auf Güter-, Arbeits- und Kapitalmarkt verlangt bei gegebenem nominellen Geldangebot, daß das reale Geldangebot, die reale Geldmenge, durch eine Senkung des Preisniveaus auf die erforderliche Höhe $(M/P)^*$ gebracht wird.

(2) das reale Geldangebot größer als $(M/P)^*$, hat es beispielsweise die Höhe $(M/P)_2$, so impliziert die Übereinstimmung von realem Geldangebot und realer Geldnachfrage ein reales Zinsniveau r_2, und bei diesem Zinsniveau ist das geplante Sachvermögen kleiner als der geplante Kapitalstock, die geplante Ersparnis kleiner als die geplante Investition. Das simultane Gleichgewicht auf Güter-, Arbeits- und Kapitalmarkt verlangt bei gegebenem nominellen Geldangebot, daß das reale Geldangebot, die reale Geldmenge, durch eine Erhöhung des Preisniveaus auf die erforderliche Höhe $(M/P)^*$ gebracht wird.

Unter den getroffenen Annahmen setzt sich das reale Gesamtvermögen aus dem Sachvermögen V und dem Realwert des Geldvermögens M/P zusammen. Das Sachvermögen V ist unter den eingeführten Annahmen der in Güter umgerechnete Wert der Nettoforderungen gegen den Kapitalstock der Unternehmungen, das reale Geldvermögen M/P der in Güter umgerechnete Wert der Geldmenge, die sich im Portefeuille der Haushalte und Unternehmungen befindet. Zirkuliert Geld allein in der Form von verbrieften und unverbrieften Forderungen gegen Banken, so ist das reale Netto-Geldvermögen der Nichtbanken gleich der Differenz zwischen der realen Geldmenge, die sich in den Portefeuilles der Nichtbanken befindet, und den realen Forderungen der Banken gegen die Nichtbanken. Das reale Geldvermögen der Nichtbanken stimmt also nur dann mit der realen Geldmenge überein, wenn die Nettoforderungen der Banken gegenüber den Nichtbanken gleich null sind, wenn es sich um sogenanntes Außengeld (Outside Money) handelt. Entsprechen dagegen der realen Geldmenge, den realen Forderungen der Nichtbanken gegenüber den Banken, stets gleich hohe Forderungen der Banken gegenüber den Nichtbanken, handelt es sich also um Binnengeld (Inside Money), dann ist das Netto-Geldvermögen der Nichtbanken gleich null, obwohl sie positive Geldbestände halten.

Literaturangaben

ACKLEY, G., Macroeconomics: Theory and Policy, New York, 1978.

BLANCHARD, O.J./ FISCHER, S., Lectures on Macroeconomics, Cambridge/Mass., 1989.

CEZANNE, W., Grundsätze der Makroökonomik, 4.A., München, 1988.

CLAASSEN, E.-M., Grundlagen der makroökonomischen Theorie, 2.A., München/Wien, 1986.

DARBY, M.R., Macroeconomics. The Theory of Income, Employment, and the Price Level, New York, 1976.

FELDERER, B./ HOMBURG, St., Makroökonomik und neue Makroökonomik, 5.A., Berlin u.a., 1991.

FUHRMANN, W.A., Makroökonomik, 3.A., München, 1991.

DORNBUSCH, R./ FISCHER, S., Macroeconomics, 4.A., New York, 1987; deutsch: Makroökonomik, 4.A., München, 1985.

LASKI, K. u.a. (Hrsg.), Beiträge zur Diskussion und Kritik der neoklassischen Ökonomie, Berlin u.a., 1979.

MILL, J.St., Principles of Political Economy with some of their Applications to Social Philosophy, Hrsg.: F.E.L. PRIESTLEY u.a., Vol. II/III der "Collected Works of John Stuart Mill", Toronto/London, 1965.

NEUMANN, M., Theoretische Volkswirtschaftslehre, Bd.1: Makroökonomische Theorie, 3.A., München, 1988.

SAMUELSON, P.A./ NORDHAUS, W.D., Volkswirtschaftslehre: Grundlagen der Makro- und Mikrpökonomie, 8.A., Köln, 1987.

WALSH, V.Ch. / GRAM, H., Classical and Neoclassical Theories of General Equilibrium, New York u.a., 1980.

WOLL, A., Allgemeine Volkswirtschaftslehre, 10.A., München, 1990.

II. Keynesianische Standardmodelle

A. REALWIRTSCHAFTLICHES GLEICHGEWICHT IM KEYNESIANISCHEN STANDARDMODELL

1. Das Verhalten der privaten Haushalte auf Güter- und Arbeitsmarkt

Im keynesianischen Standardmodell wird die kurzfristige Starrheit von Preis- und Lohnniveau unterstellt. Hinter dieser Annahme steht die Überzeugung, daß Preise und Löhne unter modernen marktwirtschaftlichen Bedingungen nicht so schnell und nicht so stark auf Ungleichgewichte reagieren, wie in den neoklassischen Modellen unterstellt wird. Im keynesianischen Standardmodell reagieren nicht die Preise, sondern die Mengen auf Abweichungen zwischen Angebot und Nachfrage auf Güter- und Arbeitsmarkt:

(1) Angebotsüberschüsse auf dem Gütermarkt werden nicht wie in den neoklassischen Modellen durch Preissenkungen beseitigt, die die Güternachfrage steigen und das Güterangebot sinken lassen, sondern bei konstantem Preis- und Lohnniveau sinkt mit dem Güterangebot die Arbeitsnachfrage, und das verringerte Volkseinkommen läßt die Güternachfrage sinken und damit erneut einen Angebotsüberschuß auf dem Gütermarkt entstehen (kontraktiver Multiplikatorprozeß).

(2) Nachfrageüberschüsse auf dem Gütermarkt werden nicht wie in den neoklassischen Modellen durch Preiserhöhungen beseitigt, die die Güternachfrage sinken und das Güterangebot steigen lassen, sondern bei konstantem Preis- und Lohnniveau steigt mit dem Güterangebot die Arbeitsnachfrage, und das vergrößerte Volkseinkommen läßt die Güternachfrage steigen und damit erneut einen Nachfrageüberschuß auf dem Gütermarkt entstehen (expansiver Multiplikatorprozeß).

Im keynesianischen Standardmodell sind also Angebots- und Nachfragemengen nicht von Preisen, sondern von anderen Mengengrößen abhängig. Darum wird in der folgenden Darstellung angenommen, Lohn- und Preisniveau hätten die konstante Höhe l=P=1. Mengen- und Wertgrößen stimmen dann jeweils überein. Im Vergleich zur neoklassischen Modellwelt ist die keynesianische also einerseits enger, weil sie den Fall flexibler Preise und Löhne nicht diskutiert. Sie ist andererseits weiter, weil sie, wie sich zeigen wird, stabile Mengenkonstellationen, sogenannte Rationierungsgleichgewichte, diskutiert, die in der neoklassischen Welt flexibler Preise und Löhne überhaupt nicht existieren.

Güternachfrage und Arbeitsangebot der privaten Haushalte werden im keynesianischen Standardmodell nicht aus einer Nutzenfunktion und der Nutzenmaximierungshypothese, sondern ohne Rückgriff auf einen Optimierungskalkül bestimmt: Mit dem Lohn- und dem Preis- ist auch das Reallohnniveau und mit diesem das geplante Arbeitsangebot der privaten Haushalte konstant. Die geplante Güternachfrage der privaten Haushalte ist im keynesianischen Standardmodell nicht vom Reallohnniveau, sondern vom Volkseinkommen abhängig, und die Konsumfunktion C(Y) beschreibt den Zusammenhang zwischen geplantem Konsum und Volkseinkommen.

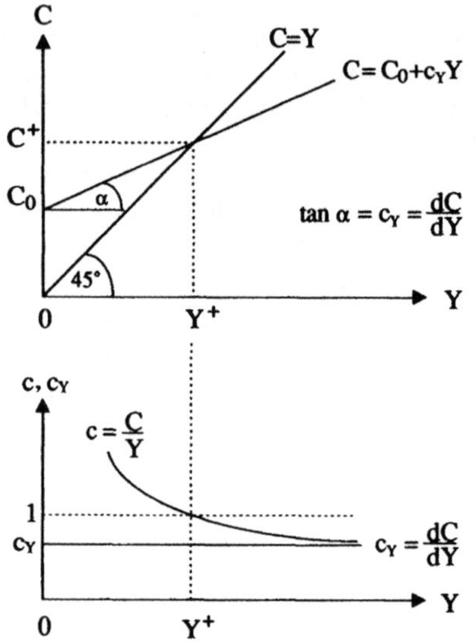

Abb. 36

Die kurzfristige Konsumfunktion verknüpft die geplante Güternachfrage mit dem Volkseinkommen der jeweiligen Periode. Im allgemeinen wird die Form $C=C_0+c_YY$ mit $0<c_Y<1$ unterstellt:

(1) Der autonome Konsum C_0 wird mitunter als eine Art Fixkosten der privaten Haushalte interpretiert, als ein Konsumniveau, das kurzfristig nicht unterschritten werden kann oder soll.

(2) Der induzierte, einkommensabhängige Konsum c_YY steigt und sinkt linear mit dem Volkseinkommen der betreffenden Periode. Die marginale Konsumquote $c_Y=dC/dY$ ist positiv und konstant.

Die durchschnittliche Konsumquote $c=C/Y$ nimmt mit steigendem Volkseinkommen ab, mit sinkendem Volkseinkommen zu. Die Methode der 45°-Linie in Abb. 36 macht deutlich, bei welchen Werten des Volkseinkommens der geplante Konsum größer oder kleiner als das Volkseinkommen, die durchschnittliche Konsumquote größer oder kleiner als eins ist.

Die 45°-Linie ordnet jeder Höhe des Volkseinkommens einen Konsum gleicher Höhe zu. Sie verkörpert also eine konstante Konsumquote in Höhe von eins. Im Schnittpunkt von 45°-Linie und kurzfristiger Konsumfunktion, bei einer Höhe $Y^+=C^+$ ist die durchschnittliche Konsumquote gleich eins, für $Y<Y^+$ größer, für $Y>Y^+$ kleiner als eins. Das Volkseinkommen Y^+ wird mitunter als Basiseinkommen, der Konsum C^+ als Basiskonsum bezeichnet. Diese Zusammenhänge lassen sich auch anhand der kurzfristigen Sparfunktion S(Y) darstellen:

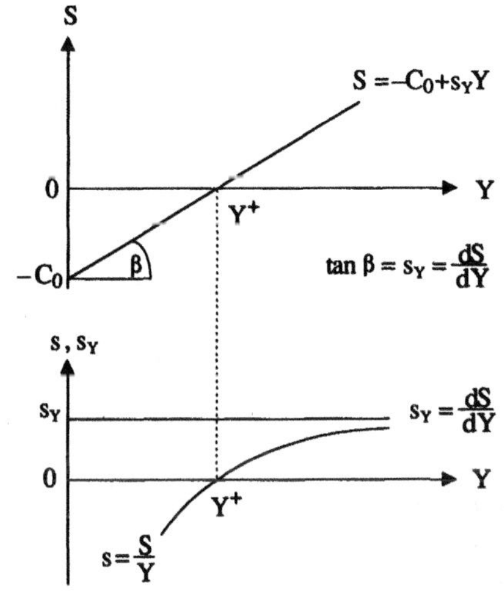

Abb. 37

Die marginale Sparquote $s_Y=dS/dY$ ist positiv und konstant. Die durchschnittliche Sparquote $s=S/Y$ nimmt mit der Höhe des Volkseinkommens zu und ab. Die marginale Sparquote ist gleich eins minus marginale Konsumquote, die durchschnittliche Sparquote gleich eins minus durchschnittliche Konsumquote. Mit anderen Worten: Die Summe aus marginaler Spar- und marginaler Konsumquote ist ebenso wie die Summe aus durchschnittlicher Spar- und durchschnittlicher Konsumquote gleich eins.

Die langfristige Konsumfunktion verknüpft den Konsum der laufenden Periode nicht nur mit dem Volkseinkommen dieser Periode, sondern auch mit dem früherer und späterer Perioden:

(1) Das Einkommen früherer Perioden beeinflußt über den Konsum früherer Perioden die Konsumnormen, die Vorstellungen davon, welche Höhe der Konsum haben müßte oder sollte, und diese in früheren Perioden herausgebildeten Konsumnormen beeinflussen das Konsumverhalten in der laufenden Periode.

(2) Das erwartete Einkommen späterer Perioden beeinflußt den laufenden Konsum. Pessimistische Einkommenserwartungen veranlassen eher zu einer Senkung, optimistische eher zu einer Erhöhung des laufenden Konsums.

Der Konsum der laufenden Periode wird also auch von den Erfahrungen früherer Perioden und den auf spätere Perioden bezogenen Erwartungen bestimmt.

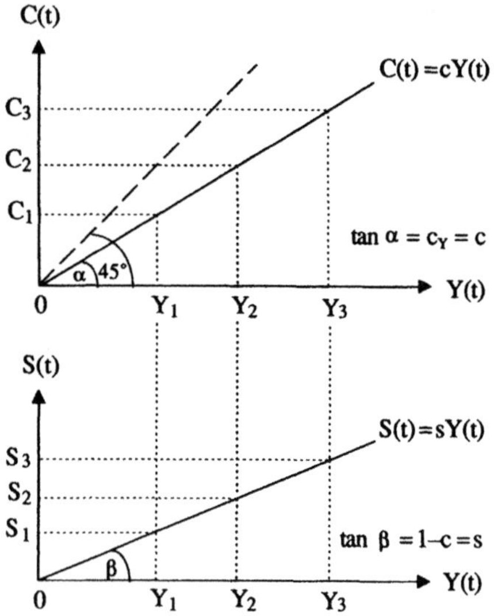

Abb. 38

In Übereinstimmung mit den Ergebnissen vieler empirischer Untersuchungen wird in der Regel unterstellt, die langfristige Konsum- und damit auch die langfristige Sparfunktion sei eine Ursprungsgerade, die langfristige Konsum- und damit die langfristige Sparquote seien also unabhängig von der Höhe des langfristigen Einkommens konstant. In der langfristigen Konsumfunktion hat also der autonome Konsum eine Höhe von null.

Der empirisch belegte Unterschied zwischen kurz- und langfristigem Konsumverhalten findet keine einheitliche Erklärung. Im Vordergrund stehen die folgenden Erklärungsansätze:

(1) Die absolute Einkommenshypothese. Nach SMITHIES existiert in Wirklichkeit allein die kurz- und nicht auch die langfristige Konsumfunktion. Die Illusion der Existenz einer langfristigen Konsum-

funktion entsteht, weil sich die kurzfristigen Konsumfunktionen mit dem Einkommen in der Zeit verschieben. Was als langfristige Konsumfunktion gemessen wird, ist das Ergebnis

(a) von Bewegungen auf der kurzfristigen Konsumfunktion und

(b) von Verschiebungen der kurzfristigen Konsumfunktion.

Immer aber ist der laufende Konsum von der absoluten Höhe des laufenden Einkommens abhängig.

(2) Die relative Einkommenshypothese. Nach DUESENBERRY hängt der laufende Konsum nicht nur vom laufenden Einkommen, sondern auch vom Verhältnis des laufenden Einkommens zum höchsten in der Vergangenheit erzielten Einkommen ab. Ist das Einkommen in der Zeit konstant, stimmt also das laufende Einkommen mit dem maximalen Vergangenheitseinkommen überein, dann ist auch der Konsum konstant. Wächst das laufende Einkommen in der Zeit mit konstanter Rate, so wächst auch das maximale Vergangenheitseinkommen mit dieser Rate, und damit ist das Verhältnis des laufenden Einkommens zum maximalen Vergangenheitseinkommen wiederum konstant: Konsum und Einkommen wachsen dann mit der gleichen Rate. Dies erklärt die langfristige Konsumfunktion. Kurzfristige Senkungen des laufenden Einkommens lassen bei gegebener Höhe des maximalen Vergangenheitseinkommens die durchschnittliche Konsumquote steigen: Der Konsum sinkt aufgrund des bremsenden Einflusses der durch das maximale Vergangenheitseinkommen vermittelten Konsumansprüche mit einer geringeren Rate als das kurzfristige Einkommen. Dieser Ratchet-Effekt (Sperrklinkeneffekt) erklärt die Abweichung der kurzfristigen von der langfristigen Konsumfunktion.

(3) Die permanente Einkommenshypothese. Nach FRIEDMAN planen die privaten Haushalte den Konsum nicht anhand der kurz-, sondern der langfristigen Höhe des Einkommens. Der langfristige (permanente) Konsum ist gleich dem Produkt aus der langfristigen (permanenten) Konsumquote und dem langfristigen (permanenten) Einkommen. Das langfristige (permanente) Einkommen ist in FRIEDMANs Interpretation das fiktive Zinseinkommen aus dem langfristigen (permanenten) Vermögen, und dieses wird als Gegenwartswert aller für die Zukunft erwarteten Einkommen ermittelt. Kurzfristige (transitorische) Einkommensschwankungen beeinflussen den an der langfristigen (permanenten) Einkommensentwicklung orientierten langfristigen (permanenten) Konsum nicht. Sie verursachen allenfalls vorübergehende (transitorische) Abweichungen des Konsums vom langfristigen (permanenten) Niveau.

In diesem Einführungstext interessiert allein die kurzfristige Konsumfunktion. In jeder Periode ist der Konsum gleich der Summe aus dem autonomen Konsum C_0 und dem Produkt aus der marginalen Konsumquote

c_Y und dem Volkseinkommen. Damit ist die Ersparnis in jeder Periode gleich der Summe aus der autonomen Ersparnis $-C_0$ und dem Produkt aus der marginalen Sparquote $s_Y=1-c_Y$ und dem Volkseinkommen:

$$C = C_0 + c_Y Y$$

$$S = -C_0 + (1-c_Y)Y \,.$$

Diese kurzfristige Konsum- und Sparfunktion ist nicht aus einer neoklassischen Nutzenfunktion und der Nutzenmaximierungshypothese ableitbar. Bei gegebenem Lohn-, Preis- und Zinsniveau ist das Verhältnis von geplantem Konsum und geplantem Einkommen im neoklassischen Nutzenmaximierungskalkül konstant und das heißt, der autonome Konsum hat unter neoklassischen Prämissen eine Höhe von null. Mit anderen Worten: Die keynessche Konsumfunktion wird durch die neoklassische Theorie des Verhaltens der privaten Haushalte nicht gestützt. Dies gilt auch für die Annahme, das geplante Arbeitsangebot der privaten Haushalte sei unabhängig von der Höhe des Einkommens konstant. Hier wie dort handelt es sich um makroökonomische ad-hoc-Hypothesen ohne Herleitung aus mikro- oder makroökonomischen Optimierungskalkülen.

2. Das Verhalten der privaten Unternehmungen auf Güter- und Arbeitsmarkt

a. *Das Güterangebot und die Arbeitsnachfrage der privaten Unternehmungen*

In den einfachen keynesianischen Modellen wird regelmäßig angenommen, das Güterangebot sei durch die faktische Güternachfrage determiniert, die Unternehmungen paßten also das Güterangebot an die Güternachfrage an. In Hinsicht auf die Anpassung des Güterangebots an die Güternachfrage finden sich zwei Hypothesen:

(1) Die Anpassung wird mit einer Verzögerung von null, nämlich innerhalb derselben Periode vollzogen. Das Güterangebot stimmt immer mit der Güternachfrage überein. Es gibt keine ungeplanten positiven oder negativen Vorratsinvestitionen.

(2) Die Anpassung wird mit einer Verzögerung von einer Periode vollzogen. Innerhalb derselben Periode kann also das Güterangebot nicht erhöht oder gesenkt werden. Die Unternehmungen sind bei der Be-

stimmung des Güterangebots auf Annahmen über die Höhe der Güternachfrage angewiesen. Nimmt man an, die Unternehmungen erwarteten die Konstanz der Güternachfrage, so ist also das geplante Güterangebot der Periode t gleich der faktischen Güternachfrage der Periode t–1. Ist die Güternachfrage in der Tat konstant, so stimmen Angebot und Nachfrage überein. Anders, wenn die Güternachfrage unerwartet steigt oder sinkt:

(a) Eine unerwartete Erhöhung der Güternachfrage verursacht einen Nachfrageüberschuß, der durch eine ungeplante Verringerung der Vorräte aufgefangen wird.

(b) Eine unerwartete Senkung der Güternachfrage verursacht einen Angebotsüberschuß, der durch eine ungeplante Vergrößerung der Vorräte aufgefangen wird.

Abweichungen zwischen der von den Unternehmungen erwarteten und der faktischen Höhe der Güternachfrage schlagen sich also in ungeplanten Vorratsinvestitionen nieder, wenn die Anpassung des Güterangebots an Veränderungen der Güternachfrage Zeit erfordert. Der Einfachheit halber wird in der weiteren Darstellung angenommen, das Güterangebot werde ohne Verzögerung an die Güternachfrage angepaßt, so daß also ungeplante Vergrößerungen und Verringerungen der Vorräte keine Rolle spielen. Unter dieser Annahme determiniert also die Höhe der Güternachfrage die des Güterangebots.

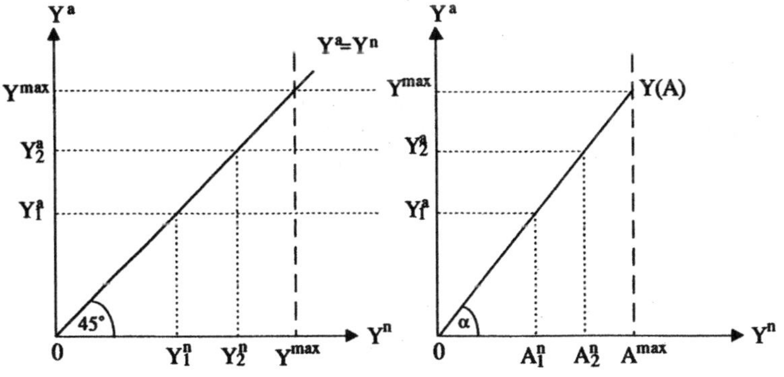

Abb. 39a

Abb. 39b

Abb. 39a demonstriert die angenommene Abhängigkeit des Güterangebots Y^a von der Güternachfrage Y^n. Passen die Unternehmungen nicht nur das Güterangebot an die Güternachfrage, sondern auch die Arbeitsnachfrage an das Güterangebot an, so steigt und sinkt also die Arbeitsnachfrage der

Unternehmungen bei gegebener partieller Produktionsfunktion Y=Y(A) mit der Güternachfrage. Abb. 39b zeigt diese Beziehung zwischen Güterangebot und Arbeitsnachfrage bei Annahme einer linear-limitationalen, also einer nicht-neoklassischen Produktionsfunktion. Der Arbeitseinsatz steigt und sinkt linear mit der Produktion, Durchschnitts- und Grenzproduktivität der Arbeit sind in Höhe von y=Y/A=Y'(A)=tan α konstant. Unter der Annahme, daß die Kapital- und Arbeitsmenge in dem durch die linear-limitationale Produktionstechnik bestimmten effizienten Einsatzverhältnis stehen, repräsentiert der maximale Arbeitseinsatz A^{max} die Vollbeschäftigung der Faktoren Arbeit und Kapital. In dem einen Fall ist A^{max} gleich dem gegebenen Arbeitsangebot, in dem anderen Fall gleich der Arbeitsnachfrage, die mit der Vollbeschäftigung des gegebenen Kapitalstocks verknüpft ist. Unter den getroffenen Annahmen wird also die Arbeitsnachfrage letztlich durch die Güternachfrage determiniert. Diese bestimmt das geplante Güterangebot und damit bei gegebener partieller Produktionsfunktion Y(A) die Arbeitsnachfrage.

b. *Die Güternachfrage der privaten Unternehmungen*

Die privaten Unternehmungen sind nicht nur Anbieter von Konsum- und Investitionsgütern, sondern auch Nachfrager nach Investitionsgütern. Im keynesianischen Standardmodell wird die private Investition teils als autonom, teils als zinsinduziert genommen:

(1) Die autonome Investition I_0 reagiert nicht auf Veränderungen der makroökonomischen Variablen. Sie ist konstant oder sie variiert unabhängig von der Höhe der makroökonomischen Variablen.

(2) Die zinsinduzierte Investition I(i) ist negativ mit dem Zinsniveau verknüpft. Die Unternehmungen vergleichen im Investitionskalkül die Verzinsung, die die Investitionsmittel im Produktionsprozeß erzielen (interner Zinssatz, Grenzleistungsfähigkeit des Kapitals), mit der Marktverzinsung festverzinslicher Wertpapiere (externer Zinssatz). Der Marktzinssatz dient darum als Vergleichsgrundlage, weil (a) eigene Mittel alternativ in Wertpapieren angelegt werden können oder weil (b) fremde Mittel durch Abgabe von Wertpapieren beschafft werden müssen. Die privaten Unternehmungen vergleichen also in dieser Sicht die interne mit der externen Verzinsung der Investitionsmittel, und sie entscheiden sich für die Alternative mit der höheren Rendite.

Im neoklassischen Standardmodell ist die gesamte Investition zinsinduziert, ist die autonome Investition gleich null, und die interne Verzinsung ist gleich der Grenzproduktivität des Kapitals. Im keynesianischen Standardmodell fehlt eine solche produktionstheoretische Erklärung der internen Verzinsung der Investitionsmittel.

3. Gütermarktgleichgewicht

a. Gütermarktgleichgewicht im geschlossenen System ohne Staatsaktivität

aa. Autonome Investitionen

Im makroökonomischen Gleichgewicht stimmen geplantes Güterangebot und geplante Güternachfrage überein. Das Güterangebot ist gleich der inländischen Produktion Y plus dem Import Im, die Güternachfrage gleich der Summe aus Konsum C, Investition I, Staatsverbrauch G und Export Ex. Nimmt man an, G, Ex und Im seien gleich null, so impliziert makroökonomisches Gleichgewicht, daß das geplante Güterangebot Y^a mit der geplanten Konsum- und Investitionsgüternachfrage Y^n übereinstimmt. Unter der Annahme,

(1) das geplante Güterangebot Y^a jeder Periode stimme mit der Summe aus faktischer Konsum- und Investitionsgüternachfrage, mit dem Volkseinkommen überein, und

(2) die geplante Güternachfrage Y^n jeder Periode sei in Höhe des autonomen Konsums C_0 und der autonomen Investition I_0 konstant und in Höhe des induzierten Konsums $c_Y Y$ vom Volkseinkommen abhängig,

impliziert die Übereinstimmung von geplantem Güterangebot und geplanter Güternachfrage mit

$$Y^a = Y^n$$

$$Y^n = C_0 + c_Y Y + I_0$$

eine bestimmte Höhe des Volkseinkommens:

$$Y^* = \frac{1}{1-c_Y}(C_0 + I_0) .$$

Das Gleichgewichtseinkommen Y^*, bei dem geplantes Güterangebot Y^a und geplante Güternachfrage Y^n übereinstimmen, ergibt sich durch Multiplikation der autonomen Konsum- plus Investitionsgüternachfrage C_0+I_0 mit dem Multiplikator $1/(1-c_Y)$. Dabei ist $c_Y=dC/dY$ die marginale Konsum-, $1-c_Y=dS/dY$ die marginale Sparquote.

Die Güterangebotsfunktion Y^a hat einen Anstieg von 45°, weil die Unternehmungen annahmegemäß das Güterangebot ohne Verzögerung an die Güternachfrage anpassen. Der Anstieg der Güternachfragefunktion Y^n ist gleich der marginalen Konsumquote. Der Schnittpunkt von Güterangebots- und Güternachfragefunktion bestimmt das Gleichgewichtsvolkseinkommen Y*. Bei dieser und nur bei dieser Höhe des Volkseinkommens stimmen geplantes Güterangebot und geplante Güternachfrage überein. Ist stattdessen

(1) das Volkseinkommen kleiner als das Gleichgewichtseinkommen Y*, so ist die geplante Güternachfrage größer als das geplante Güterangebot. Die Y^n-Funktion verläuft für $Y<Y^*$ oberhalb der Y^a-Funktion.

(2) das Volkseinkommen größer als das Gleichgewichtseinkommen Y*, so ist die geplante Güternachfrage kleiner als das geplante Güterangebot. Die Y^n-Funktion verläuft für $Y>Y^*$ unterhalb der Y^a-Funktion.

Diese Implikationen lassen sich auch anhand der Spar- und Investitionsfunktion darstellen. Makroökonomisches Gleichgewicht impliziert, daß geplante Ersparnis und geplante Investition übereinstimmen: Der Teil der Produktion, den die Haushalte nicht zu Konsumzwecken nachfragen, muß von den Unternehmungen zu Investitionszwecken nachgefragt werden. Der Schnittpunkt von Spar- und Investitionsfunktion bestimmt das Gleichgewichtsvolkseinkommen Y*. Bei dieser und nur bei dieser Höhe des Volkseinkommens stimmt die geplante Ersparnis mit der geplanten Investition überein. Ist stattdessen

(1) das Volkseinkommen kleiner als das Gleichgewichtseinkommen Y*, so ist die geplante Ersparnis kleiner als die geplante Investition: Die Sparfunktion verläuft unterhalb der Investitionslinie I_0.

(2) das Volkseinkommen größer als das Gleichgewichtseinkommen Y*, so ist die geplante Ersparnis größer als die geplante Investition: Die Sparfunktion verläuft oberhalb der Investitionslinie I_0.

Unter den getroffenen Annahmen ist also die geplante Güternachfrage dann größer als das geplante Güterangebot, ist die geplante Investition dann größer als die geplante Ersparnis, wenn das Volkseinkommen kleiner als das Gleichgewichtseinkommen ist. Geplante Ersparnis und geplante Investition stimmen nur dann überein, wenn das Volkseinkommen die Gleichgewichtshöhe Y* hat. Diese ex-ante-Gleichheit von Ersparnis und Investition sollte nicht mit der definitorischen ex-post-Gleichheit beider Größen verwechselt werden. Die faktische Investition jeder Periode ist die Summe aus geplanter und ungeplanter Investition, die faktische Ersparnis die Summe aus geplanter und ungeplanter Ersparnis. Makroökonomisches Gleichgewicht erfordert die Gleichheit von geplanter Ersparnis und geplanter Investition, verlangt also, daß ungeplante Ersparnis und ungeplante Investition gleich null sind.

Eine makroökonomische Gleichgewichtskonstellation existiert dann, wenn sich Güterangebots- und Güternachfragefunktion in dem durch die gegebene Produktionskapazität bestimmten Einkommensbereich schneiden.

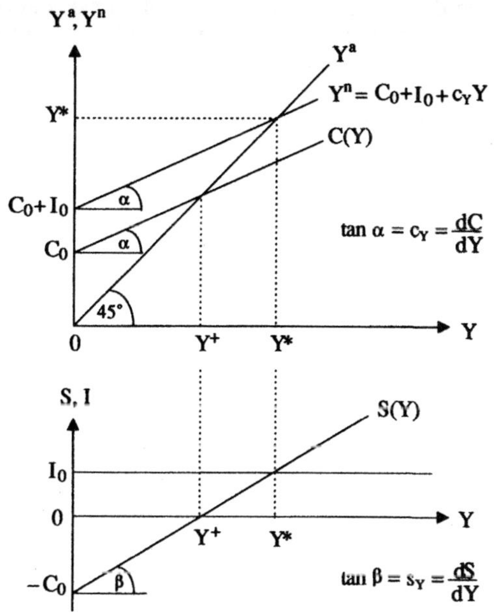

Abb. 40

Dies unterstellt: Um welchen Betrag steigt oder sinkt dann das Gleichgewichtseinkommen, wenn die autonome Investition um dI_0 steigt oder sinkt? Eine Erhöhung oder Senkung der autonomen Investition um dI_0 verschiebt die Güternachfragefunktion Y^n bei konstanter Güterangebotsfunktion Y^a:

$$Y^a = Y^n$$

$$Y^n = C_0 + I_0 + dI_0 + c_Y Y \, .$$

Das Gleichgewichtseinkommen, bei dem geplantes Güterangebot Y^a und geplante Güternachfrage Y^n übereinstimmen, hat die Höhe

$$Y^* = \frac{1}{1-c_Y}(C_0 + I_0 + dI_0),$$

und die durch die Variation der autonomen Investition um dI_0 verursachte Erhöhung oder Senkung des Gleichgewichtseinkommens ist gleich

$$dY^* = \frac{1}{1-c_Y} dI_0 \, .$$

Die Veränderung des Gleichgewichtsvolkseinkommens ergibt sich durch Multiplikation der Variation der autonomen Nachfrage mit dem Quotienten $1/(1-c_Y)$. Der Investitionsmultiplikator $1/(1-c_Y)$ ist um so größer, je höher die marginale Konsumquote c_Y, je niedriger also die marginale Sparquote $s=1-c_Y$ ist. Geometrische Darstellung:

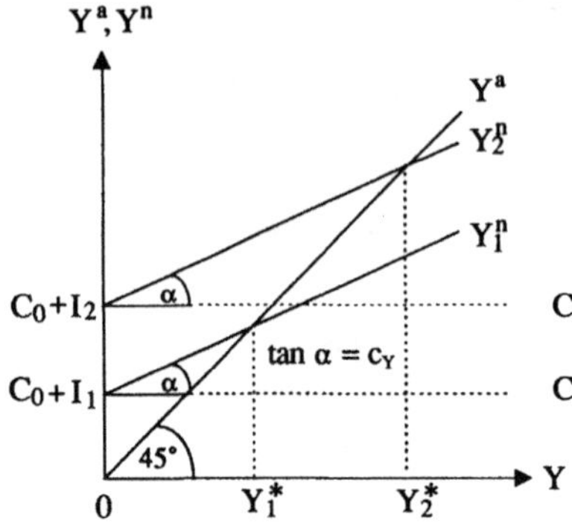

Abb. 41a

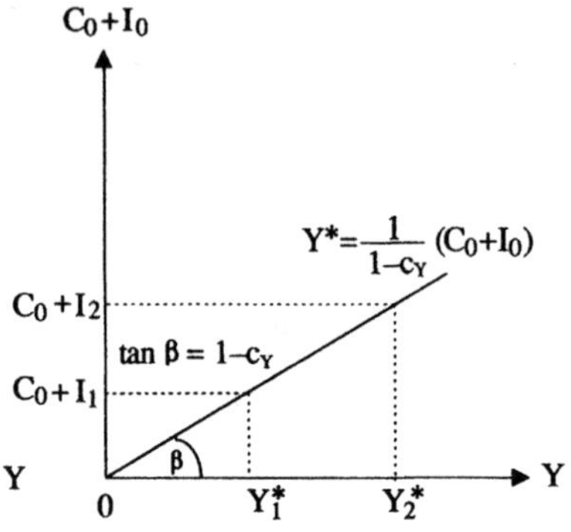

Abb. 41b

Das linke Diagramm zeigt, daß eine Erhöhung oder Senkung der autonomen Nachfrage um dI_0 das Gleichgewichtseinkommen von Y_1^* auf Y_2^* steigen oder von Y_2^* auf Y_1^* sinken läßt. Das rechte Diagramm demonstriert, daß das Gleichgewichtseinkommen immer ein durch die Multiplikatorrelation bestimmtes Vielfaches der autonomen Nachfrage ist. Das Gleichgewichtsvolkseinkommen ist unter der Annahme $0<c_Y<1$ nur dann positiv, wenn die autonome Nachfrage positiv ist.

Insoweit wurde allein das Existenzproblem diskutiert. Es bleibt die Frage nach der Stabilität des beschriebenen Systems: Wächst das Volkseinkommen in Konsequenz einer Erhöhung der autonomen Investition tatsächlich um dI_0 von Y_1^* auf Y_2^*, schrumpft das Volkseinkommen in Konsequenz einer Senkung der autonomen Investition um dI_0 tatsächlich von Y_2^* auf Y_1^*? Nimmt man an,

(1) die Unternehmungen reagierten auf Erhöhungen oder Senkungen der Güternachfrage mit Erhöhungen oder Senkungen der laufenden Produktion, die gleich der Veränderung der Güternachfrage sind, und

(2) die Haushalte reagierten entsprechend der Funktion $C_t=C_0+c_Y Y_{t-1}$ auf Erhöhungen oder Senkungen des Volkseinkommens der Vorperiode mit Erhöhungen oder Senkungen der Güternachfrage, die kleiner sind als die Veränderung des Volkseinkommens,

so ist das beschriebene System stabil. Eine Variation der autonomen Investition löst dann gleichgerichtete Veränderungen des Volkseinkommens und diese wiederum lösen gleichgerichtete Veränderungen des Konsums aus, die das beschriebene System asymptotisch an die Gleichgewichtsposition heranführen. Eine Erhöhung der autonomen Investition um dI_0 schleust das Volkseinkommen um den Wert

$$dY = \frac{1}{1-c_Y} dI_0$$

auf den Gleichgewichtswert

$$Y^* = \frac{1}{1-c_Y} (I_0 + C_0 + dI_0)$$

herauf. Das beschriebene System ist bei der gegebenen Güterangebotsfunktion $Y^a=Y^n$ dann stabil, wenn

$$C_0 + I_0 > 0 \quad \text{und} \quad 0 < c_Y < 1.$$

Es ist instabil, wenn

$$C_0 + I_0 < 0 \quad \text{und} \quad c_Y > 1 .$$

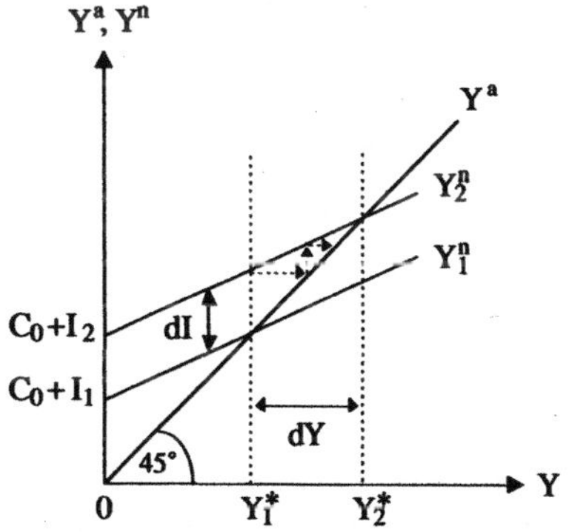

Abb. 42a

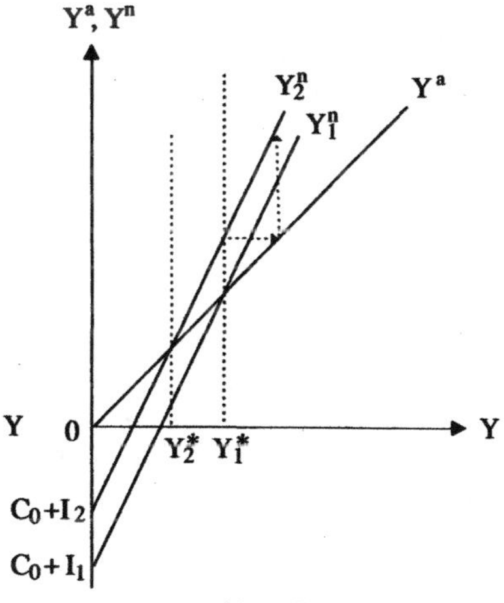

Abb. 42b

In Abb. 42a ist $C_0+I_0>0$ und $0<c_Y<1$; die Güternachfragefunktion ist flacher als die Güterangebotsfunktion. Eine Erhöhung der autonomen Investition um dI_0 läßt das Gleichgewichtseinkommen um dY steigen, und das faktische Volkseinkommen steigt in der Tat vom alten auf den neuen Gleichgewichtswert. In Abb. 42b ist $C_0+I_0<0$ und $1<c_Y<\infty$; die Güternachfragefunktion ist steiler als die Güterangebotsfunktion. Eine Erhöhung der autonomen Investition um dI_0 läßt das Gleichgewichtseinkommen nicht steigen, sondern sinken. Das faktische Einkommen entfernt sich immer mehr vom Gleichgewichtseinkommen. Im linken wie im rechten Fall existieren Gleichgewichtswerte, aber im linken Fall werden Einkommens- und Konsumveränderungen ausgelöst, die zum Gleichgewicht hin-, im rechten Fall werden Einkommens- und Konsumvarianten ausgelöst, die vom Gleichgewicht wegführen.

Welche Einkommens- und Konsumänderungen ergeben sich, wenn die autonome Investition nicht auf Dauer, sondern nur für eine Periode um dI_0 steigt und dann wieder auf die alte Höhe sinkt? Eine solche Fluktuation der autonomen Investition läßt das Gleichgewichtseinkommen unverändert. Die Entwicklung des faktischen Volkseinkommens hängt davon ab, ob das beschriebene System stabil oder instabil ist, ob also die Güternachfragefunktion flacher oder steiler als die Güterangebotsfunktion ist.

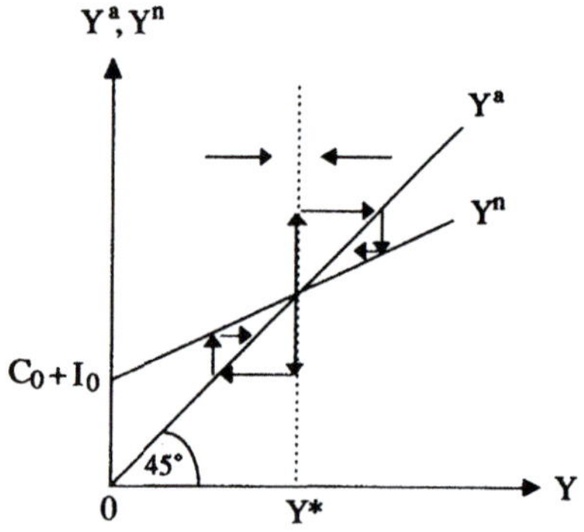

Abb. 43a

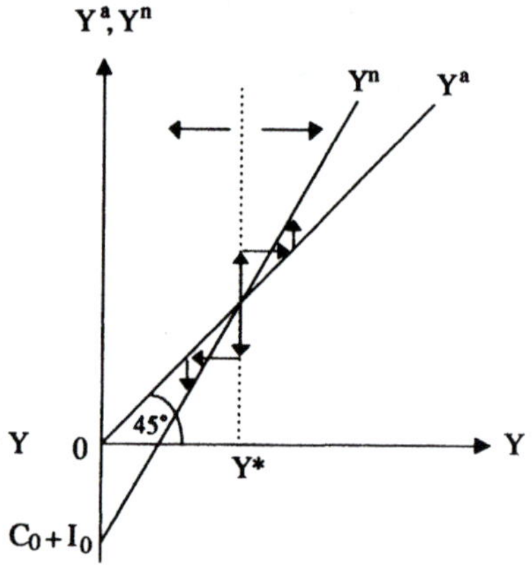

Abb. 43b

Einmalige Veränderungen der autonomen Investition lösen also im stabilen System, in Abb. 43a temporäre, im instabilen System, in Abb. 43b chronische Einkommens- und Konsumeffekte aus. Die weiteren Überlegungen gelten freilich allein stabilen Systemen.

Es ist offenbar gleichgültig, ob der autonome Konsum oder die autonome Investition variiert. In beiden Fällen werden positive oder negative Multiplikatoreffekte ausgelöst. Der Unterschied zwischen der konsumtiven und der investiven Verwendung von Teilen der Produktion ist in der lang-, nicht in der kurzfristigen Analyse wichtig: Die Investition anders als der Konsum löst nicht nur kurzfristige Einkommens-, sondern auch langfristige Kapazitäts- und/oder Produktivitätseffekte aus. Mit anderen Worten: Die Investition beeinflußt nicht nur die laufende Güternachfrage, sondern auch das spätere Güterangebot. Dies trifft für den Konsum nicht zu.

ab. Zinsinduzierte Investitionen

Bei gegebener Höhe des internen Zinssatzes, der erwarteten Rentabilität der jeweiligen Investition, ist der von den Unternehmungen geplante Kapitalstock negativ mit der Höhe des Zinsniveaus verknüpft. Je höher das Zinsniveau, um so niedriger ist mit dem geplanten Kapitalstock die geplante Investition. Bei gegebener Höhe (a) des autonomen Konsums C_0 und der autonomen Investition I_0 und (b) der marginalen Konsumquote c_Y und damit der marginalen Sparquote $s_Y=1-c_Y$ entscheidet also die Höhe des Zinsniveaus über die der zinsabhängigen Investition und damit über die Höhe des Gleichgewichtsvolkseinkommens. Nimmt man an, der autonome Konsum hätte eine Höhe von null, so läßt sich der Zusammenhang zwischen Zinsniveau und Gleichgewichtsvolkseinkommen besonders einfach veranschaulichen:

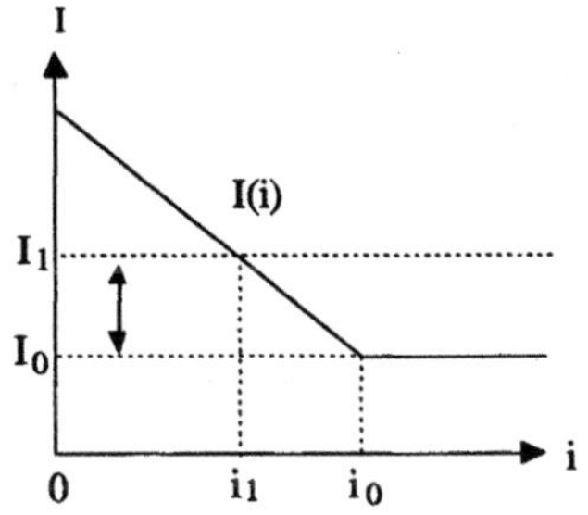

Abb. 44a

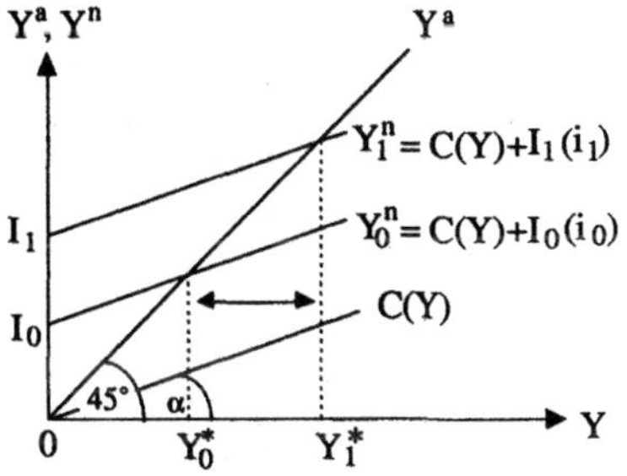

Abb. 44b

Im makroökonomischen Gleichgewicht stimmen Güterangebot Y^a und Güternachfrage $Y^n=C(Y)+I(i)$ überein. Je höher das Zinsniveau, um so kleiner die Investition und damit die Güternachfrage, um so kleiner das Gleichgewichtsvolkseinkommen. Diese Implikationen lassen sich statt durch die Gegenüberstellung von Güterangebot und Güternachfrage auch durch die von Investition und Ersparnis darstellen:

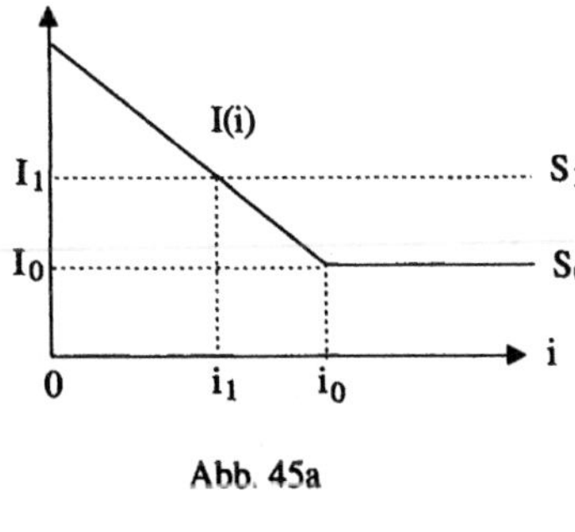

Abb. 45a

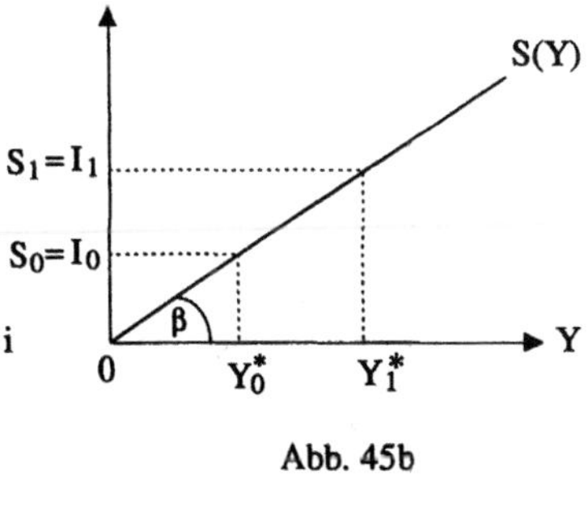

Abb. 45b

Die geplante Investition hängt vom Zinsniveau, die geplante Ersparnis vom Volkseinkommen ab. Die Gleichheit von geplanter Investition und geplanter Ersparnis erfordert darum

(1) bei gegebenem Zinsniveau eine bestimmte Höhe des Volkseinkommens und

(2) bei gegebener Höhe des Volkseinkommens ein bestimmtes Zinsniveau.

Je höher das Zinsniveau, um so niedriger die geplante Investition, um so niedriger also auch das Volkseinkommen, bei dem geplante Ersparnis und geplante Investition übereinstimmen. Umgekehrt: Je höher das Volkseinkommen, um so höher die geplante Ersparnis, um so niedriger also das Zinsniveau, bei dem geplante Investition und geplante Ersparnis übereinstimmen.

Im neoklassischen anders als im keynesianischen Standardmodell ist nicht nur die geplante Investition, sondern auch die geplante Ersparnis vom Zinsniveau abhängig: die geplante Investition ist negativ, die geplante Ersparnis positiv (der geplante Konsum also negativ) mit dem Zinsniveau verknüpft: $S=S(Y,i)$. Diese Annahme läßt sich ohne Schwierigkeit in die Multiplikatormodelle einbauen. Ist nicht nur die geplante Investition, sondern auch die geplante Ersparnis vom Zinsniveau abhängig, so läßt eine autonome Veränderung des Zinsniveaus einerseits die geplante Investition, andererseits die geplante Ersparnis variieren. Im makroökonomischen Gleichgewicht stimmen die Veränderungen von geplanter Ersparnis und geplanter Investition überein. Das heißt: Die Änderung der einkommensabhängigen Ersparnis $(\partial S/\partial Y)dY$ ist gleich der Differenz zwischen der Änderung der Investition $(dI/di)di$ und jener der zinsabhängigen Ersparnis $(\partial S/\partial i)di$:

$$\frac{\partial S}{\partial Y}dY = \frac{dI}{di}di - \frac{\partial S}{\partial i}di \ .$$

Umformung ergibt den Multiplikator einer autonomen Zinsvariation bei zinsabhängiger Investition einerseits, einkommens- und zinsabhängiger Ersparnis andererseits:

$$\frac{dY^*}{di} = \frac{\frac{dI}{di} - \frac{\partial S}{\partial i}}{\frac{\partial S}{\partial Y}} \ .$$

Der Multiplikator ist gleich null, wenn weder die Investition noch die Ersparnis zinsabhängig ist. Unter diesen Annahmen haben Zinsvariationen keinen Einfluß auf die Höhe des Gleichgewichtseinkommens.

b. *Gütermarktgleichgewicht im geschlossenen System mit Staatsaktivität*

Unterstellt, dem Staat entstünden einerseits Einnahmen in Gestalt direkter Steuern, andererseits Ausgaben im Zusammenhang mit dem Kauf von Konsum- und Investitionsgütern. Die Staatsausgaben für Konsum- und Investitionsgüter gehen unmittelbar in die Bestimmung des Volkseinkommens ein: Y=C+I+G. Die Steuereinnahmen des Staates gehen nicht unmittelbar, sondern mittelbar, nämlich über ihren Einfluß auf den privaten Konsum in die Bestimmung des Volkseinkommens ein. Zwei Fälle:

(1) Der Staat fixiert die Steuersumme. Er entzieht den privaten Haushalten in jeder Periode einen konstanten Teil des Einkommens. Das verfügbare Einkommen der Haushalte ist also um T_0 kleiner als das verdiente Einkommen. Ist der private Konsum in der Form

$$C = C_0 + c_Y(Y - T_0)$$

vom verfügbaren Einkommen abhängig, und ist die private Investition in Höhe von I_0, die Summe aus staatlicher Investition und staatlichem Konsum in Höhe von G_0, die Steuersumme in Höhe von T_0 gegeben, so ist

$$Y = C_0 + I_0 + G_0 - c_Y T_0 + c_Y Y$$

$$Y^* = \frac{1}{1-c_Y}(C_0 + I_0 + G_0 - c_Y T_0) \ .$$

Die direkte Einkommensbesteuerung wirkt in diesem Fall wie eine Senkung des autonomen Konsums um cT_0 auf die Höhe des privaten Konsums ein: Eine Steuersumme T_0 impliziert im Vergleich zu einer Steuersumme von null eine Senkung des autonomen Konsums um $c_Y T_0$. Je höher die marginale Konsumquote, um so größer die durch die direkte Besteuerung verursachte Reduktion des privaten Konsums.

(2) Der Staat fixiert den Steuersatz. Er entzieht den privaten Haushalten in jeder Periode den konstanten Prozentsatz t des Einkommens. Das verfügbare Einkommen der Haushalte ist also um T=tY kleiner als das verdiente Einkommen. Ist der private Konsum in der Form

$$C = C_0 + c_Y(1-t)Y$$

vom verfügbaren Einkommen abhängig, und ist die private Investition in Höhe von I_0, die Summe aus staatlichem Konsum und staatlicher Investition in Höhe von G_0 gegeben, so ist

$$Y = C_0 + I_0 + G_0 + c_Y(1-t)Y$$

$$Y^* = \frac{1}{1-c_Y(1-t)}(C_0 + I_0 + G_0).$$

Die direkte Einkommensbesteuerung wirkt in diesem Fall wie eine Senkung der marginalen Konsumquote auf die Höhe des privaten Konsums ein: Ein Steuersatz t impliziert im Vergleich zu einem Steuersatz von null eine Senkung der marginalen Konsumquote um c_Yt. Je höher die marginale Konsumquote, um so größer ist die durch die direkte Besteuerung verursachte Reduktion des privaten Konsums.

Hier sollen die Einkommenseffekte gegebener Staatsausgaben G_0 und gegebener Staatseinnahmen T_0 diskutiert werden. Gütermarktgleichgewicht impliziert

(1) die Gleichheit von Güterangebot und Güternachfrage: $Y^a=Y^n$. Passen die Unternehmungen, wie angenommen, das Güterangebot in jeder Periode an die Güternachfrage an, so bestimmt allein die Güternachfrage die Höhe des Gleichgewichtseinkommens,

(2) die Gleichheit von geplanter (privater und staatlicher) Investition einerseits, geplanter (privater und staatlicher) Ersparnis andererseits. Aus

$$Y = C(Y,T) + I_0 + G_0$$

$$Y = C(Y,T) + S(Y,T) + T_0$$

folgt, daß im makroökonomischen Gleichgewicht $I_0=S(Y,T)+T_0-G_0$ gilt. Bezeichnet man den Budgetsaldo $T-G$ für $T>G$ als positive, für $T<G$ als negative Ersparnis des Staates, so ist also im makroökonomischen Gleichgewicht die geplante private Investition gleich der geplanten privaten Ersparnis plus der geplanten positiven oder negativen Ersparnis des Staates.

Die Diagramme in Abb. 46 beschreiben den gleichen Sachverhalt: Im einen Fall wird das Gütermarktgleichgewicht durch Gegenüberstellung von geplantem Güterangebot und geplanter Güternachfrage, im anderen Fall durch Gegenüberstellung von geplanter Ersparnis und geplanter Investition bestimmt.

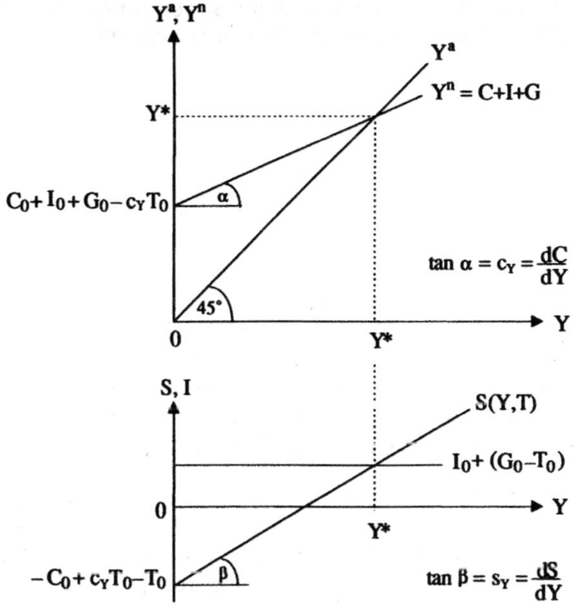

Abb. 46

Um welchen Betrag ändert sich das Gleichgewichtsvolkseinkommen, wenn (1) die Staatsausgaben G bei konstanten Staatseinnahmen T_0 um dG, (2) die Staatseinnahmen T bei konstanten Staatsausgaben G_0 um dT oder wenn (3) Staatsausgaben und Staatseinnahmen um den gleichen Betrag dG=dT variieren:

(1) Eine Veränderung der autonomen Staatsausgaben G bei konstanten Staatseinnahmen T_0 wirkt unter den getroffenen Annahmen wie eine Veränderung der autonomen Investition auf die Höhe des Gleichgewichtsvolkseinkommens ein. Aus

$$Y^* = \frac{1}{1-c_Y}(C_0 + I_0 + G_0 - c_Y T_0)$$

folgt

$$\frac{dY^*}{dG} = \frac{1}{1-c_Y}\ .$$

Ebenso wie der Investitionsmultiplikator ist der Staatsausgabenmultiplikator positiv mit der marginalen Konsumquote verknüpft.

(2) Eine Veränderung der autonomen Staatseinnahmen T bei konstanten Staatsausgaben G_0 wirkt unter den getroffenen Annahmen nicht wie

eine Veränderung der autonomen Investition auf die Höhe des Gleichgewichtsvolkseinkommens ein. Vielmehr folgt aus

$$Y^* = \frac{1}{1-c_Y}(C_0 + I_0 + G_0 - c_Y T_0),$$

daß

$$\frac{dY^*}{dT} = -\frac{c_Y}{1-c_Y}$$

ist. Der Staatseinnahmenmultiplikator dY/dT hat im Vergleich mit dem Staatsausgabenmultiplikator dY/dG das entgegengesetzte Vorzeichen, und er ist unter den Annahme $0<c_Y<1$ kleiner als der Staatsausgabenmultiplikator. Er ist kleiner, weil in die Bestimmung des Volkseinkommens nicht der Betrag T, sondern der Betrag $c_Y T$ eingeht. Die Besteuerung wirkt nicht unmittelbar, sondern mittelbar über die Beeinflussung des Konsums auf das Volkseinkommen ein.

(3) Eine gleichzeitige Veränderung der autonomen Staatsausgaben G und der autonomen Staatseinnahmen T um dG=dT, also eine Verlängerung oder Verkürzung des gesamten Staatshaushaltes läßt das Gleichgewichtsvolkseinkommen unter den getroffenen Annahmen um den Betrag der Einnahmen- und Ausgabenvariation steigen oder sinken.

t	$dY^n=dY^a$
0	dG
1	$dG+c_YdG$
2	$dG+c_YdG+(c_Y)^2dG$
.	...
.	...
∞	$dG+c_YdG+(c_Y)^2dG+\ldots$ $=\frac{1}{1-c_Y}dG$

t	$dY^n=dY^a$
0	0
1	c_YdT
2	$c_YdT+(c_Y)^2dT$
.	...
.	...
∞	$c_YdT+(c_Y)^2dT+\ldots$ $=\frac{c_Y}{1-c_Y}dT$

Abb. 47

Mit anderen Worten: Der Multiplikator einer Budgetverlängerung oder -verkürzung ist gleich eins:

$$\frac{dY^*}{dG} + \frac{dY^*}{dT} = \frac{1}{1-c_Y} - \frac{c_Y}{1-c_Y} = \frac{1-c_Y}{1-c_Y} = 1 \ .$$

Diesen Zusammenhang bezeichnet man als HAAVELMO-Theorem. Der Staat kann also unter den getroffenen Annahmen durch gleichzeitige

Erhöhung oder Senkung seiner Ausgaben G und seiner Einnahmen T einen expansiven oder kontraktiven Einkommenseffekt in Höhe der Ausgaben- und Einnahmenvariation dG=dT auslösen. Unter der Annahme $Y^a=Y^n$ und $0<c_Y<1$ ist das beschriebene System stabil. Das Volkseinkommen erreicht bereits in der ersten Periode einen neuen, höheren oder niedrigeren Gleichgewichtswert. In der zweiten, dritten usw. Periode ist das Volkseinkommen konstant, weil sich die Einkommenseffekte der G- und der T-Variation die Waage halten.

Unter den getroffenen Annahmen ist also ein in Einnahmen und Ausgaben ausgeglichener Staatshaushalt nicht neutral in dem Sinn, daß von ihm keine Einkommenseffekte ausgingen. Bei einem positiven Haushaltsvolumen G=T weicht das Gleichgewichtsvolkseinkommen von der Höhe ab, die es bei einem Haushaltsvolumen von null hätte. Bei einem Haushaltsdefizit, für G>T, ist der Einkommenseffekt des Gesamthaushaltes größer, bei einem Haushaltsüberschuß, für G<T, ist der Einkommenseffekt des Gesamthaushaltes kleiner als bei einem in Einnahmen und Ausgaben ausgeglichenen Staatshaushalt.

4. Arbeitsmarktgleichgewicht

Insoweit wurde allein das Gütermarktgleichgewicht bestimmt. Faßt man die autonomen Nachfragekomponenten als

$$Y_0^n = C_0 - c_Y T_0 + I_0 + G_0$$

zusammen, so ist

$$Y = Y_0^n + c_Y Y$$

und das Gleichgewichtsvolkseinkommen, bei dem $Y^a=Y^n$ gilt, hat die Höhe

$$Y^* = \frac{1}{1-c_Y} Y_0^n = \frac{1}{s_Y} Y_0^n .$$

Das Gleichgewichtsvolkseinkommen ist durch die autonome Güternachfrage Y_0^n und durch den Multiplikator determiniert. Der Multiplikator ist unter den getroffenen Annahmen gleich dem Kehrwert der marginalen Sparquote. Die gesamte Güternachfrage, die Summe aus autonomer und induzierter Nachfrage, bestimmt das Güterangebot, und das Güterangebot determiniert bei gegebener partieller Produktionsfunktion Y(A) die Arbeitsnachfrage. Damit bestimmt bei gegebenem Arbeitsangebot die autonome Güternachfrage darüber, ob auf dem Arbeitsmarkt Gleichgewicht oder Ungleichgewicht herrscht.

Es ist wiederum eine nicht-neoklassische, nämlich eine linear-limitationale Produktionsfunktion angenommen. Je höher die autonome Güternachfrage Y^n_0, um so höher bei gegebener marginaler Konsumquote die Summe aus autonomer und induzierter Güternachfrage, um so höher mit dem Güterangebot die Arbeitsnachfrage:

(1) Eine Variation der autonomen Güternachfrage um dY^n_0 impliziert eine Veränderung der gesamten Güternachfrage um

$$dY = \frac{1}{s_Y} dY^n_0$$

und damit eine gleich hohe Variation des Güterangebots.

(2) Eine Variation des Güterangebots um $dY^a = dY^n = (1/s_Y)dY^n_0$ impliziert bei gegebener Produktionsfunktion eine Veränderung der Arbeitsnachfrage um

$$dA = dY \frac{dA}{dY} = a \frac{1}{s_Y} dY^n_0 \ .$$

Der Beschäftigungseffekt einer Variation der autonomen Güternachfrage Y^n_0 wird also durch die marginale Sparquote $s_Y = dS/dY$ und den Grenzarbeitskoeffizienten $a = dA/dY$ bestimmt. Der Grenzarbeitskoeffizient nennt das Verhältnis der Veränderungen von Arbeitseinsatz und Güterausstoß. Er ist also der Kehrwert der Grenzproduktivität der Arbeit. Bei der angenommenen linear limitationalen Produktionsfunktion ist der Grenzarbeitskoeffizient und damit die Grenzarbeitsproduktivität konstant, der Arbeitseinsatz variiert linear mit dem Güterausstoß.

Angenommen nun, das von den privaten Haushalten geplante Arbeitsangebot sei in Höhe von A_0 gegeben. Dann impliziert simultanes Güter- und Arbeitsmarktgleichgewicht, daß die autonome Güternachfrage eine Höhe von Y^n_{00} und das reale Volkseinkommen damit eine Höhe von Y_0 hat. Eine autonome Güternachfrage in Höhe von Y^n_{00} impliziert also Vollbeschäftigung: Geplantes Arbeitsangebot und geplante Arbeitsnachfrage stimmen überein. Ist die autonome Güternachfrage größer als Y^n_{00}, hat sie die Höhe Y^n_{02}, so ist das Einkommen Y_2, bei dem Gütermarktgleichgewicht herrscht, höher als Y_0, bei dem Arbeitsmarktgleichgewicht besteht. Auf dem Arbeitsmarkt herrscht ein Nachfrageüberschuß. Ist andererseits die autonome Güternachfrage kleiner als Y^n_{00}, hat sie die Höhe Y^n_{01}, so ist das Einkommen Y_1, bei dem Gütermarktgleichgewicht herrscht, niedriger als Y_0, bei dem Arbeitsmarktgleichgewicht besteht. Auf dem Arbeitsmarkt herrscht ein Angebotsüberschuß. Im einen Fall unterliegt die Arbeitsnachfrage und mit ihr die Güternachfrage, im anderen Fall unterliegt das Güterangebot und damit das Arbeitsangebot einer Mengenrestriktion: Die geplanten Mengen können nicht realisiert werden. Anders ausgedrückt: Im Fall einer zu kleinen Güternachfrage werden die Unternehmungen als Güteranbieter, die Haushalte als Arbeitsanbieter und im Fall einer zu großen autonomen Güternachfrage werden die Unternehmungen als Nachfrager nach Arbeit und Investitionsgütern, die Haushalte als Nachfrager nach Konsumgütern rationiert. Solche Rationierungskonstellationen existieren nur dann nicht, wenn die autonome Güternachfrage die für das simultane Gleichgewicht auf Güter- und Arbeitsmarkt erforderliche Höhe Y^n_{00} hat.

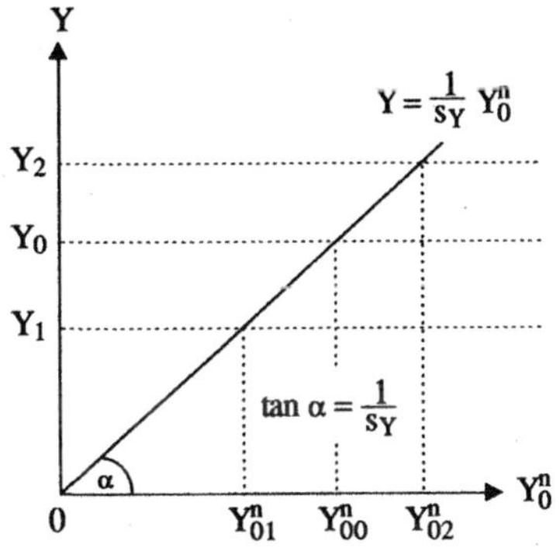

Abb. 48a

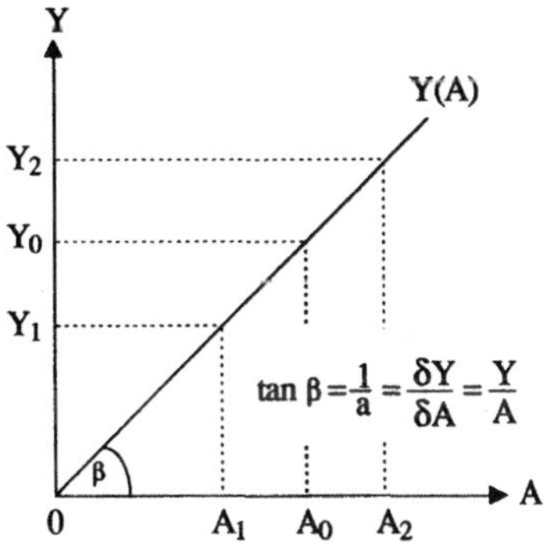

Abb. 48b

Anders als unter neoklassischen Prämissen impliziert im keynesianischen Standardmodell das Gleichgewicht des Gütermarktes nicht notwendig das des Arbeitsmarktes und das Gleichgewicht des Arbeitsmarktes nicht notwendig das des Gütermarktes. Das simultane Gleichgewicht beider Märkte existiert im keynesianischen Kontext nur zufällig. Mit anderen Worten: Unter keynesianischen Annahmen ist das WALRAS-Gesetz ungültig. Dies einfach darum, weil Güter- und Arbeitsmarkt in keynesianischen Modellen nicht wie in den neoklassischen durch die Budgetrestriktionen der Haushalte und Unternehmungen schlüssig verknüpft, sondern durch separate ad-hoc-Annahmen zusammengebracht sind. Das keynesianische Standardmodell erfaßt die Interdependenz von Güter- und Arbeitsmarkt nurmehr unvollständig.

B. GELDWIRTSCHAFTLICHES GLEICHGEWICHT IM KEYNESIANISCHEN STANDARDMODELL

1. Geldangebot

Wie bereits oben diskutiert, werden drei verschiedene Geldmengenbegriffe unterschieden: Die Geldmenge M_1 umfaßt den Notenumlauf N und die Sichteinlagen D der Nichtbanken bei den Geschäftsbanken. Die Geldmenge M_2 ist um die Termineinlagen T der Nichtbanken bei den Geschäftsbanken mit einer Fälligkeit bis zu vier Jahren größer als die Geldmenge M_1, und die Geldmenge M_3 ist um die Spareinlagen S der Nichtbanken bei den Geschäftsbanken mit einer Fälligkeit von drei Monaten (Spareinlagen mit gesetzlicher Kündigungsfrist) und um Termineinlagen mit einer Laufzeit von vier Jahren und mehr größer als die Geldmenge M_2. Die Sichteinlagen R der Geschäftsbanken bei der Zentralbank rechnen zur Zentralbankgeldmenge, zur Geldbasis B=N+R, nicht aber zur Geldmenge M_1, M_2 oder M_3. Sind

$$n = \frac{N}{D}$$

$$t = \frac{T}{D}$$

$$s = \frac{S}{D}$$

als Konstante gegeben, und halten die Geschäftsbanken für die Sicht-, Termin- und Spareinlagen der Nichtbanken Sichteinlagen in Höhe von

$$R = r_1 D + r_2 T + r_3 S$$

bei der Zentralbank, so besteht zwischen der Geldbasis B=N+R und den Geldmengen M_1, M_2 und M_3 das konstante Verhältnis

$$m_1 = \frac{M_1}{B} = \frac{1+n}{n+r_1+r_2 t+r_3 s}$$

$$m_2 = \frac{M_1+T}{B} = \frac{1+n+t}{n+r_1+r_2 t+r_3 s}$$

$$m_3 = \frac{M_1+T+S}{B} = \frac{1+n+t+s}{n+r_1+r_2 t+r_3 s} .$$

Jeder Höhe der Geldbasis, der Zentralbankgeldmenge B=N+R, entspricht (1) bei gegebenen Relationen n, t und s und (2) bei gegebenen Reservequoten r_1, r_2 und r_3 eine bestimmte Höhe der Geldmengen M_1, M_2 und M_3:

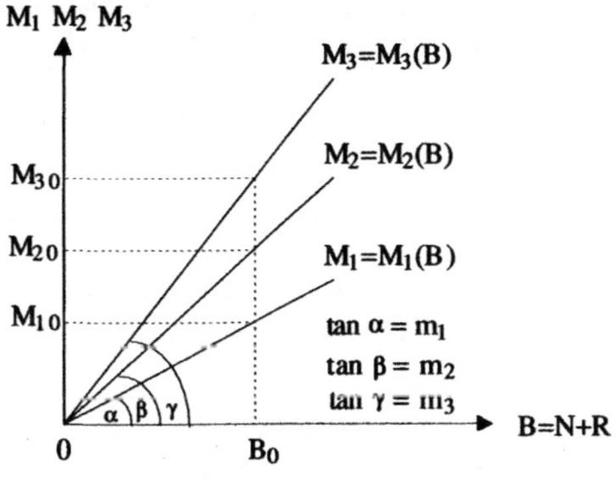

Abb. 49

Bei Konstanz der Größen n, t, s und r_1, r_2, r_3 sind also auch die einer Variation der Geldbasis um dB entsprechenden Veränderungen dM_1, dM_2 und dM_3 der Geldmengen M_1, M_2 und M_3 bestimmt:

$$dM_1 = m_1 dB = \frac{1+n}{n+r_1+r_2t+r_3s} dB$$

$$dM_2 = m_2 dB = \frac{1+n+t}{n+r_1+r_2t+r_3s} dB$$

$$dM_3 = m_3 dB = \frac{1+n+t+s}{n+r_1+r_2t+r_3s} dB$$

Bei Konstanz der Relationen n, t, s und r_1, r_2, r_3 wäre also die Zentralbank in der Lage, die Höhe der Geldaggregate M_1, M_2 und M_3 exakt zu bestimmen. Sie hätte die uneingeschränkte Herrschaft über die Geldmengen M_1, M_2 und M_3. Diese Geldaggregate wären durch die Geldbasis, die Zentralbankgeldmenge B, und durch die Geldangebotsmultiplikatoren m_1, m_2 und m_3 eindeutig bestimmt. Dies war in der Tat eine zentrale Aussage der älteren Theorie des Geldangebots. Diese nahm die Relationen n, t und s als institutionelle Konstanten und die Quotienten r_1, r_2 und r_3 als von der Zentralbank vorgeschriebene Reservesätze. Unter der Annahme, daß die Geschäftsbanken den durch die Geldbasis und die Parameter n, t, s, r_1, r_2 und r_3 gegebenen Spielraum immer voll ausschöpfen können und wollen, stehen Geldmenge und Geldbasis in der Tat in dem durch die Geldangebotsmultiplikatoren bestimmten Verhältnis.

Die neuere Theorie des Geldangebots nimmt die Relationen n, t und s einerseits, die Quotienten r_1, r_2, r_3 andererseits nicht als Konstante, sondern als Variable, in denen ein bestimmtes Verhalten der Nichtbanken und der Geschäftsbanken zum Ausdruck kommt. Nichtbanken ebenso wie Geschäftsbanken orientieren sich bei Entscheidungen über die Formen, in denen sie ihr Vermögen halten, an Rentabilität und Risiko der alternativen Vermögensformen:

(1) Die Nichtbanken werden bei hohem Zinsniveau einen größeren Teil ihrer Aktiva in den verzinslichen Formen T und S, einen kleineren Teil in den unverzinslichen Formen N und D halten als bei niedrigem Zinsniveau. Die Quotienten n, t und s variieren also mit der Zinshöhe.

(2) Die Geschäftsbanken werden bei hohem Zinsniveau einen größeren Teil ihrer Aktiva in verzinslichen Formen, einen kleineren Teil in der Form von unverzinslichen und niedrig verzinslichen Reserven halten als bei niedrigem Zinsniveau. Die Reservequote der Geschäftsbanken, das Verhältnis der Liquiditätsreserven zum Einlagenvolumen, variiert also mit der Zinshöhe. Mit anderen Worten: Die Geschäftsbanken nutzen den Geldangebotsspielraum bei hohem Zinsniveau stärker aus als bei niedrigem Zinsniveau. Genau besehen kommt es dabei freilich nicht auf die Zinshöhe, sondern auf die Zinsspanne an, auf die Differenz zwischen den Zinssätzen im Aktiv- und Passivgeschaft der Geschäftsbanken.

Unter der Annahme, die Reservesätze für Sicht-, Termin- und Spareinlagen seien ungleich, es sei $r_1>r_2>r_3$, beeinflussen die Nichtbanken bei gegebener Geldmenge die Reserven der Geschäftsbanken, wenn sie in Konsequenz eines gestiegenen Zinsniveaus die Termin- und Spareinlagen zu Lasten der Notenbestände und Sichteinlagen vergrößern. Dies läßt unter der Annahme $r_1>r_2>r_3$ die Reserven steigen. Der Geldangebotsspielraum der Geschäftsbanken steigt so bei gegebener Geldbasis. Mit anderen Worten: Das Verhalten der Nichtbanken läßt den Geldangebotsmultiplikator steigen. Ebenso, wenn die Geschäftsbanken ihre Reservequote, also das Verhältnis der freien Liquiditätsreserven zum gesamten Einlagenvolumen, bei steigender Zinsspanne senken: Der Geldangebotsmultiplikator steigt.

Es besteht also Grund zu der Annahme, daß das Verhältnis von Geldbasis und Geldangebot mit dem Zinsniveau variiert: Je höher das Zinsniveau, um so höher beim beschriebenen Nichtbankenverhalten das Geldangebot, um so höher beim beschriebenen Geschäftsbankenverhalten das Ausmaß, in dem der Geldangebotsspielraum ausgenutzt wird. Diese Zusammenhänge werden in den weiteren Überlegungen vernachlässigt: Die Geldmenge wird als Datum genommen.

2. Geldnachfrage

a. Geldnachfrage zu Transaktionszwecken

Im keynesianischen Geldmarktmodell ist die Geldnachfrage einerseits Nachfrage nach Transaktionsmitteln, andererseits Nachfrage nach Spekulationsmitteln:

(1) Nachfrage nach Geld, das zu Wertübertragungs-, zu Zahlungszwekken verwendet werden soll. Diese Komponente der Geldnachfrage wird im keynesianischen Standardmodell als Transaktionsnachfrage L_T, als Nachfrage nach Transaktionskasse bezeichnet.

(2) Nachfrage nach Geld, das zu Wertaufbewahrungs-, zu Hortungszwecken verwendet werden soll. Diese Komponente der Geldnachfrage wird im keynesianischen Standardmodell als Spekulationsnachfrage L_S, als Nachfrage zu Spekulationszwecken bezeichnet.

Die Gesamtnachfrage nach Geld ist also die Summe aus Transaktions- und Spekulationsnachfrage, aus Nachfrage nach Wertübertragungs-, Zahlungsmitteln und Wertaufbewahrungs-, Hortungsmitteln: $L=L_T+L_S$. Unter keynesianischen Prämissen ist die Nachfrage nach Transaktionsmitteln von der Höhe des Volkseinkommens und die nach Spekulationsmitteln von der Höhe des Zinsniveaus abhängig.

Im monetären anders als im naturalen arbeitsteiligen System sind die Leistungs- mit Zahlungstransaktionen verknüpft. Entstehung, Verwendung und Verteilung des Volkseinkommens erfordern eine Vielzahl von Geldbewegungen. Einnahmen und Ausgaben der Individuen sind selten synchronisiert, und dies impliziert die Existenz von Geldbeständen. Positive Differenzen zwischen Einnahmen und Ausgaben schlagen sich in einer Zunahme der Transaktionskasse nieder. Diese hätte nur dann eine Höhe von null, wenn alle Geldtransaktionen vollkommen synchronisiert wären, wenn für jedes Individuum Einnahmen und Ausgaben in jedem Zeitpunkt übereinstimmen würden.

Die Transaktionskasse L_T ist einerseits von der Höhe des Volkseinkommens Y, andererseits vom Kassenhaltungskoeffizienten k abhängig. Bei gegebenem k variiert die Transaktionskasse mit der Höhe des Volkseinkommens:

$$L_T = kY.$$

Der Kassenhaltungskoeffizient $k=L_T/Y$ ist der Kehrwert der Umlaufsgeschwindigkeit der Transaktionskasse. Die Umlaufsgeschwindigkeit $v=1/k$ nennt die Häufigkeit, mit der die Transaktionskasse im Durchschnitt während einer Periode zu Einkommenszahlungen verwendet wird. Der Kassenhaltungskoeffizient $k=1/v$ nennt darum den Bruchteil einer Periode, der im Durchschnitt zwischen zwei Einkommenszahlungen verstreicht. Die Transaktionskasse wird in Wirklichkeit nicht nur zu Einkommenszahlungen verwendet. Das Volumen der mit Hilfe der Transaktionskasse vorgenommenen Geldumsätze ist darum höher als das Volkseinkommen. Dieses ist nurmehr ein Indikator für die Höhe des gesamtwirtschaftlichen Transaktionsvolumens.

Der Kassenhaltungskoeffizient k variiert mit der Zeitstruktur der Zahlungsströme. Angenommen beispielsweise, die täglichen Zahlungen der Haushalte an die Unternehmungen seien in Höhe des durchschnittlichen Tageseinkommens konstant, das Einkommen würde aber nicht täglich, sondern im Fall A einmal, im Fall B zweimal je Monat von den Unternehmungen an die Haushalte gezahlt. In beiden Fällen nehmen die Ausgaben der Unternehmungen und damit die Einnahmen der Haushalte einen diskontinuierlichen, die Ausgaben der Haushalte und also die Einnahmen der Unternehmungen einen kontinuierlichen Verlauf:

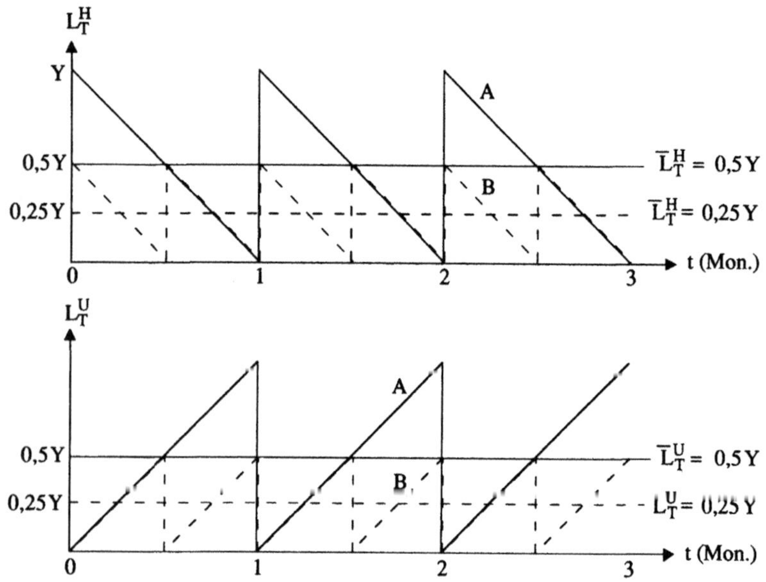

Abb. 50

Abb. 50 zeigt die zeitliche Entwicklung der Transaktionskasse L_T^H der Haushalte, die untere Abbildung die der Transaktionskasse L_T^U der Unternehmungen. Fall A ist mit durchgezogenen, Fall B mit gestrichelten Linien dargestellt. Im Fall A, bei einmaliger monatlicher Einkommenszahlung, ist die durchschnittliche Transaktionskasse der Haushalte $\bar{L}_T^H=0{,}5Y$, die der Unternehmungen $\bar{L}_T^U=0{,}5Y$, und im Fall B, bei zweimaliger monatlicher Einkommenszahlung, ist $\bar{L}_T^H=0{,}25Y$ und $\bar{L}_T^U=0{,}25Y$.

Im Fall A ist die gesamte umlaufende Geldmenge $L_T=Y$ im Fall B ist $L_T=0{,}5Y$. Der Kassenhaltungskoeffizient hat also im Fall A die Höhe k=1, im Fall B die Höhe k=0,5. Oder: Die Umlaufsgeschwindigkeit der Transaktionskasse hat im Fall A die Höhe 1/k=1, im Fall B die Höhe 1/k=2.

Bei gegebener Zeitstruktur der Zahlungsströme erzielen Haushalte und Unternehmungen Zinseinkommen, wenn sie zeitweilige Einnahmenüberschüsse verzinslich anlegen. Unter den oben getroffenen Annahmen – nämlich: Zahlungen der Unternehmungen an die Haushalte in Raten, Zahlungen der Haushalte an die Unternehmungen gleichmäßig über die Periode verteilt – verfügen Haushalte und Unternehmungen während der gesamten Periode über Geldbestände, die verzinslich angelegt werden können.

Unter den getroffenen Annahmen wird der Kassenhaltungskoeffizient k durch zwei Umstände bestimmt: (a) Häufigkeit der Einkommenszahlungen je Periode und (b) Häufigkeit der Umwandlung von Transaktionskasse in verzinsliche Aktiva und von verzinslichen Aktiva in Geld. Je häufiger die Einkommenszahlungen je Periode und die Umwandlung von Transaktionskasse in verzinsliche Aktiva, von verzinslichen Aktiva in Transaktionskasse je Zahlungsabschnitt sind, um so kleiner ist der Kassenhaltungskoeffizient k, die Nachfrage nach Transaktionskasse je Einkommenseinheit und Periode.

Bei einem positiven Zinsniveau würden Haushalte und Unternehmungen die Zinseinnahmen bei einer Transaktionskasse in Höhe von null, bei einer vollständigen Synchronisation der Einnahmen und Ausgaben maximieren. Tatsächlich halten Haushalte und Unternehmungen auch bei positivem Zinsniveau Transaktionskasse. Dieses Verhalten, der Verzicht auf erzielbare Zinseinnahmen, wird einerseits mit Rentabilitäts-, andererseits mit Liquiditätserwägungen erklärt:

(1) Rentabilitätsaspekt: Unverzinsliche Kasse wird auch bei positivem Zinsniveau gehalten, wenn die Umwandlung in verzinsliche Aktiva und deren Umwandlung in Kasse zusätzliche Ausgaben verursachen, die höher sind als die zusätzlichen Zinseinnahmen.

(2) Liquiditätsaspekt: Bei Unsicherheit über Höhe und zeitliche Entwicklung von Einnahmen und Ausgaben wird auch bei positivem Zinssatz unverzinsliche Kasse gehalten, um unerwarteten Ausgaben und Einnahmenausfällen begegnen zu können (Vorsichtskasse).

In beiden Fällen wird angenommen, die unverzinsliche Kasse sei um so höher, je niedriger das Zinsniveau ist. Im einen Fall wird dieses Verhalten mit bestimmten Annahmen über die Höhe der Transformationskosten, im anderen Fall mit der Annahme begründet, der Konflikt zwischen den Zielen Rentabilität und Liquidität werde bei hohem Zinsniveau eher zu Gunsten der Rentabilität, bei niedrigem Zinsniveau eher zu Gunsten der Liquidität entschieden. Die Vorsichtskasse, die in Hinsicht auf die Möglichkeit unerwarteter Einnahmeausfälle und Ausgaben gehalten wird, ist in der Sicht mancher keynesianischer Autoren Bestandteil nicht der Transaktions-, sondern der Spekulationskasse. KEYNES selbst nannte das Vorsichts- neben dem Transaktions- und Spekulationsmotiv als drittes eigenständiges Kassenhaltungsmotiv.

b. Geldnachfrage zu Spekulationszwecken

Geld erfüllt nicht nur die Funktion des Wertübertragungs-, des Transaktionsmittels, sondern auch die des Wertaufbewahrungs-, des Spekulationsmittels. Als Transaktionsmittel spielt Geld in der Sphäre der Einkommens-, als Spekulationsmittel in der Sphäre der Vermögensgestaltung eine Rolle. Das Vermögen kann in Geld- und in Nichtgeldform gehalten werden, und in der Interpretation von KEYNES entscheidet das Zinsniveau darüber, in welchem Umfang Vermögen in unverzinslicher, aber liquider und in verzinslicher, aber illiquider Form gehalten wird:

(1) Je höher das Zinsniveau, um so höher die Zinseinnahmen, auf die verzichtet wird, wenn Vermögen in Geld statt in verzinslichen Aktiva gehalten wird.

(2) Je höher das Zinsniveau, um so höher unter sonst gleichen Umständen die Chance, Kursgewinne zu erzielen, um so niedriger, mit anderen Worten, das Risiko von Kursverlusten.

Unter dem Zinsniveau wird die effektive, auf das Kursniveau, den aktuellen Preis des verzinslichen Aktivums bezogene Verzinsung verstanden. Ein Wertpapier, dessen Nennwert gleich eins und dessen Nominalzins z=0,1 ist, hat unter der Annahme einer Laufzeit von unendlich bei einem Kurs, einem Marktpreis von k=2 eine Effektivverzinsung von i=z(1/k), also von 0,05, und bei einem Kurs von k=0,5 eine Effektivverzinsung von i=z(1/k), also von 0,20. Bei gegebenem Nennwert und Nominalzinssatz variiert also der Effektivzinssatz linear mit dem Kehrwert des Kurses.

Unter Konkurrenzbedingungen stimmen die Effektivzinssätze aller festverzinslichen Aktiva mit gleicher Ausstattung (Laufzeit, Bonität des Emittenten etc.) überein. Sind zwei Wertpapiertypen mit gleichem Nennwert, aber ungleichen Nominalzinssätzen auf dem Markt, so weichen unter sonst gleichen Umständen auch die Kurse voneinander ab. Die Gleichheit der Effektivzinssätze impliziert, daß die Kurse im gleichen Verhältnis zueinander stehen wie die Nominalzinssätze:

$$\frac{k_1}{k_2} = \frac{z_1}{z_2} \quad .$$

Ein steigendes effektives Zinsniveau impliziert also, daß das Kursniveau von Wertpapieren mit fixiertem Nennwert und Nominalzinssatz sinkt. Solche Aktiva erfahren bei steigendem Effektivzinsniveau Kursverluste, bei sinkendem Effektivzinsniveau Kursgewinne.

Die Einschätzung der Chancen und Risiken eines Wertpapierengagements hängt nun nach KEYNES vom aktuellen Effektivzins- und damit Kursniveau ab:

(1) Bei einem hohen Effektivzins- und damit niedrigen Kursniveau wird die Chance von Kursgewinnen als hoch, das Risiko von Kursverlusten als niedrig,

(2) bei einem niedrigen Effektivzins- und damit hohen Kursniveau wird die Chance von Kursgewinnen als niedrig, das Risiko von Kursverlusten als hoch

eingeschätzt. Darum ist die Neigung, festverzinsliche Wertpapiere anstelle von Geld zu halten, bei niedrigem Zinsniveau schwächer als bei hohem Zinsniveau.

Ebenfalls zu einer negativen Beziehung von Zins und Kassenhaltung führt die Berücksichtigung von Opportunitätskosten: Ein hohes Zinsniveau bedeutet hohe Zinseinnahmen, die verloren gehen, wenn man Geld statt verzinslicher Aktiva hält. Umgekehrt bedeutet ein niedriges Zinsniveau nur niedrige Zinseinnahmen, die verloren gehen, wenn man Geld statt verzinslicher Aktiva hält.

c. *Gesamtwirtschaftliche Geldnachfrage*

Ist die geplante Transaktionskasse zwar vom Volkseinkommen, nicht aber vom Zinsniveau und die geplante Spekulationskasse zwar vom Zinsniveau, nicht aber vom Volkseinkommen abhängig, so ergibt sich der in Abb. 51 dargestellte Zusammenhang zwischen Zinsniveau, Volkseinkommen und Geldnachfrage.

Je höher das Volkseinkommen, um so höher bei gegebenen Kassenhaltungskoeffizienten die Transaktions-, bei gegebenem Zinsniveau also auch

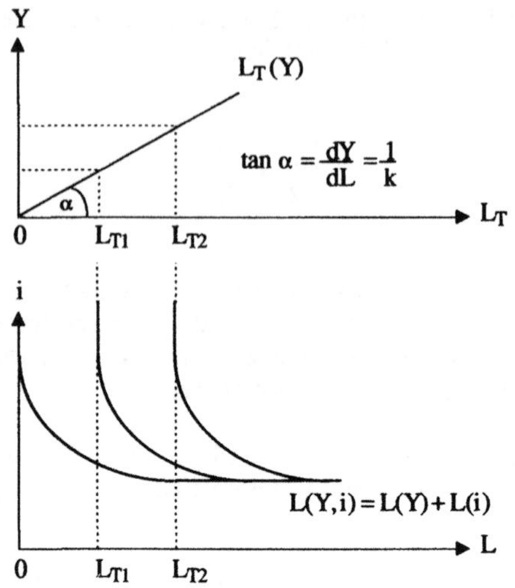

Abb. 51

die Gesamtnachfrage nach Geld. Umgekehrt: Je höher das Zinsniveau, um so niedriger die Spekulations-, bei gegebenem Volkseinkommen also auch die Gesamtnachfrage nach Geld.

3. Geldmarktgleichgewicht

Geldmarktgleichgewicht impliziert, daß geplantes Geldangebot und geplante Geldnachfrage übereinstimmen. Mit anderen Worten: Im Geldmarktgleichgewicht ist die gegebene Geldmenge gleich jener, welche die Nichtbanken (Haushalte, Unternehmungen, Staat) bei der gegebenen Höhe von Volkseinkommen und Zinsniveau zu halten planen.

Das Geldangebot ist annahmegemäß vollkommen zinsunelastisch. Im monetären Gleichgewicht stimmt die von Einkommen und Zinsniveau abhängige Geldnachfrage mit dem gegebenen Geldangebot überein. Mit dem Einkommen steigt die Geldnachfrage zu Transaktionszwecken, und die Erhöhung des Zinsniveaus hat bei konstantem Geldangebot die Aufgabe, die Geldnachfrage zu Spekulationszwecken um den Betrag zu senken, um den die Geldnachfrage zu Transaktionszwecken gestiegen ist.

In keynesianischen Standardmodell ist der Geldmarkt das Spiegelbild des Marktes für festverzinsliche Wertpapiere, des Bondsmarktes: Unter den getroffenen Annahmen impliziert das Angebot von Geld eine Nachfrage nach Wertpapieren, die Nachfrage nach Geld ein Angebot von Wertpapie-

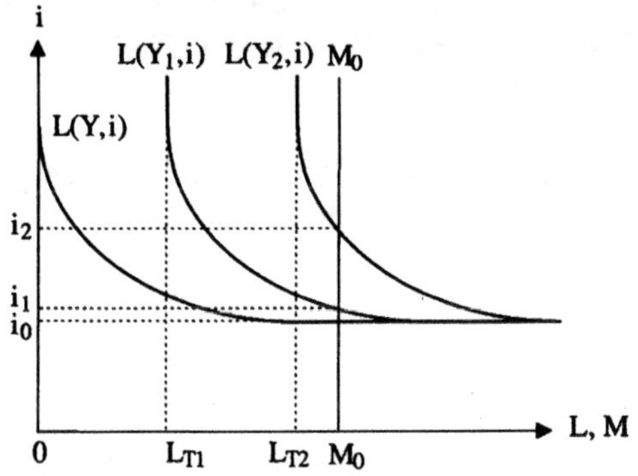

Abb. 52

ren. Im Geldmarktgleichgewicht stimmen also nicht nur Geldangebot und Geldnachfrage, sondern auch Wertpapiernachfrage und Wertpapierangebot überein.

Nimmt man wie im neoklassischen Standardmodell an, sämtliche Bonds würden

(1) von den Unternehmungen im Zusammenhang mit der Fremdfinanzierung von Investitionen geschaffen,

(2) zum Nennwert emittiert,

(3) mit einer unendlich langen Laufzeit und

(4) einem Nominalzinssatz ausgestattet, der gleich der Effektivverzinsung aller emittierten Bonds ist,

so ist der Nennwert aller in der Vergangenheit emittierten Bonds gleich der Summe aller fremdfinanzierten früheren nominellen Investitionen und damit gleich dem fremdfinanzierten Teil des nominellen Kapitalstocks der Unternehmungen. Unter diesen Annahmen wächst also der Nominalwert der Summe aller in Umlauf befindlichen festverzinslichen Wertpapiere in jeder Periode um den fremdfinanzierten Teil der nominellen Investition der jeweiligen Periode. In der weiteren Diskussion des keynesianischen Standardmodells wird der Einfachheit halber angenommen, die gesamte Investition würde durch Emission von festverzinslichen Wertpapieren finanziert, so daß der Nominalwert der Summe aller in Umlauf befindlichen Wertpapiere jederzeit gleich der Summe aller vergangenen nominellen Investitionen, gleich dem jeweiligen nominellen Kapitalstock ist.

C. SIMULTANES GÜTER- UND GELDWIRTSCHAFTLICHES GLEICHGEWICHT IM KEYNESIANISCHEN STANDARDMODELL

1. Gesamtwirtschaftliches Gleichgewicht im geschlossenen System ohne Staatsaktivität

Im Gütermarktgleichgewicht stimmen geplantes Güterangebot und geplante Güternachfrage, im Geldmarktgleichgewicht geplantes Geldangebot und geplante Geldnachfrage überein. Güter- und Geldmarkt sind nicht unabhängig voneinander, sondern interdependente Märkte: Sowohl Geld- als auch Güternachfrage hängen von der Höhe des Zinssatzes einerseits, des Volkseinkommens andererseits ab.

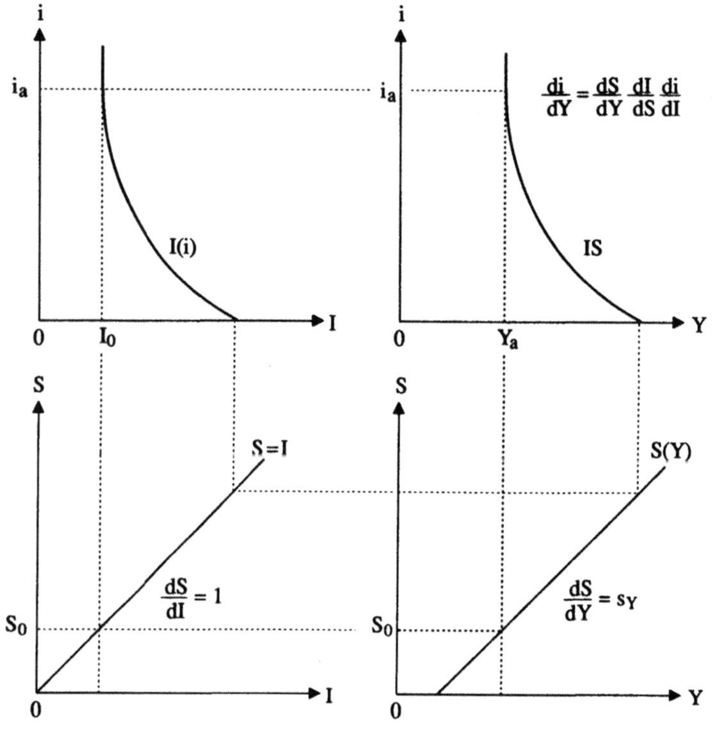

Abb. 53

Der Zusammenhang zwischen Gütermarktgleichgewicht, Einkommens- und Zinsniveau: Gütermarktgleichgewicht impliziert im keynesianischen Standardmodell die Gleichheit von geplanter Ersparnis und geplanter Investition. Ist die geplante Investition negativ mit dem Zinsniveau, die geplante Ersparnis positiv mit dem Volkseinkommen verknüpft, so ist auch das Gleichgewichtsvolkseinkommen negativ mit dem Zinsniveau korreliert.

Die IS-Kurve im rechten oberen Quadranten von Abb. 53 nennt alle denkbaren Gleichgewichtskonstellationen auf dem Gütermarkt. Je höher innerhalb der Grenzen i=0 und $i=i_a$ das Zinsniveau, um so niedriger die geplante Investition, um so niedriger das Volkseinkommen, bei dem geplante Ersparnis und geplante Investition übereinstimmen. Umgekehrt: Je höher das Volkseinkommen, um so höher die geplante Ersparnis, um so niedriger das Zinsniveau, bei dem geplante Investition und geplante Ersparnis übereinstimmen.

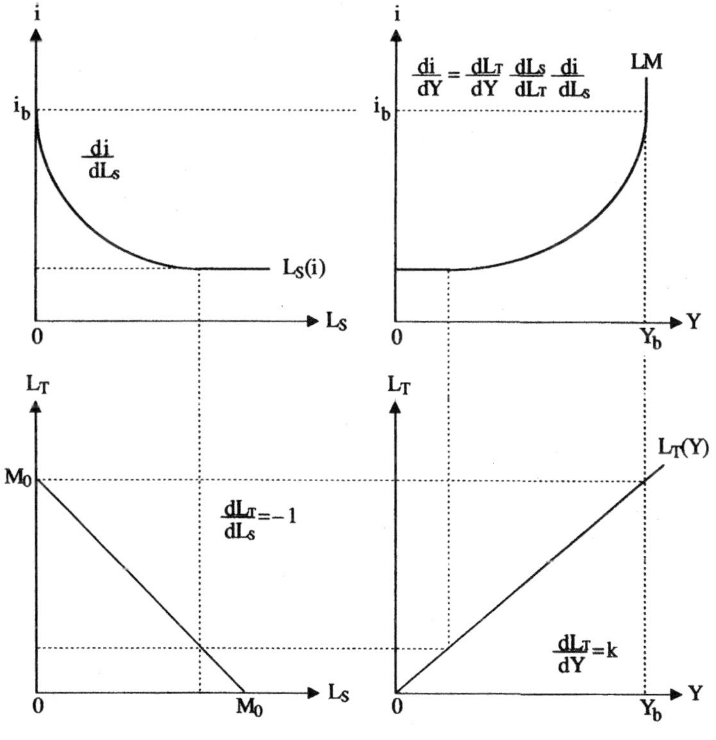

Abb. 54

Der Zusammenhang zwischen Geldmarktgleichgewicht, Einkommens- und Zinsniveau: Geldmarktgleichgewicht impliziert im keynesianischen Standardmodell die Gleichheit von geplantem Geldangebot und geplanter

Geldnachfrage. Ist das Geldangebot gegeben, und ist die Geldnachfrage einerseits negativ mit dem Zinsniveau, andererseits positiv mit dem Volkseinkommen verknüpft, so ist auch das Gleichgewichtsvolkseinkommen positiv mit dem Zinsniveau korreliert.

Die LM-Kurve im rechten oberen Quadranten von Abb. 54 nennt alle denkbaren Gleichgewichtskonstellationen auf dem Geldmarkt. Je höher innerhalb der Grenzen des elastischen Bereichs das Zinsniveau, um so niedriger die geplante Geldnachfrage zu Spekulationszwecken, um so höher das Volkseinkommen, bei dem die geplante Geldnachfrage zu Transaktionszwecken gleich der Differenz zwischen dem gegebenen Geldangebot M_0 und der geplanten Geldnachfrage zu Spekulationszwecken ist. Umgekehrt: Je höher das Volkseinkommen, um so höher die geplante Geldnachfrage zu Transaktionszwecken, um so höher das Zinsniveau, bei dem die geplante Geldnachfrage zu Spekulationszwecken gleich der Differenz zwischen dem gegebenen Geldangebot M_0 und der geplanten Geldnachfrage zu Transaktionszwecken ist.

Simultanes Gleichgewicht auf Güter- und Geldmarkt impliziert, daß Volkseinkommen und Zinsniveau eine Höhe haben, bei der einerseits die Gütermarktbedingung $S(Y)=I(i)$, andererseits die Geldmarktbedingung $M_0=L(Y,i)$ erfüllt ist. Dieses simultane Gleichgewicht von Güter- und Geldmarkt ist offenbar bei der durch den Schnittpunkt der IS- und der LM-Kurve bestimmten Höhe von Zinsniveau und Volkseinkommen realisiert.

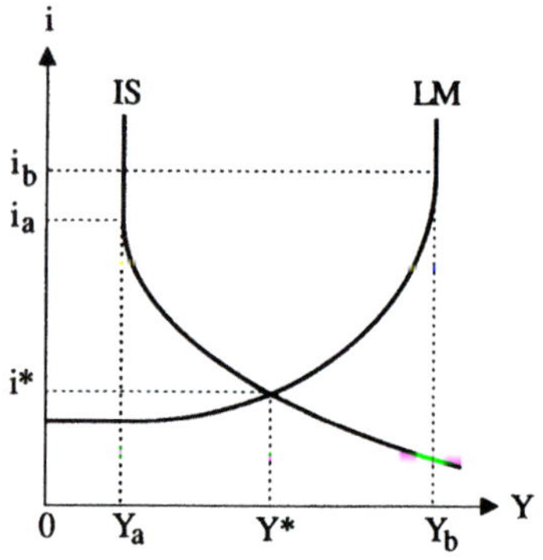

Abb. 55

Im Schnittpunkt von IS- und LM-Kurve hat das Zinsniveau die Höhe i* und das Volkseinkommen die Höhe Y*. Bei dieser Höhe von Zinsniveau und Volkseinkommen stimmt einerseits die vom Zinsniveau abhängige geplante Investition mit der vom Volkseinkommen abhängigen geplanten Ersparnis überein, und es ist andererseits die Summe aus der vom Zinsniveau abhängigen geplanten Geldnachfrage zu Spekulationszwecken und der vom Volkseinkommen abhängigen geplanten Geldnachfrage zu Transaktionszwecken gleich dem gegebenen Geldangebot M_0. Das Zinsniveau i* und das Einkommensniveau Y* implizieren also totales makroökonomisches Gleichgewicht.

Unter den getroffenen Annahmen besteht einerseits auf dem Gütermarkt eine Untergrenze und andererseits auf dem Geldmarkt eine Obergrenze für die Höhe des Volkseinkommens:

(1) Auf dem Gütermarkt stimmt die gesamte geplante Investition bei einem Zinsniveau $i \geq i_a$ mit der autonomen Investition I_0 überein, die induzierte Investition hat eine Höhe von null, und das Volkseinkommen, bei dem geplante Investition und geplante Ersparnis übereinstimmen, hat die Höhe

$$Y_a = \frac{1}{s_Y}(I_0 + C_0) = \frac{1}{s_Y} Y_0^n .$$

Im senkrechten Teil der IS-Kurve beschreibt also der Keynesscher Multiplikator $1/s_Y$ das Verhältnis von autonomer Nachfrage und Volkseinkommen.

(2) Auf dem Geldmarkt stimmt die gesamte geplante Geldnachfrage bei einem Zinsniveau $i \geq i_b$ mit der Transaktionsnachfrage überein, die Spekulationsnachfrage hat eine Höhe von null, und das Volkseinkommen, bei dem Geldangebot und Geldnachfrage übereinstimmen, hat die Höhe

$$Y_b = \frac{1}{k} M_0 .$$

Im senkrechten Teil der LM-Kurve beschreibt also der Kassenhaltungskoeffizient k das Verhältnis von Geldmenge und Volkseinkommen.

Damit ist klar, daß

(1) eine Variation der autonomen Investition um dI_0 die IS-Kurve um den Betrag dI_0/s_Y nach rechts oder links verschiebt, während

(2) eine Veränderung des Geldangebots um dM_0 die LM-Kurve um den Betrag dM_0/k nach rechts oder links verschiebt. Im simultanen Gleichgewicht von Güter- und Geldmarkt gilt

$$S(Y) - I(i) = I_0$$

$$L(Y,i) = M_0 .$$

Damit sind auch die Einkommenseffekte einer Veränderung der autonomen Investition um dI_0 und einer Variation der autonomen Geldmenge um dM_0 bestimmt. Bildet man das totale Differential der obigen Gleichgewichtsbedingungen, bestimmt man also die Kurven nicht durch absolute Werte, sondern durch die entsprechenden Änderungsgrößen, so erhält man die Gleichungen

$$\frac{dS}{dY}dY - \frac{dI}{di}di = dI_0$$

$$\frac{\partial L}{\partial Y}dY + \frac{\partial L}{\partial i}di = dM_0 \; .$$

Für gegebene IS- bzw. LM-Kurven sind die autonomen Investitionen bzw. die Geldmenge konstant, und damit sind dI_0 bzw. dM_0 gleich null. Die Gleichungen können dann umgeformt werden in

$$\frac{dS}{dY}dY = \frac{dI}{di}di$$

bzw.

$$\frac{\partial L}{\partial Y}dY = -\frac{\partial L}{\partial i}di$$

Hieraus ergibt sich die Steigung der IS-Kurve als

$$\frac{di}{dY} = \frac{\frac{dS}{dY}}{\frac{dI}{di}} < 0, \quad \text{da} \quad \frac{dS}{dY} > 0 \quad \text{und} \quad \frac{dI}{di} < 0$$

und die Steigung der LM-Kurve als

$$\frac{di}{dY} = -\frac{\frac{\partial L}{\partial Y}}{\frac{\partial L}{\partial i}} > 0, \quad \text{da} \quad \frac{\partial L}{\partial Y} > 0 \quad \text{und} \quad \frac{\partial L}{\partial i} < 0 \, .$$

Aus dem totalen Differential der Gleichung $S(Y)-I(i)=I_0$ läßt sich auch die Verschiebung der IS-Kurve bei einer Änderung der autonomen Nachfrage um dI_0 herleiten. Wird die Kurvenverschiebung in waagerechter Richtung gemessen, wird also nur eine Änderung dY des Volkseinkommens betrachtet, so ist die vertikale Änderung di gleich null. Damit ergibt sich die Verschiebung der IS-Kurve als

$$dY = \frac{1}{\frac{dS}{dY}} dI_0 \; .$$

Mißt man die Verschiebung in vertikaler Richtung, betrachtet man also nur eine Änderung di des Zinssatzes, so ist dY gleich null. Die Verschiebung der IS-Kurve ist dann

$$di = \frac{1}{-\frac{dI}{di}} dI_0 .$$

Auf die gleiche Weise läßt sich die Verschiebung der LM-Kurve aus dem totalen Differential der Gleichung $L(Y)+L(i)=M_0$ berechnen. Bei einer Erhöhung um dM_0 wird die LM-Kurve um

$$dY = \frac{1}{\frac{\partial L}{\partial Y}} dM_0 .$$

nach rechts bzw. bei einer Senkung nach links verschoben. Die Verschiebung nach oben oder unten ergibt sich als

$$di = \frac{1}{\frac{\partial L}{\partial i}} dM_0 .$$

Im gesamtwirtschaftlichen Gleichgewicht müssen die Bedingungen für das Gütermarktgleichgewicht

$$\frac{dS}{dY} dY - \frac{dI}{di} di = dI_0$$

und für das Geldmarktgleichgewicht

$$\frac{\partial L}{\partial Y} dY + \frac{\partial L}{\partial i} di = dM_0$$

simultan erfüllt sein. Will man allein die Effekte einer Änderung der autonomen Nachfrage dI_0 betrachten, ist also die Geldmenge konstant, gilt $dM_0=0$. Die Gleichung für den Geldmarkt läßt sich dann umformen zu

$$di = -\frac{\frac{\partial L}{\partial Y}}{\frac{\partial L}{\partial i}} dY .$$

Setzt man diese in die Gleichung für den Gütermarkt ein, so ergibt sich

$$\frac{dS}{dY}dY + \frac{dI}{di}\frac{\frac{\partial L}{\partial Y}}{\frac{\partial L}{\partial i}}dY = dI_0 \ .$$

Durch Umformen erhält man den Investitionsmultiplikator

$$\frac{dY}{dI_0} = \frac{1}{\frac{dS}{dY} + \frac{dI}{di}\frac{\frac{\partial L}{\partial Y}}{\frac{\partial L}{\partial i}}} \ .$$

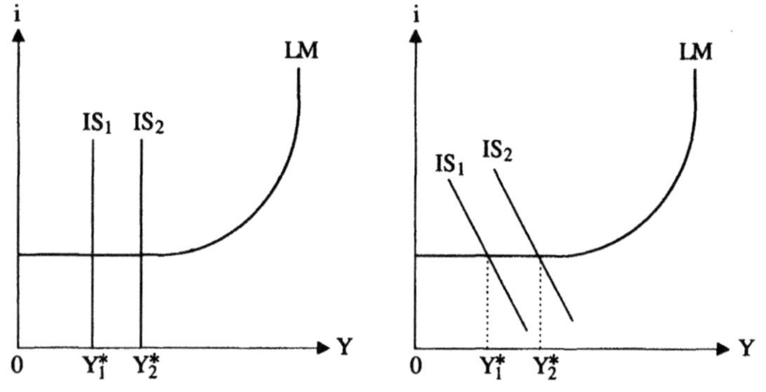

Abb. 56a Abb. 56b

Der Investitionsmultiplikator ist gleich dem Kehrwert der marginalen Sparquote, wenn

(a) die Zinselastizität der Investition gleich null (senkrechter Bereich der IS-Kurve) und/oder

(b) die Zinselastizität der Geldnachfrage unendlich groß (waagerechter Bereich der LM-Kurve) ist.

In beiden Fällen, für (a) $dI/di=0$ und (b) $\partial L/\partial i=\infty$, beschreibt der KEYNES-Multiplikator

$$\frac{dY}{dI_0} = \frac{1}{\frac{dS}{dY}}$$

den Einkommenseffekt einer Variation der autonomen Investition.

Betrachtet man allein die Effekte einer Änderung der Geldmenge, ist also die Änderung dI_0 der autonomen Investition gleich null, so läßt sich die Gleichgewichtsbedingung des Gütermarktes umformen zu

$$di = \frac{\frac{dS}{dY}}{\frac{dI}{di}} dY .$$

Setzt man diese Gleichung in die Gleichgewichtsbedingung des Geldmarktes ein, so ergibt sich

$$\frac{\partial L}{\partial Y} dY + \frac{\partial L}{\partial i} \frac{\frac{dS}{dY}}{\frac{dI}{di}} dY = dM_0 .$$

Durch Umformen erhält man den Geldmengenmultiplikator

$$\frac{dY}{dM_0} = \frac{1}{\frac{\partial L}{\partial Y} + \frac{\partial L}{\partial i} \frac{\frac{dS}{dY}}{\frac{dI}{di}}} .$$

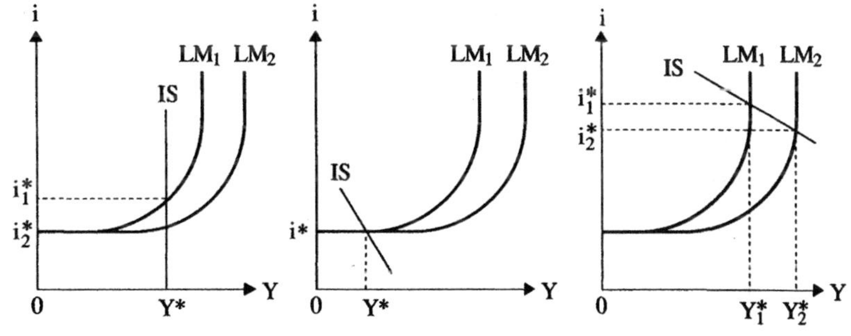

Abb. 57a Abb. 57b Abb. 57c

Der Einkommenseffekt einer Variation der Geldmenge ist Null, wenn

(a) wie in Abb. 57a die Zinselastizität der Investition gleich null (senkrechter Bereich der IS-Kurve) oder

(b) wie in Abb. 57b die Zinselastizität der Geldnachfrage unendlich groß (waagerechter Bereich der LM-Kurve) ist.

Ist wie in Abb. 57c die Zinselastizität der Geldnachfrage gleich null (senkrechter Bereich der LM-Kurve), so gilt

$$\frac{dY}{dM_0} = \frac{1}{\frac{\partial L}{\partial Y}} .$$

Bei einer vollkommen zinsunelastischen Geldnachfrage wird die gesamte Geldmenge zu Transaktionszwecken verwendet: M=kY bzw. dM=kdY. Die Spekulationskasse hat dann eine Höhe von null.

Im keynesianischen Standardmodell, im IS-LM-System, hat also eine Vergrößerung oder Verringerung der Geldmenge dann keinen positiven oder negativen Einkommenseffekt, wenn

(1) die Investition vollkommen zinsunelastisch ist, denn dann steigt oder sinkt die Investition nicht, wenn das Zinsniveau in Konsequenz der Geldmengenvergrößerung oder -verringerung sinkt oder steigt. Eine Vergrößerung oder Verringerung der Geldmenge hat auch dann keinen positiven oder negativen Einkommenseffekt, wenn

(2) die Geldnachfrage vollkommen zinselastisch ist, denn dann sinkt oder steigt in Konsequenz der Geldmengenexpansion oder -kontraktion das Zinsniveau nicht, und damit wird auch keine positive oder negative Reaktion der zinsabhängigen Investition ausgelöst. KEYNES sprach in diesem Zusammenhang von einer Liquiditätsfalle (liquidity trap), welche die Geldpolitik unwirksam macht.

Anders liegen die Dinge, wenn

(1) bei der Konstruktion der IS-Funktion die Zinsabhängigkeit nicht nur der Investition, sondern auch der Ersparnis berücksichtigt wird,

(2) bei der Konstruktion der LM-Funktion die in empirischen Untersuchungen festgestellte negative Zinselastizität der Geldnachfrage und positive Zinselastizität des Geldangebots berücksichtigt werden.

Bei einer positiven Verknüpfung von Ersparnis und Zinsniveau ist die IS-Kurve auch dann zinselastisch, wenn die Investition vollkommen zinsunelastisch ist. Eine Erhöhung des Zinsniveaus läßt dann das Volkseinkommen, bei dem geplante Investition und geplante Ersparnis übereinstimmen, sinken. Bei einer negativen Verknüpfung von Geldnachfrage und Zinsniveau, bei Nichtexistenz der Liquiditätsfalle, ist die LM-Kurve auch dann zinselastisch, wenn das Geldangebot vollkommen zinsunelastisch ist. Und: Bei einer positiven Verknüpfung von Zinsniveau und Geldangebot ist die LM-Kurve auch dann zinselastisch, wenn die Geldnachfrage vollkommen zinsunelastisch ist.

Ist die Zinselastizität der IS-Kurve jedenfalls negativ und die der LM-Kurve jedenfalls positiv, hat also die IS-Kurve keinen senkrechten, die LM-Kurve keinen waagrechten Bereich, so impliziert eine Verschiebung der LM-Kurve nach rechts eine Erhöhung des Gleichgewichtsvolkseinkommens und eine Senkung des Gleichgewichtszinsniveaus. Ist unter solchen Bedingungen die Zentralbank in der Lage, das Geldangebot und damit die LM-Kurve nach rechts zu verschieben, so steigt das Gleichgewichtsvolkseinkommen, und es sinkt das Gleichgewichtszinsniveau in Konsequenz der expansiven Geldpolitik. Ist das beschriebene System stabil, so läßt eine expansive Geldpolitik das Volkseinkommen auf das höhere Gleichgewichtsniveau steigen und das Zinsniveau auf den niedrigeren Gleichgewichtswert sinken. Ist das beschriebene System instabil, so werden die durch die Verschiebung des Geldangebots bestimmten neuen Gleichgewichtswerte nicht erreicht. Ob das System stabil oder instabil ist, läßt sich erst dann entscheiden, wenn Annahmen über das Verhalten von Güterangebot und -nachfrage, Geldangebot und -nachfrage im Anpassungsprozeß eingeführt werden. Eine solche Dynamisierung des keynesianischen Modells kann in diesem einführenden Text nicht präsentiert werden. Diskutiert wird allein das Existenz-, nicht auch das Stabilitätsproblem.

Mit Zinsniveau und Volkseinkommen ist im gesamtwirtschaftlichen Gleichgewicht offenbar auch die Umlaufsgeschwindigkeit des Geldes bestimmt. Diese ist, wie bereits erörtert, gleich dem Quotienten aus Volkseinkommen und Geldmenge. Teilt man die Geldmenge in Transaktions- und Spekulationskasse – dies setzt die in den einfachen keynesianischen Modellen unterstellte additive Geldnachfragefunktion $L=L(Y)+L(i)$ voraus –, so ist die Umlaufsgeschwindigkeit des Geldes gleich dem gewogenen Durchschnitt der Umlaufsgeschwindigkeiten von Transaktions- und Spekulationskasse. Da nur die Transaktions- und nicht auch die Spekulationskasse zu Einkommenstransaktionen verwendet wird, ist die Umlaufsgeschwindigkeit der Spekulationskasse gleich null. Also ist die durchschnittliche Umlaufsgeschwindigkeit des Geldes gleich der mit dem Anteil der Transsaktionskasse an der gesamten Geldmenge gewogenen konstanten Umlaufsgeschwindigkeit $1/k$ der Transaktionskasse. Im Schnittpunkt von IS- und LM-Kurve ist mit dem Zinsniveau die Spekulations-, mit dem Einkommensniveau die Transaktionskasse, also auch der Anteil der Transaktionskasse an der gegebenen Geldmenge und damit die durchschnittliche Umlaufsgeschwindigkeit des Geldes determiniert. Eine Vergrößerung oder Verringerung der autonomen Investition, also eine Rechts- oder Linksverschiebung der IS-Kurve, impliziert daher bei einem positiven Anstieg der LM-Kurve über eine Erhöhung oder Senkung des Gleichgewichtszinsniveaus eine Verringerung oder Vergrößerung der Spekulationskasse und damit eine Erhöhung oder Senkung der durchschnittlichen Umlaufsgeschwindigkeit des Geldes.

2. Gesamtwirtschaftliches Gleichgewicht im geschlossenen System mit Staatsaktivität

Staatseinnahmen und Staatsausgaben gehen einerseits in die Bestimmung der güter-, andererseits in die der geldwirtschaftlichen Gleichgewichtsgrößen ein.

Einfluß des Staatshaushaltes auf die Lage der IS-Kurve: Sind die Staatsausgaben für Konsum- und Investitionsgüter in Höhe von G_0, die Staatseinnahmen in Höhe von T_0 fixiert, so wirken bei einer Konsumfunktion $C=C_0+c_Y(Y-T)$ die Staatsausgaben G_0 als Erhöhung der autonomen Nachfrage nach Konsum- und Investitionsgütern um G_0, die Staatseinnahmen T_0 als Senkung der autonomen Nachfrage nach Konsumgütern um c_YT_0 auf das güterwirtschaftliche Gleichgewicht ein. Im Vergleich mit Staatsausgaben und -einnahmen in Höhe von null wirken also positive Staatsausgaben G_0 und positive Staatseinnahmen T_0 wie eine Erhöhung der autonomen Nachfrage nach Konsum- und Investitionsgütern um $G_0-c_YT_0$ auf die Lage der IS-Kurve ein:

(1) Für $G_0>c_YT_0$ ist die IS-Kurve um $1/s_Y(G_0-c_YT_0)$ nach rechts verschoben,

(2) für $G_0=c_YT_0$ ist die IS-Kurve unverändert,

(3) für $G_0<c_YT_0$ ist die IS-Kurve um $1/s_Y(G_0-c_YT_0)$ nach links verschoben.

Es zeigt sich wiederum, daß ein in Einnahmen und Ausgaben ausgeglichener Staatshaushalt einen positiven Einkommenseffekt hat: Im Vergleich mit Staatseinnahmen und Staatsausgaben von null ist für $G_0=T_0$ auch $G_0>c_YT_0$ und die IS-Kurve um $G_0=T_0$ nach rechts verschoben (HAAVELMO-Theorem).

Einfluß des Staatshaushaltes auf die Lage der LM-Kurve: Verfährt der Staat bei Einnahmen- und Ausgabenüberschüssen in der Weise, daß er seine Verschuldung gegenüber den Nichtbanken verringert oder vergrößert, so bleibt das Geldangebot unverändert. Vergrößert der Staat im Fall von Ausgaben- und verringert er im Fall von Einnahmenüberschüssen seine Verschuldung gegenüber der Zentralbank, so steigt im einen und sinkt im anderen Fall das Geldangebot. Die Art der Finanzierung von Budgetdefiziten und -überschüssen entscheidet also unter sonst gleichen Umständen darüber, ob das Geldangebot konstant bleibt oder variiert. In diesem Text wird das Geldangebot als vom Staatshaushalt unabhängig genommen.

Eine Erhöhung oder Senkung der Staatsausgaben für Konsum- und Investitionsgüter um dG_0 wirkt wie eine Erhöhung oder Senkung der autonomen Investition oder des autonomen Konsums um dG_0 auf die Höhe des Gleichgewichtsvolkseinkommens ein. Eine Erhöhung oder Senkung der

Steuereinnahmen des Staates um dT_0 wirkt dagegen wie eine Senkung oder Erhöhung der autonomen Investition oder des autonomen Konsums um $c_Y dT_0$ auf die Höhe des Gleichgewichtsvolkseinkommens ein. Es gilt also

$$\frac{dY}{dG_0} = \frac{1}{\frac{dS}{dY} + \frac{dI}{di}\frac{\frac{\partial L}{\partial Y}}{\frac{\partial L}{\partial i}}},$$

$$\frac{dY}{dT_0} = -\frac{1 - \frac{dS}{dY}}{\frac{dS}{dY} + \frac{dI}{di}\frac{\frac{\partial L}{\partial Y}}{\frac{\partial L}{\partial i}}}.$$

Erhöht oder senkt der Staat sowohl die Ausgaben als auch die Einnahmen um den Betrag $dB = dG_0 = dT_0$, verlängert oder verkürzt er also den gesamten Staatshaushalt um dB, so lautet der entsprechende Staatshaushaltsmultiplikator:

$$\frac{dY}{dB} = \frac{dY}{dG_0} + \frac{dY}{dT_0} = \frac{\frac{dS}{dY}}{\frac{dS}{dY} + \frac{dI}{di}\frac{\frac{\partial L}{\partial Y}}{\frac{\partial L}{\partial i}}}.$$

Das HAAVELMO-Theorem, demgemäß der Einkommensmultiplikator einer Budgetverlängerung oder -verkürzung eine Höhe von eins hat, gilt also nur unter der Annahme

$$\frac{dI}{di}\frac{\frac{\partial L}{\partial Y}}{\frac{\partial L}{\partial i}} = 0 .$$

Dies impliziert, daß

(a) die Zinselastizität der privaten Investition gleich null und/oder

(b) die Zinselastizität der Geldnachfrage unendlich groß oder

(c) die Einkommenselastizität der Geldnachfrage gleich null ist.

Mit anderen Worten: Die Budgetverlängerung oder -verkürzung um $dB = dG = dT$ läßt das Gleichgewichtsvolkseinkommen dann und nur dann exakt um den Betrag dB steigen oder sinken, wenn die IS-Kurve senkrecht und/oder die LM-Kurve waagerecht verläuft. Die LM-Kurve verläuft im übrigen nicht nur bei vollkommen zinselastischer Geldnachfrage, sondern auch bei vollkommen zinselastischem Geldangebot waagerecht. In diesen Fällen gilt das HAAVELMO-Theorem: Die Variation von G um dG läßt das Gleichgewichtseinkommen um $dY=1/(1-c_Y)dG$, die Variation von T um dT läßt es mit umgekehrtem Vorzeichen um $dY=c_Y/(1-c_Y)dT$ variieren. Der gesamte Einkommenseffekt der Budgetvariation ist also in diesen Grenzfällen

$$dY = \frac{1}{1-c_Y} dB - \frac{c_Y}{1-c_Y} dB = dB .$$

Anders, wenn (1) die Investition negativ mit dem Zinsniveau, (2) die Geldnachfrage positiv mit dem Volkseinkommen und negativ mit dem Zinsniveau verknüpft ist. Unter diesen Annahmen hat die IS-Kurve einen negativen, die LM-Kurve einen positiven Anstieg, und dies impliziert, daß eine durch die Erhöhung oder Senkung des Staatshaushaltsvolumens um dB=dG=dT verursachte Verschiebung der IS-Kurve (die bei Staatsaktivität in Hinsicht auf die Gleichgewichtsbedingung $I(i)+G_0=S(Y,T)+T_0$ von manchen Autoren als ISGT-Kurve bezeichnet wird) um dB nach rechts oder links das Gleichgewichtsvolkseinkommen um weniger als dB steigen oder sinken läßt:

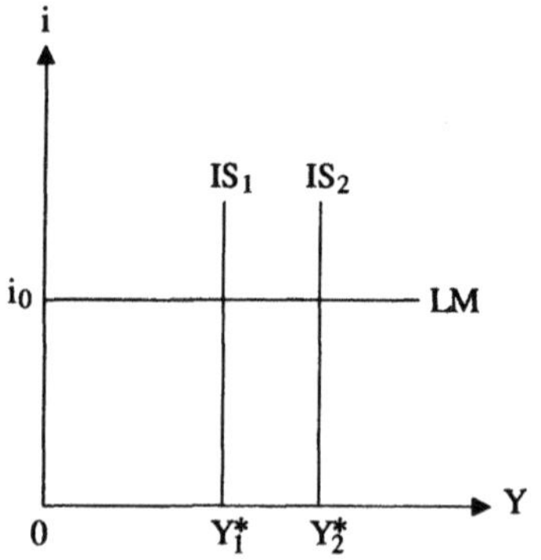

Abb. 58a

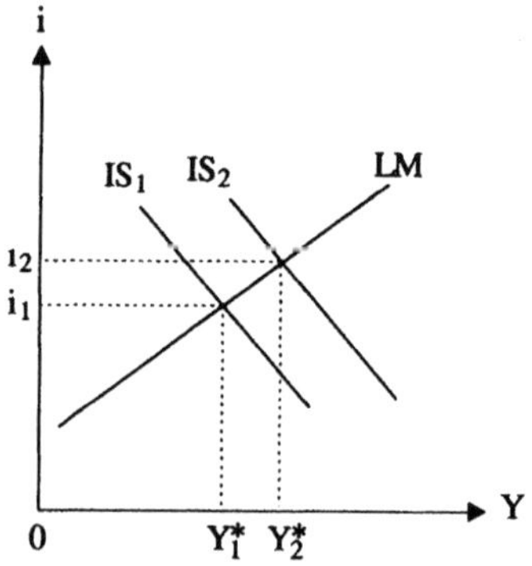

Abb. 58b

Das Gleichgewichtseinkommen steigt bei einer Budgetverlängerung um dB um einen Betrag, der kleiner ist als dB, weil die Erhöhung des Volkseinkommens bei gegebener Geldmenge das Zinsniveau steigen und damit die private Investition sinken läßt. Diese Variationen des Zinsniveaus veranlassen Veränderungen der privaten Investition (bei zinselastischem Konsum auch Veränderungen des privaten Konsums), die den Einkommenseffekten der Budgetvariationen entgegenwirken. Solche unter dem Stichwort "Crowding Out"-Effekte diskutierten Rückwirkungen von fiskalpolitischen Maßnahmen auf die private Investition (und den privaten Konsum) treten dann nicht ein, wenn

(a) Einkommensvariationen keine Zinseffekte auslösen, weil Geldangebot oder Geldnachfrage vollkommen zinselastisch sind, also bei waagerechter LM-Kurve, oder wenn

(b) Zinsvariationen keinen Einfluß auf die Höhe der privaten Investition (und des privaten Konsums) haben, wenn diese vollkommen zinsunelastisch ist, bei senkrechter IS-Kurve.

Das Stichwort "Crowding Out"-Effekte versteht sich in Hinsicht darauf, daß die Staatsnachfrage unter den oben genannten Annahmen private Nachfrage verdrängt. Das HAAVELMO-Theorem hat bei Vorliegen solcher Verdrängungseffekte keine Gültigkeit. Der Multiplikator der Budgetvariation ist dann kleiner als eins.

Literaturangaben

ALLEN, R.G.D., Macro-Economic Theory. A Mathematical Treatment, London, 1967; dt. Übers. Berlin, 1972.

BARRO, R., Makroökonomie, 3.A., München, 1991

CLAASSEN, E.-M., Grundlagen der makroökonomischen Theorie, 2.A., München/Wien, 1986.

DORNBUSCH, R./ FISCHER, S.,Macroeconomics, 4.A., New York, 1987, dt. Übers., Makroökonomik, 4.A., 1989

DERNBURG, T.F. / MCDOUGALL, D.M., Macroeconomics, 7.A., New York 1985; dt. Übers., 3.A., Stuttgart, 1981.

DUESENBERRY, J.S., Income, Saving, and the Theory of Consume Behavior, Cambridge, MASS, 1962.

FELDERER, B./ HOMBURG, ST., Makroökonomik und neue Makroökonomik, 5.A., Berlin u.a., 1991

FRIEDMAN, M., A Theory of the Consumption Function, Princeton, 1957.

HANSEN, A.H., Keynes' ökonomische Lehren. Ein Führer durch sein Hauptwerk, Stuttgart-Düsseldorf, 1959.

HICKS, J.R., Mr. Keynes and the 'Classics': A Suggested Interpretation, in: Econometrica, 5 (1937), S. 147-159.

KAHN, R.F., The Relation of Home Investment to Unemployment, in: Economic Journal, 41 (1931), S. 173-198.

KEYNES, J.M., The General Theory of Employment, Interest and Money, New York, 1936.

RICHTER, R. / SCHLIEPER, U. / FRIEDMAN, W., Makroökonomik. Eine Einführung, 4.A. ,Berlin u.a., 1981.

ROBINSON, J., Introduction to the Theory of Employment, 2.A., London, 1969.

ROSE, K., Einkommens- und Beschäftigungstheorie, in: EHRLICHER, W. u.a. (Hrsg.), Kompendium der Volkswirtschaftslehre, Bd. 1, 5.A., Göttingen, 1975, S. 183-245.

SAMUELSON, P.A., Lord Keynes and the General Theory, in: Econometrica, 14 (1946), S. 187-200.

SMITHIES, A., Forecasting Postwar Demand, in: Econometrica, 13 (1945), S. 1-14.

WOLL, A., Allgemeine Volkswirtschaftslehre, 10.A., München, 1990.

III. Verknüpfung neoklassischer und keynesianischer Modelle

A. DER ÄLTERE ANSATZ ZUR SYNTHESE VON NEOKLASSISCHEN UND KEYNESIANISCHEN MODELLELEMENTEN

1. Konstantes Preisniveau: Dominanz keynesianischer Annahmen

Keynesianisches und neoklassisches Standardmodell werden in den verschiedenen Versionen der "Neoklassischen Synthese" unter der Annahme verknüpft, es sei

(1) im keynesianischen Modellteil die Lage der IS und der LM-Kurve von der Höhe des Reallohnniveaus,

(2) im neoklassischen Modellteil die Lage der Arbeitsangebots- und der Arbeitsnachfragekurve vom realen Zinsniveau

unabhängig.

Das simultane güter- und geldwirtschaftliche Gleichgewicht wird in den früheren Synthese-Ansätzen unter der Annahme eines konstanten, in den späteren unter der Annahme eines variablen Preisniveaus determiniert. Es ist also die Fixpreis- von der Flexpreis-Version der "Neoklassischen Synthese" zu unterscheiden.

In der Fixpreis-Variante der "Neoklassischen Synthese" wird das keynesianische Güter- und Geldmarktmodell, also das IS-LM-System, mit dem neoklassischen Arbeitsmarktmodell unter der Annahme eines gegebenen nominellen Preisniveaus verknüpft. Alternative Reallohnniveaus implizieren also Unterschiede des nominellen Lohnniveaus bei gleichem Preisniveau. Dabei wird einerseits der Fall der Existenz, andererseits der Fall der Nicht-Existenz eines simultanen Gleichgewichts auf Güter-, Geld- und Arbeitsmarkt diskutiert.

Unter den getroffenen Annahmen existiert eine gesamtwirtschaftliche Gleichgewichtskonstellation dann, wenn die durch den Schnittpunkt von IS- und LM-Kurve determinierte Güternachfrage Y_0^n mit dem durch den Schnittpunkt von Arbeitsangebots- und Arbeitsnachfragekurve bestimmten Güterangebot Y_0^a übereinstimmt.

Hat das Zinsniveau die Höhe i_0 und das Reallohnniveau die Höhe $(l/P)_0$, so stimmt die durch den Schnittpunkt von IS- und LM-Kurve determinierte Güternachfrage Y_0^n mit dem durch den Schnittpunkt von Arbeitsangebots- und Arbeitsnachfragekurve über die makroökonomische Produktions-

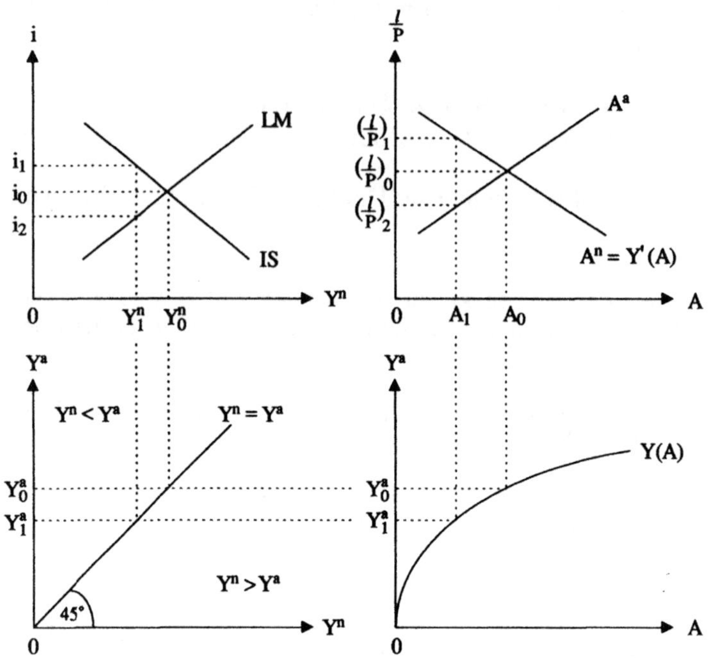

Abb. 59

funktion bestimmten Güterangebot Y_0^a überein. Unter solchen Voraussetzungen kann das simultane Gleichgewicht auf Güter-, Geld- und Arbeitsmarkt offenbar nur durch ein zu hohes oder zu niedriges nominelles Lohnniveau verfehlt werden.

Angenommen also, das Zinsniveau habe die durch den Schnittpunkt von IS- und LM-Kurve bestimmte Höhe i_0, aber das Reallohnniveau liege über oder unter dem Gleichgewichtswert $(l/P)_0$:

(1) Das Reallohnniveau ist zu hoch. Hat das Reallohnniveau die Höhe $(l/P)_1$, so ist A_1 die Arbeitsnachfrage und Y_1^a das Güterangebot. Auf dem Arbeitsmarkt besteht eine Nachfrage-, auf dem Gütermarkt eine Angebotslücke. Auf dem Arbeitsmarkt unterliegt das Angebot, auf dem Gütermarkt die Nachfrage einer wirksamen Mengenbeschränkung.

(2) Das Reallohnniveau ist zu niedrig. Hat das Reallohnniveau die Höhe $(l/P)_2$, so ist A_1 das Arbeitsangebot und Y_1^a das Güterangebot. Auf dem Arbeits- ebenso wie auf dem Gütermarkt besteht eine Angebotslücke. Auf beiden Märkten unterliegt die Nachfrage einer wirksamen Mengenbeschränkung.

Wirksame Mengenbeschränkungen bestehen nur dann nicht, wenn das Reallohnniveau die Höhe $(l/P)_0$ hat, und dies impliziert bei gegebenem Preisniveau eine ganz bestimmte Höhe des nominellen Lohnniveaus.

Eine gesamtwirtschaftliche Gleichgewichtslösung existiert dann nicht, wenn die durch den Schnittpunkt von IS- und LM-Kurve bestimmte Güternachfrage Y_0^n nicht mit dem durch den Schnittpunkt von Arbeitsangebots- und Arbeitsnachfragekurve determinierten Güterangebot Y_0^a übereinstimmt.

Dabei sind zwei Fälle zu unterscheiden:

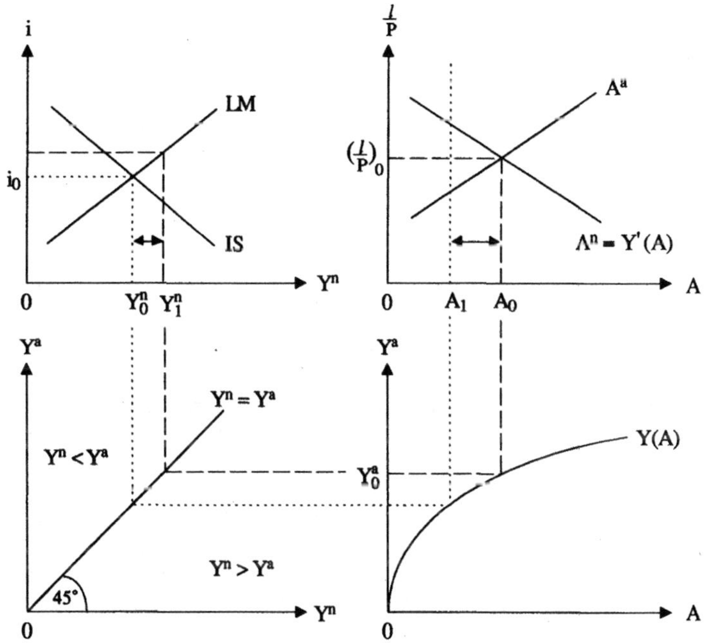

Abb. 60

(1) Wirksamkeit einer deflatorischen, einer Güternachfragebeschränkung (Abb. 60): Die durch den Schnittpunkt von IS- und LM-Kurve bestimmte Güternachfrage Y_0^n ist kleiner als das durch den Schnittpunkt von Arbeitsangebots- und Arbeitsnachfragekurve determinierte Güterangebot Y_0^a. Das Arbeitsmarktgleichgewicht ist auch dann nicht realisierbar, wenn der Reallohnsatz die Gleichgewichtshöhe $(l/P)_0$ hat. Die Existenz der Mengenbeschränkung Y_0^n impliziert eine Rationierung des Güterangebots und damit auch der Arbeitsnachfrage. Es liegt "keynesianische Arbeitslosigkeit" vor.

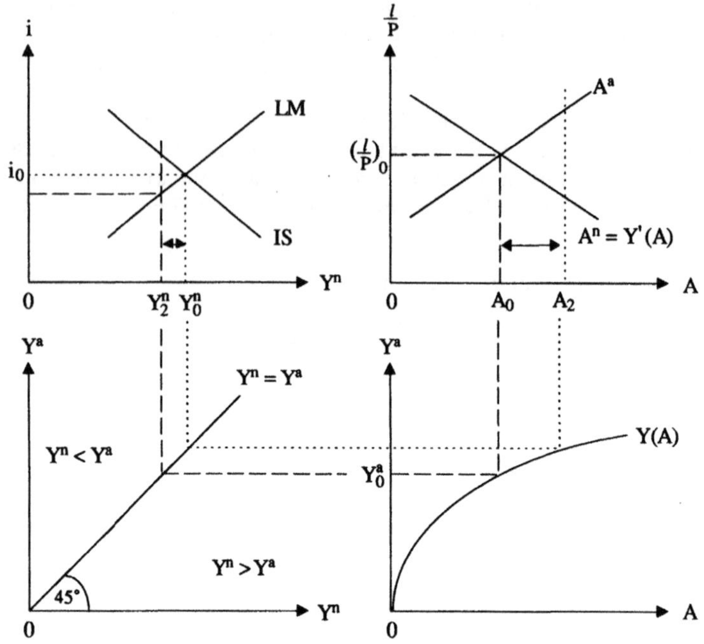

Abb. 61

(2) Wirksamkeit einer inflatorischen, einer Güterangebotsbeschränkung (Abb. 61): Die durch den Schnittpunkt von IS- und LM-Kurve bestimmte Güternachfrage Y_0^n ist größer als das durch den Schnittpunkt von Arbeitsangebots- und Arbeitsnachfragekurve determinierte Güterangebot Y_0^a. Das Gütermarktgleichgewicht ist auch dann nicht realisierbar, wenn das Zinsniveau die Gleichgewichtshöhe i_0 hat. Die Existenz der Mengenbeschränkung Y_0^a impliziert eine Rationierung der Güter- und damit auch der Arbeitsnachfrage. Es liegt "zurückgestaute Inflation" vor.

Existiert eine gesamtwirtschaftliche Gleichgewichtskonstellation, so sind Ungleichgewichte Konsequenz von Preisen, die vom Gleichgewichtswert abweichen. In solchen Ungleichgewichtsfällen setzt sich immer die "kurze" Marktseite durch, die "lange" Marktseite wird rationiert. Das heißt: Bei einem höheren als dem Gleichgewichtspreis limitiert die bei diesem Preis geplante Nachfrage die Menge, und die Anbieter werden rationiert, sie können die bei diesem Preis geplante Menge nicht verkaufen. Solche Ungleichgewichtskonstellationen und die mit ihnen verknüpfte Rationierung des Angebots oder der Nachfrage sind dann ausgeschlossen, wenn das Reallohnniveau die für das simultane Gleichgewicht auf Güter-, Geld- und Arbeitsmarkt erforderliche Höhe hat. Unfreiwillige Arbeitslosigkeit ist also bei Existenz einer allgemeinen Gleichgewichtslösung Konsequenz eines "falschen" Reallohnniveaus. Existiert in der Ausgangskonstellation keine Konstellation der Variablen, bei der simultanes Gleichgewicht auf Güter-, Geld- und Arbeitsmarkt besteht, so läßt sich eine Gleichgewichtskonstellation offenbar dadurch herbeiführen, daß die reale Geldmenge

(1) im Fall einer deflatorischen, einer Güternachfragelücke vergrößert, die LM-Kurve also nach unten verschoben oder

(2) im Fall einer inflatorischen, einer Güterangebotslücke verringert, die LM-Kurve also nach oben verschoben wird,

bis die durch den Schnittpunkt von IS- und LM-Kurve bestimmte Güternachfrage Y_0^n mit dem durch den Schnittpunkt von Arbeitsangebots- und Arbeitsnachfragekurve determinierten Güterangebot Y_0^a übereinstimmt. Hat das Reallohnniveau die für das Arbeitsmarktgleichgewicht erforderliche Höhe, so impliziert also die Existenz einer deflatorischen Lücke, daß die nominelle Geldmenge bei dem gegebenen nominellen Preis- und Lohnniveau zu klein oder daß das gegebene nominelle Preis- und Lohnniveau bei der gegebenen nominellen Geldmenge zu hoch ist. Eine inflatorische Lücke impliziert bei gegebenem nominellen Preis- und Lohnniveau eine zu große nominelle Geldmenge, bzw. bei gegebener Geldmenge ein zu geringes nominelles Preis- und Lohnniveau.

Eine Gleichgewichtskonstellation der Variablen läßt sich offenbar auch durch eine Verschiebung der IS-Kurve bei gegebener LM-Kurve herbeiführen. Die IS-Kurve kann

(1) im Fall einer deflatorischen, einer Güternachfragelücke durch eine Senkung des staatlichen Budgetsaldos T-G nach rechts,

(2) im Fall einer inflatorischen, einer Güterangebotslücke durch eine Erhöhung des staatlichen Budgetsaldos T-G nach links

verschoben werden. Eine expansive oder kontraktive Finanzpolitik kann also unter den Bedingungen des Fixpreismodells eine auf Herstellung des gesamtwirtschaftlichen Gleichgewichts, auf die Beseitigung deflatorischer oder inflatorischer Lücken gerichtete Geldpolitik ersetzen oder ergänzen.

2. Variables Preisniveau: Dominanz neoklassischer Annahmen

Geldwirtschaftliches Gleichgewicht erfordert, daß die Summe aus der Nachfrage nach realer Transaktions- und Spekulationskasse gleich dem gegebenen realen Geldangebot M_0/P ist. Unter den getroffenen Annahmen ist die reale Transaktionsnachfrage gleich dem Produkt aus dem realen Kassenhaltungskoeffizienten k und dem realen Volkseinkommen Y. Die reale Transaktionsnachfrage L_T steigt und sinkt also bei gegebenem realen Kassenhaltungskoeffizienten k linear mit dem realen Volkseinkommen Y.

Je höher bei gegebenem realen Volkseinkommen das Preisniveau, um so niedriger bei gegebenem nominellen Geldangebot das reale Geldangebot M_0/P und damit die für die Übereinstimmung von Geldangebot und Geldnachfrage erforderliche reale Spekulationsnachfrage. Umgekehrt: Je niedriger bei gegebenem realen Volkseinkommen das Preisniveau, um so höher bei gegebenem nominellen Geldangebot M_0 das reale Geldangebot M_0/P und damit die für die Übereinstimmung von Geldangebot und Geldnachfrage erforderliche reale Spekulationsnachfrage. Die reale Spekulationsnachfrage ist unter den getroffenen Annahmen negativ mit dem realen Zinsniveau verknüpft. Je höher also bei gegebenem realen Volkseinkommen das Preisniveau, um so höher auch das für ein Geldmarktgleichgewicht erforderliche reale Zinsniveau. Mit anderen Worten: Bei gegebenem nominellen Geldangebot impliziert eine Erhöhung des Preisniveaus eine Verschiebung der LM-Kurve nach oben, weil das höhere Preisniveau ein niedrigeres reales Geldangebot impliziert, so daß das Geldmarktgleichgewicht eine niedrigere reale Spekulationsnachfrage und damit ein höheres reales Zinsniveau erfordert.

Abbildung 62 stellt den Zusammenhang zwischen Preisniveau und Lage der LM-Kurve bei gegebener nominellen Geldmenge M_0 dar. Die durch eine Erhöhung des Preisniveaus bei konstantem nominellen Geldangebot verursachte Verschiebung der LM-Kurve nach oben läßt bei gegebener IS-Kurve den Schnittpunkt von LM- und IS-Kurve nach links rücken. Die durch den Schnittpunkt von LM- und IS-Kurve bestimmte Güternachfrage sinkt in Konsequenz einer Erhöhung des Preisniveaus, weil

(1) die aufgrund der Senkung des realen Geldangebots notwendige Senkung der realen Spekulationsnachfrage ein höheres reales Zinsniveau impliziert, und weil

(2) eine Erhöhung des realen Zinsniveaus die geplante Investition sinken läßt. Je höher also bei gegebener nomineller Geldmenge das Preisniveau, um so niedriger die durch den Schnittpunkt von LM- und IS-Kurve bestimmte geplante Güternachfrage.

Güterwirtschaftliches Gleichgewicht impliziert die Übereinstimmung von geplanter Güternachfrage und geplantem Güterangebot: Das geplante Güterangebot wird in der Flexpreis- wie in der Fixpreis-Variante der "Neoklassischen Synthese" nicht im keynesianischen, sondern im neoklassischen Modellteil bestimmt. Im Arbeitsmarktgleichgewicht hat das Reallohnniveau die durch den Schnittpunkt von Arbeitsangebots- und Arbeitsnachfragekurve bestimmte Höhe. Mit diesem Schnittpunkt ist bei gegebener neoklassischer Produktionsfunktion Y(A) nicht nur das geplante Arbeitsangebot und die geplante Arbeitsnachfrage, sondern auch das geplante Güterangebot determiniert. Die geplante Güternachfrage hängt aber unter den getroffenen Annahmen nicht von der relativen, sondern von der absoluten Höhe des Preis- und Lohnniveaus ab: Bei gegebener nomineller Geldmenge ist die durch den Schnittpunkt von LM- und IS-Kurve be-

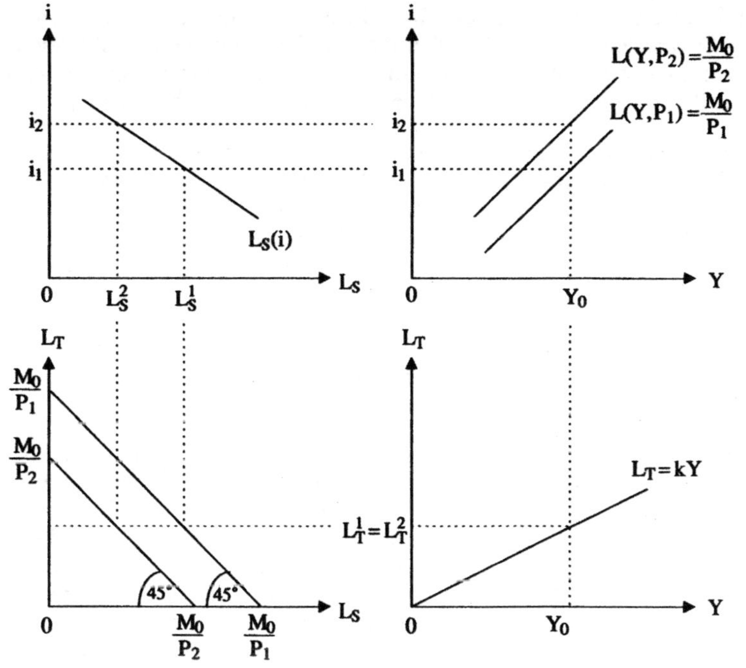

Abb. 62

stimmte geplante Güternachfrage negativ mit dem Preisniveau verknüpft, weil jede Erhöhung des Preisniveaus die LM-Kurve nach oben, jede Senkung des Preisniveaus die LM-Kurve nach unten verschiebt. Das simultane Gleichgewicht auf Güter-, Geld- und Arbeitsmarkt erfordert bei gegebener nomineller Geldmenge eine bestimmte absolute und nicht nur relative Höhe von Lohn- und Preisniveau.

Arbeitsmarktgleichgewicht impliziert eine bestimmte Höhe $(l/P)_0$ des Reallohnniveaus: Hat das Reallohnniveau diese Höhe, so stimmen geplantes Arbeitsangebot und geplante Arbeitsnachfrage in Höhe von A_0 überein. Damit ist auch das geplante Güterangebot in Höhe von Y_0^s bestimmt. Gütermarktgleichgewicht verlangt die Gleichheit von geplanter Güternachfrage und geplantem Güterangebot. Dies impliziert, daß das Preisniveau die Höhe P_0 hat, denn nur dann ist die durch den Schnittpunkt von LM- und IS-Kurve determinierte geplante Güternachfrage gleich dem durch den Schnittpunkt von Arbeitsangebots- und Arbeitsnachfragekurve bestimmten geplanten Güterangebot. Mit dem für Arbeitsmarktgleichgewicht erforderlichen Reallohnniveau $(l/P)_0$ und dem bei der gegebenen nominellen Geldmenge für Güter- und Geldmarktgleichgewicht notwendigen nominellen Preisniveau P_0 ist auch das für simultanes Güter-, Geld-

und Arbeitsmarktgleichgewicht erforderliche nominelle Lohnniveau $l_0=(l/P)_0P_0$ determiniert. Je höher das für Güter- und Geldmarktgleichgewicht notwendige nominelle Preisniveau P_0, um so höher auch das für das Arbeitsmarktgleichgewicht erforderliche nominelle Lohnniveau l_0.

Hat das nominelle Preisniveau die Höhe P_0, bei der die LM-Kurve die Lage LM(P_0) hat, so daß die durch den Schnittpunkt von LM- und IS-Kurve bestimmte geplante Güternachfrage Y_0^n mit dem durch den Schnittpunkt von Arbeitsangebots- und Arbeitsnachfragekurve determinierten geplanten Güterangebot Y_0^a übereinstimmt, so herrscht also auf allen Märkten Gleichgewicht, wenn zugleich das nominelle Lohnniveau die Höhe $l_0=(l/P)_0P_0$ hat. Anders, wenn zwar das Verhältnis von Lohn- und Preisniveau, nicht aber das absolute Lohn- und Preisniveau die für das simultane Gleichgewicht auf Güter-, Geld- und Arbeitsmarkt erforderliche Höhe hat:

(1) Ist das nominelle Preisniveau niedriger als P_0, hat es die Höhe $P_1<P_0$, so hat die LM-Kurve die Lage LM(P_1). Sie ist also im Verhältnis zur erforderlichen Lage LM(P_0) nach unten verschoben. Der Schnittpunkt von LM- und IS-Kurve rückt nach rechts, und dies impliziert, daß die durch den Schnittpunkt von LM- und IS-Kurve bestimmte geplante Güternachfrage Y_1^n größer ist als das durch den Schnittpunkt von Arbeitsangebots- und Arbeitsnachfragekurve bestimmte geplante Güterangebot Y_0^a. Auf dem Gütermarkt besteht aufgrund des zu niedrigen Preis- und Lohnniveaus eine inflatorische Lücke, ein Nachfrageüberschuß, in Höhe von $Y_1^n-Y_0^a$. Die Güternachfrage unterliegt einer Mengenrationierung.

(2) Ist das nominelle Preisniveau höher als P_0, hat es die Höhe $P_2>P_0$, so hat die LM-Kurve die Lage LM(P_2). Sie ist also im Verhältnis zur erforderlichen Lage LM(P_0) nach oben verschoben. Der Schnittpunkt von LM- und IS-Kurve rückt nach links, und dies impliziert, daß die durch den Schnittpunkt von LM- und IS-Kurve bestimmte geplante Güternachfrage Y_2^n kleiner ist als das durch den Schnittpunkt von Arbeitsangebots- und Arbeitsnachfragekurve bestimmte geplante Güterangebot Y_0^a. Auf dem Gütermarkt besteht aufgrund des zu hohen Preis- und Lohnniveaus eine deflatorische Lücke, ein Angebotsüberschuß, in Höhe von $Y_0^a-Y_2^n$. Das Güterangebot unterliegt einer Mengenrationierung.

Eine inflatorische Lücke, ein Nachfrageüberschuß auf dem Gütermarkt, der bei "richtigem" Reallohnniveau durch ein zu niedriges Preisniveau verursacht ist, läßt sich durch eine Erhöhung des Preisniveaus (und des nominellen Lohnniveaus) beseitigen. Die LM-Kurve wird nach oben und der Schnittpunkt von LM- und IS-Kurve nach links verschoben. Umgekehrt läßt sich eine deflatorische Lücke, ein Angebotsüberschuß auf dem Gütermarkt, der bei "richtigem" Reallohnniveau durch ein zu hohes Preisniveau verursacht ist, durch eine Senkung des Preisniveaus (und des no-

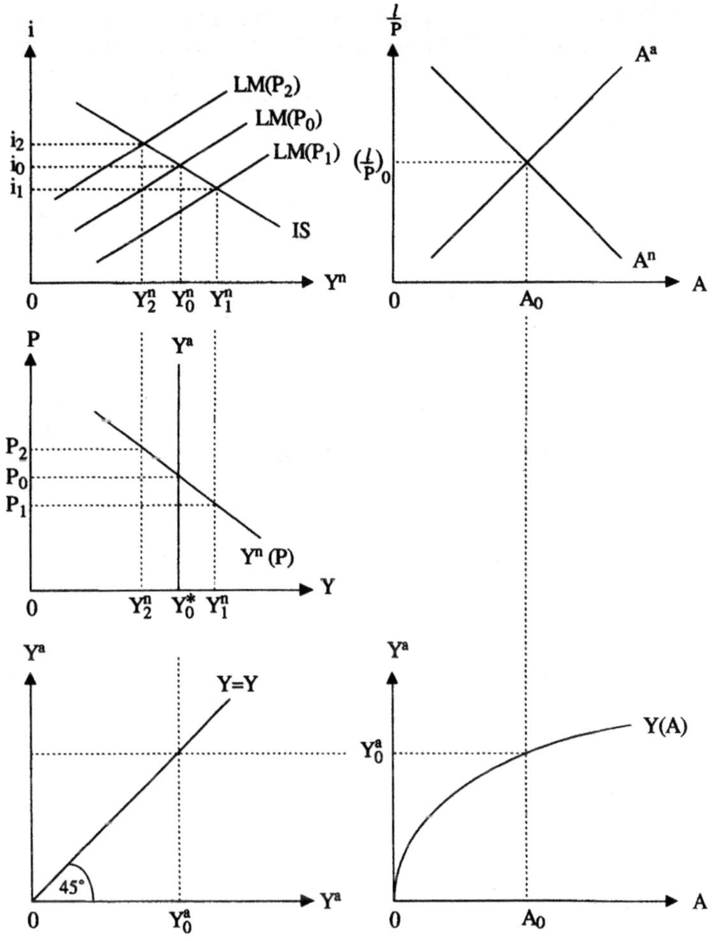

Abb. 63

minellen Lohnniveaus) beseitigen. Die LM-Kurve wird nach unten und der Schnittpunkt von LM- und IS-Kurve nach rechts verschoben. Inflatorische und deflatorische Lücken, das heißt Nachfrage- oder Angebotsüberschüsse auf dem Gütermarkt, die bei gleichgewichtigem Reallohnniveau durch ein zu niedriges oder zu hohes Preis- und Lohnniveau verursacht sind, lassen sich nicht nur durch eine Erhöhung oder Senkung des Preis- und damit des nominellen Lohnniveaus, sondern auch durch eine Erhöhung oder Senkung der nominellen Geldmenge eliminieren. Im einen wie im anderen Fall werden inflatorische Lücken durch eine Senkung, deflatorische Lükken durch eine Erhöhung der realen Geldmenge (M/P) beseitigt werden.

Unterstellt man Preisanpassungsprozesse, die bei Angebotsüberschüssen zu Preissenkungen und bei Nachfrageüberschüssen zu Preissteigerungen führen, so stellt sich auf dem Gütermarkt ein stabiles Gleichgewicht bei einem Gleichgewichtspreisniveau P^* und bei einem Gleichgewichtsvolkseinkommen Y^* ein.

(1) Bei einem zu hohen Preisniveau P_2 kommt es durch diese Preisanpassungsprozesse zu einer Preissenkung und damit zu einer Steigung der Realkasse. Der daraus resultierende Rückgang des Zinssatzes läßt die Güternachfrage steigen. Der Anpassungsprozeß der Güternachfrage an das gegebene Güterangebot verläuft also auf der Güternachfragekurve vom Preisniveau P_2 zum Gleichgewichtspreisniveau P^*.

(2) Bei einem zu niedrigen Preisniveau P_1 kommt es durch Preisanpassungsprozesse zu einer Preissteigerung und damit auch zu einer Senkung der Realkasse. Der daraus resultierende Anstieg des Zinssatzes läßt die Güternachfrage sinken. Der Anpassungsprozeß der Güternachfrage an das gegebene Güterangebot verläuft auf der Güternachfragekurve vom Preisniveau P_1 zum Gleichgewichtspreisniveau P^*.

Anders als im Fixpreismodell ist eine expansive oder kontraktive Finanzpolitik im Flexpreismodell im allgemeinen nicht in der Lage, die realen Gleichgewichtswerte zu beeinflussen:

(1) Eine Senkung des staatlichen Budgetsaldos T–G, also eine expansive Fiskalpolitik, impliziert im i-Y-Raum von Abb. 64a eine Rechtsverschiebung der IS-Kurve von IS_0 nach IS_1 und damit im P-Y-Raum eine Rechtsverschiebung der $Y^n_0(P)$-Kurve nach $Y^n_1(P)$. Bei gegebenem Güterangebot Y^a_0 läßt die Rechtsverschiebung der $Y^n(P)$-Kurve das durch den Schnittpunkt von Y^a- und Y^n-Funktion bestimmte Gleichgewichtspreisniveau steigen. Dies impliziert bei gegebenem nominellen Geldangebot eine Senkung des realen Geldangebots und damit eine Aufwärtsverschiebung der LM-Kurve von $LM(P_0)$ nach $LM(P_1)$. Im neuen Gleichgewicht stimmt die durch den Schnittpunkt von IS- und LM-Kurve bestimmte reale Güternachfrage Y^n_0 wiederum mit dem gegebenen realen Güterangebot Y^a_0 überein. Die expansive Budgetpolitik erhöht einerseits das Gleichgewichtspreisniveau von P^*_0 auf P^*_1, andererseits das reale Gleichgewichtszinsniveau von i^*_0 auf i^*_1.

(2) Eine Erhöhung des staatlichen Budgetsaldos T–G, also eine kontraktive Fiskalpolitik, impliziert im i-Y-Raum von Abb. 64a eine Linksverschiebung der IS-Kurve und damit im P-Y-Raum eine Linksverschiebung der $Y^n(P)$-Kurve. Bei gegebenem Güterangebot Y^a_0 läßt die Linksverschiebung der $Y^n(P)$-Kurve das durch den Schnittpunkt von Y^a- und Y^n-Funktion bestimmte Gleichgewichtspreisniveau sinken. Dies impliziert bei gegebenem nominellen Geldangebot eine Erhöhung des realen Geldangebots und damit eine Abwärtsverschiebung der LM-Kurve. Im neuen Gleichgewicht stimmt die durch den Schnitt-

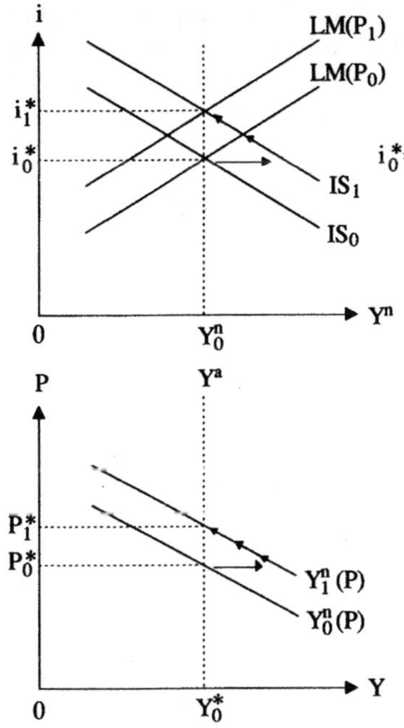

Abb. 64a

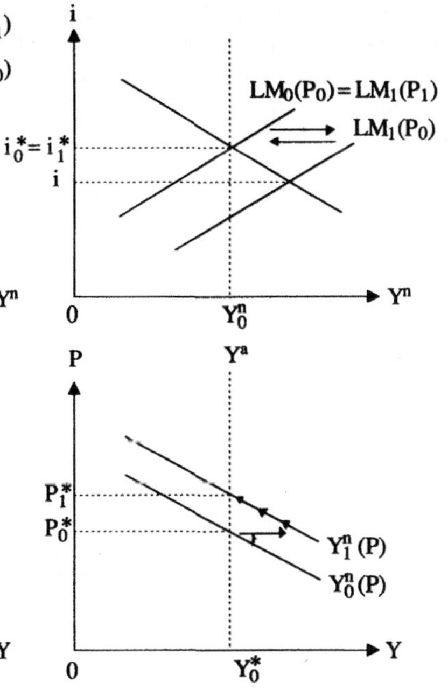

Abb. 64b

punkt von IS- und LM-Kurve bestimmte reale Güternachfrage Y_0^n wiederum mit dem gegebenen realen Güterangebot Y_0^a überein. Die kontraktive Budgetpolitik senkt das Gleichgewichtspreisniveau einerseits, das reale Gleichgewichtszinsniveau andererseits.

Variationen des Budgetsaldos T–G beeinflussen also im Flexpreis- anders als im Fixpreismodell die Gleichgewichtswerte der Güter- und Arbeitsmengen dann nicht, wenn die IS-Kurve einen negativen und die LM-Kurve einen positiven Anstieg hat. Ist stattdessen

(1) die IS-Kurve eine Senkrechte, ist die Güternachfrage also vollkommen zinsunelastisch und/oder ist

(2) die LM-Kurve eine Waagerechte, ist also die Geldnachfrage vollkommen zinselastisch, und ist

(3) die durch den Schnittpunkt von IS- und LM-Kurve bestimmte Güternachfrage kleiner als das durch den Schnittpunkt von Arbeitsangebots- und Arbeitsnachfragekurve bestimmte Güterangebot,

dann liegen Ungleichgewichtskonstellationen auf Güter- und Arbeitsmarkt vor, bei denen Erhöhungen oder Senkungen des Budgetsaldos T–G die im

Fixpreismodell beschriebenen positiven oder negativen realen Multiplikatoreffekte auslösen. Im Flexpreismodell sind diese IS-LM-Konstellationen mit senkrechter IS- und/oder waagerechter LM-Kurve, die in der keynesianischen Argumentation eine so große Rolle spielen, freilich unwahrscheinliche Spezialfälle.

Ebensowenig wie die Finanzpolitik vermag eine expansive oder kontraktive Geldpolitik bei den gegebenen Annahmen den Gleichgewichtswert des Volkseinkommens Y* zu beeinflussen.

(1) Eine Erhöhung der nominellen Geldmenge vom M_0 auf M_1 impliziert im i-Y-Raum von Abb. 64b zunächst eine Rechtsverschiebung der LM-Kurve bei konstantem Preisniveau P_0 von $LM_0(P_0)$ nach $LM_1(P_0)$. Dadurch fällt der Zinssatz von i_0^* auf i_2, die Investitions- und damit die gesamte Güternachfrage steigt. Die $Y_0^n(P)$-Kurve verschiebt sich nach $Y_1^n(P)$. Für ein gegebenes Preisniveau P_0^* und bei konstantem Güterangebot kommt es zu einer Überschußnachfrage auf dem Gütermarkt. Die Überschußnachfrage führt zu Preissteigerungen und zu einer Senkung der Realkasse. Die LM-Kurve wird von $LM_1(P_0)$ nach links verschoben, bis bei einem Preisniveau P_1 die Kurve $LM_1(P_1)$ mit der früheren LM-Kurve $LM_0(P_0)$ zusammenfällt. Die Linksverschiebung bewirkt einen Nachfragerückgang entlang der $Y_1^n(P)$-Kurve von P_0^* nach P_1^*. Güterangebot und Güternachfrage stimmen dann wieder überein. Eine expansive Geldpolitik erhöht allein das Preisniveau. Dagegen bleiben das Gleichgewichtszinsniveau $i_1^*=i_0^*$ und das Gleichgewichtseinkommen Y_0^* bestehen.

(2) Eine Senkung der nominellen Geldmenge impliziert im i-Y-Raum von Abb. 64b zunächst eine Linksverschiebung der LM-Kurve bei konstantem Preisniveau. Dadurch steigt der Zinssatz, die Investitions- und damit die gesamte Güternachfrage sinkt. Die $Y^n(P)$-Kurve verschiebt sich nach links. Bei gegebenem Preisniveau und bei konstantem Güterangebot kommt es zu einem Überschußangebot auf dem Gütermarkt. Das Überschußangebot führt zu Preissenkungen und zu einer Steigerung der Realkasse. Die LM-Kurve wird nach rechts verschoben, bis sie mit der früheren LM-Kurve zusammenfällt. Diese Rechtsverschiebung bewirkt eine Nachfragesteigerung entlang der $Y^n(P)$-Kurve, bis Güterangebot und Güternachfrage wieder übereinstimmen. Eine restriktive Geldpolitik senkt allein das Preisniveau. Dagegen bleiben das Gleichgewichtszinsniveau und das Gleichgewichtseinkommen bestehen.

Wie bei der Finanzpolitik gilt auch für die Geldpolitik, daß sie im Flexpreismodell, also bei Dominanz neoklassischer Annahmen, bei positivem Anstieg der LM- und negativem Anstieg der IS-Kurve keine Veränderungen der realen Gleichgewichtswerte auszulösen vermag.

B. DER NEUERE ANSATZ ZUR SYNTHESE VON NEOKLASSISCHEN UND KEYNESIANISCHEN MODELLELEMENTEN

1. Rationierungsgleichgewichte bei konstantem Preis- und Lohnniveau

a. Güternachfrage und Arbeitsangebot der Haushalte bei Wirksamkeit von Mengenbeschränkungen

Grundlage der im wesentlichen in den achtziger Jahren entwickelten neueren Synthese neoklassischer und keynesianischer Modellbausteine ist die Theorie temporärer Gleichgewichte. Erstrecken sich die Optimierungskalküle der Haushalte und Unternehmungen über mehrere Perioden, planen also einerseits die Haushalte die nutzenmaximale Güternachfrage und das nutzenmaximale Arbeits- und Kapitalangebot, und planen andererseits die Unternehmungen das rentabilitätsmaximale Güterangebot und die rentabilitätsmaximale Arbeits- und Kapitalnachfrage über einen Zeitraum von mehr als einer Periode, so zerfallen die temporalen Optimierungskalküle in Abwesenheit von Zukunftsmärkten, also von Terminmärkten, auf denen in der Gegenwart Kontrakte über zukünftige Angebots- und Nachfragemengen koordiniert werden, in zwei Teile:

(1) in den die gegenwärtige Periode betreffenden auszuführenden Teil und

(2) in den die zukünftigen Perioden betreffenden, in der Gegenwart noch nicht auszuführenden Teil.

Die Existenz eines Reallohn- und Realzinsniveaus, bei dem die die Gegenwart betreffenden, auf gegebenen Erwartungen beruhenden nutzen- und rentabilitätsmaximalen Angebots- und Nachfragedispositionen konsistent sind, bei dem also die geplanten Angebots- und Nachfragemengen auf Güter-, Arbeits- und Kapitalmarkt jeweils übereinstimmen, impliziert in keiner Weise, daß auch die für die Zukunft getroffenen, in der Gegenwart noch nicht ausgeführten Dispositionen koordiniert sind. Die Zukunftspläne sind gewöhnlich nicht bloße Kopien der Gegenwartspläne, und dies bedeutet bei Nichtexistenz von Zukunftsmärkten, daß das Reallohnniveau, das die Konsistenz der Gegenwartspläne herstellt, in aller Regel nicht zugleich die Zukunftspläne koordiniert. Die Konsistenz der Zukunftspläne verlangt im allgemeinen eine andere Höhe des Reallohnniveaus als die der Gegenwartspläne. Das "richtige" Reallohnniveau der Gegenwart wird in der Zukunft "falsch", es handelt sich um ein temporäres Gleichgewicht.

Das temporäre Güter-, Arbeits- und Kapitalmarktgleichgewicht kann einerseits als neoklassische, andererseits als keynesianische Konstellation bestimmt werden:

(1) Im neoklassischen (walrasianischen) Gleichgewicht der drei Märkte werden den Anbietern und Nachfragern durch den Markt allein Preis- und nicht auch Mengenrestriktionen vorgegeben. Bei jeder alternativen Höhe des Reallohn- und Realzinsniveaus bestimmen Haushalte und Unternehmungen die optimalen Angebots- und Nachfragemengen ohne Berücksichtigung von Mengenbeschränkungen. Im neoklassischen, walrasianischen Gleichgewicht haben Reallohn- und Realzinssatz jene Höhe, bei der geplantes Angebot und geplante Nachfrage auf allen drei Märkten übereinstimmen. Ist das Reallohn- oder das Realzinsniveau zu hoch oder zu niedrig, so stimmen geplantes Angebot und geplante Nachfrage gemäß dem Gesetz von WALRAS auf mindestens zwei der drei Märkte nicht überein.

(2) Im keynesianischen (nicht-walrasianischen) Gleichgewicht der drei Märkte werden Anbietern und/oder Nachfragern durch den Markt nicht nur Preis- sondern auch Mengenrestriktionen vorgegeben. Bei gegebenem Reallohn- und Realzinsniveau bestimmen Haushalte und Unternehmungen die optimalen Angebots- und Nachfragemengen unter Berücksichtigung der gegebenen Mengenbeschränkungen auf Güter-, Arbeits- oder Kapitalmarkt. Im keynesianischen, nicht-walrasianischen Gleichgewicht haben die Mengenbeschränkungen bei gegebenem Reallohn- und Realzinsniveau jene Höhe, bei der die unter Berücksichtigung dieser Mengenbeschränkungen geplanten Angebots- und Nachfragemengen auf allen drei Märkten übereinstimmen. Haben die Mengenrestriktionen nicht die erforderliche Höhe, so stimmen geplantes Angebot und geplante Nachfrage auf mindestens zwei der drei Märkte nicht überein.

Neoklassische, walrasianische ebenso wie keynesianische, nicht-walrasianische Gleichgewichts- und Ungleichgewichtskonstellationen werden in der modernen Theorie temporärer Gleichgewichte im Rahmen des gleichen analytischen Instrumentariums bestimmt. Hier wie dort wird das Verhalten der Haushalte auf Güter-, Arbeits- und Kapitalmarkt aus einem Nutzen-, das der Unternehmungen aus einem Gewinn- bzw. Rentabilitätsmaximierungskalkül hergeleitet. Keynesianische und neoklassische Konstellationen unterscheiden sich in der neueren Interpretation nicht mehr durch das Begriffs- und Beziehungssystem, sondern durch die Annahme der Wirksamkeit oder Nicht-Wirksamkeit von Mengenrestriktionen. Es bleibt also zu klären, wie die temporalen, die Mehr-Perioden-Optimierungskalküle der Haushalte und Unternehmungen durch die Berücksichtigung von Mengenbeschränkungen beeinflußt werden.

Die wesentlichen Implikationen eines temporalen, also eines Mehr-Perioden-Nutzenmaximierungskalküls bei Nicht-Existenz von wirksamen Mengenbeschränkungen wurden bereits in der Darstellung des neoklassischen Standardmodells diskutiert. Wiederum sei der Einfachheit halber angenommen, der Planungszeitraum der Haushalte umfasse nurmehr zwei Perioden, und in die temporale Nutzenindexfunktion gingen der gegenwärtige und zukünftige Konsum einerseits, die gegenwärtige und zukünftige Freizeit andererseits ein. Bei homothetischer Nutzenindexfunktion ist mit dem erwarteten zukünftigen Reallohnniveau auch die nutzenmaximale zukünftige Konsum-Freizeit-Relation determiniert. Weiterhin ist mit dem als gegeben genommenen Realzinsniveau das Verhältnis bestimmt, in dem die Veränderungen der in beiden Perioden verfügbaren wirtschaftlichen Mittel stehen. Bei gegebenem Realzinsniveau und gegebener Höhe des erwarteten zukünftigen Reallohnniveaus wird darum das zukünftige Konsum-Freizeit-Niveau – also: die absolute Höhe des zukünftigen Konsums und der zukünftigen Freizeit – allein durch die Höhe des Vermögens V bestimmt, das die Haushalte aus der Gegenwart in die Zukunft übertragen. Bei gegebenenen Lohn-, Preis- und Zinserwartungen kann darum das Vermögen am Ende der gegenwärtigen Periode als Indikator für das zukünftige Konsum-Freizeit-Niveau genommen und in die Nutzenindexfunktion eingesetzt werden.

Die derart reduzierte Nutzenindexfunktion

$$U = U(C,F,V)$$

mit

$$\frac{\partial U}{\partial C} > 0, \qquad \frac{\partial^2 U}{\partial C^2} < 0$$

$$\frac{\partial U}{\partial F} > 0, \qquad \frac{\partial^2 U}{\partial F^2} < 0$$

$$\frac{\partial U}{\partial V} > 0, \qquad \frac{\partial^2 U}{\partial V^2} < 0$$

enthält nurmehr die Aktivitäten C, F und V der gegenwärtigen Periode. Der temporale Nutzenkalkül ist derart auf einen atemporalen reduziert worden. Darum kann auf die Verwendung des Zeitindexes verzichtet werden. Im Nutzenmaximierungskalkül werden die gegebenen realen, also in Gütereinheiten umgerechneten wirtschaftlichen Mittel

$$V_0 + R_0 + \frac{l}{P}T = C + \frac{l}{P}F + V$$

so auf die drei Aktivitäten C, F und V aufgeteilt, daß der Nutzenindex ein Maximum ist. Dabei sind die verfügbaren wirtschaftlichen Mittel gleich dem realen Anfangsvermögen V_0 plus dem realen Zins- und Gewinneinkommen R_0 plus dem maximalen realen Lohneinkommen $(l/P)T$. Im Nutzenmaximum stimmen die Grenzraten der Substitution dem Betrage nach mit den Kehrwerten der relativen Preise, stimmen die relativen Grenznutzen mit den relativen Preisen der drei Aktivitäten überein:

$$-\frac{dC}{dF} = \frac{\frac{\partial U}{\partial F}}{\frac{\partial U}{\partial C}} = \frac{l}{P}$$

$$-\frac{dC}{dV} = \frac{\frac{\partial U}{\partial V}}{\frac{\partial U}{\partial C}} = \frac{P}{P} = 1$$

$$-\frac{dV}{dF} = \frac{\frac{\partial U}{\partial F}}{\frac{\partial U}{\partial V}} = \frac{l}{P} \, .$$

Bei gegebener homothetischer Nutzenindexfunktion $U=U(C,F,V)$ ist also mit dem Reallohnniveau die nutzenmaximale Aufteilung der wirtschaftlichen Mittel auf die drei Aktivitäten gegenwärtiger Konsum C, gegenwärtige Freizeit F und gegenwärtiges Endvermögen V determiniert. Dabei ist angenommen, daß die Haushalte auf Güter-, Arbeits- und Kapitalmarkt keinerlei wirksamen Mengenbeschränkungen unterliegen.

Bezeichnet man die nutzenmaximalen Werte der drei Aktivitäten mit C^*, $F^*=T-A^*$ und V^*, so liegt

(1) eine wirksame Mengenbeschränkung auf dem Arbeitsmarkt vor, wenn die Haushalte erwarten, daß sie nicht die nutzenmaximale Arbeitsmenge A^*, sondern nur die Arbeitsmenge $\bar{A}<A^*$ verkaufen können, und es liegt

(2) eine wirksame Mengenbeschränkung auf dem Gütermarkt vor, wenn die Haushalte erwarten, daß sie nicht die nutzenmaximale Gütermenge C^*, sondern nur die Gütermenge $\bar{C}<C^*$ verkaufen können.

Es ist also zu klären, wie die Haushalte auf solche Mengenrestriktionen reagieren, wie sie Güternachfrage, Arbeits- und Kapitalangebot bestimmen, wenn sie auf dem Arbeits- oder dem Gütermarkt wirksamen Mengenbeschränkungen unterworfen sind. Mengenrestriktionen auf dem Kapitalmarkt sollen in diesem Einführungstext nicht diskutiert werden.

Da die Eigenschaften der Nutzenindexfunktion über die Reaktion der Haushalte auf wirksame Mengenbeschränkungen entscheiden, wird in der weiteren Diskussion angenommen, die Nutzenindexfunktion sei eine COBB-DOUGLAS-Funktion mit den Argumenten C, F, V und den Exponenten α, β, γ:

$$U = C^{\alpha} F^{\beta} V^{\gamma} .$$

Die Argumente der Nutzenindexfunktion sind multiplikativ verknüpft. Die Exponenten α, β, γ sind positiv und ihre Summe sei gleich eins. Es handelt sich also um eine linear-homogene Funktion und damit um einen speziellen Typ der homothetischen Funktionen. Die Grenznutzen des Konsums, der Freizeit und des Vermögens sind durch

$$\frac{\partial U}{\partial C} = \alpha\, C^{\alpha-1} F^{\beta} V^{\gamma}$$

$$\frac{\partial U}{\partial F} = \beta\, C^{\alpha} F^{\beta-1} V^{\gamma}$$

$$\frac{\partial U}{\partial V} = \gamma\, C^{\alpha} F^{\beta} V^{\gamma\ 1}$$

bestimmt. Im Nutzenmaximum ohne wirksame Mengenbeschränkung stimmen die Grenzraten der Substitution, stimmen die relativen Grenznutzen der drei Aktivitäten mit ihren relativen Preisen überein:

$$-\frac{dC}{dF} = \frac{\dfrac{\partial U}{\partial F}}{\dfrac{\partial U}{\partial C}} = \frac{\beta C}{\alpha F} = \frac{l}{P}$$

$$-\frac{dC}{dV} = \frac{\dfrac{\partial U}{\partial V}}{\dfrac{\partial U}{\partial C}} = \frac{\gamma C}{\alpha V} = \frac{P}{P} = 1$$

$$-\frac{dV}{dF} = \frac{\dfrac{\partial U}{\partial F}}{\dfrac{\partial U}{\partial V}} = \frac{\beta V}{\gamma F} = \frac{l}{P} .$$

Einfache Umformung ergibt, daß die drei Aktivitäten C, F und V im Nutzenmaximum ohne wirksame Mengenbeschränkung die konstanten Anteile α, β und γ der wirtschaftlichen Mittel W beanspruchen:

$$C^* = \frac{\alpha l}{\beta p} F^* = \alpha\left[V_0 + R_0 + \frac{l}{P}T\right]$$

$$\frac{l}{P} F^* = \frac{\beta}{\gamma} V^* = \beta\left[V_0 + R_0 + \frac{l}{P}T\right]$$

$$V^* = \frac{\gamma}{\alpha} C^* = \gamma\left[V_0 + R_0 + \frac{l}{P}T\right] .$$

Die COBB-DOUGLAS-Nutzenindexfunktion weist eine konstante Substitutionselastizität von minus eins auf. Die Substitutionselastizität ist, wie bereits erörtert, das Verhältnis der relativen Veränderung der relativen Mengen zu jener der relativen Preise der drei Aktivitäten. Die relativen Mengen und die relativen Preise der drei Aktivitäten verändern sich also im Nutzenmaximum ohne wirksame Mengenbeschränkung stets mit der gleichen Rate, so daß die Anteile an den für alle Aktivitäten zusammen verfügbaren wirtschaftlichen Mitteln konstant sind.

Angenommen nun, die Haushalte seien auf dem Arbeits- oder Gütermarkt einer wirksamen Mengenrestriktion unterworfen. Eine Mengenbeschränkung ist wirksam, wenn sie kleiner als die nutzenmaximale Menge bei Nicht-Existenz von Mengenbeschränkungen ist.

(1) Wirksame Mengenbeschränkung auf dem Arbeitsmarkt. Sind die Haushalte auf dem Arbeitsmarkt einer Mengenrestriktion $\bar{A}<A^*$ unterworfen, so kann das absolute Nutzenmaximum nicht realisiert werden. Im relativen Nutzenmaximum wird das aufgrund der Mengenrestriktion $\bar{A}$ nicht erzielbare reale Einkommen $(A^*-\bar{A})(l/P)$ im Verhältnis α/γ auf die beiden anderen Aktivitäten "aufgeteilt":

$$C(\bar{A}) = C^* - \frac{\alpha}{\alpha+\gamma}(A^* - \bar{A})\frac{l}{P}$$

$$V(\bar{A}) = V^* - \frac{\gamma}{\alpha+\gamma}(A^* - \bar{A})\frac{l}{P} .$$

Eine Senkung der Mengenrestriktion um $d\bar{A}$ läßt die geplante Güternachfrage $C(\bar{A})$ und das geplante Kapitalangebot $V(\bar{A})$ um

$$\frac{dC}{d\bar{A}} = \frac{\alpha}{\alpha+\gamma}\frac{l}{P}$$

$$\frac{dV}{d\bar{A}} = \frac{\gamma}{\alpha+\gamma}\frac{l}{P}$$

sinken. Der geplante Konsum und die geplante Ersparnis sinken oder steigen bei Variationen der Mengenbeschränkung auf dem Arbeitsmarkt jeweils um einen geringeren Betrag als das erzielbare Einkommen. Anders ausgedrückt: Die marginale Konsumquote $\alpha/(\alpha+\gamma)$ und die marginale Sparquote $\gamma/(\alpha+\gamma)$ sind im Rationierungsmodell, im Nutzenmaximum bei wirksamer Mengenbeschränkung auf dem Arbeitsmarkt, kleiner als null und konstant.

(2) Wirksame Mengenbeschränkung auf dem Gütermarkt. Sind die Haushalte auf dem Gütermarkt einer wirksamen Mengenrestriktion $\bar{C}<C^*$ unterworfen, so kann das absolute Nutzenmaximum nicht realisiert werden. Im relativen Nutzenmaximum wird das aufgrund der Mengenrestriktion $\bar{C}$ nichtverwendbare Einkommen $(C^*-\bar{C})$ im Verhältnis β/γ auf die beiden anderen Aktivitäten "aufgeteilt":

$$F(\bar{C}) = F^* + \frac{\beta}{\beta+\gamma}(C^* - \bar{C})\frac{P}{l}$$

$$V(\bar{C}) = V^* + \frac{\gamma}{\beta+\gamma}(C^* - \bar{C}) \ .$$

Eine Senkung der Mengenrestriktion auf dem Gütermarkt um $d\bar{C}$ läßt die geplante Freizeit $F(\bar{C})$ und das geplante Kapitalangebot $V(\bar{C})$ um

$$\frac{dF}{d\bar{C}} = -\frac{\beta}{\beta+\gamma}\frac{P}{l} = -\frac{dA}{d\bar{C}}$$

$$\frac{dV}{d\bar{C}} = -\frac{\gamma}{\beta+\gamma}$$

steigen. Die Veränderungen der geplanten Arbeitszeit sind mit umgekehrtem Vorzeichen gleich denen der geplanten Freizeit. Eine Senkung der Mengenrestriktion $\bar{C}$ auf dem Gütermarkt läßt also einerseits das geplante Kapitalangebot V steigen, andererseits das geplante Arbeitsangebot sinken.

Die Nicht-Erzielbarkeit oder Nicht-Verwendbarkeit von Einkommensteilen aufgrund von Mengenbeschränkungen auf dem Arbeits- oder Gütermarkt veranlaßt also die Haushalte zu Reaktionen auf den jeweils anderen Märkten. Im Vergleich zum absoluten Nutzenmaximum läßt eine wirksame Mengenrestriktion auf dem Arbeitsmarkt die geplante Güternachfrage und das geplante Kapitalangebot sinken, und eine wirksame Mengenrestriktion auf dem Gütermarkt läßt das geplante Arbeitsangebot sinken und das geplante Kapitalangebot steigen.

Geometrische Darstellung der beiden Rationierungsfälle:

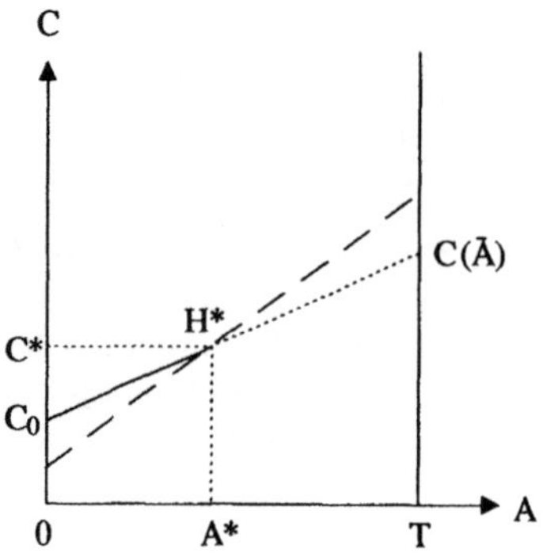

Abb. 65a

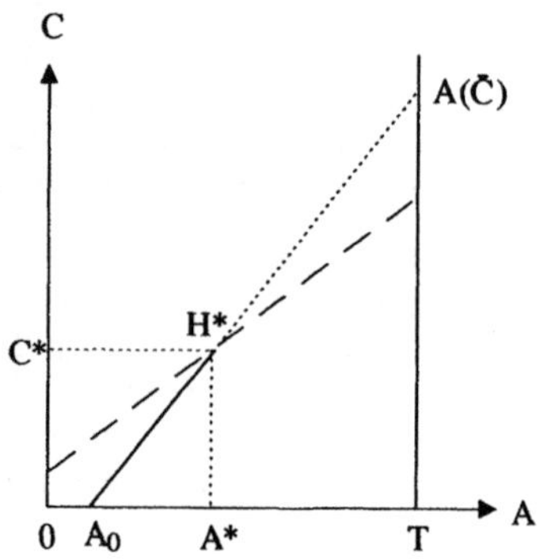

Abb. 65b

In Abb. 65a ist C* die nutzenmaximale Güternachfrage, A* das nutzenmaximale Arbeitsangebot bei Nicht-Existenz einer wirksamen Mengenbeschränkung auf dem Arbeits- und Gütermarkt. Im Punkt H* tangiert eine (nicht eingezeichnete) Indifferenzkurve die (gestrichelt eingezeichnete) Budgetlinie. Wirksame Mengenbeschränkungen $\bar{A}$<A* auf dem Arbeitsmarkt veranlassen die Haushalte, die geplante Güternachfrage entlang der Nachfragefunktion C($\bar{A}$) an die Mengenbeschränkung auf dem Arbeitsmarkt anzupassen. Die senkrechten Abstände zwischen der gestrichelten Budgetlinie, deren Anstieg gleich dem gegebenen Reallohnniveau ist, und der Nachfragefunktion C($\bar{A}$) sind gleich der negativen Abweichung zwischen der jeweils geplanten Ersparnis und der bei Nicht-Existenz einer wirksamen Mengenbeschränkung auf dem Arbeitsmarkt, also im Optimalpunkt H*, geplanten Ersparnis. Der Schnittpunkt von Ordinate und Nachfragefunktion C($\bar{A}$) nennt die bei einer Mengenrestriktion $\bar{A}$=0, bei völlig fehlender Arbeitsnachfrage, geplante Güternachfrage C_0. Abb. 65b demonstriert die Implikationen wirksamer Mengenbeschränkungen $\bar{C}$<C* auf dem Gütermarkt. Diese veranlassen die Haushalte, das geplante Arbeitsangebot entlang der Angebotsfunktion A($\bar{C}$) an die Mengenbeschränkung auf dem Gütermarkt anzupassen. Die senkrechten Abstände zwischen der gestrichelten Budgetlinie und der Angebotsfunktion A($\bar{C}$) sind gleich der positiven Abweichung zwischen der jeweils geplanten Ersparnis und der bei Nicht-Existenz einer wirksamen Mengenbeschränkung, also im Optimalpunkt H*, geplanten Ersparnis. Der Schnittpunkt von Abszisse und Angebotsfunktion A($\bar{C}$) nennt das bei einer Mengenrestriktion $\bar{C}$=0, bei völlig fehlendem Güterangebot, geplante Arbeitsangebot A_0.

Das bei einer wirksamen Mengenrestriktion auf dem Arbeitsmarkt durch die Nachfragefunktion C($\bar{A}$), bei einer wirksamen Mengenrestriktion auf dem Gütermarkt durch die Angebotsfunktion A($\bar{C}$) bestimmte relative

Nutzenmaximum impliziert einen niedrigeren Nutzenindex als das absolute Nutzenmaximum im Optimalpunkt H*. Die durch wirksame Mengenbeschränkungen auf dem Arbeits- oder Gütermarkt bestimmten relativen Nutzenmaxima auf der Nachfragefunktion $C(\bar{A})$ oder auf der Angebotsfunktion $A(\bar{C})$ implizieren eine ineffiziente Verwendung der wirtschaftlichen Mittel in dem Sinn, daß die Grenzrate der Substitution, daß die relativen Grenznutzen von Konsum und Freizeit nicht mit den relativen Preisen dieser Aktivitäten übereinstimmen. Bei einer wirksamen Mengenbeschränkung auf dem Arbeits- oder Gütermarkt ist allein die Aufteilung der nicht-erzielbaren bzw. nicht-verwendbaren, nicht aber die der erzielbaren bzw. verwendbaren wirtschaftlichen Mittel effizient. Eine effiziente Verwendung der wirtschaftlichen Mittel, eine Übereinstimmung von relativen Grenznutzen und relativen Preisen für alle drei Aktivitäten erfordert die Nicht-Existenz von wirksamen Mengenrestriktionen.

b. Güterangebot und Arbeitsnachfrage der Unternehmungen bei Wirksamkeit von Mengenbeschränkungen

Die Implikationen eines temporalen, eines Mehr-Perioden-Optimierungskalküls der Unternehmungen bei Nicht-Existenz von Mengenrestriktionen wurden bereits bei der Darstellung des neoklassischen Standardmodells diskutiert. Dort wurde angenommen, der Optimierungskalkül der Unternehmungen umfasse zwei Perioden, und für jede der beiden Perioden würde einerseits ein optimaler Produktions-, andererseits ein optimaler Investitionsplan aufgestellt. Unter den getroffenen Annahmen ist im Produktions- und Investitionsoptimum der geplante Kapitalwert der Einnahmenüberschüsse beider Perioden ein Maximum. Bei gegebenem Reallohn und Realzinsniveau und bei Nicht-Existenz von Mengenrestriktionen ist die geplante Höhe und zeitliche Aufteilung des Güterangebots und der Arbeits- und Kapitalnachfrage eindeutig bestimmt. Es bleibt also zu klären, wie die Angebots- und Nachfragedispositionen der Unternehmungen durch wirksame Mengenrestriktionen auf dem Güter- oder Arbeitsmarkt beeinflußt werden. Mengenbeschränkungen auf dem Kapitalmarkt sollen wiederum nicht diskutiert werden. Bezeichnet man die bei Nicht-Existenz von Mengenrestriktionen geplante Höhe der gegenwärtigen Produktion mit Y*, der gegenwärtigen Arbeitsnachfrage mit A* und des gegenwärtigen Güterangebots mit C*, so liegt

(1) eine wirksame Mengenbeschränkung auf dem Gütermarkt vor, wenn die Unternehmungen erwarten, daß sie nicht die Menge C*, sondern nur die kleinere Menge $\bar{C}$ verkaufen können, und es liegt

(2) eine wirksame Mengenbeschränkung auf dem Arbeitsmarkt vor, wenn die Unternehmungen erwarten, daß sie nicht die Menge A*, sondern nur die kleinere Menge $\bar{A}$ kaufen können.

Wie reagieren also die Unternehmungen bei gegebenem Reallohn- und Realzinsniveau und damit gegebener Höhe von Y*, A* und C* auf solche Mengenrestriktionen?

Unterliegen die Unternehmungen auf dem Gütermarkt einer wirksamen Mengenbeschränkung $\bar{C}$<C*, und ist der geplante Lagerbestand konstant, so sinkt und steigt der geplante Güterausstoß und damit der geplante Arbeitseinsatz mit der Mengenbeschränkung auf dem Gütermarkt entlang der gegebenen Produktionsfunktion. Unter den eingeführten Annahmen ist der geplante Lagerbestand freilich nicht konstant, sondern er sinkt bei steigender und er steigt bei sinkender wirksamer Mengenbeschränkung auf dem Gütermarkt. Sinkende Absatzmöglichkeiten in der Gegenwart veranlassen die Unternehmungen, den geplanten Lagerbestand und damit den geplanten zukünftigen Absatz bis zu dem Punkt zu vergrößern, in dem der reale Grenzgewinn der Güterproduktion gleich dem realen Grenzverlust der Lagerproduktion ist:

(1) Ist der gegenwärtige Güterausstoß kleiner als Y*, der gegenwärtige Arbeitseinsatz also kleiner als A*, so ist die Grenzproduktivität der Arbeit dY/dA größer als das gegebene Reallohnniveau (*l*/P). Der reale Grenzgewinn der Güterproduktion, die Differenz zwischen Grenzproduktivität der Arbeit und Reallohnniveau, ist also positiv, wenn die Unternehmungen links vom Gewinnmaximum der Güterproduktion operieren, in dem Grenzproduktivität der Arbeit und Reallohnniveau übereinstimmen.

(2) Ist der gegenwärtige Lagereinsatz größer als K*, der zukünftige Lagerausstoß also größer als X*, so ist die Brutto-Grenzproduktivität des Kapitals dX/dK kleiner als der gegebene Realzinsfaktor 1+r, die Netto-Grenzproduktivität des Kapitals dX/dK–1 kleiner als das gegebene Realzinsniveau r. Der reale Grenzgewinn der Lagerproduktion, die Differenz zwischen Grenzproduktivität des Kapitals und Realzinsniveau, ist also negativ, wenn die Unternehmungen rechts vom Gewinnmaximum der Lagerproduktion operieren, in dem Grenzproduktivität des Kapitals und Realzinsniveau übereinstimmen.

Je kleiner die gegenwärtige Mengenbeschränkung $\bar{C}$<C*, um so größer deshalb bei gegebenem Reallohn- und Realzinsniveau die geplante gegenwärtige Lagerinvestition. Dabei ist angenommen, daß die Unternehmungen Mengenbeschränkungen auf dem Gütermarkt allein in der gegenwärtigen und nicht auch in der zukünftigen Periode erwarten. Unter dieser Annahme reagiert die Arbeitsnachfrage der Unternehmungen auf eine Mengenbeschränkung $\bar{C}$<C* nicht entlang der um eine konstante Investition I* nach oben oder unten verschobenen Produktionsfunktion, sondern entlang einer Arbeitsnachfragefunktion A($\bar{C}$), die unterhalb der um –I* verschobenen Produktionsfunktion verläuft.

In Abb. 66a und 66b bezeichnet Punkt U* das geplante Güterangebot C* und die geplante Arbeitsnachfrage A* bei Nicht-Existenz einer Mengenbeschränkung auf dem Gütermarkt. Im Punkt U* stimmt der Anstieg der Produktionsfunktion Y(A) mit dem gegebenen Reallohnniveau überein. In Abb. 66a ist angenommen, die bei Nicht-Existenz einer Mengenbeschränkung geplante Investition sei negativ, in Abb. 66b, sie sei positiv. In beiden Diagrammen nennt die Arbeitsnachfragefunktion $A(\bar{C})$ die alternativen Mengenbeschränkungen $\bar{C}<C^*$ zugeordnete geplante Arbeitsnachfrage. Für $\bar{C}=C^*$ ist die geplante Arbeitsnachfrage gleich A*, für $\bar{C}=0$ ist sie gleich A_0. Die senkrechten Abstände zwischen der um –I* verschobenen Produktionsfunktion und der Arbeitsnachfragefunktion $A(\bar{C})$ sind gleich den durch die entsprechenden Mengenrestriktionen induzierten Änderungen der geplanten Lagerinvestition.

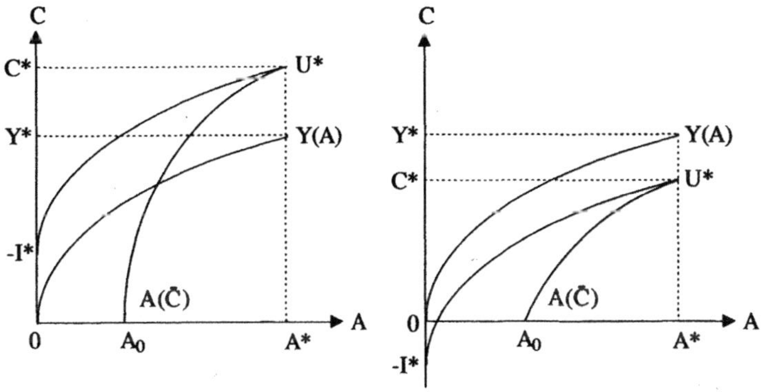

Abb. 66a   Abb. 66b

Unterliegen die Unternehmungen auf dem Arbeitsmarkt einer wirksamen Mengenbeschränkung $\bar{A}<A^*$, so wäre wiederum denkbar, daß die geplante Investition mit der Mengenrestriktion auf dem Arbeitsmarkt variiert, daß also in Analogie zum Verhalten der Unternehmungen bei Mengenbeschränkungen auf dem Gütermarkt die geplante Investition mit der Mengenbeschränkung auf dem Arbeitsmarkt steigt und sinkt. Anders ausgedrückt: Es ist vorstellbar, daß die Unternehmungen auf den Produktionsausfall, der sich mangels Arbeitskräften einstellt, mit einer Reduktion des Lagerbestandes reagieren. Dies würde bedeuten, daß das geplante gegenwärtige Güterangebot nicht im gleichen Maß sinkt und steigt wie die Mengenbeschränkung auf dem Arbeitsmarkt. Unter den getroffenen Annahmen haben die Unternehmungen freilich keinen Anlaß, die geplante Investition in Abhängigkeit von Mengenbeschränkungen auf dem Arbeitsmarkt zu verändern. Da annahmegemäß Arbeit allein in der Güter- und nicht auch in der Lagerproduktion eingesetzt wird, ist die geplante Investition von Mengenbeschränkungen auf dem Arbeitsmarkt unabhängig. Bei gegebener Höhe der geplanten Investition steigt und sinkt darum das

geplante Güterangebot entlang der um die geplante positive oder negative Investition nach unten oder oben verschobenen Produktionsfunktion mit der wirksamen Mengenbeschränkung auf dem Arbeitsmarkt. Geometrische Darstellung:

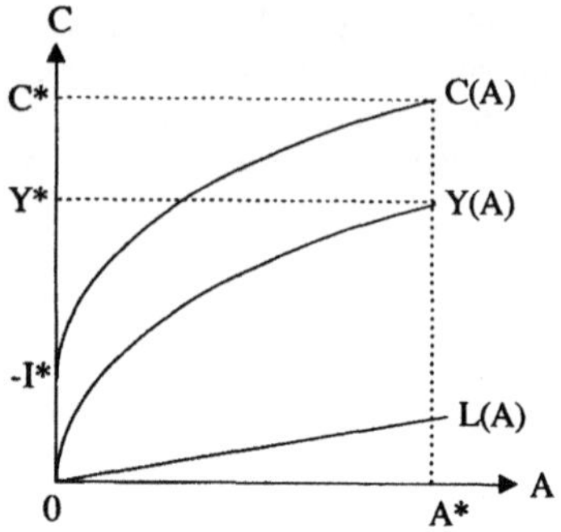

Abb. 67a

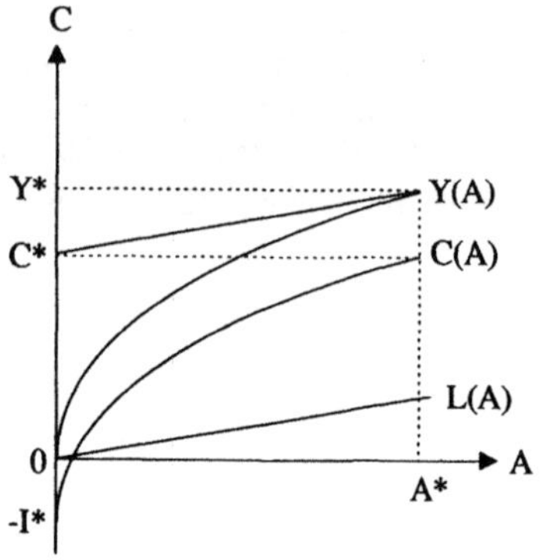

Abb. 67b

In Abb. 67a ist eine negative, in Abb. 67b eine positive geplante Investition angenommen: Die Güterangebotsfunktion $C(\bar{A})$ ist in Abb. 67a gleich der um die negative geplante Investition I*, um die geplante Verringerung des Lagerbestandes, nach oben verschobene und in Abb. 67b gleich der um die positive geplante Investition I*, um die geplante Vergrößerung des Lagerbestandes, nach unten verschobene Produktionsfunktion Y(A). Die Abhängigkeit des geplanten Güterangebots von der Mengenrestriktion auf dem Arbeitsmarkt spiegelt allein die durch Veränderungen der Mengenbeschränkung verursachte Zu- oder Abnahme der gegenwärtigen Güterproduktion bei Konstanz der geplanten Investition. Anders lägen die Dinge, wenn Arbeit nicht nur in der Güter- sondern auch in der Lagerproduktion eingesetzt würde. Die Unternehmungen müßten dann bei Existenz einer wirksamen Mengenrestriktion auf dem Arbeitsmarkt über die Aufteilung der verfügbaren Arbeitsmenge auf Güter- und Lagerproduktion entscheiden. Wiederum würde gelten, daß im Optimum die Grenzgewinne der Güter- und der Lagerproduktion dem Betrage nach übereinstimmen. Diese Fragen einer Optimierung des Arbeits- und Kapitaleinsatzes in Güter- und Lagerproduktion bei Existenz von Mengenrestriktionen auf dem Arbeitsmarkt können in diesem Einführungstext nicht diskutiert werden.

Unter den eingeführten Annahmen verhalten sich also die Unternehmungen bei wirksamen Mengenbeschränkungen auf dem Arbeitsmarkt anders als bei wirksamen Mengenbeschränkungen auf dem Gütermarkt. Der bei einer wirksamen Mengenbeschränkung auf dem Gütermarkt nicht-absetzbare Teil der gewinnmaximalen Produktion wird teils durch eine Erhöhung der Lagerinvestition, teils durch eine Senkung der Güterproduktion abgefangen. Der bei einer wirksamen Mengenbeschränkung auf dem Arbeitsmarkt nicht-herstellbare Teil der gewinnmaximalen Produktion wird dagegen nicht durch eine Senkung der Lagerinvestition, sondern allein durch eine Senkung der Güterproduktion ausgeglichen.

c. *Simultanes Güter- und Arbeitsmarktgleichgewicht bei Wirksamkeit von Mengenbeschränkungen*

Unter den getroffenen Annahmen sind bei "falschem", bei zu hohem wie bei zu niedrigem Reallohnniveau neoklassische ebenso wie keynesianische Konstellationen denkbar. Als neoklassische (walrasianische) Konstellation gilt, daß

(1) bei zu hohem Reallohnniveau auf dem Gütermarkt ein Nachfrage-, auf dem Arbeitsmarkt ein Angebotsüberschuß besteht, daß also auf beiden Märkten die Haushalte einer wirksamen Mengenbeschränkung unterliegen, daß

(2) bei zu niedrigem Reallohnniveau auf dem Gütermarkt ein Angebots-, auf dem Arbeitsmarkt ein Nachfrageüberschuß besteht, daß also auf beiden Märkten die Unternehmungen einer wirksamen Mengenbeschränkung unterliegen, und daß

(3) bei zu hohem oder zu niedrigem Reallohnniveau keine Konstellation von Mengenbeschränkungen existiert, bei der auf Güter- und Arbeitsmarkt simultanes Gleichgewicht in dem Sinn herrscht, daß die Erwartung dieser Mengenrestriktionen Haushalte und Unternehmungen zu Angebots- und Nachfragedispositionen veranlaßt, die genau diese Mengenbeschränkungen hervorrufen.

Als keynesianische (nicht-walrasianische) Konstellation gilt, daß

(1) bei zu hohem Reallohnniveau nicht nur die Haushalte, sondern auch die Unternehmungen, bei einem zu niedrigen Reallohnniveau nicht nur die Unternehmungen, sondern auch die Haushalte einer wirksamen Mengenbeschränkung unterliegen können und daß

(2) bei einem zu hohen oder zu niedrigen Reallohnniveau Gleichgewichte in dem Sinn existieren können, daß die von Haushalten und Unternehmungen erwarteten Mengenbeschränkungen zu Angebots- und Nachfragedispositionen veranlassen, die eben diese Mengenbeschränkungen zum Ergebnis haben.

Abb. 68a beschreibt für den Fall eines zu hohen, Abb. 68b für den eines zu niedrigen Reallohnniveaus eine neoklassische Konstellation auf Güter- und Arbeitsmarkt:

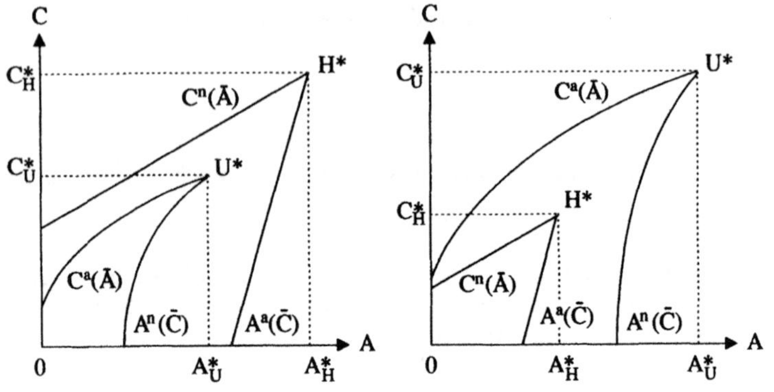

Abb. 68a

Abb. 68b

In Abb. 68a ist auf dem Gütermarkt die nutzenmaximale Nachfrage C_H^* größer als das gewinnmaximale Angebot C_U^*, und zugleich ist auf dem Arbeitsmarkt das nutzenmaximale Angebot A_H^* größer als die gewinnmaximale Nachfrage A_U^*. Die Haushalte befinden sich auf beiden Märkten auf der "langen", die Unternehmungen auf der "kurzen" Marktseite. In Abb. 68b ist auf dem Gütermarkt die nutzenmaximale Nachfrage C_H^* kleiner als das gewinnmaximale Angebot C_U^*, und zugleich ist auf dem Arbeitsmarkt das nutzenmaximale Angebot A_H^* kleiner als die gewinnmaximale Nachfrage A_U^*. Die Haushalte befinden sich auf der "kurzen", die Unternehmungen auf der "langen" Marktseite. Der in Abb. 68a dargestellte Fall wird in der neueren Literatur als klassische oder neoklassische Arbeitslosigkeit, der in Abb. 68b dargestellte Fall als Unterkonsumtion bezeichnet. In beiden Fällen, bei zu hohem wie bei zu niedrigem Reallohnniveau, existiert kein keynesianisches (nicht-walrasianisches) Gleichgewicht, keine Konstellation von Mengenbeschränkungen, bei denen die Angebots- und Nachfragedispositionen von Haushalten und Unternehmungen konsistent wären.

Unter den eingeführten Annahmen sind indessen auch Fälle denkbar, in denen sowohl die Haushalte als auch die Unternehmungen einer wirksamen Mengenbeschränkung unterliegen, in denen sich jeder der beiden Sektoren auf dem einen Markt auf der "kurzen" und auf dem anderen Markt auf der "langen" Seite befindet, und in denen eine Konstellation von Mengenbeschränkungen existiert, bei denen die Angebots- und Nachfragedispositionen von Haushalten und Unternehmungen konsistent sind:

(1) Mengengleichgewichte (Rationierungsgleichgewichte) bei zu hohem Reallohnniveau:

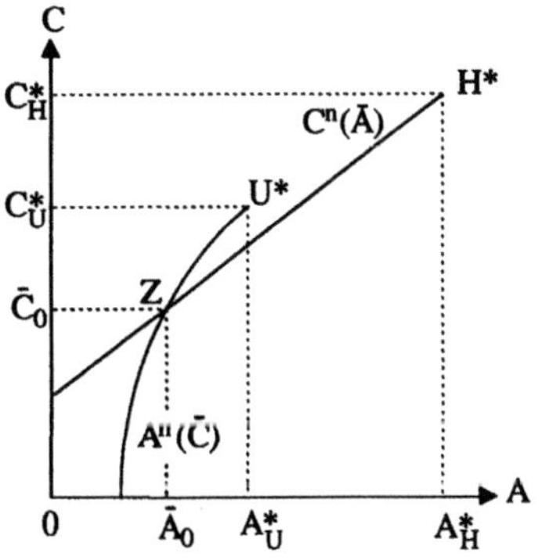

Abb. 69a

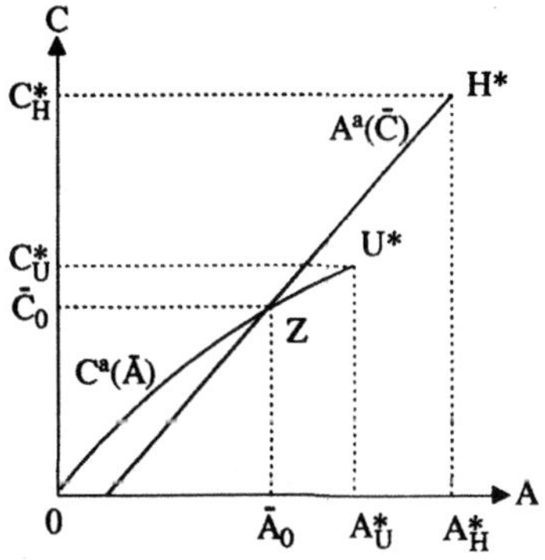

Abb. 69b

In Abb. 69a schneidet die $C^n(\bar{A})$-Kurve die $A^n(\bar{C})$-Kurve im Punkt Z. Die Haushalte unterliegen auf dem Arbeitsmarkt der Mengenbeschränkung $\bar{A}_0$, und diese impliziert eine Güternachfrage $\bar{C}_0$. Die Unternehmungen unterliegen auf dem Gütermarkt der Mengenbeschränkung $\bar{C}_0$, und diese impliziert eine Arbeitsnachfrage $\bar{A}_0$. Im Gleichgewichtspunkt Z ist

$$C^n(\bar{A}) = \bar{C}_0 \quad \text{und} \quad A^n(\bar{C}) = \bar{A}_0 .$$

In Abb. 69b schneidet die $A^a(\bar{C})$-Kurve die $C^a(\bar{A})$-Kurve im Punkt Z. Die Haushalte unterliegen auf dem Gütermarkt der Mengenbeschränkung $\bar{C}_0$, und diese impliziert ein Arbeitsangebot $\bar{A}_0$. Die Unternehmungen unterliegen auf dem Arbeitsmarkt der Mengenbeschränkung $\bar{A}_0$, und diese impliziert ein Güterangebot $\bar{C}_0$. Im Gleichgewichtspunkt Z ist

$$A^a(\bar{C}) = \bar{A}_0 \quad \text{und} \quad C^a(\bar{A}) = \bar{C}_0 .$$

(2) Mengengleichgewichte (Rationierungsgleichgewichte) bei zu niedrigem Reallohnniveau:

In Abb. 70a schneidet die $C^n(\bar{A})$-Kurve die $A^n(\bar{C})$-Kurve, in Abb. 70b schneidet die $A^a(\bar{C})$-Kurve die $C^a(\bar{A})$-Kurve im Punkt Z. In Abb. 70a unterliegen die Haushalte auf dem Arbeits- und die Unternehmungen auf dem Gütermarkt, in Abb. 70b unterliegen die Haushalte auf dem Güter- und die Unternehmungen auf dem Arbeitsmarkt einer wirksamen Mengenbeschränkung.

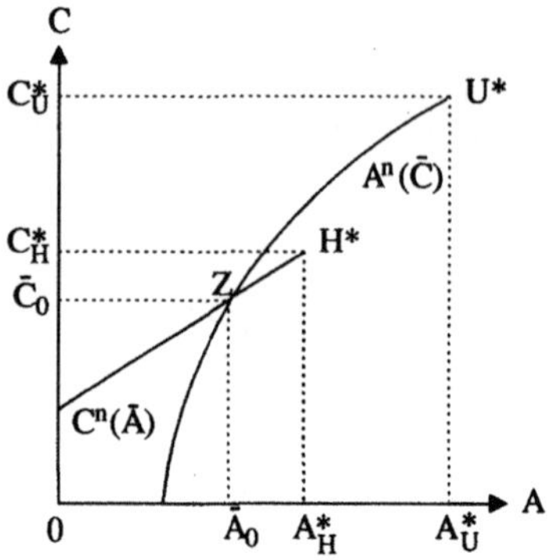

Abb. 70a

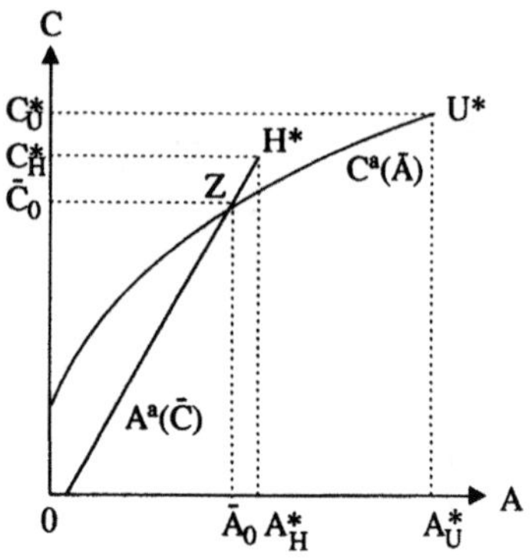

Abb. 70b

Die Art der Rationierungskonstellation hängt also nicht unbedingt davon ab, ob das Reallohnniveau zu hoch oder zu niedrig ist. Beide Arten von Mengen-, von Rationierungsgleichgewichten sind bei zu hohem ebenso wie bei zu niedrigem Reallohnniveau denkbar. Der in Abb. 69a und Abb. 70a dargestellte Fall, in dem im Mengengleichgewicht die Haushalte auf dem Arbeits-, die Unternehmungen auf dem Gütermarkt einer wirksamen Mengenbeschränkung unterliegen, wird in der neueren Literatur als keynesianische Arbeitslosigkeit, der in Abb. 69b und 70b dargestellte Fall, in dem im Mengengleichgewicht die Haushalte auf dem Güter-, die Unternehmungen auf dem Arbeitsmarkt einer wirksamen Mengenbeschränkung unterworfen sind, als zurückgestaute Inflation bezeichnet.

Keynesianische, nicht-walrasianische Gleichgewichte, also simultane Gleichgewichte auf Güter- und Arbeitsmarkt bei zu hohem oder zu niedrigem Reallohnniveau und wirksamen Mengenbeschränkungen, sind im Vergleich zu neoklassischen, walrasianischen Gleichgewichten, also simultanen Gleichgewichten auf Güter- und Arbeitsmarkt ohne wirksame Mengenbeschränkungen, suboptimal in dem Sinn, daß das Güter- und Arbeitsvolumen, das Nutzen- und das Gewinnniveau im Mengengleichgewicht niedriger sind als im Gleichgewicht ohne Mengenbeschränkungen. Der Übergang vom "falschen" zum "richtigen" Lohn- und Preisniveau, von einem keynesianischen zum neoklassischen Gleichgewicht impliziert darum eine Erhöhung der Produktion, der Beschäftigung, des Nutzen- und des Gewinnniveaus.

2. Rationierungsgleichgewichte bei variablem Preis- und Lohnniveau

Nicht-Gleichgewichtspreise implizieren in neoklassischen Konstellationen, daß keine Mengengleichgewichte existieren und daß eine Verringerung der Differenz zwischen den "falschen" und den "richtigen" Preisen die wirksamen Mengenbeschränkungen auf Güter- und Arbeitsmarkt ebenfalls kleiner werden läßt, so daß die Mengenrestriktionen eine Höhe von null annehmen, wenn die Gleichgewichtspreise erreicht sind. In keynesianischen Konstellationen liegen die Dinge nicht so einfach: Bei zu hohem Reallohnniveau kann eine Senkung des Reallohnniveaus die Beschäftigung senken, statt sie zu erhöhen. Und umgekehrt: Bei zu niedrigem Reallohnniveau kann eine Erhöhung des Reallohnniveaus die Beschäftigung erhöhen, statt sie zu senken. Ob eine Reallohnvariation die Beschäftigung im Mengengleichgewicht erhöht oder senkt, hängt davon ab, ob der Konsum- oder der Kosteneffekt der Reallohnänderung überwiegt. Dabei wird als Konsumeffekt die Beschäftigungswirkung einer einseitigen Verschiebung der jeweiligen Reaktionsfunktion der Haushalte, als Kosteneffekt die Beschäftigungswirkung einer einseitigen Verschiebung der jeweiligen Reaktionsfunktion der Unternehmungen bezeichnet:

(1) Konsumeffekt der Reallohnvariation:

(a) Bei keynesianischer Arbeitslosigkeit schwenkt eine Erhöhung des Reallohnniveaus die Güternachfragefunktion $C^n(\bar{A})$ nach oben. Die Haushalte fragen bei jeder positiven Höhe der Mengenrestriktion auf dem Arbeitsmarkt eine größere Gütermenge nach. Bei gegebener Arbeitsnachfragefunktion $A^n(\bar{C})$ läßt eine Verschiebung der Güternachfragefunktion $C^n(\bar{A})$ im Mengengleichgewicht das Güter- und das Beschäftigungsvolumen steigen.

(b) Bei zurückgestauter Inflation schwenkt eine Erhöhung des Reallohnniveaus die Arbeitsangebotsfunktion $A^a(\bar{C})$ nach unten. Die Haushalte bieten bei jeder alternativen Höhe der Mengenrestriktion auf dem Gütermarkt eine größere Arbeitsmenge an. Bei gegebener Güterangebotsfunktion $C^a(\bar{A})$ läßt die Verschiebung der Arbeitsangebotsfunktion $A^a(\bar{C})$ im Mengengleichgewicht das Güter- und das Beschäftigungsvolumen steigen.

Der Konsumeffekt ist also in beiden Fällen von keynesianischen Gleichgewichtskonstellationen bei einer Erhöhung des Reallohnniveaus positiv und bei einer Senkung des Reallohnniveaus negativ.

(2) Kosteneffekt der Reallohnvariation:

(a) Bei keynesianischer Arbeitslosigkeit verschiebt eine Erhöhung des Reallohnniveaus die Arbeitsnachfragefunktion $A^n(\bar{C})$ nach links. Die Unternehmungen fragen bei jeder alternativen Höhe der

Mengenbeschränkung auf dem Gütermarkt eine kleinere Arbeitsmenge nach. Bei gegebener Güternachfragefunktion $C^n(\bar{A})$ läßt die Verschiebung der Arbeitsnachfragefunktion $A^n(\bar{C})$ das Güter- und das Beschäftigungsvolumen sinken.

(b) Bei zurückgestauter Inflation verschiebt eine Erhöhung des Reallohnniveaus die Güterangebotsfunktion $C^a(\bar{A})$ nach links. Die Unternehmungen bieten bei jeder positiven Höhe der Mengenbeschränkung auf dem Arbeitsmarkt eine kleinere Gütermenge an. Bei gegebener Arbeitsangebotsfunktion $A^a(\bar{C})$ läßt die Verschiebung der Güterangebotsfunktion $C^a(\bar{A})$ das Güter- und das Beschäftigungsvolumen sinken.

Der Kosteneffekt ist also in beiden Fällen von keynesianischen Gleichgewichtskonstellationen bei einer Erhöhung des Reallohnniveaus negativ und bei einer Senkung des Reallohnniveaus positiv.

Bei einer Erhöhung oder Senkung des Reallohnniveaus kann also die Beschäftigung im Endeffekt, im Zusammenwirken von Konsum- und Kosteneffekt, steigen, sinken oder konstant bleiben. Die Eigenschaften der angenommenen Verhaltensfunktionen entscheiden darüber, ob der Konsum- oder der Kosteneffekt dominiert, ob also eine Reallohnerhöhung die Beschäftigung im Endeffekt steigt oder sinkt.

Bezieht man Geldangebot und Geldnachfrage in die Bestimmung des temporären Gleichgewichts ein, so sind auch bei "richtiger" Höhe des Reallohnniveaus nicht-walrasianische Gleichgewichtskonstellationen denkbar. Hat das Reallohnniveau die für das neoklassische, das walrasianische Güter- und Arbeitsmarktgleichgewicht erforderliche Höhe, so ergibt sich gleichwohl

(1) keynesianische Arbeitslosigkeit, wenn das nominelle Preis- und Lohnniveau bei dem gegebenen nominellen Geldangebot zu hoch ist, wenn also eine deflatorische Lücke existiert. In diesem Fall unterliegen die Haushalte auf dem Arbeitsmarkt, die Unternehmungen auf dem Gütermarkt einer wirksamen Mengenbeschränkung,

(2) zurückgestaute Inflation, wenn das nominelle Preis- und Lohnniveau bei dem gegebenen nominellen Geldangebot zu niedrig ist, wenn also eine inflatorische Lücke existiert. In diesem Fall unterliegen die Haushalte auf dem Gütermarkt, die Unternehmungen auf dem Arbeitsmarkt einer wirksamen Mengenbeschränkung.

Diese Zusammenhänge wurden bereits im Zusammenhang mit der Neoklassischen Synthese diskutiert. Dort wurde deutlich, daß bei "richtigem" Reallohnniveau , aber "falscher" Höhe des absoluten Lohn- und Preisniveaus Marktkonstellationen existieren können, bei denen die in Erwartung von Mengenbeschränkungen getroffenen Angebots- und Nachfragedispositionen der Haushalte und Unternehmungen konsistent sind, so daß die erwarteten Mengenbeschränkungen realisiert werden. Für solche Rationierungsgleichgewichte gilt unter den getroffenen Annahmen – nämlich: in Abwesenheit von Preisreaktionen – das WALRAS-Gesetz: Sind zwei der drei Märkte im Mengengleichgewicht, so ist auch der dritte im Mengengleichgewicht. Und: Herrscht auf einem der drei Märkte Mengenungleichgewicht, so herrscht auf mindestens einem weiteren Markt Mengenungleichgewicht.

Die Theorie temporärer Gleichgewichte enthält offensichtlich die analytische Grundlage sowohl neoklassischer als auch keynesianischer wirtschaftspolitischer Konzeptionen:

(1) Die neoklassische Interpretation des modernen marktwirtschaftlichen Prozesses geht

(a) von der Existenz von Gleichgewichten ohne Mengenbeschränkung und

(b) von der langfristigen Irrelevanz von Rationierungsgleichgewichten aus.

In neoklassischer Sicht sorgt die Flexibilität des Reallohnniveaus im Endeffekt für die Herstellung des Vollbeschäftigungsgleichgewichts, des simultanen Gleichgewichts ohne Mengenbeschränkungen auf Güter- und Arbeitsmarkt. Nachfrageüberschüsse auf dem Güter- oder Arbeitsmarkt werden durch Preis- oder Lohnerhöhungen, Angebotsüberschüsse durch Preis- oder Lohnsenkungen abgebaut.

(2) Die keynesianische Interpretation des modernen marktwirtschaftlichen Prozesses geht

(a) von der Existenz von Mengen-, von Rationierungsgleichgewichten in den Formen "Keynesianische Arbeitslosigkeit" und "Zurückgestaute Inflation" und

(b) von der kurzfristigen Irrelevanz des Vollbeschäftigungsgleichgewichts aus.

In keynesianischer Sicht reagieren Haushalts- und Unternehmungssektor im kurzfristigen Anpassungsprozeß durch Variation nicht der Preise, sondern der Mengen, und solche Mengenanpassungen führen das seinen Mechanismen überlassene marktwirtschaftliche System in Mengenkonstellationen, die darum erhalten bleiben, weil die bei den gegebenen Mengenbeschränkungen getroffenen Angebots- und Nachfragedispositionen beider Sektoren konsistent sind.

Die von keynesianischen Autoren unterstellte kurzfristige Starrheit des Reallohnniveaus muß nicht mit inflexiblem Lohn- und/oder Preisniveau erklärt werden. In keynesianischen Konstellationen, bei (1) Angebotsüberschüssen auf Güter- und Arbeitsmarkt ("Keynesianische Arbeitslosigkeit") oder bei (2) Nachfrageüberschüssen auf Güter- und Arbeitsmarkt ("Zurückgestaute Inflation") mögen Lohn- und Preisniveau durchaus gleichzeitig sinken oder steigen. Eine solche deflatorische oder inflatorische Lohn- und Preisanpassung schließt in keynesianischer Sicht nicht aus, daß das Reallohnniveau im Ergebnis der Lohn- und Preisveränderungen unverändert bleibt oder nicht in dem für die Herstellung des Vollbeschäftigungsgleichgewichts erforderlichen Ausmaß verändert wird. Reagiert aber das Reallohnniveau nicht oder nicht im erforderlichen Ausmaß und mit der erforderlichen Geschwindigkeit, dann tritt die Mengen- an die Stelle der Preisreaktion, und ein kontraktiver oder expansiver Prozeß der Mengenanpassung – mit anderen Worten: ein kontraktiver oder expansiver Multiplikatorprozeß – lenkt das marktwirtschaftliche System in eine keynesianische Gleichgewichtskonstellation, in das gesamtwirtschaftliche Gleichgewicht bei wirksamen Mengenbeschränkungen. Da diese keynesianischen Gleichgewichtskonstellationen im Verhältnis zum neoklassischen Gleichgewicht ohne wirksame Mengenbeschränkungen suboptimal sind, sind in keynesianischer Interpretation Staat und Zentralbank aufgerufen, durch eine anti-deflatorische oder anti-inflatorische Korrektur der Angebots-Nachfrage-Konstellation auf dem Güter- und Arbeitsmarkt das Marktversagen auszugleichen.

In neoklassischer Interpretation hat dieser Stabilitätspessimismus keine reale Grundlage: Auf lange Sicht lenkt der Preismechanismus das marktwirtschaftliche System in Richtung auf das Vollbeschäftigungsgleichgewicht, und eine an kurzfristigen Zielen orientierte und mit kurzfristigen, diskretionären Mitteln operierende Beschäftigungspolitik ist im neoklassischen Verständnis allenfalls geeignet, die Beschäftigungsprobleme (über beschleunigte Inflation, wachsende Staatsverschuldung und Erhaltung ungleichgewichtiger Preis- und Produktionsstrukturen) zu vergrößern statt sie zu verringern. Keynesianische Konstellationen sind das Ergebnis "falscher" relativer und/oder absoluter Preise. Eine Wirtschaftspolitik, die sich an Mengen- und nicht an Preiskonstellationen orientiert, ist in neoklassischer Sicht eine bloße Symptomkur und darum zum Mißerfolg verurteilt.

Alle diese Argumente sind wohlbekannt. Anders als in den vergangenen Jahrzehnten, als Beweise und Beweisversuche auf beiden Seiten aus völlig verschiedenen, unvergleichbaren analytischen Systemen (oder aus dieser oder jener Verknüpfung von Elementen beider Modellwelten) hergeleitet wurden, bietet die Theorie temporärer Gleichgewichte beiden Konzeptionen, der neoklassischen wie der keynesianischen, eine gemeinsame konzeptionelle Grundlage. Abweichungen und Übereinstimmungen zwischen dem neoklassischen und neokeynesianischen Argumentationsmuster zeigen sich in diesen modernen makroökonomischen Modellen darum deutlicher als je zuvor, weil das Urteil nicht mehr durch die Unterschiede der verwendeten analytischen Apparate erschwert ist.

Literaturangaben

BARRO, R.J. / GROSSMAN, H.I., Money, Employment, and Inflation, Cambridge, 1976

BENASSY, J.-P., Neo-Keynesian Disequilibrium Theory in a Monetary Economy,.in: Review of Economic Studies, 42 (1975), S. 502-523.

BENASSY, J.-P., On Quantity Signals and the Foundations of Effective Demand Theory, in: Scandinavian Journal of Economics, 79 (1977), S. 147-168.

BENASSY, J.-P., The Theory of Market Disequilibrium, New York, 1982.

BÖHM, V., Disequilibrium Dynamics in a Simple Macroeconomic Model, in: Journal of Economic Theory, 17 (1978), S. 179-199.

DRAZEN, A., Recent Development in Macroeconomic Disequilibrium Theory, in: Econometrica, 48 (1980), S. 283-304.

DREZE, J., Existence of an Exchange Equilibrium Under Price Rigidities, in: International Economic Review, 16 (1975), S. 301-320.

FELDERER, B. / HOMBURG, S., Makroökonomik und neue Makroökonomik, 5.A., Berlin u.a., 1991.

FUHRMANN, W.A., Makroökonomik, 3.A., München, 1991.

HAGEMANN, H. u.a. (Hrsg.), Die Neue Makroökonomik, Frankfurt a.M., 1981.

HICKS, J.R., The Crisis in Keynesian Economics, Oxford, 1974.

HILDENBRAND, K. / HILDENBRAND, W., On Keynesian Equilibria with Unemployment and Quantity Rationing, in: Journal of Economic Theory, 18 (1978), S. 255-277.

KLEIN, L., The Keynesian Revolution, New York, 1966.

LANDMANN, O., Keynes in der heutigen Wirtschaftstheorie, in: BOMBACH, G. u.a. (Hrsg.), Der Keynesianismus I, Berlin u.a., 1976.

MEYER, U., Neue Makroökonomik, Berlin u.a., 1983.

MUELLBAUER, J. / PORTES, R., Macroeconomic Models with Quantity Rationing, in: Economic Journal, 88 (1978), S. 788-821.

MALINVAUD, E., The Theory of Unemployment Reconsidered, Oxford, 1977

NEUMANN, M., Theoretische Volkswirtschaftslehre, Bd.1: Makroökonomische Theorie, 3.A., München, 1988.

ROTHSCHILD, K.W., Einführung in die Ungleichgewichtstheorie, Berlin, 1981.

SVENSSON, L.E.O., Effective Demand and Stochastic Rationing, in: Review of Economic Studies, 47 (1977), S. 339-355.

Svensson, L.E.O., Effective Demand in a Sequence of Markets, in: Scandinavian Journal of Economics, 83 (1981), S. 1-21.

VARIAN, H.R., On Persistent Disequilibrium, in: Journal of Economic Theory, 10 (1975), S. 218-228.

WESTPHAL, U., Makroökonomik. Theorie, Empirie und Politikanalyse, Berlin u.a., 1989.

§ 2 Offene Volkswirtschaft

I. Grundlagen internationaler Makroökonomie

A. Internationale Dependenz und Interdependenz

Die in den letzten drei Dekaden gestiegenen internationalen Handels- und Finanzverflechtungen vieler Länder haben das Gewicht jener Einflußfaktoren verstärkt, die über das Geflecht außenwirtschaftlicher Beziehungen übertragen werden, und die auf diesen Wegen gesamtwirtschaftliche Anpassungsprozesse und Gleichgewichtspositionen verändern. Rezession oder Inflation im Ausland können die inländische Konjunkturlage oder Preisniveauentwicklung gleichgerichtet beeinflussen, wenn internationale Handelsverflechtungen kontraktive oder inflatorische Impulse übertragen. Im Sog von Zinsänderungen auf ausländischen Geld- oder Kapitalmärkten kann auch das inländische Zinsniveau steigen oder sinken, wenn inländische Wirtschaftseinheiten an diesen ausländischen Finanzmärkten als Kapitalanbieter oder Kreditnachfrager auftreten können. Geld- und Fiskalpolitik im Inland werden unter diesen Bedingungen andere Auswirkungen auf Einkommen, Beschäftigung, Preis-, Lohn- und Zinsniveau haben als in der geschlossenen Volkswirtschaft. Geld- und Fiskalpolitik im Ausland können im Inland Änderungen dieser Makrovariablen selbst dann auslösen, wenn von der inländischen Geld- oder Fiskalpolitik keine expansiven oder kontraktiven Impulse ausgehen.

Diese internationalen Abhängigkeiten gesamtwirtschaftlicher Prozesse treten in Form außenwirtschaftlicher Interdependenzen oder Dependenzen auf. Interdependenz liegt vor, wenn sich Änderungen gesamtwirtschaftlicher Größen in zwei Welthandelsländern oder -blöcken gegenseitig beeinflussen: was im Inland (Ausland) geschieht, hat auch Auswirkungen im Ausland (Inland). Welthandelsländer, die solchen gesamtwirtschaftlichen Interdependenzen unterworfen sind, werden als große Länder bezeichnet (z.B. USA und EG-Europa). Dependenz ist gegeben, wenn die gesamtwirtschaftlichen Entwicklungen in einem Land oder einer Ländergruppe durch makroökonomische Prozesse im Ausland beeinflußt werden, ohne selbst spürbare Einflüsse auf diese ausländischen Entwicklungen auszuüben: was im Ausland (Inland) geschieht, hat auch (keine) Auswirkungen im Inland (Ausland). Welthandelsländer, die in solche einseitigen außenwirtschaftlichen Abhängigkeiten eingebettet sind, werden als kleine Länder bezeichnet (z.B. Schweiz im Verhältnis zu USA). Das dieser Klassifikation offener Volkswirtschaften zugrundeliegende weltwirtschaftliche Größenkriterium hat unmittelbar nichts mit der relativen Bevölkerungsgröße oder Bodenfläche eines Landes zu tun (z.B. hat sich die Volksrepublik China nach 1978 zu einer offenen Volkswirtschaft entwickelt, ist aber weltwirtschaftlich als kleines Land anzusehen). Vielmehr gilt eine Volkswirtschaft als großes (kleines) Land, wenn die Gesamtheit seiner an internationalen Transaktionen beteiligten Wirtschaftseinheiten auf den relevanten Weltmärkten über so große (kleine) Marktanteile verfügt, daß ihr Handeln dort spürbare (keine spürbaren) Preis- und Mengenreaktionen auslösen wird.

Unter den heutigen Bedingungen internationaler Wirtschaftsverflechtungen können diese außenwirtschaftlichen Dimensionen in Makroanalysen nicht vernachlässigt werden. Eine solche internationale Makroökonomie resultiert aus dem Einbau internationaler Handels- und Kapitalverkehrstransaktionen und der hiermit verbundenen Zahlungsströme in die im ersten Teil dargestellten makroökonomischen Modelle. Diese Ansätze werden also keineswegs obsolet, sondern unter Beibehaltung ihrer unterschiedlichen Basishypothesen und kontroversen Implikationen zu Makromodellen kleiner oder großer offener Volkswirtschaften erweitert. Zunächst sollen die hierzu benötigten Bausteine dargestellt werden (Partialanalyse internationaler Transaktionen). Sodann werden hiermit die von unterschiedlichen Fundamenten getragenen Gebäude keynesianischer und neoklassischer Modelle offener Volkswirtschaften errichtet.

B. ZAHLUNGSBILANZ UND AUSSENWIRTSCHAFTLICHES GLEICHGEWICHT

Wie in der makroökonomischen ex-post-Analyse bereits verdeutlicht wurde, werden die internationalen Handelstransaktionen in der Leistungsbilanz, die internationalen Finanztransaktionen in der Kapitalbilanz erfaßt. Der Leistungsbilanzsaldo ist als Differenz der (in inländischen Währungseinheiten erfaßten) Periodenwerte aller ausgeführten und eingeführten Sachgüter und Dienstleistungen definiert:

$$LB = Ex - Im.$$

Hierbei werden die Konstellationen eines Leistungsbilanzgleichgewichts ($Ex=Im$, $LB=0$), Leistungsbilanzüberschusses ($LB>0$) oder Leistungsbilanzdefizits ($LB<0$) unterschieden. Veränderungen des Leistungsbilanzsaldos werden als Verbesserung ($\Delta LB>0$) oder als Verschlechterung ($\Delta LB<0$) der Leistungsbilanzposition bezeichnet.

Der Kapitalbilanzsaldo ist als Differenz des Wertes aller in der Betrachtungsperiode von inländischen Wirtschaftseinheiten (außer der Zentralbank) durchgeführten Kapitalimporte KIm und Kapitalexporte KEx definiert:

$$KB = KIm - KEx.$$

Die möglichen Konstellationen der Kapitalbilanz und deren Veränderungen werden mit analogen Begriffen beschrieben. Wird angenommen, daß im staatlichen Sektor außerhalb der Zentralbank keine internationalen Finanztransaktionen vollzogen wurden, dann sind die in der Kapitalbilanz erfaßten Kapitalimporte mit einer Zunahme der Auslandsverbindlichkeiten oder einer Abnahme der Auslandsforderungen inländischer Wirtschaftseinheiten des privaten Sektors verbunden. Die in der Kapitalbilanz verbuchten Kapitalexporte erhöhen die Auslandsforderungen oder senken die Auslandsschulden inländischer privater Wirtschaftseinheiten. Somit determiniert der Kapitalbilanzsaldo unter der obigen Bedingung die Veränderung des Nettoauslandsvermögens NAV_{Pr} (Nettoauslandsposition = Auslandsforderungen – Auslandsverbindlichkeiten) des inländischen privaten Sektors:

$$\Delta NAV_{Pr} = - KB.$$

Im Falle eines Kapitalbilanzüberschusses (Kapitalbilanzdefizits) sinkt (steigt) das private Auslandsvermögen im Umfang des Kapitalbilanzsaldos. Der Devisenbilanzsaldo erfaßt die Veränderung der Nettoauslandsposition NAV_Z der Zentralbank, die auch als Währungsreserve WR bezeichnet wird:

$$DB = \Delta NAV_Z = \Delta WR.$$

Ein relativ großer Teil dieser Währungsreserve besteht aus Beständen konvertibler Devisen (insbesondere U.S. Dollar). Daneben umfaßt die Währungsreserve auch die möglichen Ansprüche einer Zentralbank auf Zuweisung von Devisen durch den Internationalen Währungsfonds (Reserveposition im Rahmen der Ziehungsrechte, Sonderziehungsrechte). Sieht man einmal von Veränderungen dieser Ausstattung mit IWF-Liquidität ab, und wird ferner angenommen, daß der einer Bewertung der Währungsreserven (in Inlandswährung) zugrundeliegende Wechselkurs konstant ist, dann stimmt der Saldo der Devisenbilanz mit der Veränderung der Zentralbank-Devisenreserve überein. Diese resultiert aus Deviseneinund -auszahlungen bei der Zentralbank, die wiederum mit den in Leistungs- und Kapitalbilanz erfaßten Transaktionen verbunden sind. Also muß der Devisenbilanzsaldo dem zusammengefaßten Leistungs- und Kapitalbilanzsaldo entsprechen, der auch als Zahlungsbilanzsaldo ZB bezeichnet wird (Saldo aller Leistungs- und Finanztransaktionen):

$$DB = LB + KB = ZB.$$

Hier wird nochmals der aus dem Prinzip der doppelten Verbuchung internationaler Transaktionen in den drei Teilbilanzen folgende Satz deutlich, daß die Zahlungsbilanz buchungstechnisch immer augeglichen ist:

$$LB + KB - DB = ZB - DB = 0.$$

Damit folgt:

$$LB - \Delta NAV_{Pr} - \Delta NAV_Z = 0$$

$$LB = \Delta NAV_{Pr} + \Delta NAV_Z = \Delta NAV.$$

Im Umfang eines Leistungsbilanzüberschusses (Leistungsbilanzdefizits) wächst (sinkt) das Nettoauslandsvermögen aller inländischen Wirtschaftseinheiten.

Für eine makroökonomische ex-ante-Analyse sind diese Identitätsgleichungen deshalb relevant, weil aus ihnen hervorgeht, welche Konstellationen einzelner oder zusammengefaßter Teilbilanzen nicht vermögensneutral sind. Bedeutsam wird dies etwa, wenn Vermögenseffekte die Güternachfrage und die Nachfrage nach Finanzanlagen signifikant beeinflussen. Mag auch die Signifikanz leistungsbilanzinduzierter Vermögenseffekte noch umstritten sein, so gilt dies nicht für das Konzept des Zahlungsbilanzgleichgewichts oder -ungleichgewichts, dem eine grundlegende Bedeutung in allen makroökonomischen ex-ante-Analysen zukommt. Der auf die Zahlungsbilanz bezogene Gleichgewichtsbegriff darf nicht mit dem oben dargestellten buchungstechnischen Konzept des ex-post immer erfüllten Zahlungsbilanzausgleichs verwechselt werden. Das Gleichgewicht der Zahlungsbilanz wird auch als Zustand des außenwirtschaftlichen (oder externen) Gleichgewichts bezeichnet. Dieser ist erreicht, wenn die Bedingung

$$\begin{aligned} ZB &= LB + KB = Ex - Im + KIm - KEx \\ &= Ex + KIm - (Im + KEx) \\ &= \Delta WR = \Delta NAV_Z = 0 \end{aligned}$$

erfüllt ist. Außenwirtschaftliches Gleichgewicht ist also eine Zahlungsbilanzposition, bei der die Währungsreserve der Zentralbank konstant bleibt, weil Deviseneinnahmen und -ausgaben übereinstimmen (Null-Saldo der Devisenbilanz). Die Erfüllung oder Verletzung dieser Bedingung läßt sich an dem als Summe von Leistungs- und Kapitalbilanzsaldo folgenden Zahlungsbilanzsaldo ablesen. Trotz Leistungsbilanzdefizit (Leistungsbilanzüberschuß) kann außenwirtschaftliches Gleichgewicht bestehen, wenn ein Kapitalbilanzüberschuß (Kapitalbilanzdefizit) den Ausgleich schafft. Allerdings muß sich in einer derartigen außenwirtschaftlichen Gleichgewichtsposition das Auslandsvermögen des inländischen privaten Sektors verändern. Außenwirtschaftliches Gleichgewicht bei konstanter Nettoauslandsposition des privaten Sektors ist nur gewährleistet, wenn die Leistungsbilanz und damit auch die Kapitalbilanz im Gleichgewicht sind.

Außenwirtschaftliche Ungleichgewichte zeigen sich als Konsequenz einer fehlenden Balance von Deviseneinnahmen und -ausgaben in einem negativen oder positiven Devisenbilanzsaldo. Zahlungsbilanzdefizite liegen vor, wenn

$$ZB = LB + KB = DB = \Delta WR < 0\,,$$

während die Konstellation

$$ZB = LB + KB = DB = \Delta WR > 0$$

Zahlungsbilanzüberschüsse ausweist. Solche externen Ungleichgewichte können gesamtwirtschaftliche Gleichgewichte stören oder durch andere Faktoren angestoßene Anpassungsprozesse beeinflussen. Jene mit Zahlungsbilanzungleichgewichten verbundenen Antriebskräfte werden primär durch Anpassungsprozesse an Devisenmärkten hervorgerufen.

C. DEVISENMÄRKTE UND WECHSELKURSE

Alle in Leistungs- und Kapitalbilanz erfaßten internationalen Transaktionen sind nur durchführbar, wenn ausländische Währungen (Devisen) im Umtausch gegen inländische Währungsbeträge

- von inländischen Wirtschaftseinheiten gekauft werden können, um Güterimporte oder Käufe ausländischer Finanzaktiva zu bezahlen, und

- von ausländischen Wirtschaftseinheiten verkauft werden können, um die von inländischen Wirtschaftseinheiten gelieferten Güterexporte oder emittierten Vermögenstitel zu bezahlen.

Dies gilt unabhängig davon, in welcher Währung Außenhandelstransaktionen fakturiert worden sind. Haben inländische Importeure auf Inlandswährung lautende Preise vereinbart, so werden ausländische Exporteure die auf inländische Währung lautenden Ausfuhrerlöse in Devisen, d.h. in ihre Landeswährung, umtauschen. Haben inländische Exporteure auf Auslandswährung lautende Preise kontrahiert, so werden diese ihre Devisenerlöse in Inlandswährung konvertieren.

Freier internationaler Handels- und Kapitalverkehr setzt also unbeschränkte Konvertierbarkeit der Währungen voraus. Unter dieser Bedingung der Währungskonvertibilität entstehen somit Devisenmärkte, auf denen die für internationale Transaktionen benötigten Währungen frei gehandelt werden. Staatliche Einschränkungen freier Handelbarkeit von Devisen konstituieren dagegen ein System der Devisenbewirtschaftung, das bis zur zentralen Lenkung und Kontrolle aller internationalen Transaktionen verstärkt werden kann. Inkonvertibilität (Konvertibilität) ist damit ein währungspolitisches Element zentralplanwirtschaftlicher (marktwirtschaftlicher) Systeme, das die Entwicklung außenwirtschaftlicher Beziehungen behindert (fördert), so daß auch außenwirtschaftliche Einflüsse auf makroökonomische Anpassungsprozesse relativ bedeutungslos (bedeutsam) sind.

Das für ein Durchdringen von Fragestellungen der internationalen Makroökonomie so wichtige System der Devisenmärkte ist ein Netz von Handelsplätzen, auf denen Nachfrage nach Devisen und Angebot an Devisen aufeinandertreffen, und auf denen die Tauschverhältnisse der jeweils gehandelten Währungen (Wechselkurse) gebildet werden. Existieren viele konvertible Währungen, so existiert eine noch größere Vielzahl von Devisenmärkten. Ohne wesentliche Einbußen an Realitätsnähe läßt sich die Betrachtung für Zwecke makroökonomischer Analysen jedoch vereinfachen. Vergegenwärtigt man sich nämlich, daß der U.S. Dollar die am häufigsten benutzte internationale Transaktionswährung ist, so können monetäre Analysen auf Dollar-Devisenmärkte konzentriert werden. Geht man ferner davon aus, daß die Wirtschaftseinheiten des Inlandes (Bundesrepublik Deutschland) Transaktionen mit Wirtschaftseinheiten des Auslandes (Gesamtheit aller deutschen Handelspartner) in Dollar- oder DM-Preisen abwickeln, so läßt sich die Vielzahl der Devisenmärkte auf den nunmehr relevanten Dollar-DM-Devisenmarkt reduzieren. Zwar werden beide Währungen auf mehreren räumlich getrennten Märkten gehandelt (z.B. Frankfurt, Zürich, London, New York), doch sorgt die durch moderne Informations- und Kommunikationstechniken unterstützte Devisenarbitrage dafür, daß sehr kurzfristig auftretende Kursunterschiede dort sofort ausgeräumt werden, wo zeitgleicher Handel möglich ist. Daher verschmelzen die Handelsplätze zu einem einheitlichen Devisenmarkt, wo Dollar-Angebot $A_\$$ (verknüpft mit DM-Nachfrage N_{DM}) und Dollar-Nachfrage $N_\$$ (verknüpft mit DM-Angebot A_{DM}) aufeinandertreffen, und wo der Dollar-Wechselkurs e (Preis eines Dollar in DM-Währung; z.B. 2 DM/Dollar) bzw. – als reziproker Wert – der DM-Wechselkurs $e_{DM}-1/e$ (Preis einer DM in Dollar-Währung; z.B. 0,5 Dollar/DM) gebildet wird.

Da alle durch Güterexporte und Kapitalimporte (Güterimporte und Kapitalexporte) ausgelösten Zahlungsströme einen Umtausch von Dollar in DM (DM in Dollar) enthalten, gilt

$$Ex + KIm = N_{DM} \Leftrightarrow A_\$ = e_{DM}\ (Ex + KIm)$$

$$Im + KEx = A_{DM} \Leftrightarrow N_\$ = e_{DM}\ (Im + KEx).$$

In Ungleichgewichten der Zahlungsbilanz zeigen sich also Ungleichgewichte des Devisenmarktes:

$$ZB = Ex + KIm - (Im + KEx) = N_{DM} - A_{DM}$$

$$ZB_\$ = e_{DM}\ ZB = A_\$ - N_\$\,.$$

Im Falle eines Zahlungsbilanzüberschusses besteht am Devisenmarkt ein Nachfrageüberhang nach der Währung des Überschußlandes ($N_{DM}>A_{DM}$), dem ein Devisenangebotsüberhang ($A_\$>N_\$$) entspricht. Zahlungsbilanzdefizite bedingen einen Angebotsüberhang der Währung des Defizitlandes ($N_{DM}<A_{DM}$) und eine Überschußnachfrage nach Devisen ($A_\$<N_\$$). Außenwirtschaftliches Gleichgewicht ist ein Zustand, in dem Zahlungsbilanz und Devisenmarkt im Gleichgewicht sind:

$$ZB = N_{DM} - A_{DM} = A_\$ - N_\$ = 0.$$

Die Auswirkungen exogener Störungen des außenwirtschaftlichen Gleichgewichts hängen von der Gestaltung des Wechselkurssystems, also von den jeweiligen währungspolitischen Rahmenbedingungen, ab. Es lassen sich die Systeme fester und flexibler Wechselkurse unterscheiden.

1. Flexible Wechselkurse

In einem System flexibler Wechselkurse wird die Kursbildung ausschließlich durch die Marktkräfte von Nachfrage und Angebot bestimmt. Die Zentralbank greift nicht in den Kursbildungsprozeß ein. Wenn aber die Währungsbehörde nicht mit Devisenkäufen und -verkäufen am Devisenhandel teilnimmt, dann werden Marktungleichgewichte Wechselkursänderungen auslösen. Die Wechselkursanpassung wird solange anhalten, bis das auslösende Moment des Marktungleichgewichts beseitigt ist. Wie funktioniert nun dieser Anpassungsmechanismus freibeweglicher Wechselkurse?

Ein bestehender Zahlungsbilanzüberschuß ($A_\$>N_\$$, $N_{DM}>A_{DM}$) bewirkt eine Dollar-Abwertung (e sinkt) und eine DM-Aufwertung (e_{DM} steigt). Mit sinkendem Dollar-Wechselkurs verbilligen sich auch die inländischen Einfuhrgüter (bei konstanten vereinbarten Dollar-Preisen proportional zur Dollar-Abwertung), so daß die Importe zunehmen ($N_\$$ steigt), wenn die inländische Importnachfrage preiselastisch ist. Bei steigendem DM-Wechselkurs verteuern sich die inländischen Ausfuhrgüter auf den ausländischen Absatzmärkten (bei Stabilität der kontrahierten DM-Lieferpreise proportional zur DM-Aufwertung), so daß die Exporte zurückgehen (und $A_\$$ sinkt), wenn die ausländische Exportnachfrage relativ preiselastisch reagiert. Die Dollar-Abwertung (DM-Aufwertung) wird über die Verschlechterung der Leistungsbilanz den Zahlungsbilanzüberschuß abbauen, da der Abwertungsdruck auf die Dollar-Währung solange wirksam bleibt, bis der Dollar-Angebotsüberhang durch die steigende inländische Einfuhrnachfrage und die schrumpfende ausländische Ausfuhrnachfrage ausgeräumt ist.

Entsprechend muß ein bestehendes Zahlungsbilanzdefizit ($N_\$>A_\$$, $A_{DM}>N_{DM}$) eine Dollar-Aufwertung auslösen und kann damit nicht von Dauer sein. Der steigende Dollar-Wechselkurs erhöht die Preise inländischer Importe. Je preiselastischer die inländische Importnachfrage ist, desto stärker wird die Einfuhr zurückgehen. Auf der anderen Seite wird der sinkende DM-Wechselkurs im Ausland niedrigere Dollar-Preise deutscher Exportgüter herbeiführen, so daß die Ausfuhr um so stärker wachsen wird, je preiselastischer die ausländische Exportnachfrage ist.

Diese in einem System freibeweglicher Wechselkurse wirksamen Mechanismen gewährleisten, daß Zahlungsbilanzungleichgewichte nicht auftreten können, weil sie durch Wechselkursanpassungen verhindert werden. In einer graphischen Darstellung der Devisenmarktgleichgewichte bei flexiblen Wechselkursen (Abb. 71) kann dies verdeutlicht werden. Zunächst sind Dollar-Nachfrage und Dollar-Angebot in Abhängigkeit von der Höhe des Wechselkurses e in Gestalt einer Dollar-Nachfragekurve und einer Dollar-Angebotskurve dargestellt (Abb. 71a). Das negative (positive) Anstiegsmaß der Devisennachfragekurve (Devisenangebotskurve) ergibt sich aus den zuvor erläuterten Wirkungen von Wechselkursänderungen auf die Außenhandelsmengen bei bestimmten vorgegebenen Preiselastizitäten. Bei freier Kursbildung muß sich ein dem Schnittpunkt E_0 von Angebots- und Nachfragekurve zugeordneter Gleichgewichtswechselkurs e_0 durchsetzen. Ein daran gemessen überbewerteter Wechselkurs $e>e_0$ kann sich ebensowenig halten wie ein unterbewerteter Dollarkurs $e<e_0$. Die Überbewertung (Unterbewertung) bedingt einen Zahlungsbilanzüberschuß mit $A_\$>N_\$$ (ein Zahlungsbilanzdefizit mit $N_\$>A_\$$). Hierdurch wird eine Dollar-Abwertung (Aufwertung) ausgelöst, die erst zum Stillstand kommt, wenn der gleichgewichtige Wechselkurs e_0 erreicht ist.

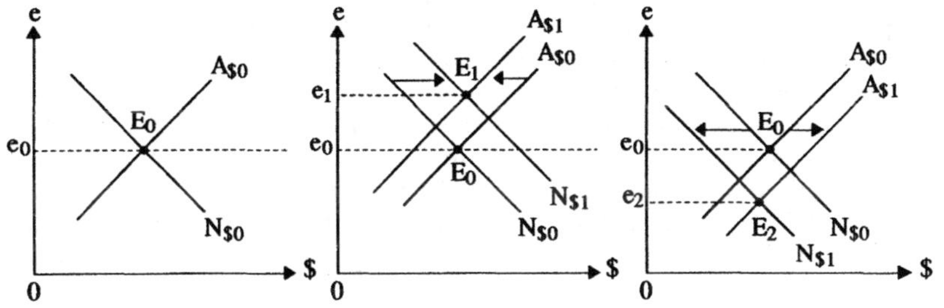

Abb. 71a Abb. 71b Abb. 71c

Unter den Abb. 71 zugrundeliegenden Bedingungen existiert also ein stabiles Devisenmarktgleichgewicht, so daß Wechselkursanpassungen an das Gleichgewichtsniveau auch außenwirtschaftliches Gleichgewicht gewährleisten. Mithin sind Störungen des außenwirtschaftlichen Gleichgewichts nur kurzlebig, weil sie durch eine Anpassung des Gleichgewichtswechselkurses absorbiert werden. Hierbei kommt es zu einer Dollar-Aufwertung (Abb. 71b), wenn Güterexporte und Kapitalimporte abnehmen (Linksverschiebung der Dollar-Angebotskurve) oder wenn Güterimporte und Kapitalexporte zunehmen (Rechtsverschiebung der Dollar-Nachfragekurve). Bei dem Dollarkurs e_0 besteht nun ein Nachfrageüberhang, der den Dollarkurs steigen läßt, bis der neue Gleichgewichtskurs e_1 erreicht ist. Entsprechend ergibt sich eine Dollar-Abwertung auf das niedrigere Gleichgewichtsniveau e_2 (Abb. 71c) aus einer Zunahme des Güterexports und Kapitalimports (Rechtsverschiebung der Dollar-Angebotskurve) oder einem Rückgang des Güterimports und Kapitalexports (Linksverschiebung der Dollar-Nachfragekurve).

2. Feste Wechselkurse

In einem System fester Wechselkurse werden die Devisenpreise durch politische Entscheidungen festgelegt. Diese beruhen in der Regel auf zwischenstaatlichen Vereinbarungen über die angemessenen Kursrelationen, die als staatliche Festpreise ($e=\bar{e}$, absolut starre Wechselkurse) vorgegeben oder durch Höchst- und Mindestpreissetzungen begrenzt werden (feste Wechselkurse mit Bandbreitenregulierung, $e^{max} \geq e \geq e_{min}$).

Die währungspolitische Praxis der nach dem Zweiten Weltkrieg sich entwickelnden Weltwährungsordnung (Bretton-Woods-System 1944-1973) war durch die zweite Systemvariante bestimmt, wobei zugleich mit den als Mittelkurs fixierten Dollar-Wechselkursen (Kursparitäten) Bandbreiten für zulässige Marktpreisschwankungen von ±1 v.H. der Parität (ab 1971 ±2,25 v.H.) eingerichtet wurden. Nach dem Zusammenbruch des Bretton-Woods-Systems setzten sich an den Dollar-Devisenmärkten Rahmenbedingungen durch, die eher dem Modell flexibler Wechselkurse entsprachen, wenngleich die Zentralbanken mit Devisenkäufen oder -verkäufen mitunter regulierend in das freie Spiel der Marktkräfte eingriffen. Demgegenüber formierten die meisten Mitgliedsländer der EG einen Währungsblock (Europäischer Wechselkursverbund 1973-1979; Europäisches Währungssystem seit 1979), in dem die Prinzipien fester Wechselkurse mit Bandbreiten (±2,25 v.H., brit. Pfund Sterling ±6 v.H. für bestimmte Übergangszeit nach dem erst 1990 erfolgten Beitritt Großbritanniens zum EWS) bei gemeinsamem "Floating" gegenüber dem U.S.-Dollar weiterhin galten.

Alle Währungssysteme dieser Art gleichen sich in der institutionellen Regelung, den Zentralbanken der beteiligten Länder neben der geldpolitischen auch noch die interventionspolitische Aufgabe zuzuweisen, durch regulierende Devisenkäufe oder -verkäufe jedes Ausbrechen des Wechselkurses aus den eng gezogenen Bandbreiten unbedingt zu verhindern. Eine solche Kompetenzzuweisung verpflichtet die Zentralbank, im Falle eines Zahlungsbilanzüberschusses ($A_\$-N_\$>0$) zur Absorption des Angebotsüberhangs durch Dollarkäufe ($N_\$^Z=A_\$-N_\$$), wenn $e=e_{min}$ erreicht war. Im Falle eines Zahlungsbilanzdefizits ($N_\$-A_\$>0$) muß die Zentralbank den Nachfrageüberhang durch Dollarverkäufe abdecken ($A_\$^Z=N_\$-A_\$$), um den Dollarkurs auf dem Höchstpreisniveau $e=e^{max}$ zu stabilisieren. Da

$$e_{min}\, N_\$^Z = \Delta WR \qquad (\Delta WR > 0)$$

$$e^{max}\, A_\$^Z = -\Delta WR \qquad (\Delta WR < 0),$$

wird deutlich, unter welchen Bedingungen und warum Zahlungsbilanzungleichgewichte im Devisenbilanzsaldo als Veränderung der Währungsreserve ausgewiesen werden.

Die Auswirkungen exogener Störungen außenwirtschaftlicher Gleichgewichte lassen sich analog zu Abb. 71 graphisch darstellen (Abb. 72). Hierbei wird unterstellt, daß die fixierte Kursparität zunächst am Gleichgewichtswechselkurs orientiert ist ($\bar{e}=e_0$). Wachsende Güterimporte (Rechtsverschiebung der Dollar-Nachfragekurve von $N_{\$0}$ nach $N_{\$1}$) bei rückläufigen Güterexporten (Linksverschiebung der Dollar-Angebotskurve von $A_{\$0}$ nach $A_{\$1}$) lassen den Dollarkurs bis zum oberen Interventionspunkt OIP steigen (Abb. 72a). Durch Finanzierung des hier noch bestehenden Nachfrageüberhangs $N_{\$11}$-$A_{\$11}$ aus Dollarverkäufen $A^Z_{\$1}=N_{\$11}-A_{\$11}$ muß die Zentralbank jede weitere Aufwertung des Dollar-Wechselkurses verhindern. Durch diese Stabilisierung eines unterbewerteten Dollarkurses wird ein Zahlungsbilanzdefizit konserviert.

Zum anderen werden z.B. zunehmende Kapitalimporte (Rechtsverschiebung der Dollar-Angebotskurve) und sinkende Kapitalexporte (Linksverschiebung der Dollar-Nachfragekurve) den Dollarkurs an den unteren Interventionspunkt UIP sinken lassen (Abb. 72b). Die Zentralbank muß nunmehr den noch bestehenden Angebotsüberhang $A_{\$12}$-$N_{\$12}$ mit Dollarankäufen $N^Z_{\$2}=A_{\$12}-N_{\$12}$ absorbieren. Diese Devisenmarktinterventionen stabilisieren einen überbewerteten Dollarkurs und konservieren hierdurch einen Zahlungsbilanzüberschuß.

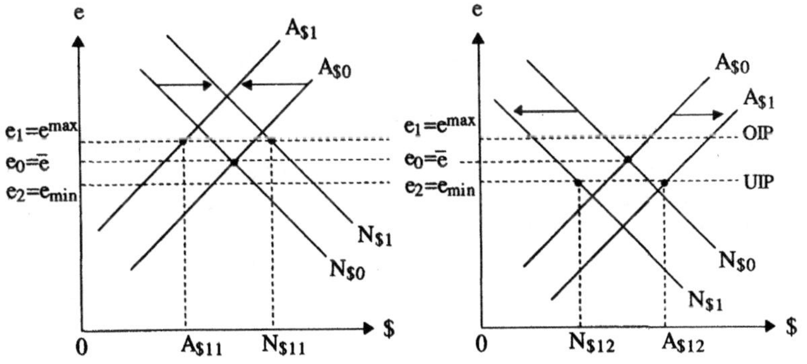

Abb. 72a   Abb. 72b

Im System fester Wechselkurse sind Zentralbanken zu derartigen Devisenmarktinterventionen immer dann verpflichtet, wenn der Dollar-Wechselkurs einen der beiden Interventionspunkte erreicht. Hierbei sind nicht-sterilisierte und sterilisierte Devisenmarktinterventionen zu unterscheiden. Da Dollarverkäufe (Dollarankäufe) der Zentralbank mit einer Stillegung (Schöpfung) inländischen Geldes verbunden sind, wirkt sich jede Devisenmarktintervention direkt auf die Zentralbankgeldmenge aus. Im Fall des in Abb. 72a dargestellten Zahlungsbilanzdefizits wird die Geldbasis um

$$\Delta B = -(N_{\$11} - A_{\$11})\, e^{max} = -A^Z_{\$1}\, e^{max} = \Delta WR = ZB < 0$$

zurückgehen. Entsprechend wird die Geldbasis im Falle des in Abb. 72b dargestellten Zahlungsbilanzüberschusses um

$$\Delta B = (A_{\$12} - N_{\$12})\, e_{min} = N^Z_{\$2}\, e_{min} = \Delta WR = ZB > 0$$

zunehmen. Nicht-sterilisierte Devisenmarktinterventionen unterwerfen das Geldangebot somit dem Einfluß außenwirtschaftlicher Ungleichgewichte:

$$\Delta M_1 = m_1 \Delta B = m_1 \Delta WR = m_1 ZB \,.$$

Sterilisierte Devisenmarktinterventionen sind dagegen geldbasisneutral, weil die Zentralbank die mit ΔWR verbundene Änderung der Zentralbankgeldmenge durch gegensteuernde Änderung anderer Entstehungskomponenten der Geldbasis, so z.B. durch Wertpapieran- oder -verkäufe ΔB^Z im Rahmen der Offenmarktpolitik, neutralisiert:

$$ZB = \Delta WR = -\Delta B^Z \Rightarrow \Delta B = 0.$$

Liegt ein Zahlungsbilanzüberschuß vor, so bedingen nicht-sterilisierte Devisenmarktinterventionen eine Verlängerung der Zentralbankbilanz, eine Zunahme der Geldbasis und der Geldmenge, während sterilisierte Devisenmarktinterventionen bei unverändertem Zentralbank-Bilanzvolumen lediglich die Struktur der Aktivseite verändern, so daß die konstante Geldbasis nun durch höhere Bestände ausländischer Finanzaktiva und entsprechend reduzierte Bestände inländischer Finanzaktiva finanziert wird.

D. Wechselkurs und Leistungsbilanz

1. Nominaler Wechselkurs

Die bisherigen Überlegungen gingen von der plausiblen Vermutung aus, daß Wechselkursänderungen Leistungsbilanzungleichgewichte abbauen werden: ein Leistungsbilanzdefizit (Leistungsbilanzüberschuß) kann durch Abwertung (Aufwertung) der Währung des Defizitlandes (Überschußlandes) reduziert oder gar beseitigt werden. Der hiermit postulierte Zusammenhang fand im Verlauf der Devisenangebots- und -nachfragekurve ebenso Ausdruck wie im Resultat eines stabilen Devisenmarktgleichgewichts bei flexiblen Wechselkursen. Es läßt sich aber nachweisen, daß diese Zusammenhänge nur bedingt gelten. Aus zwei Gründen kann die mit einer DM-Abwertung erwartete Verbesserung der Leistungsbilanz ausbleiben oder gar in eine weitere Verschlechterung der Leistungsbilanzposition umschlagen:

(1) Die Dollar-Aufwertung führt zu Importpreissteigerungen, wodurch die leistungsbilanzverbessernden Wirkungen steigender Ausfuhrmengen und sinkender Einfuhrmengen konterkariert werden. Wenn das Importpreisniveau proportional zum Dollar-Wechselkurs steigt, und wenn die Preiselastizitäten der Import- und Exportnachfrage relativ niedrig sind, kann ein Überhang des Importwertes über den Exportwert bestehen bleiben oder gar größer werden.

(2) Ein Anstieg des inländischen Preisniveaus kann die mit einer DM-Abwertung angestoßene Verbesserung der internationalen Wettbewerbsposition inländischer Außenhandelssektoren wieder zunichte machen und ein Wachstum des Exportvolumens ebenso wie eine Schrumpfung des Importvolumens verhindern. Steigt nämlich das Preisniveau der im Inland hergestellten Güter in der gleichen Rate wie der Dollar-Wechselkurs, und bleiben die relativen Preise im Inland konstant, so werden auch die Preise der inländischen Exportgüter und die Preise der mit Importen konkurrierenden Inlandserzeugnisse proportional zum Wechselkurs steigen. Der durch die DM-Abwertung geschaffene preisliche Wettbewerbsvorteil inländischer Hersteller ist damit verschwunden. Die Auslandsnachfrage wird unverändert bleiben, so daß kein Spielraum für das Wachstum des Exportvolumens besteht. Aus dem gleichen Grund ist nicht mehr mit einem Rückgang des Importvolumens zu rechnen, weil die inländischen Nachfrager nicht auf relativ verbilligte heimische Importsubstitute ausweichen können, wenn deren Preise proportional zu den Einfuhrpreisen steigen.

Zunächst soll für den Fall (1) unter der Annahme konstanter Preisniveaus im In- und Ausland ($P=P^*=1$) geprüft werden, unter welchen Bedingungen eine DM-Abwertung (Aufwertung des nominalen Wechselkurses e) die

Leistungsbilanz verbessert. Da das inländische (ausländische) Preisniveau P (P^*) bei konstanten relativen Preisen zugleich das DM-Preisniveau der inländischen Exportgüter (Dollar-Preisniveau der inländischen Importgüter) anzeigt, und da außer dem nominalen Wechselkurs keine Einflußfaktoren geändert werden, ist der Leistungsbilanzsaldo durch die Export- und Importfunktion

$$Ex = P\,ex(e)$$

$$Im = P^* e\,im(e)$$

bestimmt, so daß wegen $P=P^*=1$

$$LB = ex(e) - e\,im(e)$$

mit $$\frac{dex}{de} > 0, \quad \frac{dim}{de} < 0$$

folgt. Eine exogene Wechselkursänderung $\Delta e>0$ bewirkt eine Leistungsbilanzreaktion

$$\Delta LB = \frac{dex}{de}\Delta e - e\,\frac{dim}{de}\,\Delta e - im\,\Delta e.$$

Werden nun die Wechselkurselastizitäten der ausländischen Exportnachfrage und der inländischen Importnachfrage mit

$$\eta_{ex} = \frac{\frac{dex}{ex}}{\frac{de}{e}} = \frac{dex}{de}\,\frac{e}{ex} > 0$$

$$\eta_{im} = \frac{\frac{dim}{im}}{\frac{de}{e}} = \frac{dim}{de}\,\frac{e}{im} < 0$$

definiert, so liegen damit zugleich die Elastizität der Exportnachfrage in bezug auf den Dollar-Exportpreis (der sich bei konstantem DM-Exportpreis reziprok proportional zu e verändert) und die Elastizität der Importnachfrage in bezug auf den DM-Importpreis (der sich bei konstantem Dollar-Preis proportional zu e verändert) fest. Da

$$\frac{dex}{de} = \eta_{ex}\,\frac{ex}{e} \qquad \frac{dim}{de} = \eta_{im}\,\frac{im}{e}\,,$$

ergibt sich:

$$\Delta LB = \left(\eta_{ex} \frac{ex}{e} - \eta_{im} im - im\right) \Delta e$$

$$= \left(\eta_{ex} \frac{ex}{e\,im} - \eta_{im} - 1\right) im \Delta e.$$

Eine DM-Abwertung ($\Delta e > 0$) wird also die Leistungsbilanz verbessern, wenn

$$|\eta_{ex}| \frac{Ex}{Im} + |\eta_{im}| > 1.$$

Bei einer vor der Abwertung ausgeglichenen Leistungsbilanz (Ex/Im=1) bewirkt die Wechselkursänderung einen Leistungsbilanzüberschuß, wenn die Summe der absoluten Werte der Preiselastizitäten von Export- und Importnachfrage über Eins liegt (MARSHALL-LERNER-Bedingung). Soll durch die DM-Abwertung ein Leistungsbilanzdefizit (Ex/Im<1) abgebaut werden, so liegt der kritische Schwellenwert für den von der Summe beider Preiselastizitäten abhängigen Erfolg der Abwertung allerdings um so weiter über Eins, je größer das zu korrigierende Leistungsbilanzdefizit ist. Wie die Bestimmungsgleichung der Leistungsbilanzreaktion zeigt, gilt auch der Umkehrschluß, daß eine DM-Aufwertung ($\Delta e < 0$) nur dann zum Abbau von Leistungsbilanzüberschüssen wird beitragen können, wenn die obige Bedingung erfüllt ist. Inverse Reaktionen der Leistungsbilanz auf Wechselkursänderungen treten auf, wenn

$$|\eta_{ex}| \frac{Ex}{Im} + |\eta_{im}| < 1.$$

In diesem Fall wird eine DM-Abwertung (DM-Aufwertung) Leistungsbilanzdefizite (Leistungsbilanzüberschüsse) noch weiter vergrößern, weil bei zu geringen Preiselastizitäten der Importpreiseffekt dominant ist, so daß der Importwert stärker steigt (sinkt) als der Exportwert.

Die für die Leistungsbilanzwirksamkeit von Wechselkursänderungen so wesentlichen Preiselastizitäten sind nicht unabhängig von dem der Analyse zugrundeliegenden Anpassungszeitraum. Es ist plausibel und durch empirische Elastizitätsschätzungen auch belegt, daß kurzfristige Preiselastizitäten (absolut gemessen) kleiner als mittelfristige Preiselastizitäten sind, weil die Wirtschaftseinheiten in der Regel nicht sofort mit Mengenanpassungen auf geänderte Preisdaten reagieren können. Dies gilt auch für jede von den Außenhändlern nicht antizipierte Wechselkursänderung. Vor der DM-Abwertung sind Export- und Importgeschäfte vertraglich vereinbart

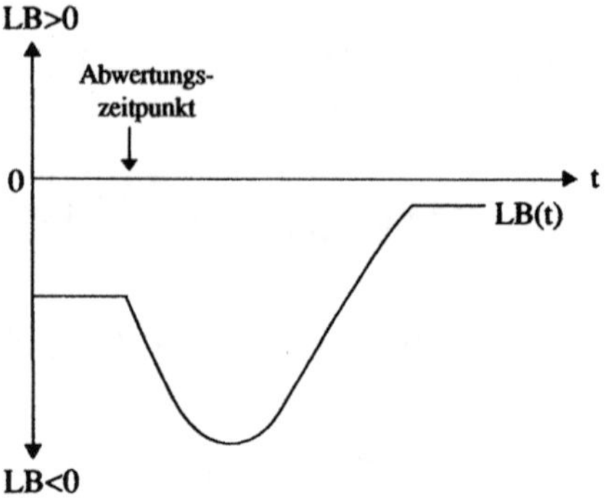

Abb. 73

worden, die bei zeitlicher Diskrepanz zwischen Vertragsabschluß und -erfüllung erst nach der Abwertung leistungsbilanzwirksam werden, wenn zu diesen späteren Zeitpunkten die Außenhandelsgüter geliefert und die kontrahierten DM-Exportpreise und Dollar-Importpreise gezahlt werden. Da in dieser Phase der Erfüllung aller vor der Abwertung geschlossenen Altverträge (Kontraktphase) Exportmengen, Importmengen und Exportpreise festliegen, so daß lediglich die DM-Importpreise proportional zur Dollar-Aufwertung steigen, wird zunächst der Importwert wachsen und das Leistungsbilanzdefizit vergrößern. Aus der Reaktionsgleichung der Leistungsbilanz geht dies deutlich hervor, wenn für die Kontraktphase $\eta_{ex}=\eta_{im}=0$ angenommen wird:

$$\Delta LB = -im\ \Delta e < 0 \qquad (\Delta e > 0).$$

Somit wird sich die Erfüllung der MARSHALL-LERNER-Bedingung erst mit zeitlicher Verzögerung (z.B. nach 6-12 Monaten) einstellen. Eine Abwertung wird die Leistungsbilanz zunächst verschlechtern und erst später verbessern (J-Kurven-Effekt, Abb. 73).

2. Realer Wechselkurs

Wird die Wechselkursänderung von Preisniveaubewegungen begleitet, so müssen auch diese Einflüsse auf den Leistungsbilanzsaldo berücksichtigt werden. Dabei soll zunächst offen bleiben, ob Preisänderungen durch die Wechselkursänderung oder durch andere Einflußfaktoren hervorgerufen werden, so daß diese hier exogen vorgegeben seien.

Die Export- und Importfunktion lautet nun in allgemeiner Form:

$$Ex = P\,ex(e, P, P^*)$$

$$Im = P^*\,e\,im(e, P, P^*)$$

mit

$$\frac{dex}{dP} < 0, \qquad \frac{dex}{dP^*} > 0,$$

$$\frac{dim}{dP} > 0, \qquad \frac{dim}{dP^*} < 0.$$

Nehmen wir nun an, daß bei anfänglich ausgeglichener Leistungsbilanz und einem auf dem Niveau $P^*=1$ konstanten ausländischen Preisniveau das inländische Preisniveau in der gleichen Rate wie der Dollar-Wechselkurs steigt, so wird die Preisrelation e/P (=eP*/P) konstant bleiben. Das Exportvolumen ex wird sich unter diesen Bedingungen nicht verändern, weil der durch die Dollar-Aufwertung erzeugte internationale Wettbewerbsvorteil inländischer Exportunternehmen durch hierzu proportionale Preissteigerungen zunichte gemacht wird. Auch das Importvolumen wird konstant bleiben, weil die der Importkonkurrenz ausgesetzten inländischen Hersteller keinen Wettbewerbsvorteil erlangen, wenn die Preise inländischer Güter in gleichem Maße wie die Importpreise steigen. Damit werden Exportwert und Importwert in der gleichen Rate zunehmen, und die DM-Abwertung ($\Delta e>0$) wird von keiner Veränderung der Leistungsbilanzposition begleitet. Entsprechend bleiben Export- und Importvolumen, Export- und Importwert konstant, wenn bei konstantem Inlandspreisniveau $P=1$ der Dollar-Wechselkurs in der gleichen Rate abwertet, in der das ausländische Preisniveau P^* gestiegen ist. Da in diesem Fall das in DM-Preise umgerechnete Preisniveau ausländischer Güter stabil bleibt, hat sich die Wettbewerbsposition ausländischer Hersteller der mit inländischen Exporterzeugnissen oder mit inländischen Importsubstituten konkurrierenden Produkte nicht verschoben. Somit zeigt sich auch hier die Invarianz der Leistungsbilanzposition in Folge einer konstant bleibenden Preisrelation eP*/P. Diese internationale Preisrelation, deren Veränderung Verschiebungen der internationalen Preis-Wettbewerbsposition anzeigt, wird oftmals als realer (Dollar-) Wechselkurs

$$e_r = \frac{eP^*}{P}$$

und ihr Kehrwert als "terms of trade" bezeichnet. Steigt der reale Wechselkurs (reale Dollar-Aufwertung), so verbessert sich die internationale Preis-Wettbewerbsfähigkeit inländischer Unternehmen; das Exportvolumen steigt, das Importvolumen geht zurück. Sinkende Exportmengen bei steigenden Einfuhrmengen sind umgekehrt Konsequenz einer realen Dollar-Abwertung (realen DM-Aufwertung). Nach diesen Überlegungen lauten die Export- und Importfunktionen nunmehr

$$Ex = P\,ex\left(\frac{eP^*}{P}\right) = P\,ex(e_r)$$

$$Im = P^*e\;im\left(\frac{eP^*}{P}\right) = P^*e\;im(e_r)$$

mit

$$\frac{dex}{de_r} > 0, \qquad \frac{dim}{de_r} < 0.$$

Aus dem nominalen Leistungsbilanzsaldo LB=Ex–Im läßt sich durch Deflationierung mit dem inländischen Preisniveau der reale Leistungsbilanzsaldo $LB_r = LB/P$ ableiten:

$$LB_r = ex(e_r) - e_r\,im(e_r).$$

Da somit

$$\Delta LB_r = \left(\frac{dex}{de_r} - e_r\frac{dim}{de_r} - im\right)\Delta e_r$$

werden nominale Wechselkursänderungen die Leistungsbilanzposition nur dann verändern können, wenn sie auch reale Wechselkursänderungen herbeiführen. Ob sich dabei eine normale oder inverse Reaktion der Leistungsbilanz einstellt, hängt wiederum von Erfüllung oder Nicht-Erfüllung einer modifizierten MARSHALL-LERNER-Bedingung ab. Erfaßt man nämlich als Wechselkurselastizitäten die Elastizitäten der Export- und Importnachfrage in Bezug auf den realen Wechselkurs

$$\eta'_{ex} = \frac{dex}{de_r}\,\frac{e_r}{ex} > 0$$

$$\eta'_{im} = \frac{dim}{de_r}\,\frac{e_r}{im} < 0\,,$$

so ergibt sich mit

$$\Delta LB_r = \left(\eta'_{ex}\,\frac{ex}{e_r\,im} - \eta'_{im} - 1\right)\,im\,\Delta e_r$$

die modifizierte MARSHALL-LERNER-Bedingung, da eine reale Dollar-Aufwertung die inländische Leistungsbilanz verbessern (verschlechtern) wird, wenn der Klammerausdruck positiv (negativ) ist. Auch in dieser allgemeinen Analyse läßt sich für den Fall einer realen DM-Abwertung das Phänomen des J-Kurven-Effektes nachweisen, wenn unmittelbar nach der Abwertung, d.h. sehr kurzfristig, $\eta'_{ex}=\eta'_{im}=0$ gilt ($\Delta LB_r = -im\Delta e_r < 0$), und wenn erst kurz- bis mittelfristig die zur Erfüllung der MARSHALL-LERNER-Bedingung erforderlichen Elastizitätswerte ($\Delta LB_r > 0$) erreicht werden .

Die bei makroökonomischen Analysen relevanten kurz-, mittel- oder gar langfristigen Zeithorizonte rechtfertigen die allen weiteren Überlegungen zugrundeliegende Annahme, daß die MARSHALL-LERNER-Bedingung erfüllt ist. Auch wenn die bisherige Partialanalyse wichtige und für makroökonomische Analysen notwendige Einsichten vermittelt, sind ihre Grenzen offenkundig. So wurden in diesem Kapitel nominale und reale Wechselkursänderungen exogen vorgegeben, um die Leistungsbilanzreaktion zu isolieren. Nominale Wechselkursänderungen sind aber nur im System fester Wechselkurse als Ergebnis politischer Entscheidungen exogen bestimmt. Im System flexibler Wechselkurse sind sie Ergebnis der Veränderungen aller Gleichgewichtswerte eines Makrosystems, zu dessen endogenen Variablen auch der nominale Wechselkurs gehört. Reale Wechselkursänderungen sind in keinem der beiden Wechselkurssysteme exogen bestimmt, wenn gesamtwirtschaftliche Anpassungsprozesse Preisniveauänderungen hervorrufen. Steigt z.B. das inländische Preisniveau in Folge eines expansiven geldpolitischen Impulses, so wird trotz fester Wechselkurse eine reale DM-Aufwertung und somit eine Verschlechterung der Leistungsbilanz induziert. Hingegen wird bei flexiblen Wechselkursen der reale DM-Wechselkurs konstant bleiben, wenn eine Leistungsbilanzverschlechterung durch eine zur inländischen Preisniveauerhöhung proportionale nominale Dollar-Aufwertung verhindert wird.

Die modellendogen zu erklärenden Makrovariablen werden somit um Leistungsbilanzsaldo LB, Kapitalbilanzsaldo KB und realen Wechselkurs e_r erweitert. Unter den währungspolitischen Rahmenbedingungen eines Systems fester Wechselkurse treten als endogene Variablen Zahlungsbilanzsaldo ZB, Währungsreserve der Zentralbank WR und (im Falle nicht-sterilisierter Devisenmarktinterventionen) somit auch die nunmehr von der Zahlungsbilanzposition abhängige Geldmenge M hinzu. Unter den Bedingungen eines Systems flexibler Wechselkurse tritt als endogene Variable der nominale Wechselkurs hinzu, der als Gleichgewichtskurs das außenwirtschaftliche Gleichgewicht ZB=0 gewährleistet, so daß Währungsreserven WR und Geldmenge M als Ergebnis geldpolitischer Entscheidungen exogen bestimmt sind.

Literaturangaben

DERNBURG, T.F., Global Macroeconomics, New York, 1989.

DIECKHEUER, G., Internationale Wirtschaftsbeziehungen, 2.A., München, 1991.

JARCHOW, H.-J./ RÜHMANN, P., Monetäre Außenwirtschaft, I. Monetäre Außenwirtschaftstheorie, 3.A., Göttingen, 1991.

ROSE, K., Theorie der Außenwirtschaft, 10.A., München, 1989.

WILLMS, M., Währung, in: Vahlens Kompendium der Wirtschaftstheorie und Wirtschaftspolitik, Bd. 1, 5.A., München, 1992.

II. Keynesianische Standardmodelle offener Volkswirtschaften: Mundell-Fleming-Ansätze

A. GÜTERMARKTGLEICHGEWICHT UND LEISTUNGSBILANZ

1. Einkommen und Leistungsbilanz

Im keynesianischen Standardmodell einer offenen Volkswirtschaft gilt die Annahme kurzfristiger Starrheit des Preis- und Lohnniveaus für In- und Ausland. In beiden Ländern paßt sich das bei dem geltenden Preisniveau völlig preiselastische gesamtwirtschaftliche Güterangebot an die Güternachfrage an, so daß die Güternachfrage die gesamtwirtschaftliche Produktion bzw. das Gleichgewichtseinkommen, die Arbeitsnachfrage und die Beschäftigung bzw. die Arbeitslosenquote determiniert. Unter Einbeziehung des internationalen Handels- und Kapitalverkehrs, also der Zahlungsbilanz, wurden diese Modelle in den 60er Jahren an die Bedingungen offener Volkswirtschaften angepaßt. Wegweisend waren dabei die zu Beginn der 60er Jahre unabhängig voneinander entstandenen Beiträge von MUNDELL und FLEMING. Daher werden diese am keynesianischen Standardmodell orientierten Makroansätze offener Volkswirtschaften häufig auch als MUNDELL-FLEMING-Ansätze bezeichnet.

Wiederum wird - nunmehr für In- und Ausland - angenommen, daß Lohn- und Preisniveaus die konstante Höhe $P=l=P^*=l^*=1$ haben. Reale und nominale Makrogrößen stimmen daher überein. Nominaler und realer Leistungsbilanzsaldo unterscheiden sich nicht, und nominale Wechselkursänderungen beeinflussen den Leistungsbilanzsaldo, weil sie zugleich reale Wechselkursänderungen implizieren. Ein Teil der Inlandsnachfrage wird durch Güterimporte, ein Teil der Auslandsnachfrage wird durch inländische Güterexporte abgedeckt. In beiden Ländern gelte für die Konsumausgaben privater Haushalte die absolute Einkommenshypothese: $C=C(Y)$ und $C^*=C^*(Y^*)$. Da die Güternachfrage in beiden Ländern gemäß der jeweiligen Konsumfunktion mit steigendem Einkommen zunimmt, werden mit den Konsumausgaben $C(C^*)$ auch die inländischen Importe (Exporte) steigen, wenn das inländische (ausländische) Einkommen $Y(Y^*)$ wächst. Import- und Exportfunktion lauten somit

$$Im = Im(Y,e)$$

$$Ex = Ex(Y^*,e),$$

so daß der Leistungsbilanzsaldo durch

$$LB = Ex - Im = LB(Y, Y^*, e)$$

bestimmt ist.

In der Importfunktion gilt

$$\frac{dIm}{dY} > 0, \qquad \frac{dIm}{de} < 0.$$

Bei konstant vorgegebenem Wechselkurs wird für die Importfunktion die Form

$$Im = Im_0 + im_Y Y \qquad \text{mit } 0 < im_Y < c_Y < 1$$

unterstellt. Diese setzt sich aus zwei Komponenten zusammen:

(1) Der autonome Import ist jener Teil der Gesamteinfuhr, der von der Höhe des Einkommens Y unabhängig und durch andere Einflußfaktoren bestimmt ist. So wird z.B. eine Abwertung der inländischen Währung ($\Delta e>0$) den autonomen Import um $(dIm/de)\Delta e$ senken.

(2) Der einkommensabhängige Import steigt oder sinkt linear mit dem Volkseinkommen. Der konstante Wert der marginalen Importquote $im_Y=dIm/dY$ gibt an, um wieviel die Importe steigen oder sinken, wenn das Einkommen um einen (infinitesimalen) Betrag dY wächst oder schrumpft. So wird z.B. ein Einkommenszuwachs ΔY eine Zunahme der Importe um $\Delta Im=im_Y\Delta Y$ induzieren.

In der Exportfunktion gilt

$$\frac{dEx}{dY^*} > 0, \qquad \frac{dEx}{de} > 0.$$

Entsprechend dem Aufbau der Importfunktion kann auch die Exportfunktion bei konstantem Wechselkurs in der Form

$$Ex = Ex_0 + im^*_{Y^*} Y^* \qquad \text{mit } 0 < im^*_{Y^*} < 1$$

unterstellt werden. Der autonome Export Ex_0 ist von der Höhe des ausländischen Volkseinkommens unabhängig und durch andere Einflußfaktoren, wie z.B. den Wechselkurs, bestimmt. Eine DM-Abwertung wird daher den autonomen Export um $(dEx/de)\Delta e$ erhöhen. Der einkommensabhängige Export steigt oder sinkt linear mit dem ausländischen Volkseinkommen, wobei die Reaktion des Exports auf Änderungen des ausländischen Einkommens durch die (auf inländische Exporte bezogene) ausländische marginale Importquote $im^*_{Y^*}=dEx/dY^*$ determiniert wird: $\Delta Ex=im^*_{Y^*}\Delta Y^*$.

Im folgenden wird in der Tradition der MUNDELL-FLEMING-Ansätze meist unterstellt, daß die inländische Volkswirtschaft ein kleines Land ist. Die ausländischen Makrovariablen werden also nicht durch die hier interessierenden gesamtwirtschaftlichen Anpassungsprozesse im Inland beeinflußt. Unter diesen Bedingungen ist das ausländische Einkommen Y* eine exogene Größe. Ist der Wechselkurs konstant und ist die Höhe des ausländischen Gleichgewichtseinkommens mit $Y^*=Y_1^*$ gegeben, so bleibt auch der inländische Export auf dem Niveau $Ex_{01}=Ex_0+im_Y^* \cdot Y_1^*$ konstant. Aus diesen Überlegungen folgt, daß in der Leistungsbilanzfunktion die Beziehungen

$$\frac{dLB}{dY} < 0, \qquad \frac{dLB}{dY^*} > 0$$

gelten. Ein Konjunkturaufschwung im Inland (Ausland), der das Gleichgewichtseinkommen um $\Delta Y(\Delta Y^*)$ erhöht, wird die inländische Leistungsbilanz um den Betrag $im_Y \Delta Y(im_Y^* \cdot \Delta Y^*)$ verschlechtern (verbessern). In einem kleinen Land hat die Leistungsbilanzfunktion bei konstantem Wechselkurs nunmehr die Form $LB=(Ex_{01}-Im_0)-im_Y Y=LB_0-im_Y Y$. Der Klammerausdruck umfaßt die autonome (von der Höhe des inländischen Einkommens unabhängige) Komponente. Die einkommensabhängige Komponente zeigt, daß der Leistungsbilanzüberschuß um so kleiner oder das Leistungsbilanzdefizit um so größer sein wird, je höher das inländische Gleichgewichtseinkommen ist.

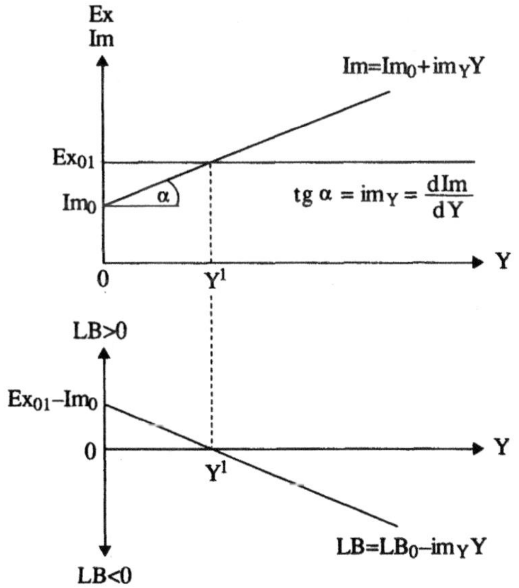

Abb. 74

Diese Zusammenhänge sind in Abb. 74 dargestellt. Die im oberen Diagramm erfaßte Importfunktion verläuft linear und ihr Steigungsmaß entspricht der marginalen Importquote ($tg\,\alpha=im_Y$). Bei exogen vorgegebenem Export leitet sich daraus die im unteren Diagramm dargestellte Leistungsbilanzfunktion ab. Leistungsbilanzgleichgewicht besteht nur bei einem Einkommen von Y^1. Weicht das noch zu bestimmende Gleichgewichtseinkommen von diesem Wert nach oben (unten) ab, so ist das Gütermarktgleichgewicht mit einem Leistungsbilanzdefizit (Leistungsbilanzüberschuß) verbunden. Mit steigendem Einkommen verschlechtert sich die Leistungsbilanzposition Ex–Im nach Maßgabe der marginalen Importquote, d.h. um $\Delta Im = im_Y \Delta Y$.

2. Gütermarktgleichgewicht der offenen Volkswirtschaft bei zinsunelastischen Investitionen

Die zur Ermittlung des Gleichgewichtseinkommens nunmehr anzuwendende Analyse des Gütermarktgleichgewichts der offenen Volkswirtschaft soll in zwei Schritten erfolgen. Zunächst wird unterstellt, daß die geplante Investition des Unternehmenssektors zinsunelastisch und exogen vorgegeben ist. Staatliche Aktivitäten werden nun berücksichtigt, wobei angenommen ist, daß Staatsnachfrage ($G=C_{St}+I_{St}$) und Staatseinnahmen aus direkter Besteuerung privater Haushalte (T) autonom festgelegt sind. Konsum- und Importausgaben privater Haushalte sind teilweise autonom bestimmt, teilweise nunmehr von der Höhe des verfügbaren Einkommens (Y–T) abhängig, so daß

$$
\begin{aligned}
C &= C_0 + c_Y(Y-T)\\
Im &= Im_0 + im_Y(Y-T)\\
Ex &= Ex_{01}\\
I &= I_0\\
G &= G_0\\
T &= T_0
\end{aligned}
$$

Die gesamtwirtschaftliche Güternachfrage setzt sich gemäß

$$Y^n = C + I + G + Ex - Im$$

zusammen. Die Güternachfrage ergibt sich aus den Gesamtausgaben inländischer Wirtschaftseinheiten, die auch als Absorption E=C+I+G bezeichnet werden, und aus dem auch als Außenbeitrag bezeichneten Leistungsbilanzsaldo Ex–Im. Zieht man nämlich von den Gesamtausgaben E jenen Teil Im ab, mit dem Käufe von im Ausland hergestellten Gütern finanziert werden, so erhält man die Inlandsnachfrage nach inländischen

Produkten. Wird sodann die im Exportwert erfaßte Auslandsnachfrage nach inländischen Erzeugnissen hinzu addiert, so ergibt sich die gesamte am inländischen Gütermarkt wirksame Nachfrage

$$Y^n = E - Im + Ex = E + LB.$$

Werden die autonomen Nachfragekomponenten als

$$Y_0^n = C_0 - (c_Y - im_Y)T_0 + I_0 + G_0 + Ex_{01} - Im_0$$

zusammengefaßt, so ergibt sich die Güternachfragefunktion

$$Y^n = Y_0^n + (c_Y - im_Y)Y.$$

Im Gütermarktgleichgewicht gilt $Y^a = Y^n = Y$, so daß aus

$$Y^n = Y_0^n + (c_Y - im_Y)Y = Y$$

das Gleichgewichtseinkommen in Höhe von

$$Y = \frac{1}{1 - c_Y + im_Y} Y_0^n = \frac{1}{s_Y + im_Y} Y_0^n$$

folgt. Das einem gegebenen Niveau der autonomen Nachfrage zugeordnete Gleichgewichtseinkommen ist um so niedriger, je höher die marginale Importquote ist. Denn je höher die marginale Importquote ist, um so grösser ist der Teil der Inlandsnachfrage, der nicht aus inländischer, sondern ausländischer Produktion gedeckt wird.

Das Gütermarktgleichgewicht ist erreicht, wenn sich das geplante Güterangebot an die geplante Güternachfrage, die Produktion und Einkommen determiniert, angepaßt hat. Wenn $Y=Y^n$, muß somit auch

$$Y - (C + I + G) = Ex - Im$$

$$Y - E = LB$$

gelten, wobei

$$E = E_0 + c_Y Y \qquad (E_0 = C_0 + I_0 + G_0 - c_Y T_0)$$

$$LB = LB_0 - im_Y Y \quad (LB_0 = Ex_{01} - Im_0 + im_Y T_0).$$

Diese Formulierung der Gütermarkt-Gleichgewichtsbedingung liefert eine absorptionstheoretische Erklärung von Leistungsbilanzsalden. Das Gütermarktgleichgewicht ist mit einem Leistungsbilanzdefizit verbunden, wenn die geplanten Gesamtausgaben inländischer Wirtschaftseinheiten güterwirtschaftlich nicht mehr durch das heimische Sozialprodukt abgedeckt werden können. Ein Überhang der Absorption E über das Volkseinkommen Y bedingt in diesem Falle ein Leistungsbilanzdefizit, weil die Konstellation E–Y>0 nur bei einem Zustrom von Nettoimporten Im–Ex>0 mit einem Gütermarktgleichgewicht kompatibel ist. Umgekehrt treten Leistungsbilanzüberschüsse auf, wenn die geplanten Ausgaben inländischer Wirtschaftseinheiten nicht das gesamte Sozialprodukt absorbieren, und wenn der Überhang Y–E>0 als Nettoexport Ex–Im>0 im Ausland abgesetzt wird. Damit ist deutlich geworden, warum das Gütermarktgleichgewicht mit einer ausgeglichenen Leistungsbilanz ebenso wie mit Leistungsbilanzüberschüssen oder -defiziten verbunden sein kann.

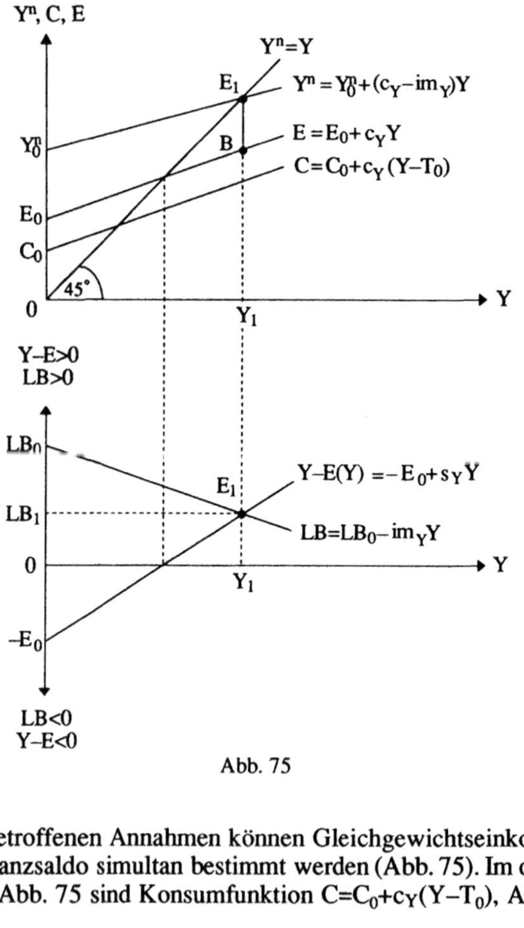

Abb. 75

Unter den getroffenen Annahmen können Gleichgewichtseinkommen und Leistungsbilanzsaldo simultan bestimmt werden (Abb. 75). Im oberen Diagramm von Abb. 75 sind Konsumfunktion $C=C_0+c_Y(Y-T_0)$, Absorptions-funktion $E=E_0+c_Y Y$ und Gesamtnachfragefunktion $Y^n=Y_0^n+(c_Y-im_Y)Y$ dargestellt. Da für alle auf der 45°-Linie gelegenen Punkte $Y^n=Y$ gilt, ist das Gleichgewichtseinkommen Y_1 durch den Schnittpunkt E_1 von 45°-Linie und Gesamtnachfragefunktion bestimmt. Der dem Gleichgewichtseinkommen zugeordnete Leistungsbilanzsaldo läßt sich an der vertikalen Distanz der Absorptionskurve zur 45°-Linie ablesen, wobei hier ein Leistungsbilanzüberschuß E_1B vorliegt.

Eine andere elegantere Methode zur simultanen Erklärung von Einkommen und Leistungsbilanzposition im Gütermarktgleichgewicht ist im unteren Diagramm von Abb. 75 dargestellt. Hier ist die Leistungsbilanzfunktion $LB=LB_0-im_Y Y$ aus Abb. 74 übernommen und der Einkommens-Absorptions-Funktion $Y-E(Y)=-E_0+(1-c_Y)Y$ gegenübergestellt worden. Auf dem positiven Ordinatenabschnitt werden Leistungsbilanzüberschüsse und Überschüsse des Einkommens über die Absorption, auf dem negativen Ordinatenabschnitt Leistungsbilanzdefizite und Überschüsse der Absorption über das Einkommen erfaßt. Das Gütermarktgleichgewicht ist durch den Schnittpunkt E_1 von Leistungsbilanz- und Einkommens-Absorptions-Funktion bestimmt, dessen Koordinatenwerte das Gleichgewichtseinkommen Y_1 und den zugehörigen Leistungsbilanzsaldo LB_1 angeben.

Damit lassen sich nun die Auswirkungen autonomer Änderungen der Absorption, des Exports und des Wechselkurses auf Gleichgewichtseinkommen und Leistungsbilanz unter der Bedingung ermitteln, daß Zinswirkungen keine Rolle spielen. Die Zunahme der autonomen Absorption sei durch eine Erhöhung der Staatsnachfrage bedingt: $\Delta Y_0^n=\Delta G_0=\Delta E_0$. Der Einkommenseffekt dieser expansiven Fiskalpolitik folgt aus der Bestimmungsgleichung für die Höhe des Gleichgewichtseinkommens:

$$\Delta Y = \frac{1}{s_Y + im_Y} \Delta G_0.$$

Der Staatsausgabenmultiplikator $1/(s_Y+im_Y)$ ist um so niedriger, je höher die marginale Spar- und Importquote sind. Die Leistungsbilanzreaktion ergibt sich aus

$$\Delta LB = -im_Y \Delta Y = -\frac{im_Y}{s_Y + im_Y} \Delta G_0.$$

War die Leistungsbilanz ausgeglichen, so führt die expansive Fiskalpolitik zu einem Leistungsbilanzdefizit. Bei einer marginalen Sparquote $s_Y=0$ würde die Zunahme der Staatsnachfrage durch den Einkommenseffekt in voller Höhe in ein Leistungsbilanzdefizit umgesetzt ($\Delta LB=-\Delta G_0$). Im Normalfall einer positiven marginalen Sparquote folgt $0>\Delta LB>-\Delta G_0$; je grösser die marginale Sparquote ist, um so kleiner ist der Bruchteil der höheren Staatsnachfrage, der in einem Leistungsbilanzdefizit wirksam wird.

Die autonome Exportzunahme sei durch eine exogene Erhöhung des ausländischen Einkommens bedingt: $\Delta Y_0^n = \Delta Ex_{01} = \Delta LB_0 = im_{Y*}^* \cdot \Delta Y_1^*$. Da auch hier die autonome Nachfrage Y_0^n zunimmt, muß der Exportmultiplikator mit dem Staatsausgabenmultiplikator (oder dem Investitionsmultiplikator) übereinstimmen:

$$\Delta Y = \frac{1}{s_Y + im_Y} \Delta Ex_{01} = \frac{im_{Y*}^*}{s_Y + im_Y} \Delta Y_1^* .$$

Wird dabei berücksichtigt, daß die inländischen Exporte im Sog eines von der gesamtwirtschaftlichen Entwicklung des Inlandes unabhängigen ausländischen Konjunkturaufschwungs $\Delta Y^* > 0$ (Konjunkturabschwungs $\Delta Y^* < 0$) variieren, so erkennt man, daß ausländische Konjunkturschwankungen gleichgerichtet auf das Inland übertragen werden. Diese Abhängigkeit von der Auslandskonjunktur kommt im Multiplikator $(im_{Y*}^*/(s_Y + im_Y)) > 0$ zum Ausdruck. Die Leistungsbilanz reagiert nun mit einer Verbesserung:

$$\Delta LB = \Delta Ex_{01} - \frac{im_Y}{s_Y + im_Y} \Delta Ex_{01} = \frac{s_Y}{s_Y + im_Y} \Delta Ex_{01} = \frac{s_Y \, im_{Y*}^*}{s_Y + im_Y} \Delta Y_1^* .$$

War die Leistungsbilanz ausgeglichen, so wird z.B. eine expansive Fiskalpolitik im Ausland einen Leistungsbilanzüberschuß des Inlandes verursachen, obwohl auch das inländische Gleichgewichtseinkommen steigt. Ob sich im Zuge eines inländischen Konjunkturaufschwungs eine Verbesserung oder Verschlechterung der Leistungsbilanz einstellt, hängt somit vom binnen- oder außenwirtschaftlichen Ursprung des expansiven Konjunkturimpulses ab.

Die als Ergebnis einer wechselkurspolitischen Entscheidung bestimmte exogene DM-Abwertung ($\Delta e > 0$) habe zu einer primären Leistungsbilanzverbesserung geführt, die sich aus der erfüllten MARSHALL-LERNER-Bedingung ergibt:

$$\Delta Y_0^n = \Delta Ex_0 - \Delta Im_0 = \Delta LB_0 = (\eta_{ex} \frac{Ex}{Im} - \eta_{im} - 1) \, Im \, \Delta e.$$

Da die Zunahme der autonomen Nachfrage nun durch die primäre Leistungsbilanzreaktion determiniert ist, folgt der Einkommenseffekt einer DM-Abwertung aus einem mit Staatsausgaben- und Exportmultiplikator identischen Leistungsbilanzmultiplikator:

$$\Delta Y = \frac{1}{s_Y + im_Y} \Delta LB_0 .$$

Auch die Wechselkurspolitik löst Konjunkturimpulse aus, die im Falle einer Abwertung ein höheres Gleichgewichtseinkommen bei verbesserter Leistungsbilanz hervorrufen. Da das höhere Volkseinkommen auch höhere Importe nach sich zieht, wird die Leistungsbilanzverbesserung kleiner als die primäre Leistungsbilanzreaktion sein, und sie kann sogar trotz Erfüllung der MARSHALL-LERNER-Bedingung ausbleiben. Dies folgt aus

$$\Delta LB = \Delta LB_0 - \frac{im_Y}{s_Y + im_Y}\Delta LB_0 = \frac{s_Y}{s_Y + im_Y}\Delta LB_0.$$

Für $0<s_Y<1$ ergibt sich wegen $0<im_Y<1$: $0<\Delta LB<\Delta LB_0$. Hat die marginale Konsumquote allerdings einen Wert von eins ($s_Y=0$), so kann die Abwertung keine nachhaltige Verbesserung der Leistungsbilanz herbeiführen: $0=\Delta LB<\Delta LB_0$. Dieses Ergebnis läßt sich auch absorptionstheoretisch herleiten und begründen. Da für den Übergang zum neuen Gütermarktgleichgewicht

$$\Delta LB = \Delta Y - \Delta E$$

gelten muß, kann sich die Leistungsbilanz nach einer Abwertung nur dann nachhaltig verbessern, wenn der hierdurch angestoßene Aufschwung das Volkseinkommen stärker als die Absorption inländischer Wirtschaftseinheiten wachsen läßt. Wenn $\Delta E=c_Y\Delta Y$, folgt

$$\Delta LB = (1-c_Y)\Delta Y = s_Y\Delta Y\ ,$$

so daß $\Delta LB>0$ bei Erfüllung der MARSHALL-LERNER-Bedingung $s_Y>0$ voraussetzt. Nur wenn die marginale Konsumquote $c_Y<1$ ist, wird das Einkommenswachstum nicht so stark sein, daß das induzierte Importwachstum die primäre Leistungsbilanzverbesserung kompensiert. Ist hingegen $c_Y=1$, so wird der Einkommenseffekt $\Delta Y=(1/im_Y)\Delta LB_0$ betragen, und der einkommensabhängige Import wächst um $\Delta Im=im_Y\Delta Y=\Delta LB_0$.

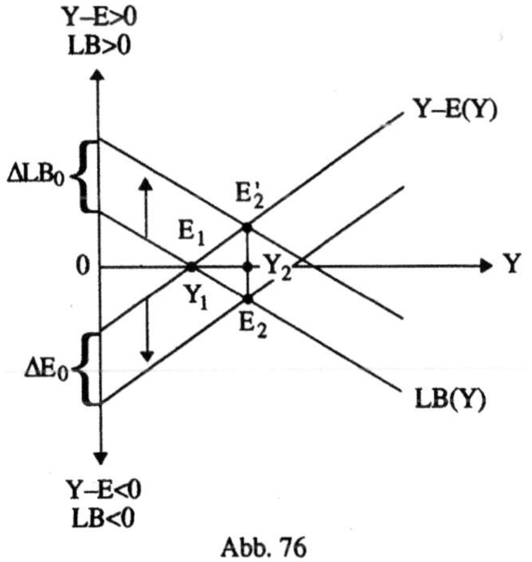

Abb. 76

Die Auswirkungen expansiver Fiskalpolitik, im Sog eines ausländischen Konjunkturaufschwungs steigender Exporte oder einer Abwertung der inländischen Währung auf Gleichgewichtseinkommen und Leistungsbilanz sind in Abb. 76 zusammengefaßt dargestellt. Im Anfangsgleichgewicht E_1 des Gütermarktes schneiden sich Einkommens-Absorptions-Funktion und Leistungsbilanzfunktion auf der Abszisse, so daß eine ausgeglichene Leistungsbilanz vorliegt. Expansive Fiskalpolitik führt zu einer parallelen Abwärtsverschiebung der Einkommens-Absorptions-Kurve um den Betrag $\Delta E_0 = \Delta G_0$. Die neue Gleichgewichtsposition des Gütermarktes ist durch E_2 mit dem höheren Gleichgewichtseinkommen Y_2 und einem Leistungsbilanzdefizit E_2Y_2 bestimmt. Eine durch exogene Schocks (Auslandskonjunktur, Wechselkurspolitik) angestoßene primäre Leistungsbilanzverbesserung ΔLB_0 bedingt eine parallele Aufwärtsverschiebung der Leistungsbilanzkurve um den Betrag ΔLB_0. Das neue Gütermarktgleichgewicht ist durch E'_2 mit dem höheren Gleichgewichtseinkommen Y_2 und einem Leistungsbilanzüberschuß E'_2Y_2 bestimmt, wobei $E'_2Y_2 < \Delta LB_0$.

B. GESAMTWIRTSCHAFTLICHES GLEICHGEWICHT UND LEISTUNGSBILANZ BEI ZINSELASTISCHEN INVESTITIONEN

Der Gütermarkt-Gleichgewichtsanalyse wurden zunächst sehr restriktive Annahmen zugrunde gelegt, so daß ihre Ergebnisse als vorläufig anzusehen und in dieser Form nur unter eingeschränkten Bedingungen anwendbar sind. Die bisherige Analyse ging nämlich von der Vorstellung aus, daß entweder trotz einer Veränderung des Gleichgewichtseinkommens keine Zinsniveauänderungen auftreten oder Zinsänderungen keinen Einfluß auf die Güternachfrage und auf die Zahlungsbilanz haben. Diese Annahmen werden nun schrittweise aufgehoben.

Zunächst wird die Annahme autonomer Investition des Unternehmensektors durch die Hypothese der Investitionsfunktion ersetzt:

$$I = I(i) \qquad \text{mit } \frac{dI}{di} < 0.$$

Bei stabilen Rentabilitätserwartungen sind die geplanten Investitionen eine abnehmende Funktion des Kapitalmarktzinses, wobei Nominal- und Realzins übereinstimmen, da die Inflationsrate Null beträgt (i=r). Die Bedingungsgleichung für Gütermarktgleichgewicht lautet nun:

$$Y = Y^n = C(Y-T_0) + I(i) + G_0 + Ex(Y^*, e) - Im(Y-T_0, e).$$

Gütermarktgleichgewicht ist wiederum bei allen Kombinationen von Zinsniveau und Einkommen erreichbar die durch eine IS-Kurve, die Gütermarktgleichgewichtskurve, abgebildet werden können (Abb. 77). Sind Wechselkurs e und Auslandseinkommen Y^* exogen vorgegeben (System fester Wechselkurse, kleines Land), wird ferner weiterhin eine lineare Abhängigkeit des privaten Konsums und Sparens vom verfügbaren Einkommen unterstellt und wird auch für die Investitionsfunktion eine lineare Beziehung angenommen, so gilt

$$C = C_0 + c_Y(Y-T_0)$$

$$I = I_0 - bi \qquad \left(\frac{dI}{di} = -b\right)$$

$$Ex = Ex_{01}$$

$$Im = Im_0 + im_Y(Y-T_0).$$

Die IS-Kurve ergibt sich nach Einsetzen dieser Verhaltensgleichungen in die Gütermarkt-Gleichgewichtsbedingung aus

$$Y = \frac{1}{s_Y+im_Y} Y_0^n - \frac{b}{s_Y+im_Y} i$$

mit der autonomen Nachfragekomponente

$$Y_0^n = C_0 - (c_Y - im_Y)T_0 + I_0 + G_0 + Ex_{01} - Im_0.$$

Die Höhe der autonomen Nachfrage bestimmt also die Lage bzw. das Niveau der IS-Kurve, während die Verhaltensparameter Zinselastizität der Investition b, marginale Sparquote s_Y und marginale Importquote im_Y den Anstieg der Gütermarkt-Gleichgewichtskurve bestimmen:

(1) Eine durch Zunahme des autonomen Konsums, der Staatsnachfrage oder der Exporte, durch Senkung der Steuerbelastung oder der Importe bewirkte Erhöhung der autonomen Nachfrage ΔY_0^n würde bei konstantem Zins das Gleichgewichtseinkommen um $\Delta Y=1/(s_Y+im_Y)\Delta Y_0^n$ erhöhen. Um diesen Betrag verschiebt sich mithin die IS-Kurve im Falle $\Delta Y_0^n>0$ ($\Delta Y_0^n<0$) nach rechts (links), wenn diese exogenen Schocks z.B. durch expansive (kontraktive) Fiskalpolitik, DM-Abwertung (DM-Aufwertung) oder einen ausländischen Konjunkturaufschwung (Konjunkturabschwung) hervorgerufen werden.

(2) Das Steigungsmaß der IS-Kurve folgt aus $dY/di=(-b/(s_Y+im_Y))<0$ und bringt zum Ausdruck, daß eine Zinssenkung $\Delta i<0$ das Gleichgewichtseinkommen um den Betrag $\Delta Y=(-b/(s_Y+im_Y))\Delta i$ erhöht. In einer offenen Volkswirtschaft muß die IS-Kurve steiler verlaufen als in einer geschlossenen Volkswirtschaft mit $im_Y=0$, da die Wirkung einer Zinsniveauänderung auf das Gleichgewichtseinkommen durch induzierte Importänderungen schwächer ausfällt.

Wie in Abb. 77 dargestellt, bestimmt der einem vorgegebenen Zinsniveau zugeordnete Punkt auf der IS-Kurve die Höhe des Gleichgewichtseinkommens. Sinkt das Zinsniveau von i_1 auf i_2, so steigt das Gleichgewichtseinkommen von Y_1 auf Y_2. Da der Leistungsbilanzsaldo von der Höhe der Zinsen unabhängig ist, ergibt sich ein Leistungsbilanzgleichgewicht bei einem bestimmten Einkommensniveau, das nur zufällig mit dem Gleichgewichtseinkommen übereinstimmt. Eine die Bedingung des Leistungsbilanzgleichgewichts erfüllende LBG-Kurve verläuft somit vertikal. Punkte auf der IS-Kurve rechts (links) von der LBG-Kurve repräsentieren Kombinationen von Zinsniveau und Einkommen, denen ein Leistungsbilanzdefizit (Leistungsbilanzüberschuß) zugeordnet ist. Die horizontale Distanz des auf der IS-Kurve gelegenen Koordinatenpunktes zur LBG-Kurve bietet ein – ordinales – Maß des Leistungsbilanzungleichgewichts. Da diese Strecken E_1B_1 bzw. E_2B_2 festlegen, um wieviel das Einkommen sinken müßte, damit durch einen induzierten Importrückgang Leistungsbilanzgleichgewicht hergestellt würde, läßt sich der Leistungsbilanzsaldo auch durch Multiplikation dieser horizontalen Abstandsstrecken mit der marginalen Importquote errechnen.

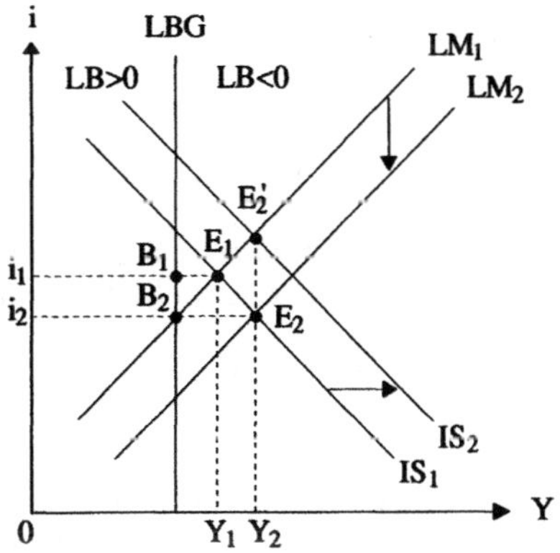

Abb. 77

Bei gegebener Höhe des Gleichgewichtseinkommens ist die Höhe des Gleichgewichtszinses im geldwirtschaftlichen Gleichgewicht von Geldangebot und geplanter Geldnachfrage bestimmt:

$$M = m_1 B = L(Y,i) .$$

Wie dem Leser bereits aus der Lektüre von § 1 bekannt ist, ist die Geldnachfrage positiv mit dem Volkseinkommen und negativ mit dem Zinsniveau korreliert:

$$\frac{\delta L}{\delta Y} = k > 0 ,$$

$$\frac{\delta L}{\delta i} = h < 0 .$$

Es soll die Geldnachfragefunktion

$$L = kY + hi$$

gelten, deren Verlauf sich in der offenen Volkswirtschaft nicht geändert hat. Bei gegebener Geldmenge M paßt sich der Zins so an, daß die geplante Geldnachfrage mit dem Geldangebot übereinstimmt:

$$M = kY + hi\,.$$

Daraus folgt die LM-Funktion

$$i = \frac{1}{h}M - \frac{k}{h}Y.$$

Bei gegebener Geldmenge sind Zinsniveau und Einkommen positiv korreliert. Dieser Zusammenhang drückt sich im Steigungsmaß der LM-Kurve

$$\frac{di}{dY} = -\frac{k}{h} > 0$$

aus, das durch den Quotienten von Kassenhaltungskoeffizient k und Zinselastizität der Geldnachfrage h bestimmt ist. Eine Erhöhung des Einkommens ΔY läßt die Geldnachfrage um $k\Delta Y$ steigen, so daß der Zins um $\Delta i=(k/h)\Delta Y$ steigen muß, damit die Geldnachfrage um den Betrag $h\Delta i= -k\Delta Y$ sinkt und hierdurch wieder an das konstante Geldangebot angepaßt wird. Das Niveau der LM-Kurve ist durch das Geldangebot M bestimmt. Eine Erhöhung oder Senkung der Geldmenge um ΔM läßt den Zins bei konstantem Einkommen um $\Delta i=(1/h)\Delta M$ sinken oder steigen, weil nur dieser Zinseffekt die Geldnachfrage an das veränderte Geldangebot anpaßt, wenn $\Delta Y=0$. Die LM-Kurve wird also bei einer Variation der Geldbasis um ΔB und damit der Geldmenge um $\Delta M=m_1\Delta B$ um den Betrag $\Delta i=(1/h)\Delta M=(m_1/h)\Delta B$ vertikal verschoben.

Das gesamtwirtschaftliche Gleichgewicht ist durch den Schnittpunkt von IS- und LM-Kurve bestimmt. Liegt dieser Gleichgewichtspunkt rechts (links) von der LBG-Kurve, so existiert ein gesamtwirtschaftliches Gleichgewicht mit Leistungsbilanzdefizit (Leistungsbilanzüberschuß). Eine expansive Geldpolitik, die in einer vertikalen Abwärtsverschiebung der LM-Kurve vom Niveau LM_1 auf die Position LM_2 darstellbar ist, verändert die gesamtwirtschaftliche Gleichgewichtsposition von E_1 auf E_2. Der Gleichgewichtszins sinkt von i_1 auf i_2, das Gleichgewichtseinkommen wächst von Y_1 auf Y_2 und das Leistungsbilanzdefizit nimmt in der Proportion B_2E_2/B_1E_1 bzw. von $LB_1=im_YE_1B_1$ auf $LB_2=im_YE_2B_2$ zu. Der gleiche Leistungsbilanzeffekt geht von einer expansiven Fiskalpolitik aus, die die IS-Kurve von IS_0 auf das Niveau IS_1 nach rechts verschiebt und das gesamtwirtschaftliche Gleichgewicht von E_1 nach E_2' verlagert.

Eine Verbesserung der Leistungsbilanz folgt umgekehrt aus kontraktiver Fiskal- oder Geldpolitik. Hierbei wird die verbesserte Leistungsbilanzposition durch einen Rückgang von Produktion, Einkommen und Beschäftigung erkauft. Demgegenüber wird ein Wachstum von Produktion, Einkommen und Beschäftigung die Verbesserung der Leistungsbilanz begleiten, wenn der expansive Impuls durch einen ausländischen Konjunkturaufschwung oder durch eine Abwertung der inländischen Währung zustande kommt. In diesen Fällen verschiebt sich die LBG-Kurve um den Betrag der primären Leistungsbilanzverbesserung $\Delta LB_0=\Delta Ex_{01}=m^*\Delta Y_1^*$ bzw. $\Delta LB_0=(\delta LB/\delta e)\Delta e$ nach rechts, während sich zugleich die IS-Kurve um den Betrag $\Delta Y=(1/(s_Y+im_Y))\Delta LB_0$ nach rechts verlagert (Abb. 78). Die gesamtwirtschaftliche Gleichgewichtsposition verlagert sich von E_1 nach E_2, das Leistungsbilanzdefizit sinkt in der Proportion E_2B_2/E_1B_1.

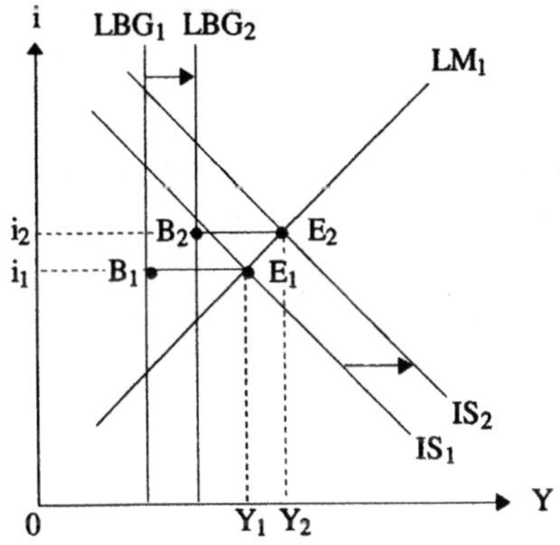

Abb. 78

Verglichen mit dem Fall zinsunelastischer Investitionen ist das Einkommenswachstum schwächer, da der Zins von i_1 auf i_2 steigt, und die Verbesserung der Leistungsbilanz ist aus diesem Grunde stärker ausgeprägt.

C. AUSSENWIRTSCHAFTLICHES GLEICHGEWICHT

Die bisherige Analyse hat Einflüsse auf den internationalen Kapitalverkehr ebenso ignoriert wie mögliche gesamtwirtschaftliche Auswirkungen veränderter Kapitalbilanzsalden, die als Folge von Zinsänderungen auftreten können, wenn Verschiebungen der Zinsdifferenz zwischen In- und Ausland grenzüberschreitende Kapitalzu- oder -abflüsse auslösen. Solche analytischen Ansätze sind heute in vielen Fällen nicht mehr vertretbar, weil sie auf die Rahmenbedingungen internationaler Kapitalimmobilität zugeschnitten sind. In den wichtigsten marktwirtschaftlich orientierten Welthandelsländern sind die für solche Bedingungen verantwortlichen Kapitalverkehrskontrollen weitgehend abgebaut worden. Mit der (gegenwärtig auch in Italien und Frankreich nachvollzogenen) Liberalisierung des internationalen Kapitalverkehrs wachsen die internationalen Verflechtungen der Geld- und Kapitalmärkte, da Finanztransaktionen zunehmend an den relativen Ertragsraten nationaler und ausländischer Finanzmärkte ausgerichtet werden. Kapitalanbieter auf der Suche nach dem Ort der rentabelsten Anlage sind nicht mehr auf die von heimischen Finanzmärkten gebotenen Anlagemöglichkeiten beschränkt. Kapitalnachfrager auf der Suche nach dem Ort des zinsgünstigsten Kreditangebots sind nicht mehr auf die Finanzierungskonditionen nationaler Finanzmärkte beschränkt. Der Erkenntnisfortschritt, den die MUNDELL-FLEMING-Ansätze als makroökonomische Modellgeneration der 60er Jahre brachten, ergab sich aus der Anpassung des keynesianischen Standardmodells an diese Bedingungen der mit zunehmender Kapitalverkehrsliberalisierung wachsenden internationalen Finanzmarktverflechtung.

Für Kapitalimporte wird die Kapitalimportfunktion

$$KIm = KIm\,(i, i^*)$$

mit $$\frac{\delta KIm}{\delta i} > 0, \quad \frac{\delta KIm}{\delta i^*} < 0,$$

für die Kapitalexporte die Kapitalexportfunktion

$$KEx = KEx\,(i, i^*)$$

mit $$\frac{\delta KEx}{\delta i} < 0, \quad \frac{\delta KEx}{\delta i^*} > 0$$

unterstellt. Eine Erhöhung des inländischen Zinsniveaus steigert die relative Rendite von Finanzanlagen im inländischen Kapitalmarkt, so daß die

Kapitalimporte zunehmen und die Kapitalexporte abnehmen. Eine Erhöhung des ausländischen Zinsniveaus induziert wachsende Kapitalexporte und schrumpfende Kapitalimporte, weil die relative Rendite von Finanzanlagen auf ausländischen Kapitalmärkten gestiegen ist. Somit ergibt sich die Kapitalbilanzfunktion

$$KB = KIm - KEx = KB(i, i^*)$$

mit $$\frac{\delta KB}{\delta i} > 0, \qquad \frac{\delta KB}{\delta i^*} < 0.$$

Eine Erhöhung des inländischen (ausländischen) Zinsniveaus verbessert (verschlechtert) die Kapitalbilanz. Ein Zustand des außenwirtschaftlichen Gleichgewichts, also Zahlungsbilanz- und Devisenmarktgleichgewicht, ist erreicht, wenn Leistungs- und Kapitalbilanz im Gleichgewicht sind, oder wenn sich Leistungsbilanz- und Kapitalbilanzungleichgewichte gerade aufheben:

$$ZB = Ex(Y^*, e) - Im(Y, e) + KB(i, i^*) = 0.$$

Bei exogen gegebenem Wechselkurs gelte wiederum

$$Ex = Ex_{01}$$

$$Im = Im_0 + im_Y Y$$

$$LB = LB_0 - im_Y Y \qquad (LB_0 = Ex_{01} - Im_0)$$

und die Kapitalbilanzfunktion sei

$$KB = KB_0 + kb(i - i^*).$$

Der autonome Kapitalbilanzsaldo resultiert aus internationalen Kapitalbewegungen, die nicht durch internationale Zinsdifferenzen sondern durch andere Motive bestimmt sind (z.B. Direktinvestitionen). Die Zinselastizität internationaler Kapitalbewegungen kommt im Parameter kb zum Ausdruck; dieser zeigt an, um wieviel sich die Kapitalbilanz verbessert, wenn sich die internationale Zinsdifferenz zugunsten des inländischen Kapitalmarktes verschiebt.

Der Verlauf der Kapitalbilanzfunktion ist in Abhängigkeit von der Höhe des inländischen Zinsniveaus im oberen Diagramm von Abb. 79 dargestellt, wobei auf dem positiven (negativen) Abszissenabschnitt Kapitalbilanzüberschüsse (Kapitalbilanzdefizite) erfaßt werden. Der Verlauf der Leistungsbilanzfunktion ist in Abhängigkeit von der Höhe des inländischen Einkommens im mittleren Diagramm von Abb. 79 dargestellt, wobei auf dem positiven (negativen) Abszissenabschnitt Importüberschüsse (Exportüberschüsse) erfaßt werden sollen. Wenn das inländische Zinsniveau mit dem ausländischen Zinsniveau übereinstimmt, so ist für $i_1=i^*$ die Kapitalbilanz durch den autonomen Kapitalbilanzsaldo KB_0 bestimmt, der hier mit einem Kapitalimportüberschuß abschließt. Bei dem Zinsniveau $i_1=i^*$ herrscht außenwirtschaftliches Gleichgewicht, wenn das Volkseinkommen Y_1 erreicht wird, dem ein Leistungsbilanzdefizit $-LB_1=Im-Ex=KB_0$ zugeordnet ist.

Im unteren Diagramm von Abb. 79 wird diese mit externem Gleichgewicht kompatible Konstellation von Zinsniveau i_1 und Einkommen Y_1 durch den Koordinatenpunkt A erfaßt. Steigt nun das Volkseinkommen auf Y_2, so wächst das Leistungsbilanzdefizit auf $-LB_2$. Außenwirtschaftliches Gleichgewicht kann erhalten bleiben, wenn das Zinsniveau auf i_2 erhöht wird, so daß die zinsinduzierte Verbesserung der Kapitalbilanz die einkommensinduzierte Verschlechterung der Leistungsbilanz ausgleicht. Im Zins-Einkommens-Diagramm wird diese Kombination von Zinsniveau i_2 und Einkommen Y_2 durch Koordinatenpunkt B erfaßt. Würde der inländische Zins auf das Niveau i_3 sinken, bei dem Kapitalbilanzgleichgewicht besteht, dann wäre bei dem Einkommen Y_3, das Leistungsbilanzgleichgewicht sichert, auch außenwirtschaftliches Gleichgewicht gewährleistet.

Verbindet man diese Koordinatenpunkte, so erhält man die linear mit positivem Steigungsmaß verlaufende ZZ-Kurve, die als geometrische Ortslinie aller Zins-Einkommens-Kombinationen definiert ist, bei denen Zahlungsbilanz- und Devisenmarktgleichgewicht herrscht. Wird auch die dem Einkommen Y_3 zugeordnete vertikale Leistungsbilanzgleichgewichts-Kurve in das Zins-Einkommens-Diagramm übernommen, so lassen sich für alle auf ZZ gelegenen Punkte auch die Salden der Teilbilanzen feststellen. Alle auf ZZ rechts bzw. links von LBG gelegenen Punkte repräsentieren die Konstellationen Leistungsbilanzdefizit = Kapitalbilanzüberschuß = $im_Y(Y-Y_3)$ bzw. Leistungsbilanzüberschuß = Kapitalbilanzdefizit = $im_Y(Y_3-Y)$.

Die Zahlungsbilanzgleichgewichts-Kurve wird um so flacher verlaufen, je größer die Zinselastizität der internationalen Kapitalbewegungen kb ist. Je größer kb ist, desto flacher verläuft nämlich die Kapitalbilanzfunktion, so daß ein geringerer Zinsanstieg erforderlich ist, um bei wachsendem Einkommen und verschlechterter Leistungsbilanz die Zahlungsbilanz im Gleichgewicht zu halten. Steigt bei unverändertem Volkseinkommen Y_1 das Zinsniveau auf i_2, so entsteht ein Zahlungsbilanzüberschuß ($-LB_1+KB_2>0$). Diese Konstellation wird im Zins-Einkommens-Diagramm von Abb. 79 durch den Koordinatenpunkt A' widergegeben, der oberhalb der ZZ-Kurve liegt. Wächst bei konstantem Zinsniveau i_1 das Volkseinkommen auf Y_2, so bildet sich ein Zahlungsbilanzdefizit heraus ($-LB_2+KB_0<0$), das dem

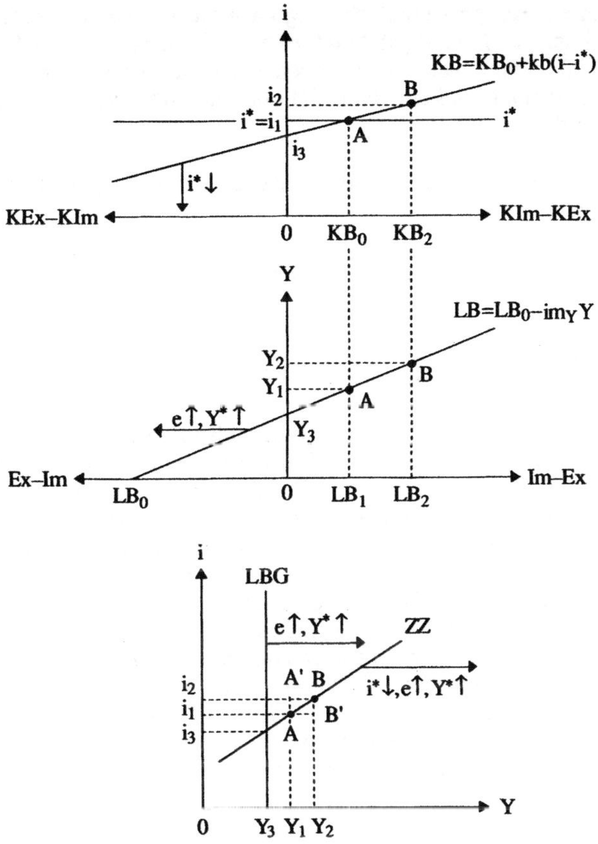

Abb. 79

Lagepunkt B' im Zins-Einkommens-Diagramm zugeordnet ist. Folglich repräsentieren alle Punkte oberhalb (unterhalb) der ZZ-Kurve Konstellationen von Überschußungleichgewichten (Defizitungleichgewichten) der Zahlungsbilanz, wobei das externe Ungleichgewicht um so größer ist, je größer die horizontale bzw. vertikale Distanz des Lagepunktes zur ZZ-Kurve ist.

Exogene Störungen, die eine außenwirtschaftliche Gleichgewichtsposition aufheben (z.B. $\Delta i^*<0$, $\Delta Y^*>0$, $\Delta e>0$) müssen zu einer Verschiebung der ZZ-Kurve führen, weil Zahlungsbilanzgleichgewichte nur durch Anpassung des Einkommens oder des Zinsniveaus wieder hergestellt werden können. Eine Senkung des ausländischen Zinsniveaus führt zu einer Abwärtsverschiebung der Kapitalbilanzfunktion um $\Delta i^*<0$. Eine Dollar-Aufwertung oder ein Konjunkturaufschwung im Ausland führen zu einer Rechtsverschiebung der Leistungsbilanzfunktion um $\Delta LB_0 > 0$. Folglich muß sich die ZZ-Kurve nach rechts verschieben, wenn das ausländische Zinsniveau sinkt, das Auslandseinkommen steigt oder die inländische Währung abgewertet wird.

Die Funktionsgleichung, die die Devisenmarkt-Gleichgewichtsbedingung spezifiziert, folgt aus

$$ZB = LB_0 - im_Y Y + KB_0 + kb(i - i^*) = 0$$

mit

$$i = -\frac{1}{kb}(LB_0 + KB_0) + i^* + \frac{im_Y}{kb} Y.$$

Diese Gleichung bestimmt, wie hoch das inländische Zinsniveau (bei exogen vorgegebenem ausländischen Zinsniveau) sein müßte, damit bei gegebenem Gleichgewichtseinkommen Y außenwirtschaftliches Gleichgewicht herrscht. Die ZZ-Funktion macht deutlich, daß das Niveau der Devisenmarktgleichgewichts-Kurve durch die Höhe des ausländischen Zinsniveaus und der autonomen Teilbilanzsalden bestimmt ist. Im Falle einer Erhöhung des ausländischen Zinsniveaus kann bei unverändertem inländischen Volkseinkommen außenwirtschaftliches Gleichgewicht nur gewahrt bleiben, wenn das inländische Zinsniveau um den gleichen Betrag erhöht wird (Aufwärtsverschiebung der ZZ-Kurve um Δi^*). Trotz einer Verbesserung des autonomen Leistungsbilanzsaldos $\Delta LB_0 > 0$ (z.B. auf Grund einer Dollar-Aufwertung oder ausländischen Einkommenserhöhung) kann außenwirtschaftliches Gleichgewicht bestehen bleiben, wenn das Zinsniveau um den Betrag $\Delta i = -(1/kb)\Delta LB_0$ sinkt (Abwärtsverschiebung der ZZ-Kurve um Δi).

Das Steigungsmaß der ZZ-Funktion kommt im Differentialquotienten

$$\frac{di}{dY} = \frac{im_Y}{kb}$$

zum Ausdruck: Je größer (kleiner) der Parameter kb ist, d.h. je zinselastischer (zinsunelastischer) die Kapitalbewegungen reagieren, desto flacher (steiler) verläuft die ZZ-Kurve. Nimmt kb sehr hohe Werte an und nähert sich dem Fall vollkommen zinselastischer Kapitalbewegungen ($kb = \infty$), so folgt für die ZZ-Funktion

$$i = i^*.$$

Dieser Extremfall wird auch als perfekte Kapitalmobilität bezeichnet. Eine solche Konstellation ist erreicht, wenn freier internationaler Kapitalverkehr gewährleistet ist, und wenn in- und ausländische Wertpapiere als

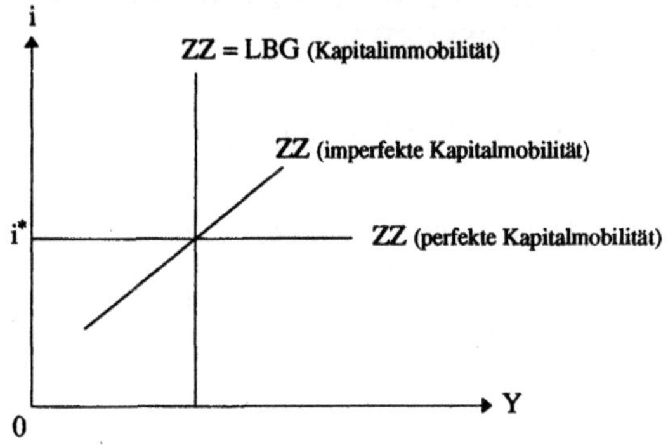

Abb. 80

perfekte Substitute angesehen werden. Unter dieser Bedingung verläuft die ZZ-Kurve horizontal auf dem Niveau $i=i^*$, weil Zinsarbitrage zu ständiger Zinsparität führt. Die mit fortschreitender Liberalisierung der Kapitalmärkte wachsende internationale Finanzmarktintegration wirkt sich in steigenden Parameterwerten kb aus. Solche Veränderungen währungspolitischer Rahmenbedingungen führen zu einer flacher werdenden, sich nach rechts drehenden ZZ-Kurve, die sich tendenziell dem Grenzfall perfekter Kapitalmobilität nähert. Umgekehrt würde eine ständige Intensivierung von Kapitalverkehrskontrollen tendenziell auf den Grenzfall vollständiger Kapitalimmobilität zulaufen, der sich in einer vertikalen ZZ-Kurve darstellt (Abb.80).

D. Gesamtwirtschaftliches Gleichgewicht und Wechselkurssystem

1. Feste und flexible Wechselkurse

Das gesamtwirtschaftliche Gleichgewicht, also ein simultanes güter- und geldwirtschaftliches Gleichgewicht, wird durch den Schnittpunkt von IS- und LM-Kurve determiniert. Unter den Rahmenbedingungen eines Systems fester Wechselkurse kann diese Gleichgewichtslage mit außenwirtschaftlichen Ungleichgewichten oder mit außenwirtschaftlichem Gleichgewicht verbunden sein. In einem System flexibler Wechselkurse ist das gesamtwirtschaftliche Gleichgewicht nur mit einem externen Gleichgewicht kompatibel, weil außenwirtschaftliche Ungleichgewichte Wechselkursanpassungen auslösen, bis ein Gleichgewichtswechselkurs erreicht ist, von dessen Höhe auch die gesamtwirtschaftliche Gleichgewichtsposition abhängt.

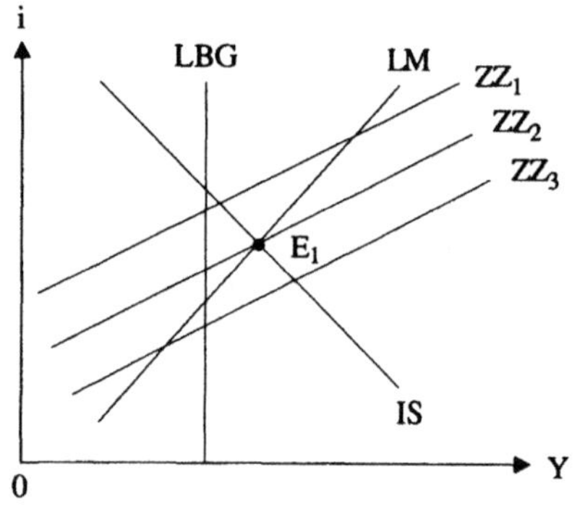

Abb. 81

Wie in Abb. 81 dargestellt, können Gleichgewichtseinkommen und -zins bei festen Wechselkursen durch einen IS-LM-Schnittpunkt E_1 unterhalb ZZ (ZZ_1-Kurve, Zahlungsbilanzdefizit, Leistungsbilanzdefizit plus Kapitalbilanzdefizit), auf ZZ (ZZ_2-Kurve, externes Gleichgewicht, Kapitalbilanzüberschuß gleich Leistungsbilanzdefizit) oder oberhalb ZZ (ZZ_3-Kurve, Zahlungsbilanzüberschuß, Kapitalbilanzüberschuß>Leistungsbilanzdefizit) repräsentiert werden. Bei flexiblen Wechselkursen hingegen muß der gesamtwirtschaftliche Gleichgewichtspunkt E auf der ZZ-Kurve liegen. Das gesamtwirtschaftliche Gleichgewicht ist in diesem Fall durch einen gemeinsamen Schnittpunkt von IS-, LM- und ZZ-Kurve bestimmt.

Für makroökonomische Gleichgewichtsanalysen einer kleinen, offenen Volkswirtschaft mit festen Wechselkursen ist somit das folgende Gleichungssystem anzuwenden, wobei exogene Größen (außer dem Geldbasismultiplikator m_1) mit Subscript 0, ausländische Größen mit * versehen sind:

$$Y = Y^n = C(Y-T_0) + I(i) + G_0 + Ex(Y_0^*, e_0) - Im(Y-T_0, e_0)$$

$$M = m_1B = m_1(WR + B_0^Z) = L(Y, i)$$

$$ZB = Ex(Y_0^*, e_0) - Im(Y, e_0) + KB(i, i_0^*) = \Delta WR.$$

Mit diesem System lassen sich die endogenen Variablen Einkommen Y, Zinsniveau i und Zahlungsbilanzsaldo ZB bzw. Veränderung der Zentralbank-Währungsreserve $ZB=\Delta WR$ in Abhängigkeit vom Niveau der Staatsnachfrage G_0, der direkten Steuerbelastung privater Haushalte T_0, des von der Zentralbank kontrollierten Teils der Geldbasis B_0^Z (der sogenannten heimischen Geldbasiskomponente), des ausländischen Einkommens Y_0^* und des ausländischen Zinssatzes i_0^* bestimmen. Somit können die Auswirkungen fiskalpolitischer Impulse $(\Delta G_0, \Delta T_0)$, geldpolitischer Impulse (ΔB_0^Z) und externer Störungen $(\Delta Y_0^*, \Delta i_0^*)$ auf Einkommen, Zinsniveau und Zahlungsbilanz des Inlandes untersucht werden. Dabei muß im Normalfall des außenwirtschaftlichen Ungleichgewichts zwischen sterilisierten und nichtsterilisierten Devisenmarktinterventionen unterschieden werden. Nur wenn die monetären Effekte von Devisenmarktinterventionen durch Gegensteuerung der heimischen Geldbasiskomponente wirksam sterilisiert werden können $(\Delta WR=-\Delta B_0^Z)$, ist auch die Geldmenge eine exogene Variable, die von der Zentralbank kontrolliert wird. Bei sehr großen oder dauerhaften Zahlungsbilanzungleichgewichten ist aber damit zu rechnen, daß die Zentralbank diese Kontrollmöglichkeit verliert, die Geldmengenwirkungen ihrer obligatorischen Devisenmarktinterventionen also nicht mehr neutralisieren kann. Unter diesen Bedingungen wird auch die Geldmenge zu einer endogenen (von der Zahlungsbilanzposition abhängigen) Variablen. Deshalb soll im folgenden zwischen kurz- und langfristigen Analysehorizonten unterschieden werden. Im Rahmen kurzfristiger Gleichgewichtsanalysen ist die Geldmenge als exogene Variable zu betrachten, während längerfristige Gleichgewichtsanalysen berücksichtigen, daß sich die Geldmenge in Folge außenwirtschaftlicher Ungleichgewichte solange verändern wird, bis über die gesamtwirtschaftlichen Rückwirkungen auch ein Zahlungsbilanzgleichgewicht zustandegekommen ist.

Diese Zusammenhänge sind in Abb. 82a dargestellt. In der Ausgangslage ist die gesamtwirtschaftliche Gleichgewichtsposition E_1 (Schnittpunkt von LM_1 und IS) mit einem anhaltenden Zahlungsbilanzüberschuß (Kapitalbilanzüberschuß>Leistungsbilanzdefizit, E_1 liegt oberhalb von ZZ_3) verbunden. Permanente Devisenkäufe der Zentralbank lassen die Geldmenge langfristig wachsen. Die LM-Kurve verschiebt sich nach rechts, bis ein gemeinsamer Schnittpunkt E_3 von LM_3 und ZZ_3 auf IS zustandegekommen ist. Wie im Anpassungsprozeß von E_1 nach E_3 erkennbar, lösen anhaltende Zahlungsbilanzüberschüsse Geldmengenmechanismen aus, die über steigende Einkommen und sinkende Zinsen eine Verschlechterung von Leistungsbilanz (das Leistungsbilanzdefizit wächst) und Kapitalbilanz (der Kapitalbilanzüberschuß wird kleiner) auslösen, bis schließlich Kapitalbilanzüberschuß und Leistungsbilanzdefizit im langfristigen Gleichgewicht E_3 übereinstimmen.

Bei perfekter Kapitalmobilität (Abb. 82b) lösen bereits relativ kleine Abweichungen des Inlandszinses vom internationalen Kapitalmarktzins i^* so große Kapitalbilanzungleichgewichte aus, daß die Zentralbank keinen nachhaltigen sterilisationspolitischen Widerstand gegen die Geldmengeneffekte extrem ungleichgewichtiger Zahlungsbilanzen leisten kann. Der gesamtwirtschaftliche Gleichgewichtspunkt E wird sich somit relativ rasch einspielen, so daß bereits kurzfristig das inländische Zinsniveau durch den internationalen Kapitalmarktzins determiniert ist (Zinsparität $i=i_0^*$) und das inländische Gleichgewichtseinkommen aus dem Schnittpunkt von IS-Kurve und horizontaler ZZ-Kurve (bei sich anpassender LM-Kurve) resultiert.

Für makroökonomische Gleichgewichtsanalysen kleiner, offener Volkswirtschaften mit flexiblen Wechselkursen muß das bisher zugrundegelegte Gleichungssystem so angepaßt werden, daß neben den endogenen Variablen Y und i auch der Wechselkurs e, der als Gleichgewichtskurs für externes Gleichgewicht sorgt, endogenisiert wird. Dies geschieht, indem die Zahlungsbilanzgleichung in die Devisenmarkt- und Zahlungsbilanz-Gleichgewichtsbedingung ZB=0 transformiert wird. Somit liegt diesem Fall folgendes Makrosystem zugrunde:

$$Y = Y^n = C(Y-T_0) + I(i) + G_0 + Ex(Y_0^*, e) - Im(Y-T_0, e)$$

$$M_0 = m_1 B_0 = m_1(WR_0 + B_0^Z) = L(Y, i)$$

$$ZB = Ex(Y_0^*, e) - Im(Y, e) + KB(i, i_0^*) = 0.$$

Da die Ausstattung der Zentralbank mit Währungsreserven infolge ausbleibender Devisenmarktinterventionen konstant ist, sind Geldbasis und Geldmenge nunmehr exogene, d.h. durch die Zentralbank steuerbare, Größen. Eine Unterscheidung kurz- und langfristiger Gleichgewichte wird unter diesen Bedingungen irrelevant, da die kurzfristigen Gleichgewichtspositionen E_1 (in Abb. 81), E_3 (in Abb. 82a) oder E (in Abb. 82b) stabil sind. Dies gilt allerdings nur, wenn Vermögensänderungen keinen Einfluß auf Konsumgüternachfrage und Geldnachfrage (und somit auf die Lage von IS- und LM-Kurve) haben, da gesamtwirtschaftliche Gleichgewichte bei ungleichgewichtigen Leistungsbilanzen variierende Vermögenspositionen des privaten Sektors implizieren. Solche Vermögenseffekte werden aber

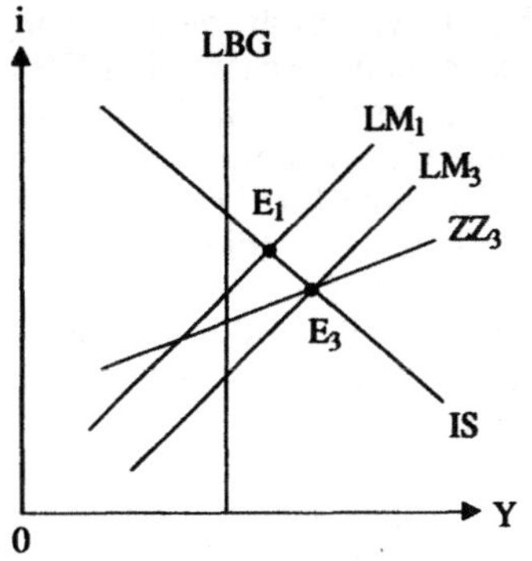

Abb. 82a

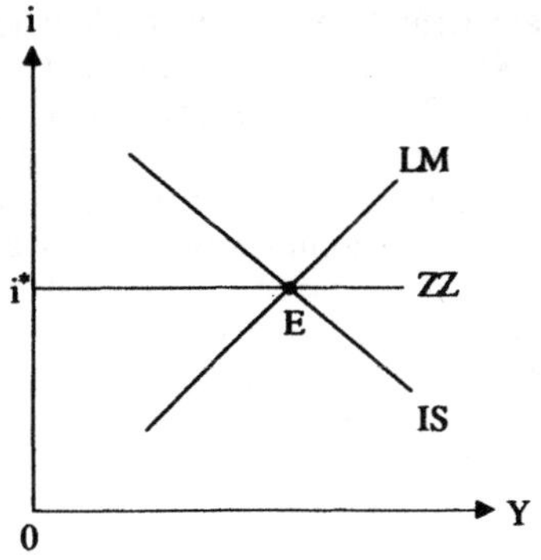

Abb. 82b

in den keynesianischen MUNDELL-FLEMING-Ansätzen als insignifikant vernachlässigt, so daß stabile gesamtwirtschaftliche Gleichgewichte und Leistungsbilanzungleichgewichte kompatibel sind. Das so konzipierte Makrosystem gestattet es nun, die Auswirkungen fiskalischer Impulse ($\Delta G_0, \Delta T_0$), monetärer Impulse (ΔM_0) und die Transmissionswirkungen monetärer oder fiskalischer Auslandsimpulse (ΔY_0^*, Δi_0^*) auf Einkommen, Zins und Wechselkurs zu analysieren.

2. Stabilisierungspolitik bei festen Wechselkursen

Um bei festen Wechselkursen die kurz- und langfristigen Auswirkungen expansiver Geld- und Fiskalpolitik auf Einkommen, Zins, Leistungsbilanz, Kapitalbilanz und Zahlungsbilanz zu isolieren, wird von einem gesamtwirtschaftlichen (Unterbeschäftigungs-) Gleichgewicht mit annahmegemäß gleichgewichtiger Leistungs-, Kapital- und Zahlungsbilanz ausgegangen (E_1 in Abb. 83a). Wie der in Abb. 83 zugrundegelegte Verlauf der ZZ-Kurve zeigt, werden zunächst Geld- und Fiskalpolitik bei imperfekter internationaler Kapitalmobilität analysiert; im relativ flachen Verlauf der ZZ-Kurve kommt dabei die Annahme relativ zinselastischer Kapitalbewegungen zum Ausdruck. In der Ausgangslage ist das Ziel des externen Gleichgewichts (Zahlungsbilanzgleichgewicht) realisiert, das Ziel des internen Gleichgewichts (gesamtwirtschaftliches Gleichgewicht bei Vollbeschäftigung) sei verletzt: $Y^n = Y < Y^{VB}$ (Y^{VB} : Vollbeschäftigungseinkommen).

a. Geldpolitik

Eine einmalige, dauerhafte Erhöhung der heimischen Geldbasiskomponente durch expansive geldpolitische Steuerungseingriffe ($\Delta B_0^Z > 0$) führt zunächst zu einer Ausweitung des Geldangebots um $\Delta M = m_1 \Delta B_0^Z$. Dieser monetäre Effekt zeigt sich in einer Rechts- bzw. Abwärtsverschiebung der LM-Kurve. Es entsteht ein kurzfristiges gesamtwirtschaftliches Gleichgewicht in E_2 mit höherem Einkommen und gesunkenem Zinsniveau. Der Einkommenseffekt bewirkt über steigende Güterimporte ein Leistungsbilanzdefizit (E_2 liegt rechts von LBG), der Zinseffekt induziert über steigende Nettokapitalexporte ein Kapitalbilanzdefizit (die horizontale Distanz von E_2 zur ZZ-Kurve ist größer als die horizontale Distanz zur LBG-Kurve; E_2 liegt rechts von LBG und ZZ). Expansive Geldpolitik bewirkt mithin ein Zahlungsbilanzdefizit, das um so größer ist, je zinselastischer die internationalen Kapitalbewegungen reagieren. Es liegt ein Zielkonflikt zwischen internem und externem Gleichgewicht vor. Wird Geldpolitik auf das Ziel des internen Gleichgewichts ausgerichtet, so verletzt sie das Ziel des externen Gleichgewichts. Mit zunehmender Zinselastizität internationaler Kapitalbewegungen wird dieser Zielkonflikt verschärft.

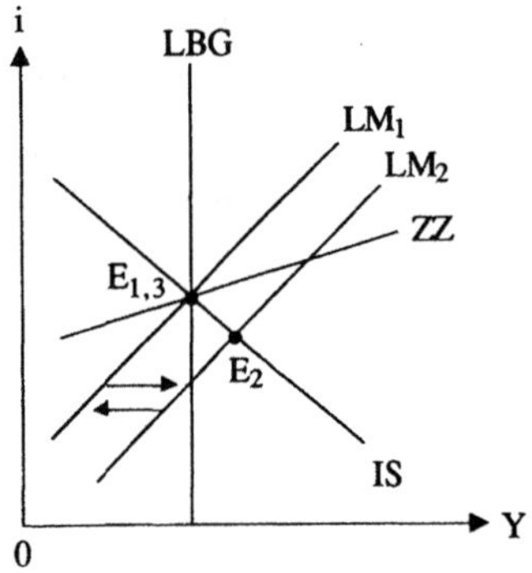

Abb. 83a

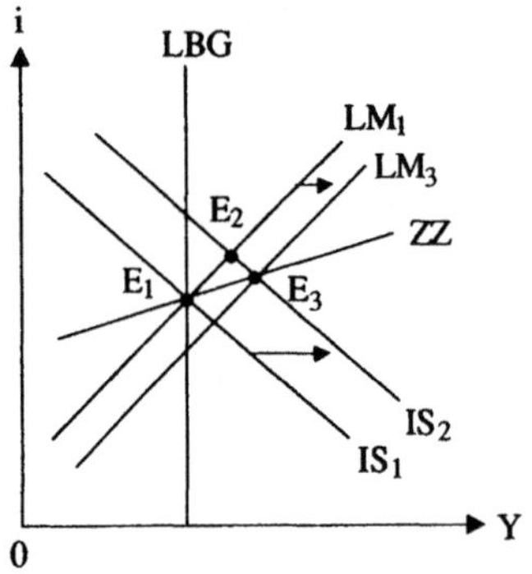

Abb.83b

Da das gesamtwirtschaftliche Gleichgewicht E_2 mit einem anhaltenden Zahlungsbilanzdefizit verbunden ist, muß die Zentralbank den Dollar-Wechselkurs mit ständigen Devisenabgaben am oberen Interventionspunkt halten ($\Delta WR<0$). Betreibt die Zentralbank keine Sterilisationspolitik bzw. wird sie langfristig zur Aufgabe gezwungen, so kommt es in jeder Periode gemäß der jeweiligen Zahlungsbilanzlage zu einer Kontraktion des Geldangebots um $\Delta M=m_1\Delta WR=m_1 ZB<0$. Dieser monetäre Effekt nicht-sterilisierter Devisenmarktinterventionen zeigt sich in einer Links- bzw. Aufwärtsverschiebung der LM-Kurve. Bei steigendem Zins und sinkendem Einkommen werden die Kapitalbilanz- und Leistungsbilanzdefizite abgebaut. Dieser Prozeß hält solange an, bis das Zahlungsbilanzgleichgewicht auf dem Niveau des ursprünglichen langfristigen Gleichgewichts (E_1, E_3) wiederhergestellt ist. Die LM-Kurve muß sich also in die Ausgangsposition zurück verschoben haben. Das Einkommen hat sich damit nicht verändert, weil die zusätzlich geschaffene Zentralbankgeldmenge ($\Delta B_0^Z>0$) durch Devisenverkäufe der Zentralbank ($\Delta WR<0$) wieder vernichtet worden ist ($\Delta B_0^Z = -\Delta WR$).

Als Ergebnis ist festzuhalten: Geldpolitische Steuerung ist bei festen Wechselkursen lediglich kurzfristig wirksam, langfristig aber unwirksam, weil die gezielte Veränderung der heimischen Geldbasiskomponente B_0^Z durch eine gegenläufige Veränderung der Devisenreserve WR konterkariert wird. Dieses Ergebnis gilt unabhängig vom Grad internationaler Kapitalmobilität. Lediglich im Grenzfall perfekter internationaler Kapitalmobilität ist auch die kurzfristige Wirksamkeit der Geldpolitik nicht mehr gegeben ($\Delta Y=0$).

b. *Fiskalpolitik*

Ein expansiver fiskalischer Impuls ($\Delta G_0>0$, $\Delta T_0<0$) führt zu einer Rechtsverschiebung der IS-Kurve (Abb. 83b). Die neue kurzfristige gesamtwirtschaftliche Gleichgewichtsposition E_2 mit höherem Einkommen und Zinsniveau liegt rechts von LBG und links von ZZ, was ein Leistungsbilanzdefizit und einen Zahlungsbilanzüberschuß (Kapitalbilanzüberschuß>Leistungsbilanzdefizit) offenbart. Expansive Fiskalpolitik induziert Zahlungsbilanzüberschüsse trotz defizitärer Leistungsbilanz, wenn der die Nettokapitalimporte anregende Zinseffekt den die Leistungsbilanz passivierenden Einkommenseffekt dominiert. Diese Voraussetzung ist im hier unterstellten Fall relativ zinselastischer Kapitalbewegungen erfüllt.

Da das gesamtwirtschaftliche Gleichgewicht E_2 mit dauerhaften Zahlungsbilanzüberschüssen verbunden ist, muß die Zentralbank den Dollar-Wechselkurs am unteren Interventionspunkt mit anhaltenden Devisenkäufen stützen. Langfristig wird der Zentralbank somit eine Geldangebotsexpansion aufgezwungen, die gemäß $\Delta M=m_1\Delta WR=m_1 ZB>0$ aus den Zahlungsbilanzüberschüssen der einzelnen Perioden des langfristigen Anpassungszeitraums folgt. Diese monetären Effekte nicht-sterilisierter Devisenmarktinterventionen zeigen sich in einer Rechts- bzw. Abwärtsverschiebung der LM-Kurve (von LM_1 nach LM_3). Bei sinkendem Zins und steigendem Einkommen werden die Kapitalbilanzüberschüsse verringert und die Leistungsbilanzdefizite vergrößert, bis die langfristige gesamtwirtschaftliche Gleichgewichtsposition E_3 erreicht ist, in der wieder externes Gleichgewicht (Leistungsbilanzdefizit=Kapitalbilanzüberschuß) herrscht.

Als Ergebnis folgt: Fiskalpolitische Steuerung ist bei festen Wechselkursen kurz- und langfristig wirksam. Der langfristige Einkommenseffekt eines expansiven Fiskalimpulses ist größer als der kurzfristige Einkommenseffekt, wenn die internationalen Kapitalströme hinreichend zinselastisch reagieren, weil die konjunkturellen Effekte einer gezielten Veränderung fiskalischer Parameter durch eine gleichgerichtet wirksame Veränderung der Devisenreserve verstärkt werden.

Damit wird zugleich deutlich, daß die konjunkturelle Wirksamkeit fiskalpolitischer Eingriffe vom Grad internationaler Kapitalmobilität abhängt. Bei internationaler Kapitalimmobilität (Abb. 84a) bewirkt expansive Fiskalpolitik kurzfristig ein höheres Gleichgewichtseinkommen bei defizitärer Zahlungs- bzw. Leistungsbilanz (Punkt E_2, rechts von ZZ-Kurve). Langfristig wird somit der Zentralbank eine durch ständige Devisenverkäufe bewirkte Geldmengenkontraktion aufgezwungen, die zur Gleichgewichtsposition E_3 führt (Linksverschiebung der LM-Kurve von LM_1 nach LM_3). Ergebnis ist ein perfekter *crowding-out-effect.* Der Zins ist so stark gestiegen, daß die gesamtwirtschaftliche Güternachfrage wieder auf das Ausgangsniveau zurückgeführt wird. Expansive Fiskalpolitik ist kurzfristig wirksam, bei internationaler Kapitalimmobilität langfristig aber unwirksam ($\Delta Y=0$).

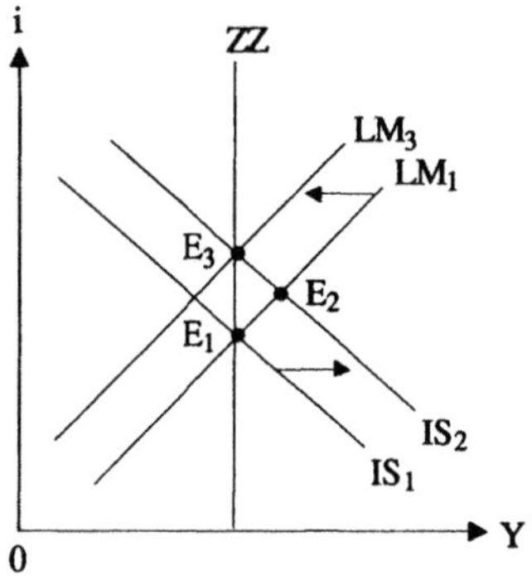

Abb. 84a

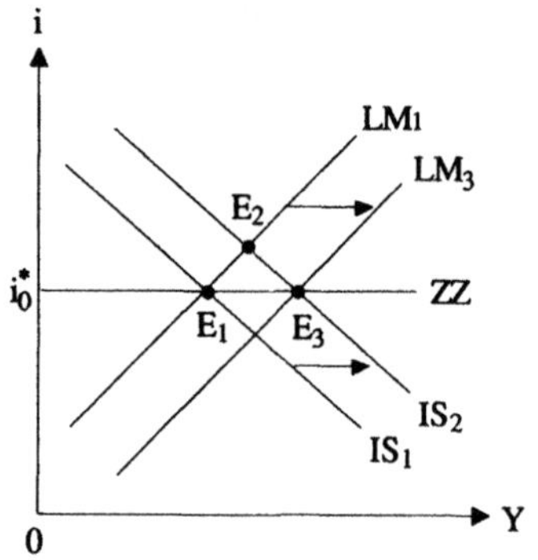

Abb.84b

Bei perfekter internationaler Kapitalmobilität (Abb. 84b) wird die im Gefolge sehr großer Zahlungsbilanzüberschüsse sich relativ rasch und stark durchsetzende Geldmengenexpansion Zahlungsbilanzgleichgewicht mit Zinsparität $i=i_0^*$ herstellen. Damit ist kein Zins crowding out wirksam, und die Fiskalpolitik erreicht ihre maximale Effizienz ($\Delta Y=\Delta G_0/(s_Y+im_Y)>0$).

c. *Mittelkoordination*

Vollbeschäftigung, Preisniveaustabilität und Zahlungsbilanzgleichgewicht (externes Gleichgewicht) sind die im *magischen Dreieck* zusammengefaßten Ziele keynesianischer Stabilisierungspolitik, die hier durch das keynesianische Standardmodell einer kleinen, offenen Volkswirtschaft fundiert wird. Ein gesamtwirtschaftliches Gleichgewicht bei Vollbeschäftigung und stabilem Preisniveau wird im Zielbegriff des internen Gleichgewichts erfaßt. Da das Problem der Preisniveaustabilität im keynesianischen Standardmodell mit der Annahme eines völlig preisniveauelastischen Güterangebots ausgeklammert ist, reduziert sich das Ziel des internen Gleichgewichts auf die Erreichung des Vollbeschäftigungseinkommens.

Bisher wurde angenommen, daß in der Ausgangslage externes Gleichgewicht bestand, aber eine Abweichung vom internen Gleichgewicht in Form eines Unterbeschäftigungsgleichgewichts $Y^n = Y < Y^{VB}$ auftrat. Dabei zeigte sich, daß Geld- oder Fiskalpolitik kurzfristig in der Regel auf Kosten einer Verletzung des externen Gleichgewichts Anpassungsprozesse an das interne Gleichgewicht anstoßen können. Nunmehr stellt sich die Frage, ob durch simultanen Einsatz monetärer und fiskalischer Instrumente Geld- und Fiskalpolitik zielkonfliktfrei aufeinander abgestimmt werden können, wenn in der Ausgangslage beide Ziele verletzt sind.

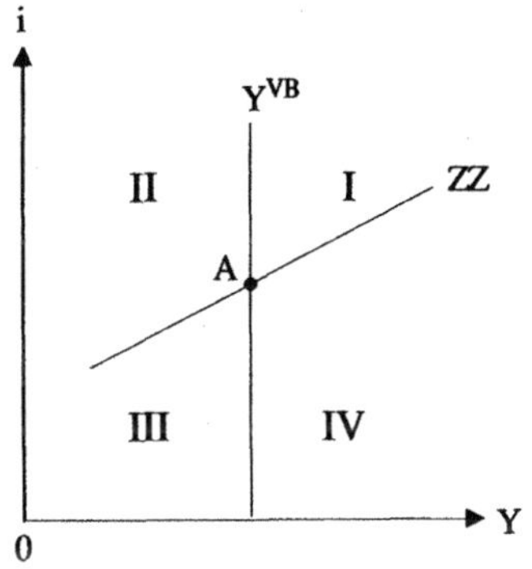

Abb. 85

Vollbeschäftigungszustände werden durch Punkte auf der Y^{VB}-Linie, Konstellationen des Zahlungsbilanzgleichgewichts durch Punkte auf der ZZ-Kurve repräsentiert. Vollbeschäftigung und Zahlungsbilanzgleichgewicht herrschen allein im Schnittpunkt A (Abb. 85) von Y^{VB}-Linie und ZZ-Kurve. Internes und externes Gleichgewicht sind realisiert, wenn sich IS- und LM-Kurve gerade in Punkt A schneiden. Weicht das durch den IS-LM-Schnittpunkt determinierte gesamtwirtschaftliche Gleichgewicht von der Idealposition A ab, so lassen sich 4 Zonen von Zielabweichungen unterscheiden:

Feld I:	Zahlungsbilanzüberschuß	Überbeschäftigung $(Y^n > Y^{VB})$
Feld II:	Zahlungsbilanzüberschuß	Unterbeschäftigung $(Y^n < Y^{VB})$
Feld III:	Zahlungsbilanzdefizit	Unterbeschäftigung $(Y^n < Y^{VB})$
Feld IV:	Zahlungsbilanzdefizit	Überbeschäftigung $(Y^n > Y^{VB})$.

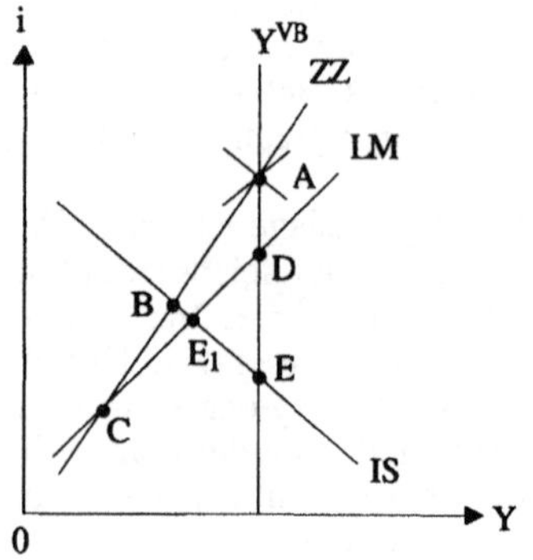

Abb. 86a

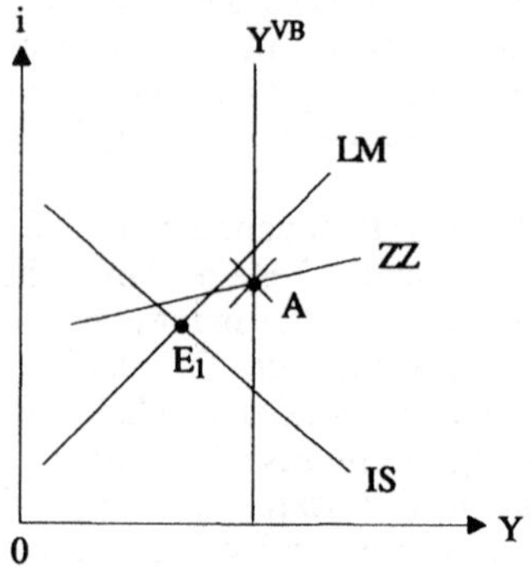

Abb.86b

Für jede Ausgangslage in einer der vier Zonen läßt sich nun eine Kombination von Fiskal- und Geldpolitik ermitteln, die internes und externes Gleichgewicht herstellt. Dieser optimale *Policy Mix* hängt nicht nur von der Ausgangslage sondern auch von der im Steigungsmaß der ZZ-Kurve erfaßten Zinselastizität internationaler Kapitalbewegungen ab.

Unterbeschäftigungsgleichgewichte: Der Schnittpunkt von IS und LM liegt links von der Y^{VB}-Linie. Das Gleichgewichtseinkommen ist kleiner als das Vollbeschäftigungseinkommen. Zwei Abweichungen vom Ziel des externen Gleichgewichts sind nun möglich:

(1) IS- und LM-Kurve schneiden sich rechts unterhalb der ZZ-Kurve (Feld III, Zahlungsbilanzdefizit), wobei die Idealposition A auf der Y^{VB}-Linie

(a) oberhalb von LM- und IS-Kurve (Abb. 86a), oder

(b) zwischen LM- und IS-Kurve (Abb. 86b) liegen kann.

(2) IS- und LM-Kurve schneiden sich links oberhalb der ZZ-Kurve (Feld II, Zahlungsbilanzüberschuß), wobei die Idealposition A auf der Y^{VB}-Linie

(a) oberhalb von IS- und LM-Kurve (Abb. 87a), oder

(b) zwischen IS- und LM-Kurve (Abb. 87b) liegen kann.

Im Falle (1a) kann das gesamtwirtschaftliche Gleichgewicht der Idealposition A angenähert werden, wenn die IS-Kurve (durch expansive Fiskalpolitik) nach rechts und die LM-Kurve (durch kontraktive Geldpolitik) nach links verschoben wird (Abb. 86a). Der optimale *Policy Mix* besteht

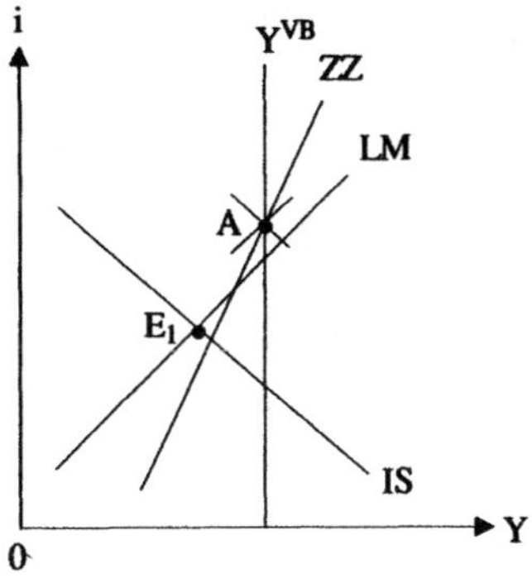

Abb. 87a

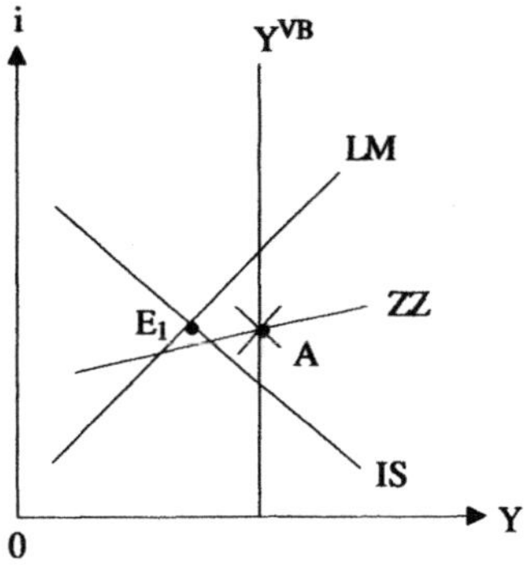

Abb.87b

also in einer Kombination expansiver Fiskalpolitik und kontraktiver Geldpolitik. Alle anderen Varianten und jeder isolierte Einsatz nur eines einzigen Mittels sind mit Zielkonflikten verbunden. So könnte das außenwirtschaftliche Gleichgewicht durch kontraktive Geldpolitik (Punkt B auf ZZ-Kurve) oder durch kontraktive Fiskalpolitik (Punkt C auf ZZ-Kurve) zurückgewonnen werden, was jedoch die Abweichung vom Ziel des internen Gleichgewichts vergrößert. Da die Kosten in Form wachsender Unterbeschäftigung bei kontraktiver Fiskalpolitik größer sind als bei kontraktiver Geldpolitik, weist die Geldpolitik als Mittel der Zahlungsbilanzpolitik einen komparativen Vorteil auf. Auch könnte das interne Gleichgewicht durch expansive Geldpolitik (Punkt E auf Y^{VB}-Linie) oder durch expansive Fiskalpolitik (Punkt D auf Y^{VB}-Kuve) zurückgewonnen werden, was jedoch das Zahlungsbilanzdefizit vergrößert. Da die Verschlechterung der Zahlungsbilanz bei expansiver Fiskalpolitik geringer ist als bei expansiver Geldpolitik, verfügt die Fiskalpolitik über einen komparativen Vorteil bei der Verfolgung des konjunkturpolitischen Zieles. Daraus folgt, daß die optimale Mittelkoordination eine Ausrichtung der Geldpolitik (Fiskalpolitik) auf das Ziel des externen (internen) Gleichgewichts nahelegt.

Im Falle (1b) kann das gesamtwirtschaftliche Gleichgewicht der Idealposition A angenähert werden, wenn die LM-Kurve (durch expansive Geldpolitik) und die IS-Kurve (durch expansive Fiskalpolitik) nach rechts verschoben werden (Abb. 86b). Da die Zinselastizität internationaler Kapitalströme größer ist als im Falle (1a), erfordert der optimale *Policy Mix* nunmehr eine adäquate Kombination expansiver Geld- und Fiskalpolitik.

Im Falle (2a) ist wiederum eine Kombination von expansiver Fiskalpolitik und kontraktiver Geldpolitik zur Wiederherstellung des internen und des externen Gleichgewichts geeignet, während im Falle (2b) eine adäquat dosierte Mischung expansiver Geld- und Fiskalpolitik optimal erscheint. In dieser letztgenannten Konfiguration übernimmt die Geldpolitik die Auf-

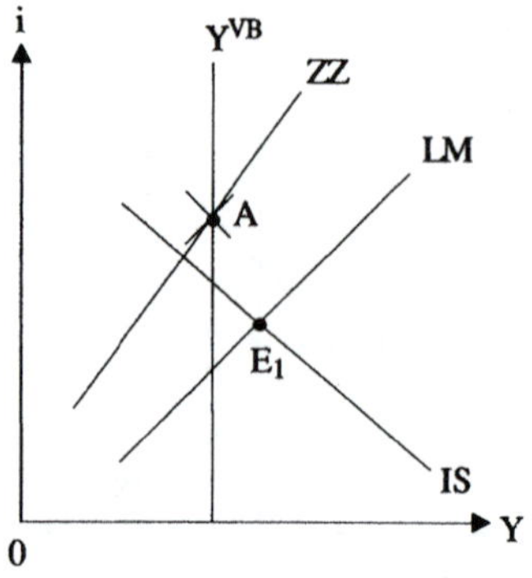

Abb. 88a

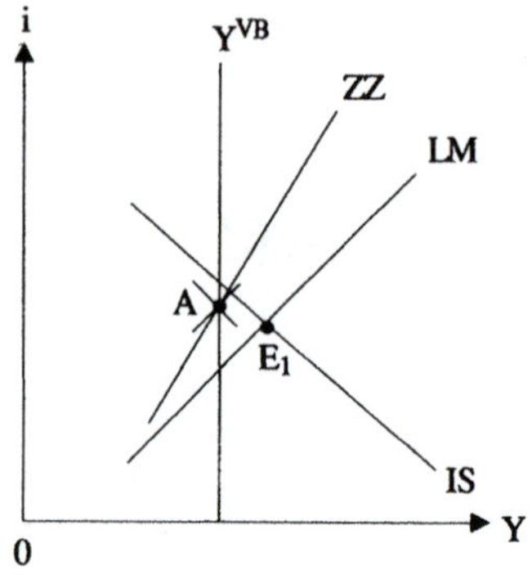

Abb.88b

gabe, den fiskalpolitisch induzierten Zinsanstieg soweit abzubremsen, daß sich der Einkommenseffekt beider Impulse über steigende Güterimporte in Richtung eines Abbaus von Zahlungsbilanzüberschüssen durchsetzen kann.

Überbeschäftigung: Der Schnittpunkt von IS- und LM-Kurve liegt rechts von der Y^{VB}-Linie. Die gesamtwirtschaftliche Güternachfrage ist größer als das Vollbeschäftigungseinkommen. Als Abweichung vom Ziel des externen Gleichgewichts sollen nur Konstellationen defizitärer Zahlungsbilanzen betrachtet werden:

(3) IS- und LM-Kurve schneiden sich rechts unterhalb der ZZ-Kurve (Feld IV, Zahlungsbilanzdefizit), wobei die Idealposition A auf der Y^{VB}-Linie

(a) oberhalb von IS- und LM-Kurve (Abb. 88a), oder

(b) zwischen IS- und LM-Kurve (Abb. 88b) liegen kann.

Im Falle (3a) liefert eine Kombination aus kontraktiver Geldpolitik (Linksverschiebung der LM-Kurve) und expansiver Fiskalpolitik (Rechtsverschiebung der IS-Kurve) die geeignete Strategie zur Rückgewinnung des Vollbeschäftigungsgleichgewichts ohne Gefährdung der Preisniveaustabilität und des externen Gleichgewichts (Abb. 88a). Die Ausgangslage des Falles (3b) hingegen kann nur durch kombinierten Einsatz kontraktiver Geld- und Fiskalpolitik überwunden werden.

Generell erfordert also die Verfolgung zweier unabhängiger Ziele zwei unabhängige Instrumentenbündel, die je nach Lage und in Abhängigkeit vom Grad internationaler Kapitalmobilität in gleicher oder entgegengesetzter Richtung eingesetzt werden müssen. Die Geldpolitik (Fiskalpolitik) wird dabei auf das Ziel des externen (internen) Gleichgewichts ausgerichtet. Vor einer unkritischen Übertragung dieser Ergebnisse auf die Möglichkeiten wirtschaftspolitischer Gestaltung sei der Leser (nicht nur) an dieser Stelle gewarnt. Die Ermittlung des optimalen *Policy Mix* setzt nicht allein die korrekte Diagnose der Ausgangslage voraus. Auch die genaue Kenntnis der numerischen Werte aller Strukturparameter des zugrundeliegenden Makrosystems, das wiederum eine repräsentative Abbildung der realen Rahmenbedingungen bieten muß, wäre zur Implementierung der optimalen Mittelkoordination unabdingbar. Bereits hier ist der Unsicherheitsbereich sehr groß, in dem die praktische Wirtschaftspolitik agieren muß. Zudem impliziert das *Policy-Mix-Modell* eine wirtschaftspolitische Passivität des Auslandes. Wenn aber kaum vorhersehbare wirtschaftspolitische Aktionen und Reaktionen des Auslandes Rückwirkungen auf die inländischen Makrovariablen haben (s. Kapitel D.4.), vergrößert sich dieser Unsicherheitsbereich so erheblich, daß die praktische Umsetzung der Idee einer optimalen Mittelkoordination an unvollständiger Information scheitert.

d. Wechselkurspolitik

Als wechselkurspolitische Alternative zur Koordination geld- und fiskalpolitischer Mittel bieten sich Verschiebungen der Wechselkursparität an, wenn die Ausgangslage durch ein Unterbeschäftigungsgleichgewicht mit defizitärer Zahlungsbilanz (DM-Abwertung) oder durch Überbeschäftigung mit Zahlungsbilanzüberschuß (DM-Aufwertung) bestimmt ist. Ist die MARSHALL-LERNER-Bedingung erfüllt, wird eine DM-Abwertung über die Verbesserung der Leistungs- und Zahlungsbilanz zugleich expansive Wirkungen auslösen, während eine DM-Aufwertung den Zahlungsbilanzüberschuß reduzieren und über die kontraktiven Nachfragewirkungen der Leistungsbilanzverschlechterung die inflatorische Überhitzung abbauen kann.

Die im Falle einer Währungsabwertung mögliche Zielharmonie ist immer dann erfüllt, wenn die als Schnittpunkt von IS_1- und LM_1-Kurve resultierende gesamtwirtschaftliche Gleichgewichtsposition (E_1) links von Y^{VB} ($Y<Y^{VB}$) und unterhalb von ZZ_1 ($ZB<0$) liegt (Abb. 89). Die DM-Abwertung wird die Leistungsbilanz verbessern ($\Delta Ex>0$, $\Delta Im<0$), so daß das Zahlungsbilanzdefizit abgebaut wird (Rechtsverschiebung der ZZ-Kurve in die Position ZZ_2). Die mit der Leistungsbilanzverbesserung einhergehende Zunahme des realen Außenbeitrags ($\Delta LB_r>0$) stößt über die wachsende Güternachfrage einen Aufschwungprozeß an (Rechtsverschiebung der IS-Kurve in die Position IS_2). Das steigende Einkommen läßt auch die Güterimporte wachsen ($\Delta Im=im_Y\Delta Y>0$), so daß ein Teil der primären Leistungsbilanzverbesserung wieder verloren geht. Doch fördert das im Aufschwung steigende Zinsniveau zugleich eine Verbesserung der Kapitalbilanz, wodurch sich die Zahlungsbilanz insgesamt weiter verbessert. Das im Schnittpunkt von IS_2- und LM_1-Kurve resultierende gesamtwirtschaftlich Gleichgewicht (E_2) ist nun mit einem Zahlungsbilanzüberschuß verbunden (E_2 liegt oberhalb von ZZ_2). Die Zentralbank wird also die

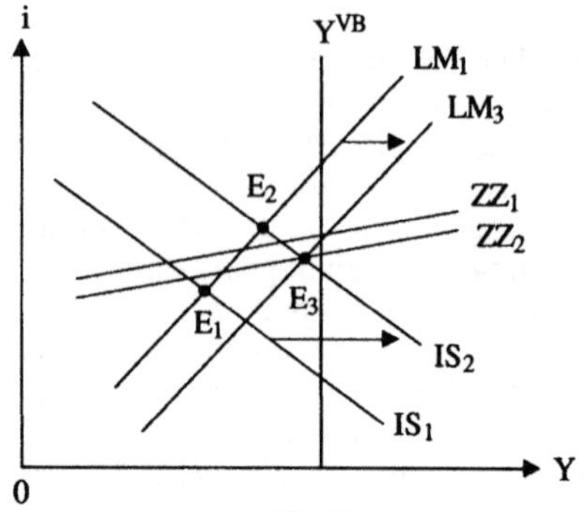

Abb. 89

mit der Finanzierung defizitärer Zahlungsbilanzen geschrumpften Währungsreserven durch Devisenkäufe wieder aufstocken können. Wenn nun die Zentralbank diese Devisenmarktinterventionen nicht sterilisiert, dann wird die Geldmenge wachsen, bis außenwirtschaftliches Gleichgewicht hergestellt ist (Rechtsverschiebung der LM-Kurve in die Position LM_3).

Im Schnittpunkt von LM_3- und IS_2-Kurve resultiert ein neuer gesamtwirtschaftlicher Gleichgewichtspunkt (E_3) auf ZZ_2. Der Auslastungsgrad des Produktionspotentials ist gegenüber E_1 und E_2 gestiegen, und das Zahlungsbilanzdefizit ist beseitigt worden. Mit der Wiederherstellung des außenwirtschaftlichen Gleichgewichts hat die Wechselkurspolitik zugleich die Abweichung vom Ziel des internen Gleichgewichts deutlich verringert.

3. Stabilisierungspolitik bei flexiblen Wechselkursen

Um bei flexiblen Wechselkursen die Auswirkungen expansiver Geld- und Fiskalpolitik auf Einkommen, Zins, Leistungs- und Kapitalbilanz zu untersuchen, wird von einem gesamtwirtschaftlichen Unterbeschäftigungsgleichgewicht mit systembedingt gleichgewichtiger Zahlungsbilanz ausgegangen. Das gesamtwirtschaftliche Gleichgewicht ist durch den gemeinsamen Schnittpunkt E_1 von IS-, LM- und ZZ-Kurve bestimmt. Der die Zahlungsbilanz im Gleichgewicht haltende Mechanismus frei beweglicher Wechselkurse sorgt dafür, daß die gesamtwirtschaftliche Gleichgewichtsposition (IS-LM-Schnittpunkt) auf der ZZ-Kurve liegt. Zielkonflikte zwischen internem und externem Gleichgewicht können somit unter den Bedingungen flexibler Wechselkurse nicht mehr auftreten, weil bei jeder zahlungsbilanzwirksamen Störung Wechselkursanpassungen ausgelöst werden, die das außenwirtschaftliche Gleichgewicht wieder herstellen. Der gesamtwirtschaftliche Gleichgewichtspunkt auf der ZZ-Kurve kann rechts von der LBG-Kurve (Leistungsbilanzdefizit=Kapitalbilanzüberschuß), links von der LBG-Linie (Leistungsbilanzüberschuß=Kapitalbilanzdefizit) oder – wie in Abb. 90 für die Ausgangslage unterstellt ist – auf der LBG-Linie (Leistungs- und Kapitalbilanzgleichgewicht) liegen.

a. *Geldpolitik*

Expansive Geldpolitik (Rechtsverschiebung der LM-Kurve) treibt das Zinsniveau nach unten und bewirkt über diesen Transmissionseffekt eine Einkommenserhöhung (Abb. 90a). Bei festen Wechselkursen würde sich ein kurzfristiges gesamtwirtschaftliches Gleichgewicht in Punkt B einstellen, das zu einem Zahlungsbilanzdefizit führen müßte. Bei frei beweglichen Wechselkursen wird aber die Tendenz zu einer defizitären Zahlungsbilanz durch eine Abwertung der Inlandswährung (der Wechselkurs e steigt von e_1 auf e_2) verhindert, weil am Devisenmarkt ein Dollar-Nachfrageüberhang (bzw. ein Überangebot an inländischer Währung) entsteht. Die Abwertung ist Folge steigender Güterimporte bei steigendem Einkommen und wachsender Nettokapitalexporte bei sinkendem Inlandszins. Der Abwertungsdruck auf die inländische Währung wird somit bei gegebener Zinssenkung um so stärker sein, je zinselastischer der internationale Kapitalverkehr reagiert. Ist die MARSHALL-LERNER-Bedingung erfüllt, was hier unterstellt ist ($\Delta LB_0=(dLB/de)\Delta e>0$), so führt die Wechselkursänderung (in Abb. 90a) zu einer Rechtsverschiebung der IS- und der ZZ-Kurve. Da die Rechtsverschiebung der IS-Kurve zeigt, um wieviel das Gleichgewichtseinkommen bei konstantem Zins steigen müßte, ist der Betrag der Rechtsverschiebung

$$\Delta Y = \frac{1}{s_Y + im_Y} \Delta LB_0 > 0 \quad \text{(Rechtsverschiebung IS-Kurve).}$$

Die Rechtsverschiebung der ZZ-Kurve zeigt, um wieviel bei konstantem Zinsniveau (und damit unverändert gleichgewichtiger Kapitalbilanz) das Einkommen steigen müßte, damit die abwertungsbedingte Verbesserung der Leistungsbilanz (ΔLB_0) durch höhere Güterimporte ($im_Y \Delta Y$) ausgeglichen und so die Leistungsbilanz im Gleichgewicht gehalten wird. Somit folgt aus $\Delta Im=im_Y\Delta Y=\Delta LB_0$ als Betrag der Rechtsverschiebung von ZZ- und LBG-Kurve

$$\Delta Y = \frac{1}{im_Y} \Delta LB_0 \quad \text{(Rechtsverschiebung ZZ- und LBG-Kurve).}$$

Abgesehen vom Spezialfall einer marginalen Sparquote von Null, wird die ZZ-Kurve stärker nach rechts verschoben als die IS-Kurve. Die neue gesamtwirtschaftliche Gleichgewichtsposition E_2 muß dort liegen, wo sich IS_2- und ZZ_2-Kurve bei Geltung des Gleichgewichtskurses e_2 auf LM_2 schneiden. Die Geldmarktgleichgewichtskurve bleibt in einer stabilen Lage (LM_2), weil bei flexiblen Wechselkursen Rückwirkungen der Zahlungs-

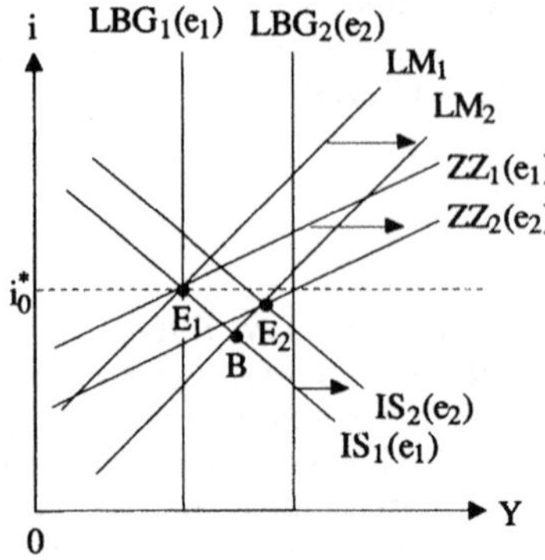

Abb. 90a

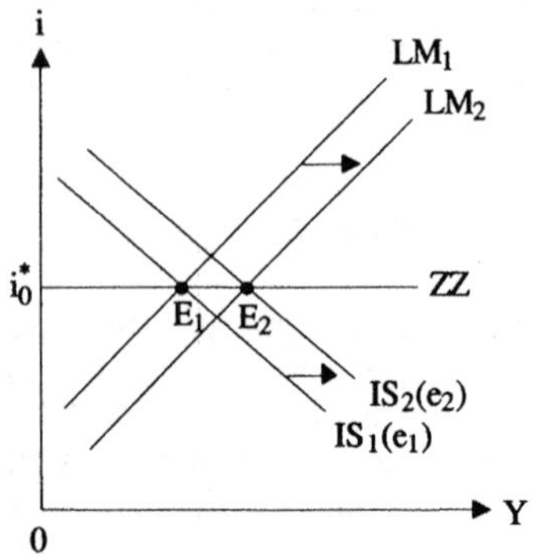

Abb.90b

bilanz auf das Geldangebot ausgeschlossen sind. Das neue gesamtwirtschaftliche Gleichgewicht E_2 liegt auf der LM_2-Kurve rechts oberhalb von Punkt B, weil die konjunkturellen Auftriebskräfte durch die abwertungsbedingte Zunahme des Außenbeitrags (Ex–Im) verstärkt werden. Der Einkommenseffekt expansiver Geldpolitik fällt daher bei flexiblen Wechselkursen deutlich stärker aus als die kurzfristige Einkommenserhöhung, die der gleiche monetäre Impuls bei festen Wechselkursen bewirken kann. In der Gleichgewichtsposition E_2 ist der Zins (um weniger als bei festen Wechselkursen) gesunken und das Einkommen (um mehr als bei festen Wechselkursen) gestiegen. Trotz konjunkturbedingt höherer Güterimporte hat die Abwertung einen Leistungsbilanzüberschuß hervorgerufen (E_2 liegt links von LBG_2), der durch ein Kapitalbilanzdefizit ausgeglichen wird.

Offenbar wird die konjunkturelle Wirksamkeit expansiver Geldpolitik durch die außenwirtschaftlichen Einflüsse freibeweglicher Wechselkurse um so mehr gefördert, je stärker die inländische Währung abwertet. Die Inlandswährung wird um so mehr abwerten, je stärker die internationalen Kapitalströme auf die Zinsänderung reagieren. Im Bemühen um die Rückgewinnung des internen Gleichgewichts ist mithin die Geldpolitik bei flexiblen Wechselkursen um so effizienter, je zinselastischer die internationalen Kapitalbewegungen sind.

Dieses Resultat wird durch den Grenzfall perfekter internationaler Kapitalmobilität bestätigt (Abb. 90b). Die Rechtsverschiebung der LM-Kurve determiniert das neue gesamtwirtschaftliche Gleichgewicht E_2 im Schnittpunkt der LM_2-Kurve mit der auf dem Niveau des internationalen Kapitalmarktzinses i_0^* horizontal verlaufenden ZZ-Kurve. Die bei vollkommen zinselastischen Kapitalbewegungen sehr kräftige Abwertung der Inlandswährung sorgt für die Anpassung der IS-Kurve, die sich in die Position IS_2 verschieben muß. Expansive Geldpolitik hat unter diesen Bedingungen perfekter Kapitalmobilität zwar den Einfluß auf das inländische Zinsniveau verloren ($i=i_0^*$), erreicht aber durch die sehr starke Abwertung der inländischen Währung die größtmögliche konjunkturelle Wirksamkeit (wie aus der Übertragung der horizontalen ZZ-Kurve in die Abb. 90a ersichtlich ist).

Während feste Wechselkurse die Wirksamkeit geldpolitischer Steuerung behindern (und langfristig verhindern), werden flexible Wechselkurse die geldpolitische Effizienz fördern. Dieser relative Vorteil freibeweglicher Wechselkurse kommt um so mehr zum Tragen, je zinselastischer die internationalen Kapitalströme sind.

b. *Fiskalpolitik*

Expansive Fiskalpolitik (Rechtsverschiebung der IS-Kurve) bewirkt ein höheres Einkommens- und Zinsniveau (Abb. 91a). In einem System fester Wechselkurse würde sich ein kurzfristiges gesamtwirtschaftliches Gleichgewicht in Punkt B einstellen, das bei – hier unterstellten – relativ zinselastischen Kapitalbewegungen mit einem Zahlungsbilanzüberschuß verbunden ist (B liegt links oberhalb von ZZ_1). Bei flexiblen Wechselkursen kommt es stattdessen zu einer Aufwertung der Inlandswährung (der Wechselkurs e sinkt), weil am Devisenmarkt ein Dollar-Angebotsüberhang (bzw. eine Übernachfrage nach inländischer Währung) entsteht. Die Aufwertung ist Folge steigender Kapitalimporte, die das Dollar-Angebot erhöhen und rückläufiger Kapitalexporte, die die Dollar-Nachfrage senken. Diese außenwirtschaftlichen Effekte des steigenden inländischen Zinsniveaus sind bei relativ zinselastischen internationalen Kapitalströmen in stärkerem Maße wechselkurswirksam als der die Güterimporte und damit die Dollar-Nachfrage anregende Einkommenseffekt, so daß die inländische Währung gegenüber dem Dollar aufwertet. Dieser Aufwertungsdruck wird bei gegebener Zinserhöhung um so stärker sein, je zinselastischer der internationale Kapitalverkehr reagiert. Im Umkehrschluß folgt hieraus, daß die inländische Währung – im Gegensatz zu dem Abb. 91a zugrundeliegenden Fall – bei relativ zinsunelastischen Kapitalbewegungen oder internationaler Kapitalimmobilität unter Abwertungsdruck gerät.

Da die DM-Aufwertung (Senkung des Dollarkurses von e_1 auf e_2) die Leistungsbilanz um $\Delta LB_0<0$ verschlechtert, wird sich die IS-Kurve um den Betrag

$$\Delta Y = \frac{1}{s_Y + im_Y} \Delta LB_0$$

nach links in die Position $IS_2(e_2)$ verschieben, während sich die ZZ- und LBG-Kurve um den Betrag

$$\Delta Y = \frac{1}{im_Y} \Delta LB_0$$

nach links in die Position $ZZ_2(e_2)$ bzw. $LBG_2(e_2)$ verschieben müssen. Der Gleichgewichtskurs e_2 sorgt für einen Schnittpunkt von IS_2 und ZZ_2 auf der LM-Kurve, der die neue gesamtwirtschaftliche Gleichgewichtsposition E_2 determiniert. Dieser Gleichgewichtspunkt liegt auf der stabilen LM-Kurve links unterhalb von B, weil die konjunkturellen Auftriebskräfte nach Freigabe der Wechselkursbildung durch die aufwertungsbedingte Abnahme des Außenbeitrags (Ex–Im) geschwächt werden. Damit bewirkt die expansive Fiskalpolitik ein Leistungsbilanzdefizit (E_2 liegt rechts von LBG_2), das durch zinsinduzierte Kapitalbilanzüberschüsse ausgeglichen wird. Ein Teil des gestiegenen Staatshaushaltsdefizits wird so letztlich durch eine Zunahme der Nettoauslandsverschuldung finanziert.

Unter den (in Abb. 91a dargestellten) Bedingungen relativ zinselastischer Kapitalbewegungen ist der Einkommenseffekt expansiver Fiskalpolitik bei flexiblen Wechselkursen deutlich schwächer ausgeprägt als die kurz- oder gar langfristige Einkommenszunahme, die der gleiche Fiskalimpuls bei festen Wechselkursen hervorrufen kann. Der Grund für die durch flexible Wechselkurse beeinträchtigte Effizienz fiskalpolitischer Steuerung liegt darin, daß neben einem zinsinduzierten *crowding-out-effect* zusätzlich ein aufwertungsbedingter *crowding-out-effect* wirksam wird, der mit zunehmender Zinselastizität des internationalen Kapitalverkehrs – also auch im Zuge der Kapitalverkehrsliberalisierung – an Kraft gewinnt. Die Fiskalpolitik ist folglich bei flexiblen Wechselkursen um so weniger wirksam, je zinselastischer die internationalen Kapitalbewegungen reagieren.

Im Grenzfall perfekter internationaler Kapitalmobilität (Abb. 91b) wird die fiskalpolitische Steuerung vollkommen unwirksam. Zwar sind zinsinduzierte *crowding-out-effects* nunmehr durch die bei vollkommen zinselastischen Kapitalbewegungen sich einstellende Zinsparität $i=i_0^*$ ausgeschaltet, jedoch wird der aufwertungsbedingte *crowding-out-effect* so verstärkt, daß der expansive Nachfrageeffekt des Fiskalimpulses durch den kontraktiven Nachfrageeffekt der Wechselkursanpassung gerade kompensiert wird. Bei konstantem Zins $i=i_0^*$ wird der positive Einkommenseffekt des Fiskalimpulses (Rechtsverschiebung der IS-Kurve in die Position $IS_2(e_1)$) durch den negativen Einkommenseffekt der Aufwertung (Linksverschiebung der IS-Kurve in die Lage $IS_2(e_2)$) aufgehoben. Da die Lage der LM-Kurve systembedingt und die Lage der ZZ-Kurve wegen des exogenen konstanten Auslandszinses stabil bleiben, kann die durch den Schnittpunkt von LM und ZZ determinierte Gleichgewichtsposition nicht verschoben werden; die IS-Kurve muß sich im Zuge der Wechselkursanpassung folglich in die Ausgangsposition zurückverschieben. Expansive Fiskalpolitik wird wirkungslos ($\Delta Y=0$).

Wenn hingegen durch umfassende und wirksame Kapitalverkehrskontrollen ein Zustand internationaler Kapitalimmobilität herbeigeführt wird, kehren sich die Ergebnisse um (Abb. 91c). Da der Wechselkurs nun ausschließlich durch die Leistungsbilanz bestimmt wird, führen die im Ge-

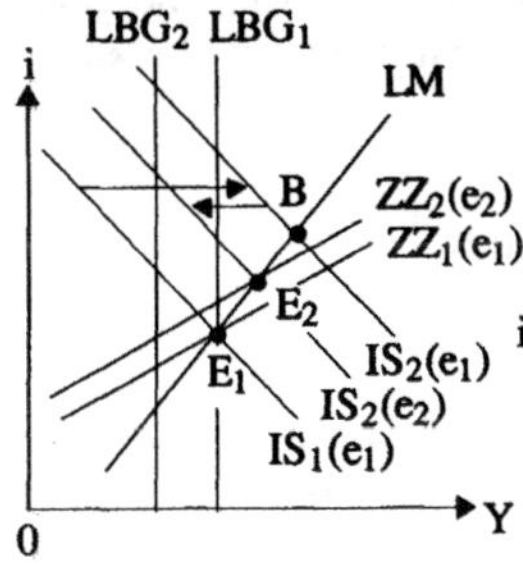

Abb. 91a

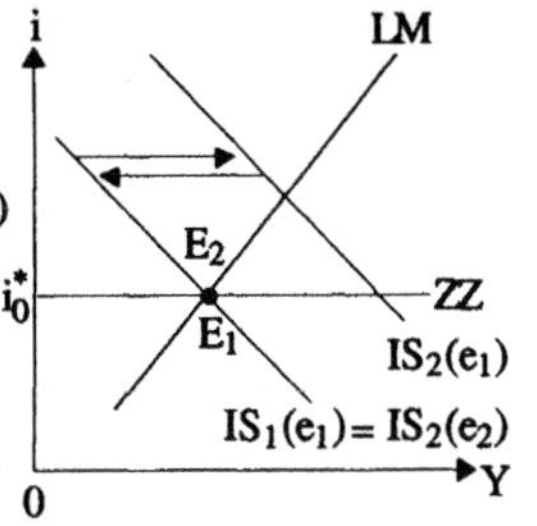

Abb.91b

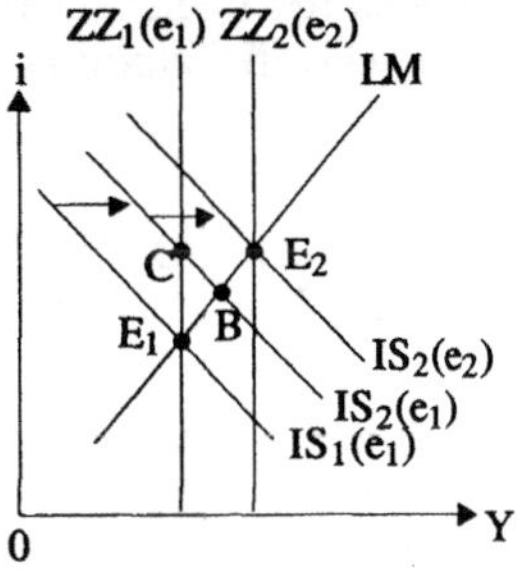

Abb. 91c

folge des Konjunkturaufschwungs steigenden Güterimporte zu einer Abwertung der Inlandswährung (Dollarkurs steigt von e_1 auf e_2), die die Leistungsbilanz im Gleichgewicht hält. Die Abwertung bewirkt eine Zunahme des Außenbeitrags (Ex–Im) und verstärkt somit das durch den Fiskalimpuls angestoßene Einkommenswachstum (zusätzliche Rechtsverschiebung der IS-Kurve von $IS_2(e_1)$ nach $IS_2(e_2)$). Die neue gesamtwirtschaftliche Gleichgewichtsposition E_2, die beim Gleichgewichtskurs e_2 durch den Schnittpunkt von IS_2- und ZZ_2-Kurve auf LM bestimmt wird, liegt auf der LM-Kurve rechts oberhalb von Punkt B (kurzfristiges Gleichgewicht bei festen Wechselkursen). Wie ersichtlich, ist die Fiskalpolitik bei Kapitalimmobilität effizienter, wenn flexible Wechselkurse Leistungsbilanzgleichgewicht sichern, weil bei festen Wechselkursen kurzfristig die Verschlechterung der Leistungsbilanz und langfristig die durch Leistungs- und Zahlungsbilanzdefizite erzwungene Geldmengenkontraktion die fiskalpolitische Effizienz beeinträchtigen (Punkt B) und letztlich beseitigen (Punkt C).

Der Einfluß des Wechselkurssystems auf die Effizienz fiskalpolitischer Steuerung hängt vom Grad internationaler Kapitalmobilität ab. Bei relativ zinselastischen Kapitalbewegungen beeinträchtigen (fördern) flexible (feste) Wechselkurse die Wirksamkeit fiskalpolitischer Impulse. Dieser relative Nachteil flexibler Wechselkurse ist um so stärker ausgeprägt, je zinselastischer die internationalen Kapitalströme reagieren. Bei relativ zinsunelastischem internationalem Kapitalverkehr werden flexible (feste) Wechselkurse die Wirksamkeit fiskalpolitischer Eingriffe verstärken (abschwächen). Dieser relative Vorteil flexibler Wechselkurse kommt um so mehr zum Tragen, je schwächer die internationalen Kapitalströme auf Zinsanreize reagieren bzw. reagieren können.

Unter den heutigen Bedingungen ist für die konvertiblen Währungen davon auszugehen, daß ein relativ hoher Grad internationaler Kapitalmobilität realisiert ist. Damit stützen die Ergebnisse des keynesianischen MUNDELL-FLEMING-Standardmodells die Folgerung, daß sich mit dem Übergang zu flexiblen Wechselkursen die Bedingungen für eine wirksame geldpolitische (fiskalpolitische) Steuerung verbessert (verschlechtert) haben.

4. Internationale Transmission ausländischer Stabilisierungspolitik

Geld- oder fiskalpolitische Maßnahmen im Ausland bewirken dort entsprechende Änderungen des Einkommens Y_0^* und des Zinsniveaus i_0^*. Die kleine inländische Volkswirtschaft wird damit Datenänderungen ausgesetzt, die das gesamtwirtschaftliche Gleichgewicht stören und Anpassungsprozesse auslösen, die Abweichungen vom internen (Vollbeschäftigungs-) Gleichgewicht vergrößern oder verringern können. In welcher Richtung solche Wirkungen stabilisierungspolitischer Auslandsimpulse übertragen werden, ist wiederum von der Ausgestaltung des Wechselkurssystems, aber auch davon abhängig, ob die externe Störung durch ausländische Geld- oder Fiskalpolitik ausgelöst wurde.

Der folgenden Analyse der internationalen Transmissionseffekte stabilisierungspolitischer Impulse ausländischen Ursprungs soll der Fall perfekter internationaler Kapitalmobilität zugrundeliegen. Dieses Szenario wird nicht nur wegen der klareren Darstellbarkeit und Vergleichbarkeit der Transmissionswirkungen sondern auch deshalb verwendet, weil es die gegenwärtige Situation relativ zinselastischer Kapitalbewegungen wesentlich besser repräsentiert als das – nicht mehr aktuelle – Szenario internationaler Kapitalimmobilität. Unter diesen Bedingungen läßt sich nachweisen, daß flexible Wechselkurse ein Land gegen die Übertragung konjunktureller ausländischer Störungen nicht abschirmen können, sondern daß sie (im Vergleich zu festen Wechselkursen) lediglich das Vorzeichen oder die Stärke der Transmissionseffekte verändern. Die früher einmal herrschende Vorstellung einer perfekten Abschirmungseffizienz flexibler Wechselkurse war durch die Erfahrungen umfassender Kapitalverkehrskontrollen geprägt – und ist auch (nur) im Falle internationaler Kapitalimmobilität zutreffend. Spielt nämlich der internationale Kapitalverkehr als Wechselkursdeterminante keine Rolle, und sorgt der Wechselkursmechanismus für das permanente Gleichgewicht der Leistungsbilanz (und somit der Zahlungsbilanz), so können keine Veränderungen des Außenbeitrags (Ex–Im) auftreten. Verschiebungen des Leistungsbilanzsaldos sind aber der entscheidende Transmissionskanal, über den externe nachfrageseitige Störungen des Gütermarktgleichgewichts ausgelöst werden. Wenn hingegen die Kapitalbilanz auf ausländische Datenänderungen reagiert, dann bewirken Wechselkursmechanismen der Veränderung des Kapitalbilanzsaldos gegengerichtete Anpassungen des Leistungsbilanzsaldos, die expansive oder kontraktive Nachfrageimpulse anstoßen. Daher wird im folgenden vom realistischeren Grenzfall perfekter Kapitalmobilität ausgegangen, dessen Ergebnisse sich nur graduell von denen des Falles imperfekter Kapitalmobilität bei relativ zinselastischem Kapitalverkehr unterscheiden.

a. Ausländische Geldpolitik

Zunächst soll untersucht werden, wie die Wirkungen expansiver Geldpolitik des Auslandes auf das Inland übertragen werden, wenn das internationale Währungssystem auf festen Wechselkursen (Fall a: Abb. 92a) oder auf flexiblen Wechselkursen (Fall b: Abb. 92b) beruht. Expansive Geldpolitik des Auslandes senkt das internationale Zinsniveau von i^*_{01} auf i^*_{02}. Die horizontal verlaufende ZZ-Kurve muß sich folglich aus der Position ZZ_1 nach unten in die Position ZZ_2 verschieben. Im Ausland steigt das Gleichgewichtseinkommen von Y^*_{01} auf Y^*_{02}. Im Sog steigender ausländischer Güterimporte werden auch die inländischen Exporte wachsen, so daß dem höheren ausländischen Einkommen Y^*_{02} eine vom Niveau IS_1 nach rechts auf das Niveau IS_2 verschobene Gütermarkt-Gleichgewichtslinie zugeordnet ist.

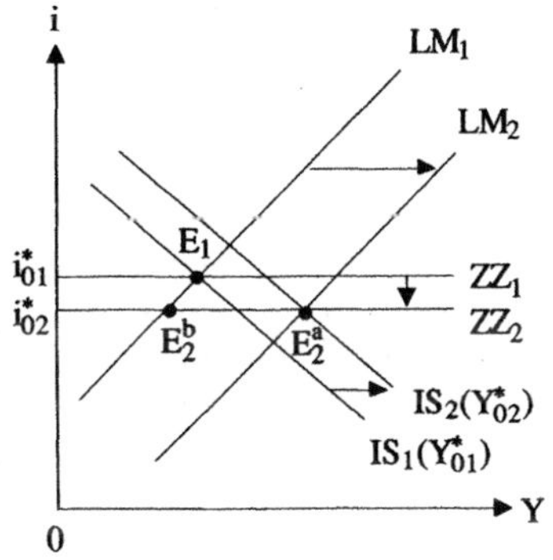

Abb. 92a

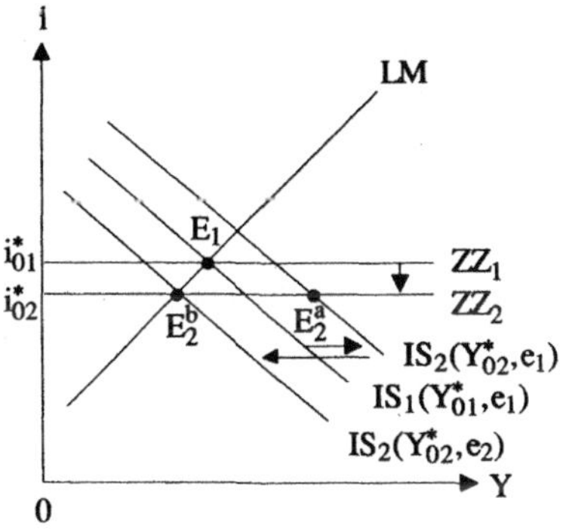

Abb.92b

Bei festen Wechselkursen determiniert der Schnittpunkt E^a_2 von IS_2- und ZZ_2-Kurve die neue langfristige Gleichgewichtsposition mit höherem inländischen Gleichgewichtseinkommen und einem auf $i_2=i^*_{02}$ gesunkenem inländischen Zinsniveau (Abb. 92a). Die LM-Kurve paßt sich dieser Gleichgewichtslage auf Grund des endogenen Geldmengenwachstums (Rechtsverschiebung von LM_1 nach LM_2) automatisch an. Zwei gleichgerichtete Transmissionseffekte sind dafür verantwortlich, daß expansive Geldpolitik des Auslandes im System fester Wechselkurse auch im Inland expansive Wirkungen, also eine gleichgerichtete Konjunkturübertragung, auslöst. Der geldpolitisch angestoßene ausländische Konjunkturaufschwung ($\Delta Y^*_0>0$) induziert wachsende inländische Güterexporte, so daß über die Verbesserung der Leistungsbilanz auch im Inland expansive Konjunkturimpulse zur Entfaltung kommen (Rechtsverschiebung der IS-Kurve). Der monetär verursachte Zinsrückgang am internationalen Kapitalmarkt ($\Delta i^*_0<0$) bewirkt inländische Zahlungsbilanzüberschüsse, die bei vollkommen zinselastischen Kapitalbewegungen sehr schnell in eine Größenordnung hineinwachsen, der sich die inländische Zentralbank sterilisationspolitisch nicht entgegen stemmen kann. Dieser werden durch die Verpflichtung zur Wechselkursstabilisierung Devisenkäufe und eine Geldmengenexpansion aufgezwungen, die das inländische Zinsniveau an das gesunkene ausländische Zinsniveau anpassen und hierdurch den auf das Inland übertragenen expansiven konjunkturellen Effekt verstärken (Rechtsverschiebung der LM-Kurve).

Bei flexiblen Wechselkursen bleibt die LM-Kurve stabil, so daß der Schnittpunkt E_2^b von ZZ_2-Kurve und Geldmarkt-Gleichgewichtskurve die neue gesamtwirtschaftliche Gleichgewichtsposition determinieren muß (Abb. 92b). Die IS-Kurve paßt sich dieser Gleichgewichtslage auf Grund des endogenen Wechselkursmechanismus automatisch an (Linksverschiebung der IS-Kurve), weil die ausländische Zinssenkung den Dollar-Wechselkurs unter Abwertungsdruck bringt, bis hierdurch die Zinsparität $i_2=i_{02}^*$ wieder hergestellt ist. Zwei gegengerichtete Transmissionseffekte führen zu dem Ergebnis, daß expansive Geldpolitik des Auslandes unter den Bedingungen flexibler Wechselkurse im Inland kontraktive Wirkungen, also eine inverse Konjunkturübertragung, auslöst. Einerseits ist zwar über das inländische Exportwachstum der gleiche Einkommenseffekt der ausländischen Konjunkturbelebung wirksam, der bereits in Abb. 92a durch die Rechtsverschiebung der IS-Kurve quantifiziert wurde: bei konstantem Wechselkurs würde sich auch in Abb. 92b die IS-Kurve von $IS_1(Y_{01}^*, e_1)$ auf $IS_2(Y_{02}^*, e_1)$ verschieben. Andererseits kommt aber nun ein kontraktiv wirkender Wechselkurseffekt zustande, der diesen expansiven Einkommenseffekt überkompensiert. Die Senkung des ausländischen Zinsniveaus lenkt umfangreiche Kapitalströme in das Inland, so daß die inländische Währung relativ stark aufwertet. Die DM-Aufwertung (Dollar-Abwertung von e_1 auf e_2) verschlechtert die inländische Leistungsbilanz so stark, daß sich der kontraktive Effekt durchsetzt, der zu einem niedrigeren inländischen Gleichgewichtseinkommen führt. Das Inlandseinkommen muß in Folge des expansiven monetären Auslandsimpulses in jedem Falle sinken, weil nur so die Zinsparität $i_2=i_{02}^*$ wieder hergestellt werden kann. Solange noch $i>i_{02}^*$ gilt, halten die Kapitalzuflüsse in das Inland und somit der DM-Aufwertungsdruck an. Der neue Gleichgewichtswechselkurs ist also erst erreicht, wenn die Dollar-Abwertung so stark ausgeprägt ist, daß die hierdurch hervorgerufene inländische Einkommenskontraktion das inländische Zinsniveau mit dem gesunkenen ausländischen Zinsniveau in Übereinstimmung bringt.

Die Transmissionseffekte ausländischer expansiver Geldpolitik lassen sich in den Abb. 92a und 92b jeweils aus einem Vergleich der Punkte E_2^a (für feste Wechselkurse) und E_2^b (für flexible Wechselkurse) mit dem Ausgangsgleichgewicht E_1 ablesen. Eine Änderung des Wechselkurssystems verändert das Vorzeichen des Transmissionseffektes ausländischer Geldpolitik. Expansive Geldpolitik im Ausland löst bei festen Wechselkursen expansive, bei flexiblen Wechselkursen kontraktive Wirkungen im Inland aus.

b. Ausländische Fiskalpolitik

Im nächsten Schritt kann nun unter den gleichen Bedingungen analysiert werden, über welche Transmissionskanäle Auswirkungen expansiver ausländischer Fiskalpolitik auf das Inland übertragen werden, wenn entweder feste Wechselkurse (Fall a: Abb. 93a) oder flexible Wechselkurse (Fall b: Abb. 93b) vorherrschen. Die expansive Fiskalpolitik im Ausland erhöht das internationale Zinsniveau in i_{01}^* auf i_{02}^* (Verschiebung der horizontalen ZZ-Kurve nach oben von ZZ_1 in die Position ZZ_2) und fördert über die Stimulierung der Auslandskonjunktur die inländischen Güterexporte (Rechtsverschiebung der IS-Kurve von IS_1 nach IS_2).

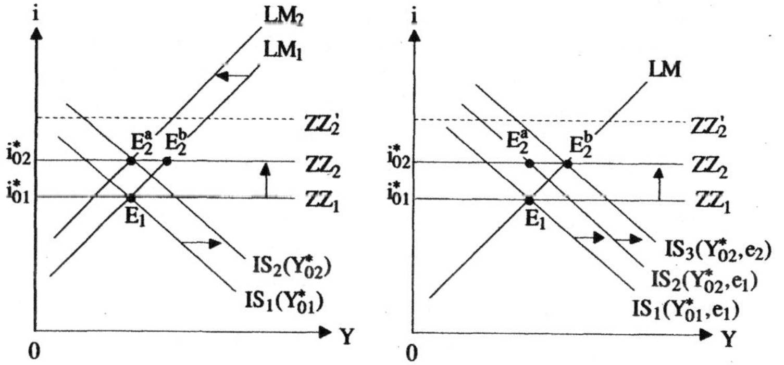

Abb. 93a Abb.93b

Bei festen Wechselkursen läßt sich die neue Gleichgewichtsposition aus dem Schnittpunkt E_2^a von IS_2- und ZZ_2-Kurve ablesen (Abb. 93a). Das inländische Gleichgewichtseinkommen ist bei einem auf $i_2=i_{02}^*$ gestiegenen inländischen Zinsniveau kaum gewachsen. Das inländische Einkommen könnte sogar schrumpfen. Dieser Fall tritt ein, wenn die ausländische Fiskalpolitik einen relativ starken Zinsauftrieb hervorruft, und wenn der im Inland wirksame expansive Konjunkturimpuls auf Grund zu geringer Exportförderung oder zu hoher inländischer marginaler Importquote nur relativ schwach ausfällt (in diesem Fall verschiebt sich die ZZ-Kurve um einen größeren Betrag nach oben als die IS-Kurve). Dieses Ergebnis ist Folge zweier gegengerichteter Transmissionseffekte. Wiederum bewirkt der ausländische Konjunkturaufschwung wachsende inländische Güterexporte und damit expansive Effekte über die Verbesserung der Leistungsbilanz (Rechtsverschiebung der IS-Kurve). Da die konjunkturelle Erholung im Ausland nunmehr aber von einem gestiegenen internationalen Zinsniveau begleitet wird, gerät das Inland infolge massiver Nettokapitalabflüsse in eine stark defizitäre Zahlungsbilanzposition. Die Verpflichtung zur Wechselkursstabilisierung veranlaßt die inländische Zentralbank zu anhaltenden Devisenverkäufen und zwingt ihr somit eine Geldmengenkontraktion auf. Hierdurch wird das inländische Zinsniveau an das gestiegene ausländische Zinsniveau angepaßt (Linksverschiebung der LM-Kurve), und der durch wachsende Güterexporte auf das Inland übertragene expansive Effekt wird durch die Rückwirkungen des weltweit gestiegenen Zinsniveaus auf die Investitionstätigkeit abgeschwächt (Abb. 93a) oder gar überkompensiert. Expansive Fiskalpolitik des Auslandes kann also bei festen Wechselkursen im Inland expansive oder kontraktive Wirkungen, eine gleichgerichtete oder eine inverse Konjunkturübertragung, auslösen.

Bei flexiblen Wechselkursen kann die neue Gleichgewichtsposition aus dem Schnittpunkt E_2^b der um den Betrag Δi^* nach oben verschobenen ZZ-Kurve und der stabilen LM-Kurve ermittelt werden, da sich der Wechselkurs solange ändern wird, bis auf ZZ_2 eine stabile gesamtwirtschaftliche Gleichgewichtsposition, also ein IS-LM-Schnittpunkt, erreicht ist (Abb. 93b). Somit wird eine expansive ausländische Fiskalpolitik bei flexiblen Wechselkursen im Inland einen Konjunkturaufschwung auslösen. Das inländische Gleichgewichtseinkommen steigt bei erhöhtem Zinsniveau stärker als bei festen Wechselkursen, und die Gefahr einer Übertragung kontraktiver Wirkungen ist ausgeschlossen. Zwei gleichgerichtete Transmissionseffekte fördern die expansiven Wirkungen auf die inländische Konjunkturlage. Zum einen ist wiederum der exportstimulierende Effekt der ausländischen Expansion wirksam, wie er bereits in Abb. 93a in der Rechtsverschiebung der IS-Kurve aus der Position IS_1 (Y_{01}^*, e_1) in die Position IS_2 (Y_{02}^*, e_1) dokumentiert wurde. Zum anderen bewirkt aber die Anhebung des ausländischen Zinsniveaus umfangreiche Kapitalabflüsse in das Ausland, so daß die inländische Währung unter starken Abwertungsdruck gerät. Die DM-Abwertung (Dollar-Aufwertung von e_1 auf e_2) führt zu einer weiteren Verbesserung der inländischen Leistungsbilanz, die den inländischen Aufschwungprozeß verstärkt (Rechtsverschiebung der IS-Kurve von IS_2 (Y_{02}^*, e_1) nach IS_3 (Y_{02}^*, e_2)) und zu einem Gleichgewichtseinkommen führt, das eindeutig größer ist als das bei festen Wechselkursen aus der gleichen externen Störung resultierende Aktivitätsniveau. Das inländische Einkommen muß in Folge eines expansiven fiskalischen Auslandsimpulses in jedem Falle steigen, weil nur dieser Prozeß bei gestiegenem weltwirtschaftlichen Zinsniveau und konstantem inländischen Geldangebot die Zinsparität $i_2 = i_{02}^*$ wieder herstellt. Solange noch $i < i_{02}^*$ gilt, bleiben die Kapitalabflüsse und der DM-Abwertungsdruck wirksam. Der neue Gleichgewichtswechselkurs e_2 ist erreicht, wenn die Dollar-Aufwertung hinreichend groß ist, um jene zusätzliche Einkommensexpansion des Inlandes anzustoßen, die das inländische Zinsniveau mit dem höheren ausländischen Zins in Übereinstimmung bringt.

Die Transmissionseffekte ausländischer expansiver Fiskalpolitik können in den Abb. 93a und 93b wiederum aus dem Vergleich der Punkte E_2^a (für feste Wechselkurse) und E_2^b (für flexible Wechselkurse) abgelesen werden. Eine Änderung des Wechselkurssystems verändert die Stärke und möglicherweise auch das Vorzeichen des Transmissionseffektes ausländischer Fiskalpolitik. Expansive Fiskalpolitik im Ausland induziert bei festen Wechselkursen expansive oder kontraktive, bei flexiblen Wechselkursen eindeutig expansive Wirkungen im Inland. Je mehr durch die fiskalische Expansion im Ausland ein weltwirtschaftlicher Zinsanstieg gefördert wird, desto größer wird bei festen Wechselkursen die Wahrscheinlichkeit einer Übertragung kontraktiver Konjunkturimpulse, und um so stärker werden bei flexiblen Wechselkursen die expansiven Wirkungen ausfallen (siehe die gestrichelte ZZ_2'-Kurve in Abb. 93a und 93b).

5. Stabilisierungspolitische Interdependenz

Bislang wurde gezeigt, welche Auswirkungen in einer kleinen offenen Volkswirtschaft zustande kommen, wenn geld- oder fiskalpolitische Impulse durch stabilisierungspolitische Aktivitäten des Inlandes (Kap. D.2. und 3.) oder des Auslandes (Kap. D.4.) ausgelöst werden. Kleine Länder befinden sich dabei in der Situation internationaler Dependenz: Stabilisierungspolitische Aktionen des Inlandes haben keinen spürbaren Einfluß im Ausland, jedoch hat die ausländische Stabilisierungspolitik Rückwirkungen im Inland. Demgegenüber besteht eine Konstellation internationaler Interdependenz, wenn es sich um zwei große Länder handelt, deren stabilisierungspolitische Aktivitäten jeweils Rückwirkungen im anderen Land und damit Konsequenzen für dessen Stabilisierungspolitik haben. Für große Länder, die sich mit stabilisierungspolitischen Eingriffen gegenseitig beeinflussen können (stabilisierungspolitische Interdependenz) müssen diese Rückwirkungen daher bei Wirkungsanalysen in Rechnung gestellt werden. Dabei läßt sich nachweisen, daß einige grundlegende Resultate, die im Rahmen des *Ein-Land-Modells ohne internationale Rückwirkungen* gewonnen wurden, nicht mehr gelten, wenn ein *Zwei-Länder-Modell mit internationalen Rückwirkungen* als relevanter analytischer Rahmen zugrundegelegt werden muß. Dies soll unter Beibehaltung der Annahme perfekter internationaler Kapitalmobilität demonstriert werden.

Die Analyse stabiliserungspolitischer Interdependenz zweier großer Länder bei perfekter Kapitalmobilität soll auf eine graphische Darstellung beschränkt bleiben. Im linken (rechten) Quadranten der Abb. 94-95 wird das gesamtwirtschaftliche Gleichgewicht der ausländischen (inländischen) Volkswirtschaft erfaßt. Da perfekte Kapitalmobilität immerwährende Zinsparität $i=i^*$ gewährleistet, müssen die Linien externen Gleichgewichts in beiden Ländern auf gleichem Niveau horizontal verlaufen (sind also deckungsgleich). Im Ausland ergibt sich die gesamtwirtschaftliche Gleichgewichtsposition der Ausgangslage (E_1^*) dort, wo sich ausländische Geldmarkt-Gleichgewichtskurve LM_1^* und Gütermarkt-Gleichgewichtskurve IS_1^* auf ZZ_1^* schneiden. Entsprechend ist das inländische Ausgangsgleichgewicht (E_1) durch den LM_1-IS_1-Schnittpunkt auf ZZ_1 bestimmt.

a. *Stabilisierungspolitik bei festen Wechselkursen*

Zunächst sollen die Auswirkungen expansiver inländischer Geldpolitik untersucht werden, die bei stabilisierungspolitischer Interdependenz im In- und Ausland zustande kommen (Abb. 94). Vor allem interessiert dabei die Frage, welche Konsequenzen sich aus den internationalen Rückwirkungen für die Wirksamkeit inländischer Stabilisierungspolitik ergeben. Der expansive geldpolitische Impuls zeigt sich in der Rechtsverschiebung der inländischen LM-Kurve von LM_1 nach LM_2. Da die inländische Geldpolitik nunmehr eine spürbare Ausweitung des weltwirtschaftlichen Geldangebots zur Folge hat, geht das internationale Zinsniveau zurück, so daß expansive Wirkungen in beiden Ländern ausgelöst werden. Zugleich fördert der inländische (ausländische) Expansionsprozeß ein Wachstum der ausländischen (inländischen) Güterexporte, so daß sich die Aufschwungtendenzen über diesen Transmissionseffekt gegenseitig verstärken. Die Gütermarkt-Gleichgewichtskurve verschiebt sich im Inland nach rechts in die Position IS_2 und im Ausland nach links in die Position IS_2^*. Auf Grund der extrem zinselastischen Kapitalbewegungen kommt es im Inland (Ausland) zu erheblichen Zahlungsbilanzdefiziten (Zahlungsbilanzüberschüssen). Ohne sterilisationspolitischen Widerstand gegen diese starken externen Ungleichgewichte leisten zu können, wird die inländische (ausländische) Zentralbank gezwungen, Devisen, deren Wechselkurs am oberen Interventionspunkt (unteren Interventionspunkt) liegt, zu verkaufen (kaufen), so daß mit abnehmender (zunehmender) Währungsreserve im Inland (Ausland) die Geldmenge schrumpft (wächst). Die Geldmarkt-Gleichgewichtskurve verschiebt sich im Inland nach links in die Position LM_3. Der inländische Zinsrückgang wird gedämpft. Im Ausland verschiebt sich die Geldmarkt-Gleichgewichtskurve nach links in die Position LM_2^*. Das ausländische Zinsniveau wird der durch inländische Geldpolitik angestoßenen allgemeinen Zinstendenz angepaßt.

Im Ausland haben sich die ZZ^*-Kurve um den Betrag $\Delta i^*=\Delta i$ nach unten, die LM^*-Kurve bzw. die IS^*-Kurve in die Positionen LM_2^* bzw. IS_2^* nach links verschoben. Die neue gesamtwirtschaftliche Gleichgewichtsposition E_2^* zeigt, daß das ausländische Gleichgewichtseinkommen gestiegen ist. Im Inland hat sich die ZZ-Kurve um den gleichen Betrag $\Delta i=\Delta i^*$ nach unten, die LM-Kurve in die Endposition LM_3 nach rechts und die IS-Kurve nach rechts in die Position IS_2 verschoben. Auch im Inland ist das Gleichgewichtseinkommen gestiegen, wie aus der neuen gesamtwirtschaftlichen Gleichgewichtsposition E_2 ablesbar ist.

Während expansive Geldpolitik eines kleinen Landes bei festen Wechselkursen wirkungslos ist ($\Delta B_0^Z=-\Delta WR$), bleibt für große Länder auch in diesem Wechselkurssystem die geldpolitische Effizienz gewahrt, indem die Ausweitung der heimischen Geldbasiskomponente nur teilweise durch den Rückgang der Zentralbank-Devisenreserven absorbiert wird ($\Delta B_0^Z>-\Delta WR$). Der verbleibende Teil der erhöhten Zentralbank-Geldmenge wird durch

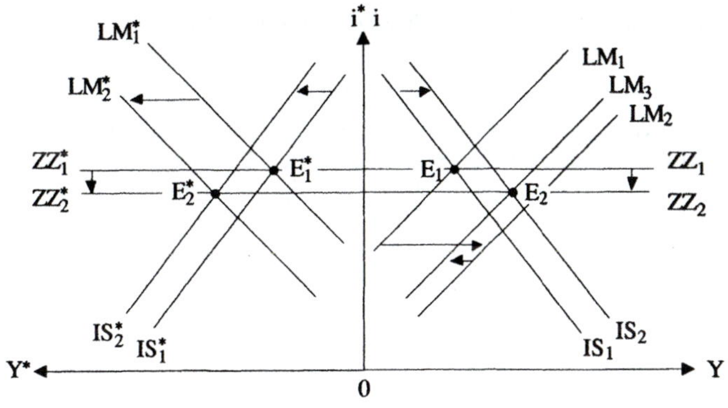

Abb. 94a Abb.94b

das Wachstum der ausländischen Devisenreserven eingefangen, so daß der expansive geldpolitische Impuls nicht nur die inländische, sondern auch die ausländische Geldmenge vergrößert. Ein wesentlicher Grund für die Wirksamkeit expansiver Geldpolitik bei festen Wechselkursen liegt also darin, daß es dem großen Lande monetär gelingt, eine Senkung des internationalen Zinsniveaus durchzusetzen, die im In- und Ausland expansiv wirkt. Diese Expansionsprozesse verstärken sich über die Außenhandelsverflechtungen gegenseitig.

Die Auswirkungen expansiver Fiskalpolitik eines großen Landes können parallel zu dem in Kap. D.4.b behandelten Fall erfaßt werden, so daß hier auf die graphische Darstellung verzichtet werden soll. Mit expansiven Fiskalimpulsen setzt ein großes Land eine Anhebung des internationalen Zinsniveaus durch, die den expansiven Effekt dämpft. Während im vergleichbaren Fall fiskalpolitischer Aktionen eines kleinen Landes perfekte Kapitalmobilität zinsinduzierte crowding-out-effects verhindert ($i=i_0^*$), bleiben diese hier wirksam. Folglich ist der Einkommenseffekt expansiver Fiskalpolitik in einem großen Land schwächer ausgeprägt als in einer kleinen Volkswirtschaft. Im Ausland kann sich die expansive Fiskalpolitik eines großen Landes – wie bereits erläutert – expansiv oder kontraktiv auswirken, je nach dem, ob die Rückwirkung der weltweiten Zinserhöhung oder die der inländischen Konjunkturbelebung dominiert.

Damit kann folgendes Ergebnis festgehalten werden: Bei internationalen Rückwirkungen und stabilisierungspolitischer Interdependenz bleiben Geld- und Fiskalpolitik auch im System fester Wechselkurse wirksam. Expansive Geldpolitik wirkt sich auch in anderen Ländern expansiv aus; expansive Fiskalpolitik hat im Ausland expansive oder kontraktive Wirkungen.

b. *Stabilisierungspolitik bei flexiblen Wechselkursen*

Die Wirksamkeit expansiver Geldpolitik in einem großen Land läßt sich aus dem in Kap. D.4.a. behandelten Fall ableiten, so daß auch hier auf die graphische Darstellung des entsprechenden Zwei-Länder-Modells verzichtet werden kann. Da die expansive Geldpolitik nun eine weltwirtschaftliche Zinssenkung durchsetzen kann und eine relativ starke Abwertung der Inlandswährung hervorruft, ist ihre Wirksamkeit durch den Wechselkurs- und Zinseffekt grundsätzlich gewährleistet. Andererseits aber wird im Ausland das Einkommen sinken, weil dort bei niedrigerem Zinsniveau und konstantem Geldangebot nur ein niedrigeres Gleichgewichtseinkommen mit Geldmarktgleichgewicht vereinbar ist. Folglich werden im Ausland die expansiven Effekte der gesunkenen Zinsen und der im Sog des inländischen Aufschwungs höheren Güterexporte durch die kontraktiven Auswirkungen einer relativ starken Aufwertung der Auslandswährung überkompensiert. Der ausländische Kontraktionsprozeß wirkt sich aber auch negativ auf die inländischen Güterexporte aus, so daß diese Rückwirkung einen kontraktiven Effekt überträgt, der das inländische Einkommenswachstum dämpft. Damit wird der Einkommenseffekt eines expansiven monetären Impulses in einem großen Land infolge internationaler Rückwirkungen schwächer sein als in einer kleinen Volkswirtschaft, die diese kontraktiven Rückwirkungen nicht auslösen kann.

Während expansive Fiskalpolitik in einem kleinen Land bei perfekter Kapitalmobilität wirkungslos bleibt ("perfect crowding out" durch Aufwertung der Inlandswährung), ist unter den gleichen Bedingungen fiskalpolitische Effizienz in einem großen Land trotz des bei freibeweglichen Wechselkursen wirksamen Aufwertungsdruckes gewährleistet. Wie in Abb. 95 dargestellt, zeigt sich der expansive Fiskalimpuls in einer Rechtsverschiebung der inländischen IS-Kurve in die Position IS_2. Im Ausland kommt ein expansiver Effekt zustande, zum einen weil die inländische Expansion auch die ausländischen Güterexporte fördert, zum anderen weil die ausländische Währung unter Abwertungsdruck gerät (Linksverschiebung der ausländischen IS^*-Kurve in die Position IS_2^*. Demgegenüber wirkt die Aufwertung der Inlandswährung kontraktiv und dämpft so den konjunkturellen Aufschwung (Rückverschiebung der inländischen IS-Kurve in die Position IS_3). Da die durch den Fiskalimpuls ausgelösten Anpassungsprozesse zugleich ein höheres internationales Zinsniveau herbeiführen, das in allen Ländern gilt, verschieben sich die ZZ- und ZZ^*-Kurven um den Betrag $\Delta i = \Delta i^* > 0$ parallel nach oben. Die neue gesamtwirtschaftliche Gleichgewichtsposition des Inlandes liegt auf der stabilen LM-Kurve im Schnittpunkt E_2 von ZZ_2- und IS_3-Kurve. Im Ausland ist die neue gesamtwirtschaftliche Gleichgewichtsposition auf der LM^*-Kurve durch den Schnittpunkt E_2^* von ZZ_2^*- und IS_2^*- Kurve bestimmt. In beiden Ländern ist das Gleichgewichtseinkommen gestiegen. Die inländische Fiskalpolitik muß das Einkommen in beiden Ländern deshalb gesteigert haben, weil höhere Zinsniveaus bei konstanten Geldmengen beider Länder nur dann mit

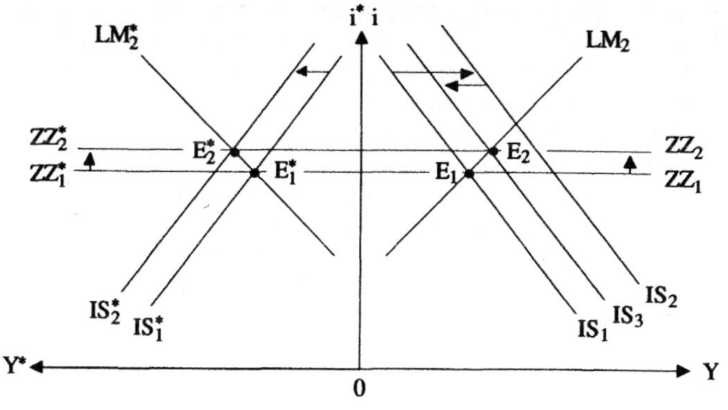

Abb. 95

Geldmarktgleichgewicht vereinbar sind, wenn ihnen höhere Gleichgewichtseinkommen zugeordnet sind.

Ein wesentlicher Grund für die Wirksamkeit expansiver Fiskalpolitik trotz perfekter Kapitalmobilität liegt darin, daß es dem großen Land - im Gegensatz zu einem kleinen Land - fiskalpolitisch gelingt, expansive Impulse auf das Ausland zu übertragen. Die Rückwirkungen des hierdurch angestoßenen ausländischen Expansionsprozesses, die im Inland exportfördernde und damit expansive Wirkungen freisetzen, wirken den aufwertungsbedingten crowding-out-effects entgegen und verhindern somit ein "perfect crowding out".

Folgendes Ergebnis läßt sich nun zusammenfassen: Geld- und Fiskalpolitik sind bei flexiblen Wechselkursen wirksam, wenn stabilisierungspolitische Interdependenz großer Länder vorliegt. Expansive Fiskalpolitik eines großen Landes wirkt sich im System flexibler Wechselkurse in anderen Ländern expansiv aus. Expansive Geldpolitik eines großen Landes wirkt sich unter den gleichen Bedingungen in anderen Ländern kontraktiv aus. Die Rückwirkungen dieser Transmissionseffekte auf das Ursprungsland des Fiskalimpulses (Geldimpulses) bedingen, daß dessen Einkommenseffekt stärker (schwächer) als in einer kleinen offenen Volkswirtschaft ausfällt.

Ein relativ großes Land, das mit stabilisierungspolitischen Maßnahmen das internationale Zinsniveau beeinflussen kann, ist auch unter den Bedingungen perfekter Kapitalmobilität bei flexiblen Wechselkursen in der Lage, eine wirksame Fiskalpolitik oder auch Geldpolitik durchzusetzen. Eine expansive Fiskalpolitik würde zugleich den konjunkturpolitischen Interessen anderer Länder dienen, wenn auch dort gesamtwirtschaftliche Unterbeschäftigungsgleichgewichte bestehen. Eine expansive Geldpolitik würde gegen diese Interessen verstoßen, also "beggar my neighbour policy" darstellen. Überschreitet dort hingegen die Güternachfrage das gesamtwirtschaftliche Produktionspotential, so würde die expansive Fiskalpolitik des großen Landes die stabilitätspolitischen Interessen anderer Länder verletzen, expansive Geldpolitik würde sie unterstützen. Im System fester Wechselkurse kehren sich diese Bedingungen stabilisierungspolitischer Interdependenz um. Ein relativ großes Land kann bei perfekter Kapitalmobilität die Weltwirtschaft mit expansiver Geldpolitik ankurbeln und ist deshalb auch nicht der Gefahr einer Ineffizienz monetärer Steuerung ausgesetzt. Bei weltwirtschaftlicher Unterbeschäftigung liegt eine solche Politik auch im Interesse anderer Länder, während expansive Fiskalpolitik des großen Landes zur "beggar my neighbour policy" wird, weil kontraktive Wirkungen übertragen werden.

Literaturangaben

CARLBERG, M., Makroökonomik der offenen Volkswirtschaft, München, 1989.

DERNBURG, T.F., Global Macroeconomics, New York, 1989.

DIECKHEUER, G., Internationale Wirtschaftsbeziehungen, 2.A., München, 1992.

DORNBUSCH, R., Open Economy Macroeconomics, New York, 1980.

FLEMING, M., Domestic Financial Policies Under Fixed and Under Floating Exchange Rates, in: IMF Staff Papers, 9, 1962, S. 369-379.

FRENKEL, J./ RAZIN, A., The Mundell-Fleming Model a Quarter Century Later: A Unified Exposition, in: IMF Staff Papers, 34, 1987, S. 567-620.

GENBERG, H./ SWOBODA, A.K., Policy and Current Account Determination Under Floating Exchange Rates, in IMF: Staff Papers, 36,1989, S. 1-30.

JARCHOW, H.J./ RÜHMANN, P., Monetäre Außenwirtschaft, I. Monetäre Außenwirtschaftstheorie, 3.A., Göttingen, 1991.

MUNDELL, R.A., Capital Mobility and Stabilization Policy Under Fixed and Flexible Exchange Rates, in: Canadian Journal of Economics and Political Science, 29, 1963, S. 475-485.

MUNDELL, R.A., International Economics, New York, 1968.

ROSE, K., Theorie der Außenwirtschaft, 10.A., München, 1989.

III. Modelle der neoklassischen Synthese mit außenwirtschaftlichen Verflechtungen

Gesamtwirtschaftliche Expansions- und Kontraktionsprozesse sind in der Regel mit Preis- und Lohnänderungen verbunden. Auf diesen Sachverhalt der Preis- und Lohnflexibilität sind Modelle der neoklassischen Synthese zugeschnitten, die die Güternachfragetheorie des keynesianischen Standardmodells mit einer neoklassischen Theorie der Arbeitsnachfrage, des Arbeitsangebots und des Güterangebots verknüpfen. Derartige neoklassische Synthesemodelle sind als Weiterentwicklung des keynesianischen Ansatzes zu verstehen. Sie enthalten als Spezialfälle das keynesianische Standardmodell ebenso wie das neoklassische Gleichgewichtsmodell. Im Anschluß an diese bereits aus § 1.III bekannten Implikationen neoklassischer Synthesemodelle geschlossener Volkswirtschaften soll nun untersucht werden, wie sich die bisherigen Ergebnisse verändern, wenn Einflüsse außenwirtschaftlicher Verflechtungen und unterschiedlicher internationaler Währungssysteme bei Preis- und Lohnflexibilität wirksam sind.

Die durch keynesianisches und neoklassisches Denken inspirierte Generation makroökonomischer Modelle offener Volkswirtschaften folgte als Reaktion auf einige offenkundige Schwächen der orthodox-keynesianischen MUNDELL-FLEMING-Ansätze. Jene keynesianischen Standardmodelle offener Volkswirtschaften vermitteln zwar nützliche Einsichten in die Bedeutung des Wechselkurssystems und des internationalen Kapitalverkehrs für die stabilisierungspolitische Effizienz und für die Prozesse internationaler Konjunkturtransmission. Jedoch bleibt ihre Anwendbarkeit begrenzt, weil sie

- mit der Annahme eines völlig preiselastischen Güterangebots Preisniveauerhöhungen im Gefolge konjunktureller Aufschwungprozesse ignorieren und somit auch zwangsläufig die positiven Realeinkommens- und Beschäftigungswirkungen (die sogenannten Realeffekte) expansiver Geld- und Fiskalpolitik regelmäßig überschätzen,

- damit auch die Gefährdungen der positiven Beschäftigungseffekte und der Preisniveaustabilität (stagflatorische Wirkungen) ausblenden, die durch Preissteigerungen provozierte Lohnerhöhungen nach sich ziehen können,

- die von weltwirtschaftlichen Inflationsprozessen, insbesondere bei divergierenden nationalen Inflationsraten, ausgehenden Gleichgewichtsstörungen und internationalen Anpassungsprozesse nicht erfassen können,

- die mit erwarteten Wechselkursänderungen verbundenen Auswirkungen auf internationalen Kapitalverkehr, Zahlungsbilanz und Wechselkurs – die vor allem bei flexiblen Wechselkursen signifikant sind – weitgehend vernachlässigen,

- Zusammenhänge zwischen Kapitalbilanzsalden, Veränderungen des Nettoauslandsvermögens und daraus resultierende Vermögenseffekte oder Veränderungen der Leistungsbilanzsalden (in Folge veränderter Nettozinseinkünfte im Außenwirtschaftsverkehr) nicht beachten oder als insignifikant zurückweisen.

Modelle der neoklassischen Synthese tragen zum Abbau der ersten drei Schwachstellen bei. Hingegen gelang eine konsistente Integration der Wechselkurserwartungen und der vermögenstheoretischen Zusammenhänge zwischen Strom- und Bestandsgrößen der Zahlungsbilanz in Makromodelle offener Volkswirtschaften erst mit den in der zweiten Hälfte der 70er Jahre entstandenen und in den 80er Jahren ausgebauten finanzmarkttheoretischen Ansätzen. Diese in einem späteren Abschnitt (IV.) darzustellende dritte Modellgeneration schuf ein neues Fundament für die nun zu behandelnden außenwirtschaftstheoretischen Modelle der neoklassischen Synthese.

Bevor dieser Modellrahmen für die Analyse des gesamtwirtschaftlichen Gleichgewichts einer offenen Volkswirtschaft konzipiert und genutzt wird, muß geprüft werden, welche Modifikationen bei der Herleitung gesamtwirtschaftlicher Güternachfrage- und Güterangebotsfunktionen zu berücksichtigen sind. Nachfragetheoretische Erweiterungen folgen aus der bereits vermittelten Einsicht (vgl. Kapitel I.D.2), daß Wechselkurs- oder Preisniveauänderungen nur dann Verschiebungen der Güternachfrage über Veränderungen des Leistungsbilanzsaldos anstoßen, wenn sie reale Wechselkursänderungen herbeiführen können. Angebotstheoretische Erweiterungen folgen daraus, daß Wechselkursänderungen oder Änderungen des ausländischen Preisniveaus Importpreisänderungen nach sich ziehen, die in einer offenen Volkswirtschaft mit relativ hoher Importquote spürbar auf das allgemeine Preisniveau wirken und hierdurch Lohnanpassungsprozesse (oder weitere Kosteneffekte über die Preise importierter Vorleistungen) auslösen können.

A. GESAMTWIRTSCHAFTLICHE GÜTERNACHFRAGE

Bei variablem Preisniveau sind nominale und reale Makrogrößen zu unterscheiden, deren Entwicklung in der Regel voneinander abweicht. In einer offenen Volkswirtschaft müssen außerdem mehrere Preisniveaus unterschieden werden. Der Durchschnitt der Preise aller im Inland produzierten Waren und Dienstleistungen wird als Preisniveau der Inlandsproduktion (P) bezeichnet, das in der statistischen Messung etwa durch den Preisindex des Bruttosozialprodukts erfaßt wird. Das Exportpreisniveau (P_{ex}) stimmt mit dem Preisniveau der Inlandsproduktion nur dann überein, wenn im Betrachtungszeitraum keine relativen Preisverschiebungen der im Inland hergestellten Güter auftreten. Dies sei im folgenden angenommen, so daß $P_{ex}=P$. Ist diese Bedingung konstanter relativer Preise auch im Ausland erfüllt, so folgt das Importpreisniveau aus der Umrechnung des (als Durchschnitt ausländischer Dollar-Preise ermittelten) Auslandspreisniveaus (P*) zum geltenden Dollar-Wechselkurs: $P_{im}=eP^*$. Das Verbraucherpreisniveau P_c, das in der statistischen Messung durch Lebenshaltungskosten-Indices approximiert wird, läßt sich dann als gewogener Durchschnitt von Preisniveau der Inlandsproduktion P und Importpreisniveau eP* ermitteln.

Als Terms of Trade wird das internationale Austauschverhältnis P_{ex}/P_{im} bezeichnet, das angibt, wieviele Güter ein Land durchschnittlich im Austausch gegen ein bestimmtes Exportvolumen importieren kann. Unter den hier zugrundeliegenden Bedingungen muß $P_{ex}/P_{im}=P/(eP^*)$ gelten, so daß der reale Dollar-Wechselkurs ($e_r=(eP^*)/P$) dem Kehrwert der inländischen Terms of Trade entspricht bzw. die inländischen Terms of Trade mit dem realen DM-Wechselkurs ($1/e_r$) übereinstimmen.

Da exportfähige Inlandsprodukte am Auslandsmarkt mit Auslandsprodukten und exportfähige Auslandserzeugnisse am Inlandsmarkt mit Inlandsprodukten konkurrieren, kann die internationale Preis-Wettbewerbsposition inländischer Hersteller durch das Niveau des realen Wechselkurses bzw. der Terms of Trade approximiert werden. Eine reale Dollar-Aufwertung bzw. DM-Abwertung (eP* steigt relativ zu P) verbessert die internationale Preis-Wettbewerbsfähigkeit inländischer Produzenten, so daß das Exportvolumen (ex) steigt und das Importvolumen (im) schrumpft. Ist die MARSHALL-LERNER-Bedingung erfüllt (s. Kapitel I.D.2) – was im folgenden unterstellt wird –, verbessert sich die Leistungsbilanz nominal und real. Umgekehrt wird sich die internationale Preis-Wettbewerbsfähigkeit des Inlandes und somit die inländische Leistungsbilanz verschlechtern, wenn es zu einer realen Dollar-Abwertung bzw. DM-Aufwertung kommt.

Auf dieser Grundlage kann nun die gesamtwirtschaftliche Güternachfragefunktion in einer offenen Volkswirtschaft hergeleitet werden. Die im Inland wirksame nominale Güternachfrage entspricht der Summe der

Konsumausgaben inländischer privater Haushalte (PC), der Ausgaben inländischer Unternehmen für Investitionsgüterkäufe (PI), der konsumtiven und investiven Staatsausgaben (PG) und der Exporterlöse (Pex) abzüglich der Ausgaben inländischer Wirtschaftseinheiten für Importgüterkäufe (eP*im). Die am inländischen Gütermarkt wirksame Gesamtnachfrage kann nun in realen Werten, also in Einheiten der inländischen Produktion, ausgedrückt werden, indem die Ausgabenkomponenten der nominalen Güternachfrage mit dem Preisniveau der Inlandsproduktion deflationiert (d.h. durch P dividiert) werden. Die gesamtwirtschaftliche Güternachfrage ergibt sich dann gemäß der Definitionsgleichung

$$Y^n = C + I + G + ex - e_r\, im = E + LB_r$$

als Summe von realer Absorption und realem Leistungsbilanzsaldo (Außenbeitrag).

Eine Theorie der gesamtwirtschaftlichen Güternachfrage läßt sich nun entwickeln, indem Hypothesen über die Determinanten der einzelnen Nachfragekomponenten in Gestalt von Konsum-, Investitions-, Export- und Importfunktionen formuliert und in die Nachfragegleichung eingesetzt werden. Dabei wird auf die makroökonomischen Verhaltenshypothesen (ohne mikroökonomische Fundierung) des keynesianischen Standardmodells zurückgegriffen:

$$\begin{aligned} C &= C(Y - T_0) \\ I &= I(i) \\ G &= G_0 \\ ex &= ex(e_r, Y^*) \\ im &= im(e_r, Y)\,. \end{aligned}$$

Im folgenden werden gesamtwirtschaftliche Gleichgewichtslagen und Anpassungsprozesse einer kleinen, offenen Volkswirtschaft untersucht, so daß zusätzlich gilt:

$$\begin{aligned} Y^* &= Y_0^* \\ e_r &= \frac{eP_0^*}{P} \end{aligned}$$

Eine (keynesianische) Güternachfragefunktion läßt sich nun mit der (keynesianischen) Annahme, die gesamtwirtschaftliche Güternachfrage determiniere Produktion und Gleichgewichtseinkommen, unter Berücksichtigung des im simultanen Geldmarktgleichgewicht bestimmten Zinsniveaus aus folgenden beiden Gleichungen ableiten:

$$Y^n = Y = C(Y-T_0) + I(i) + G_0 + ex\left(\frac{eP_0^*}{P}, Y_0^*\right) - \frac{eP_0^*}{P}\ im\left(\frac{eP_0^*}{P}, Y\right)$$

$$= E(Y, i) + LB_r(e_r, Y, Y_0^*)$$

$$\frac{M}{P} = \frac{m_1(B_0^Z + WR)}{P} = L(Y, i)\ .$$

Die erste Gleichung läßt sich als nachfrageseitiges Gütermarktgleichgewicht interpretieren. Dieses erfordert, daß Produktion und Realeinkommen mit der realen Güternachfrage übereinstimmen. Die zweite Gleichung zeigt das Gleichgewicht des Geldmarktes. Dieses erfordert, daß die reale Geldnachfrage (L), also die Summe aus einkommensabhängiger Nachfrage nach realer Transaktionskasse und zinsabhängiger Nachfrage nach realer Spekulationskasse, mit dem realen Geldangebot (M/P) übereinstimmen.

Für ein vorgegebenes inländisches Preisniveau ($P=P_1$) läßt sich nun wiederum das nachfrageseitige Gütermarktgleichgewicht – das noch nicht unbedingt ein gesamtwirtschaftliches Gütermarktgleichgewicht impliziert – in Gestalt einer IS-Kurve, das Geldmarktgleichgewicht in Gestalt einer LM-Kurve abbilden (Abb. 96). Der Schnittpunkt von $IS_1(P_1)$ und $LM_1(P_1)$ determiniert dann die dem Preisniveau P_1 zugeordnete Höhe der gesamtwirtschaftlichen Güternachfrage $Y_1^n(P_1)$, die im unteren Diagramm von Abb. 96 erfaßt wird.

Ein Anstieg des Preisniveaus von P_1 auf P_2 hat nun zwei Effekte auf die Güternachfrage. Zum einen sinkt das reale Geldangebot, so daß der Zins steigen muß, um die geplante reale Kassenhaltung wieder mit dem realen Geldangebot in Einklang zu bringen (Aufwärtsverschiebung der LM-Kurve). Der Zinsanstieg dämpft die Investitionsnachfrage, woraus ein Rückgang der Güternachfrage auf das durch den Schnittpunkt von LM_2 mit IS_1 bestimmte Niveau $Y_2^{n'}$ resultiert. Dieser Effekt ist bereits aus der in § 1 dargestellten Flexpreis-Version des neoklassischen Synthesemodells einer geschlossenen Volkswirtschaft bekannt. Zum anderen wirkt sich der Preisniveauanstieg nunmehr auf den realen Wechselkurs aus. Es kommt zu einer realen Dollar-Abwertung bzw. DM-Aufwertung (e_r sinkt), so daß die sich verschlechternde internationale Wettbewerbsposition heimischer Produzenten über rückläufige Güterexporte und wachsende Güterimporte eine Verschlechterung des realen Leistungsbilanzsaldos nach sich zieht (Linksverschiebung der IS-Kurve). Aus dieser Abnahme des Außenbeitrags resultiert ein weiterer Nachfragerückgang auf das durch den Schnittpunkt von $IS_2(P_2)$ und $LM_2(P_2)$ bestimmte Niveau Y_2^n.

Somit verläuft die Güternachfragekurve in einer offenen Volkswirtschaft flacher, also preisniveauelastischer, als in einer geschlossenen Volkswirtschaft, in der die im unteren Diagramm von Abb. 96 als gestrichelter Linienzug dargestellte Nachfragekurve gelten würde. Die Güternachfragekurve einer offenen Volkswirtschaft verläuft um so flacher, je elastischer Export- und Importnachfrage auf reale Wechselkursänderungen reagieren. In der offenen Volkswirtschaft würde die Preisniveauerhöhung $P_2–P_1$ nur dann von dem gleichen Nachfragerückgang $Y_1^n–Y_2^{n'}$ wie in der geschlossenen Volkswirtschaft begleitet werden, wenn der reale Wechselkurs konstant bleibt, weil Dollarkurs oder ausländisches Preisniveau in der gleichen Rate wie P steigen. In diesem Falle würde sich die IS-Kurve nach rechts in die Ausgangsposition IS_1 zurück verschieben, und die Güternachfragekurve würde sich deshalb so weit nach rechts verschieben, daß sie dem höheren Preisniveau P_2 eine nur noch auf $Y_2^{n'}$ abgeschwächte Güternachfrage zuordnet.

Bei gegebenem Preisniveau P wächst nun die im Inland wirksame Güternachfrage (Rechtsverschiebung der Güternachfragekurve) nicht nur auf Grund expansiver fiskalischer oder monetärer Impulse, sondern auch in Folge eines wachsenden Einkommens im Ausland, einer Dollar-Aufwertung oder eines steigenden ausländischen Preisniveaus. Auch diese außenwirtschaftlichen Einflüsse bewirken eine nach rechts verschobene IS-Kurve, deren Schnittpunkt mit der LM-Kurve das höhere Niveau der Güternachfragekurve bestimmt.

Im Verlauf der in Abb. 96 für eine offene Volkswirtschaft entwickelten Güternachfragekurve kommt eine funktionale Beziehung zwischen Preisniveau der Inlandsproduktion und Güternachfrage zum Ausdruck, die unter den Bedingungen hergeleitet wurde, daß Sozialprodukt und Volkseinkommen mit der am Inlandsmarkt wirksamen Güternachfrage übereinstimmen, und daß sich der Geldmarkt im Gleichgewicht befindet. Alle Punkte auf dieser Güternachfragekurve legen also lediglich fest, wie hoch bei gegebenem Preisniveau das Einkommen sein müßte, um Gütermarkt- und Geldmarktgleichgewicht herbeizuführen. Ob das Sozialprodukt und das Volkseinkommen tatsächlich diese für ein simultanes Güter- und Geldmarktmarktgleichgewicht erforderliche Höhe erreichen, hängt aber von den Angebotsentscheidungen der inländischen Hersteller ab. Ebenso kommt im negativen Steigungsmaß der Güternachfragekurve zum Ausdruck, um wieviel die Inlandsproduktion bei einem bestimmten Preisniveauanstieg sinken müßte, um dem durch Zinseffekt und realen Wechselkurseffekt induzierten Nachfragerückgang zu entsprechen. Ob diese Änderungen tatsächlich ein neues stabiles gesamtwirtschaftliches Gleichgewicht konstituieren, hängt wiederum von den Angebotsreaktionen inländischer Hersteller ab. Wenn das aus den Angebotsplänen inländischer Unterneh-

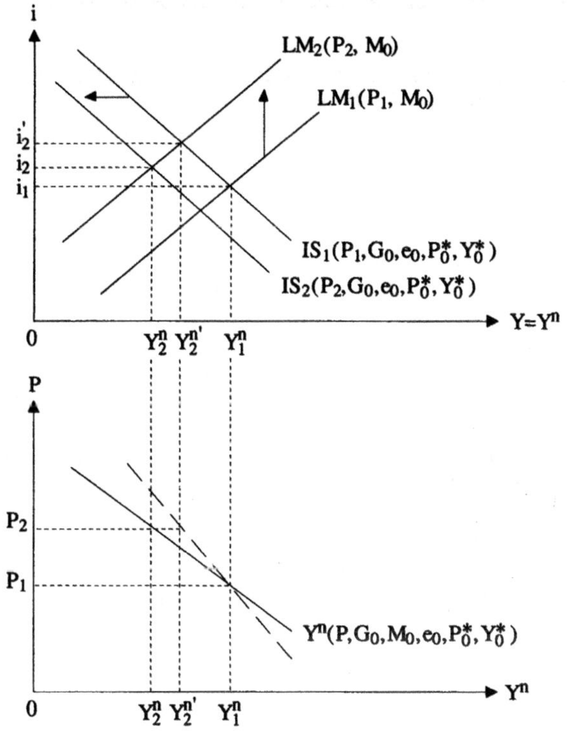

Abb. 96

mungen resultierende gesamtwirtschaftliche Güterangebot nicht mit der bei einem bestimmten Preisniveau wirksamen gesamtwirtschaftlichen Güternachfrage übereinstimmt, kommt es unter den Bedingungen des Flexpreismodells zu weiteren Preisniveauänderungen. Diese Preisanpassungsprozesse halten an, solange das nachfrageseitige Güter- und Geldmarktgleichgewicht noch nicht in ein gesamtwirtschaftliches Gleichgewicht von Güternachfrage und Güterangebot überführt worden ist.

Eine Analyse dieser Zusammenhänge setzt die Kenntnis der gesamtwirtschaftlichen Angebotsfunktion einer offenen Volkswirtschaft voraus. Auch die Anpassung der neoklassischen Angebotstheorie an die Bedingungen offener Volkswirtschaften zeigt, daß der Verlauf der Angebotsfunktion signifikante Unterschiede gegenüber der geschlossenen Volkswirtschaft aufweist.

B. GESAMTWIRTSCHAFTLICHES GÜTERANGEBOT

Wie bereits aus §1 bekannt ist, hängt die Arbeitsnachfrage der Unternehmungen von der Höhe des Reallohnes ab

$$A^n = A^n\left(\frac{l}{P}\right).$$

Mit steigender Reallohnbelastung der Produzenten geht die Arbeitsnachfrage zurück, weil ein die Grenzproduktivität überschreitender Reallohn zur Einschränkung des Beschäftigungsvolumens veranlaßt, bis die Grenzproduktivität der Arbeit das höhere Reallohnniveau erreicht hat. Dieser die Arbeitsnachfrage bestimmende, von inländischen Herstellern zu zahlende Reallohn l/P, im folgenden als Produzenten-Reallohn bezeichnet, muß nun aber streng unterschieden werden von dem von privaten Arbeitnehmerhaushalten vereinnahmten Reallohn. Dieser erfaßt die Kaufkraft des ausgezahlten Nominallohnes, an der die privaten Haushalte ihre Arbeitsangebotsentscheidungen orientieren. Der als Argument in der Arbeitsangebotsfunktion relevante Reallohn, im folgenden als Konsumenten-Reallohn bezeichnet, ergibt sich als Quotient von Nominallohn und Konsumentenpreisniveau: l/P_c. Die Arbeitsangebotsfunktion lautet dann

$$A^a = A^a\left(\frac{l}{P_c}\right),$$

wobei eine positive Korrelation zwischen Arbeitsangebot und Konsumenten-Reallohn unterstellt wird. Das Verbraucherpreisniveau sei als gewogener geometrischer Durchschnitt

$$P_c = P^{\alpha}\,(eP_0^*)^{1-\alpha} \qquad (0<\alpha<1)$$

definiert, wobei die Gewichtungsfaktoren α bzw. $(1-\alpha)$ die Anteile der Käufe heimischer bzw. importierter Güter an den Konsumausgaben inländischer privater Haushalte angeben. Der Konsumenten-Reallohn ergibt sich somit aus der Verknüpfung von Produzenten-Reallohn und realem Wechselkurs:

$$\frac{l}{P_c} = \frac{l}{P}\left(\frac{eP_0^*}{P}\right)^{\alpha-1} = \frac{l}{P}\,e_r^{\,\alpha-1}.$$

Der Konsumenten-Reallohn steigt oder sinkt nur dann proportional zum Produzenten-Reallohn, wenn der reale Dollar-Wechselkurs konstant bleibt. Steigen z.B. bei konstantem Auslandspreisniveau $P_0^*=1$ das inländische

Preisniveau und der Dollar-Wechselkurs in der gleichen Rate ($g_P=g_e$), dann müßten Produzenten- und Konsumenten-Reallohn in dieser Rate sinken, solange der Nominallohn konstant bleibt: das Arbeitsangebot würde zurückgehen, während die Arbeitsnachfrage zunehmen würde. Steigt auch der Nominallohn in der gleichen Rate ($g_l=g_P=g_e$), so bleiben Produzenten- und Konsumenten-Reallohn und damit auch Arbeitsnachfrage und -angebot konstant.

Eine reale Dollar-Aufwertung, z.B. auf Grund eines steigenden Importpreisniveaus, führt auch bei konstantem Produzenten-Reallohn zu einer Senkung des Konsumenten-Reallohns, die eine Einschränkung des Arbeitsangebots veranlaßt. Analog wird eine nominale Dollar-Aufwertung bei konstantem Inlandspreis- und -lohnniveau ($g_P=g_l=0$) über höhere Einfuhrpreise das Verbraucherpreisniveau anheben und somit den Konsumenten-Reallohn senken, obwohl der Produzenten Reallohn konstant geblieben ist: bei konstanter Arbeitsnachfrage wird das Arbeitsangebot zurückgehen.

Die gleiche Konstellation einer realen Dollar-Aufwertungstendenz bei konstantem Produzenten-Reallohn wäre aber auch dann gegeben, wenn Inlandspreis- und -lohnniveau bei konstantem nominalen Wechselkurs in der gleichen Rate sinken würden ($g_P=g_l<0$). Die Inlandsproduzenten sehen keine Veranlassung, ihre Arbeitsnachfrage zu ändern, während die inländischen Haushalte bei sinkendem Konsumenten-Reallohn ihr Arbeitsangebot einschränken. Obwohl die Preise inländischer Güter proportional zum Nominallohn sinken, muß nämlich die Kaufkraft des Nominallohnes zurückgehen, weil die Importpreise nicht vom Preisrückgang erfaßt werden ($g_l<g_{P_c}<0$).

Umgekehrt wird eine nominale Dollar-Abwertung bei Konstanz von P und l das Verbraucherpreisniveau senken und den Konsumenten-Reallohn erhöhen, so daß das Arbeitsangebot bei konstanter Arbeitsnachfrage steigt. Die gleiche Wirkung tritt ein, wenn P und l proportional steigen, weil in diesem Fall das Verbraucherpreisniveau auf Grund stabiler Importpreise unterproportional steigt ($g_{P_c}<g_P=g_l$). Damit kann die Arbeitsangebotsfunktion auch in der Form

$$A^a = A^a\left(\frac{l}{P}, e_r\right) = A^a\left(\frac{l}{P} e_r^{\alpha-1}\right)$$

geschrieben und in Abhängigkeit von der Höhe des Produzenten-Reallohns dargestellt werden (Abb. 97a). Änderungen des Produzenten-Reallohns bei konstantem realen Wechselkurs führen zu gleichgerichteten Veränderungen des Arbeitsangebots (Bewegung auf der Arbeitsangebotskurve). Eine reale Dollar-Aufwertung führt zu einem Rückgang des Arbeitsangebots, der sich als Linksverschiebung der Arbeitsangebotskurve darstellen läßt.

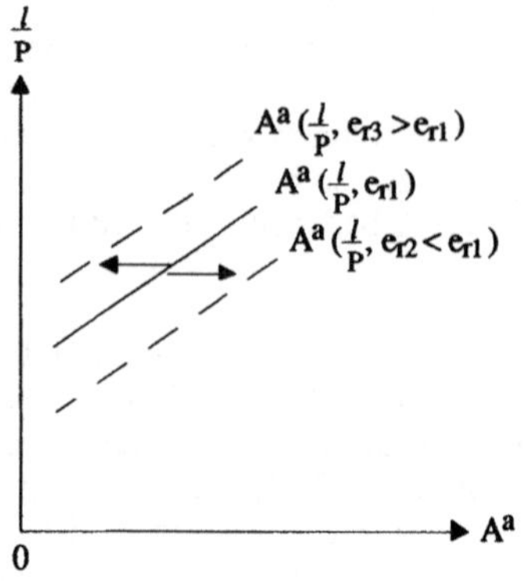

Abb. 97a

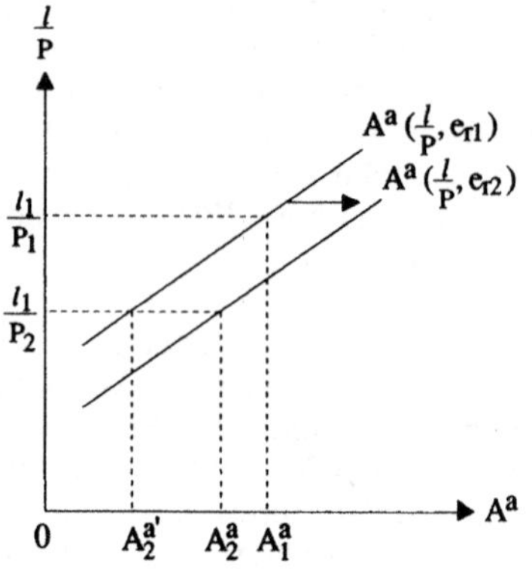

Abb.97b

Simultane Veränderungen von Produzenten-Reallohn und realem Wechselkurs führen zu einer Bewegung auf und zu einer Verschiebung der Arbeitsangebotskurve (Abb. 97b). Steigt z.B. das Preisniveau inländischer Güter von P_1 auf P_2, während l und e konstant bleiben, so sinkt der Produzenten-Reallohn auf l/P_2 (Bewegung auf der Angebotskurve nach links unten) und der reale Dollar-Wechselkurs geht von e_{r1} auf e_{r2} zurück (Rechtsverschiebung der Angebotskurve). Die negativen Auswirkungen steigender Inlandspreise auf das Arbeitsangebot werden somit durch die stabilen Einfuhrpreise gedämpft. Sie sorgen dafür, daß das Konsumentenpreisniveau weniger steigt als das Preisniveau inländischer Erzeugnisse ($g_P > g_{P_c} > 0$) und somit der Konsumenten-Reallohn um weniger als der Produzenten-Reallohn sinkt. Wäre der Konsumenten-Reallohn in gleichem Maße gesunken, käme es zu einem Rückgang des Arbeitsangebots auf $A_2^{a'}$ (Bewegung auf der Arbeitsangebotskurve). Dies wird durch die stabilisierende Wirkung konstanter Einfuhrpreise verhindert, die im Ausmaß $A_2^{a'}A_2^a$ die Kontraktion des Arbeitsangebots dämpft (Rechtsverschiebung der Arbeitsangebotskurve).

Die Arbeitsmarktbedingungen bestimmen die Höhe des gesamtwirtschaftlichen Güterangebots. Gemäß der dem Leser bereits vertrauten neoklassischen Produktionsfunktion

$$Y^a = Y(A, K_0)$$

hängt dieses bei gegebener Kapitalausstattung K_0 vom Beschäftigungsvolumen A ab. Beschäftigungsvolumen und – über die Produktionsfunktion –

Güterangebot werden durch Arbeitsnachfrage und Arbeitsangebot bestimmt, wenn sich am Arbeitsmarkt ein markträumender Lohnsatz durchsetzen kann, der Gleichgewicht von Arbeitsangebot und Arbeitsnachfrage herbeiführt (neoklassische Variante).

Während in dieser neoklassischen Variante der Synthesemodelle davon ausgegangen wird, daß Preis- und Lohnflexibilität auch in der kurzen Frist simultanes Güter- und Arbeitsmarktgleichgewicht herstellen können, stehen dem aus keynesianischer Sicht fest vereinbarte Mindestlöhne entgegen. Diese institutionellen Schranken verhindern zwar nicht, daß Nachfrageüberhänge am Arbeitsmarkt durch Nominallohnerhöhungen ausgeräumt werden, wohl aber schließen sie aus, daß Arbeitsangebotsüberhänge durch sinkende Nominallöhne beseitigt werden können. Besteht unter diesen Bedingungen ein Angebotsüberhang am Arbeitsmarkt, weil der Nominallohn (=Mindestlohn) über dem Gleichgewichtslohn liegt, so werden Beschäftigungsvolumen und Güterangebot allein durch die Arbeitsnachfrage der Unternehmen bestimmt. Das (die Arbeitsnachfrage überschreitende) Arbeitsangebot der Haushalte ist ohne Einfluß auf das Beschäftigungsvolumen, wenn sich am Arbeitsmarkt in dieser Situation kein gleichgewichtiges Lohnniveau durchsetzen kann (keynesianische Variante).

Diese keynesianische (Flexpreis-) Version der Synthesemodelle darf auf keinen Fall mit der in §1 ebenfalls dargestellten keynesianischen Fixpreis-Variante der "Neoklassischen Synthese" (s. §1 III.A.1, III.B.) verwechselt werden. Die hier zu behandelnde keynesianische Variante der Synthesemodelle geht vielmehr davon aus, daß einerseits zwar die Güterpreise hinreichend flexibel sind, um auch in der kurzen Frist ein Gütermarktgleichgewicht herbeiführen zu können, daß andererseits aber die Löhne nicht hinreichend flexibel sind, um in der gleichen Frist auch ein Gleichgewicht des Arbeitsmarktes zu gewährleisten.

Im folgenden muß zunächst näher untersucht werden, welche Konsequenzen sich in einer offenen Volkswirtschaft für den Verlauf der gesamtwirtschaftlichen Güterangebotsfunktion ergeben, wenn bei variablem Preisniveau neoklassische oder keynesianische Arbeitsmarktbedingungen dominieren.

1. Preis- und Lohnflexibilität: Neoklassische Variante

Bei Preis- und Lohnflexibilität setzt sich am Arbeitsmarkt ein gleichgewichtiger Reallohn (l/P) durch, der Arbeitsnachfrage und Arbeitsangebot aufeinander abstimmt und unfreiwillige Arbeitslosigkeit verhindert. Über die Produktionsfunktion ist somit das Güterangebot durch das gleichgewichtige Beschäftigungsvolumen, also letztlich durch Gleichgewichts-Reallohn und realen Wechselkurs, bestimmt:

$$A^n\left(\frac{l}{P}\right) = A^a\left(\frac{l}{P}, e_r\right) = A$$

$$Y^a = Y^a(A, K_0) = Y^a\left(\frac{l}{P}, e_r, K_0\right)$$

$$e_r = \frac{e}{P}\ ,\ (P_0^* = 1)\ .$$

Im Ausgangszustand bestehe ein Arbeitsmarktgleichgewicht bei dem Reallohn $(l/P)_1 = l_1/P_1$ und dem Beschäftigungsvolumen A_1, so daß ein geplantes Güterangebot Y_1^a resultiert (Abb. 98a). Ein Anstieg des Preisniveaus von P_1 auf P_2 hat nun zwei Effekte am Arbeitsmarkt. Zum einen sinkt der Produzenten-Reallohn auf l_1/P_2, so daß die Arbeitsnachfrage auf $A_2^{n'}$ steigt, das Arbeitsangebot jedoch auf $A_2^{a''}$ zurückgeht. Zum anderen kommt es bei konstantem nominalen Wechselkurs zu einer realen Dollar-Abwertung, so daß sich die Arbeitsangebotskurve nach rechts in die dem niedrigeren realen Wechselkurs $(e_{r2} < e_{r1})$ zugeordnete Position verschiebt. Bei einem Produzenten-Reallohn l_1/P_2 steigt das Arbeitsangebot in Folge der realen Dollar-Abwertung von $A_2^{a''}$ auf $A_2^{a'}$.

Insgesamt geht das Arbeitsangebot also von A_1 auf $A_2^{a'}$ zurück, während der Preisniveauanstieg (P_2-P_1) in der geschlossenen Volkswirtschaft eine weit stärkere Einschränkung des Arbeitsangebots auf $A_2^{a''}$ zur Folge hätte. Wie bereits erläutert wurde, beruht diese Diskrepanz in der Arbeitsangebotsreaktion auf der stabilisierenden Wirkung konstanter Einfuhrpreise, die den Konsumenten-Reallohn weniger als den Produzenten-Reallohn sinken läßt.

In der geschlossenen Volkswirtschaft würde sich also ein Arbeitsnachfrageüberhang $(A_2^{n''}-A_2^{a''})$ einstellen, der Nominallohnsteigerungen auslöst, bis der ursprüngliche Gleichgewichts-Reallohn $(l/P)_1$ wieder hergestellt ist. Der Anstieg des Preisniveaus hätte eine Nominallohnerhöhung in der gleichen Rate $(P_2-P_1)/P_1$ zur Folge und bliebe somit ohne Wirkung auf das Beschäftigungsvolumen und das Güterangebot. Das Güterangebot wäre völlig preisunelastisch, was im vertikalen Verlauf der Güterangebotskurve zum Ausdruck käme.

In der offenen Volkswirtschaft führt der Preisniveauanstieg (P_2-P_1) jedoch zu einem geringeren Arbeitsnachfrageüberhang $(A_2^{n'}-A_2^{a'})$, so daß auch die hierdurch ausgelöste Nominallohnerhöhung geringer ausfällt. Der Nominallohn steigt solange, bis das neue Arbeitsmarktgleichgewicht

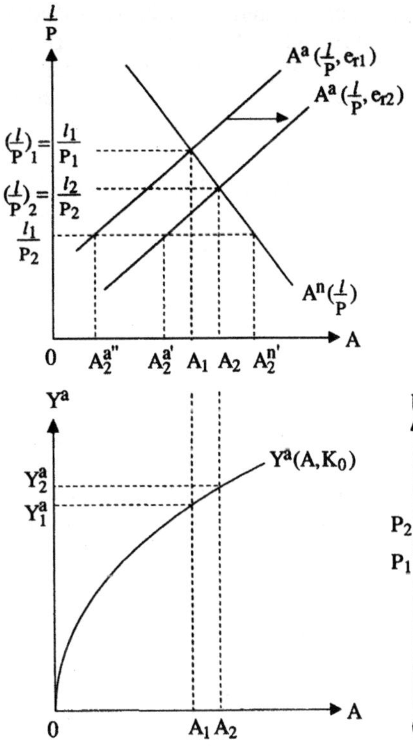

Abb. 98a

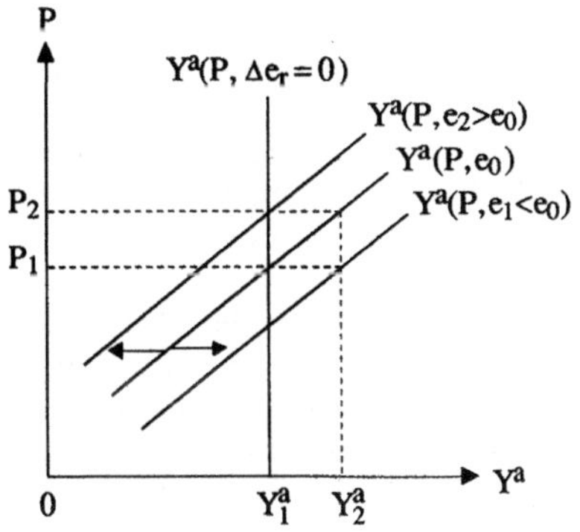

Abb.98b

im Schnittpunkt von Arbeitsnachfragekurve und nach rechts verschobener Arbeitsangebotskurve erreicht ist. Der Produzenten-Reallohn ist auf $(l/P)_2 = l_2/P_2$ gesunken, weil der Anstieg des Preisniveaus eine Nominallohnerhöhung in der geringeren Rate $(l_2 - l_1)/l_1 < (P_2 - P_1)/P_1$ zur Folge hat. Arbeitsnachfrage und geplantes Güterangebot steigen von A_1 auf A_2 und von Y_1^a auf Y_2^a. Ein dauerhafter Zuwachs des Beschäftigungsvolumens von A_1 auf A_2 setzt aber ein stabiles Arbeitsmarktgleichgewicht, also ein simultanes Wachstum des Arbeitsangebots um $(A_2 - A_1)$, voraus. Der Konsumenten-Reallohn muß folglich auf $(l/P_C)_2 > (l/P_C)_1$ gestiegen sein, weil die zum Arbeitsmarktgleichgewicht zurückführende Nominallohnsteigerung stärker ausfällt als die durch konstante Importpreise gedämpfte Zunahme des Verbraucherpreisniveaus.

Der Anstieg des Inlandspreisniveaus bewirkt also in der offenen Volkswirtschaft ein wachsendes Beschäftigungsvolumen und ein steigendes Güterangebot, weil ceteris paribus – d.h. bei Konstanz aller übrigen Bestimmungsfaktoren des realen Wechselkurses – hierdurch eine reale Dollar-Abwertung bzw. Terms-of-Trade-Verbesserung zustandekommt, die trotz des gesunkenen Produzenten-Reallohns eine Anhebung des Konsumenten-Reallohns ermöglicht ($g_P > g_l > g_{P_c} > 0$).

In einer offenen Volkswirtschaft ist das Güterangebot auch bei neoklassischen Arbeitsmarktbedingungen preisniveauelastisch. Bei konstant vorgegebenem nominalen Wechselkurs hat die Güterangebotsfunktion

$$Y^a = Y^a(P, e_0) = Y^a\left(\frac{e_0}{P}\right)$$

ein positives Steigungsmaß (Abb. 98b). Das Güterangebot hängt letztlich vom realen Wechselkurs ab. Es steigt, wenn der reale Dollar-Wechselkurs sinkt. Bei fixiertem Wechselkurs bedingt ein steigendes Preisniveau inländischer Erzeugnisse eine reale Dollar-Abwertung, so daß das Güterangebot ausgeweitet wird.

Eine einmalige nominale Dollar-Abwertung bewirkt auf Grund analoger Zusammenhänge eine Ausweitung des geplanten Güterangebots, wenn sie in eine gleichgerichtete reale Wechselkursänderung umgesetzt werden kann. Wird angenommen, daß die DM-Aufwertung bei zunächst konstantem Preisniveau P den realen Dollar-Wechselkurs von e_{r1} auf e_{r2} senkt, so verschiebt sich die Arbeitsangebotskurve wiederum nach rechts (Abb. 98a). Die Anreize zu einem verstärkten Angebot an Arbeitsleistungen resultieren nunmehr aus sinkenden Einfuhrpreisen (Verbesserung der Terms of Trade), die eine höhere reale Entlohnung privater Arbeitnehmerhaushalte verheißen. Der Angebotsüberhang am Arbeitsmarkt drückt aber den Nominallohn nach unten, so daß ein Teil dieses Kaufkraftgewinns durch Anpassung der Löhne an das gesunkene Verbraucherpreisniveau wieder verloren geht. Dies ist aber auch die Voraussetzung für die Aufnahme des im Vergleich zur Ausgangslage noch immer höheren Arbeitsangebots durch eine verstärkte Arbeitsnachfrage, die ja nur durch sinkende Produzenten-Reallöhne stimuliert werden kann. Im neuen Arbeitsmarktgleichgewicht ist der Produzenten-Reallohn von $(l/P)_1$ auf $(l/P)_2$ gesunken. Arbeitsnachfrage, Arbeitsangebot und Beschäftigungsvolumen sind von A_1 auf A_2 gestiegen. Das geplante Güterangebot wächst somit von von Y_1^a auf Y_2^a. Im Gütermarkt zeigt sich diese Angebotswirkung einer Dollar-Abwertung in einer Rechts- bzw. Abwärtsverschiebung der Güterangebotskurve (Abb. 98b). Der kontraktiven Nachfragewirkung (Linksverschiebung der Güternachfragekurve, siehe Kapitel III.A.) der DM-Aufwertung steht also eine expansive Angebotswirkung gegenüber. Diese ist wiederum darin begründet, daß eine nominale und reale Dollar-Abwertung ($g_e < 0 = g_P$) am Arbeitsmarkt Lohnanpassungen anstößt, die sinkende Produzenten-Reallöhne bei steigenden Konsumenten-Reallöhnen bedingen ($g_{P_c}<g_l<0=g_P$).

Im Umkehrschluß ergibt sich damit im Falle einer nominalen Dollar-Aufwertung eine kontraktive Angebotswirkung, die sich in einer Links- bzw. Aufwärtsverschiebung der Güterangebotskurve darstellen läßt (Abb. 98b). Die Dollarkurssteigerung erhöht das Importpreisniveau. Dies führt zu höheren kompensatorischen Lohnforderungen (Aufwärtsverschiebung der Arbeitsangebotskurve), die infolge der Verknappung des Arbeitsangebots teilweise auch durchgesetzt werden können. Nach Abschluß aller Anpassungsprozesse ist der Produzenten-Reallohn gestiegen, während der Konsumenten-Reallohn gesunken ist ($g_{P_c}>g_l>0=g_P$). Arbeitsnachfrage, Arbeitsangebot und Beschäftigungsvolumen haben sich verringert, so daß auch das einem gegebenen Inlandspreisniveau (P_1) zugeordnete geplante Güterangebot schrumpft.

In einem System fester Wechselkurse sind solche angebotswirksamen Wechselkursbewegungen einmalige Verschiebungen einer exogenen Variablen. Die Güterangebotskurve bleibt auf dem Niveau stabil, das dem geltenden fixen Wechselkurs zugeordnet ist. In einem System flexibler Wechselkurse stellen sich diese Zusammenhänge komplexer dar. Preisniveauänderungen lösen in der Regel Wechselkursanpassungen aus, so daß das Güterangebot nun zwar ebenfalls vom realen Wechselkurs abhängt, dessen Höhe aber durch die beiden endogenen Nominalgrößen P und e bestimmt ist:

$$Y^a = Y^a(P,e) = Y^a\left(\frac{e}{P}\right).$$

Aus den bisherigen Überlegungen folgt dabei, daß die simultane Veränderung beider Variablen nur dann Reaktionen des Güterangebots bewirkt, wenn sie zu realen Wechselkursänderungen führt. Rein nominale Änderungen ($g_e=g_P$) haben keinerlei Auswirkungen auf das Güterangebot.

Dies soll abschließend demonstriert werden, indem wiederum von einem Preisniveauanstieg (P_2–P_1) ausgegangen wird (Abb. 98b). Die Preisniveauerhöhung verschlechtert die internationale Wettbewerbsposition inländischer Hersteller (der reale DM-Wechselkurs steigt), so daß das Exportvolumen zurückgeht (das Dollar-Angebot sinkt) und das Importvolumen steigt (die Dollar-Nachfrage wächst). Der Nachfrageüberhang am Devisenmarkt wird durch eine Dollar-Aufwertung von e_0 auf e_2 abgebaut. Die Dollar-Aufwertung führt zu einer Linksverschiebung der Arbeitsangebots- und der Güterangebotskurve. Der expansive Angebotseffekt steigender Inlandspreise wird also durch eine induzierte DM-Abwertung wieder abgebaut, weil die Importpreise den gestiegenen Inlandspreisen folgen. Dies treibt die Löhne weiter nach oben, und der verschärfte Lohnkostendruck veranlaßt zur Einschränkung der geplanten Arbeitsnachfrage und des geplanten Güterangebots. Steigt nun der Dollar-Wechselkurs in der gleichen Rate wie das Preisniveau der Inlandsprodukte ($g_e=g_P>0$), so verschieben sich die Arbeitsangebotskurve zurück in die Ausgangsposition $Y^a(l/P, e_{r1})$ und die Güterangebotskurve in die Position $Y^a(P, e_2)$. Dem auf P_2 gestiegenen Preisniveau ist nun das Beschäftigungsvolumen A_1 und das Güterangebot Y_1^a zugeordnet. Die Preisniveauerhöhung hat keine Auswirkungen auf Beschäftigungsvolumen und Güterangebot, wenn der Dollar-Wechselkurs proportional zum Inlandspreisniveau steigt, weil dann auch Verbraucherpreis- und Nominallohnniveau in der gleichen Rate steigen werden ($g_P=g_e=g_{P_c}=g_l$). Damit bleiben nicht nur realer Wechselkurs und Terms of Trade sondern auch Produzenten- und Konsumenten-Reallohn konstant, so daß die Voraussetzungen für ein Wachstum von Beschäftigung und Güterangebot beseitigt sind.

Entsprechen die Arbeitsmarktbedingungen der neoklassischen Variante des Synthesemodells, so ergibt sich also in der offenen Volkswirtschaft nur dann eine preisniveauunelastische Güterangebotsfunktion, wenn Änderungen des inländischen Preisniveaus neutral in Bezug auf den realen Wechselkurs sind (Abb. 98b), weil sie proportionale Wechselkursanpassungen bewirken (Geltung der Kaufkraftparitätentheorie des Wechselkurses, siehe Kapitel III.C.3). Können Preisniveaubewegungen hingegen temporäre oder dauerhafte Änderungen des realen Wechselkurses herbeiführen, so werden sie auch temporäre oder dauerhafte Wirkungen auf Beschäftigung und Güterangebot haben. Dauerhafte Änderungen des Güterangebots in Folge von Preisniveauänderungen scheinen somit nur bei festen Wechselkursen gesichert, da sich nur unter diesen währungspolitischen Rahmenbedingungen eine stabile Güterangebotsfunktion $Y^a(P, e_0)$ mit positivem Steigungsmaß nachweisen läßt. Da jedoch in diesem Falle ein ungleichgewichtiger Wechselkurs e_0 permanent mit sterilisierten Devisenmarktinterventionen verteidigt werden müßte, sind auch hier dauerhaft positive Beschäftigungs- und Güterangebotswirkungen gestiegener Inlandspreise auszuschließen.

2. Güterpreisflexibilität und Lohnrigiditäten: Keynesianische Variante

a. *Nominallohnstarrheit*

Mit der nunmehr angenommenen keynesianischen Arbeitsmarktkonstellation wird in Abweichung vom neoklassischen Arbeitsmarktmodell unterstellt, daß in der kurzen Frist ein fester Nominallohn l_0 als Mindestlohn vorgegeben ist. Der Mindestlohn verhindert zwar nicht, daß Arbeitsnachfrageüberhänge Lohnsteigerungen hervorrufen, die – wie im neoklassischen Modellteil – Arbeitsnachfrage und -angebot aufeinander abstimmen.

Ist jedoch der Mindestlohn so hoch, daß beim geltenden Preisniveau ein überhöhter – d.h. über dem Gleichgewichtsniveau liegender – Produzenten-Reallohn resultiert, so entsteht ein Arbeitsangebotsüberhang, der nicht durch Lohnsenkungen abgebaut werden kann. Die Folge ist unfreiwillige Arbeitslosigkeit ($A^a - A^n > 0$). Sie kann nur durch sinkende Produzenten-Reallöhne überwunden werden. Dieser Prozeß wäre ausgeschlossen und unfreiwillige Arbeitslosigkeit würde sich verfestigen, wenn kurzfristige Starrheiten der Nominallöhne und Güterpreise vorliegen. Diese Bedingungen des Fixpreismodells der neoklassischen Synthese sind hier aber durchbrochen, weil davon ausgegangen wird, daß auch in der kurzen Frist das Zustandekommen von Gütermarktgleichgewichten durch flexible Güterpreise gefördert wird. Folglich kann unfreiwillige Arbeitslosigkeit reduziert werden, wenn exogene Schocks Nachfrageüberhänge am Gütermarkt erzeugen, die durch Preisniveausteigerungen ausgeräumt werden.

Im folgenden wird eine solche keynesianische Arbeitsmarktkonstellation mit Nominallohnstarrheit, Existenz unfreiwilliger Arbeitslosigkeit und Güterpreisflexibilität betrachtet. Die von den Produzenten gezahlten Reallöhne liegen über jenem Gleichgewichtsniveau, bei dem unfreiwillige Arbeitslosigkeit vermieden wird. Damit bestimmt allein die Arbeitsnachfrage das Beschäftigungsvolumen und das Güterangebot:

$$A = A^n\left(\frac{l}{P}\right) < A^a\left(\frac{l}{P}, e_r\right)$$

$$l = l_0$$

$$Y^a = Y^a(A, K_0)$$

Schwankungen des realen Wechselkurses beeinflussen zwar das von privaten Haushalten geplante Arbeitsangebot und somit auch das Ausmaß an unfreiwilliger Arbeitslosigkeit, haben aber im Unterschied zum neoklassischen Arbeitsmarktmodell keine Auswirkungen auf Beschäftigungsvolumen und Güterangebot. Steigt bei Existenz unfreiwilliger Arbeitslosigkeit das Preisniveau von P_1 auf P_2, so sinkt der von Produzenten gezahlte Reallohn von l_0/P_1 auf l_0/P_2. Arbeitsnachfrage und Beschäftigungsvolumen wachsen von A_1 auf A_2 (Abb. 99a), so daß das geplante Güterangebot von $Y^a_1(A_1, K_0)$ auf $Y^a_2(A_2, K_0)$ steigt. Somit ergibt sich eine gesamtwirtschaftliche Güterangebotsfunktion

$$Y^a = Y^a(P)$$

mit positivem Steigungsmaß $dY^a/dP > 0$, deren Verlauf im Bereich unfreiwilliger Arbeitslosigkeit nicht von der Güterangebotsfunktion einer ge-

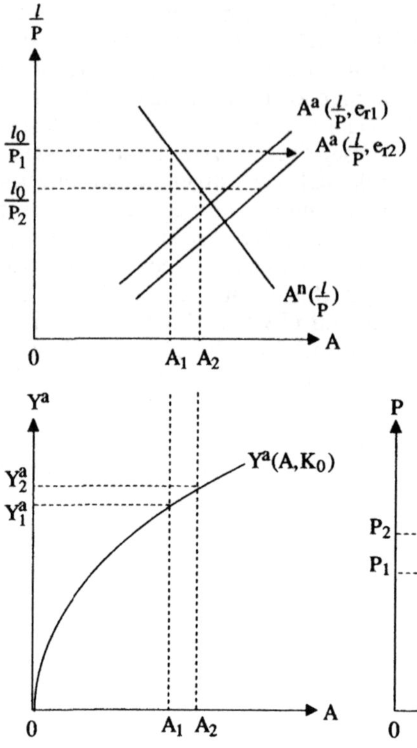

Abb. 99a

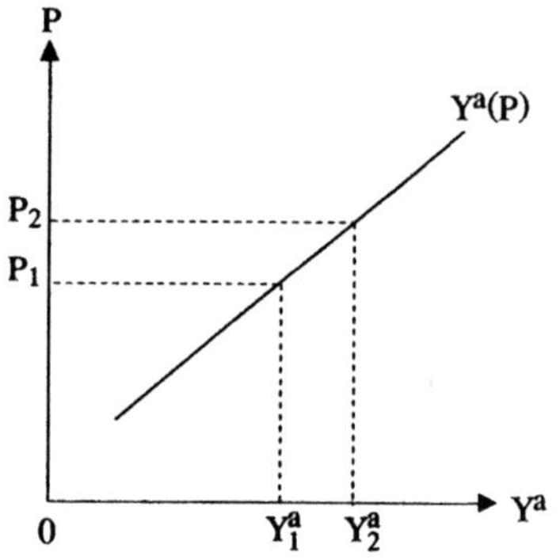

Abb.99b

schlossenen Volkswirtschaft abweicht (Abb. 99b). Wechselkursschwankungen haben keinen Einfluß auf das Güterangebot; die Güterangebotsfunktion bleibt auch bei flexiblen Wechselkursen stabil.

Die Erhöhung des Preisniveaus hat in einer offenen Volkswirtschaft jedoch einen geringeren Rückgang unfreiwilliger Arbeitslosigkeit zur Folge, weil die Senkung des realen Wechselkurses positiv auf das Arbeitsangebot wirkt (Rechtsverschiebung der Arbeitsangebotskurve, Abb. 99a). Diese abgeschwächte Wirkung auf das Arbeitsmarktungleichgewicht ist Konsequenz einer schwächeren Reaktion des Arbeitsangebots auf die inländische Preisniveauerhöhung, da die von steigenden Inlandspreisen ausgehenden negativen Anreizwirkungen durch stabile Einfuhrpreise um so mehr gedämpft werden, je höher der Importanteil (1-α) ist.

b. *Reallohnstarrheit*

Auch unter der keynesianischen Arbeitsmarktkonstellation

$$A = A^n\left(\frac{l}{P}\right) < A^a\left(\frac{l}{P_c}\right)$$

kann im hier betrachteten Bereich unfreiwilliger Arbeitslosigkeit ein Wachstum von Beschäftigung und Güterangebot zur Voraussetzung haben, daß der Anstieg des inländischen Preisniveaus (P) mit einer realen Dollar-Abwertung verbunden sein muß. Dieses an sich neoklassische Resultat eines Zusammenhangs von realen Wechselkursschwankungen und von Beschäftigungsschwankungen gilt auch bei über dem Gleichgewichtslohn liegenden Produzenten-Reallöhnen,wenn die Lohnpolitik der Arbeitnehmerorganisationen auf Stabilisierung der Kaufkraft nominaler Lohnauszahlungen gerichtet ist. Ein solches als Reallohnwiderstand bezeichnetes Verhalten der Arbeitsanbieter bzw. ihrer Interessenvertreter impliziert, daß bei einem Anstieg des Verbraucherpreisniveaus unterproportionale oder proportionale Nominallohnanpassungen erzwungen werden, die den Kaufkraftverlust teilweise oder vollständig kompensieren. Unterproportionale Nominallohnanpassung an steigende Verbraucherpreise (imperfekte Lohnindexierung) dämpft die Senkung des Konsumenten-Reallohnes. Proportionale Nominallohnanpassung (perfekte Lohnindexierung) stabilisiert den Konsumenten-Reallohn.

Dem hier betrachteten Fall starrer (Konsumenten-) Reallöhne liegt die Annahme perfekter Lohnindexierung zugrunde. Damit gilt:

$$l = \left(\frac{l}{P_c}\right)_0 P_c$$

wobei $(l/P_c)_0$ das Reallohnniveau der Basisperiode ist, das durch proportionale Lohnanpassung stabil gehalten wird. Der Produzenten-Reallohn, der im Bereich unfreiwilliger Arbeitslosigkeit Arbeitsnachfrage und effektives Beschäftigungsvolumen determiniert, ergibt sich in diesem Fall perfekter Lohnindexierung gemäß

$$\frac{l}{P} = \left(\frac{l}{P_c}\right)_0 \frac{P_c}{P} = \left(\frac{l}{P_c}\right)_0 \left(\frac{e}{P}\right)^{1-\alpha} = \left(\frac{l}{P_c}\right)_0 e_r^{\,1-\alpha} \;,$$

wobei ein stabiles Auslandspreisniveau $P_0^*=1$ unterstellt wurde.

Ein Wachstum von Beschäftigungsvolumen und Güterangebot setzt eine wachsende Arbeitsnachfrage voraus. Die Arbeitsnachfrage steigt aber nur dann, wenn die Produzenten mit niedrigeren realen Lohnkosten pro Ar-

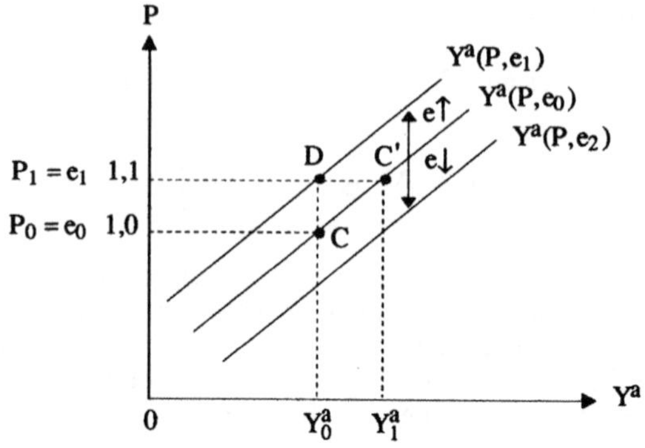

Abb. 100

beitnehmer belastet sind. Eine solche Senkung des Produzenten-Reallohnes ist aber bei einem Anstieg des Inlandspreisniveaus von $P_0=1$ auf $P_1=1{,}1$ nur gewährleistet, wenn der nominale Dollar-Wechselkurs auf dem Niveau $e_0=1$ konstant bleibt (Abb. 100, Bewegung auf der Angebotskurve von C nach C'); das Güterangebot steigt von Y_0^a auf Y_1^a.

Steigt hingegen der Wechselkurs proportional zum Preisniveau der Inlandsprodukte auf $e_1=1{,}1$, so steigen auch das Verbraucherpreisniveau und somit der Nominallohn in dieser Rate, so daß das Güterangebot von Y_1^a auf Y_0^a eingeschränkt wirkt (Abb. 100, Aufwärts- bzw. Linksverschiebung der Angebotskurve von C' nach D). Der reale Wechselkurs ist konstant geblieben und die Preisniveauerhöhung hat keine Auswirkungen auf Arbeitsnachfrage, Beschäftigung und Güterangebot.

Wäre die Auslandswährung in einer geringeren Rate $(e_1-e_0)/e_0<0{,}1$ aufgewertet worden, so hätte der (schwächere) Lohndruck die Güterangebotskurve um weniger verschoben. Die reale Dollar-Abwertung (reale DM-Aufwertung) hätte über eine Senkung des Produzenten-Reallohns Spielraum für ein Wachstum von Beschäftigung und Güterangebot geschaffen.

Im keynesianischen Arbeitsmarktmodell mit perfekter Lohnindexierung gilt somit wieder die Güterangebotsfunktion

$$Y^a = Y^a(P,e) = Y^a\left(\frac{e}{P}\right).$$

Das Güterangebot steigt, wenn die Auslandswährung real abwertet.

C. GESAMTWIRTSCHAFTLICHES GLEICHGEWICHT UND WECHSELKURSSYSTEM

Die in B. dargestellten verschiedenen Varianten neoklassischer Synthesemodelle sollen nun auf das Problem angewendet werden, wie sich stabilisierungspolitische Maßnahmen des In- oder Auslandes auf Produktion, Beschäftigung, Preisniveau und Löhne auswirken, wenn die Wechselkurse durch Devisenmarktinterventionen festgehalten werden, oder wenn sie ohne Devisenmarktinterventionen dem freien Spiel der Marktkräfte überlassen bleiben. Um die Ergebnisse vergleichbar zu machen, wird dabei perfekte internationale Kapitalmobilität unterstellt. Durch konsequente Kapitalverkehrsliberalisierung sei somit ein Zustand vollkommener internationaler Finanzmarktintegration erreicht worden. Inländische und ausländische Wertpapiere sind perfekte Substitute, die auf einem vollkommenen internationalen Kapitalmarkt gehandelt werden, auf dem sich ein einheitliches Zinsniveau durchsetzt. Werden keine Wechselkursänderungen erwartet – und diese Annahme soll zunächst beibehalten werden –, so paßt sich das Zinsniveau einer kleinen offenen Volkswirtschaft dem exogenen ausländischen Zinsniveau an ($i=i_0^*$), während die Zinsniveaus großer offener Volkswirtschaften konvergieren und zu einem einheitlichen endogenen Weltzinsniveau verschmelzen ($i=i^*$).

1. Stabilisierungspolitik aus neoklassicher Sicht

a. Geld- und Fiskalpolitik bei festen Wechselkursen

In Folge der unendlichen Zinselastizität internationaler Kapitalbewegungen können die bei festen Wechselkursen in außenwirtschaftlichen Ungleichgewichtssituationen obligatorischen Devisenmarktinterventionen nicht sterilisiert werden. Die Geldmenge ist bereits in der kurzen Frist eine endogene Variable. Sie kann von der Zentralbank nicht zielgerichtet gesteuert werden. Wie schon im keynesianischen MUNDELL-FLEMING-Modell im Falle perfekter internationaler Kapitalmobilität nachgewiesen wurde, ist Geldpolitik kleiner Länder bei festen Wechselkursen unwirksam. Sie vermag keine geldpolitischen Impulse zu erzeugen, die eine gesamtwirtschaftliche Gleichgewichtsposition stören und verschieben könnten, weil jede geldpolitisch induzierte Geldmengenexpansion durch die monetären Effekte induzierter Zahlungsbilanzdefizite und jede Geldangebotskontraktion durch die Geldmengeneffekte von Zahlungsbilanzüberschüssen kompensiert werden.

Das neoklassische Synthesemodell einer kleinen offenen Volkswirtschaft vermittelt in dieser Hinsicht keine neuen Einsichten oder abweichenden

Ergebnisse. In der neoklassischen Variante, die Arbeitsmarktgleichgewicht sichernde Lohnflexibilität unterstellt, gilt die gesamtwirtschaftliche Güterangebotsfunktion

$$Y^a = Y^a\left(\frac{e_0}{P}\right).$$

Die gesamtwirtschaftliche Güternachfragefunktion lautet bei Geltung der Zinsparität ($i=i_0^*$)

$$Y^n = Y = C(Y-T_0) + I(i_0^*) + G_0 + ex\left(\frac{e_0}{P}, Y_0^*\right) - \frac{e_0}{P}\, im\left(\frac{e_0}{P}, Y-T_0\right).$$

Geldmarktgleichgewicht erfordert

$$\frac{M}{P} = \frac{m_1(WR + B_0^Z)}{P} = L(Y, i_0^*)\ .$$

Das gesamtwirtschaftliche Gütermarktgleichgewicht ist durch

$$Y^n\left(\frac{e_0}{P}, G_0, T_0, i_0^*, Y_0^*\right) = Y^a\left(\frac{e_0}{P}\right)$$

bestimmt. Die Gütermarkt-Gleichgewichtsbedingung deckt auf, daß die Güternachfrage und somit auch die gesamtwirtschaftliche Gleichgewichtsposition nicht durch Geldmengenänderungen, wohl aber durch fiskalpolitische oder ausländische Impulse, verschoben werden kann.

Im gesamtwirtschaftlichen Gütermarktgleichgewicht sind Preisniveau (P_1) und Produktion (Y_1) durch den Schnittpunkt von Güternachfrage- und Güterangebotsfunktion determiniert (Abb. 101a und b). Die Geldmenge wird sich bei exogen determiniertem Zinsniveau $i=i_0^*$ so anpassen, daß das nominale Sozialprodukt Y_1P_1 monetär alimentiert und Geldmarktgleichgewicht hergestellt wird: schon geringfügige Abweichungen des Inlandszinses vom internationalen Zinsniveau (i_0^*) werden über Zahlungsbilanzungleichgewichte und nicht-sterilisierbare Devisenmarktinterventionen die LM-Kurve so anpassen, daß sie durch den Schnittpunkt von IS-Kurve und horizontaler ZZ-Kurve verläuft. Die Leistungsbilanz-Kurve (LBG) läßt sich im Preisniveau-Einkommens-Diagramm als geometrische Ortslinie aller P-Y-Kombinationen darstellen, die Gleichgewicht der Leistungsbilanz gewährleisten. Sie hat ein negatives Steigungsmaß, weil ein Anstieg des inländischen Preisniveaus (reale DM-Aufwertung, reale Dollar-Abwertung) die internationale Wettbewerbsposition heimischer Produzenten verschlechtert, so daß das Einkommen sinken muß, um das durch eine reale Dollar-Abwertung induzierte Leistungsbilanzdefizit über sinkende Importe

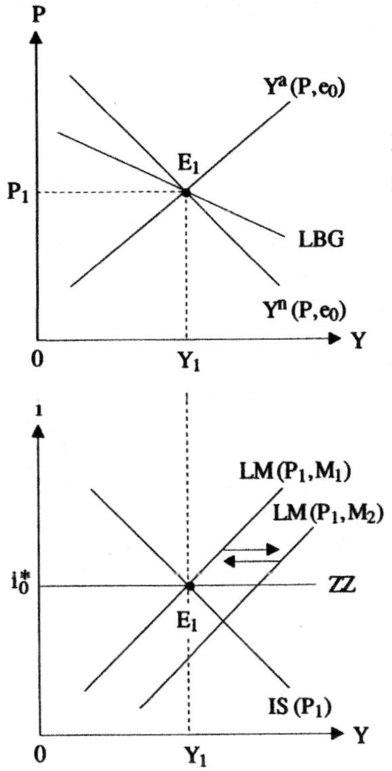

Abb. 101a

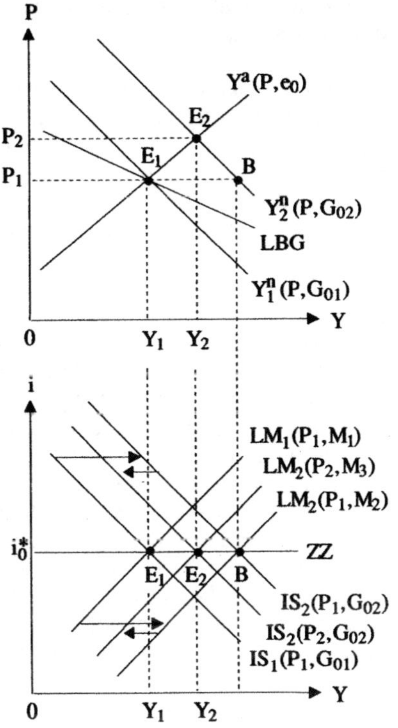

Abb. 101b

auszugleichen. Der Betrag der hierzu erforderlichen Einkommenskontraktion ($\Delta Y = \Delta LB/im_Y$; $\Delta LB<0$) ist größer als die durch den gleichen Schock ausgelöste Nachfragekontraktion ($\Delta Y^n = \Delta Y = \Delta LB/(s_Y + im_Y)$; $\Delta LB<0$). Die LBG-Kurve verläuft somit flacher als die Güternachfragekurve. Koordinatenpunkte rechts oberhalb (links unterhalb) der LBG-Kurve repräsentieren Konstellationen mit Leistungsbilanzdefiziten (Leistungsbilanzüberschüssen).

Expansive Geldpolitik ist bei perfekter Kapitalmobilität nicht in der Lage, Preisniveau und Beschäftigung zu beeinflussen (Abb. 101a). Der Versuch, eine größere Geldmenge (M_2) in Umlauf zu bringen (Rechtsverschiebung der LM-Kurve), scheitert daran, daß die durch Kapital- und Zahlungsbilanzdefizite der Zentralbank aufgezwungene Geldmengenkontraktion rasch wieder zu der mit dem Gütermarktgleichgewicht (Y_1, P_1) kompatiblen Geldmenge (M_1) zurückführt (Linksverschiebung der LM-Kurve in die Ausgangsposition). Da diese einander aufhebenden Geldangebotsänderungen simultan ablaufen, kann die LM-Kurve durch geldpolitische Impulse im Grunde nicht verschoben werden. Der monetäre Impuls erreicht nicht den Gütermarkt.

Expansive Fiskalpolitik ist demgegenüber wirksam. Preisniveau, Produktion und Beschäftigung steigen an (Abb. 101b). Da die wirtschaftliche Expansion von Preiserhöhungen begleitet wird, ist der Einkommenseffekt expansiver Fiskalpolitik jedoch schwächer ausgeprägt als im keynesianischen Standardmodell. Der im MUNDELL-FLEMING-Ansatz nachgewiesene Einkommenseffekt (Rechtsverschiebung von IS- und LM-Kurve, Verlagerung des Gleichgewichtspunktes auf der ZZ-Kurve von E_1 nach B) quantifiziert nunmehr lediglich das induzierte Nachfragewachstum (Rechtsverschiebung der Güternachfragekurve in die Position Y_2^n), das nur dann ein Angebotswachstum nach sich zieht, wenn das Preisniveau steigt. Der Preisniveauanstieg dämpft die Nachfrageexpansion und somit auch den Einkommenseffekt (Linksverschiebung von IS- und LM-Kurve, Bewegung auf der Y^n-Kurve nach oben). Die neue gesamtwirtschaftliche Gleichgewichtsposition ist durch die Schnittpunkte E_2 von Güterangebots- und Güternachfragekurve bzw. von IS- und LM-Kurve (auf der ZZ-Linie) bestimmt. Bei stabilem Wechselkurs (e_0) schafft der Preisniveauanstieg über die reale Dollar-Abwertung die Voraussetzung für eine höhere Beschäftigung, da der Produzenten-Reallohn (l/P) sinkt und der Konsumenten-Reallohn (l/P_C) steigt. Arbeitsnachfrage und Arbeitsangebot steigen im gleichen Ausmaß, weil der Nominallohn (l) relativ schwächer als das Preisniveau inländischer Güter (P), aber relativ stärker als das Verbraucherpreisniveau (P_C) steigt.

Der die Einfuhrpreise stabilisierende Effekt fester Wechselkurse schafft somit die Grundlage für eine Wirksamkeit expansiver Fiskalpolitik, die im neoklassischen Gleichgewichtsmodell einer geschlossenen Volkswirtschaft nicht gegeben war. Da die Fiskalpolitik einen Zuwachs des Einkommens und eine Preisniveausteigerung hervorruft, entsteht ein Leistungsbilanzdefizit (der Gleichgewichtspunkt E_2 liegt rechts oberhalb von LBG), das im gesamtwirtschaftlichen Gleichgewicht durch Nettokapitalimporte finanziert wird.

Unter den Bedingungen des neoklassischen Makromodells einer offenen Volkswirtschaft mit festen Wechselkursen ist expansive Geldpolitik unwirksam und expansive Fiskalpolitik wirksam, während in einer geschlossenen Volkswirtschaft Fiskal- und Geldpolitik unter den gleichen Bedingungen keinen Einfluß auf Produktion und Beschäftigung haben.

b. Wechselkurspolitik

Im keynesianischen Standardmodell, repräsentiert durch den MUNDELL-FLEMING-Ansatz, erschien die Wechselkurspolitik als wirksames Mittel zur Beeinflussung der Zahlungsbilanz- und Beschäftigungslage. Eine einmalige Paritätsverschiebung, die eine Abwertung der inländischen Währung herbeiführt, konnte die Zahlungsbilanz und mit dem induzierten Zuwachs von Produktion und Einkommen zugleich die Beschäftigungssituation verbessern. Im folgenden soll geprüft werden, ob diese Beschäftigungswirksamkeit wechselkurspolitischer Eingriffe bestehen bleibt, wenn flexible Preise und Löhne simultane Güter- und Arbeitsmarktgleichgewichte gewährleisten.

Als Ausgangspunkt wird ein gesamtwirtschaftliches Gleichgewicht mit ausgeglichener Leistungs- und Zahlungsbilanz unterstellt (Abb. 102). Bei dem geltenden fixierten Wechselkurs (e_{01}) verläuft die Leistungsbilanzgleichgewichts-Kurve (LBG_1) durch den Schnittpunkt E_1 von Güternachfragefunktion (Y_1^n) und Güterangebotsfunktion (Y_1^a). Im Zins-Einkommens-Diagramm ist der hierzu korrespondierende Nachfragepunkt E_1 durch den Schnittpunkt von LM_1 und IS_1 determiniert, der bei perfekter internationaler Kapitalmobilität – und somit endogener Geldmenge – auf der horizontalen ZZ-Kurve liegen muß ($i=i_0^*$).

Die Wirkung einer Währungsabwertung ($e_{02}-e_{01}>0$) auf die gesamtwirtschaftliche Güternachfrage läßt sich wiederum aus dem im unteren Schaubild von Abb. 102 dargestellten IS-LM-System herleiten. In Folge der primären Leistungsbilanzverbesserung ($\Delta LB_0>0$) wächst die Güternachfrage (Rechtsverschiebung der IS-Kurve in die Position IS_2). Diese Nachfrageexpansion wird monetär alimentiert, weil sich die Geldmenge dadurch endogen anpaßt (Rechtsverschiebung der LM-Kurve in die Position LM_2), daß Zinssteigerungstendenzen beträchtliche Kapitalbilanz- und Zahlungsbilanzüberschüsse und somit erhebliche Dollar-Stützungskäufe der Zentralbank hervorrufen. Die nicht-sterilisierbaren Devisenmarktinterventionen bringen eine größere Geldmenge in Umlauf und passen das inländische Zinsniveau an den exogenen internationalen Kapitalmarktzins an. Der neue Nachfragepunkt ist durch den auf ZZ gelegenen Schnittpunkt B von LM_2 und IS_2 determiniert. Die Güternachfrage wächst beim Preisniveau P_1 um den Betrag E_1B (Rechtsverschiebung der Güternachfragekurve in die Position Y_2^n). Da das Zinsniveau konstant geblieben ist, beträgt dieser Nachfragezuwachs $\Delta Y^n=\Delta Y=E_1B=\Delta LB_0/(s_Y+im_Y)$. Der neuen Nachfragekonstellation (Punkt B) ist ein Leistungsbilanzüberschuß zugeordnet, da sich die Leistungsbilanz um $\Delta LB=\Delta LB_0-im_Y\Delta Y=\Delta LB_0 s_Y/(s_Y+im_Y)$ verbessert haben muß (Rechtsverschiebung der LBG-Kurve ist betragsmäßig größer als Rechtsverschiebung der Y^n-Kurve).

Die Wirkungen der Währungsabwertung bleiben jedoch nicht auf die Nachfrageseite des Gütermarktes beschränkt. Da das Einfuhrpreisniveau und mithin auch das Verbraucherpreisniveau erhöht wird, erzeugt die Auswirkung des sinkenden Konsumenten-Reallohnes auf das Arbeitsangebot eine Knappheitssituation am Arbeitsmarkt, die den Nominallohn steigen läßt. Bei gegebenem Preisniveau (P_1) wird das geplante Güterangebot gedrosselt, weil die Inlandsproduzenten mit höheren Reallöhnen belastet sind (Linksverschiebung der Güterangebotskurve in die Position Y_2^a).

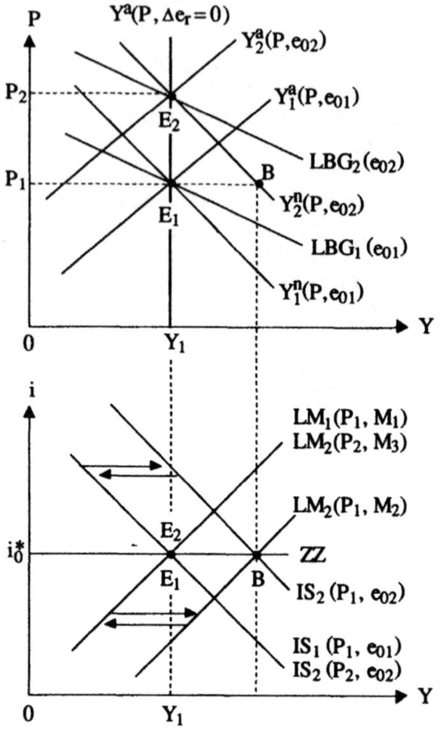

Abb. 102

Die expansive Nachfragewirkung der Währungsabwertung wird somit von einem kontraktiven Angebotseffekt begleitet. Beide Effekte tragen zu einem gesamtwirtschaftlichen Nachfrageüberhang bei, der das inländische Preisniveau steigen läßt. Steigende Preise inländischer Erzeugnisse wirken der Leistungsbilanzverbesserung entgegen und dämpfen die Nachfrageexpansion (Linksverschiebung von IS- und LM-Kurve). Eine positive Beschäftigungswirkung ist nur dann gesichert, wenn nach Abschluß aller Anpassungsprozesse ein dauerhaft höheres Niveau der Güternachfrage erhalten bleibt. Dies wäre aber nur gewährleistet, wenn erstens das Inlandspreisniveau (P) relativ weniger steigt als der Dollar-Wechselkurs aufgewertet wurde, und wenn zweitens das geplante Güterangebot entsprechend ausgeweitet würde. Beide Voraussetzungen widersprechen sich aber und können nicht gleichzeitig erfüllt sein. Ein dauerhaft höheres Niveau der am inländischen Gütermarkt wirksamen Nachfrage setzt eine reale DM-

Abwertung voraus ($e_{02}/P>e_{01}/P_1$), während ein dauerhaft höheres Güterangebot eine reale DM-Aufwertung voraussetzt ($e_{02}/P<e_{01}/P_1$). Da also der gesamtwirtschaftliche Nachfrageüberhang nicht durch eine zur Höherbewertung der ausländischen Währung über- oder unterproportionale Preisniveauerhöhung ausgeräumt werden kann, muß im neuen Gütermarktgleichgewicht das Preisniveau proportional zum Wechselkurs gestiegen sein. Der reale Wechselkurs ist konstant geblieben, so daß die Voraussetzung für positive Beschäftigungs- und Leistungsbilanzwirkungen einer Währungsabwertung nicht mehr erfüllt ist.

Die nach Abschluß aller Anpassungsprozesse sich einstellende gesamtwirtschaftliche Gleichgewichtskonstellation läßt sich in Abb. 102 eindeutig identifizieren. Das geplante Güterangebot ist eine abnehmende Funktion des realen Dollar-Wechselkurses, während mit steigendem realen Dollar-Wechselkurs die Güternachfrage vergrößert und die Leistungsbilanz verbessert wird. Beträgt die Dollar-Aufwertungsrate $(e_{02}-e_{01})/e_{01}$, so bleibt folglich das Güterangebot auf dem Ausgangswert $Y^a=Y_1$ konstant, wenn das Preisniveau in der gleichen Rate $(P_2-P_1)/P_1=(e_{02}-e_{01})/e_{01}$ steigt. Entsprechend bleibt die Güternachfrage auf dem Ausgangsniveau $Y^n=Y_1$ konstant, und die Leistungsbilanzposition verändert sich nicht, wenn das Preisniveau inländischer Güter proportional zur Dollar-Aufwertung steigt und den realen Wechselkurs somit stabil hält. Güternachfragefunktion, Güterangebotsfunktion und Leistungsbilanzgleichgewicht-Kurve müssen sich somit in der Rate der Dollar-Aufwertung, also um den gleichen Betrag, nach oben verschieben. Es ergibt sich ein neuer gemeinsamer Schnittpunkt E_2 von Güterangebotsfunktion $Y_2^a(P, e_{02})$, Güternachfragefunktion $Y_2^n(P, e_{02})$ und Leistungsbilanzgleichgewichtskurve $LBG_2(e_{02})$ oberhalb des Gleichgewichtseinkommens Y_1, dem ein höheres Preisniveau P_2 zugeordnet ist. Da das Preisniveau somit proportional zum Dollar-Wechselkurs gestiegen ist, gelingt es der Wechselkurspolitik nicht, mit einer Verschiebung des nominalen Wechselkurses eine gleichgerichtete Veränderung des realen Wechselkurses herbeizuführen. Bei flexiblen Preisen verliert die Wechselkurspolitik die Kontrolle über den realen Wechselkurs. Dieser ist aber die entscheidende Determinante der Leistungsbilanzposition. Kann der reale Wechselkurs nicht verändert werden, so kann auch die Leistungsbilanz nicht beeinflußt werden. Die Wechselkurspolitik verliert ihre Wirksamkeit als Mittel der Zahlungsbilanzpolitik.

Wenn die Währungsabwertung somit das Preisniveau der Inlandsprodukte proportional zum Dollar-Wechselkurs anhebt, so steigen auch die Einfuhrpreise und mithin das Verbraucherpreisniveau in der gleichen Rate. Sinkende Produzenten- und Konsumenten-Reallöhne verursachen einen Nachfrageüberhang am Arbeitsmarkt, der durch eine proportionale Nominallohnerhöhung ausgeräumt wird. Diese stellt wieder Arbeitsmarktgleichgewicht bei den ursprünglichen Reallöhnen her ($g_l=g_P=g_{P_c}=g_e$). Bei stabilem Produzenten- und Konsumenten-Reallohn bleiben Arbeitsnachfrage und Arbeitsangebot konstant, so daß einem Wachstum von Beschäftigung und Produktion die Grundlage entzogen wird. Die Wechselkurspolitik verliert mit der zahlungsbilanzpolitischen Effizienz zugleich ihre Wirksamkeit als Mittel der Beschäftigungspolitik.

Die unter den neoklassischen Bedingungen vollständiger Güterpreis- und Lohnflexibilität für kleine offene Volkswirtschaften mit festen Wechselkursen gewonnenen Einsichten in geld- und wechselkurspolitische Ineffizienzen und in die mit dem Zielkonflikt zwischen Preisniveaustabilität und Beschäftigungswachstum erkaufte beschäftigungspolitische Effizienz expansiver Fiskalpolitik, erlauben einen interessanten Umkehrschluß, wenn es um die Beurteilung dieser stabilisierungspolitischen Strategien im Dienste der Inflationsbekämpfung geht. Die hier angewendeten Makromodelle können zwar nur Preisniveauänderungen – und nicht Änderungen von Inflationsraten – abbilden. In den Fällen restriktiver Stabilisierungspolitik können die ableitbaren Preisniveausenkungen aber als Beitrag zur Dämpfung der Inflationsrate interpretiert werden, wenn der restriktive Kurs der Inflationsbekämpfung beibehalten wird. Aus den Modellergebnissen folgt dann, daß in einem System fester Wechselkurse bei perfekter internationaler Kapitalmobilität

- eine kontraktive Geldpolitik als Mittel der Inflationsbekämpfung unwirksam ist, weil eine restriktive Steuerung der umlaufenden Geldmenge und eine Zinserhöhung nicht durchsetzbar sind,
- eine kontraktive Fiskalpolitik auf Kosten eines rückläufigen Beschäftigungsvolumens inflationsdämpfend eingesetzt werden kann, und
- eine DM-Aufwertung ohne Produktions- und Beschäftigungseinbußen zur Inflationsverlangsamung beitragen kann.

Das neoklassische Makromodell diskreditiert somit lediglich eine beschäftigungsorientierte Wechselkurspolitik der Währungsabwertung, während eine stabilitätsorientierte Wechselkurspolitik der Währungsaufwertung die Optimalstrategie der Inflationsbekämpfung darstellt.

c. *Geld- und Fiskalpolitik bei flexiblen Wechselkursen*

Im neoklassischen Gleichgewichtsmodell einer kleinen, offenen Volkswirtschaft mit flexiblen Wechselkursen ist die Geldmenge eine exogene, durch die Zentralbank steuerbare Variable, während nominaler und realer Wechselkurs zu den endogenen Variablen gehören. Welche Konsequenzen ergeben sich hieraus für die Wirksamkeit geld- oder fiskalpolitischer Impulse?

Vor einer Klärung dieser Frage möge sich der Leser nochmals verdeutlichen, daß der MUNDELL-FLEMING-Ansatz unter diesen Bedingungen bei perfekter internationaler Kapitalmobilität größtmögliche Effizienz expansiver Geldpolitik und vollständige Ineffizienz expansiver Fiskalpolitik nachweisen konnte, während das System fester Wechselkurse expansive Geldpolitik zu vollständiger Ineffizienz verurteilte und expansiver Fiskalpolitik eine größtmögliche Effizienz vermittelte. Für ein System fester Wechselkurse hat das neoklassische Makromodell in dieser Hinsicht keine vom keynesianischen Standardmodell grundsätzlich abweichenden Ergebnisse geliefert: die Geldpolitik blieb aus den im Wechselkurssystem angelegten Gründen unwirksam, während der positive Einkommenseffekt expansiver Fiskalpolitik durch den Zielkonflikt mit Preisniveaustabilität abgeschwächt wurde. Für ein System flexibler Wechselkurse kann dagegen nachgewiesen werden, daß das neoklassische Makromodell zu einer vom keynesianischen MUNDELL-FLEMING-Ansatz abweichenden Beurteilung der Geld- und Fiskalpolitik gelangt.

Die gesamtwirtschaftliche Güterangebotsfunktion enthält als unabhängige Variable nun den realen Wechselkurs als Verhältnis der beiden endogenen Variablen e und P:

$$Y^a = Y^a\left(\frac{e}{P}\right).$$

Der gleiche Sachverhalt gilt auch für die gesamtwirtschaftliche Güternachfragefunktion:

$$Y^n = Y = C(Y-T_0) + I(i_0^*) + G_0 + ex\left(\frac{e}{P}, Y_0^*\right) - \frac{e}{P}\, im\left(\frac{e}{P}, Y-T_0\right).$$

Geldmarktgleichgewicht ist bei nunmehr exogener Geldmenge bestimmt durch

$$\frac{M_0}{P} = L(Y, i_0^*)\,.$$

Gütermarktgleichgewicht ist erreicht, wenn

$$Y^n\left(\frac{e}{P}, G_0, T_0, i_0^*, Y_0^*\right) = Y^a\left(\frac{e}{P}\right).$$

Dieses neoklassische Gleichgewichtsmodell einer kleinen, offenen Volkswirtschaft mit flexiblen Wechselkursen kann in zwei verschiedenen Formen dargestellt werden, die hier in Abb.103 vereinigt sind. Die beiden linken Schaubilder (I und II) übernehmen die bisher verwendete Darstellung. Bei dem im Ausgangsgleichgewicht geltenden Wechselkurs (e_1) schneiden sich Güternachfrage- und -angebotskurve (Y_1^n, Y_1^a) im Gleichgewichtspunkt E_1, der Preisniveau (P_1) und reales Sozialprodukt (Y_1) deter-

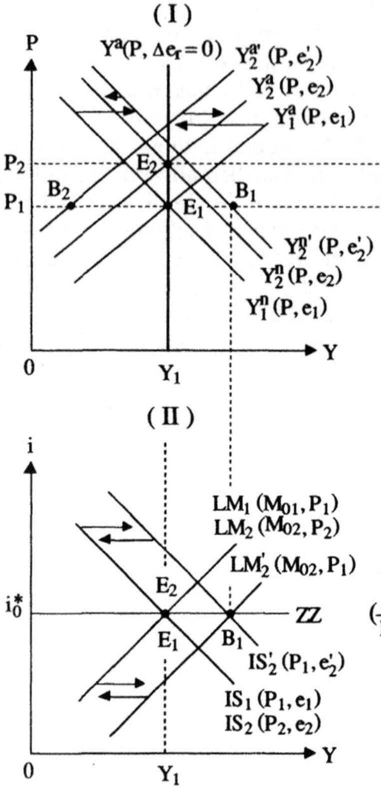

Abb. 103a

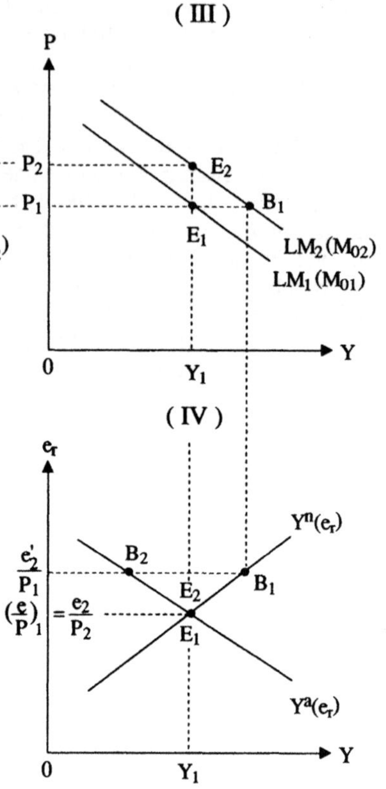

Abb. 103b

miniert. Da das inländische Zinsniveau mit dem exogenen Auslandszins übereinstimmt ($i=i_0^*$) muß der im Zins-Einkommens-Diagramm hierzu korrespondierende Schnittpunkt E_1 von IS_1- und LM_1-Kurve bei dem Einkommen Y_1 auf der ZZ-Kurve liegen.

Die beiden rechten Schaubilder (III und IV) bringen die Dichotomie des neoklassischen Makromodells flexibler Wechselkurse zum Ausdruck. Das Gleichgewicht des realwirtschaftlichen Bereiches (Güter- und Arbeitsmarktgleichgewicht) determiniert die realwirtschaftlichen Größen des Systems (realer Wechselkurs, Einkommen, Reallohn und Beschäftigungsvolumen), während das monetäre Gleichgewicht beim geltenden Gleichgewichtseinkommen die Höhe des Preisniveaus und damit auch des nominalen Wechselkurses ($e=P\cdot(e/P)$) und des nominalen Lohnniveaus ($l=P\cdot(l/P)$)

in Abhängigkeit von der exogen gegebenen Geldmenge (M_0) bestimmt. Dieses – dem exogenen Zinsniveau $i=i_0^*$ zugeordnete – Geldmarktgleichgewicht ist im III. Quadranten in Form der monetären Gleichgewichtskurve $LM_1(M_{01})$ dargestellt. Diese hat ein negatives Steigungsmaß, da bei steigender Produktion das Preisniveau sinken muß, um bei konstanter Geldmenge ($M=M_{01}$) das reale Geldangebot an die reale Geldnachfrage anzupassen.

Das im IV. Quadranten dargestellte güterwirtschaftliche Gleichgewicht determiniert das Einkommen und den realen Wechselkurs. Die Güternachfrage erscheint hier als steigende Funktion des realen Wechselkurses, weil der Außenbeitrag (ex–(e/P)im) und somit die am inländischen Gütermarkt wirksame Nachfrage mit steigendem realen Wechselkurs zunimmt. Das Güterangebot ist eine abnehmende Funktion des realen Wechselkurses, weil eine reale Dollar-Aufwertung den Konsumenten-Reallohn sinken und den Produzenten-Reallohn steigen läßt ($g_e > g_{P_c} > g_l > g_P$), so daß Arbeitsangebot, Arbeitsnachfrage und gleichgewichtiges Beschäftigungsvolumen zurückgehen. Der Schnittpunkt E_1 von Güternachfrage- und Güterangebotskurve determiniert die Gleichgewichtswerte des Volkseinkommens (Y_1) und des realen Wechselkurses $(e/P)_1$. Der hierzu korrespondierende monetäre Gleichgewichtspunkt E_1 auf der im III. Quadranten dargestellten LM_1-Kurve bestimmt das diesem Gleichgewichtseinkommen zugeordnete gleichgewichtige Preisniveau (P_1). Damit ist auch der gleichgewichtige nominale Wechselkurs gemäß $e_1=P_1\cdot(e/P)_1$ determiniert.

ca. Geldpolitik

Eine expansive Geldpolitik, die das Geldangebot von M_{01} auf M_{02} ausweitet, zeigt sich im II. Quadranten in der Rechtsverschiebung der LM-Kurve auf das Niveau $LM_2'(M_{02}, P_1)$. Die bei perfekter Kapitalmobilität rasch eintretende und relativ starke Dollar-Aufwertung fördert eine Ausweitung der Güternachfrage, die in einer Rechtsverschiebung der IS-Kurve in die Position IS_2' (e_2', P_1) darstellbar ist. Der auf der ZZ-Kurve gelegene Schnittpunkt B_1 vom LM_2'- und IS_2'-Kurve determiniert das höhere Volumen der Güternachfrage, dem im I. Quadranten eine Rechtsverschiebung der Güternachfragekurve in die Position $Y_2^{n\prime}(P, e_2')$ entspricht.

Diese expansive Nachfragewirkung des geldpolitischen Impulses ist im III. Quadranten in der Rechtsverschiebung der LM-Kurve auf das Niveau $LM_2(M_{02})$ quantifiziert, mit der im IV. Quadranten ein Nachfragepunkt B_1 auf der Güternachfragefunktion $Y^n(e_r)$ korrespondiert, der dem auf e_2'/P_1 gestiegenen realen Wechselkurs zugeordnet ist.

Die durch den monetären Schock induzierte nominale und reale Dollar-Aufwertung führt aber auch zu kontraktiven Angebotswirkungen, die sich im I. Quadranten in einer Rechtsverschiebung der Güterangebotskurve in die Position $Y_2^{a'}(P, e_2')$ zeigen. Der dort dem Preisniveau P_1 zugeordnete Angebotspunkt B_2 korrespondiert mit dem im IV. Quadranten auf der Angebotsfunktion gelegenen Punkt B_2, der dem höheren realen Wechselkurs (e_2'/P_1) zugeordnet ist.

Der expansive geldpolitische Impuls bewirkt somit über die Wechselkursanpassung einen Nachfrageüberhang am Gütermarkt, der das Preisniveau steigen läßt. Die damit verbundene Kontraktion des realen Geldangebots (Linksverschiebung der LM-Kurve im II. Quadranten) erzeugt einen Zinssteigerungsdruck, der zu einer Dollar-Abwertung führt (Linksverschiebung der IS- und Y^n-Kurve bei gleichzeitiger Rechtsverschiebung der Y^a-Kurve im I. Quadranten). Steigendes Preisniveau und – der Dollar-Aufwertung folgende – nominale Dollar-Abwertung sorgen dafür, daß der Güternachfrageüberhang durch eine reale Dollar-Abwertung ausgeräumt wird (Bewegungen auf gegebener Güterangebots- und -nachfragekurve im IV. Quadranten).

Nach Abschluß aller Anpassungsprozesse wird die gesamtwirtschaftliche Gleichgewichtsposition E_2 erreicht, in der die ursprünglichen Niveaus des realen Wechselkurses und der gesamtwirtschaftlichen Produktion wieder hergestellt sind. Da bei unverändertem Einkommen $(Y=Y_1)$ auch das reale Geldangebot im neuen Geldmarktgleichgewicht konstant geblieben sein muß, ist das Preisniveau proportional zum nominalen Geldangebot gestiegen. Da auch der reale Wechselkurs durch den geldpolitischen Impuls letztlich nicht verändert wurde, muß der nominale Wechselkurs gemäß $e_2=P_2(e/P)_1$ ebenfalls proportional zu Preisniveau und Geldmenge gestiegen sein. Wenn somit Einfuhrpreise und inländische Erzeugerpreise proportional zur Geldmenge steigen, dann werden auch das Verbraucherpreisniveau und mithin der Nominallohn in der gleichen Rate steigen $(g_e=g_{P_c}=g_P=g_M)$. Produzenten- und Konsumenten-Reallohn sind konstant geblieben. Anreize zur Ausweitung von Arbeitsnachfrage und Arbeitsangebot sind nicht wirksam und das Beschäftigungsvolumen hat sich nicht verändert.

Im Gegensatz zu den Ergebnissen keynesianischer Standardmodelle offener Volkswirtschaften bleibt Geldpolitik bei Verfolgung realwirtschaftlicher Einkommens- und Beschäftigungsziele selbst dann unwirksam, wenn sie die durch flexible Wechselkurse gewonnene monetäre Unabhängigkeit im Sinne einer expansiven Geldangebotssteuerung wirksam durchsetzen kann. Der Grund für die Ineffizienz expansiver Geldpolitik liegt in der dichotomischen Struktur des neoklassischen Makromodells einer offenen Volkswirtschaft, in der alle Preise (Güterpreise, Löhne und Wechselkurse) völlig flexibel sind.

Wie aus Abb. 103b ersichtlich, hat der Steuerungsparameter M_0 keinen Einfluß auf die Lage der Güternachfragefunktion $Y^n(e_r, G_0, T_0, Y_0^*, i_0^*)$ und kann damit auch nicht die Gleichgewichtswerte des realen Wechselkurses und des Einkommens – und die damit zusammenhängenden übrigen realen Makrovariablen – verändern. Die Wirkung des geldpolitischen Impulses bleibt auf den monetären Sektor beschränkt, wo sie sich in einer proportionalen Anpassung aller nominalen Makrogrößen niederschlägt.

Die unter den Bedingungen eines neoklassischen Makromodells nachgewiesene Ineffizienz expansiver Geldpolitik bei flexiblen Wechselkursen darf nun aber keineswegs mit genereller Ineffizienz der monetären Steuerung – in Analogie zu einem System fester Wechselkurse – verwechselt werden. Ebenso wie expansive Geldpolitik ist auch eine kontraktive Geldangebotssteuerung durchsetzbar. Sie führt zu einer proportionalen Senkung von Preisniveau, Wechselkurs und Nominallohnniveau. Da bei konstanten Reallöhnen und bei stabilem realen Wechselkurs Gesamtproduktion und Beschäftigung nicht verändert werden, ist eine restriktive Geldpolitik bei flexiblen Wechselkursen nicht nur stabilitätswirksam, sondern erweist sich auch als Optimalstrategie der Inflationsbekämpfung, da die Dämpfung eines Preisniveauanstiegs ohne Beschäftigungseinbußen erreicht werden kann.

cb. Fiskalpolitik

Im Gegensatz zu geldpolitischen Impulsen, die unter dem Diktat der Neutralität des Geldes stehen, können fiskalpolitische Impulse relative Preise, Produktion und Beschäftigung beeinflussen. Die fiskalpolitische Steuerung der Staatsnachfrage (G_0) oder der direkten Steuerbelastung privater Haushalte (T_0) determiniert die Lage der von der Höhe des realen Wechselkurses abhängigen Güternachfragefunktion. Sie hat daher Einfluß auf den gleichgewichtigen realen Wechselkurs und somit auch auf Gleichgewichtseinkommen und Beschäftigungsvolumen.

Die Wirksamkeit expansiver Fiskalpolitik läßt sich mit der in der rechten Hälfte von Abb. 104 (Quadranten III und IV) gewählten Darstellungsform des neoklassischen Gleichgewichtsmodells einer offenen Volkswirtschaft herleiten. Der fiskalpolitische Impuls, eine Ausweitung der Staatsnachfrage von G_{01} auf G_{02}, bewirkt eine Rechtsverschiebung der Güternachfragekurve in die Position $Y_2^n(e_r, G_{02})$. Das Gütermarktgleichgewicht wird von E_1 nach E_2 verlagert, so daß der reale Wechselkurs auf $(e/P)_2$ gesunken und die Produktion von Y_1 auf Y_2 gestiegen ist. Bei konstantem Geldangebot und gestiegenem Einkommen muß das Preisniveau von P_1 auf P_2 gesunken sein, da für die höhere reale Geldnachfrage $LM(Y_2, i_0^*)$ nur auf diese Weise ein entsprechend gestiegenes reales Geldangebot (M_0/P_2) bereitgestellt werden kann. Im III. Quadranten zeigt der auf LM (M_0, i_0^*) liegende Gleichgewichtspunkt E_2, der dem auf Y_2 gestiegenen Einkommen ein auf P_2 gesunkenes Preisniveau zuordnet, diese neue monetäre Gleichgewichtsposition. Da sowohl das Preisniveau inländischer Erzeugnisse (P) als auch der reale Dollar-Wechselkurs (e/P) gesunken sind, muß der nominale Dollar-Wechselkurs auf $e_2=P_2(e/P)_2$ und mithin relativ stärker als P gesunken sein ($g_e<g_P<0$).

Der Prozeß sinkender inländischer Erzeugerpreise und (überproportional) sinkender Einfuhrpreise wird dadurch angestoßen, daß die nicht monetär alimentierte Güternachfrageexpansion einen Zinssteigerungsdruck auslöst (Schnittpunkt B_1 von IS_2' und LM_1 im II. Quadranten), der eine Dollar-Abwertung herbeiführt. Die sinkenden Einfuhrpreise, die höhere Konsumenten-Reallöhne hervorrufen, stimulieren ein zusätzliches Arbeitsangebot, so daß auch die Nominallöhne unter Druck geraten. Arbeitsnachfrage, Beschäftigungsvolumen und Güterangebot steigen (Rechtsverschiebung der Güterangebotskurve $Y^a(P)$ im I. Quadranten), während die DM-Aufwertung zu einer Abschwächung der Güternachfrage beiträgt (Linksverschiebung der IS-Kurve und der Güternachfragekurve $Y^n(P)$).

Am Gütermarkt bildet sich ein Angebotsüberhang heraus, der das Inlandspreisniveau sinken läßt. Das reale Geldangebot wird hierdurch vergrößert (Rechtsverschiebung der LM-Kurve im II. Quadranten; Bewegung auf der LM-Kurve nach rechts im III. Quadranten) und schafft somit den Spielraum für ein dauerhaft höheres Niveau der Geld- und Güternachfrage (Linksverschiebung der IS-Kurve in die Position IS_2 oberhalb der Ausgangslage IS_1). Nach Abschluß aller Anpassungsprozesse wird die gesamtwirtschaftliche Gleichgewichtsposition E_2 erreicht, in der nominaler und realer Wechselkurs sowie Preisniveau gesunken, Produktion und Beschäftigung gestiegen sind. Die durch expansive Fiskalpolitik hervorgerufene reale Dollar-Abwertung und die Zunahme des inländischen Einkommens verursachen ein Leistungsbilanzdefizit. Im I. Quadranten muß sich also die LBG-Kurve in Folge der nominalen DM-Aufwertung so weit nach links verschoben haben, daß der gesamtwirtschaftliche Gleichgewichtspunkt E_2 rechts von LBG (e_2) liegt.

Dieses Ergebnis des neoklassischen Makromodells steht im Gegensatz zu dem keynesianischen Standardmodell, in dem perfekte internationale Kapitalmobilität expansive Fiskalpolitik bei flexiblen Wechselkursen zur Unwirksamkeit verurteilt. Der Grund für die Ineffizienz der Fiskalpolitik war ein durch die DM-Aufwertung bedingter nachfrageseitig perfekter crowding-out-effect. Der Grund für die Effizienz der Fiskalpolitik unter neoklassischen Bedingungen ist die – im keynesianischen MUNDELL-FLEMING-Ansatz vernachlässigte – expansive Angebotswirkung der DM-Aufwertung, die einen unvollständigen nachfrageseitigen crowding-out-effect ermöglicht. Diese Voraussetzung für ein dauerhaft höheres Niveau von Beschäftigung und Produktion wird im Arbeitsmarkt geschaffen. Da Dollar-Wechselkurs und Einfuhrpreisniveau stärker gesunken sind als das Preisniveau inländischer Erzeugnisse, ist auch das Verbraucherpreisniveau relativ zu den inländischen Erzeugerpreisen gesunken. Der gleichgewichtige Nominallohn sinkt somit in einer Rate, die geringer als der relative

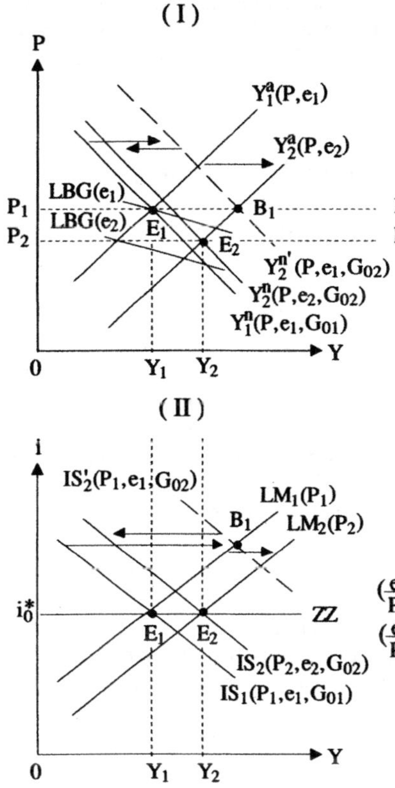

Abb. 104a

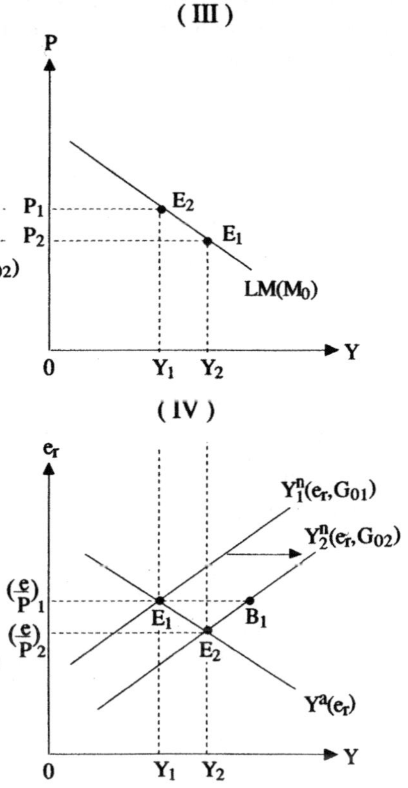

Abb. 104b

Rückgang der Verbraucherpreise und größer als der relative Rückgang der Erzeugerpreise ist ($g_e<g_{P_c}<g_l<g_P<0$). Somit findet der Arbeitsmarkt sein neues Gleichgewicht bei niedrigerem Produzenten-Reallohn und zugleich höherem Konsumenten-Reallohn ($\Delta A^n=\Delta A^a=\Delta A>0$).

Unter den neoklassischen Bedingungen unbeschränkter Flexibilität aller Preise ist Fiskalpolitik als Mittel einer beschäftigungsorientierten Politik wirksam, während eine beschäftigungsorientierte Geldpolitik unwirksam bleibt. Andererseits ist eine im Dienste der Inflationsbekämpfung stehende stabilitätsorientierte Geldpolitik erfolgreich und ohne Beschäftigungsverluste durchführbar. Eine kontraktive Fiskalpolitik wäre als Strategie der Inflationsbekämpfung sogar kontraproduktiv, da der zunächst induzierte DM-Abwertungsdruck Einfuhrpreise und Löhne steigen läßt und hierdurch stagflatorische Wirkungen ($\Delta P>0$, $\Delta Y<0$) erzeugt. In Abb. 104 (rechtes Diagramm) läßt sich diese Wirkung einer restriktiven Fiskalpolitik (Linksverschiebung der Y^n-Kurve) nachvollziehen, die nach Abschluß aller Anpassungsprozesse einen gestiegenen realen Wechselkurs, ein niedrigeres Gleichgewichtseinkommen und ein höheres Preisniveau nach sich zieht.

d. *Internationale Transmission ausländischer Wirtschaftspolitik*

da. Ausländische Geld- und Fiskalpolitik bei stabilem Auslandspreisniveau

Zunächst sollen die Auswirkungen externer Störungen in einer kleinen, offenen Volkswirtschaft unter der Annahme eines vollständig preiselastischen ausländischen Güterangebots untersucht werden. Die internationale Übertragung ausländischer Wirtschaftspolitik wird durch jene exogenen Störungen des inländischen gesamtwirtschaftlichen Gleichgewichts angestoßen, die in den hier betrachteten Fällen mit expansiver ausländischer Geldpolitik ($\Delta Y_0^*>0$, $\Delta i_0^*<0$) oder Fiskalpolitik ($\Delta Y_0^*>0$, $\Delta i_0^*>0$) bei Preisniveaustabilität im Ausland ($\Delta P^*=0$, $P_0^*=1$) verbunden sind.

Bei festen Wechselkursen ($e=e_0$) wird die am inländischen Gütermarkt wirksame Nachfrage auf Grund des exportfördernden ausländischen Einkommenseffektes und des investitionsfördernden Zinseffektes ($\Delta i=\Delta i_0^*<0$) steigen, wenn im Ausland eine expansive Geldpolitik betrieben wird. Ein expansiver fiskalpolitischer Impuls im Ausland wird im Inland eine Kontraktion der Güternachfrage auslösen, wenn der investitionsdämpfende Zinseffekt ($\Delta i=\Delta i_0^*>0$) dominiert. Diese Nachfragewirkungen expansiver Geld- und Fiskalpolitik des Auslandes sind bereits aus dem keynesianischen MUNDELL-FLEMING-Ansatz bekannt (siehe §2 II.D.4).

Im Falle expansiver ausländischer Geldpolitik ergibt sich im IS-LM-System (Abb. 105a, unteres Diagramm) ein neuer Nachfragepunkt B dort, wo sich auf der nach unten verschobenen ZZ_2-Kurve IS_2'- und LM_2'-Kurve schneiden. Im Falle expansiver ausländischer Fiskalpolitik (Abb. 105b) kann sich dagegen ein neuer Güternachfragepunkt B auf der nach oben verschobenen ZZ_2-Kurve im Schnittpunkt mit der nach rechts verschobenen IS_2'-Kurve links oberhalb von E_1 ergeben.

Expansive Geldpolitik des Auslandes verschiebt unter diesen Bedingungen die Nachfragekurve am inländischen Gütermarkt nach rechts in die Position $Y_2^n(P, Y_{02}^*, i_{02}^*)$. Es ergibt sich ein neues gesamtwirtschaftliches Gleichgewicht in Punkt E_2 (Abb. 105a), so daß sich die expansiven Transmissionseffekte der ausländischen Geldpolitik in einem Anstieg des inländischen Preisniveaus, Realeinkommens und Beschäftigungsvolumens niederschlagen. Die Auswirkungen expansiver ausländischer Geldpolitik am inländischen Arbeitsmarkt führen zu einer höheren Beschäftigung, weil die mit dem Preisniveauanstieg verknüpfte reale Lohnkostensenkung die Ar-

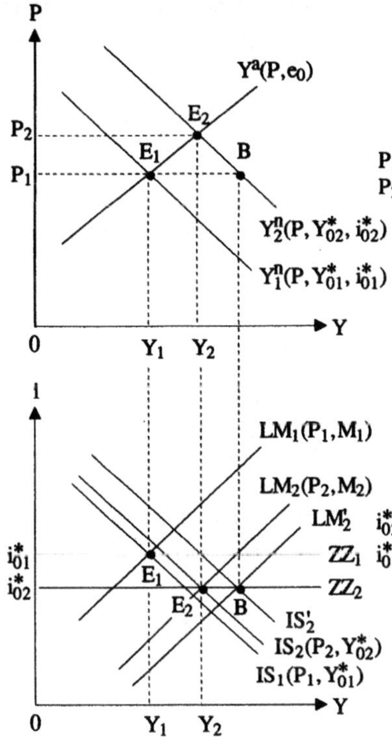

Abb. 105a

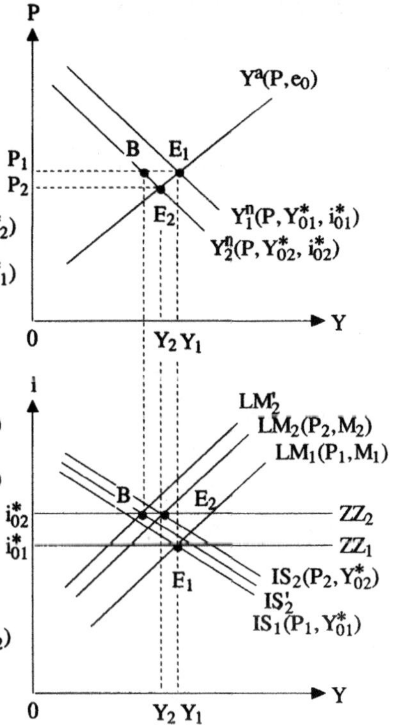

Abb. 105b

beitsnachfrage stimuliert. Der hierdurch induzierte Anstieg des Nominallohnes dämpft zwar das Beschäftigungswachstum, doch sorgt die einfuhrpreisstabilisierende Wirkung fester Wechselkurse für eine im Verhältnis zum Anstieg der Erzeugerpreise (Verbraucherpreise) unterproportionale (überproportionale) Lohnerhöhung. Expansive ausländische Geldpolitik läßt somit im Inland den Produzenten-Reallohn sinken und den Konsumenten-Reallohn steigen, so daß sich ein Arbeitsmarktgleichgewicht mit höherer Beschäftigung einstellt.

Expansive ausländische Fiskalpolitik verschiebt die Güternachfragekurve nach links in die Position $Y_2^n(P, Y_{02}^*, i_{02}^*)$ (Abb. 105b). Die neue gesamtwirtschaftliche Gleichgewichtsposition zeigt kontraktive Transmissionseffekte, die sich in einem Rückgang des Preisniveaus, der Produktion und Beschäftigung im Inland niederschlagen. Am inländischen Arbeitsmarkt führt die expansive ausländische Fiskalpolitik zu steigendem Produzenten-

Reallohn und sinkendem Konsumenten-Reallohn, weil das Preisniveau der Inlandsproduktion relativ stärker zurückgeht als das Nominallohnniveau ($g_P<g_l<g_{P_c}<0$). Daher muß das gleichgewichtige Beschäftigungsvolumen sinken.

Bei flexiblen Wechselkursen und somit autonom steuerbarem Geldangebot ($M=M_0$) führt der expansive monetäre Auslandsimpuls zu einer Rechtsverschiebung der inländischen Güternachfragekurve in die Position $Y_2^n(e_r, Y_{02}^*, i_{02}^*)$ und zu einer Abwärtsverschiebung der Geldmarkt-Gleichgewichtskurve in die Position $LM_2(M_0, i_{02}^*)$, da das reale Geldangebot nur bei gesunkenem Preisniveau an die bei niedrigerem Zins gestiegene Geldnachfrage angepaßt werden kann (Abb. 106a). Wie der neue gesamtwirtschaftliche Gleichgewichtspunkt E_2 zeigt, hat die expansive ausländische Geldpolitik im Inland eine Einkommensexpansion bei gesunkenem Preisniveau und gesunkenem realen Wechselkurs hervorgerufen. Wegen $e_2=P_2(e/P)_2$ muß die nominale Dollar-Abwertung relativ stärker als die inländische Preisniveausenkung ausfallen. Da somit das Einfuhr- und Verbraucherpreisniveau stärker als das Preisniveau inländischer Güter zurückgeht, wird die Nominallohnsenkung zwischen diesen Preissenkungsraten liegen. Sinkende Produzenten-Reallöhne und steigende Konsumenten-Reallöhne führen zu einem Arbeitsmarktgleichgewicht mit höherer Beschäftigung.

Ein expansiver fiskalischer Auslandsimpuls kann zu einer Nachfragekontraktion am inländischen Gütermarkt führen. In diesem Fall verschiebt sich die Güternachfragekurve nach links in die Position $Y_2^n(e_r, Y_{02}^*, i_{02}^*)$ und die Geldmarkt-Gleichgewichtskurve muß sich nach oben in die Position $LM_2(M_0, i_{02}^*)$ verschieben, da die bei höherem Zins gesunkene reale Geldnachfrage mit dem realen Geldangebot erst wieder übereinstimmt, wenn das Preisniveau gestiegen ist (Abb. 106b). Die sich einstellende gesamtwirtschaftliche Gleichgewichtsposition E_2 belegt, daß der expansive ausländische Fiskalimpuls eine reale Dollar-Aufwertung bewirkt, die von einem stagflatorischen Effekt am inländischen Gütermarkt ($\Delta Y<0$, $\Delta P>0$) begleitet wird. Folglich muß die nominale Dollar-Aufwertung wegen $e_2=P_2(e/P)_2$ prozentual stärker als die inländische Preisniveauerhöhung ausfallen. Da aus diesem Grunde auch die Einfuhr- und Verbraucherpreise relativ zu den Preisen inländischer Erzeugnisse steigen, wird die prozentuale Nominallohnerhöhung zwischen diesen Preissteigerungsraten liegen. Steigende Produzenten-Reallöhne bei sinkender Kaufkraft der ausgezahlten Arbeitslöhne bedingen ein Arbeitsmarktgleichgewicht mit niedrigerer Beschäftigung.

Damit hat die vergleichende Transmissionsanalyse das folgende Ergebnis geliefert. Expansive ausländische Geldpolitik hat im Inland unabhängig vom Wechselkurssystem expansive Auswirkungen auf Produktion und Beschäftigung. Bei festen Wechselkursen werden diese expansiven Realeffekte von Preissteigerungen, bei flexiblen Wechselkursen von Preissenkungen begleitet. Expansive ausländische Fiskalpolitik hat bei festen und fle-

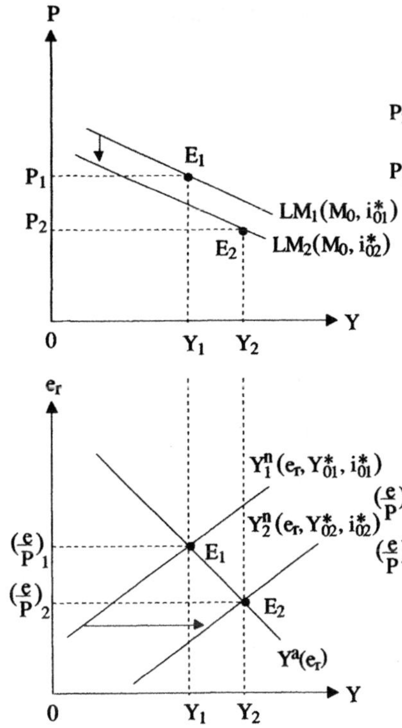

Abb. 106a

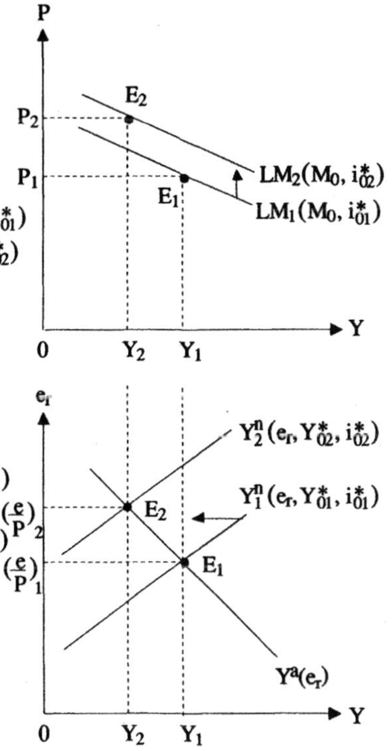

Abb. 106b

xiblen Wechselkursen kontraktive oder expansive Auswirkungen auf Produktion und Beschäftigung. Treten kontraktive Realeffekte auf, so werden diese bei festen Wechselkursen mit Preissenkungen, bei flexiblen Wechselkursen mit Preissteigerungen verbunden sein.

db. Ausländische Preisniveauerhöhung

Die internationale Übertragung konjunktureller Störungen wurde im voranstehenden Kapitel unter der Prämisse analysiert, daß für die ausländische Volkswirtschaft jene Bedingungen des keynesianischen MUNDELL-FLEMING-Standardmodells gelten, die Expansions- oder Kontraktionsprozesse bei stabilem Auslandspreisniveau gewährleisten. Sind diese Bedingungen nicht erfüllt und gelten stattdessen auch im Ausland die vom neoklassischen Makromodell beschriebenen Rahmenbedingungen, so stellt sich die Frage, ob ausländische Preisniveauerhöhungen auf das Inland übertragen werden, oder ob die inländische Volkswirtschaft gegen einen solchen Inflationsimport abgeschirmt werden kann. Um diese Frage zu untersuchen, wird eine expansive ausländische Geldpolitik betrachtet, durch die das Geldangebot in der Rate $g_{M^*_0}=(M^*_{02}-M^*_{01})/M^*_{01}$ ausgeweitet wird. Das ausländische Preisniveau steigt proportional zur Geldmenge: $g_{P^*_0}=(P^*_{02}-P^*_{01})/P^*_{01}=g_{M^*_0}$. Realeffekte treten nicht auf ($\Delta Y^*_0=0$), so daß auch das internationale Zinsniveau unverändert bleibt ($\Delta i^*_0=0$).

Bei festen Wechselkursen (Abb. 107a) entstehen durch die Verbesserung der inländischen Leistungsbilanz Zahlungsbilanzüberschüsse. Die in Folge der Verteuerung ausländischer Erzeugnisse in den inländischen Gütermarkt drängende wachsende Nachfrage (Rechtsverschiebung der IS-Kurve in die Position IS_2') wird durch eine wachsende Geldmenge (Rechtsverschiebung der LM-Kurve in die Position LM_2') bei konstantem Zins $i=i^*_0$ alimentiert. Der auf der ZZ-Kurve liegende Schnittpunkt B_1 von LM_2'- und IS_2'-Kurve determiniert die neue Nachfragekonstellation, so daß sich die im oberen Diagramm von Abb. 107a dargestellte Güternachfragekurve um den Betrag E_1B_1 nach rechts verschiebt. Die den Wechselkurs stabilisierenden Devisenmarktinterventionen der inländischen Zentralbank bewirken aber auch, daß die ausländische Preisniveauerhöhung auf das inländische Einfuhrpreisniveau durchschlägt. Weil die geschmälerte Kaufkraft der Lohneinkommen das Arbeitsangebot zurückdrängt, entsteht ein Nachfrageüberhang im Arbeitsmarkt, der den Nominallohn steigen läßt. Mit steigendem Produzenten-Reallohn werden die geplante Arbeitsnachfrage und das geplante Güterangebot zurückgehen. Die im oberen Diagramm von Abb. 107a dargestellte Güterangebotskurve verschiebt sich um den Betrag E_1B_2 nach links.

Die kontraktive Angebotswirkung und der expansive Nachfrageeffekt erzeugen einen Nachfrageüberhang im inländischen Gütermarkt, so daß der Sog der ausländischen Preisniveauerhöhung das inländische Preisniveau erfaßt. Bei festen Wechselkursen entsteht somit das Problem des Inflationsimports. Welches Ausmaß die importierte Inflation annimmt, läßt sich mit Hilfe der graphischen Darstellung (Abb. 107a, oberes Diagramm) nachweisen. Güternachfrage- und Güterangebotskurve müssen sich in der Rate $(P^*_{02}-P^*_{01})/P^*_{01}$ nach oben verschieben, weil bei konstantem Wechselkurs Güternachfrage und Güterangebot nur dann auf dem bisherigen Niveau $Y^n=Y^a=Y_1$ konstant blieben, wenn das inländische Preisniveau in der gleichen Rate $g_P=(P^*_{02}-P^*_{01})/P^*_{01}$ steigen würde.

Aus diesem Grunde ergibt sich im Schnittpunkt von Y^n_2- und Y^a_2-Kurve ein neuer Gleichgewichtspunkt E_2, der genau diese Bedingung erfüllt. Bei fixiertem nominalen Wechselkurs (e_0) ist das inländische Preisniveau proportional zum ausländischen Preisniveau gestiegen. Der reale Wechselkurs ($e_0\, P^*_{02}/P_2$) ist somit ebenfalls stabil, so daß die Leistungsbilanz zum Gleichgewicht zurückfindet und Produktion, Einkommen und Beschäftigungsvolumen konstant bleiben. Die außenwirtschaftlichen Verflechtun-

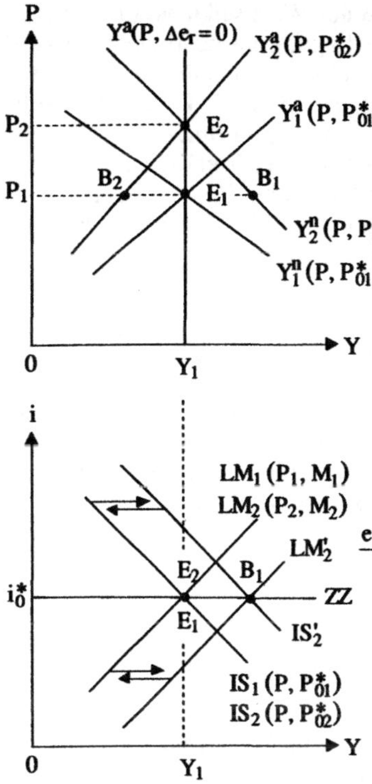

Abb. 107a

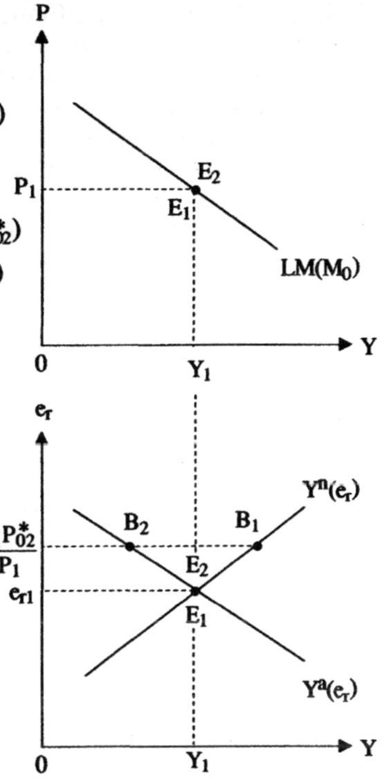

Abb. 107b

gen bewirken bei festen Wechselkursen eine vollständige Übertragung der Auslandsinflation auf kleine, offene Volkswirtschaften, ohne daß dort Realeffekte ausgelöst werden.

Bei flexiblen Wechselkursen (Abb. 107b) wird die inländische Leistungs- und Zahlungsbilanz durch eine Aufwertung der inländischen Währung im Gleichgewicht gehalten. Da die Wechselkursanpassung für Leistungsbilanzgleichgewicht sorgt, reicht sie auch aus, um den durch die Auslandsinflation induzierten Güternachfrageüberhang B_1B_2 zu beseitigen bzw. zu vermeiden, so daß das inländische Preisniveau (P_1) stabil bleibt. Die Gleichgewichtsposition des Gütermarktes hat sich nicht verändert. Realer Wechselkurs, Produktion und Beschäftigung sind konstant geblieben. Folglich muß der nominale DM-Wechselkurs proportional zum Auslandspreisniveau gestiegen sein, und das Einfuhrpreisniveau wird konstant gehalten. Da die Zentralbank bei flexiblen Wechselkursen Kontrolle über das Geldangebot hat, kann auch das inländische Preisniveau – und somit das Konsumentenpreisniveau – stabil gehalten werden, wenn eine konstante Geldversorgung $M=M_0$ gesichert wird.

Auch in Abb.107b läßt sich der Einfluß des Wechselkurssystems auf Prozesse der internationalen Inflationsübertragung verdeutlichen. In beiden Wechselkurssystemen bewirkt die ausländische Preisniveausteigerung im inländischen Gütermarkt einen Nachfrageüberhang B_1B_2, der ausgeräumt ist, wenn der reale Wechselkurs zu seinem ursprünglichen Gleichgewichtswert zurückgefunden hat. Im System fester Wechselkurse wird dieser Gleichgewichtskurs durch die inländische Preisniveauanpassung $e_0P^*_{01}/P_1 = e_0P^*_{02}/P_2$ hergestellt. Im System flexibler Wechselkurse ist die Wiederherstellung desselben Gleichgewichtswertes $e_1P^*_{01}/P_1 = e_2P^*_{02}/P_1$ Ergebnis der Wechselkursanpassung.

Die außenwirtschaftlichen Verflechtungen bewirken bei festen Wechselkursen eine vollständige Übertragung der Auslandsinflation auf kleine, offene Volkswirtschaften, weil Güterpreise und Löhne die Anpassung übernehmen müssen. Flexible Wechselkurse übertragen diese Anpassung auf den Wechselkursmechanismus, so daß eine Volkswirtschaft perfekt gegen die Übertragung ausländischer Inflationsprozesse abgeschirmt wird.

2. Stabilisierungspolitik aus keynesianischer Sicht

In der keynesianischen Variante des neoklassischen Synthesemodells werden Arbeitsmarktbedingungen unterstellt, die der Durchsetzung eines Gleichgewichtsreallohnes entgegenstehen. Gesamtwirtschaftliche Gleichgewichte sind mit Unterbeschäftigung verbunden, wenn Nominallohn (l) und Preisniveau (P) einen Produzenten-Reallohn (l/P) bedingen, der zu hoch ist, um die Arbeitsnachfrage mit dem Arbeitsangebot in Übereinstimmung zu bringen. Diese Konstellation eines Arbeitsmarktungleichgewichts sei im folgenden für alle hier relevanten (Unterbeschäftigungs-) Gleichgewichtspositionen des Gütermarktes unterstellt. Im Unterschied zur neoklassischen Variante hängt das Beschäftigungsvolumen nun allein vom Produzenten-Reallohn ab, da die Arbeitsnachfrage die effektive Beschäftigung determiniert.

$$A = A^n\left(\frac{l}{P}\right) < A^a\left(\frac{l}{P_c}\right).$$

Bei perfekter internationaler Kapitalmobilität gilt – wie in der neoklassischen Variante – die Geldmarkt-Gleichgewichtsbedingung

$$\frac{M}{P} = \frac{m_1(WR + B_0^Z)}{P} = L(Y, i_0^*).$$

Bei starrem Nominallohn ($l=l_0$) hängt das geplante Güterangebot allein vom Preisniveau inländischer Erzeugnisse ab, so daß die Gütermarkt-Gleichgewichtsbedingung, abweichend vom neoklassischen Makromodell, lautet:

$$Y^a(P) = Y^n\left(\frac{eP_0^*}{P}, G_0, T_0, i_0^*, Y_0^*\right).$$

Bei starrem (Konsumenten-) Reallohn, also perfekter Lohnindexierung ($l=aP_c$, $a=(l/P_c)_0$), können proportionale Anpassungen des Lohnes an Änderungen des Verbraucherpreisniveaus $P_c=P^\alpha(eP_0^*)^{1-\alpha}$ durchgesetzt werden. In diesem Falle ist das geplante Güterangebot – wie in der neoklassischen Variante – eine abnehmende Funktion des realen Wechselkurses, so daß sich die Gütermarkt-Gleichgewichtsbedingung des neoklassischen Makromodells ergibt:

$$Y^a\left(\frac{eP_0^*}{P}\right) = Y^n\left(\frac{eP_0^*}{P}, G_0, T_0, i_0^*, Y_0^*\right).$$

In einem System fester Wechselkurse ist der Wechselkurs mit $e=e_0$ als Datum vorgegeben. Über die Gütermarkt-Gleichgewichtsbedingung können die Auswirkungen exogener Schocks (ΔG_0, ΔT_0, ΔP_0^*, ΔY_0^*, Δi_0^*) auf Inlandsproduktion und -preisniveau ($\Delta Y, \Delta P$) deduziert werden. Die Geldmarkt-Gleichgewichtsbedingung liefert die endogene Anpassung des gleichgewichtigen Geldangebots ($\Delta M=m_1\Delta WR$), die aus den im Anpassungsprozeß auftretenden außenwirtschaftlichen Ungleichgewichten und nicht-sterilisierbaren Devisenmarktinterventionen resultiert. Die Voraussetzungen für eine aktive inländische Geldpolitik sind nicht erfüllt ($\Delta WR=-\Delta B_0^Z$).

In einem System flexibler Wechselkurse ist die Geldmenge mit $M=M_0$ als Datum vorgegeben. Die Werte der mit einem gesamtwirtschaftlichen Gleichgewicht kompatiblen realen und nominalen Wechselkurse können dann aus dem System von Güter- und Geldmarktgleichgewicht hergeleitet werden, so daß auch die Wirkungen exogener monetärer Schocks (ΔM_0, ΔP_0^*) oder realer Schocks ($\Delta G_0, \Delta T_0, \Delta Y_0^*, \Delta i_0^*$) auf Produktion, Beschäftigung, Preisniveau und Wechselkurs bestimmt werden können.

Diese Fragestellungen sollen nun im Rahmen der keynesianischen Variante untersucht und mit den Implikationen des neoklassischen Modells verglichen werden, indem der Ansatz auf Basis von Änderungsraten der endogenen und exogenen Variablen spezifiziert wird. Diese Modellspezifikationen hat den Vorteil, daß – wie zu zeigen sein wird – die analytische Herleitung der Ergebnisse wesentlich erleichtert wird. Eine solche Formulierung setzt allerdings voraus, daß die Gleichungen des Modells in eine additiv und linear darstellbare logarithmische Version transformiert werden können, weil Änderungsraten der Makrovariablen als Ableitungen ihrer logarithmischen Werte nach der Zeit bestimmbar sind. Ausgehend von der gesamtwirtschaftlichen Produktionsfunktion

$$Y^a = A^b K_0^{1-b} \qquad (0 < b < 1),$$

kann dies verdeutlicht werden. Die logarithmierte Form dieser Gleichung (ln: natürlicher Logarithmus) lautet:

$$\ln Y^a = b \ln A + (1-b) \ln K_0 .$$

Wird diese Gleichung nach der Zeit (t) differenziert, so ergibt sich

$$\frac{d\ln Y^a}{dt} = b \frac{d\ln A}{dt}$$

bzw.

$$g_{Y^a} = b\, g_A .$$

Da annahmegemäß $d\ln K_0/dt=0$ gilt und mithin der Kapazitätseffekt von Nettoinvestitionen ausgeschlossen bleibt, darf dieser Ansatz nicht mit den im letzten Teil des Buches behandelten wachstumstheoretischen Ansätzen verwechselt werden. Berücksichtigt man nun, daß die geplante gewinnmaximale Arbeitsnachfrage das Beschäftigungsvolumen determiniert, bei dem die Grenzproduktivität der Arbeit mit dem geltenden Reallohn übereinstimmt:

$$\frac{dY^a}{dA} = b\, K_0^{1-b} A^{b-1} = \frac{l}{P} ,$$

so läßt sich durch Auflösen dieser Gleichung nach A die Arbeitsnachfrage- bzw. Beschäftigungsfunktion

$$A^n = A = B_0 \left(\frac{l}{P}\right)^{\frac{-1}{1-b}} \qquad \left(B_0 = b^{\frac{1}{1-b}} K_0\right)$$

bestimmen. Aus ihrer logarithmierten Form

$$\ln A^n = \ln A = \ln B_0 - \frac{1}{1-b} (\ln l - \ln P)$$

ergibt sich dann

$$g_{A^n} = g_A = -\frac{1}{1-b} (g_l - g_P) .$$

Hieraus folgt die Änderungsrate des Güterangebots

$$g_{Y^a} = -\gamma\, (g_l - g_P) ,$$

wobei γ=b/(1-b) die Reallohnelastizität des Güterangebots definiert. Wird ferner eine Lohnfunktion

$$l = a P_c^{\lambda}$$

unterstellt, so gilt $$\ln l = \ln a + \lambda \ln P_c$$

und mithin $$g_l = \lambda g_{P_c} .$$

Bei Nominallohnstarrheit (keine Lohnindexierung) gilt λ=0. Bei Reallohnstarrheit (perfekte Lohnindexierung) gilt λ=1. In allen übrigen – im folgenden nicht betrachteten – Fällen (imperfekte Lohnindexierung) gilt 0<λ<1. Entsprechend ergibt sich die Änderungsrate des Konsumentenpreisniveaus aus

$$g_{P_c} = \alpha g_P + (1-\alpha)(g_e + g_{P_0^*}) \quad ,$$

so daß

$$g_l = \lambda\alpha g_P + \lambda(1-\alpha)(g_e + g_{P_0^*}) \quad .$$

Wird diese Beziehung in die Güterangebotsfunktion eingesetzt, folgt die allgemeine Angebotsfunktion

$$g_{Y^a} = \gamma(1-\lambda\alpha) g_P - \gamma\lambda(1-\alpha)(g_e + g_{P_0^*}) \quad .$$

Sie enthält als Spezialfälle die Güterangebotsfunktion bei Nominallohnstarrheit (λ=0):

$$g_{Y^a} = \gamma g_P ,$$

und die Güterangebotsfunktion bei Reallohnrigidität (λ=1):

$$g_{Y^a} = -\gamma(1-\alpha)(g_e + g_{P_0^*} - g_P) .$$

Dic Gütcrnachfragefunktion laute

$$Y^n = \left(\frac{eP_0^*}{P}\right)^{\eta} Y_0^n ,$$

wobei η>0 die Elastizität der Güternachfrage in bezug auf Änderungen des realen Wechselkurses und

$$Y_0^n = Y_0^n(G_0, T_0, i_0^*, Y_0^*) .$$

die durch exogene Größen bestimmten Niveaus der autonomen Güternachfrage definieren.

Aus der logarithmierten Form dieser Nachfragefunktion

$$\ln Y^n = \eta\,(\ln e + \ln P_0^* - \ln P) + \ln Y_0^n$$

ergibt sich dann

$$g_{Y^n} = \eta\,(g_e + g_{P_0^*} - g_P) + g_{Y_0^n}\,.$$

Wird schließlich die Geldnachfragefunktion mit

$$L = Y^{\varepsilon} \exp^{-h\,i_0^*}$$

spezifiziert, wobei $\varepsilon>0$ die Einkommenselastizität und h die (Semi-) Zinselastizität der Geldnachfrage definiert, so folgt im Gleichgewicht des Geldmarktes

$$\ln M - \ln P = \varepsilon \ln Y - h\,i_0^*\ .$$

Da die zinsabhängige Geldnachfrage wegen Geltung der Zinsparität ($i=i_0^*$) konstant bleibt und da eine Einkommenselastizität $\varepsilon=1$ unterstellt werden soll, ergibt sich unter diesen Voraussetzungen

$$g_M - g_P = g_Y\,.$$

Im Gütermarktgleichgewicht gilt

$$g_{Y^a} = g_{Y^n} = g_Y\,.$$

Damit können durch Einsetzen der allgemeinen Güterangebotsfunktion und der Güternachfragefunktion die Bestimmungsgleichungen für die Änderungsrate des inländischen Preisniveaus und des Einkommens hergeleitet werden:

$$g_P = \frac{\gamma\lambda(1-\alpha)+\eta}{\gamma(1-\lambda\alpha)+\eta}\,(g_e + g_{P_0^*}) + \frac{1}{\gamma(1-\lambda\alpha)+\eta}\,g_{Y_0^n}$$

$$g_Y = \gamma(1-\lambda\alpha)\,g_P - \gamma\lambda(1-\alpha)\,(g_e + g_{P_0^*})\,.$$

In Verbindung mit der Geldmarktgleichung

$$g_M = g_P + g_Y$$

können auf Grundlage dieser drei Gleichungen die relativen Änderungen der drei endogenen Variablen g_Y, g_P und g_M (bei festen Wechselkursen) bzw. g_e (bei flexiblen Wechselkursen) für unterschiedliche lohnpolitische Rahmenbedingungen bestimmt werden, wenn durch inländische oder ausländische Stabilisierungspolitik exogene Schocks (z.B. $g_{Y_0^n}$, $g_{P_0^*}$ oder g_{e_0} bei festen Wechselkursen, g_{M_0} bei flexiblen Wechselkursen) ausgelöst werden.

a. *Inländische und ausländische Stabilisierungspolitik bei festen Wechselkursen*

aa. Nominallohnstarrheit

Unter den Rahmenbedingungen fester Wechselkurse (g_e=0) soll fehlende Lohnindexierung, also Stabilität des Nominallohns (λ=0), unterstellt werden. Exogene reale Nachfrageschocks ($g_{Y_0^n}$), die bei konstantem Auslandspreisniveau ($g_{P_0^*}$=0) ihren Ursprung in expansiver Fiskalpolitik des Inlandes oder des Auslandes haben können, bewirken eine inländische Preisniveauänderung in der Rate

$$g_P = \frac{1}{\gamma + \eta}\, g_{Y_0^n} \,.$$

Wegen $$g_{Y^a} = \gamma g_P = g_Y$$

verändert sich die Inlandsproduktion in der Rate

$$g_Y = \frac{\gamma}{\gamma + \eta}\, g_{Y_0^n} \,.$$

Eine expansive inländische Fiskalpolitik ($g_{Y_0^n}$>0) bewirkt ein steigendes Preisniveau (g_P>0) bei steigender Produktion (g_Y>0), wachsender Beschäftigung (da der Produzenten-Reallohn in der Rate $-g_P$ sinkt) und sinkendem Konsumenten-Reallohn. Die während des Anpassungsprozesses an das neue gesamtwirtschaftliche Gleichgewicht kumulierten Zahlungsbilanzüberschüsse führen zu einem Wachstum der Geldmenge in der Rate

$$g_M = \frac{1 + \gamma}{\gamma + \eta}\, g_{Y_0^n} > 0 \,,$$

das die zunehmenden Gleichgewichtswerte des Einkommens und des Preisniveaus bei konstantem Zins $i = i_0^*$ monetär alimentiert.

Eine expansive ausländische Fiskalpolitik wird – wie in früheren Kapiteln gezeigt – im Inland nur dann expansiv wirken, wenn der exportfördernde Einkommenseffekt den investitionsdämpfenden Zinseffekt dominiert ($g_{Y_0^n}$>0); in diesem Falle treten gleichgerichtete (Übertragungs-) Wirkungen auf (g_Y>0, g_P>0, g_M>0). Die ausländische Fiskalpolitik wird sich dagegen im Inland kontraktiv auswirken ($g_{Y_0^*}<0$), wenn ihr Zinseffekt dominant ist; in diesem Falle wird im Inland ein Abschwung ($g_Y<0$) bei sinkendem Preisniveau ($g_P<0$) ausgelöst, und die (kumulierten) inländischen Zahlungsbilanzdefizite führen zu einer Geldmengenkontraktion ($g_M<0$).

Ein monetärer Schock ausländischen Ursprungs, der das Auslandspreisniveau ohne Realeffekte steigen läßt ($g_{P_0^*}>0$), bewirkt eine inländische Preisniveauerhöhung in der Rate

$$g_P = \frac{\eta}{\gamma + \eta} \, g_{P_0^*} > 0 \, ,$$

und damit ein Einkommenswachstum von

$$g_Y = \frac{\gamma\eta}{\gamma + \eta} \, g_{P_0^*} > 0 \, .$$

Da der Produzenten-Reallohn sinkt, wächst mit der Arbeitsnachfrage auch das Beschäftigungsvolumen. Im Unterschied zur vollständigen internationalen Inflationsübertragung unter den Bedingungen des neoklassischen Modells steigt hier das inländische Preisniveau nur unterproportional zum ausländischen Preisanstieg (partielle Inflationsübertragung). Da somit der reale Wechselkurs ($e_0P_0^*/P$) steigt, wächst die Nachfrage nach relativ preisgünstigeren Inlandsprodukten im Gleichschritt mit der inländischen Güterproduktion.

Eine Abwertung der Inlandswährung ($g_{e_0}>0$) hat die gleichen Auswirkungen wie eine ausländische Preisniveauerhöhung:

$$g_P = \frac{\eta}{\gamma + \eta} \, g_{e_0} > 0 \, ,$$

$$g_Y = \frac{\gamma\eta}{\gamma + \eta} \, g_{e_0} > 0 \, .$$

Wie im keynesianischen Standardmodell und im Gegensatz zum neoklassischen Modell kann die Konjunktur- und Beschäftigungslage durch eine Währungsabwertung verbessert werden.

Diese expansiven Wirkungen inländischer wechselkurs- oder fiskalpolitischer Steuerungseingriffe sind allerdings in Folge der begleitenden Inflationsschübe schwächer als unter den Bedingungen keynesianischer Standardmodelle, und sie werden durch einen Rückgang des realen Lohneinkommens pro Arbeitnehmer erkauft.

ab. Reallohnstarrheit

Unter den Rahmenbedingungen fester Wechselkurse (g_e=0) soll nun perfekte Lohnindexierung (λ=1) unterstellt werden.

Expansive inländische Fiskalpolitik ($g_{Y_0^n}$>0, $g_{P_0^*}$=0) bewirkt Produktions- und Preissteigerungen in den Raten

$$g_P = \frac{1}{\gamma(1-\alpha)+\eta} \, g_{Y_0^n} > 0 \,,$$

$$g_Y = \frac{\gamma(1-\alpha)}{\gamma(1-\alpha)+\eta} \, g_{Y_0^n} > 0 \,.$$

Wie ersichtlich, fällt der Preisauftrieb g_P stärker und das Einkommenswachstum g_Y schwächer als bei Nominallohnstarrheit aus. Bei konstanten Einfuhrpreisen wird die Stabilität des Konsumenten-Reallohnes durch eine Lohnzuwachsrate g_l<g_P gewährleistet, so daß sinkende Produzenten-Reallöhne eine wachsende Beschäftigung fördern.

Im Falle einer expansiven ausländischen Fiskalpolitik ist wiederum zu beachten, daß das Vorzeichen des auf das Inland übertragenen exogenen Nachfrageschocks nicht eindeutig ist ($g_{Y_0^n} \lesseqgtr 0$), so daß Preisniveau, Produktion und Beschäftigung steigen oder sinken können.

Eine monetär verursachte Auslandsinflation ($g_{P_0^*}$>0) wird nun wiederum – wie unter den Bedingungen des neoklassischen Makromodells – vollständig auf das Inland übertragen:

$$g_P = g_{P_0^*}$$

$$g_Y = 0 \,.$$

Da die Preise inländischer Güter in der gleichen Rate wie die Einfuhrpreise steigen, wird der Konsumenten-Reallohn durch eine Lohnzuwachsrate g_l=g_P stabilisiert, so daß die Beschäftigung nicht verändert wird.

Die gleichen Ergebnisse folgen für eine Abwertung der Inlandswährung. Damit bestätigen keynesianische Modellvarianten neoklassischer Syntheseansätze bei perfekter Lohnindexierung die Ergebnisse neoklassischer Makromodelle offener Volkswirtschaften. Lediglich die Beschäftigungseffekte, die durch exogene reale Schocks hervorgerufen werden, unterscheiden sich in ihrer Stärke (nicht aber im Vorzeichen), da in der keynesianischen Variante durch perfekte Lohnindexierung stabile Konsumenten-Reallöhne abgesichert werden, während in der neoklassischen Variante steigende

Konsumenten-Reallöhne eine notwendige Voraussetzung wachsender Beschäftigung sind.

b. Inländische und ausländische Stabilisierungspolitik bei flexiblen Wechselkursen

ba. Nominallohnstarrheit

Werden die Nominallöhne stabil gehalten (λ=0), so kann expansive Geldpolitik (g_{M_0}>0) über Wechselkurseffekte ein Wachstum von Produktion und Beschäftigung bei steigendem Preisniveau anstoßen. Da $g_{Y_0^n}$=0, folgt bei flexiblen Wechselkursen

$$g_P = \frac{\eta}{\gamma + \eta} g_e ,$$

wobei die inländische Währung unter Abwertungsdruck gerät (g_e>0). Da ferner (für λ=0)

$$g_Y = g_{Y^a} = \gamma g_P ,$$

folgt aus

$$g_P = g_M - g_Y = g_M - \gamma g_P$$

der Preiseffekt des expansiven monetären Impulses:

$$g_P = \frac{1}{1 + \gamma} g_{M_0} > 0 .$$

Da das Preisniveau unterproportional zur Geldmenge gestiegen ist, schafft das reale Geldangebotswachstum den Spielraum für das höhere Gleichgewichtseinkommen:

$$g_Y = \frac{\gamma}{1 + \gamma} g_{M_0} > 0 .$$

Mit dem Güter- und Geldmarktgleichgewicht ist eine Dollar-Aufwertungsrate

$$g_e = \frac{\gamma + \eta}{\eta} g_P = \frac{\gamma + \eta}{\eta (1 + \gamma)} g_{M_0} > 0$$

kompatibel, die nur für eine Wechselkurselastizität der Güternachfrage η=1 mit den Zuwachsraten von Geldmenge und Nominaleinkommen übereinstimmt.

Im Falle einer expansiven Fiskalpolitik müssen die monetäre Gleichgewichtsbedingung

$$g_P = -g_Y$$

und die Gütermarkt-Gleichgewichtsbedingung

$$g_Y = g_{Y^n} = g_{Y^a} = \gamma g_P$$

gelten. Die Gleichgewichtslösung, die beide Beziehungen erfüllt, beträgt aber

$$g_P = 0$$

$$g_Y = 0,$$

so daß expansive Fiskalpolitik bei flexiblen Wechselkursen – wie im keynesianischen Standardmodell – völlig wirkungslos bleibt. Ursache ist ein wechselkursinduzierter perfekter *crowding-out-effect*. Wie sich nämlich aus der Bestimmungsgleichung für die Änderungsrate des gleichgewichtigen Inlandspreisniveaus

$$g_P = \frac{\eta}{\gamma + \eta} g_e + \frac{1}{\gamma + \eta} g_{Y_0^n} = 0$$

herleiten läßt, bewirkt die expansive inländische Fiskalpolitik eine Dollar-Abwertungsrate

$$g_e = -\frac{1}{\eta} g_{Y_0^n},$$

so daß aus der Güternachfragereaktion

$$g_{Y^n} = \eta g_e + g_{Y_0^n} = 0$$

folgt.

Schließlich läßt sich zeigen, daß flexible Wechselkurse auch unter keynesianischen Arbeitsmarktbedingungen starrer Löhne gegen importierte Inflation abschirmen können. Hält die inländische Zentralbank bei einer Auslandsinflation ohne begleitende Realeffekte ($g_{P_0^*}>0$, $g_{Y_0^*}>0$) eine stabile Geldversorgung ($g_{M_0}=0$) aufrecht, so gelten die Gleichgewichtsbeziehungen

$$g_P = \frac{\eta}{\gamma + \eta} (g_{P_0^*} + g_e)$$

$$g_P = -g_Y$$

$$g_Y = g_{Y^n} = g_{Y^a} = \gamma g_P .$$

Diese liefern die Gleichgewichtslösungen

$$g_P = 0$$

$$g_Y = 0$$

$$g_e = -g_{P_0^*} .$$

Die Wechselkursanpassung stabilisiert somit das Einfuhrpreisniveau und die Reallöhne. Produktion, Beschäftigung und Preisniveau werden durch ausländische Preisniveausteigerungen unter diesen Bedingungen nicht beeinflußt.

bb. Reallohnstarrheit

Bei perfekter Lohnindexierung (λ=1) folgt für expansive Geldpolitik im Inland aus den Gleichgewichtsbedingungen des Güter- und Geldmarktes

$$g_P = g_e$$

$$g_P = g_{M_0} - g_Y$$

$$g_Y = g_{Y^n} = g_{Y^a} = \gamma(1-\alpha)\,(g_P - g_e) ,$$

so daß

$$g_Y = 0$$

$$g_P = g_{M_0}$$

$$g_e = g_{M_0} .$$

Die keynesianische Variante liefert bei Reallohnrigidität das gleiche Ergebnis wie die neoklassische Variante: Inlandspreisniveau und Dollar-Wechselkurs steigen proportional zum inländischen Geldangebot. Produktion und Beschäftigungsvolumen bleiben konstant. Realeffekte und Beschäftigungswirksamkeit expansiver monetärer Impulse sind nur bei unvollständiger Lohnindexierung ($0<\gamma<1$) möglich.

Expansive Fiskalpolitik bleibt demgegenüber wirksam. Auch in dieser Hinsicht bestätigt die keynesianische Variante für λ=1 die Ergebnisse des neoklassischen Makromodells. Die Bestimmungsgleichung für die Änderungsrate des gleichgewichtigen Inlandspreisniveaus liefert

$$g_P = g_e + \frac{1}{\gamma(1-\alpha)+\eta}\, g_{Y_0^n} ,$$

so daß

$$g_e - g_P = -\frac{1}{\gamma(1-\alpha)+\eta}\, g_{Y_0^n} < 0 .$$

Das durch expansive Fiskalpolitik angestoßene autonome Nachfragewachstum bewirkt eine reale Abwertung der Auslandswährung. Da

$$g_Y = g_{Y^a} = -\gamma(1-\alpha)\,(g_e - g_P) ,$$

folgt

$$g_Y = \frac{\gamma(1-\alpha)}{\gamma(1-\alpha)+\eta}\, g_{Y_0^n} > 0 .$$

Aus der Geldmarkt-Gleichgewichtsbedingung

$$g_P = -g_Y$$

folgt somit

$$g_P = -\frac{\gamma(1-\alpha)}{\gamma(1-\alpha)+\eta}\, g_{Y_0^n} < 0$$

so daß

$$g_e = -\frac{1+\gamma(1-\alpha)}{\eta+\gamma(1-\alpha)}\, g_{Y_0^n} < 0 .$$

Die Dollar-Abwertung und mithin auch der Rückgang des Einfuhrpreisniveaus sind relativ stärker als die Senkung des Preisniveaus inländischer Güter. Da somit auch der Nominallohn (entsprechend der Senkung der Verbraucherpreise) stärker als dieses inländische Preisniveau sinkt, wird die Beschäftigung infolge rückläufiger Produzenten-Reallöhne wachsen.

Eine Übertragung externer Störungen aus dem Ausland kommt nach diesen Ergebnissen nur zustande, wenn durch ausländische Stabilisierungspolitik reale Schocks ausgelöst werden, die im Inland nachfragewirksam werden ($g_{Y_0^n} \lesseqgtr 0$).

Hingegen bleibt das Inland gegen die Übertragung monetär verursachter ausländischer Inflationsprozesse auch bei perfekter Lohnindexierung abgeschirmt. Bei Auslandsinflation ($g_{P_0^*}>0$) gelten in diesem Falle ($\lambda=1$) die Gleichgewichtsbeziehungen

$$g_P = g_{P_0^*} + g_e$$

$$g_P = -g_Y$$

$$g_Y = g_{Y^a} = \gamma(1-\alpha)\,(g_P - g_{P_0^*} - g_e)\,,$$

so daß wegen $g_P - g_{P_0^*} - g_e = 0$ folgt:

$$g_Y = 0$$

$$g_P = 0$$

$$g_e = -g_{P_0^*}\,.$$

Unabhängig vom Grad der Lohnindexierung schirmen flexible Wechselkurse eine Volkswirtschaft gegen die Übertragung externer monetärer Störungen ab, wenn diese im Ausland nicht mit Realeffekten verbunden sind. Allgemein folgt, daß die Ergebnisse der keynesianischen Variante mit zunehmendem Grad der Lohnindexierung immer weniger von den Folgerungen der neoklassischen Variante abweichen, und daß sie bei perfekter Lohnindexierung mit dem neoklassischen Makromodell grundsätzlich übereinstimmen.

3. Kaufkraftparitätentheorie des Wechselkurses

Da erstens für eine expansive inländische Geldpolitik bei flexiblen Wechselkursen in bestimmten Fällen eine zur inländischen Preisniveauerhöhung proportionale Dollar-Aufwertung

$$g_{e(1)} = g_P = g_M\,,$$

und da zweitens für eine ausländische Geldpolitik in bestimmten Fällen eine zur ausländischen Preisniveausteigerung proportionale DM-Aufwertung

$$-g_{e(2)} = g_{P^*} = g_{M^*}\,,$$

nachgewiesen wurde, folgt

$$g_e = g_{e(1)} + g_{e(2)} = g_P - g_{P^*} = g_M - g_{M^*}\,.$$

Diese Hypothese wird als Kaufkraftparitätentheorie des Wechselkurses bezeichnet, weil nach dieser Auffassung die Anpassung des Gleichgewichtswechselkurses internationale Inflationsdifferenzen ausgleicht, so daß die Kaufkraft einer inländischen Geldeinheit mit der einer ausländischen Währungseinheit übereinstimmt. Das neoklassische Synthesemodell offener Volkswirtschaften mit flexiblen Wechselkursen bestätigt diese Wechselkurstheorie nur unter bestimmten Bedingungen. Es bestätigt hingegen keinen Anspruch auf Allgemeingültigkeit dieser Theorie. Die Kaufkraftparitätentheorie des Wechselkurses folgt als Implikation neoklassischer Synthesemodelle, wenn

- die Güterpreise und Nominallöhne flexibel sind,
- entweder die Löhne so flexibel sind, daß sich Arbeitsmarktgleichgewichte einstellen können, oder wenn perfekte Lohnindexierung Stabilität der (Konsumenten-) Reallöhne sichert,
- die Preisniveauänderungen ausschließlich monetär verursacht sind.

Unter diesen Bedingungen bleiben die realen Wechselkurse stabil ($g_e+gp^*-gp=g_{er}=0$), so daß die Voraussetzungen für die Bewahrung der Kaufkraftparität zwischen in- und ausländischer Währung erfüllt sind. Die internationale Preis-Wettbewerbsposition inländischer und ausländischer Hersteller hat sich nicht verändert, so daß auch die Leistungsbilanzen im Gleichgewicht bleiben.

Die Modelle der neoklassischen Synthese haben aber auch nachweisen können, daß durch in- oder ausländische Stabilisierungspolitik hervorgerufene exogene Impulse unter bestimmten Bedingungen reale Wechselkursänderungen verursachen. Selbst im neoklassischen Gleichgewichtsmodell sind somit dauerhafte Abweichungen von der Kaufkraftparität möglich und erklärbar, wie die Analyse expansiver Fiskalpolitik bei perfekter Kapitalmobilität und flexiblen Wechselkursen belegen konnte. Derartige Abweichungen von der durch die Kaufkraftparitäten-Hypothese behaupteten Wechselkursanpassung treten auf, wenn Preisniveauänderungen auf nicht-monetären Ursachen beruhen, oder wenn (in der keynesianischen Variante) imperfekte Lohnindexierung oder gar völlige Nominallohnstarrheit besteht.

Literaturangaben

ARGY, V./SALOP, J., Price and Output Effects of Monetary and Fiscal Policy under Flexible Exchange Rates, in: IMF Staff Papers, 26, 1979, S. 224-256.

DE GRAUWE, P., Macroeconomic Theory for the Open Economy, Aldershot, 1983.

DIECKHEUER, K., Internationale Wirtschaftsbeziehungen, 2.A., München, 1992.

JARCHOW, H.J., Geld- und Fiskalpolitik bei Wechselkursflexibilität. Ein vereinfachtes neoklassisches Makro-Modell, in: Wirtschaftswissenschaftliches Studium (WiSt), 16, Heft 9, 1987, S. 441-445.

JARCHOW, H.J., Fiskalpolitik, Angebotsbedingungen und Wechselkursdynamik, in: Zeitschrift für Wirtschafts- und Sozialwissenschaften, 116, 1990, S. 21-35.

JARCHOW, H.J./ RÜHMANN, P., Monetäre Außenwirtschaft, I. Monetäre Außenwirtschaftstheorie, 3. Aufl., Göttingen, 1991.

SACHS, J., Wages, Flexible Exchange Rates, and Macroeconomic Policy, in: Quarterly Journal of Economics, 94, 1980, S. 731-747.

SAUERNHEIMER, K., Internationale Kapitalbewegungen, flexible Wechselkurse und gesamtwirtschaftliches Gleichgewicht, Hamburg, 1980.

SHONE, R., Open Economy Macroeconomics, New York, 1989.

IV. Internationale Finanzmarktmodelle

Der Abbau von Kapitalverkehrskontrollen zwischen den wichtigsten Welthandelsländern hat die Einflüsse internationaler Kapitalbewegungen auf Zahlungsbilanzen und Wechselkurse wesentlich verstärkt. Die mit der Liberalisierung des internationalen Kapitalverkehrs verbundene Öffnung der Finanzmärkte erhöht somit auch das Gewicht, das dem internationalen Zinszusammenhang im Kontext der bisher analysierten Kausalfaktoren zukommt. Den gestiegenen internationalen Finanzmarktverflechtungen werden keynesianische Standardmodelle und neoklassische Synthesemodelle offener Volkswirtschaften zwar insoweit gerecht, als sie mit dem Spezialfall perfekter Kapitalmobilität ein auf die größtmögliche Finanzmarktintegration zugeschnittenes Referenzmodell anbieten können. Würde man aber an der bislang dargestellten und angewendeten modelltheoretischen Konzeption festhalten, ergäben sich gerade bei kurzfristigen Wirkungsanalysen Fehleinschätzungen, solange Wechselkurserwartungen und die von erwarteten Wechselkursänderungen ausgehenden Wirkungen unberücksichtigt bleiben.

Unter den Rahmenbedingungen fester Wechselkurse mag die Vernachlässigung der Wechselkurserwartungen bzw. die Annahme einer Übereinstimmung von erwartetem und gegenwärtigem Wechselkurs (statische Wechselkurserwartungen) im Normalfall glaubwürdiger Wechselkursparitäten vertretbar sein. Die Glaubwürdigkeit fester Paritäten und Bandbreiten gerät jedoch ins Wanken, wenn relativ große und dauerhafte außenwirtschaftliche Ungleichgewichte anhaltende Über- oder Unterbewertungen der Landeswährung bewußt machen. In einer solchen Situation werden einseitige Ab- oder Aufwertungserwartungen entstehen, die destabilisierende (die Zahlungsbilanzungleichgewichte verstärkende) spekulative Kapitalbewegungen auslösen. Der Druck derartiger Wechselkurserwartungen kann unter diesen Umständen so stark werden, daß er wechselkurs- oder geldpolitische Maßnahmen der Zahlungsbilanzkorrektur oder gar – wie 1973 geschehen – den Zusammenbruch des Bretton-Woods-Systems fester Wechselkurse auslöst. Unter den damit entstehenden Rahmenbedingungen flexibler Wechselkurse sind aber nicht statische Wechselkurserwartungen vorherrschend, sondern erwartete Wechselkursänderungen mit positivem oder negativem und häufig auch wechselndem Vorzeichen werden vor allem bei internationalen Finanztransaktionen in Rechnung gestellt. Die Erfahrungen mit flexiblen Wechselkursen haben gezeigt, daß die in früheren Modellen meist vernachlässigten Wechselkurserwartungen zum dominanten Einflußfaktor auf die internationalen Kapitalströme werden können. Somit kann im Fall eines steigenden inländischen Zinsniveaus nicht mehr eindeutig eine Verbesserung der Kapitalbilanz bzw. Aufwertung der Inlandswährung prognostiziert werden, wenn Abwertungserwartungen Kapitalexporte auslösen und Kapitalimporte abschrecken. Dominieren solche gegenläufigen Erwartungseffekte den Zinseffekt, so wird der Einfluß internationaler Kapitalbewegungen die inländische Währung trotz steigender Zinsen abwerten oder trotz sinkender Zinsen aufwerten.

Auch sind Situationen möglich, in denen Zins- und Wechselkursänderungen als simultane Wirkungen spekulativer Wechselkurserwartungen auftreten. Bilden sich z.B. Abwertungserwartungen gegenüber der inländischen Währung, so werden internationale Portfolioumschichtungen ausgelöst. Mit Abwertungsrisiken behaftete DM-Wertpapiere werden verkauft und in aufwertungsverdächtige Dollar-Wertpapiere umgetauscht. Die gesunkene Nachfrage am inländischen Wertpapiermarkt führt zu niedrigeren Wertpapierkursen und höheren Zinsen. Die größere Nachfrage nach Dollar-Wertpapieren, die durch den Umtausch von DM in die Anlagewährung Dollar (höheres DM-Angebot, höhere Dollar-Nachfrage) finanziert wird, bewirkt eine Dollar-Aufwertung. Bei steigenden Zinsen gerät die inländische Währung unter Abwertungsdruck.

Damit wird deutlich, daß von Zinsänderungen nicht unbedingt auf Wechselkursreaktionen geschlossen werden kann, solange wir nicht wissen, warum sich der Zins geändert hat. Die im obigen Beispiel gebotene Erklärung einer Zinsänderung durch herrschende Wechselkurserwartungen bleibt jedoch vordergründig, weil nicht erklärt wird, warum sich solche Wechselkurserwartungen ausgebreitet haben. So ist nicht auszuschließen, daß die Wechselkurserwartungen auf den gleichen Ursachen beruhen, die letztlich auch die Zinsänderung ausgelöst haben. Es führt mithin nicht sehr viel weiter, in die Kapitalbilanzfunktion keynesianischer Standardmodelle oder neoklassischer Synthesemodelle exogene Wechselkurserwartungen als zusätzliche Determinante einzubauen. Vielmehr müssen die Wechselkurserwartungen durch eine Theorie der Erwartungsbildung endogenisiert werden.

Berücksichtigt man ferner, daß in- oder ausländische Zinsbewegungen und erwartete Wechselkursänderungen über Verschiebungen der relativen Ertragsraten in- und ausländischer Finanzaktiva Umschichtungen international diversifizierter Portfolios, d.h. aus Finanzanlagen verschiedener Währungsdenomination zusammengesetzter Vermögensbestände, auslösen, so können Kapitalimporte, Kapitalexporte und Kapitalbilanzsalden nicht unmittelbar durch eine Kapitalbilanzfunktion erklärt werden. Es handelt sich hierbei nämlich um Stromgrößen (Zahlungsstrom pro Periode), die aus geplanten Änderungen von Finanzvermögensbeständen zwischen zwei Zeitpunkten (geplanter Vermögensbestand zum Periodenende minus Anfangsbestand zu Periodenbeginn) resultieren, und die daher durch einen Bestandsansatz (Portfolioansatz) erklärt werden müssen. Kapitalimporte kommen demgemäß zustande, wenn ausländische Wirtschaftseinheiten ihre geplanten Vermögensbestände inländischer (DM-) Finanzaktiva erhöhen (höhere Bestandsnachfrage nach DM-Finanztiteln), und wenn inländische Wirtschaftseinheiten ihre geplanten Vermögensbestände ausländischer (Dollar-) Finanzaktiva reduzieren (niedrigere Bestandsnachfrage nach Dollar-Finanztiteln), weil sich die relativen Ertragsraten zugunsten der

DM-Finanzanlagen verschoben haben. Kapitalexporte werden ausgelöst, wenn inländische Wirtschaftseinheiten die Bestandsnachfrage nach Dollar-Finanztiteln ausweiten, und wenn ausländische Wirtschaftseinheiten die Bestandsnachfrage nach DM-Finanztiteln einschränken, weil sich die relativen Ertragsraten zugunsten der Dollar-Finanzanlagen verschoben haben.

Zahlungsbilanzungleichgewichte (bei festen Wechselkursen) oder Wechselkursanpassungen (bei flexiblen Wechselkursen) ergeben sich also aus dem Zusammenspiel güterwirtschaftlicher Stromgrößen (Güterexport, Güterimport), die die Leistungsbilanz beeinflussen, finanzieller Bestandsgrößen (Kapitalimport, Kapitalexport), die die Kapitalbilanz bestimmen, sowie bestandsabhängiger Zinserträge auf ausländische Finanzanlagen inländischer Wirtschaftseinheiten (Auslandsforderungen) und Zinsaufwendungen auf inländische Finanzanlagen ausländischer Wirtschaftseinheiten (Auslandsverbindlichkeiten), die wiederum die Leistungsbilanz beeinflussen. Makro modelle offener Volkswirtschaften müssen daher als Strom-Bestands-Ansätze mit endogenen Wechselkurserwartungen konzipiert werden.

Diesen Weg beschritten die in den 70er und 80er Jahren entwickelten Finanzmarktmodelle offener Volkswirtschaften. Jene dritte Generation internationaler Makromodelle wurde durch die Erfahrungen in der Spätphase des Bretton-Woods-Systems und der nachfolgenden Periode relativ flexibler Wechselkurse angeregt. Sie ist nicht als Alternative zu neoklassischen Synthesemodellen, sondern als deren Weiterentwicklung zu verstehen. Entstanden aus dem Bemühen, die Makrotheorie offener Volkswirtschaften besser mit der neuen Erfahrungswirklichkeit (Zusammenbruch des Festkurssystems unter dem wachsenden Druck destabilisierender Kapitalbewegungen, starke kurzfristige Wechselkursfluktuationen und mittelfristige Abweichungen der Wechselkursentwicklung von den Prognosewerten der Kaufkraftparitätentheorie) in Einklang zu bringen, stützen sich die meisten finanzmarkttheoretischen Ansätze auf das neoklassische Makromodell.

Alle Finanzmarktmodelle unterstellen unbeschränkte Kapitalmobilität und Dominanz internationaler Kapitalbewegungen in der kurzen Frist. Der inländische Kapitalverkehr wird nicht durch administrative Schranken behindert. Die Zahlungsbilanz- oder Wechselkursanpassung wird unter diesen ordnungspolitischen Rahmenbedingungen kurzfristig allein durch die Kapitalbilanz, also durch Bestandsanpassungsprozesse auf international offenen und verflochtenen Finanzmärkten, bestimmt. Auf dieser gemeinsamen Grundlage unterscheiden sich die finanzmarkttheoretischen Ansätze in ihren Auffassungen über den Substitutionsgrad in- und ausländischer Wertpapiere und über die relative Anpassungsgeschwindigkeit der Gütermärkte (vgl. Abb. 108).

Die monetären Ansätze der internationalen Finanzmarkttheorie sehen in der Annahme perfekter Kapitalmobilität ein nicht unrealistisches Abbild der mit weitgehender Deregulierung des internationalen Kapitalverkehrs

Internationale Finanzmarktmodelle				
Internationale Finanzordnung	keine Kapitalverkehrskontrollen (unbeschränkte Kapitalmobilität)			
Substitutionsgrad in- und ausländischer Wertpapiere	vollkommen (perfekte Kapitalmobilität)		unvollkommen (imperfekte Kapitalmobilität)	
Wechselkurssystem	Feste Wechselkurse $i=i^*$	Flexible Wechselkurse $i=i^*+g_e{}^E$	Feste Wechselkurse $i=i^*+RP$	Flexible Wechselkurse $i=i^*+g_e{}^E+RP$
Anpassungsgeschwindigkeit der Gütermärkte	unverzögerte, sofortige Anpassung (vollständige Preisflexibilität)		zeitverzögerte Anpassung bei sofortiger, unverzögerter Anpassung der Finanzmärkte (kurzfristige Preisrigiditäten)	
Modellvariante	Monetäre Zahlungsbilanztheorie	Monetäre Wechselkurstheorie	Portfoliotheorie der Zahlungsbilanz	Portfoliotheorie des Wechselkurses

Abb. 108

erreichten gegenwärtigen Rahmenbedingungen. Sie unterstellen daher die permanente Geltung der Zinsparität. Die Portfolioansätze der Finanzmarkttheorie hingegen lehnen diese Sichtweise als wenig realistischen Extremfall ab. Selbst wenn sie mit den monetären Ansätzen in der Einschätzung des mittlerweile erreichten hohen Liberalisierungsgrades internationaler Kapitalbewegungen übereinstimmen, gehen sie von der Heterogenität in- und ausländischer Finanzaktiva, also von einer trotz Kapitalverkehrsliberalisierung fortbestehenden Segmentierung der Kapitalmärkte beider Länder, aus. Der Grund für diesen Zustand imperfekter Kapitalmobilität wird darin gesehen, daß Finanzanlagen im Ausland aus Sicht risikoempfindlicher Investoren mit höheren Risiken behaftet sind als inländische Finanzanlagen. Risikoaverse Kapitalanleger werden also erst ausländische Wertpapiere kaufen, wenn deren Zinsvorsprung (i^*-i) größer ist als die Risikoprämie (RP). Damit wird das Zustandekommen der Zinsparität verhindert und auf den Wertpapiermärkten beider Länder gelten in der Regel unterschiedliche Ertragsraten.

Die finanzmarkttheoretischen Ansätze standen zunächst in der neoklassischen Tradition einer quasi zeitlosen Anpassungsdynamik, mit der alle

Märkte Störungen so rasch verarbeiten, daß sich in jedem Zeitpunkt markträumende Gleichgewichtspreise durchsetzen. Diese Annahme einer vollständigen Flexibilität der Preise von Gütern und Finanzaktiva führte in Verbindung mit der Annahme perfekter Kapitalmobilität zu einer Reduktion des Makromodells auf eine rein geldtheoretische Perspektive, nach der außenwirtschaftliche Ungleichgewichte sowie Zahlungsbilanz- und Wechselkursanpassungen auf monetäre Einflußfaktoren zurückzuführen sind. Im Grunde erbrachten die so konzipierten monetären Ansätze offener Volkswirtschaften lediglich eine Bestätigung der Ergebnisse neoklassischer Makroansätze. Erkenntnisfortschritte im Sinne neuer Ansätze zur Erklärung beobachteter, mit den bisherigen Modellen aber nicht befriedigend erklärbarer Phänomene ergaben sich erst mit der Entwicklung finanzmarkttheoretischer Ansätze, die die Annahme einer unendlich hohen Anpassungsgeschwindigkeit aller Märkte nicht mehr akzeptierten und nur noch für die Finanzmärkte gelten ließen. Diese Betonung der Relevanz kurzfristiger Güterpreisrigiditäten und zeitlich verzögerter Anpassungsprozesse an Gütermarktgleichgewichte mit markträumenden Preisen steht im Einklang mit der Erfahrung, daß die perfekter und effizienter organisierten Finanzmärkte im Verhältnis zu den Gütermärkten rascher reagieren.

A. Internationale Finanzmarktverflechtungen bei perfekter Kapitalmobilität

Die monetären Ansätze der Zahlungsbilanz (feste Wechselkurse) oder der Wechselkursbestimmung (flexible Wechselkurse) unterstellen eine vollkommene Substituierbarkeit in- und ausländischer Wertpapiere. Alle Kapitalanleger betrachten in- und ausländische Wertpapiere, die in Laufzeit und Bonität des Emittenten identisch sind, als homogene Finanztitel. Da alle Anlagealternativen, unabhängig von der Währungsdenomination, das gleiche Risiko haben, sind die Kapitalanleger risikoneutral und hinsichtlich der Portfoliostruktur indifferent, wenn die erwarteten Ertragsraten übereinstimmen. In Verbindung mit der unbeschränkten Freiheit des internationalen Kapitalverkehrs ergibt sich somit ein Zustand perfekter Kapitalmobilität. In- und ausländischer Wertpapiermarkt verschmelzen zu einem einheitlichen Weltkapitalmarkt, auf dem sich eine in beiden Ländern übereinstimmende Ertragsrate für die international frei handelbaren Finanzaktiva durchsetzt. Bei festen Wechselkursen gilt damit wiederum die Zinsparität $i=i^*$, während bei flexiblen Wechselkursen die Übereinstimmung der erwarteten Ertragsraten in- und ausländischer Wertpapiere unter Berücksichtigung erwarteter Wechselkursänderungen zustandekommt.

Wenn z.B. der im Anlagezeitpunkt geltende aktuelle Wechselkurs ($e=1$) unter dem Erwartungswert des zukünftigen Wechselkurses (e^E) liegt, so wird eine Dollar-Aufwertung in der Rate $g_e^E=(e^E-e)/e$ bzw. eine DM-Abwertung in der Rate $g_{e_{DM}^E}=-g_e^E$ erwartet. Die aus Sicht eines inländischen Kapitalanlegers erwartete DM-Verzinsung beträgt bei Kauf des DM-Wertpapiers i, bei Kauf des Dollar-Wertpapiers approximativ $i^*+g_e^E$. Die im Kalkül eines ausländischen Investors erwartete Dollarrendite beläuft sich bei Kauf des Dollar-Wertpapiers auf i*, bei Kauf des DM-Wertpapiers auf ungefähr $i-g_e^E$. Im Ausmaß einer erwarteten Dollar-Aufwertungsrate $g_e^E>0$ liegt also die erwartete DM-Rendite über dem Nominalzins des Dollar-Finanztitels, weil ein zusätzlicher Gewinn durch Aufwertung der Anlagewährung erwartet wird (jeder investierte Dollar erfordert den Einsatz von e DM und erbringt einen größeren erwarteten Rücktauscherlös von e_{DM}^E). Entsprechend liegt die vom ausländischen Kapitalanleger erwartete Dollar-Rendite einer DM-Finanzanlage im Umfang der erwarteten DM-Abwertungsrate $g_{e_{DM}^E}=-g_e$ unter dem Nominalzins i, weil Verluste durch Abwertung der Anlagewährung befürchtet werden (jede investierte DM erfordert den Einsatz von (1/e)$ und erbringt nur einen geringeren erwarteten Rücktauscherlös von $(1/e^E)$$). Ist nun die erwartete Ertragsrate ausländischer Wertpapiere größer als die inländischer Wertpapiere, so werden Portfolioumschichtungen zugunsten ausländischer Finanztitel ausgelöst. Verkäufe inländischer Wertpapiere führen zu Zinssteigerungen am inländischen Kapitalmarkt. Käufe ausländischer Wertpapiere führen zur Aufwertung der Auslandswährung und zu Zinssenkungen am ausländischen Kapitalmarkt. Diese Substitutionsprozesse kommen erst dann in einem neuen Portfoliogleichgewicht zum Stillstand, wenn durch Zinsanpassungen und durch abnehmende Aufwertungserwartungen oder gar entstehende Abwertungserwartungen der Renditevorsprung ausländischer Wertpapiere beseitigt ist. Bei flexiblen Wechselkursen wird sich somit die Zinsparität in der Form

$$i = i^* + g_e^E = i^* + \frac{e^E - e}{e}$$

einstellen. Es wird dabei eine sofortige Anpassung der Finanzmärkte unterstellt, so daß das in der Renditeparität zum Ausdruck kommende Finanzmarktgleichgewicht in jedem Zeitpunkt erfüllt ist. Eine strenge Zinsparität $i=i^*$ ist damit in der Regel auch bei perfekter Kapitalmobilität nicht mehr gewährleistet. Wird z.B. bei einem internationalen Zinsniveau $i^*=5\%$ eine DM-Abwertung um $g_{e_{DM}^E}=-2\%$ p.a. erwartet, so wird der Umtausch von DM-Wertpapieren in Dollar-Finanztitel somit Zinssteigerungen auf $i=7\%$ hervorrufen. Die bei perfekter Kapitalmobilität sich einstellende Nominalzinsdifferenz gleicht somit immer erwartete Abwertungsverluste oder Aufwertungsgewinne aus.

Diese "ungedeckte Zinsparität" impliziert, daß die Kapitalanleger sich nicht durch ein Devisentermingeschäft (Koppelung der Auslandsanlage mit einem fristenkongruenten Terminverkauf der Auslandswährung zu dem im Anlagezeitpunkt geltenden Devisenterminkurs) gegen erwartete Wechselkursänderungen absichern, obwohl Devisenterminmärkte solche

Möglichkeiten anbieten. Ein solches – hier unterstelltes – Verhalten ist konsistent mit der angenommenen Risikoneutralität der Investoren.

1. Monetäre Zahlungsbilanztheorie

a. Geld- und Fiskalpolitik

Die Grundlagen der monetären Theorie der Zahlungsbilanzanalyse ergeben sich aus dem Ansatz, Zahlungsbilanzungleichgewichte auf Ungleichgewichte des Geldmarktes zurückzuführen. Das Geldmarktgleichgewicht ist durch die Übereinstimmung von Geldangebot (M) und nominaler Geldnachfrage (M^n=PL; L: geplante reale Kassenhaltung) bestimmt:

$$M = m_1 (WR + B_0^Z) = PL = M^n .$$

Wird der Geldbasismultiplikator m_1=1 gesetzt, so entspricht die Geldmenge der Summe von Währungsreserven (WR) und dem von der Zentralbank über Notenbankkredite und Offenmarktpolitik kontrollierten Basisgeldangebot (B_0^Z). Gleichgewicht des Geldmarktes bleibt erhalten, wenn die Änderung der Geldnachfrage mit der Veränderung des Geldangebots übereinstimmt:

$$\Delta M = \Delta WR + \Delta B_0^Z = \Delta M^n.$$

Da die Änderungen der Währungsreserven Zahlungsbilanzüberschüsse (ZB=ΔWR>0) oder Zahlungsbilanzdefizite (ZB=ΔWR<0) widerspiegeln, gilt auch

$$\Delta M = ZB + \Delta B_0^Z = \Delta M^n.$$

Wird diese Gleichung nach ZB aufgelöst, erhalten wir den monetären Ansatz der Zahlungsbilanzanalyse:

$$ZB = \Delta M^n - \Delta B_0^Z .$$

Ein Zahlungsbilanzüberschuß repräsentiert eine Situation, in der die inländischen Wirtschaftseinheiten ihre geplante Kassenhaltung stärker ausweiten wollen, als die Zentralbank das Geldangebot erhöht ($\Delta M^n > \Delta B_0^Z$). Demgegenüber entspricht ein Zahlungsbilanzdefizit einer Konstellation, in der die Geldschöpfung der Zentralbank das Wachstum der Geldnachfrage überschreitet ($\Delta B_0^Z > \Delta M^n$). Da in diesem Falle Kassenhaltungsüberschüsse im privaten Nicht-Banken-Sektor entstehen, reflektiert das Zahlungsbilanzdefizit die ungeplante überschüssige Kassenhaltung, die inländische Wirtschaftseinheiten durch Käufe ausländischer Güter und Wertpapiere auflösen wollen. Somit führt die Anpassung der tatsächlichen an die gewünschte Kassenhaltung zu Defiziten in der Leistungs- und Kapitalbilanz. Sie addieren sich zu einem Zahlungsbilanzdefizit, das dem monetären Ungleichgewicht entspricht. Wenn im anderen Falle die wachsende Geldnachfrage nicht durch eine entsprechende Geldangebotsexpansion monetär alimentiert wird, resultieren Zahlungsbilanzüberschüsse aus der Einschränkung der Nachfrage nach ausländischen Gütern und Wertpapieren, mit der die inländischen Wirtschaftseinheiten ihren Bedarf an zusätzlicher Kassenhaltung finanzieren wollen.

Außenwirtschaftliches Gleichgewicht kann somit auch bei festen Wechselkursen erhalten werden, wenn es der Zentralbank gelingt, das Geldangebotswachstum an das Wachstum der Geldnachfrage anzupassen. Zahlungsbilanzdefizite sind durch Einschränkung des Geldmengenwachstums, Zahlungsbilanzüberschüsse durch Verstärkung des Geldangebotswachstums abzubauen. Hierzu ist keine aktive Geldangebotssteuerung erforderlich, da nicht-sterilisierte Devisenmarktinterventionen solche Geldangebotseffekte automatisch nach sich ziehen. Wenn die Zentralbank bei defizitärer Zahlungsbilanz den Dollar-Wechselkurs am oberen Interventionspunkt durch Devisenverkäufe stabilisiert, dann geht das Geldangebot um den DM-Gegenwert der Devisenverkäufe zurück. Umgekehrt wächst das Geldangebot, wenn die Zentralbank bei überschüssiger Zahlungsbilanz den Dollar-Wechselkurs am unteren Interventionspunkt durch Devisenkäufe stützt.

Auf Grundlage dieses Ansatzes läßt sich eine monetäre Zahlungsbilanztheorie entwickeln, indem eine kleine offene Volkswirtschaft betrachtet wird, die vollständig in die Weltmärkte für Güter und Wertpapiere integriert ist, und die sich im Vollbeschäftigungsgleichgewicht befindet. Bei perfekter Kapitalmobilität ist dieses Land Preisnehmer im Weltkapitalmarkt:

$$i = i_0^* \ .$$

Ferner wird angenommen, daß alle Güter international gehandelt werden. Ihre (Dollar-) Preise bilden sich auf Weltmärkten. Dort treten die Wirtschaftseinheiten des kleinen Landes als Käufer (Importeure) oder Verkäufer (Exporteure) auf, ohne Einfluß auf die dort herrschenden Gleichgewichtspreise zu haben. Das Land ist also auch Preisnehmer auf den Weltmärkten seiner Export- und Importgüter, so daß die Inlandspreise unter Freihandelsbedingungen mit den Weltmarktpreisen in Inlandswährung übereinstimmen müssen:

$$P_{ex} = e_0 \, P^*_{ex\,0}$$

$$P_{im} = e_0 \, P^*_{im\,0} \, .$$

Das inländische Preisniveau beträgt dann

$$P = P_{ex}{}^{\alpha}\, P_{im}{}^{1-\alpha} = (e_0 P^*_{ex\,0})^{\alpha}\, (e_0 P^*_{imo})^{1-\alpha}$$

$$P = e_0 P^*_{exo}{}^{\alpha}\, P^*_{imo}{}^{1-\alpha},$$

wobei das Weltmarktpreisniveau $P^*_0 = P^*_{exo}{}^{\alpha}\, P^*_{imo}{}^{1-\alpha}$ beträgt, so daß gemäß

$$P = e_0 P^*_0$$

das inländische Preisniveau des kleinen Landes weltmarktdeterminiert ist (wenn alle Güter international handelbar sind). Bleibt das internationale Preisniveau stabil, so garantieren feste Wechselkurse unter diesen Bedingungen Preisniveaustabilität auch im Inland. Schließlich wird angenommen, daß das Vollbeschäftigungs-Gleichgewichtseinkommen konstant bleibt:

$$Y = Y_0^{VB}.$$

Unter diesen Bedingungen ist das Gleichgewicht des inländischen Geldmarktes bestimmt durch

$$M = WR + B_0^Z = PL(Y, i) = e_0 P^*_0\, L(Y_0^{VB}, i^*_0)$$

oder

$$WR = e_0 P^*_0\, L(Y_0^{VB}, i^*_0) - B_0^Z.$$

Wird in der Ausgangslage $e_0 = P^*_0 = 1$ gesetzt, so folgt hieraus mit

$$\Delta WR = ZB = \Delta L + L\Delta e_0 + L\Delta P^*_0 - \Delta B_0^Z$$

eine monetäre Zahlungsbilanztheorie, die Aussagen über die Auswirkungen stabilisierungspolitischer Impulse, wechselkurspolitischer Eingriffe und über die Transmission ausländischer Störungen liefert.

Expansive Geldpolitik des Inlandes ($\Delta B_0^Z > 0$) hat bei stabilem Auslandspreisniveau und fixiertem Wechselkurs ($\Delta e_0 = \Delta P^*_0 = 0$)) keinen Einfluß auf das inländische Zins- und Preisniveau. Da auch die Geldnachfrage konstant bleibt ($\Delta L = 0$), bewirkt die durch zusätzliches Zentralbankgeld im privaten Nicht-Banken-Sektor erhöhte Kassenhaltung ein Zahlungsbilanzdefizit im Umfang des expansiven Geldimpulses:

$$ZB = \Delta WR = -\Delta B_0^Z.$$

Damit kann die Geldpolitik der Zentralbank das Geldangebot nicht mehr steuern ($\Delta M = 0$), weil jede Veränderung der heimischen Geldbasiskomponente eine gegengerichtete, gleich große Veränderung der Währungsreserve bewirkt ($\Delta WR/\Delta B_0^Z=-1$). Ein expansiver Geldimpuls löst einen rasch nachfolgenden Prozeß der Geldmengenkontraktion aus, denn die induzierten Zahlungsbilanzdefizite zwingen die Zentralbank zu Devisenabgaben. Die durch den monetären Impuls geschaffene überschüssige Kassenhaltung wird wieder abgebaut und an die von den Wirtschaftseinheiten geplante Kassenhaltung angepaßt, so daß mit der Wiederherstellung des Geldmarktgleichgewichts auch das Zahlungsbilanzdefizit beseitigt wird. Eine einmalige Ausweitung der heimischen Geldbasiskomponente bewirkt also lediglich temporäre Zahlungsbilanzdefizite, kann aber das Geldangebot nicht vergrößern. Eine Vernichtung von Zentralbankgeld durch eine einmalige kontraktive geldpolitische Operation induziert transitorische Zahlungsbilanzüberschüsse, ohne daß das Geldangebot verringert werden kann. Anhaltende außenwirtschaftliche Ungleichgewichte sind nur möglich, wenn die Zentralbank in jeder Periode das im privaten Sektor herrschende Ungleichgewicht von tatsächlicher und gewünschter Kassenhaltung durch permanente Expansion oder Kontraktion der Geldbasis aufrechterhält.

Eine solche Konstellation kommt zustande, wenn die Fiskalpolitik dauerhafte Staatsbudgetdefizite erzeugt, und wenn die Zentralbank zur Geldschöpfungsfinanzierung dieses staatlichen Haushaltsdefizits herangezogen wird. Nicht nur in manchen Entwicklungsländern, auf die in der Regel die von der monetären Zahlungsbilanztheorie unterstellte Preisnehmerposition kleiner Länder zutrifft, ist diese Konsequenz fehlender Notenbankautonomie anzutreffen. Wird das Staatsbudget durch eine geldfinanzierte Staatsausgabenexpansion ($\Delta G_0=\Delta B_0^Z$) aus dem Gleichgewicht gebracht, so schlägt sich das Staatsbudgetdefizit in einem Zahlungsbilanzdefizit gleicher Größenordnung nieder ($ZB=\Delta WR=-\Delta B_0^Z=-\Delta G_0$) und wird somit letztlich aus den Währungsreserven finanziert. Da bei konstanten Preisen und Realeinkommen keine Steuermehreinnahmen erzielt werden, bleibt das staatliche Finanzierungsdefizit in Höhe von ΔG_0 bestehen, so daß in jeder Periode die Zentralbankkredite um $\Delta B_0^Z=\Delta G_0$ ausgeweitet und die Währungsreserven um $\Delta WR=-\Delta G_0$ vermindert werden. Dieser Prozeß führt zur Erschöpfung der Währungsreserven. Er stößt umso rascher auf diese Finanzierungsrestriktion, je kleiner der Bestand an Devisenreserven ist.

Der Übergang zu einer Finanzierung permanenter Staatsbudgetdefizite durch Emission von staatlichen Wertpapieren eröffnet keinen Ausweg. Zwar könnte das zusätzliche Wertpapierangebot am internationalen Kapitalmarkt ohne zinssteigernde Wirkungen untergebracht werden, da das kleine Land einer völlig zinselastischen ausländischen Wertpapiernachfrage gegenüber steht. Doch entsteht durch die staatliche Auslandsverschuldung eine zusätzliche Belastung des Staatsbudgets mit Zinsausgaben ($i_0^*\Delta B^a=i_0^*\Delta G_0$). Selbst wenn das Staatsbudgetdefizit durch Einsparung anderer Ausgaben konstant gehalten wird, wächst die Auslandsverschuldung in jeder Periode um den Betrag des Finanzierungsdefizits, und die ständig größer werdenden Zinsausgaben engen den staatlichen Ausgabenspielraum immer mehr ein. Sieht sich die Regierung angesichts wachsender Zinsbelastungen zu einer Einschränkung öffentlicher Konsum-, Investitions- oder Transferausgaben nicht imstande, so muß das öffentliche Haushaltsdefizit permanent wachsen. Damit wird auch das Wachstum der Auslandsverschuldung von Periode zu Periode verstärkt. Die Grenzen dieses Prozesses lassen sich hier nur andeuten, können doch die langfristigen Konsequenzen dieser Konstellation im Rahmen des monetären Zahlungsbilanzansatzes nicht analysiert werden. Die monetäre Zahlungsbilanztheorie, die ausschließlich auf monetäre Ursachen außenwirtschaftlicher Ungleichgewichte abstellt, weist nicht aus, daß die auf die staatlichen Auslandsschulden zu leistenden Zinszahlungen Defizite der Zahlungsbilanz bewirken, die fiskalisch verursacht sind. Permanente Staatsbudgetdefizite konstanter oder gar wachsender Größenordnung führen langfristig auch bei Verzicht auf Geldfinanzierung zur Erschöpfung der – in vielen international hoch verschuldeten Entwicklungsländern nur relativ geringen – Devisenreserven. Überschuldung, Probleme der Finanzierung des Schuldendienstes und Kreditrationierung sind mögliche Konsequenzen, die im Modell der monetären Zahlungsbilanztheorie nicht erfaßt werden können. Hingegen kann untersucht werden, ob unter den Bedingungen des monetären Ansatzes die Währungsabwertung einen Ausweg aus dem durch mangelnde fiskalpolitische Disziplin verursachten Dilemma öffnet.

b. *Wechselkurspolitik*

Die mit einer DM-Abwertung ($\Delta e_0 > 0$) verbundene Störung des Geldmarktgleichgewichts führt zu einem Zahlungsbilanzüberschuß, wenn die Zentralbank die heimische Geldbasiskomponente stabilisiert ($\Delta B_0^Z = 0$):

$$ZB = \Delta WR = L\Delta e_0 .$$

Die Abwertung führt zu steigenden Inlandspreisen der international handelbaren Güter und somit auch zu einem Anstieg des inländischen Preisniveaus um $\Delta P = \Delta e_0$ ($P_0^* = 1$). Infolge des steigenden Preisniveaus wächst die Geldnachfrage um $\Delta M^n = L\Delta e_0$. Der entstehende Überhang der geplanten über die tatsächliche Kassenhaltung veranlaßt die Wirtschaftseinheiten zu einer Einschränkung der Nachfrage nach Gütern (Entstehung eines Leistungsbilanzüberschusses) und nach Wertpapieren (Entstehung eines Kapitalbilanzüberschusses). Bei steigendem Preisniveau kommt es somit zu Zahlungsbilanzüberschüssen, weil die Geldnachfrage wächst, und weil die Notenbank keine expansive Geldpolitik zur monetären Alimentierung des höheren Kassenhaltungsbedarfs betreibt. Für eine monetäre Alimentierung sorgen deshalb Zahlungsbilanzüberschüsse, Devisenkäufe der Zentralbank zur Stabilisierung des veränderten Wechselkurses und hierdurch wachsende Währungsreserven, die das Geldangebot vergrößern.

Mit der Ausdehnung der außenwirtschaftlichen Komponente des Geldangebots wird das Gleichgewicht des Geldmarktes wieder hergestellt. Ist der Überhang der Geldnachfrage über das Geldangebot durch die größere Geldversorgung abgebaut worden, so hat sich auch der zur Drosselung der Güter- und Wertpapiernachfrage zwingende monetäre Druck aufgelöst. Der abwertungsinduzierte Zahlungsbilanzüberschuß ist vorübergehend und wird durch ein höheres inländisches Preisniveau erkauft. Eine Abwertung kann also die Leistungs- und Kapitalbilanz nur temporär verbessern, wird aber ein dauerhaft höheres Preisniveau bewirken. Der Grund für die transitorische Verbesserung der Zahlungsbilanz liegt in der abwertungsbedingten Kontraktion des realen Geldangebots ($M/P=M/e$), die bei konstanter realer Geldnachfrage ($\Delta L=0$, da $i= i_0^*$ und $Y=Y_0^{VB}$) ein temporäres Ungleichgewicht am Geldmarkt ($M/P<L$) hervorruft. Die hierdurch bewirkte Überschußposition der Zahlungsbilanz führt aber zur Ausweitung des nominalen und realen Geldangebots. Der Abbau des Geldnachfrageüberhangs durch wachsende Liquiditätsversorgung fördert wiederum eine steigende Güter- und Wertpapiernachfrage und baut so die Zahlungsbilanzüberschüsse ab. Da die reale Geldnachfrage bei gestiegenem Preisniveau wieder konstant bleibt, hat sich ein neues dauerhaftes Geldmarktgleichgewicht ($M/P=L$) etabliert. Die Zahlungsbilanzüberschüsse sind überwunden, wenn die Geldmenge proportional zu Wechselkurs und Preisniveau gestiegen ist ($g_M=g_P=g_e$). Diese Implikation des monetären Zahlungsbilanzansatzes deckt sich mit dem neoklassischen Ergebnis, daß Wechselkurspolitik die Zahlungsbilanz nicht nachhaltig beeinflussen kann, weil nominale Wechselkursänderungen keine realen Wechselkursänderungen und daher auch keine dauerhaften Veränderungen der internationalen Wettbewerbsposition bewirken können. Unter solchen Bedingungen eignet sich eine Abwertungsstrategie nur als Mittel zum Aufbau höherer Währungsreserven über transitorische Zahlungsbilanzüberschüsse. Dieser Erfolg kann jedoch nur auf Kosten eines gestiegenen Preisniveaus erzielt werden.

Andere Konsequenzen ergeben sich im Falle dauerhafter geldfinanzierter Staatsbudgetdefizite (SD), die durch eine größere Staatsnachfrage entstanden sind ($SD=\Delta G_0=\Delta B^Z>0$). Zahlungsbilanzdefizite und eine tendenzielle Aufzehrung der Währungsreserven könnten durch eine permanente Abwertungspolitik vermieden werden, die die Geldnachfrage im Gleichschritt mit dem Geldangebot wachsen läßt. Es folgt nämlich

$$ZB = \Delta M^n - \Delta B^Z = L\Delta e_0 - SD = 0,$$

wenn

$$\Delta e_0 = \frac{SD}{L}.$$

Die Zahlungsbilanz wird im Gleichgewicht gehalten, wenn in jeder Periode mit defizitärem Staatshaushalt eine Währungsabwertung vorgenommen wird. Wiederholte Abwertungen führen aber zu einer "Abwertungs-Preisniveau-Spirale". Da unter dieser Bedingung ($ZB=\Delta WR=0$) das Geldangebot im Umfang des Staatsbudgetdefizits wächst ($SD=\Delta B^Z=\Delta M$), muß die Abwertungsrate pro Periode mit der durch das Staatsbudget determinierten Geldmengenwachstumsrate übereinstimmen:

$$\frac{\Delta e_0}{e_0} = \frac{SD}{e_0 L} = \frac{SD}{M} = \frac{\Delta M}{M}.$$

Damit muß aber auch das inländische Preisniveau ($P=e_0 P_0^*$) proportional zur Geldmenge steigen:

$$\frac{\Delta P}{P} = \frac{\Delta e_0}{e_0} = \frac{\Delta M}{M}.$$

Permanente Defizite des Staatshaushaltes führen nunmehr zu offener Inflation. Die Inflationsrate entspricht dem Verhältnis von Staatsbudgetdefizit und Geldangebot. Der Ausbruch dieser fiskalpolitisch induzierten Inflation kann zwar durch Wechselkursfixierung verhindert werden. Jedoch muß die Strategie einer Preisniveaustabilisierung durch Wechselkursbindung an eine stabile Ankerwährung ($P=e_0 P_0^*=1$) bei fehlender fiskalpolitischer Disziplin an der Erschöpfung der Währungsreserven oder an der Eskalation der Auslandsverschuldung langfristig scheitern.

c. *Externe Störungen*

Eine monetäre Expansion im Ausland, die am Weltmarkt Preissteigerungen international gehandelter Güter bewirkt ($\Delta P_0^*>0$), hat im Inland die gleichen Auswirkungen wie eine Abwertung. Bei fixem Wechselkurs ($e_0=1$) und Stabilisierung des Geldangebots ($\Delta B_0^Z=0$) wird die ausländische Preisniveauerhöhung gemäß $P=e_0 P_0^*$ vollständig auf das Inland übertragen:

$$\Delta P = \Delta P_0^*,$$

und es entsteht gemäß der monetären Zahlungsbilanzgleichung

$$ZB = \Delta M^n - \Delta B_0^Z$$

ein Zahlungsbilanzüberschuß in Höhe von

$$ZB = \Delta WR = L\Delta P_0^*.$$

Der Zahlungsbilanzüberschuß muß der durch die Preisniveauerhöhung bewirkten Geldnachfrageexpansion entsprechen, weil der Geldnachfrageüberhang die Wirtschaftseinheiten veranlaßt, die Güternachfrage einzuschränken und die Wertpapiernachfrage zu drosseln. Da die reale Absorption inländischer Wirtschaftseinheiten unter das Vollbeschäftigungs-Sozialprodukt sinkt, entsteht ein Leistungsbilanzüberschuß (Y^{VB}–E=LB>0) in Höhe des Rückgangs der realen Absorption. Da die von inländischen Wirtschaftseinheiten geplante Bestandsnachfrage nach Wertpapieren (B^n) unter das konstante Bestandsangebot inländischer Wertpapiere (B_0^a) sinkt, entsteht ein Kapitalbilanzüberschuß in Höhe des Rückgangs der inländischen Wertpapiernachfrage (B_0^a–B^n=KB>0). Indem dieser Angebotsüberhang inländischer Wertpapiere am internationalen Kapitalmarkt durch eine beim herrschenden Weltmarktzins i_0^* völlig elastische Auslandsnachfrage aufgenommen wird, kommt es nämlich zu Kapitalimporten.

Wiederum bedingen die Leistungs- und Kapitalbilanzüberschüsse temporäre Überschüsse der Zahlungsbilanz, die den Prozeß der internationalen Transmission von Preisniveausteigerungen monetär alimentieren. Der Geldnachfrageüberhang wird durch das mit steigenden Währungsreserven wachsende Geldangebot abgebaut. Die abnehmende Geldknappheit regt eine erneute Ausweitung der vorübergehend eingeschränkten Güter- und Wertpapiernachfrage an, so daß die Zahlungsbilanzüberschüsse zurückgehen. Diese Anpassungsprozesse sind abgeschlossen, und ein neues monetäres Gleichgewicht mit ausgeglichender Zahlungsbilanz ist erreicht, wenn über die transitorischen Zahlungsbilanzüberschüsse gerade soviel zusätzliches Geld zugeflossen ist, wie zur Befriedigung der bei höheren Preisen größeren Geldnachfrage benötigt wird.

Die Geldmarktstörungen und die hierdurch ausgelösten Anpassungsprozesse wiederholen sich, wenn anhaltende Steigerungen der Weltmarktpreise vorliegen. Ein solcher langfristiger Trend eines steigenden Preisniveaus im Ausland führt zu permanenten Überschüssen der inländischen Zahlungsbilanz und zu einem gleichgerichteten Preisniveautrend im Inland.

Das Bestreben der Zentralbank, durch eine Stabilisierung der heimischen Geldbasiskomponente (ΔB_0^Z=0) die Übertragung der ausländischen Preissteigerungen zu verhindern, ist somit erfolglos geblieben. Verweigert sich die Notenbank einer Kreditexpansion, so kommt die monetäre Alimentierung der Preisansteckung, also das Geldmengenwachstum, über den Zufluß von Währungsreserven zustande. Weitet die Notenbank das Kreditvolumen aus, betreibt also aktiv die monetäre Alimentierung (ΔB_0^Z=LΔP_0^*), so werden temporäre Zahlungsbilanzüberschüsse verhindert, doch führt der Anpassungsprozeß zu den gleichen Ergebnissen. Der einzige Unterschied besteht darin, daß die vergeblich um Preisniveaustabilität bemühte Zentralbank durch einen härteren geldpolitischen Kurs einen höheren Bestand an Währungsreserven hat aufbauen können.

Die einzig wirksame Abschirmung gegen eine Preisansteckung aus dem Ausland bietet bei stabilitätsorientierter Geldpolitik (ΔB_0^Z=0) eine Aufwertung der inländischen Währung. Gilt im Ausgangspunkt $P_0^*=e_0=1$, so folgt aus der Gleichung des internationalen Preiszusammenhanges:

$$\Delta P = \Delta P_0^* + \Delta e_0 .$$

Folglich kann unter diesen Bedingungen das inländische Preisniveau stabil gehalten werden ($\Delta P=0$), wenn der Dollarkurs im gleichen Maße abgewertet wird wie das Preisniveau der Welthandelsgüter steigt:

$$\Delta e_0 = - \Delta P_0^* .$$

Allerdings muß dann auf einen stetigen Aufwärtstrend des ausländischen Preisniveaus auch mit einer permanenten DM-Aufwertung reagiert werden. Eine einmalige Paritätskorrektur reicht zur Abschirmung gegen ausländische Inflationsprozesse nicht aus.

2. Monetäre Wechselkurstheorien

a. *Vollständige Preisflexibilität*

Werden feste Wechselkurse durch flexible Wechselkurse abgelöst, so ergibt sich aus der monetären Theorie der Zahlungsbilanz ein monetärer Ansatz der Wechselkursbestimmung. Der auf vollkommenen Weltmärkten für international handelbare Güter geltende internationale Preiszusammenhang $P=eP^*$ impliziert, daß der gleichgewichtige Wechselkurs die Beziehung

$$e = \frac{P}{P^*}$$

erfüllen muß. Diese Relation, die auch als absolute Kaufkraftparität bezeichnet wird, gilt immer dann, wenn unter Freihandelsbedingungen in- und ausländische Güter als perfekte Substitute angesehen werden. Sie beschreibt in dieser Formulierung die klassische Kaufkraftparitätentheorie des Wechselkurses. In jedem Zeitpunkt bildet sich ein Gleichgewichtswechselkurs, bei dem die Kaufkraft einer inländischen und ausländischen Währungseinheit in beiden Ländern übereinstimmt. Hat z.B. ein repräsentativer Warenkorb im Inland einen Preis von P=400DM, während der gleiche Warenkorb im Ausland P*=200$ kostet, so wird ein Gleichgewichtskurs von e=2DM/$ dafür sorgen, daß mit 400DM oder 200$ in beiden Ländern die gleichen Mengen an Gütern gekauft werden können. Sind stattdessen die in beiden Ländern hergestellten Güter heterogen, und werden sie somit als imperfekte Substitute angesehen – wie in den neo-

Sind stattdessen die in beiden Ländern hergestellten Güter heterogen, und werden sie somit als imperfekte Substitute angesehen – wie in den neoklassischen Synthesemodellen unterstellt wird –, so gilt die Kaufkraftparitätentheorie nur in ihrer (in Kap. III.C.3. dargestellten) relativen Version. Im folgenden wird zur Vereinfachung der Darstellung die absolute Kaufkraftparitätentheorie zugrundegelegt. Die zu behandelnden Modelle können aber ohne weiteres auch an die (realistischeren) Bedingungen der relativen Kaufkraftparitätentheorie angepaßt werden. Ferner sind nun im In- und Ausland die Geldmarktgleichgewichtsbedingungen

$$\frac{M}{P} = \frac{WR_0 + B_0^Z}{P} = \frac{M_0}{P} = L(Y_0^{VB}, i)$$

$$\frac{M^*}{P^*} = \frac{WR_0^* + B_0^{*Z}}{P^*} = \frac{M_0^*}{P^*} = L^*(Y_0^{*VB}, i^*)$$

erfüllt, wobei die Zinssätze gemäß der ungedeckten Zinsparität

$$i = i^* + g_e^E = i^* + \frac{e^E - e}{e}$$

miteinander verknüpft sind. Im Gleichgewicht beider Geldmärkte müssen nun die Preisniveaus dem Verhältnis von (exogen steuerbarem) Geldangebot und (endogener) Geldnachfrage entsprechen:

$$P = \frac{M_0}{L(Y_0^{VB}, i)}$$

$$P^* = \frac{M_0^*}{L^*(Y_0^{*VB}, i^*)} \; .$$

Damit ergibt sich der Gleichgewichtswechselkurs als relativer Preis zweier Währungen aus Angebot und Nachfrage an den Geldmärkten beider Währungen:

$$e = \frac{M_0}{M_0^*} \frac{L^*(Y_0^{*VB}, i^*)}{L(Y_0^{VB}, i)}$$

Auf dieser Grundlage können die Auswirkungen monetärer Störungen inländischen (ΔM_0, ΔL) oder ausländischen Ursprungs (ΔM_0^*, ΔL^*) untersucht werden. Der mit Geldmarktgleichgewicht kompatible Wechselkurs ist umso höher, je größer das inländische Geldvolumen (M_0) und je niedriger die inländische Geldnachfrage (L) sind. Er ist umso niedriger, je größer das ausländische Geldvolumen (M_0^*) und je niedriger die ausländirung abgewertet. Steigt die Nachfrage nach inländischem Geld relativ zur Nachfrage nach ausländischem Geld (Abnahme von L*/L), so wird die inländische Währung aufgewertet.

Eine expansive Geldpolitik im Inland ($\Delta M_0 > 0$) bewirkt einen Angebotsüberhang am inländischen Geldmarkt, der eine größere Nachfrage nach international gehandelten Gütern und Wertpapieren auslöst. Weil das inländische Angebot an Gütern und Wertpapieren nicht erhöht wird, setzt sich der Geldangebotsüberhang wiederum vollständig in eine Verschlechterung der Leistungsbilanz (Devisennachfrage steigt, Devisenangebot sinkt) und der Kapitalbilanz (Devisennachfrage wird durch Kapitalexporte verstärkt) um. Leistungs- und Kapitalbilanzdefizite werden aber nun durch eine Aufwertung der Auslandswährung verhindert. Das inländische Preisniveau steigt proportional zum Wechselkurs, so daß der Geldangebotsüberhang durch eine Kontraktion des realen Geldangebots abgebaut wird. Damit wird auch die Ursache für die, gemessen am Inlandsangebot, überhöhte inländische Güter- und Wertpapiernachfrage beseitigt. Geldmarktgleichgewicht ist wieder hergestellt, wenn Wechselkurs und Preisniveau proportional zur vermehrten Menge inländischen Geldes gestiegen sind – ein aus dem neoklassischen Makromodell vertrautes Ergebnis. Ist dieser Anpassungsprozeß abgeschlossen, so hat sich das reale Geldangebot an die reale Geldnachfrage angepaßt und wieder auf den ursprünglichen Wert zurückgebildet. Die expansive Geldpolitik hat also keine Zinsänderung, sondern lediglich eine proportionale Anpassung von Wechselkurs und Preisniveau bewirkt.

Entsprechend wird eine expansive ausländische Geldpolitik ($\Delta M_0^* > 0$) bei konstant bleibendem Zinsniveau ($\Delta i^* = 0$) das ausländische Preisniveau in der gleichen Rate erhöhen und die ausländische Währung in der gleichen Rate abwerten, in der das Angebot an ausländischem Geld ausgeweitet wurde. Da die ausländische Währung in dem Maße abgewertet wird, in dem das Auslandspreisniveau steigt, bleibt das Inlandspreisniveau stabil. Das Inland wird vollständig gegen Prozesse internationaler Inflationsübertragung abgeschirmt. Auch dieses Ergebnis ist eine Implikation der Einbettung eines auf monetäre Beziehungen reduzierten wechselkurstheoretischen Ansatzes in das neoklassische Makromodell.

Aufgrund der Annahme immer geltender absoluter Kaufkraftparität und Zinsparität kann das neoklassische System im Falle einer kleinen, im Vollbeschäftigungsgleichgewicht befindlichen Volkswirtschaft auf zwei Grundgleichungen reduziert werden:

$$e = \frac{P}{P_0^*}$$

$$\frac{M_0}{P} = L\left(Y_0^{VB},\, i_0^* + \frac{e^E - e}{e}\right).$$

Dieses neoklassische Modell kann durch endogene Erklärung der Erwartungsbildung gelöst und in einfacher Weise graphisch dargestellt werden. Hierzu wird angenommen, daß die Wirtschaftssubjekte über die Werte der exogenen Variablen (M_0, Y_0^{VB}, P_0^*, i_0^*) informiert sind, und die Erwartungswerte der endogenen Variablen sodann auf Basis des monetären Wechselkursmodells ermittelt werden. Legt man diese als rationale Erwartungsbildung bezeichnete Hypothese zugrunde, so gilt:

$$e^E = \frac{P^E}{P_0^*}$$

$$P^E = \frac{M_0}{L(Y_0^{VB}, i_0^* + \frac{e^E - e}{e})} .$$

Die Bedingungen für absolute Kaufkraftparität und Geldmarktgleichgewicht können in einem Wechselkurs-Preisniveau-Diagramm erfaßt werden (Abb. 109a und 109b). Die KKP-Linie stellt alle Kombinationen von Wechselkurs und inländischem Preisniveau dar, die bei exogen gegebenem ausländischen Preisniveau die Kaufkraftparitätengleichung erfüllen. Wird das ausländische Preisniveau $P_0^*=1$ gesetzt, hat die KKP-Linie ein Steigungsmaß von Eins ($e/P=1$). Alle Kombinationen von Preisniveau und Wechselkurs, die bei einem bestimmten Erwartungswert des zukünftigen Wechselkurses ein Geldmarktgleichgewicht repräsentieren, werden durch die LM-Kurve beschrieben. Das Ausgangsgleichgewicht E_1 ist durch den Schnittpunkt von LM_1- und KKP-Linie bestimmt. Bei einem inländischen Preisniveau in Höhe von P_1 stimmt der herrschende Gleichgewichtswechselkurs mit dem erwarteten Wechselkurs überein ($e_1^E=e_1$). Damit läßt sich der Verlauf der LM-Kurve wie folgt begründen. Steigt das Preisniveau über P_1, so ist das reale Geldangebot kleiner geworden. Damit die geplante reale Kassenhaltung sinkt und so an das niedrigere reale Geldangebot angepaßt wird, müßte der Inlandszins steigen. Bei der geltenden Wechselkurserwartung (e_1^E) ist aber ein höheres inländisches Zinsniveau nur dann mit Zinsparität vereinbar, wenn der Dollarkurs so weit unter den erwarteten Wechselkurs absinkt, daß durch eine erwartete Dollar-Aufwertungsrate von $(e_1^E-e)/e=i-i_0^*$ wieder eine einheitliche Ertragsrate hergestellt ist. Die LM-Kurve muß sich nach oben verschieben, wenn das Geldangebot vergrößert wird, und wenn daher eine Zinssenkung erforderlich wird, um die reale Geldnachfrage an das vermehrte Geldangebot anzupassen. Die Erwartung eines höheren zukünftigen Dollar-Wechselkurses ($e^E>e_1$) verlagert die LM-Kurve ebenfalls auf ein höheres Niveau, da bei gegebenem Preisniveau und konstantem realen Geldangebot Gleichgewicht des Geldmarktes nur bei einem konstanten Zins ($i=i_0^*$) gewahrt bleibt; dies setzt aber wegen der Geltung der Zinsparität voraus, daß der Wechselkurs gerade in dem erwarteten Maße aufwertet ($\Delta e=\Delta e^E=e^E-e_1$).

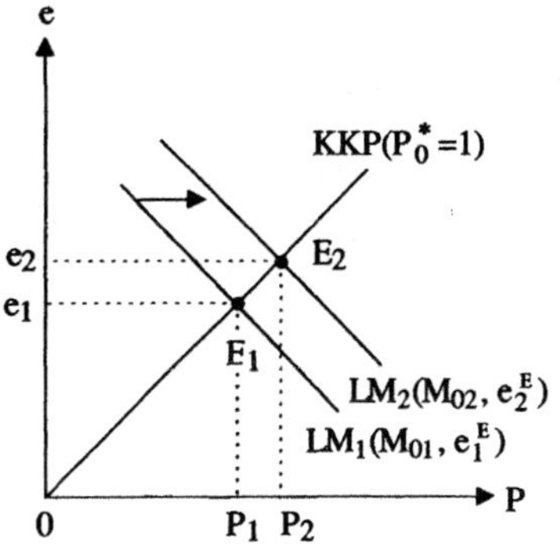

Abb. 109a

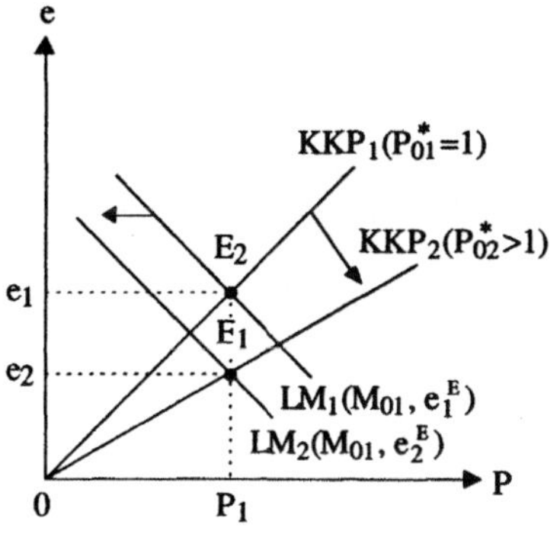

Abb. 109b

Wird durch expansive Geldpolitik das inländische Geldangebot um $\Delta M_0 = M_{02} - M_{01}$ ausgeweitet (Abb. 109a), so wird eine Dollar-Aufwertung auf $e_2^E = P_2^E = M_{02}/L$ erwartet. Die durch das Bekanntwerden des monetären Impulses ausgelöste Wechselkurserwartung $\Delta e^E = \Delta P^E = \Delta M_0/L$ stützt sich auf die Erwartung einer konstanten realen Geldnachfrage, die sich – wie die Lösung des Gleichgewichtssystems ($e_2^E = e_2$, $P_2^E = P_2$) belegt – als korrekt erweist. Somit verschiebt sich die LM-Kurve aus der Position $LM_1(M_{01}, e_1^E)$ nach oben in die Position $LM_2(M_{02}, e_2^E)$. Es ergibt sich ein neues Gleichgewicht E_2 im Schnittpunkt von LM_2-Kurve und KKP-Linie. Preisniveau und Wechselkurs sind proportional zur Geldmenge auf P_2 und e_2 gestiegen. Realer Wechselkurs und reales Geldangebot, mithin auch die reale Geldnachfrage, sind konstant geblieben. Wie auch aus dem Gleichungssystem ablesbar, steigt der Dollar-Wechselkurs um $\Delta e = \Delta P = \Delta M_0/L$, was bei rationaler Erwartungsbildung $\Delta e^E = \Delta P^E = \Delta M_0/L$ auch korrekt antizipiert wird ($\Delta e^E = \Delta e$, $\Delta P^E = \Delta P$).

Wird durch expansive Geldpolitik im Ausland das ausländische Preisniveau (proportional zum ausländischen Geldangebot) auf P_{02}^* erhöht (Abb. 109b), so dreht sich die KKP-Linie im Uhrzeigersinn, weil bei gegebenem Inlandspreisniveau der Dollarkurs in der Rate $P_{01}^* - P_{02}^* < 0$ abwerten muß, um die absolute Kaufkraftparität zu bewahren. Da dies auch erwartet wird, muß sich die LM-Kurve nach unten in die Position $LM_2(M_0, e_2^E)$ verschieben, wenn die um Preisniveaustabilität bemühte inländische Zentralbank das Geldangebot bei M_{01} konstant hält. Aus dem Schnittpunkt von LM_2- und KKP_2-Linie ergibt sich als neue Gleichgewichtsposition E_2. Bei stabilem inländischen Preisniveau (P_1) ist der Wechselkurs auf e_2 gesunken, wobei $e_2 - e_1 = -P_1 \Delta P_0^* = e_2^E - e_1^E$. Die Verschiebung der gesamtwirtschaftlichen Gleichgewichtsposition von E_1 nach E_2 zeigt, daß die Wechselkursanpassung das Inlandspreisniveau gegen die Übertragung ausländischer Preissteigerungen abschirmt.

b. *Imperfekte Preisflexibilität*

ba. Kurz- und langfristiges Gleichgewicht im DORNBUSCH-Modell

Eine wegweisende Neuorientierung monetärer Makromodelle offener Volkswirtschaften mit flexiblen Wechselkursen ergab sich aus der Modifikation des monetären wechselkurstheoretischen Ansatzes durch die Hypothese unterschiedlicher Anpassungsgeschwindigkeiten von Finanz- und Gütermärkten. Da diese Erweiterung vor allem den Mitte der 70er Jahre erschienenen Beiträgen von DORNBUSCH zu verdanken ist, wird die nun darzustellende monetäre Wechselkurstheorie auch als DORNBUSCH-Modell bezeichnet.

Ebenso wie die noch zu diskutierenden portfoliotheoretischen Ansätze, stützt sich dieser geldmarkttheoretische DORNBUSCH-Ansatz auf die Theorie des monetären Transmissionsmechanismus, nach der die Finanzmärkte relativ rasch und die Gütermärkte relativ langsam auf exogene Schocks reagieren. Dieser empirische Sachverhalt wird nun in der Annahme zum Ausdruck gebracht, daß monetäre Störungen von den finanziellen Märkten sofort absorbiert werden, während die Anpassungsprozesse der realwirtschaftlichen Märkte (Güter- und Arbeitsmarkt) erst mit zeitlicher Verzögerung anlaufen, und ein neues güterwirtschaftliches Gleichgewicht mit markträumenden Preisen nur allmählich zustande kommt. Die Anpassung der Finanzmärkte an ein neues Gleichgewicht stellt sich ohne Verzögerung ein, so daß in jeder Periode Finanzmarktgleichgewicht mit Zinsparität besteht. Die Anpassung des Gütermarktes an ein neues Gleichgewicht mit Kaufkraftparität vollzieht sich relativ langsam, so daß in jeder Periode des laufenden Anpassungsprozesses Gütermarkt-Ungleichgewichte mit Abweichungen des Wechselkurses von der Kaufkraftparität vorliegen. Die Annahme perfekter Preisflexibilität gilt mithin nur noch für die Märkte des finanziellen Sektors, während Anpassungsträgheiten der Märkte des realwirtschaftlichen Bereichs durch kurzfristige Preisstarrheiten bedingt sind.

Auf dieser Grundlage muß ein langfristiges und ein kurzfristiges Gleichgewicht unterschieden werden. Ein langfristiges Gleichgewicht ist erreicht, wenn exogene Schocks vollständig absorbiert und Gleichgewichtspreise an allen Märkten hergestellt worden sind. Die von den Wirtschaftseinheiten erwarteten Werte der endogenen Variablen (e^E, P^E) stimmen mit den langfristigen Gleichgewichtswerten (e_l, P_l) überein, so daß unter den Bedingungen der monetären Wechselkurstheorie im langfristigen Gleichgewicht gilt:

$$e_l = \frac{P_l}{P_0^*} = e_l^E$$

$$\frac{M_0}{P_l} = L(Y_0^{VB},\ i_0^*).$$

Für monetäre Störungen inländischen oder ausländischen Ursprungs ($\Delta M_0>0$, $\Delta P_0^*>0$) liefert dieses System selbstverständlich die gleiche Lösung wie der zuvor dargestellte Wechselkursansatz mit vollständiger Preisflexibilität: Wechselkurs und Inlandspreisniveau steigen proportional zu M_0, oder der Wechselkurs verhält sich bei konstant bleibendem Inlandspreisniveau reziprok proportional zum Auslandspreisniveau. Im Unterschied zu dem idealisierten Fall perfekter Preisflexibilität stellt sich dieses Ergebnis jedoch erst nach Abschluß relativ langsam laufender Anpassungsprozesse ein, und den Wirtschaftssubjekten, die Erwartungen bilden, ist dies auch bewußt.

Das kurzfristige Gleichgewicht ist erreicht, wenn der exogene Schock von den Finanzmärkten absorbiert worden ist. Im Gleichgewicht der Finanzmärkte, das sich annahmegemäß in jeder Periode verzögerungsfrei einpendelt, sind die kurzfristigen Gleichgewichtswerte von Inlandszins und Wechselkurs (i_k, e_k) determiniert:

$$\frac{M_0}{P_k} = L(Y_0^{VB}, i_k)$$

$$i_k = i_0^* + \frac{e^E - e_k}{e_k},$$

oder:

$$e_k = \frac{e^E}{i_k - i_0^* + 1}.$$

Da die kurzfristigen Werte des Wechselkurses (e_k) und des inländischen Preisniveaus (P_k) noch von den langfristigen Gleichgewichtswerten (e_l, P_l) abweichen, kommen in der Folgeperiode tatsächliche und erwartete Preis- und Wechselkursänderungen zustande, so daß die kurzfristigen Gleichgewichtspositionen temporär sind. In diesen kurzfristigen, temporären Finanzmarktgleichgewichten wird also auch der reale Wechselkurs ($e_k P_0^*/P_k$) von seinem langfristigen Gleichgewichtswert ($e_l P_0^*/P_l=1$) abweichen. Weil die Güternachfrage (Y^n) erst im langfristigen Gleichgewicht wieder mit dem konstanten Güterangebot bei Vollbeschäftigung (Y_0^{VB}) übereinstimmt, ist das kurzfristige Gleichgewicht der Finanzmärkte wegen der Geltung der Nachfragefunktion

$$Y^n = Y^n\left(\frac{eP_0^*}{P}\right)$$

mit einem Nachfrageüberhang am Gütermarkt ($Y^n>Y_0^{VB}$) verknüpft, wenn der reale Dollar-Wechselkurs über dem langfristigen Gleichgewichtswert liegt ($e_k P_0^*/P_k > e_l P_0^*/P_l$), bzw. wenn der nominale Dollar-Wechselkurs re lativ überbewertet ist. Die relative Anpassungsträgheit der realwirtschaftlichen Märkte läßt sich dann mit einer Preisanpassungsfunktion spezifizieren:

$$\frac{dP_k}{dt} = \pi\,(Y^n_{k-1} - Y_0^{VB}) .$$

Die Güterpreise reagieren demnach zwar mit einem Faktor π auf Marktungleichgewichte ($dP/dt>0$, wenn $Y^n > Y_0^{VB}$; $dP/dt<0$, wenn $Y^n < Y_0^{VB}$), doch ist diese Reaktion zeitlich verzögert und auch nicht stark genug, um Ungleichgewichte ($Y^n - Y^{VB} \gtrless 0$) in der Folgeperiode vollständig auszuräumen ($0<\pi<\infty$). Der im Faktor π quantifizierbare Grad an Preisflexibilität ist umso geringer, je näher dieser Faktor bei Null liegt. Da

$$Y^n_k = Y^n\left(\frac{e_k P_0^*}{P_k}\right)$$

und

$$P_k = P_{k-1} + \frac{dP_k}{dt} = P_{k-1} + \pi\left(Y^n\left(\frac{e_{k-1}P_0^*}{P_{k-1}}\right) - Y_0^{VB}\right)$$

ist das kurzfristige Preisniveau einer Periode k (P_k) durch das Preisniveau und die reale Wechselkursabweichung ($e_{k-1}P_0^*/P_{k-1} - e_l P_0^*/P_l$) der Vorperiode prädeterminiert. Damit können die kurzfristigen Gleichgewichtswerte der Finanzmarktvariablen (i_k, e_k) ermittelt werden, wenn die in dieser Periode herrschende kurzfristige Wechselkurserwartung (e_k^E: der in Periode k für die Folgeperiode k+1 erwartete Wechselkurs) bekannt ist.

bb. Wechselkurserwartungen

Prognosen über die zukünftigen Ausprägungen ökonomischer Variablen werden in unterschiedlicher Weise erstellt. Ex-post-Analysen können die in statistischen Beobachtungswerten abgelaufener Perioden enthaltenen Informationen systematisch auswerten (z.B. Trendextrapolationen, Berechnung von Umkehrpunkten). Ex-ante-Analysen können die Wirkungen gegenwärtig beobachtbarer exogener Datenänderungen auf Grundlage ökonometrischer Modelle quantitativ abschätzen. Entsprechend lassen sich die Erwartungsbildungshypothesen rationaler und adaptiver Wechselkurserwartungen unterscheiden.

Rationale Wechselkurserwartungen wurden schon in den monetären Wechselkursansätzen mit perfekter Preisflexibilität unterstellt. Allgemein betrachtet, basiert rationale Erwartungsbildung auf Prognosen über die Zukunftswerte ökonomischer Variablen, die aus einem modelltheoretischen Verständnis der Verursachungsprozesse dieser Größen resultieren. Dies darf nicht mit perfekter Voraussicht gleichgesetzt werden, da nicht alle relevanten exogenen Datenänderungen korrekt antizipiert werden können. Nur für die korrekt antizipierten exogenen Schocks stimmt die durch das Modell erklärte tatsächliche mit der erwarteten Entwicklung endogener Variablen überein. Rationale Wechselkurserwartungen, die meist in Modelle der monetären Wechselkurstheorie integriert werden, stützen sich auf die (absolute oder relative) Kaufkraftparitätentheorie des Wechselkurses. In das monetäre Wechselkursmodell perfekter Preisflexibilität ließ sich diese Erwartungsbildungshypothese relativ einfach integrieren, weil eine sofortige Anpassung des Wechselkurses an die Kaufkraftparität unterstellt wurde.

Im DORNBUSCH-Modell mit imperfekter Preisflexibilität treten während des Anpassungsprozesses zwischen den langfristigen Gleichgewichtszuständen jedoch Abweichungen von der Kaufkraftparität auf. Diese modelltheoretischen Informationen werden von den Wirtschaftsubjekten bei der Bildung von Wechselkurserwartungen berücksichtigt. Die damit im Vergleich zu den zuvor behandelten einfachen Ansätzen der monetären Wechselkurstheorie komplexere Struktur rationaler Erwartungsbildung läßt sich mit folgender Hypothese spezifizieren:

$$g_{e_k^E} = \frac{e_k^E - e_k}{e_k} = \theta\,(e_l^E - e_k)\,.$$

Liegt der kurzfristige Gleichgewichtskurs über dem langfristigen Erwartungswert, wird eine Abwertung erwartet. Dabei läßt sich der Erwartungswert des langfristigen Gleichgewichtswechselkurses (e_l^E) bei vollständiger Information über die Geldpolitik (M_0) als Lösung des langfristigen Gleichgewichtssystems ermitteln; der erwartete langfristige Wechselkurs ist jener Devisenpreis, der Kaufkraftparität herstellt. Die (in der Periode k) kurzfristig erwartete Wechselkursänderung – und damit auch der in Periode k für die Folgeperiode k+1 erwartete Dollarkurs (e_k^E) – wird ermittelt aus der beobachteten Abweichung des aktuellen Wechselkurses (e_k) vom erwarteten langfristigen Gleichgewichtswert (e_l^E) und aus der erwarteten Anpassungsgeschwindigkeit (θ), mit der diese Diskrepanz abgebaut wird. Es werden also nicht nur Informationen über Veränderungen wechselkurswirksamer Politikparameter und über ihre langfristigen Wechselkurswirkungen (die in e_l^E einfließen), sondern auch die Kenntnisse über die relevanten Strukturparameter und Anpassungs-Lags (die in θ einfliessen) systematisch ausgewertet. Um die Darstellung des Modells möglichst einfach zu halten, wird unterstellt, daß die erwartete Anpassungsgeschwindigkeit θ ein konstanter Faktor sei. Das mit dieser Annahme verbundene Opfer an Exaktheit besteht in dem unterdrückten Sachverhalt, daß θ ebenfalls eine modellendogene Erwartungsgröße ist, die bei vollständiger Antizipation die Zeitpfade der tatsächlichen und erwarteten Gleichgewichtskurse in Übereinstimmung bringt.

Da die Bildung rationaler Wechselkurserwartungen hohe Anforderungen an die Informationsbeschaffung und -auswertung stellt (Kenntnis des wechselkursrelevanten exogenen Schocks, der Strukturparameter und der

Lag-Struktur des Modells), ist ein Rückgriff auf adaptive Muster der Erwartungsbildung – die in der Praxis bei sogenannten Chart-Analysen oder technischen Kursanalysen angewendet werden – nicht auszuschließen. Allgemein betrachtet, basiert adaptive Erwartungsbildung auf Prognosen über die zukünftige Entwicklung ökonomischer Variablen, die aus einer systematischen Auswertung von Beobachtungen der vergangenen Entwicklung dieser Größen resultieren. Adaptive Wechselkurserwartungen ziehen also aus einer Zeitreihenanalyse prognostische Schlüsse, ohne daß dabei mögliche Kausalitäten geprüft werden. Diese Form der Bildung von Wechselkurserwartungen läßt sich mit der Hypothese eines "Prognosefehler-Lernprozesses" spezifizieren:

$$e_k^E = e_{k-1}^E + \lambda(e_k^E - e_{k-1}^E) = \lambda e_k + (1-\lambda)e_{k-1}^E.$$

Gemäß dieser Hypothese wird bei kurzfristigen Wechselkursprognosen der für die aktuellen Periode prognostizierte Wert (e_{k-1}^E) um einen Faktor $\lambda>0$ nach oben oder nach unten korrigiert, wenn er zu niedrig ($e_k>e_{k-1}^E$) oder zu hoch ($e_k<e_{k-1}^E$) geschätzt worden ist. Hat sich die für die Periode k erstellte Prognose als richtig erwiesen ($e_k=e_{k-1}^E$), so wird der gleiche Wechselkurs auch für die Periode k+1 erwartet. Hat sich dagegen in der Periode k eine nicht-antizipierte Dollar-Aufwertung ($\Delta e_k=e_k-e_{k-1}^E>0$) entwickelt, so spezifiziert der Faktor λ die vorherrschende kurzfristige Trenderwartung. Gilt $\lambda=1$, so wird erwartet, daß der höhere Wechselkurs auch in der Folgeperiode bestehen bleibt ($e_k^E=e_k$: statische Wechselkurserwartungen). Gilt $\lambda>1$, so wird die kurzfristige Fortsetzung der Aufwertungstendenz erwartet ($e_k^E>e_k$: elastische Wechselkurserwartungen). Gilt $\lambda<1$, so wird die Umkehrung der Wechselkurstendenz erwartet; die Dollar-Aufwertung wird teilweise oder vollständig ($\lambda=0$) als transitorisch eingeschätzt ($e_{k-1}^E\leq e_k^E<e_k$: unelastische Wechselkurserwartungen). Anders ausgedrückt: Im Falle elastischer Wechselkurserwartungen ($\lambda>1$) erzeugt eine aktuelle Dollar-Aufwertung kurzfristige Aufwertungserwartungen, während die gleiche Entwicklung im Falle unelastischer Wechselkurserwartungen ($\lambda<1$) kurzfristige Abwertungserwartungen induziert. Lediglich im Falle statischer Wechselkurserwartungen ($\lambda=1$) lösen gegenwärtige Wechselkursbewegungen keine kurzfristig erwarteten Wechselkursänderungen aus.

Auch wenn in den monetären Ansätzen der Wechselkurstheorie rationale Erwartungen im Vordergrund stehen und adaptive Erwartungshypothesen häufig abgelehnt werden, ist der zweite Ansatz zur Endogenisierung der Wechselkurserwartungen keineswegs unrealistisch, wenn man sich die in Geschäftsbanken verwendeten Prognosetechniken vor Augen führt. Im folgenden Kapitel soll daher die graphische Darstellung des DORNBUSCH-Modells genutzt werden, um die Auswirkungen geldpolitischer Impulse auf Zins, Wechselkurs und Preisniveau bei rationalen oder adaptiven Wechselkurserwartungen zu untersuchen.

bc. Geldpolitik bei rationalen Wechselkurserwartungen

In der Basisperiode 1 bestehe ein langfristiges Gleichgewicht mit $P=P_l$, $e_1=P_l/P_0^*=e_1^E$ und $i_1=i_0^*$. Dieses Gleichgewicht werde in der Periode 2 durch einen expansiven monetären Impuls ($M_{02}-M_{01}=\Delta M_0>0$) gestört. Die Anpassung des finanziellen Sektors und, mit zeitlicher Verzögerung, des realwirtschaftlichen Sektors an den inländischen Geldimpuls, der sogenannte monetäre Transmissionsmechanismus, läßt sich in drei Phasen untergliedern:

(I) Sofortige Anpassung (k=2): Die durch den monetären Impuls auf die Finanzmärkte einwirkende Störung wird durch Zins- und Wechselkursanpassungen absorbiert. Sie stellen das Gleichgewicht der Finanzmärkte, also Geldmarktgleichgewicht bei Zinsparität, wieder her, bevor Reaktionen am Güter- und Arbeitsmarkt ausgelöst werden. Die als Ergebnis der sofortigen Anpassung resultierenden kurzfristigen Gleichgewichtswerte von Zins und Wechselkurs können aus folgendem Gleichungssystem abgeleitet werden:

$$\frac{M_{02}}{P_1} = L(Y_0^{VB}, i_2)$$

$$i_2 = i_0^* + \frac{e_2^E - e_2}{e_2} = i_0^* + g_{e_2^E}$$

$$g_{e_2^E} = \theta(e_l^E - e_2)\text{ , wobei}$$

$$e_l^E = \frac{M_{02}}{P_0^*\, L(Y_0^{VB}, i_0^*)}$$

(II) Kurz- und mittelfristige Anpassung (k=3...l-1): Die Anpassungsprozesse auf den Finanzmärkten bewirken im realwirtschaftlichen Sektor Leistungsbilanzungleichgewichte und Änderungen der Güternachfrage, die Preis- und Lohnänderungen hervorrufen. Hierdurch werden Rückwirkungen auf die Finanzmärkte ausgelöst, auf die diese wiederum sofort reagieren. Diese Phase des monetären Transmissionsmechanismus wird somit durch eine Interaktion von finanziellen und realwirtschaftlichen Märkten bestimmt, da Anpassungsprozesse auf Gütermärkten sofort auf die Finanzmärkte wirken, und deren Reaktionen wiederum zeitlich verzögert den Güter- und Arbeitsmarkt beeinflussen.

Die als Ergebnis dieser Interaktion resultierenden kurzfristigen Gleichgewichtswerte von Zins und Wechselkurs können für Periode k=3 aus folgenden Gleichungen abgeleitet werden:

$$\frac{dP_3}{dt} = \pi\,(Y_2^n - Y_0^{VB})$$

$$Y_2^n = Y^n\left(\frac{e_2P_0^*}{P_2}\right) = Y^n\left(\frac{e_2P_0^*}{P_1}\right)$$

$$P_3 = P_2 + \frac{dP_3}{dt} = P_1 + \frac{dP_3}{dt}$$

$$\frac{M_{02}}{P_3} = L(Y_0^{VB}, i_3)$$

$$i_3 = i_0^* + g_{e_3^E} = i_0^* + \theta(e_l^E - e_3).$$

Analog läßt sich die Entwicklung von Preisniveau, Zins und Wechselkurs in den folgenden Perioden dieser Transmissionsphase ermitteln.

(III) Langfristige Anpassung (*l*): Da der Überhang der Güternachfrage über das gesamtwirtschaftliche Produktionspotential durch die Preissteigerungen und die reale Aufwertung der Inlandswährung abgebaut wird, nehmen die Preissteigerungsraten von Periode zu Periode ab und konvergieren gegen Null. Der Anpassungsprozeß ist beendet, wenn sich das Preisniveau auf einem proportional zur Geldangebotsausweitung erhöhten Wert stabilisiert hat und die Güternachfrage wieder mit dem Produktionspotential übereinstimmt ($Y_l^n = Y_0^{VB}$). In diesem langfristigen Endgleichgewicht gelten somit folgende Beziehungen:

$$\frac{dP_l}{dt} - 0$$

$$P_l = \frac{M_{02}}{L(Y_0^{VB}, i_0^*)}$$

$$e_l = \frac{M_{02}}{P_0^*\,L(Y_0^{VB}, i_0^*)} = e_l^E$$

$$g_{e_l^E} = 0$$

$$i_l = i_0^*$$

Der durch eine monetäre Störung hervorgerufene Anpassungsprozeß, der von einem langfristigen Anfangsgleichgewicht (E_1) über eine Abfolge

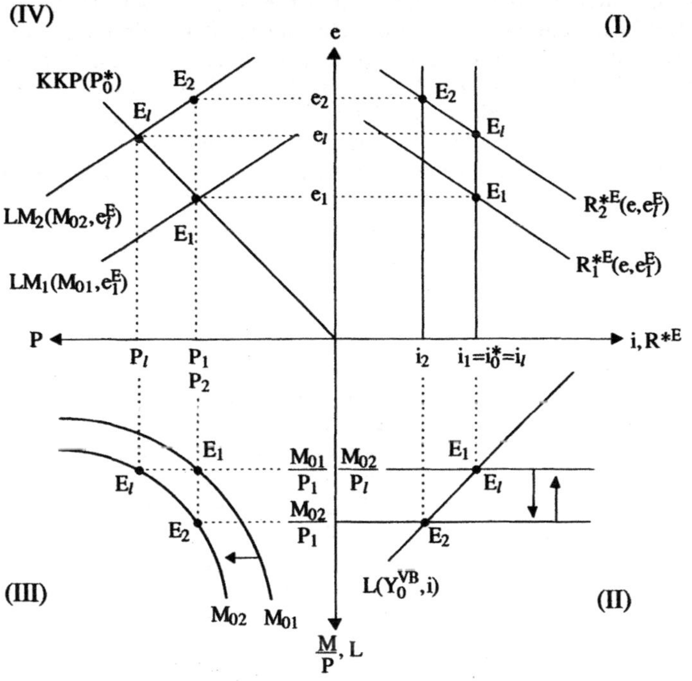

Abb. 110

kurzfristiger Gleichgewichte (E_k; k=2, 3...l–1) zu einem neuen langfristigen Endgleichgewicht (E_l) führt, kann in einem Vier-Quadranten-System dargestellt werden (Abb. 110). Im I. Quadranten wird das in der Zinsparität zum Ausdruck kommende Devisenmarktgleichgewicht erfaßt. Devisenmarktgleichgewicht besteht, wenn die erwarteten Ertragsraten von DM- und Dollar-Finanzaktiva übereinstimmen. Der Wechselkurs springt in jeder Periode sofort auf den Gleichgewichtswert, der bei den herrschenden Erwartungen beide Ertragsraten angleicht. Dieses Gleichgewicht kann graphisch abgeleitet werden, indem die erwartete DM-Verzinsung einer Dollar-Finanzanlage ($R^{*E}=i_0^*+(e^E-e)/e$) für gegebene Werte von e^E und i_0^* als Funktion des aktuellen Dollar-Wechselkurses erfaßt wird. Diese erwartete Ertragsrate ist umso niedriger, je höher der Dollar-Wechselkurs ist. Die Renditekurve $R^{*E}(e)$ muß also im I. Quadranten von links oben nach rechts unten verlaufen; sie verschiebt sich nach rechts, wenn der erwartete Wechselkurs (e^E), oder wenn der Auslandszins (i_0^*) steigt.

Bei dem im langfristigen Anfangsgleichgewicht geltenden Inlandszins (i_1) ist also der Wechselkurs ($e_1=e_1^E$) durch den Gleichgewichtspunkt E_1 auf der Renditekurve $R_1^{*E}(e, e_1^E)$ determiniert, in dem $i_1=R_1^{*E}$ erfüllt ist. Die

Höhe des inländischen Gleichgewichtszinses läßt sich aus der Bedingung für Geldmarktgleichgewicht ermitteln, die im II. Quadranten durch den Schnittpunkt von Geldangebotslinie (M_0/P) und Geldnachfragekurve $L(Y_0^{VB}, i)$ bestimmt ist. Im Anfangsgleichgewicht des Geldmarktes (E_1) gilt daher der Inlandszins $i_1=i_0^*$, der die Geldnachfrage auf das Geldangebot (M_{01}/P_1) abstimmt. Im III. Quadranten läßt sich für jedes Preisniveau die Höhe des realen Geldangebots über eine gleichseitige Hyperbel herleiten, die alle dem gegebenen nominalen Geldangebot entsprechenden Kombinationen von Preisniveau und realem Geldangebot erfaßt. Im IV. Quadranten schließlich werden mit der KKP-Linie alle einem langfristigen Gleichgewicht zugeordneten Kombinationen von Wechselkurs und Inlandspreisniveau erfaßt, die bei gegebenem Auslandspreisniveau (P_0^*) Gütermarktgleichgewicht gewährleisten. Alle Kombinationen von Wechselkurs und Preisniveau, die zu Geldmarktgleichgewicht führen, liegen auf der – bereits erläuterten – LM_1-Kurve. Das Anfangsgleichgewicht (P_1, e_1) muß somit im Schnittpunkt (E_1) auf KKP(P_0^*) liegen. Alle Punkte oberhalb der KKP-Linie repräsentieren einen Güternachfrageüberhang ($Y^n > Y_0^{VB}$), weil der reale Dollar-Wechselkurs überhöht bzw. der nominale DM-Wechselkurs – gemessen am langfristigen Gleichgewicht – unterbewertet ist. Kurzfristige Preisniveau-Wechselkurs-Konstellationen auf einer LM-Kurve, die unterhalb bzw. oberhalb der KKP-Linie liegen, lösen also mit zeitlicher Verzögerung einen Preissenkungs- bzw. Preissteigerungsdruck aus, der das System entlang der LM-Kurve auf einen langfristigen Gleichgewichtspunkt konvergieren läßt.

Die Zunahme der Geldmenge (Verschiebung der nominalen Geldangebotskurve in die Position M_{02}) läßt das reale Geldangebot auf M_{02}/P_1 wachsen. Der neue kurzfristige Gleichgewichtszins (i_2) ist dann im II. Quadranten durch den Geldmarkt-Gleichgewichtspunkt (E_2) bestimmt. Weil ein proportional zum nominalen Geldangebot erhöhter langfristiger Wechselkurs ($e_l^E/e_1^E=M_{02}/M_{01}$) erwartet wird, verschiebt sich die Renditekurve $R^{*E}(e, e^E)$ um die langfristig erwartete Dollar-Aufwertung nach oben. Somit läßt sich dem gesunkenen Inlandszins (i_2) im I. Quadranten ein höherer kurzfristiger Wechselkurs (e_2) zuordnen, der durch den Finanzmarkt-Gleichgewichtspunkt (E_2) auf der Renditekurve $R_2^{*E}(e, e_l^E)$ bestimmt ist. Der hierzu korrespondierende Gleichgewichtspunkt im Wechselkurs-Preisniveau-Diagramm des IV. Quadranten muß auf der nach oben in die Position $LM_2(M_{02}, e_l^E)$ verschobenen monetären Gleichgewichtskurve und oberhalb der KKP-Linie liegen. Es baut sich somit in der Periode 2 ein Güternachfrageüberhang auf ($Y_2^n > Y_0^{VB}$), der aber noch nicht zu Preissteigerungen führt ($P_2=P_1$).

Diese Preisträgheit ist bei rationalen Wechselkurserwartungen als Ursache überschießender Wechselkursreaktionen anzusehen. Unter dem Überschießen des Wechselkurses (*overshooting*) verstehen wir den Tatbestand, daß der Wechselkurs kurzfristig stärker reagiert als langfristig. Das Ausmaß des Überschießens läßt sich aus der Abweichung der kurzfristigen Gleichgewichtswechselkurse vom langfristigen Gleichgewichtswert, also aus dem Vergleich der kurzfristigen (E_2) und der langfristigen Gleichgewichtsposition (E_l), herleiten. Das langfristige Gleichgewicht ist erreicht, wenn das Preisniveau proportional zur Geldmenge gestiegen und das reale Geldangebot auf den ursprünglichen Gleichgewichtswert zurückgekehrt ist ($M_{02}/P_l=M_{01}/P_1$). Damit hat sich auch das inländische Zinsniveau wieder an den internationalen Kapitalmarktzins angepaßt ($i_l=i_0^*=i_1$), so daß sich ein Gleichgewichtswechselkurs (e_l) gemäß Punkt E_l auf der Renditekurve $R_2^{*E}(e, e_7^E)$ ergibt, der mit dem langfristig erwarteten Wechselkurs übereinstimmen muß ($e_l=e_7^E$, $g_e^E=0$). Dieser langfristige Gleichgewichtspunkt korrespondiert mit dem im IV. Quadranten dargestellten Schnittpunkt von LM_2-Kurve und KKP-Linie, in dem der reale Wechselkurs der Ausgangsperiode wieder hergestellt und eine zum Geldangebot proportionale Dollar-Aufwertung erreicht worden ist ($e_lP_0^*/P_l=e_1P_0^*/P_1$).

Die überschießende Wechselkursreaktion ($e_2-e_l>0$, $e_2-e_1=\Delta e_2>e_l-e_1=\Delta e_l$) ist somit eine unausweichliche Konsequenz geldpolitischer Schocks, wenn rationale Wechselkurserwartungen gebildet werden. Da der inländische Zins unter den Auslandszins gesunken ist ($i_2-i_0^*<0$), und da die Zinssätze nur um die erwartete Wechselkursänderungsrate voneinander abweichen können ($i_2-i_0^*=g_e^E<0$), muß der Dollar-Wechselkurs kurzfristig so stark aufwerten, daß der ausländische Zinsvorsprung durch eine entsprechende Dollar-Abwertungserwartung ausgeglichen wird. Nach Bekanntwerden des monetären Schocks wird die langfristige Wechselkursänderung aber korrekt antizipiert ($\Delta e_7^E=\Delta e_l>0$), so daß ein kurzfristiges Finanzmarktgleichgewicht mit Zinsparität nur durch eine überschießende Dollaraufwertung ($\Delta e_2>\Delta e_l$) erreicht wird. Die kurzfristige, überschießende Wechselkursanpassung und somit auch die temporäre Abweichung von der Kaufkraftparität fallen umso stärker aus, je

- stärker der monetäre Schock ist,
- zinsunelastischer die Geldnachfrage und je größer damit die inländische Zinssenkung ist,
- größer die tatsächliche und erwartete Anpassungsträgheit der Güterpreise ist, und je niedriger damit die Koeffizienten π und θ sind.

Der mittelfristige Anpassungsprozeß in Richtung des langfristigen Gleichgewichts baut das Wechselkurs-Überschießen und die Kaufkraftdisparität ab. Von Periode 3 an treten Preisniveausteigerungen auf, die das reale Geldangebot sinken und das inländische Zinsniveau steigen lassen. Mit steigendem Inlandszins muß auch der Dollar-Wechselkurs wieder sinken. Es ergibt sich ein mittelfristiger Anpassungspfad, der in Abb. 110 als Bewegung von E_2 nach E_l entlang der Geldmarktgleichgewichtskurve $LM_2(M_{02}, e_7^E)$ im IV. Quadranten, entlang der nominalen Geldangebotskurve M_{02} im III. Quadranten, entlang der Geldnachfragekurve $L(Y_0^{VB}, i)$ im II. Quadranten und entlang der Renditekurve $R_2^{*E}(e, e_7^E)$ im I. Quadranten darstellbar ist. Während also die sofortige Finanzmarktanpassung in Periode 2 mit Zinssenkungen und einer überschießenden Dollar-Aufwertung verbunden ist, kehrt sich diese Entwicklung in den Folgeperioden (k=3...l–1) um. Der ausländische Zinsvorsprung wird durch inländische Zinserhöhungen abgebaut. Die Abwertung der Auslandswährung verringert die erwartete Abwertungsrate entsprechend der sinkenden Zinsdifferenz und löst so die nominale Überbewertung allmählich auf.

Die Anpassungsdynamik von Wechselkurs und Inlandspreisniveau scheint im Widerspruch zu früheren Ergebnissen zu stehen, da die inländische Preisniveausteigerung nun von einer Aufwertung der Inlandswährung begleitet wird. Das Ergebnis befindet sich jedoch durchaus im Einklang mit den Modellen der neoklassischen Synthese. Solange nämlich von gleicher (im Extremfall unendlich rascher) Anpassungsgeschwindigkeit der Finanz- und Gütermärkte ausgegangen wird, ergibt sich eine zeitliche Kongruenz von Preissteigerungen und Abwertung der inflationierenden Währung (wie auch von den monetären Wechselkursansätzen für den Extremfall perfekter Preisflexibilität nachgewiesen). Im gleichen neoklassischen Modellrahmen ergibt sich stattdessen das widersprüchlich anmutende Erscheinungsbild von Preisniveausteigerungen und gleichzeitiger Aufwertung der Inlandswährung als Folge einer relativ raschen Anpassung der Finanzmärkte, die kurzfristig die Zins- und Wechselkursbildung bestimmen, und einer relativ langsamen Anpassung des Gütermarktes, die Preiserhöhungen nach sich zieht. Deshalb hat sich der expansive monetäre Impuls über die rationale Erwartungsbildung bereits auf den Wechselkurs ausgewirkt, bevor Preissteigerungen ausgelöst werden. Der Abwertungsprozeß der Inlandswährung ist bereits abgeschlossen, wenn die Auswirkungen expansiver Geldpolitik im Preisniveau spürbar werden. Da die Abwertung den langfristigen Gleichgewichtswechselkurs der Inlandswährung unterschießt, wird die Unterbewertung in der Phase der Güterpreisanpassung durch eine nominale Aufwertung korrigiert.

Die von den monetären Wechselkursmodellen für den Fall einer expansiven inländischen Geldpolitik nachgewiesene Anpassungsdynamik von Wechselkurs, Zins und Preisniveau ist in Abb. 111 vergleichend gegenübergestellt. Bei perfekter Preisflexibilität wird sich die Anpassung vom Anfangsgleichgewicht E_1 zum Endgleichgewicht E_l in der Periode 2 ohne Verzögerungen vollziehen (Abb. 111a): Preisniveau und (tatsächlicher und erwarteter) Wechselkurs erreichen sofort ihre langfristigen Gleichgewichtswerte, und das inländische Zinsniveau bleibt unverändert. Bei imperfekter Preisflexibilität in der vom DORNBUSCH-Modell unterstellten Form wird die Anpassung über temporäre kurzfristige Gleichgewichtspositionen E_k(k=2...l-1) zu der erst nach l-1 Perioden erreichten langfristigen Gleichgewichtsposition E_l führen (Abb. 111b), so daß sich die bereits erläuterten Anpassungspfade mit überschießender Dollar-Aufwertung, zeitlich verzögerten Preissteigerungen und temporären Abweichungen des Inlandszinses vom internationalen Zinsniveau ergeben.

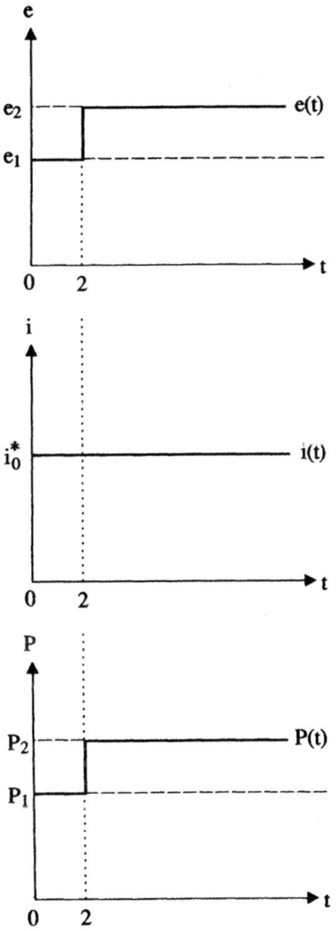

Abb. 111a

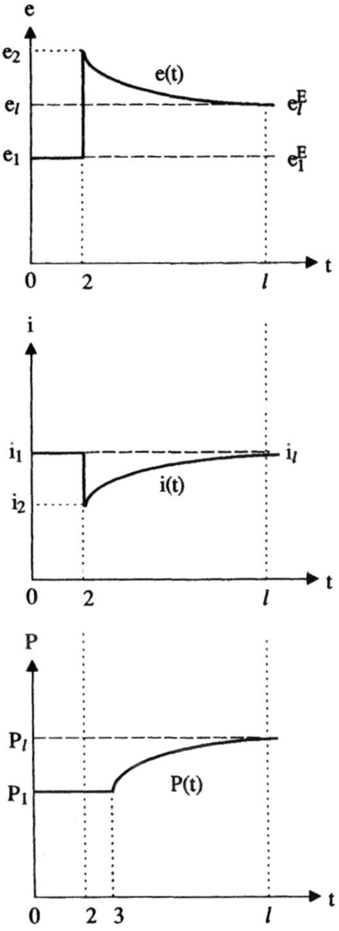

Abb. 111b

Die Transmission eines expansiven monetären Auslandsimpulses ist mit einer kurzfristig überschießenden DM-Aufwertung verbunden, wie in verkürzter Form im Wechselkurs-Preisniveau-Diagramm (Abb. 112) gezeigt und mit der Transmission bei perfekter Preisflexibilität (Abb. 109) verglichen werden kann. Langfristig wird das Auslandspreisniveau bei unverändertem Zinsniveau proportional zum Geldangebot steigen ($P^*_{0l}/P^*_{01}=M^*_{02}/M^*_{01}$) und der Dollar-Wechselkurs wird in der gleichen Rate sinken ($c_l/c_1=M^*_{01}/M^*_{02}$), so daß Preisniveaustabilität im Inland gewahrt

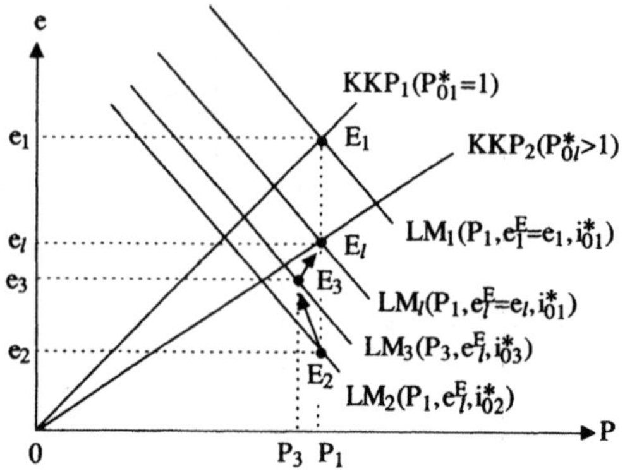

Abb. 112

bleibt. Diese Entwicklung wird auch korrekt antizipiert ($e^E_l = e_l$). In Folge der transitorischen Zinssenkung im Ausland ($i^*_{02} < i^*_{01} = i^*_l$) muß die kurzfristige Senkung des Dollar-Wechselkurses den niedrigeren langfristigen Gleichgewichtskurs unterschießen ($e_2 < e_l = e^E_l$), weil nur bei entsprechend starkem Abwertungsdruck jene erwartete Dollar-Aufwertungsrate zustandekommt, die den temporären ausländischen Zinsnachteil gerade kompensiert. Das langfristige Gleichgewicht E_l ergibt sich also aus dem Schnittpunkt der nach rechts unten gedrehten KKP-Linie mit der von LM_1 nach unten in die Position LM_l verschobenen inländischen Geldmarktgleichgewichtskurve. Das kurzfristige Gleichgewicht der Periode 2 ist durch den Punkt E_2 auf der LM_2-Kurve determiniert, die bei dem niedrigeren Auslandszins ($i^*_{02} < i^*_{01}$) unterhalb von LM_l verlaufen muß. Die reale Dollar-Abwertung bewirkt eine Abschwächung der Güternachfrage am inländischen Gütermarkt (im Punkt E_2 gilt $Y^n_2 < Y^{VB}_0$), so daß in der Folgeperiode 3 das inländische Preisniveau (möglicherweise auch Produktion und Beschäftigung) und damit auch das Zinsniveau sinken werden. Aus der Abfolge temporärer kurzfristiger Gleichgewichtspositionen E_2, E_3 ..., die sich dem langfristigen Gleichgewichtspunkt E_l annähern, läßt sich erkennen, daß expansive Geldpolitik des Auslandes kurzfristig deflatorische Wirkungen im Inland auslöst, die aber nicht von Dauer sind. Langfristig wird der Wechselkursmechanismus Produktion, Beschäftigung und Preisniveau eines kleinen Landes gegen externe monetäre Störungen abschirmen können.

bd. Geldpolitik bei adaptiven Wechselkurserwartungen

Adaptive Erwartungsbildung würde bei perfekter Kapitalmobilität eine instabile Entwicklung hervorrufen, wenn expansive geldpolitische Impulse auf statische ($\lambda=1$) oder gar elastische ($\lambda>1$) Wechselkurserwartungen treffen. Diese – nicht auszuschließenden – Erwartungskonstellationen sind mit der Stabilität des Finanzmarktgleichgewichts nicht vereinbar, weil die Zinssenkungen und die hierdurch ausgelöste Dollar-Aufwertung die Erwartung einer Kursstabilisierung ($\lambda=1$) oder einer weiteren Aufwertung ($\lambda>1$), nicht aber Dollar-Abwertungserwartungen, nähren. Wenn die Aufwertung der Auslandswährung, wie stark sie auch immer sein mag, nicht die Erwartung einer Trendumkehr hervorrufen wird, dann wird sie auch nicht abgebremst. Ergebnis wäre eine explodierende Wechselkursentwicklung, die nur noch durch Devisenmarktinterventionen, also durch Aufhebung des Systems flexibler Wechselkurse, unter Kontrolle gebracht werden kann.

Doch weist diese Überlegung weniger auf eine mögliche Instabilität und damit Funktionsunfähigkeit flexibler Wechselkurse, als auf eine entscheidende Schwäche der Hypothese adaptiver Erwartungsbildung hin. Wenn alle denkbaren Entwicklungen in Abhängigkeit von willkürlichen Annahmen über konstante Werte der Erwartungskoeffizienten λ deduziert werden können, dann verfehlt ein solches Erklärungsmodell im Grunde sein Ziel. So können die zuvor angedeuteten Konstellationen als Ursache starker Wechselkursfluktuationen durchaus temporär wirksam sein. Jedoch werden sie nicht ungebrochen fortbestehen, weil die exzessive Wechselkursentwicklung irgendwann einen Punkt erreichen muß, an dem diese destabilisierenden Aufwertungserwartungen zusammenbrechen und Abwertungserwartungen um sich greifen, die die Seifenblase einer sich selbst verstärkenden Dollar-Überbewertung platzen lassen. Diese Änderung des Erwartungskoeffizienten (von $\lambda>1$ zu $\lambda<1$) kann die Theorie adaptiver Erwartungen nicht erklären, solange der Erwartungskoeffizient nicht endogenisiert wird. Eine in dieser Hinsicht fruchtbare Weiterentwicklung der Erwartungstheorie gelang erst in den 80er Jahren mit der "Wechselkurstheorie spekulativer Seifenblasen".

Ohne die damit erfaßte Möglichkeit temporärer Instabilität ausschließen zu wollen, sollen im folgenden mit $\lambda<1$ unelastische Wechselkurserwartungen unterstellt werden. Unter diesen Bedingungen wird die sofortige Finanzmarktanpassung an den expansiven monetären Impuls – wie bei rationalen Erwartungen – Zinssenkungen, Dollar-Aufwertung und Abwertungserwartungen, die Zinsparität herstellen, hervorrufen. Im Unterschied zu rationaler Erwartungsbildung wird die Anpassungsträgheit der Güterpreise nicht mehr zwingend zu überschießenden Wechselkursreaktionen führen. Eine solche Anpassung ohne kurzfristiges Überschießen des Wechselkurses ist in Abb. 113 dargestellt. Wenn – wie hier mit einem kleinen Wert für $\lambda<1$ unterstellt – der kurzfristige Erwartungswert des Dollar-Wechselkurses nur wenig ansteigt ($e_l>e_2^E>e_1^E=e_1$), so wird sich die LM-Kurve nur um einen geringen Betrag nach rechts in die Position $LM_2(M_{02}, e_2^E)$ verschieben. Die Bestimmungsfaktoren des langfristigen Gleichgewichtskurses (e_l) sind den Wirtschaftssubjekten nicht bekannt, so daß die bei rationaler Erwartungsbildung schon in Periode 2 geltende

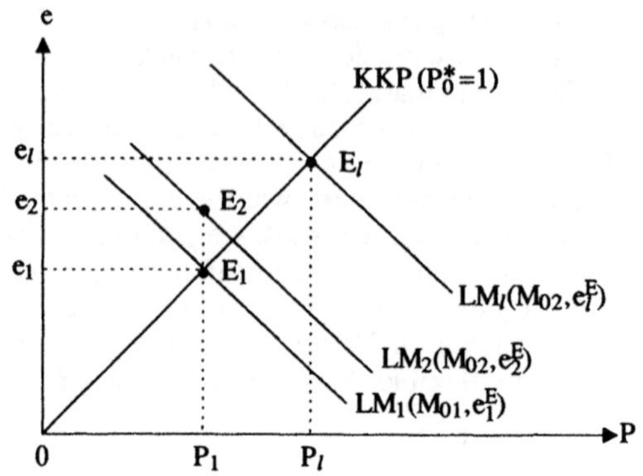

Abb. 113

LM_l-Kurve nunmehr erst relevant wird, wenn sich die Erwartungen im Zuge der "Prognosefehler-Lernprozesse" an den langfristigen Gleichgewichtswert herangetastet haben. Der Anpassungsprozeß ($E_1, E_2, ... E_l$) zeigt, daß expansive monetäre Schocks bei adaptiver Erwartungsbildung nicht unbedingt zu überschießenden Wechselkursanpassungen führen müssen.

B. INTERNATIONALE FINANZMARKTVERFLECHTUNGEN BEI IMPERFEKTER KAPITALMOBILITÄT

Die finanzmarkttheoretischen Portfoliomodelle offener Volkswirtschaften lehnen die Fiktion eines einheitlichen Weltkapitalmarktes ab, auf dem homogene Wertpapiere in- oder ausländischen Ursprungs bei übereinstimmenden Ertragsraten frei handelbar sind. Sie stimmen mit der zuvor dargestellten Variante monetärer Wechselkurstheorien in der Sicht des monetären Transmissionsmechanismus überein, nach der die Finanzmärkte sehr schnell und die Gütermärkte relativ langsam auf exogene Störungen reagieren. Im Gegensatz zu den monetären Zahlungsbilanz- und Wechselkurstheorien wird jedoch die Geltung des Zinsparitätentheorems bestritten, weil in- und ausländische Wertpapiere als unvollständige Substitute betrachtet werden.

In der Tat gibt es plausible Gründe für die Heterogenität der im Inland emittierten DM-Wertpapiere und der im Ausland ausgegebenen Dollar-Wertpapiere, die Abweichungen von der Zinsparität bedingen. Neben länderspezifischen Kreditrisiken und politischen Risiken verzinslicher Auslandsanlagen sind hierfür auch die – selbst bei festen Wechselkursen im Rahmen von Bandbreiten nicht ganz ausschließbaren – Wechselkursrisiken verantwortlich. Wenn risikoscheue Anleger aus diesen Gründen für Auslandsanlagen eine besondere Risikoprämie in den Rentabilitätsvergleich einbeziehen, so werden sie bei relativ geringen Abweichungen der erwarteten Ertragsraten einen relativ hohen Anteil des Finanzvermögens in Form inländischer Finanzaktiva halten, die aus ihrer Sicht mit geringerer Renditeunsicherheit ausgestattet sind. Dieses Verhalten führt dazu, daß die heterogenen Finanztitel auf verschiedenen interdependenten Märkten gehandelt werden, auf denen sich unterschiedliche, aber voneinander abhängige Ertragsraten bilden.

Unter diesen Bedingungen müssen drei Finanzaktiva und somit drei Finanzmärkte unterschieden werden. Die inländischen Wirtschaftseinheiten teilen ihr Finanzvermögen in Abhängigkeit von den relativen Ertragsraten auf Kassenhaltung inländischer Währung (M^n), inländische Wertpapiere (B^n) und ausländische Wertpapiere (F^n) auf. Geplante Änderungen des Vermögens oder der Portfoliozusammensetzung wirken sich somit als Veränderungen der Geldnachfrage (ΔM^n) auf dem inländischen Geldmarkt, als Veränderung der Bestandsnachfrage auf dem Markt für inländische Wertpapiere (ΔB^n) oder als Veränderung der Bestandsnachfrage auf dem Markt für ausländische Wertpapiere (ΔF^n) aus. Hierdurch oder auf der Angebotsseite entstehende Störungen des Gleichgewichts der Finanzmärkte werden so rasch absorbiert, daß die Finanzmärkte in jeder Periode sofort zu einem Gleichgewicht zurückkehren, in dem Bestandsangebot an Geld (M), inländischen Wertpapieren (B) und in inländischen Währungseinheiten bewerteten ausländischen Wertpapieren (eF) mit der entsprechenden Bestandsnachfrage übereinstimmen.

Durch einige vereinfachende Annahmen läßt sich ein portfoliotheoretisches Grundmodell entwickeln, dessen Entwurf und Anwendung auf Probleme offener Volkswirtschaften erstmals von BRANSON vorgestellt wurde. Auch wenn dieses BRANSON-Modell von seinem Urheber als finanzmarkttheoretischer Makroansatz einer kleinen, offenen Volkswirtschaft mit flexiblen Wechselkursen konzipiert wurde, kann seine Grundstruktur auf Fragen der monetären Transmission und Steuerung im System fester Wechselkurse (Portfoliotheorie der Zahlungsbilanz) und flexibler Wechselkurse (Portfoliotheorie des Wechselkurses) angewendet werden.

Mit der Annahme, daß alle Wirtschaftseinheiten unverzinsliche Kassenbestände nur in heimischer Währung halten, wird von der Möglichkeit der Währungssubstitution, also einer nach verschiedenen Währungen diversifizierten Geldnachfrage, abgesehen. Geldmarktgleichgewicht besteht somit, wenn die Geldnachfrage inländischer Wirtschaftseinheiten mit dem Geldangebot übereinstimmt:

$$M^n = mW = M \quad ,$$

wobei sich die Geldnachfrage aus dem Anteil (m) des gesamten Finanzvermögens (W) ergibt, den die Wirtschaftseinheiten in Form unverzinslicher Kasse halten wollen.

Mit der Annahme, daß inländische Wertpapiere nicht international gehandelt werden, wird ausgeschlossen, daß ausländische Wirtschaftseinheiten am Markt für inländische Wertpapiere als Nachfrager auftreten. Die an diesem Markt gehandelten Finanzaktiva seien Zinstitel, die mit festen Kursen und mit der Marktlage variierenden Nominalzinsen ausgestattet sind: Bei einem Angebotsüberhang bzw. Nachfrageüberhang wird die Nominalverzinsung aller vorhandenen Wertpapiere bei unveränderten Preisen herauf- bzw. herabgesetzt. Das Bestandsangebot am Markt inländischer Schuldverschreibungen (DM-Wert des Gesamtvolumens an inländischen Wertpapieren) wird sich unter dieser Bedingung nur verändern, wenn die Bestandsmenge an Finanztiteln durch Emissionen oder Tilgungen verändert wird; ein ansonsten von Zinsänderungen über die Wertpapierkurse ausgehender Einfluß auf das Bestandsangebot wird durch diese Annahme ausgeschaltet. Gleichgewicht am Markt für inländische Wertpapiere herrscht somit, wenn die Bestandsnachfrage inländischer Wirtschaftseinheiten mit dem Bestandsangebot übereinstimmt:

$$B^n = bW = B$$

Dabei folgt die Wertpapiernachfrage aus jenem Anteil (b) des Finanzvermögens (W), den inländische Wirtschaftseinheiten in Form inländischer Zinstitel halten wollen.

Mit der Annahme, daß ausländische Wertpapiere international gehandelt werden, also auch von inländischen Wirtschaftseinheiten gekauft oder verkauft werden können, werden die im Inland geplanten Kapitalexporte ($\Delta F^n > 0$) oder Kapitalimporte ($\Delta F^n < 0$) als Determinanten der Kapitalbilanz bzw. der kurzfristigen Wechselkursentwicklung ins Blickfeld gerückt. Das Inland befindet sich also in einer internationalen Gläubigerposition, wobei das Auslandsvermögen durch Kapitalexporte erhöht und durch Kapitalimporte vermindert wird. Internationale Schuldnerpositionen und Probleme wachsender Auslandsverschuldung können mit diesem BRANSON-Grundmodell nicht analysiert werden; hierzu müßte der Ansatz um die internationale Handelbarkeit inländischer Wertpapiere erweitert werden. Auch das Bestandsangebot an Dollar-Wertpapieren (F) setzt sich aus Schuldverschreibungen mit festem Kurs und variabler Verzinsung zusammen, so daß der Markt für ausländische Wertpapiere im Gleichgewicht ist, wenn die Bestandsnachfrage inländischer Wirtschaftseinheiten mit dem DM-Wert des Bestandsangebots an Dollar-Wertpapieren übereinstimmt:

$$F^n = fW = eF \quad .$$

Die Nachfrage nach ausländischen Wertpapieren ergibt sich aus dem Bruchteil (f) des Vermögens (W), den inländische Wirtschaftseinheiten in Form von Dollar-Wertpapieren halten wollen. Im hier unterstellten Fall eines kleinen Landes haben die mit Änderungen dieser Bestandsnachfrage (ΔF^n) verbundenen Kapitalbewegungen keinen Einfluß auf den Zinssatz ausländischer Wertpapiere ($i^* = i_0^*$).

Da das Finanzvermögen inländischer Wirtschaftseinheiten auf die drei Vermögensarten aufgeteilt wird, gilt die Bilanzrestriktion

$$W = M + B + eF \; .$$

Die Portfoliokoeffizienten $m = M/W$, $b = B/W$ und $f = eF/W$ müssen somit die Beziehung

$$1 = m + b + f$$

erfüllen. Auf dieser Grundlage folgt das portfoliotheoretische Basismodell aus der endogenen Erklärung der Portfoliokoeffizienten. Die Verhaltensfunktionen, welche die bei gegebenem Vermögen geplante Portfoliostruktur erklären können, unterscheiden sich in beiden Wechselkurssystemen.

Das Schwergewicht der folgenden Analyse soll auf Problemstellungen kurzfristiger Transmissionsprozesse liegen. Bei festen Wechselkursen ist im kurzfristigen Gleichgewicht der Finanzmärkte nicht nur der Inlandszins, sondern auch der durch die Kapitalbilanz determinierte Zahlungsbilanzsaldo bestimmt (Portfoliotheorie der Zahlungsbilanz). Mit diesem Ansatz können daher die Probleme der monetären Autonomie und der Abschirmungsmöglichkeiten gegen externe monetäre Störungen unter den Bedingungen imperfekter Kapitalmobilität untersucht und mit den Hypothesen der monetären Zahlungsbilanztheorie verglichen werden.

Bei flexiblen Wechselkursen determiniert das kurzfristige Finanzmarktgleichgewicht Inlandszins und Wechselkurs, deren Gleichgewichtswerte nun nicht allein von Geldangebot und Geldnachfrage sondern von Angebots- und Nachfragekonstellationen aller Finanzmärkte abhängen (Portfoliotheorie des Wechselkurses). Mit diesem Ansatz können die Ursachen und Auswirkungen temporärer oder dauerhafter Abweichungen der Wechselkursentwicklung von der Kaufkraftparität sowie das Problem der Abschirmungseffizienz flexibler Wechselkurse unter den Bedingungen imperfekter Kapitalmobilität erneut analysiert und mit den Hypothesen der monetären Wechselkurstheorie verglichen werden.

1. Portfoliotheorie der Zahlungsbilanz

Unterstellt sei ein stabiles System fester Wechselkurse ($e_0=1$) mit relativ engen Bandbreiten. Verschiebungen der Wechselkursparität werden nicht erwartet, und die eng gezogenen Bandbreiten lassen keinen Spielraum für die Erwartung signifikanter Wechselkursänderungen. Unter solchen Bedingungen trifft die Annahme statischer Wechselkurserwartungen zu: In jeder Periode gilt $e^E=e$ und somit $g_{e^E}=0$, so daß die erwartete Effektivverzinsung in- und ausländischer Wertpapiere dem jeweiligen Nominalzins entspricht, mit dem diese Schuldtitel ausgestattet sind.

Bei vorgegebenen und in der kurzen Periode konstanten Werten von Einkommen (Y_1) und Preisniveau (P_l) ergibt sich das kurzfristige Gleichgewicht des Finanzsektors aus

$$M^n = m(i,\ i_0^*)W \quad = M - WR + B_0^Z$$

$$B^n = b(i,\ i_0^*)W \quad = B_0$$

$$F^n = f(i,\ i_0^*)W \quad = F.$$

Die Vermögensgleichung

$$W = M + B_0 + F = M^n + B^n + F^n$$

impliziert die Geltung des WALRAS-Gesetzes: Befinden sich zwei dieser Vermögensmärkte im Gleichgewicht, so muß auch der dritte Markt im Gleichgewicht sein, weil sich die Werte der Überschußnachfrage auf allen Märkten zu Null addieren. Aus

$$(M^n - M) + (B^n - B_0) + (F^n - F) = 0$$

muß das Gleichgewicht eines Finanzmarktes folgen, wenn in den beiden anderen Märkten Angebot und Nachfrage übereinstimmen.

In der Ausgangsperiode soll ein langfristiges Gleichgewicht mit ausgeglichener Leistungsbilanz bestehen, so daß ein kurzfristiges Zahlungsbilanzungleichgewicht nur aus internationalen Kapitalbewegungen resultieren kann. Im kurzfristigen Finanzmarktgleichgewicht ist der Zahlungsbilanzsaldo durch den Saldo der Kapitalbilanz determiniert:

$$ZB = KB = -\Delta F^n = \Delta WR \ .$$

Ein Zahlungsbilanzdefizit (ZB<0) entsteht, wenn inländische Wirtschaftseinheiten den Vermögensbestand ausländischer Wertpapiere aufstocken ($\Delta F^n = \Delta F > 0$). Ein Zahlungsbilanzüberschuß (ZB>0) resultiert, wenn die Bestandsnachfrage nach Dollar-Wertpapieren abgebaut wird ($\Delta F^n = \Delta F < 0$). Solche Veränderungen der Nachfrage nach ausländischen Wertpapieren, die Zahlungsbilanzungleichgewichte nach sich ziehen, ergeben sich aus Zins- und Vermögenseffekten. Die Zahlungsbilanzwirkungen von Zins- und Vermögensänderungen können aber nur aus dem simultanen Gleichgewicht der Finanzmärkte abgeleitet werden. Hierzu ist die Kenntnis aller relevanten Strukturparameter des Portfoliomodells erforderlich, deren Vorzeichen im folgenden erläutert werden sollen.

Die partiellen Ableitungen der portfoliotheoretischen Geldnachfragefunktion, die nun als integraler Bestandteil der Portfolioplanung vom traditionellen Ansatz der keynesianischen Geldnachfragetheorie abweicht, liefern die Zinselastizitäten und die Vermögenselastizität der Geldnachfrage:

$$\frac{\delta M^n}{\delta i} = M_i^n = m_i W < 0 \ ,$$

$$\frac{\delta M^n}{\delta i^*} = M_{i^*}^n = m_{i^*} W < 0 \ ,$$

$$\frac{\delta M^n}{\delta W} = M_W^n = m \quad > 0 \ .$$

Da im Portfolio in- und ausländische Wertpapiere enthalten sind, werden die Opportunitätskosten der Kassenhaltung durch Inlands- und Auslandszins bestimmt. Steigt einer dieser Zinsätze, so wird der gewünschte Anteil unverzinslichen Geldes am Gesamtvermögen reduziert ($m_i < 0$, $m_{i^*} < 0$). Bei wachsendem Finanzvermögen und konstanten Zinsen wird ein konstanter Anteil unverzinslicher Kassenhaltung geplant, so daß die Geldnachfrage nach Maßgabe des Portfoliokoeffizienten m steigt.

Analog liefern die partiellen Ableitungen der Wertpapiernachfragefunktionen die Zins- und Vermögenselastizitäten der Inlandsnachfrage nach beiden Wertpapiertypen:

$$\frac{\delta B^n}{\delta i} = B_i^n = b_i W > 0$$

$$\frac{\delta B^n}{\delta i^*} = B_{i^*}^n = b_{i^*} W < 0$$

$$\frac{\delta B^n}{\delta W} = B_W^n = b > 0$$

$$\frac{\delta F^n}{\delta i} = F_i^n = f_i W < 0$$

$$\frac{\delta F^n}{\delta i^*} = F_{i^*}^n = f_{i^*} W > 0$$

$$\frac{\delta F^n}{\delta W} = F_W^n = f > 0 .$$

Zinsänderungen lösen Portfolioumschichtungen eines konstanten Vermögensbestandes (Substitutionseffekte) aus, so daß gelten muß:

$$m_i + b_i + f_i = 0$$

$$m_{i^*} + b_{i^*} + f_{i^*} = 0.$$

Vermögensänderungen bewirken eine proportionale Veränderung der Nachfrage nach den drei Vermögensarten (Vermögenseffekte):

$$M_W^n + B_W^n + F_W^n = m + b + f = 1.$$

Das Zusammenwirken von Substitutions- und Vermögenseffekten bestimmt mithin auch den Zahlungsbilanzsaldo, der sich im Zuge der Finanzmarktanpassung an eine exogene Störung in der kurzfristigen Phase des Transmissionsprozesses einstellt:

$$\Delta WR = ZB = KB = -\Delta F^n = -(f_i W \Delta i + f_{i^*} W \Delta i^* + f \Delta W) .$$

a. *Geldpolitik*

Auf dieser Grundlage soll im folgenden die kurzfristige Transmissionswirkung eines durch expansive Offenmarktpolitik ausgelösten monetären Impulses und damit die Frage der geldpolitischen Autonomie einer kleinen offenen Volkswirtschaft untersucht werden. Monetäre Autonomie besteht, wenn die inländische Zentralbank über die Steuerung der binnenwirtschaftlichen Geldbasiskomponente (B_0^Z) unabhängig von der ausländischen Geldpolitik eine gleichgerichtete Änderung der Geldmenge (M) durchsetzen kann, deren Wirkung mit gleichem Vorzeichen zeitverzögert in den Gütermarkt übertragen wird.

Expansive Offenmarktpolitik setzt Zentralbankkäufe inländischer Wertpapiere als Mittel zur Ausweitung der Geldmenge ein ($\Delta B_0^Z = -\Delta B_0$). Da diese monetäre Strategie das Vermögen im privaten Sektor nicht unmittelbar verändert, führen die über die Angebotsseiten von Geld- und Wertpapiermarkt ausgelösten Störungen des Finanzmarktgleichgewichts zu inländischen Zinssenkungen. Die Senkung des Zinsniveaus bewirkt Portfolio-Substitutionseffekte, die Kapitalexporte auslösen ($\Delta B^n < 0$, $\Delta F^n > 0$). Aus der sofortigen Anpassung der Finanzmärkte an ein neues Gleichgewicht läßt sich nun folgern, inwieweit die damit entstandenen Zahlungsbilanzdefizite ($ZB = -\Delta F^n = \Delta WR$) die monetäre Autonomie beeinträchtigen, wenn bei einem Geldbasismultiplikator von Eins $\Delta M = \Delta WR + \Delta B_0^Z$ gilt.

Diese Frage läßt sich klären durch eine Bestimmung von Zins- und Zahlungsbilanzeffekt aus dem simultanen Gleichgewicht des Geldmarktes und des Marktes für ausländische Wertpapiere, das wegen der Geltung des WALRAS-Gesetzes auch das Gleichgewicht des Marktes für inländische Wertpapiere einschließt. Gleichgewicht des inländischen Geldmarktes ist bei konstantem Vermögen ($\Delta W = 0$) und Auslandszins ($\Delta i_0^* = 0$) erreicht, wenn

$$\Delta M^n = m_i W \Delta i = \Delta WR + \Delta B_0^Z = ZB + \Delta B_0^Z.$$

Diese Gleichgewichtsbeziehung impliziert die monetäre Zahlungsbilanztheorie in der Form

$$ZB = m_i W \Delta i - \Delta B_0^Z.$$

Die monetäre Zahlungsbilanzgleichung ist nunmehr integraler Bestandteil des simultanen Gleichgewichts aller Finanzmärkte, so daß im Gleichgewicht beider Wertpapiermärkte wegen $\Delta i_0^* = 0$ und $\Delta W = 0$ gilt:

$$ZB = -\Delta F^n \quad = -f_i W \Delta i = \Delta F.$$

Da somit

$$ZB = -f_i W \Delta i = m_i W \Delta i - \Delta B_0^Z$$

gelten muß, ergibt sich der Zinseffekt der expansiven Offenmarktpolitik gemäß

$$\Delta i = \frac{1}{(m_i + f_i) W} \Delta B_0^Z = -\frac{1}{b_i W} \Delta B_0^Z.$$

Die Zentralbank kann also durch den expansiven monetären Impuls das inländische Zinsniveau vom ausländischen Zinsniveau abkoppeln ($\Delta i<0$, da m_i, $f_i<0$). Der Zins sinkt umso mehr, je weniger die Nachfrage nach Geld und nach Wertpapieren auf Zinsänderungen reagiert (je kleiner also die absoluten Werte der Verhaltensparameter m_i und f_i sind). Lediglich in dem bei imperfekter Kapitalmobilität auszuschließenden Grenzfall völlig zinselastischer Nachfrage nach ausländischen Zinstiteln ($f_i \to \infty$) könnte die Zentralbank das inländische Zinsniveau nicht beeinflussen ($\Delta i/\Delta B_0^Z=0$).

Wird die Bestimmungsgleichung des Zinseffektes in die Zahlungsbilanzgleichung eingesetzt, ergibt sich

$$ZB = \left(\frac{m_i}{m_i + f_i} - 1\right) \Delta B_0^Z = - \frac{f_i}{m_i + f_i} \Delta B_0^Z = \frac{f_i}{b_i} \Delta B_0^Z \; .$$

Da $f_i<0$ und $b_i>0$, folgt aus dem expansiven monetären Impuls ($\Delta B_0^Z>0$) ein Zahlungsbilanzdefizit. Dieses ist umso größer, je zinsunelastischer die Geldnachfrage (d.h. je kleiner der absolute Wert von m_i), je zinselastischer die Nachfrage nach ausländischen Wertpapieren (d.h. je größer der absolute Wert von f_i) und je geringer die Zinsreagibilität der Nachfrage nach inländischen Wertpapieren (b_i) ist. Diese Verhaltensparameter bestimmen somit auch den erreichbaren Grad an monetärer Autonomie, weil der Geldmengeneffekt des Zahlungsbilanzdefizits ($ZB=\Delta WR<0$) die mit der Geldbasissteuerung angestrebte Geldmengenwirkung konterkariert. Somit kann der Grad an monetärer Autonomie in einem Koeffizienten

$$ma = \frac{\Delta WR}{\Delta B_0^Z} = - \frac{f_i}{m_i + f_i} = \frac{f_i}{b_i} < 0.$$

quantifiziert werden. Dieser monetäre Autonomiekoeffizient muß bei imperfekter Kapitalmobilität Werte $-1<ma<0$ aufweisen; er kann $ma=-1$ nicht unterschreiten, weil eine inländische Zinssenkung bei zinselastischer Geldnachfrage ($m_i<0$) die Nachfrage nach inländischen Wertpapieren stärker zurückdrängt als sie die Nachfrage nach ausländischen Wertpapieren stimuliert ($-f_i<b_i=-m_i-f_i$).

Der im Gleichgewichtssystem der Finanzmärkte determinierte Autonomiekoeffizient gibt den Bruchteil eines geldpolitischen Impulses (ΔB_0^Z) an, der durch induzierte Zahlungsbilanzungleichgewichte und Veränderungen der Währungsreserven wieder vernichtet wird. Mithin ist der Grad an monetärer Autonomie umso größer, je näher ma bei Null liegt (je kleiner also der Absolutwert von f_i und je größer b_i ist). Er ist umso geringer, je weniger ma von minus Eins entfernt ist. Je größer also der absolute Wert von f_i ist, bzw. je weniger dieser von b_i abweicht (und je schwächer damit die Zinsreagibilität der Geldnachfrage m_i ist), umso näher kommen die Rahmenbedingungen monetärer Steuerung dem Fall der durch Wechselkursfixierung heraufbeschworenen monetären Ohnmacht kleiner Länder (ma=–1). Dieser Fall, der in der monetären Zahlungsbilanztheorie (siehe Kapitel IV.A.1.a.) eine zentrale Rolle spielte, ist im Portfoliomodell der Zahlungsbilanz als Spezialfall einer zinsunelastischen Geldnachfrage enthalten (m_i=0, b_i=–f_i).

b. Externe Störungen

Werden externe monetäre Störungen wirksam, stellen sich die Fragen, inwieweit das Zinsniveau in einer kleinen offenen Volkswirtschaft von der Sogwirkung eines steigenden oder sinkenden ausländischen Zinsniveaus erfaßt wird, und ob die monetäre Autonomie durch eine zinsstabilisierende Geldbasissteuerung verteidigt werden kann. Zur Untersuchung dieser Problemstellung werde von einem ausländischen Zinsschock ($\Delta i_0^* > 0$) ausgegangen.

Wird zunächst eine passive inländische Geldpolitik unterstellt ($\Delta B_0^Z = 0$), so ist Gleichgewicht des inländischen Geldmarktes mit der vollständigen Absorption des externen Zinsschocks erreicht, wenn

$$\Delta M^n = m_i W \Delta i + m_{i^*} W \Delta i_0^* = \Delta WR = ZB.$$

Wegen ZB = $-\Delta F^n$ entspricht die Zahlungsbilanzreaktion

$$ZB = -f_{i^*} W \Delta i_0^* - f_i W \Delta i.$$

Aus beiden Gleichungen kann die Reaktion der endogenen Variablen (i, ZB) auf den ausländischen Zinsschock abgeleitet werden. Wird

$$ZB = m_i W \Delta i + m_{i^*} W \Delta i_0^* = -f_{i^*} W \Delta i_0^* - f_i W \Delta i$$

nach Δi aufgelöst, ergibt sich

$$\Delta i = -\frac{m_{i^*} + f_{i^*}}{m_i + f_i} \Delta i_0^* = \frac{b_{i^*}}{b_i} \Delta i_0^*.$$

Da $(m_{i^*}+f_{i^*})/(m_i+f_i) = b_{i^*}/b_i < 0$, wird das inländische Zinsniveau vom Sog des gestiegenen Auslandszinses erfaßt ($\Delta i > 0$). Allerdings wird der Inlandszins weniger als der Auslandszins steigen, wenn die Nachfrage nach inländischen Wertpapieren auf eine Veränderung der Eigenverzinsung stärker reagiert als auf eine Veränderung der Zinsen ausländischer Finanzaktiva ($b_i > -b_{i^*}$; $-b_{i^*}/b_i < 1$). Die internationale Zinstransmission, der ein kleines Land ausgesetzt ist, ist umso schwächer ausgeprägt, je geringer die Elastizität der Bestandsnachfrage nach inländischen Wertpapieren in bezug auf den Auslandszins ($-b_{i^*}$) und je größer die Elastitzität dieser Wertpapiernachfrage in bezug auf den Inlandszins (b_i) ist.

Wird die Bestimmungsgleichung für die inländische Zinsanpassung in die Zahlungsbilanzgleichung eingesetzt, folgt

$$ZB = -f_i{*}W\Delta i_0^* + \frac{f_i b_i{*}}{b_i} W\Delta i_0^*$$

$$ZB = \left(\frac{f_i b_i{*}}{b_i} - f_i{*} \right) W\Delta i_0^* \quad .$$

Die zweite Komponente des Klammerausdrucks bestimmt die durch den ausländischen Zinsschock hervorgerufene Verschlechterung der inländischen Kapital- und Zahlungsbilanz. Die erste Komponente des Klammerausdrucks bestimmt die durch die inländische Zinsanpassung hervorgerufene Verbesserung der Kapital- und Zahlungsbilanz. Wegen $b_i{*}/b_i<1$ wird dieser kompensierende Effekt selbst bei $-f_i=f_i{*}$ schwächer als der primäre Effekt der ausländischen Zinserhöhung sein, so daß ein Zahlungsbilanzdefizit entsteht. Je schwächer die internationale Zinsübertragung ausgeprägt ist, umso stärker wird die kurzfristige Passivierung der inländischen Zahlungsbilanz ausfallen.

Imperfekte Kapitalmobilität verschafft der inländischen Geldpolitik den Spielraum, das Land vollständig gegen die Übertragung ausländischer Zinsänderungen abzuschirmen. Bei perfekter internationaler Kapitalmobilität ist diese Option nicht gegeben. Die autonome geldpolitische Strategie, die das Inland vom internationalen Zinstrend abkoppelt, läßt sich aus der Gleichgewichtsbedingung des Geldmarktes ableiten. Aus

$$\Delta M^n = m_i W\Delta i + m_i{*}W\Delta i_0^* = \Delta WR + \Delta B_0^Z$$

folgt, daß das Ziel eines stabilen inländischen Zinsniveaus ($\Delta i=0$) durch eine Ausweitung der heimischen Geldbasiskomponente um

$$\Delta B_0^Z = m_i{*}W\Delta i_0^* - ZB$$

erreicht werden kann. Da bei dem höheren Auslandszins auch die inländische Geldnachfrage gesunken ist, muß lediglich das Geldangebot an die niedrigere Geldnachfrage angepaßt werden. Dies läßt sich durch eine Kombination von nicht-sterilisierten und sterilisierten Devisenmarktinterventionen bzw. dadurch erreichen, daß nur ein Teil des Zahlungsbilanzdefizits monetär sterilisiert wird. Es gilt nämlich bei konstantem Inlandszins

$$ZB = -f_i{*}\, W\Delta i_0^* \ ,$$

so daß unter Berücksichtigung von $m_i{*}+b_i{*}+f_i{*}=0$

$$\Delta B_0^Z = (m_i{*} + f_i{*})\, W\Delta i_0^* = -b_i{*}\, W\Delta i_0^*$$

betragen muß. Zur Abschirmung gegen den ausländischen Zinsschock ($\Delta i_0^*>0$) muß also die Ausweitung der Geldangebotskomponente B_0^Z kleiner als das zinsinduzierte Zahlungsbilanzdefizit sein (da $0<m_i^*+f_i^*<f_i^*$, bzw. $0<-b_i^*<f_i^*$). Da die Zentralbank in diesem Fall durch wechselkursstabilisierende Devisenverkäufe Geld im Umfang von $\Delta WR=-f_i^*W\Delta i_0^*<0$ vernichtet und durch zinsstabilisierende Gegensteuerung Geld im Umfang von $\Delta B_0^Z=-b_i^*W\Delta i_0^*>0$ schafft, wird ein Bruchteil $\Delta B_0^Z/\Delta WR=b_i^*/f_i^*$ der Devisenmarktintervention sterilisiert.

Die kurzfristige Analyse monetärer Transmissionsprozesse bei festen Wechselkursen hat somit belegen können, daß der bei imperfekter internationaler Kapitalmobilität anzuwendende Portfolioansatz der Zahlungsbilanztheorie auch für die kleinen offenen Volkswirtschaften Gestaltungsmöglichkeiten einer autonomen Geldpolitik aufdeckt, die ihnen lediglich bei perfekter Kapitalmobilität verwehrt bleiben würden.

2. Portfoliotheorie des Wechselkurses

Die kurzfristige Transmission monetärer Impulse bei flexiblen Wechselkursen zeigt sich in Zins- und Wechselkursanpassungen, durch die das System der Finanzmärkte monetäre Störungen bei zunächst noch konstanten Werten von Einkommen (Y_1) und Preisniveau (P_1) absorbiert. Diese können aus dem kurzfristigen Gleichgewicht des Finanzsektors abgeleitet werden:

$$M^n = m(i, i_0^* + g_e{}^E)W = M_0 = WR_0 + B_0^Z$$

$$B^n = b(i, i_0^* + g_e{}^E)W = B_0$$

$$F^n = f(i, i_0^* + g_e{}^E)W = eF\ ,$$

wobei

$$g_e{}^E = \frac{e^E - e}{e}$$

und

$$W = M_0 + B_0 + eF = M^n + B^n + F^n$$

$$1 = m + b + f$$

$$0 = m_i + b_i + f_i$$

$$0 = m_{R^{*E}} + b_{R^{*E}} + f_{R^{*E}} \qquad (R^{*E} = i_0^* + g_e{}^E).$$

Wiederum folgt aus der Vermögensgleichung die Geltung des WALRAS-Gesetzes für die Finanzmärkte. Die Summe der Überschußnachfragewerte auf allen Vermögensmärkten muß nämlich gemäß der Vermögensrestriktion Null betragen:

$$(M^n - M_0) + (B^n - B_0) + (F^n - eF) = 0.$$

Sind also zwei Märkte im Gleichgewicht, so muß auch auf dem dritten Finanzmarkt Gleichgewicht von Angebot und Nachfrage bestehen. Zur Ableitung der kurzfristigen Gleichgewichtswerte von Zins und Wechselkurs genügt somit die Gleichgewichtsanalyse von zwei Finanzmärkten, da die hierdurch bestimmten Werte von Gleichgewichtszins und -wechselkurs auch den dritten Finanzmarkt ins Gleichgewicht bringen. Dieses kurzfristige Gleichgewicht des finanziellen Sektors, und somit auch die kurzfristige Transmission in- oder ausländischer monetärer Impulse, kann in einem Wechselkurs-Zins-Diagramm analysiert werden, das die Gleichgewichtsbedingungen des inländischen Geldmarktes (MM-Linie), des Marktes für inländische Wertpapiere (BB-Linie) und des Marktes für ausländische Zinstitel (FF-Linie) abbildet (Abb. 114).

Die Kurve des Geldmarktgleichgewichts (MM) hat ein positives Steigungsmaß, weil eine Aufwertung der Auslandswährung ($\Delta e > 0$) einen Geldnachfrageüberhang bewirkt, der durch eine Erhöhung des inländischen Zinsniveaus ausgeräumt wird. Ursache eines solchen wechselkursinduzierten Geldnachfrageüberhangs, der die Zinsanpassung auslöst, sind Substitutions- und Vermögenseffekte: Bei gegebenem Erwartungswert des zukünftigen Dollar-Wechselkurses führt eine Dollar-Aufwertung zu sinkenden Opportunitätskosten der Kassenhaltung, weil die erwartete Rendite eines alternativen Finanzaktivums zurückgeht (Substitution ausländischer Wertpapiere durch inländische Wertpapier- und Kassenhaltung), und zur Aufwertung des inländischen Finanzvermögens (höhere Bestandsnachfrage nach allen Finanzaktiva). Eine Linksverschiebung der MM-Kurve ist durch einen Anstieg des erwarteten Dollar-Wechselkurses, durch eine Erhöhung des ausländischen Zinsniveaus oder durch eine Expansion der inländischen Geldmenge bedingt, weil diese Einflüsse einen Geldangebotsüberhang hervorrufen, der durch Zinssenkungen aufgelöst wird.

Die Kurve des Gleichgewichtes am Markt inländischer Wertpapiere (BB) hat ein negatives Steigungsmaß, weil eine Dollar-Aufwertung über die Senkung der erwarteten Rendite ausländischer Finanzaktiva (Substitutionseffekt) und über die Wertsteigerung des Vermögens inländischer Wirtschaftseinheiten (Vermögenseffekt) eine höhere Bestandsnachfrage nach inländischen Zinstiteln stimuliert. Hierdurch werden Zinssenkungen ausgelöst, die den Nachfrageüberhang am inländischen Wertpapiermarkt beseitigen. Eine Linksverschiebung der BB-Kurve kommt zustande, wenn der erwartete Dollarkurs oder der Auslandszins sinkt, oder wenn das Angebot an inländischen Wertpapieren reduziert wird. Diese Störungen bewirken nämlich einen Wertpapiernachfrageüberhang, so daß das Zinsniveau sinken muß.

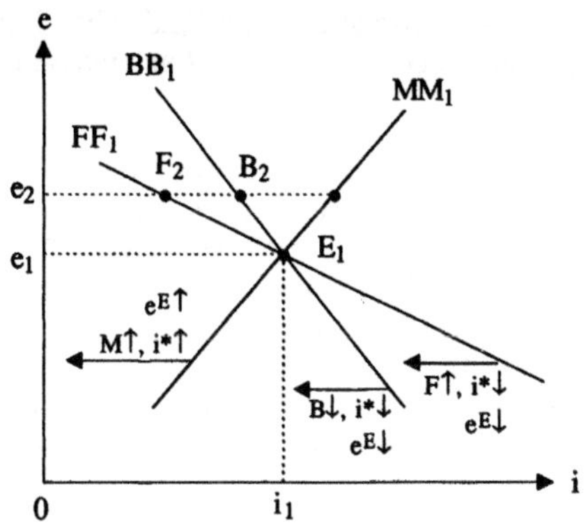

Abb. 114

Auch die Gleichgewichtskurve am Markt ausländischer Wertpapiere (FF) muß ein negatives Steigungsmaß aufweisen, da eine Dollar-Aufwertung das in inländischer Währung bewertete Bestandsangebot ausländischer Vermögenstitel um mehr erhöht ($F\Delta e$) als die Bestandsnachfrage auf Grund des Vermögenseffektes steigt ($fF\Delta e$). Der so entstehende Angebotsüberhang am Markt ausländischer Wertpapiere, der durch den Substitutionseffekt (die Dollar-Aufwertung senkt die erwartete Rendite ausländischer Finanzanlagen) noch verstärkt wird, wird durch eine sinkende Verzinsung inländischer Wertpapiere ausgeräumt. Die FF-Kurve muß aus zwei Gründen flacher als die BB-Kurve verlaufen. Zum einen wird eine Dollar-Aufwertung von e_1 auf e_2 einen Angebotsüberhang auf dem Markt ausländischer Zinstitel hervorrufen, der größer ist als der auf dem Markt inländischer Zinstitel induzierte Nachfrageüberhang, weil durch den Vermögenseffekt zugleich ein Nachfrageüberhang am Geldmarkt entstanden ist, und weil gemäß WALRAS-Gesetz $eF-F^n=(M^n-M_0)+(B^n-B_0)$ gelten muß. Also müßte schon aus diesem Grund die zur Wiederherstellung des Gleichgewichts auf dem Markt ausländischer Wertpapiere erforderliche Zinssenkung stärker ausfallen als die zum Gleichgewicht auf dem Markt inländischer Wertpapiere führende Zinsanpassung (wenn $b_i=-f_i$ gelten würde). Zum anderen wird die Nachfrage nach Wertpapieren auf eine Veränderung der Eigenverzinsung stärker reagieren als auf eine Änderung der Ertragsrate des alternativen Zinstitels (wegen $m_i+b_i+f_i=0$ und $m_i<0$ muß $b_i>-f_i$ gelten). Wenn aber die inländische Zinssenkung die Nachfrage nach ausländischen Wertpapieren weniger erhöht als sie die Nachfrage nach inländischen Wertpapieren senkt, dann hat eine Zinssenkung, die Gleichgewicht auf dem Markt inländischer Zinstitel (Punkt B_2 auf der BB-Kurve) wieder herstellt, den Angebotsüberhang auf dem Markt ausländischer Zinstitel zwar verringert, aber noch nicht beseitigt (B_2 liegt rechts oberhalb der FF-Kurve). Folglich muß der Zins stärker sinken, um die Bestandsnachfrage nach ausländischen Finanzaktiva an das aufwertungsbedingt höhere Bestandsangebot anzupassen (Punkt F_2 auf der FF-Kurve).

Damit existiert ein stabiles Gleichgewicht des Systems aller Finanzmärkte. Dieses Gleichgewicht ist durch den Schnittpunkt (E_1) von BB_1- und FF_1-Kurve determiniert. Wegen der Geltung des WALRAS-Gesetzes muß dieser Punkt zugleich auf der MM_1-Kurve liegen (Abb. 114). Monetäre Störungen sind exogene Schocks, die das Finanzgleichgewicht aufheben und die sofortige Anpassung an ein neues Gleichgewicht anstoßen. Das hiermit dargestellte portfoliotheoretische Modell bietet somit eine geeignete Methode zur Analyse der Transmission monetärer Impulse in- und ausländischen Ursprungs im System flexibler Wechselkurse.

a. Geldpolitik

Die kurzfristige Transmission geldpolitischer Impulse zeigt sich in Zins- und Wechselkursanpassungen, die das System der Finanzmärkte wieder ins Gleichgewicht bringen. Expansive Geldpolitik wird unterschiedliche kurzfristige Zins- und Wechselkurseffekte auslösen, da diese Wirkungen nun auch davon abhängen, ob die Geldmengenexpansion durch Wertpapierkäufe der Zentralbank oder durch Zentralbankfinanzierung eines Staatsbudgetdefizits zustande kommt. Da wegen $\Delta W = \Delta B_0^Z + \Delta B_0$ expansive Offenmarktpolitik das Vermögen des privaten Sektors nicht verändert, während geldfinanzierte Staatsbudgetdefizite dieses Vermögen vergrößern, sind die Auswirkungen expansiver Geldpolitik auch von der Form der Geldangebotssteuerung abhängig.

Monetäre Impulse, die durch expansive Offenmarktpolitik ($\Delta B_0^Z = -\Delta B_0 > 0$) ausgelöst werden, stören das Finanzmarktgleichgewicht über die Angebotsseite des Geldmarktes und des Marktes für inländische Wertpapiere, ohne daß sie auf der Nachfrageseite unmittelbare Vermögenseffekte nach sich ziehen. Monetäre Impulse, die durch Geldschöpfungsfinanzierung eines staatlichen Haushaltsdefizits ($\Delta B_0^Z = SD > 0$) entstehen, stören das finanzielle Gleichgewicht über die Angebotsseite des Geldmarktes und über direkte Vermögenseffekte auf der Nachfrageseite aller drei Finanzmärkte.

Expansive Offenmarktpolitik bewirkt einen Angebotsüberhang im Geldmarkt (Linksverschiebung der MM-Kurve in die Position MM_{21}) und einen Nachfrageüberhang im Markt für inländische Wertpapiere (Linksverschiebung der BB-Kurve in die Position BB_{21}). Die FF-Kurve verändert ihre Lage nicht, wenn die Geldpolitik keinen Einfluß auf die Wechselkurserwartungen hat.

In diesem Fall (Abb. 115a) wird sich ein neues kurzfristiges Finanzmarktgleichgewicht im Schnittpunkt von BB_{21}- und FF_1-Kurve einstellen. Die-

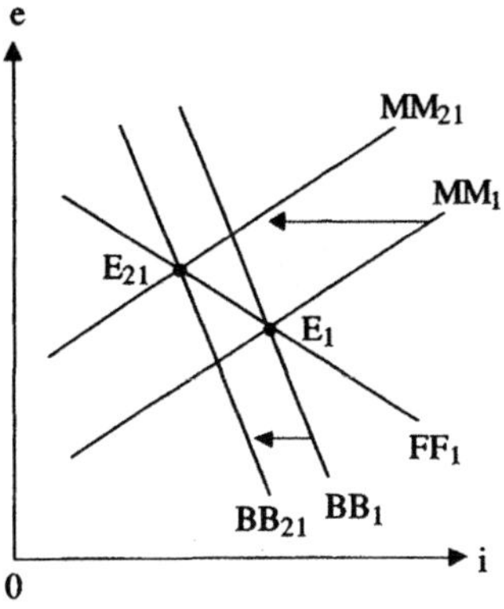

Abb. 115a

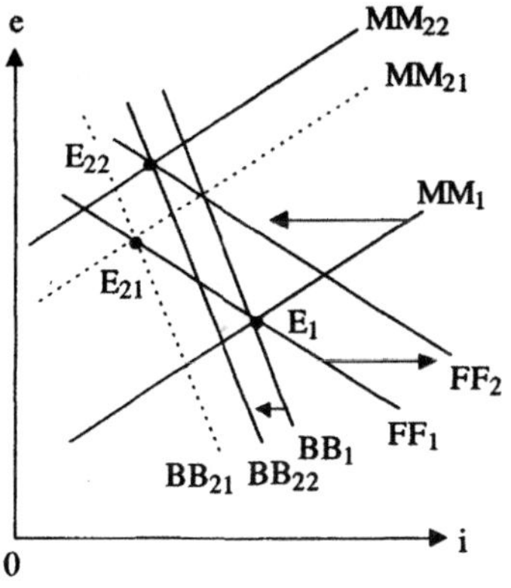

Abb. 115b

ser Gleichgewichtspunkt (E_{21}), der wegen der Geltung des WALRAS-Gesetzes auf der MM_{21}-Kurve liegen muß, bestimmt mit dem höheren Wechselkurs und dem niedrigeren inländischen Zinsniveau die kurzfristigen Wirkungen der Offenmarktpolitik.

Wenn gleichzeitig Erwartungseffekte auftreten, weil adaptive oder rationale Erwartungsbildung einen höheren Wert des für die Folgeperiode erwarteten Dollar-Wechselkurses hervorruft ($\Delta e_2^E > 0$), so sinken die Geldnachfrage (Linksverschiebung der MM-Kurve in die Position MM_{22}) und die Nachfrage nach inländischen Wertpapieren (Rechtsverschiebung der BB-Kurve in die Position BB_{22}), während die Nachfrage nach ausländischen Zinstiteln steigt (Rechtsverschiebung der FF-Kurve in die Position FF_2). Der in diesem Fall (Abb. 115b) als Schnittpunkt von BB_{22}- und FF_2-Kurve resultierende Gleichgewichtspunkt (E_{22}) zeigt, daß der Erwartungseffekt die zinssenkende Wirkung der expansiven Offenmarktpolitik abschwächt und die Aufwertungswirkung verstärkt.

Eine expansive Geldpolitik (Abb. 116), die durch Zentralbankfinanzierung eines defizitären Staatshaushalts betrieben wird ($\Delta B_0^Z = SD = \Delta W$), bewirkt einen Angebotsüberhang am Geldmarkt, der wegen des vermögensinduzierten Wachstums der Geldnachfrage kleiner als bei einer vergleichbaren expansiven Offenmarktpolitik ist (Linksverschiebung der MM-Kurve um einen kleineren Betrag als in Abb. 115a). Der Vermögenseffekt wird auch eine höhere Bestandsnachfrage nach zinstragenden Finanzaktiva fördern. Es entsteht eine Überschußnachfrage am Markt inländischer Wertpapiere, die allerdings kleiner als bei expansiver Offenmarktpolitik ist. Sie kann durch Zinssenkungen ausgeräumt werden (Linksverschiebung der BB-Kurve um einen kleineren Betrag als in Abb. 115a). Im Gegensatz zur expansiven Offenmarktpolitik entsteht nun auf Grund des Vermögenseffek-

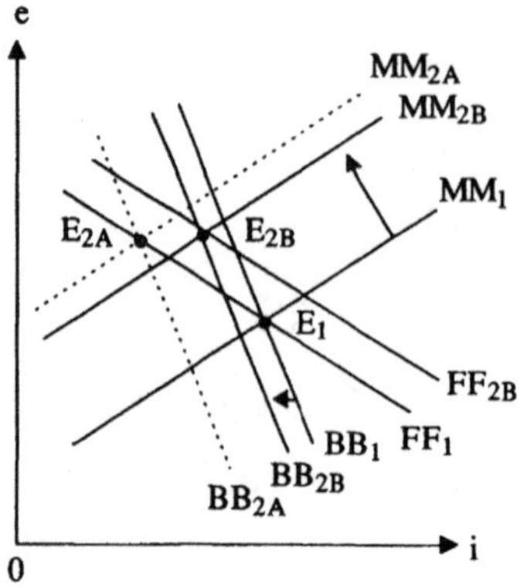

Abb. 116a

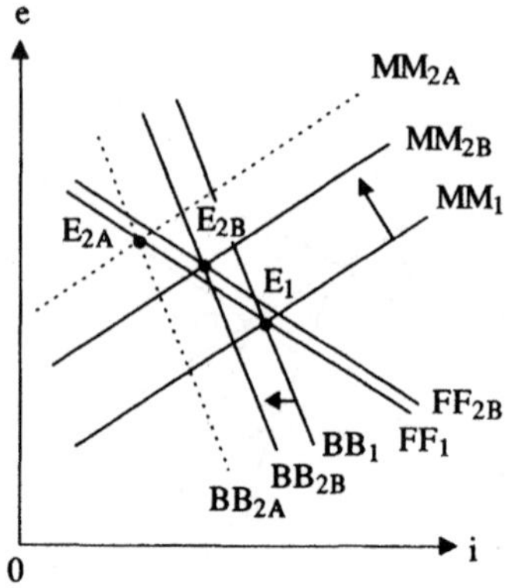

Abb. 116b

tes auch ein Nachfrageüberhang am Markt ausländischer Forderungstitel, der durch eine Dollar-Aufwertung eliminiert werden kann (Aufwärtsverschiebung der FF-Kurve).

Auch diese geldpolitische Variante wird eine Abwertung der Inlandswährung und eine niedrigere Verzinsung der in dieser Währung nominierten Schuldtitel herbeiführen, wie sich aus dem neuen Gleichgewichtspunkt (E_{2B}) ablesen läßt, der sich im Schnittpunkt von BB_{2B}- und FF_{2B}-Kurve auf der MM_{2B}-Kurve einstellen wird (Abb. 116). Wie der Vergleichsfall expansiver Offenmarktpolitik, bei dem ein Gleichgewichtspunkt E_{2A} im Schnittpunkt der (hier gestrichelt gezeichneten) MM_{2A}- und BB_{2A}-Kurven auf FF_1 resultieren wird, zeigt, fällt die zinssenkende Wirkung des expansiven geldpolitischen Impulses schwächer aus, wenn dieser durch monetäre Alimentierung eines staatlichen Budgetdefizits zustandekommt. Der Wechselkurseffekt kann stärker (Abb. 116a) oder schwächer (Abb. 116b) als bei der offenmarktpolitischen Operation ausfallen. Der Grund liegt darin, daß der schwächere Zinseffekt der Geldschöpfungsfinanzierung auch die Dollar-Aufwertung dämpft, während der zusätzlich wirksame Vermögenseffekt die Nachfrage nach ausländischen Zinstiteln fördert und die Dollar-Aufwertung verstärkt. Welcher expansive geldpolitische Impuls den größeren Abwertungsdruck auf die inländische Währung freisetzt, hängt somit von der relativen Stärke der einzelnen Substitutions- und Vermögenseffekte ab.

Die Berücksichtigung gleichzeitig entstehender Erwartungen eines zukünftigen höheren Dollar-Wechselkurses erbringt das bereits abgeleitete – in Abb. 116 nicht nachgezeichnete – Ergebnis, daß die kurzfristige Dollar-Aufwertung verstärkt und die Senkung des Inlandszinses weiter abgeschwächt wird.

Als wichtiges Zwischenergebnis ist festzuhalten, daß expansive Geldpolitik, unabhängig von der Verursachungsquelle der Geldangebotsexpansion, den Wechselkurs der Auslandswährung nach oben und das inländische Zinsniveau nach unten treibt. Die Stärke der Wechselkurs- und Zinseffekte ist allerdings von der Form der expansiven Geldangebotssteuerung abhängig. Die kurzfristige Abwertung der Inlandswährung, die ausschließlich auf den Kapitalbilanzeffekt der Offenmarktpolitik oder der Geldfinanzierung eines defizitären Staatshaushaltes zurückgeht, kann nur bei Kenntnis aller Strukturparameter des kurzfristigen Portfoliomodells in ihrer Stärke richtig eingeschätzt werden.

Entsprechend der Einteilung der Phasen des monetären Transmissionsmechanismus in

(I) Sofortige Anpassung der Finanzmärkte nach Störung eines langfristigen Anfangsgleichgewichts mit ausgeglichener Leistungsbilanz und konstanten Vermögensbeständen,

(II) Mittelfristige Anpassung von Gütermarkt, Arbeitsmarkt und Leistungsbilanz,

(III) Langfristige Anpassung aller Märkte an ein langfristiges Endgleichgewicht mit erneut ausgeglichener Leistungsbilanz und veränderten Niveaus konstanter Vermögensbestände,

sind diese Ergebnisse kurzfristiger Gleichgewichtsananlysen aller Finanzmärkte der Transmissionsphase (I) zuzuordnen. Die mittel- und langfristige Anpassung an monetäre Störungen kann unter Rückgriff auf die Modelle der neoklassischen Synthese untersucht werden. Sie erlauben es, die durch Zins- und Wechselkursänderungen mit zeitlicher Verzögerung ausgelösten Wirkungen in Güter- und Arbeitsmärkten sowie auf die Leistungsbilanz zu erfassen. Da die im realwirtschaftlichen Bereich induzierten Veränderungen der Produktion und Beschäftigung, des Preisniveaus und der Leistungsbilanz unverzögert auf die Finanzmärkte zurückwirken, muß das Portfoliomodell des Finanzmarktgleichgewichts für die Zwecke der mittelfristigen Transmissionsanalyse erweitert werden:

$$M^n = m(i, i_0^* + g_e{}^E, Y, P)W = M_0 = WR_0 + B_0^Z$$

$$B^n = b(i, i_0^* + g_e{}^E, Y, P)W = B_0$$

$$F^n = f(i, i_0^* + g_e{}^E, Y, P)W = eF$$

$$LB = LB^H(eP_0^*/P, Y, Y_0^*) + ei_0^*F = e\Delta F.$$

In den finanziellen Gleichgewichtsbedingungen sind nun die Einflüsse von Einkommensänderungen auf die Nachfrage nach zinslosen und zinstragenden Finanzaktiva zu erfassen. Mit steigendem Einkommen wächst die

Geldnachfrage ($m_Y>0$, $m_P>0$), so daß Verkäufe in- und ausländischer Wertpapiere zur Finanzierung des gestiegenen Liquiditätsbedarfs geplant werden ($b_Y<0$, $b_P<0$, $f_Y<0$, $f_P<0$). Bei konstantem Vermögen haben Einkommensänderungen demnach Substitutionseffekte zur Folge, für die gilt:

$$m_Y + b_Y + f_Y = 0$$

$$m_P + b_P + f_P = 0 \,.$$

Im mittelfristigen Anpassungsprozeß werden Leistungsbilanzungleichgewichte auftreten, wenn sich der reale Wechselkurs (eP_0^*/P), das Realeinkommen (Y) und das Auslandsvermögen (F) verändert haben. Dieser Leistungsbilanzsaldo setzt sich aus dem Saldo des internationalen Waren- und Dienstleistungshandels (LB^H: Nicht-Zins-Leistungsbilanzsaldo) und den inländischen Zinserträgen auf ausländische Finanzaktiva (ei_0^*F: Zins-Leistungsbilanzsaldo), die ebenfalls in der Dienstleistungsbilanz verbucht werden, zusammen. Flexible Wechselkurse sorgen für Zahlungsbilanzgleichgewicht, so daß Leistungsbilanzdefizite durch Kapitalbilanzüberschüsse ($\Delta F<0$) finanziert werden oder Leistungsbilanzüberschüsse den Erwerb ausländischer Wertpapiere finanzieren, also durch Kapitalbilanzdefizite ($\Delta F>0$) ausgeglichen werden. Dieser in der vierten Gleichung des mittelfristigen Portfoliomodells erfaßte Sachverhalt hat zur Folge, daß ein Leistungsbilanzüberschuß mit einer gleich großen Zunahme des Auslandsvermögens verbunden ist ($LB=e\Delta F>0$), während ein Leistungsbilanzdefizit eine entsprechende Verminderung des Auslandsvermögens bedingt ($LB=e\Delta F<0$).

Diese Zusammenhänge bestimmen den mittelfristigen Transmissionsprozeß. Er wird durch eine komplexe Interaktion von realwirtschaftlicher Anpassung, sofortiger Rückwirkung auf den finanziellen Sektor und verzögerter realwirtschaftlicher Übertragung finanzieller Anpassungsprozesse geprägt. Die wichtigsten Wirkungszusammenhänge sollen hier nur angedeutet werden, wobei die nachfolgende Übersicht (Abb. 117) Interpretationshilfe leisten kann.

Die durch expansive Offenmarktpolitik oder durch Geldfinanzierung defizitärer Staatshaushalte in unterschiedlicher Stärke ausgelöste Dollar-Aufwertung und DM-Zinssenkung bewirken einen Nachfrageüberhang im inländischen Gütermarkt. Inlandsproduktion, Beschäftigung und Preisniveau werden steigen. Da die nominale DM-Abwertung zunächst stärker ausfällt als die verzögert einsetzende Preisniveausteigerung, wird die reale Abwertung der Inlandswährung einen Leistungsbilanzüberschuß herbeiführen. Dieser wird durch das Realeinkommenswachstum zwar etwas abgeschwächt, aber nicht beseitigt.

Der temporäre Expansionsprozeß im realwirtschaftlichen Sektor, der längerfristig durch Lohn- und Preisanpassungen zunichte gemacht wird, und die Verbesserung der Leistungsbilanz lösen Transmissionsmechanismen

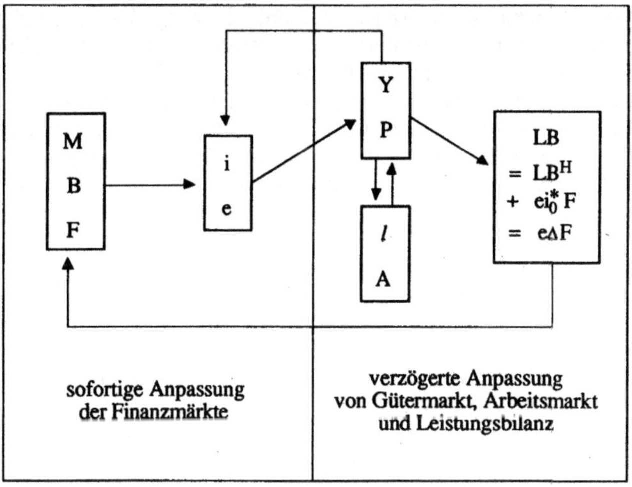

Abb. 117

aus, die eine sehr rasche Anpassung des Finanzsektors an ein neues Gleichgewicht hervorrufen. Zum einen werden Einkommens- und Preisniveausteigerungen die Geldnachfrage erhöhen und die Nachfrage nach in- und ausländischen Wertpapieren senken. Die entstehende Ungleichgewichtskonstellation von Überschußnachfrage an Geldmarkt und Überschußangebot an beiden Wertpapiermärkten wird durch eine Zinserhöhung und eine Dollarkurssenkung ausgeräumt. Zum anderen bewirkt die durch Leistungsbilanzüberschüsse geförderte Zunahme des inländischen Vermögensbestandes ausländischer Forderungstitel ein zusätzliches Überschußangebot ausländischer Wertpapiere (bei vermögensbedingt höherer Nachfrage nach Geld und inländischen Wertpapieren), wodurch der Dollar-Abwertungsdruck verstärkt wird.

Dieser Zusammenhang zwischen Leistungsbilanzungleichgewichten und Veränderungen des Auslandsvermögens bestimmt den langfristigen Anpassungsprozeß, wenn durch Lohnanpassungen die Preissteigerungen weiter angetrieben werden, während Produktion, Realeinkommen und Beschäftigung in Folge der kontraktiven Nachfragewirkungen steigender Zinsen und Wechselkurse und der kontraktiven Angebotswirkungen steigender Löhne wieder zurückgehen. Die expansiven Wirkungen geldpolitischer Stimuli auf Produktion und Beschäftigung werden somit abgebaut, während sich gleichzeitig die inländischen Leistungsbilanzüberschüsse in Folge der realen Dollar-Abwertung zurückbilden. Dem wirken aber die wachsenden Zinseinnahmen entgegen, die inländischen Wirtschaftseinheiten bei zunehmendem Bestand ausländischer Wertpapiere zufließen. Folglich gehen die Leistungsbilanzüberschüsse nur dann zurück, und wird sich das Wachstum der Auslandsvermögensposition nur dann verlangsamen, wenn die wechselkursinduzierte Verschlechterung der Nicht-Zins-Leistungsbilanz die vermögensinduzierte Verbesserung der Zins-Leistungsbilanz übertrifft. Die Stabilität des langfristigen Endgleichgewichts ist demnach nur gesichert, wenn die Abnahme der Exportüberschüsse größer ist als die Zunahme der Zinseinnahmen. Langfristig kann – bei erfüllter MARSHALL-LERNER-Bedingung – mit einer hinreichend großen Wechselkurselastizität der Leistungsbilanz gerechnet werden. Sie dürfte gewährleisten, daß der Anpassungsprozeß in einen Zustand mit ausgeglichener Leistungsbilanz und konstanten Beständen aller Finanzaktiva mündet.

Diese nach vollständiger Absorption monetärer Impulse resultierende gesamtwirtschaftliche Gleichgewichtslage hat eine interessante Implikation, die nicht mit der Kaufkraftparitätentheorie des Wechselkurses (vgl. Kap. III.C.3) in Einklang gebracht werden kann. Im langfristigen Ausgangsgleichgewicht (mit F=0) galt:

$$LB = LB^H(e_1P_0^*/P_1,\ Y_1) = 0.$$

Im langfristigen Endgleichgewicht (mit F>0) muß gelten:

$$LB^H(e_lP_0^*/P_l,\ Y_l) = -e_li_0^*F_l < 0.$$

Die positive Zinsertragsbilanz muß demnach durch eine defizitäre Nicht-Zins-Leistungsbilanz ausgeglichen werden. Ein solches Defizit kommt zustande, wenn das inländische Preisniveau in stärkerem Maße als der Dollar-Wechselkurs gestiegen ist ($g_{Pl}>g_{el}$). Die Ausweitung der Geldmenge hat somit eine reale Dollar-Abwertung bewirkt. Die Wechselkurs- und Preisdynamik ist in stilisierter Form in Abb. 118 dargestellt. Im Ausgangsgleichgewicht (Periode 1) gilt $e_1=P_1=1$. Der in Periode 2 auftretende monetäre Schock führt kurzfristig zu einer (hier) überschießenden Dollar-Aufwertung auf e_2, während mit $P_2=P_1$ das Preisniveau noch stabil bleibt. Eine den langfristigen Gleichgewichtskurs überschießende kurzfristige Wechselkursreaktion ($e_2>e_l$) kann, muß aber nicht auftreten; der Wechselkurs könnte durchaus auch von unten seinem langfristigen Gleichgewichtswert zustreben ($e_2<e_l$). Auch nach dem Anlaufen von Preissteigerungen (Periode 3) bestehen noch Leistungsbilanzüberschüsse mit abnehmender Tendenz, da e>P mit $\Delta e<0$ und $\Delta P>0$ gilt. In der Periode k, in der sich Wechselkurs- und Preisniveaupfad schneiden, kann noch kein langfristiges Leistungsbilanzgleichgewicht bestehen, weil nach Wiederherstellung des realen Wechselkurses der Anfangsperiode ($e_k=P_k$) durch die Leistungsbilanzüberschüsse der Vorperioden Auslandsvermögen akkumuliert wurde, auf das Zinseinnahmen erzielt werden. Der Preissteigerungsprozeß und die Dollar-Abwertung setzen sich fort, bis Leistungsbilanzgleichgewicht hergestellt ist. Folglich müssen die langfristigen Gleichgewichtswerte $e_l<e_k$ und $P_l>P_k$ sein. Das langfristige Preisniveau ist relativ zum Dollar-Wechselkurs gestiegen, so daß eine reale DM-Aufwertung zustandegekommen ist.

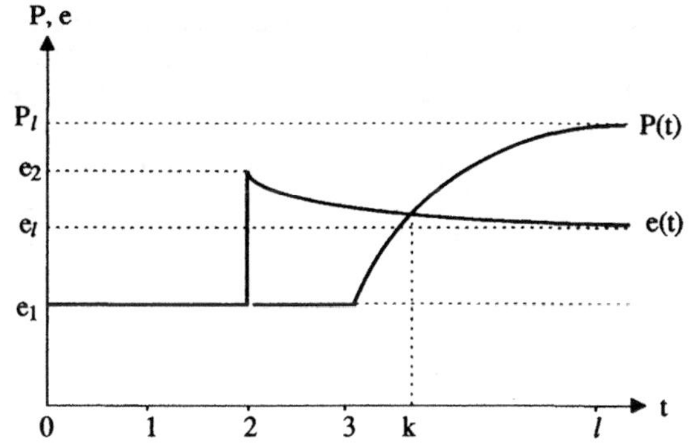

Abb. 118

Wie die Überlegungen im Rahmen neoklassischer Makromodelle gezeigt haben (vgl. Kap. III.C.1.c), schafft eine reale DM-Aufwertung auch bei Preis- und Lohnflexibilität Spielraum für ein dauerhaft höheres Produktions- und Beschäftigungsvolumen. Die in Abschnitt III behandelten neoklassischen Makromodelle haben unter diesen Rahmenbedingungen zwar die langfristige Ineffizienz beschäftigungsorientierter expansiver Geldpolitik nachgewiesen. Offenbar lagen diesem Ergebnis aber die Bedingungen perfekter internationaler Kapitalmobilität zugrunde, unter denen sich bestätigte, daß monetäre Impulse langfristig proportionale Anpassungen aller nominalen Größen bewirken, ohne nachhaltigen Einfluß auf die realen Makrovariablen zu haben. Unter den Bedingungen imperfekter Kapitalmobilität decken die nunmehr anwendungsrelevanten Portfoliomodelle auf, daß expansive Geldimpulse auch langfristig Abweichungen von der Kaufkraftparität hervorrufen und über eine reale Dollar-Abwertung Spielraum für eine Zunahme von Produktion und Beschäftigung schaffen können. Jedoch sollte man dabei auch die doch wohl relativ geringe Grössenordnung der im langfristigen Gleichgewicht sich aufhebenden Salden der Teil-Leistungsbilanzen bedenken, die nur geringfügige reale Wechselkursabweichungen erwarten lassen. Es besteht damit kein Anlaß für eine Restauration beschäftigungsorientierter geldpolitischer Strategien bei flexiblen Wechselkursen. Eine Rückkehr zum Optimismus der klassischen MUNDELL-FLEMING-Ansätze wird durch Portfoliomodelle flexibler Wechselkurse nicht angezeigt.

b. *Managed Floating*

Bislang wurde von einem System vollständig flexibler Wechselkurse ausgegangen. Die Zentralbanken greifen nicht direkt in die Prozesse der Wechselkursanpassung ein. Devisenmarktinterventionen finden nicht statt, so daß sich Gleichgewichtswechselkurse bilden, die nicht durch Devisenkäufe oder -verkäufe der Notenbank verzerrt sind.

Die heutigen Bedingungen relativ freibeweglicher Wechselkurse zwischen den wichtigsten internationalen Transaktionswährungen (US-Dollar, japanischer Yen, DM und die mit der DM "floatenden" Währungen des Französischen Franc und des britischen Pfund Sterling) entsprechen aber einem System, in dem die Notenbanken einerseits keinen Interventionsverpflichtungen mehr unterworfen sind, andererseits jedoch nicht zum vollständigen Verzicht auf Devisenmarktinterventionen gezwungen sind. Devisenmarkteingriffe, die nun im Ermessen der geldpolitischen Entscheidungsträger stehen, werden zu einem Bestandteil diskretionärer Geldpolitik. Eine solche wechselkursorientierte Geldpolitik verfolgt Wechselkursziele, die auf Glättung kurzfristiger Wechselkursschwankungen oder auf Dämpfung von Auf- oder Abwertungstrends gerichtet sind.

Instrumente dieser kontrollierten Wechselkursflexibilität (Managed Floating) sind Interventionen, die als nicht-sterilisierte Devisenmarktoperationen geldmengenwirksam oder als sterilisierte Devisenmarkteingriffe geldmengenneutral gestaltet werden können. Vordergründig betrachtet, handelt es sich bei diesen Devisenmarktinterventionen um Devisenangebot oder -nachfrage der Zentralbank. Doch muß bedacht werden, daß der größte Teil der Dollar-Devisenreserve in zinstragenden Dollar-Finanzaktiva angelegt ist. Wenn also die Zentralbank mit Dollarkäufen interveniert, wird sie in der Regel mit den angekauften Devisen zinstragende ausländische Finanztitel erwerben, so daß der auf eine Dollarkurssteigerung gerichteten Devisenmarktintervention letztlich eine höhere Zentralbank-Nachfrage nach ausländischen Wertpapieren ($\Delta F^Z > 0$) zugrunde liegt. Wenn die Zentralbank mit Dollarverkäufen interveniert, um einen Dollar-Abwertungseffekt zu erzielen, wird sie ihren Bestand ausländischer Wertpapiere reduzieren ($\Delta F^Z < 0$). Devisenmarktinterventionen sind also Offenmarktoperationen der Zentralbank im Markt ausländischer Finanzaktiva, die geldmengenwirksam (nicht-sterilisierte Interventionen) oder geldmengenneutral (sterilisierte Interventionen) sein können.

Mit dem kurzfristigen Portfoliomodell lassen sich die unmittelbaren Auswirkungen solcher Devisenmarktinterventionen erfassen. Unterstellt sei, daß die Zentralbank mit dem Eingriff im Devisenmarkt einen Dollar-Aufwertungseffekt erzielen will, um einer Dollar-Abwertungstendenz dämpfend entgegenzuwirken. Entscheidet sich die Zentralbank hierbei für eine nicht-sterilisierte Devisenmarktoperation, kommt es zur Geldschöpfung durch Notenbankkäufe ausländischer Finanzaktiva (Abb. 119a). Die Zentralbank kauft ausländische Wertpapiere für neuproduziertes inländisches Geld ($\Delta F^Z = \Delta B_0^Z = \Delta M_0 > 0$). Da durch die Wertpapierkäufe der Notenbank das Angebot an ausländischen Wertpapieren reduziert wird, entsteht ein Nachfrageüberhang im Markt ausländischer Zinstitel, der durch Erhöhung des Inlandzinses oder des Dollar-Wechselkurses ausgeräumt werden kann (Verschiebung der FF-Kurve nach rechts oben in die Position FF_2). Zugleich erhöhen die Wertpapierkäufe der Zentralbank das Angebot an inländischem Geld. Es entsteht ein Angebotsüberhang im Geldmarkt, der durch eine inländische Zinssenkung eliminiert werden kann (Links-

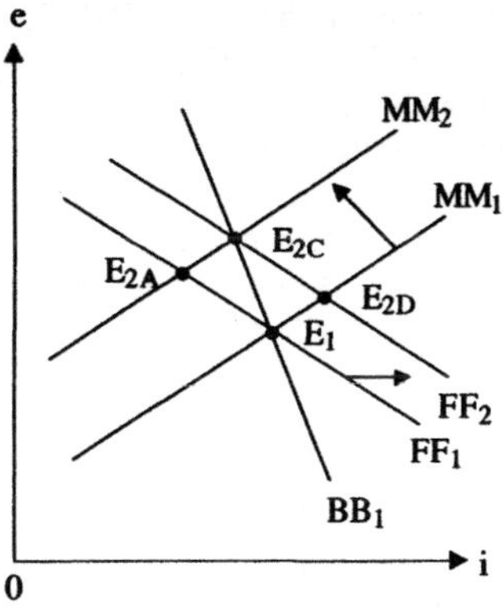

Abb. 119a

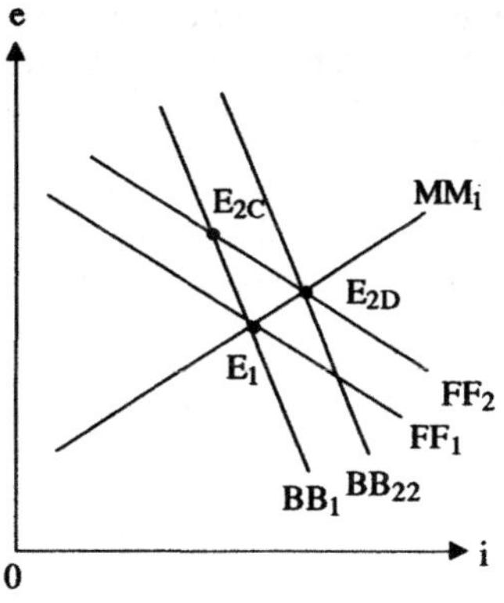

Abb. 119b

verschiebung der MM-Kurve in die Position MM_2). Da die Devisenmarktintervention keinen unmittelbaren Einfluß auf Angebot oder Nachfrage im Markt inländischer Wertpapiere hat, bleibt die BB-Kurve unverändert. Der neue Gleichgewichtspunkt des Finanzmarktsystems (E_{2C}) muß folglich im gemeinsamen Schnittpunkt der FF_2- und MM_2-Kurve mit der BB_1-Kurve liegen. Der Dollar-Wechselkurs ist – entsprechend der Zielvorgabe der wechselkursorientierten Geldpolitik – gestiegen, das inländische Zinsniveau ist gesunken. Die Devisenmarktintervention ist kurzfristig wirksam, erweist sich aber weder als geldmengenneutral noch als zinsneutral. Damit entsteht die Frage, ob geldmengenneutrale Devisenmarktoperationen auch zinsneutral sein werden.

Wird die Devisenmarktintervention $\Delta F^Z > 0$ sterilisiert, so kombiniert die Zentralbank eine expansive Offenmarktpolitik im Markt ausländischer Wertpapiere mit einer kompensierenden kontraktiven Offenmarktpolitik im Markt inländischer Wertpapiere (Abb. 119b):

$$\Delta F^Z = \Delta B_0^Z = \Delta M_0 > 0 \quad \text{Geldschöpfung durch Devisenmarktintervention}$$

$$\Delta B_0 = -\Delta B_0^Z = -\Delta M_0 < 0 \quad \text{kontraktive Offenmarktpolitik}$$

$$\Delta F^Z + \Delta B_0 = 0 = 0 \quad \text{sterilisierte Devisenmarktintervention.}$$

Wie ersichtlich, kauft nun die Zentralbank ausländische Wertpapiere gegen inländische Wertpapiere ($\Delta F^Z = -\Delta B_0$). Es entsteht wiederum ein Nachfrageüberhang am Markt ausländischer Finanzaktiva (Rechtsverschiebung der FF-Kurve in die Position FF_2), der nun von einem Angebotsüberhang am inländischen Wertpapiermarkt (Rechtsverschiebung der BB-Kurve in die Position BB_2) begleitet wird. Da die Devisenmarktintervention geldmengenneutral gestaltet ist, verschiebt sich die MM-Kurve nicht. Der neue Gleichgewichtspunkt (E_{2D}) muß im Schnittpunkt von FF_2- und BB_2-Kurve auf MM_1 liegen. Der Dollar-Wechselkurs ist gestiegen, ebenso das inländische Zinsniveau. Auch die sterilisierte Devisenmarktintervention ist in der angestrebten Richtung wechselkurswirksam, jedoch wegen der gleichzeitigen Zinssteigerungen in geringerem Maße als die vergleichbare nicht-sterilisierte Devisenmarktoperation (wie ein Vergleich der Gleichgewichtspunkte E_{2C} und E_{2D} deutlich macht). Auch geldmengenneutrale Devisenmarktoperationen sind nicht zinsneutral, der Zinseffekt wechselt vielmehr das Vorzeichen. Zudem haben nicht-sterilisierte Notenbankkäufe ausländischer Finanzaktiva stärkere Aufwertungseffekte zur Folge als sterilisierte Käufe ausländischer Wertpapiere, können also einer Dollar-Abwertungstendenz wirksamer gegensteuern.

Schließlich kann die nicht-sterilisierte Devisenmarktintervention mit expansiver Offenmarktpolitik im inländischen Wertpapiermarkt verglichen werden (Abb. 119a). Auch diese Offenmarktoperation der Zentralbank kann den Wechselkurs in die gewünschte Richtung lenken (Gleichgewichtspunkt E_{2A} auf FF_1). Jedoch sind die zinssenkenden Wirkungen stärker und der Aufwertungseffekt schwächer ausgeprägt als bei der nicht-sterilisierten Devisenmarktoperation.

c. *Externe Störungen*

Änderungen des ausländischen Zinsniveaus (Δi_0^*) und autonome Verschiebungen der Portfoliopräferenzen zugunsten oder zu Ungunsten ausländischer Wertpapiere (Δf) sind externe monetäre Störungen des inländischen Finanzmarktgleichgewichts, die durch Zins- und Wechselkursanpassungen absorbiert werden. Da Zins- und Wechselkursänderungen mit zeitlicher Verzögerung expansive oder kontraktive Wirkungen in den inländischen Gütermarkt übertragen, können flexible Wechselkurse nicht gegen die Transmission externer monetärer Störungen und – wie die Modelle der neoklassischen Synthese gezeigt haben – realwirtschaftlicher Störungen abschirmen.

Die kurzfristige Transmission externer monetärer Störungen bei flexiblen Wechselkursen läßt sich durch Anwendung des Portfoliomodells erfassen (Abb. 120-121). Portfolioumschichtungen auf Grund von Verschiebungen privater Anlegerpräferenzen zugunsten ausländischer und zu Lasten inländischer Zinstitel ($\Delta f = -\Delta b > 0$) bewirken einen Nachfrageüberhang am Markt ausländischer Wertpapiere (Rechtsverschiebung der FF-Kurve) und einen Angebotsüberhang am Markt inländischer Zinstitel (Rechtsverschiebung der BB-Kurve). Die MM-Kurve ändert ihre Lage nicht, so daß der neue Gleichgewichtspunkt (E_2) als Schnittpunkt von FF_2- und BB_2-Kurve auf MM_1 resultiert (Abb. 120a). Dollar-Wechselkurs und Inlandszins sind

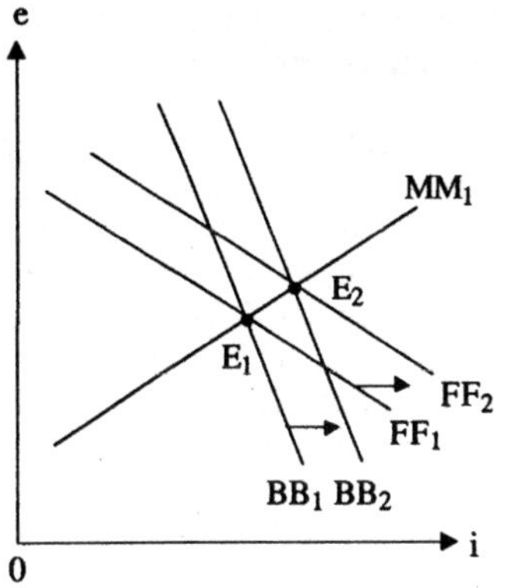

Abb. 120a

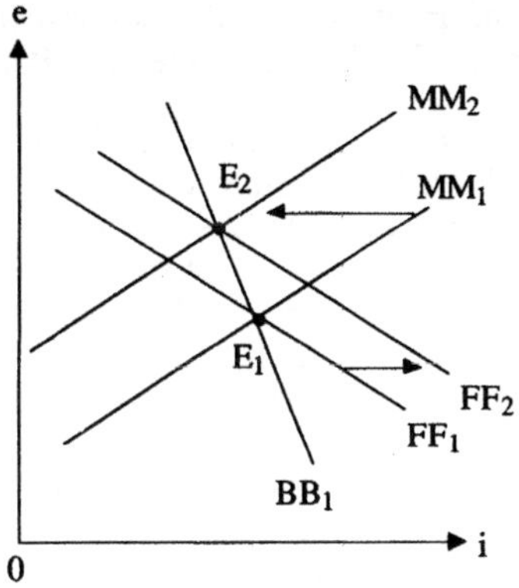

Abb. 120b

gestiegen. Eine Abschirmung der Finanzmärkte gegenüber diesen exogenen finanziellen Schocks ist möglich, indem die Zentralbank die Überschußnachfrage nach ausländischen Wertpapieren durch Verkäufe dieser Finanzaktiva deckt und das (gleich große) Überschußangebot inländischer Wertpapiere durch Käufe aus dem Markt nimmt. Diese Abschirmungsstrategie besteht somit in sterilisierten Devisenmarktinterventionen, die den Gleichgewichtspunkt E_1 stabilisieren (also eine Rechtsverschiebung von FF- und BB-Kurve verhindern).

Wenn veränderte Währungspräferenzen zu einer Substitution inländischer Kassenhaltung durch ausländische Wertpapierhaltung führen ($\Delta f = -\Delta m > 0$), dann ist der Nachfrageüberhang am Markt ausländischer Wertpapiere mit einem Angebotsüberhang am Geldmarkt (Linksverschiebung der MM-Kurve) verbunden. Da die Lage der BB-Kurve nicht verändert wird, muß der neue Gleichgewichtspunkt (E_2) dort liegen, wo sich FF_2- und MM_2-Kurve auf BB_1 schneiden (Abb. 120b). Auch in diesem Fall ist der Dollar-Wechselkurs auf Grund der höheren Präferenz für Dollar-Finanztitel gestiegen, während der Inlandszins nunmehr gesunken ist. Die Finanzmärkte können gegen diesen exogenen Schock abgeschirmt werden, indem die Zentralbank durch Verkäufe ausländischer Wertpapiere gegen inländisches Geld die Ungleichgewichte in beiden Finanzmärkten abdeckt. Eine simultane Zins- und Wechselkursstabilisierung kann somit durch nicht-sterilisierte Devisenmarktinterventionen erreicht werden.

Schon hier zeigt sich, daß die wechselkurs- und zinsstabilisierende Abschirmungsstrategie schockabhängig ist. Wird die private "Flucht" in Dollar-Finanzaktiva durch Auflösung der auf inländische Währung lautenden Wertpapier- und Kassenbestände finanziert, so müßte die Wechselkursstabilisierung durch eine Kombination sterilisierter und nicht-sterilisierter Devisenmarktoperationen herbeigeführt werden. Die auf diesen Fall zugeschnittene optimale Interventionsregel läßt sich aber nur bei vollständiger Information über die Zusammensetzung des finanziellen Schocks und über die Strukturparameter des Portfoliomodells ermitteln.

Das gleiche Informationsproblem stellt sich bei der Abschirmung gegen die Übertragung einer ausländischen Zinssteigerung ($\Delta i_0^* > 0$). Die Erhöhung des ausländischen Zinsniveaus bewirkt über Substitutionseffekte ($m_i * \Delta i_0^* < 0$, $b_i * \Delta i_0^* < 0$, $f_i * \Delta i_0^* > 0$) Angebotsüberschüsse in den Märkten inländischer Wertpapiere (Rechtsverschiebung der BB-Kurve) und inländischen Geldes (Linksverschiebung der MM-Kurve) und einen Nachfrageüberhang im Markt für ausländische Wertpapiere (Rechtsverschiebung der FF-Kurve). Der neue Gleichgewichtspunkt (E_2) liegt im Schnittpunkt von FF_2-, BB_2- und MM_2-Kurve (Abb. 121). Die Auslandswährung wird aufgewertet, und der Inlandszins kann steigen. Die Wirkung auf den Inlandszins ist aber nicht eindeutig. Einerseits wird die ausländische Zinssteigerung über die Senkung der Nachfrage nach inländischen Wertpapieren zinssteigernde Effekte auslösen, andererseits wird sie über den induzierten Rückgang der Geldnachfrage zinssenkende Wirkungen freisetzen. Reagiert die inländische Wertpapiernachfrage stärker als die inländische Geldnachfrage auf die Erhöhung des Auslandszinses, so werden Zinserhöhungen wahrscheinlicher. Außerdem wird der aufwertungsbedingte Vermögenszuwachs den Rückgang der Nachfrage nach beiden inländischen Finanzaktiva dämpfen. Wirkt der Vermögenseffekt stärker auf die Wertpapiernachfrage als auf die Geldnachfrage, so werden Zinssenkungen wahrscheinlicher. Die portfoliotheoretische Analyse macht somit auch deutlich, welche Einflußfaktoren bei imperfekter Kapitalmobilität zur Lockerung oder gar Auflösung des internationalen Zinszusammenhangs führen.

Die geldpolitische Autonomie im System flexibler, aber beeinflußbarer Wechselkurse (Managed Floating) besteht darin, daß eine von Verpflichtungen zur Finanzierung defizitärer Staatshaushalte unabhängige Zentralbank über drei Aktionsparameter (M, B, F) und somit über vielfältige geldpolitische Optionen verfügt. Diese umfassen Offenmarktoperationen mit inländischen Wertpapieren, Offenmarktoperationen mit ausländischen Wertpapieren, die wiederum als sterilisierte oder als nicht-sterilisierte Devisenmarktinterventionen gestaltet werden können, und alle möglichen Kombinationen dieser drei Basisstrategien. Die Konzipierung der im Hinblick auf ein vorgegebenes monetäres Ziel optimalen geldpolitischen Strategie setzt die Kenntnis aller relevanten Verhaltensparameter (partiellen Differentialquotienten) des Portfoliomodells voraus. Sie dürfte an unvollständiger Information der Entscheidungsträger scheitern. Dies spricht im Grunde für eine längerfristig auf Preisniveaustabilität ausgerichtete verstetigte Geldpolitik, die keine kurzfristigen monetären oder realwirtschaftlichen Ziele verfolgt. Für dieses Konzept der Stabilitätspolitik bieten flexible Wechselkurse das optimale Wechselkurssystem.

Dies gilt nicht mehr, wenn es um das kurzfristige Ziel monetärer Absicherung gegen Auslandsstörungen geht. Flexible Wechselkurse können ei-

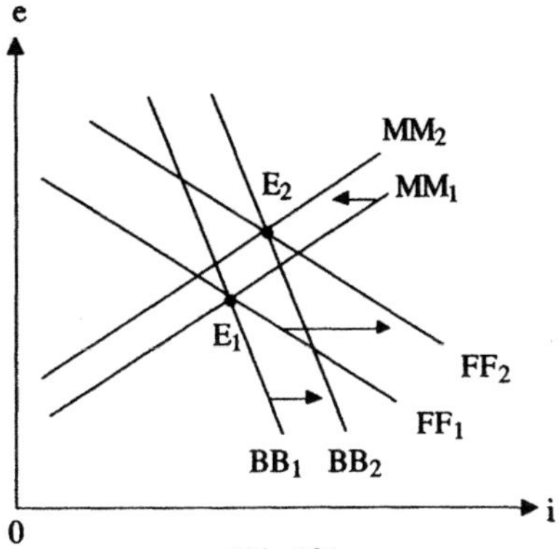

Abb. 121

ne Volkswirtschaft nicht gegen externe Störungen, also auch nicht gegen Transmissionswirkungen ausländischer Wirtschaftspolitik, abschirmen. Der Übergang von festen zu flexiblen Wechselkursen verändert lediglich die Übertragungsmechanismen und die Auswirkungen externer Störungen. Die verfügbaren Anpassungsstrategien inländischer Geldpolitik erstrecken sich über ein breites Spektrum wechselkurspolitischer Optionen (Pure Floating, feste Wechselkurse mit sterilisierten oder nicht-sterilisierten Devisenmarktinterventionen, Managed Floating mit kurzfristigen Wechselkurszielen, Zielzonen für Wechselkurse). Gemessen am Kriterium stabilisierungspolitischer Effizienz, läßt sich nicht eindeutig bestimmen, welches dieser Wechselkurssysteme optimal ist.

Literaturangaben

ALLEN, P.R./ KENEN, P.B., Asset Markets, Exchange Rates and Economic Integration,, Cambridge, 1980.

BALTENSPERGER, E./ BÖHM, P., Stand und Entwicklungstendenzen der Wechselkurstheorie, in: Außenwirtschaft, 37 (1982), S. 109-157.

BENDER, D., Finanzmarkttheorie des Wechselkurses, in: Handwörterbuch der Wirtschaftswissenschaft, Bd. 9, Stuttgart, 1982, S. 748-764.

BENDER, D., Monetäre Transmissions- und Steuerungsprobleme in offenen Volkswirtschaften, in: THIEME, H.J. (Hrsg.), Geldtheorie, 2. Aufl., Baden-Baden, 1987.

BENDER, D./ LANG, F.P./ OHR, R., Geldpolitik, Arbeitsmarkt und Wechselkursdynamik, in: Jahrbücher für Nationalökonomie und Statistik, 197 (1982), S. 521-543.

BRANSON, W.H., Exchange Rate Dynamics and Monetary Policy, in: LINDBECK, A. (Hrsg.), Inflation and Employment in Open Economies, Amsterdam, 1979.

DE GRAUWE, P., Macroeconomic Theory for the Open Economy, Hampshire, 1983.

DE GRAUWE, P., International Money: Post-War Trends and Theory, Oxford, 1989.

DORNBUSCH, R., Expectations and Exchange Rate Dynamics, in: Journal of Political Economy, 84 (1976), S. 1161-1176.

DORNBUSCH, R., Open Economy Macroeconomics, New York, 1980.

DORNBUSCH, R./ FISCHER, S., Exchange Rates and the Current Account, in: American Economic Review, 70 (1980), S. 960-971.

FRENKEL, J.A., A Monetary Approach to the Exchange Rate: Doctrinal Aspects and Empirical Evidence, in: Scandinavian Journal of Economics, 78 (1976), S. 200-224.

FRENKEL, J.A./ JOHNSON, H.G., The Monetary Approach to the Balance of Payments, London, 1976.

GANDOLFO, G., International Economics II, International Monetary Theory and Open Economy Macroeconomics, Berlin u.a., 1987.

GÄRTNER, M., Makroökonomik flexibler Wechselkurse, Berlin u.a., 1990.

JARCHOW, H.-J./ RÜHMANN, P., Monetäre Außenwirtschaft, I. Monetäre Außenwirtschaftstheorie, 3. Aufl., Göttingen, 1991.

JOHNSON, H.G., Der monetäre Ansatz zur Zahlungsbilanztheorie, in: JOHNSON, H.G., Inflation. Theorie und Politik, München, 1975.

KRUGMAN, P.R./ OBSTFELD, M., International Economics, Boston u.a., 1988.

MACDONALD, R., Floating Exchange Rates. Theories and Evidence, London, 1988.

MUNDELL, R.A., Monetary Theory, Inflation, Interest, and Growth in the World Economy, Pacific Palisades, 1971.

MUSSA, M., The Exchange Rate, the Balance of Payments, and Monetary and Fiscal Policy under a Regime of Controlled Floating, in: Scandinavian Journal of Economics, 78 (1976), S. 229-248.

RIVERA-BATIZ, F.L./ RIVERA-BATIZ, L., International Finance and Open Economy Macroeconomics, New York, 1985.

ROSE, K., Theorie der Außenwirtschaft, 10. Aufl., München, 1989.

SAUERNHEIMER, K., Internationale Kapitalbewegungen, flexible Wechselkurse und gesamtwirtschaftliches Gleichgewicht, Hamburg, 1980.

SIEBERT, H., Außenwirtschaft, 5. Aufl., Stuttgart, 1991.

WILLMS, M., Währung, in: Vahlens Kompendium der Wirtschaftstheorie und Wirtschaftspolitik, Bd. 1, 5. Aufl., München, 1992.

WILLMS, M., Internationale Währungspolitik, München, 1992.

Teil III

Makroökonomische Ex-Ante-Analysen wachsender Volkswirtschaften

§ 1 Neoklassische Standardmodelle

I. Zwei-Faktor-Modelle: Unbegrenzte natürliche Ressourcen

A. Exogene Bevölkerungsentwicklung

1. Wachsende Bevölkerung

a. Wachstums- und Verteilungsgleichgewicht ohne technischen Fortschritt

In den bisher diskutierten kurzfristigen neoklassischen Makromodellen werden die Gleichgewichtswerte unter der Annahme einer gegebenen Arbeits- und Kapitalausstattung bestimmt. Im makroökonomischen Gleichgewicht haben realer Lohn- und Zinssatz die Höhe, bei der das gegebene Arbeits- und Kapitalangebot vollbeschäftigt ist. Unter langfristigem Aspekt können Arbeits- und Kapitalangebot nicht ohne weiteres als konstant genommen werden. Bei positiver Spar- und Investitionsquote wächst der Kapitalstock, und je nach (1) Größe und Altersstruktur der Bevölkerung im Ausgangszeitpunkt, (2) Höhe der altersspezifischen Geburten- und Sterberaten wächst oder schrumpft das Arbeitspotential – das ist der durch das Ein- und Austrittsalter einerseits, durch die Quote der freiwilligen Arbeitslosigkeit und der dauernden oder zeitweiligen Arbeitsunfähigkeit andererseits bestimmte Teil der Bevölkerung, der als arbeitsfähig und arbeitswillig zur Verfügung steht – mit konstanter oder variabler Rate. In den hier zur Diskussion stehenden neoklassischen Wachstums- und Verteilungsmodellen wird im allgemeinen angenommen, das Arbeitspotential wachse in der Zeit mit einer konstanten, als Datum vorgegebenen positiven Rate. Dann muß der Kapitalbestand mit der gleichen Rate wachsen, wenn die Vollbeschäftigung des Arbeitsstocks bei Konstanz von Kapitalintensität, Arbeits- und Kapitalproduktivität in der Zeit erhalten bleiben soll. Wächst der Kapitalstock mit einer höheren oder niedrigeren Rate als das Arbeitspotential, so bleibt bei konstanter Kapitalintensität ein wachsender Teil der Kapital- oder Arbeitsausstattung unbeschäftigt. Erhaltung der Vollbeschäftigung beider Faktoren impliziert, daß die Wachstumsraten von Arbeits- und Kapitalstock

$$n = \frac{dA}{dt}\,\frac{1}{A}$$

$$g = \frac{dK}{dt}\,\frac{1}{K}$$

übereinstimmen. Die Wachstumsrate des Arbeitspotentials ist in den Standardmodellen der neoklassischen Wachstums- und Verteilungstheorie, wie gesagt, als Datum vorgegeben. Die Wachstumsrate des Kapitalstocks dagegen wird modellendogen bestimmt. Sie ist gleich dem Quotienten aus dem Kapitalzuwachs I=dK/dt und dem Kapitalbestand $K=K_0$. Setzt man I=sY und Y=xK, so ist g=sx. Die Wachstumsrate des Kapitalstocks (g) ist ex definitione gleich dem Produkt aus durchschnittlicher Spar- und Investitionsquote (s) und durchschnittlicher Kapitalproduktivität (x). Übereinstimmung der Wachstumsraten von Arbeits- und Kapitalstock impliziert also

$$n = sx .$$

Die Wachstums- und verteilungstheoretischen Richtungen unterscheiden sich u.a. darin, welche dieser Größen als Parameter, welche als Variable genommen werden. In den keynesianischen Standardmodellen wird, wie noch zu diskutieren ist, s als Variable und n und x werden als Parameter genommen. In den neoklassischen Standardmodellen sind umgekehrt n und s Parameter, und x wird als Variable endogen bestimmt:

(1) Ist $n>sx$, wächst das Arbeitspotential mit einer höheren Rate als der Kapitalstock, dann läßt die Konkurrenz der Arbeitskräfte um die Arbeitsplätze den Lohnsatz sinken und den Zinssatz steigen. Die Senkung der Lohn-Zins-Relation veranlaßt die Unternehmungen zur Senkung der Kapitalintensität, und dies läßt die Arbeitsproduktivität sinken, die Kapitalproduktivität steigen. Bei gegebener Sparquote steigt mit der Kapitalproduktivität die Wachstumsrate des Kapitalstocks.

(2) Ist $n<sx$, wächst das Arbeitspotential mit einer niedrigeren Rate als der Kapitalstock, dann läßt die Konkurrenz der Arbeitsplätze um die Arbeitskräfte den Lohnsatz steigen und den Zinssatz sinken. Die Erhöhung der Lohn-Zins-Relation veranlaßt die Unternehmungen zur Erhöhung der Kapitalintensität, und dies läßt die Arbeitsproduktivität steigen, die Kapitalproduktivität sinken. Bei gegebener Sparquote sinkt mit der Kapitalproduktivität die Wachstumsrate des Kapitalstocks.

Unter neoklassischen Prämissen paßt sich also die Wachstumsrate des Kapitalstocks in der Weise an die des Arbeitspotentials an, daß die Kapitalproduktivität bei konstanter Sparquote steigt oder sinkt, wenn die Wachstumsrate des Kapitalstocks im Vergleich zu der des Arbeitsstocks zu niedrig oder zu hoch ist. Die für die Übereinstimmung der Wachstumsraten von Arbeits- und Kapitalbestand erforderliche Kapitalproduktivität

$$x = \frac{n}{s}$$

ist positiv mit n und negativ mit s korreliert. Je höher also n oder je niedriger s, umso niedriger die für die Erhaltung der Vollbeschäftigung von

Arbeit und Kapital erforderliche Kapitalintensität, umso niedriger im Gleichgewicht der Lohnsatz, umso höher der Zinssatz.

Das Wachstums- und Verteilungsgleichgewicht läßt sich auch mit Hilfe von Pro-Kopf-Größen bestimmen. Teilt man die makroökonomische Produktionsfunktion $Y=Y(A,K)$ durch die Arbeitsmenge, so hat man die makroökonomische Pro-Kopf-Produktionsfunktion

$$y = y(1,k).$$

Sie hat einen degressiven Verlauf. Eine Erhöhung oder Senkung der Kapitalintensität um 1% läßt die Arbeitsproduktivität um weniger als 1% steigen oder sinken. Geometrische Darstellung:

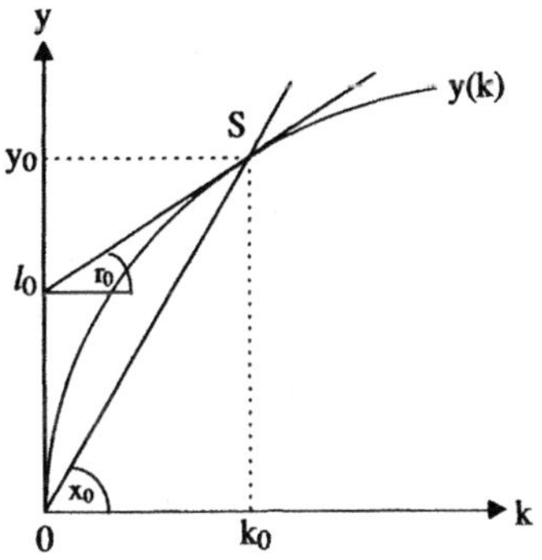

Abb. 122a

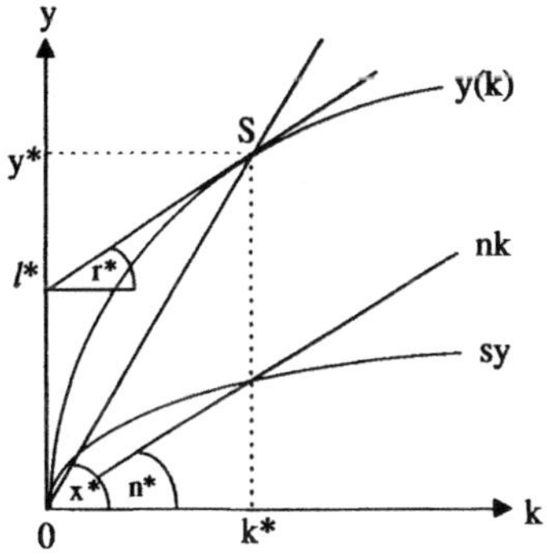

Abb. 122b

Im neoklassischen Modell wählen die Unternehmungen in jeder Periode unter den durch die Pro-Kopf-Produktionsfunktion gegebenen alternativen Werten der Kapitalintensität jenen, der die Kapitalrentabilität, den Zinssatz maximiert. Hat etwa der reale Lohnsatz die Höhe l_0, so vermittelt die Kapitalintensität k_0 die maximale Verzinsung r_0. Die Arbeitsproduktivität hat für k_0 die Höhe y_0, und das Verhältnis von Pro-Kopf-Gewinn y_0-l_0 und Pro-Kopf-Kapital k_0 ist ein Maximum. Der reale Gewinnsatz r_0 stimmt im Rentabilitätsmaximum S mit dem Anstiegsmaß der Pro-Kopf-Produktionsfunktion, mit der ersten Ableitung von y nach k, mit der Grenzproduktivität des Kapitals überein. Dies impliziert bei einer linearhomogenen Produktionsfunktion, daß der Reallohnsatz gleich der Grenzproduktivität der Arbeit ist. Beide Faktoren, Arbeit und Kapital, werden unter neoklassischen Prämissen nach dem Grenzproduktivitätsprinzip entlohnt, und dies bedeutet, daß die Lohnquote gleich der Produktionselastizität der Arbeit, die Zinsquote gleich der Produktionselastizität des Kapitals ist. Im Gleichgewichtspunkt S stimmt das Verhältnis von Arbeitsproduktivität und Kapitalintensität, stimmt die Kapitalproduktivität $x=y/k$, mit dem Quotienten aus Gleichgewichtswachstumsrate (n) und gesamtwirtschaftlicher Sparquote (s) überein.

Wird jede Arbeitseinheit mit k Kapitaleinheiten ausgestattet und wächst die Zahl der verfügbaren Arbeitseinheiten mit der konstanten Rate n, so ist die für die Erhaltung der Vollbeschäftigung bei konstanter Kapitalintensität erforderliche Pro-Kopf-Investition nk. Nimmt man an, daß der konstante Teil s jeder Einkommenseinheit gespart wird, so ist die Pro-Kopf-Ersparnis gleich sy. Die Erhaltung der Vollbeschäftigung von Arbeit und Kapital bei konstanter Kapitalintensität, die Übereinstimmung der Wachstumsraten von Arbeits- und Kapitalausstattung, verlangt also bei gegebener Wachstumsrate n des Arbeitspotentials und bei gegebener Spar- und damit Investitionsquote s die Wahl einer Kapitalintensität k*, bei der die Pro-Kopf-Ersparnis sy* und die erforderliche Pro-Kopf-Investition nk* übereinstimmen. Die Produzenten wählen diese Kapitalintensität k* offenbar dann, wenn der Lohnsatz die Höhe *l**, der Zinssatz die Höhe r* hat. Dies wiederum impliziert, daß die in der Ausgangssituation verfügbaren Kapital- und Arbeitsmengen bereits im Verhältnis k* stehen. Ist das Verhältnis von Kapital- und Arbeitsmenge im Ausgangszustand

(1) kleiner als k*, so ist der Lohnsatz l_0 niedriger als *l**, der Zinssatz höher als r*, und die Kapitalintensität k_0 niedriger als k*. Die Pro-Kopf-Ersparnis sy ist höher als die erforderliche Pro-Kopf-Investition nk*, der Kapitalstock wächst mit einer höheren Rate als der Arbeitsstock, der Lohnsatz steigt gegen *l**, der Zinssatz sinkt gegen r*, und die Kapitalintensität steigt gegen k*,

(2) größer als k*, so ist der Lohnsatz l_0 höher als *l**, der Zinssatz r_0 niedriger als r* und die Kapitalintensität k_0 höher als k*. Die Pro-Kopf-Ersparnis sy ist niedriger als die erforderliche Pro-Kopf-Investition nk*, der Kapitalstock wächst mit einer niedrigeren Rate als der Arbeitsstock, der Lohnsatz sinkt gegen *l**, der Zinssatz steigt gegen r*, und die Kapitalintensität sinkt gegen k*.

Variationen der Faktorpreise und in deren Gefolge der Faktorintensitäten und -produktivitäten passen also die Wachstumsrate des Kapitalstocks an die des Arbeitspotentials an. Im Wachstums- und Verteilungsgleichgewicht stimmen die Wachstumsraten des Volkseinkommens, des Kapital- und des Arbeitseinsatzes überein. Die Gleichgewichtskonstellation kann im übrigen durch jede der beiden Gleichungen (1) nk=sy und (2) n=sx bestimmt werden. Teilt man nk=sy durch k, so ergibt sich n=sx. Beide Gleichungen bezeichnen den gleichen Sachverhalt: Die Übereinstimmung der Wachstumsraten von Kapital- und Arbeitsstock als Bedingung des Wachstums- und Verteilungsgleichgewichts.

Im neoklassischen Standardmodell ist mit den relativen Faktorpreisen und den relativen Faktormengen, mit Lohn-Zins-Relation und Kapitalintensität auch die funktionelle Verteilung des Volkseinkommens bestimmt. Der reale Lohnsatz ist gleich der partiellen Grenzproduktivität der Arbeit, der reale Zinssatz gleich der partiellen Grenzproduktivität des Kapitals, und damit ist die Lohnquote gleich der partiellen Produktionselastizität der Arbeit, die Zinsquote gleich der partiellen Produktionselastizität des Kapitals. Die funktionelle Verteilung des Volkseinkommens ist also durch (1) die relative Ausstattung mit Kapital und Arbeit und (2) die Eigenschaften der makroökonomischen Produktionsfunktion bestimmt. Unterstellt, die Kapitalausstattung stiege oder sinke im Verhältnis zur Arbeitsausstattung und der Konkurrenzmechanismus ließe die Lohn-Zins-Relation steigen oder sinken, was wiederum die Unternehmungen veranlaßte, die Kapitalintensität zu erhöhen oder zu senken. Dann läßt sich nicht generell sagen, ob und gegebenenfalls wie sich die Einkommensquoten von Arbeit und Kapital verändern. Drei Fälle sind denkbar:

(1) Die relative Veränderung der Kapitalintensität ist kleiner als die der Lohn-Zins-Relation. Eine Erhöhung der Kapitalintensität und der Lohn-Zins-Relation läßt die Lohnquote steigen, die Zinsquote sinken.

(2) Die relative Veränderung der Kapitalintensität ist gleich jener der Lohn-Zins-Relation. Eine Erhöhung oder Senkung der Kapitalintensität und der Lohn-Zins-Relation läßt Lohn- und Zinsquote unverändert.

(3) Die relative Veränderung der Kapitalintensität ist größer als die der Lohn-Zins-Relation. Eine Erhöhung der Kapitalintensität und der Lohn-Zins-Relation läßt die Lohnquote sinken, die Zinsquote steigen.

Im ersten Fall ist die Substitutionselastizität (σ) kleiner als eins, im zweiten Fall gleich eins, im dritten Fall größer als eins. Die Substitutionselastizität ist das Verhältnis der relativen Veränderung der Kapitalintensität zur relativen Veränderung der Lohn-Zins-Relation:

$$\sigma = \frac{d(\frac{K}{A})}{\frac{K}{A}} : \frac{d(\frac{l}{r})}{\frac{l}{r}} = \frac{d(\frac{K}{A})}{d(\frac{l}{r})} : \frac{\frac{K}{A}}{\frac{l}{r}}$$

Produktionsfunktionen können danach klassifiziert werden, ob die Substitutionselastizität konstant (CES-Produktionsfunktionen; constant elasticity of substitution) oder variabel (VES-Produktionsfunktionen; variable elasticity of substitution) ist. Die LEONTIEF- und die COBB-DOUGLAS-Produktionsfunktion sind Grenzfälle von Produktionsfunktionen mit konstanter Substitutionselastizität: (1) Im Fall der LEONTIEF-Produktionsfunktion ist die absolute und relative Variation der Kapitalintensität gleich null. Das effiziente Verhältnis von Kapital- und Arbeitseinsatz ist durch die linear-limitationale Technik determiniert. Variationen der Lohn-Zins-Relation haben keinen Einfluß auf die Kapitalintensität. Die Substitutionselastizität hat eine konstante Höhe von null. (2) Im Fall der COBB-DOUGLAS-Produktionsfunktion stimmen die relativen Veränderungen der Kapitalintensität und der Lohn-Zins-Relation stets überein. Die Einkommensquoten von Kapital und Arbeit stimmen mit den Exponenten überein, sie sind konstant. Die Substitutionselastizität hat eine Höhe von eins.

Die Höhe der Substitutionselastizität (σ) gibt Aufschluß darüber, ob und mit welchem Vorzeichen sich die partiellen Produktionselastizitäten von Arbeit und Kapital mit der Kapitalintensität und der Lohn-Zins-Relation verändern:

(1) $\sigma<1$ impliziert, daß die partielle Produktionselastizität der Arbeit und damit die Lohnquote steigt, während die partielle Produktionselastizität des Kapitals und damit die Zinsquote sinkt, wenn Kapitalintensität und Lohn-Zins-Relation steigen.

(2) $\sigma>1$ impliziert, daß die partielle Produktionselastizität der Arbeit und damit die Lohnquote sinkt, während die partielle Produktionselastizität des Kapitals und damit die Zinsquote steigt, wenn Kapitalintensität und Lohn-Zins-Relation steigen.

Für $\sigma<1$ ist die Lohnquote, für $\sigma>1$ die Zinsquote positiv mit Kapitalintensität und Lohn-Zins-Relation verknüpft.

Der Zusammenhang zwischen der Kapitalintensität, der Lohn-Zins-Relation und den Einkommensquoten von Arbeit und Kapital läßt sich mit Hilfe der Konzeption der Lohn-Zins-Grenze (wage-interest frontier; factor-price frontier) auf einfache Weise veranschaulichen. Bei gegebener Produktionsfunktion ist jedem Lohnsatz ein bestimmter Zinssatz, jedem Zinssatz ein bestimmter Lohnsatz zugeordnet. Der Lohnsatz ist im Rentabilitätsmaximum gleich der Grenzproduktivität der Arbeit, der Zinssatz gleich der Grenzproduktivität des Kapitals. Die Grenzproduktivitäten von Arbeit und Kapital sind negativ korreliert: Erhöhungen der Kapitalintensität lassen die Grenzproduktivität der Arbeit steigen und die Grenzproduktivität des Kapitals sinken. Darum sind Lohn- und Zinssatz negativ verknüpft.

Jedem Punkt auf der Lohn-Zins-Grenze, jeder bestimmten Höhe von Lohn- und Zinssatz entspricht eine bestimmte Höhe der Arbeitsproduktivität, der Kapitalproduktivität und damit auch der Kapitalintensität. Zwischen Lohn- und Zinssatz, Arbeits- und Kapitalproduktivität und Kapitalintensität besteht definitionsgemäß die Beziehung:

$$y = l + rk \quad \text{bzw.} \quad l = y - rk\ .$$

Die Produktion je Arbeitseinheit $y=Y/A$ geht in Höhe von $l=L/A$ an den Faktor Arbeit, in Höhe von $rk=(R/K)(K/A)=R/A$ an den Faktor Kapital.

Oder: Die Produktion je Kapitaleinheit $x=Y/K$ geht in Höhe von $r=R/K$ an den Faktor Kapital und in Höhe von $l/k=(L/A)/(K/A)=L/K$ an den Faktor Arbeit. Also ist

$$\frac{dl}{dr} = -k\,.$$

Der Anstieg der Lohn-Zins-Grenze ist dem Betrage nach gleich der jeweiligen Kapitalintensität: Mit steigendem Lohn-, sinkendem Zinssatz steigt die Kapitalintensität. Da definitionsgemäß $k=y/x$, ist die von der Tangente abgeschnittene Ordinatenstrecke gleich der Arbeits-, die von der Tangente abgeschnittene Abszissenstrecke gleich der Kapitalproduktivität.

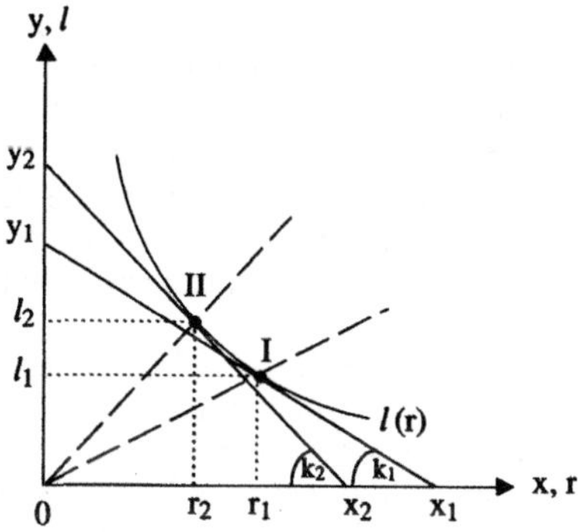

Abb. 123

Jede einzelne Tangente an dic Lohn-Zins-Grenze charakterisiert das dem Tangentialpunkt entsprechende Ensemble von Grenz- und Durchschnittsproduktivitäten von Arbeit und Kapital. Bezeichnet man eine solche Produktionsalternative als eine Technik, die Summe solcher technischen Alternativen als eine Technologie, so repräsentiert eine makroökonomische Produktionsfunktion eine bestimmte Technologie mit unendlich vielen wahlweisen Techniken. Die gesamte Technologie wird durch die konvexe Lohn-Zins-Grenze, die einzelnen Techniken werden durch lineare Lohn-Zins-Kurven, durch die Tangenten an die Lohn-Zins-Grenze beschrieben:

(1) Eine Lohn-Zins-Kurve beschreibt die Grenz- und Durchschnittsproduktivitäten von Arbeit und Kapital bei gegebener Kapitalintensität. Der maximale Lohnsatz ist gleich der Arbeits-, der maximale Zinssatz gleich der Kapitalproduktivität der gegebenen Technik.

(2) Eine Lohn-Zins-Grenze beschreibt die Grenz- und Durchschnittsproduktivitäten von Arbeit und Kapital bei Wahl der gewinnmaximalen (kostenminimalen) Kapitalintensität, also bei Übereinstimmung der realen Faktorpreise mit den partiellen Grenzproduktivitäten.

Die Lohn-Zins-Grenze einer Produktionsfunktion ist also die Umhüllende aller Lohn-Zins-Kurven. Bewegungen auf einer Lohn-Zins-Kurve beschreiben Änderungen der Lohn-Zins-Relation bei gegebener Kapitalintensität, Arbeits- und Kapitalproduktivität: Die Substitutionselastizität ist gleich null. Erhöhungen des Lohnsatzes lassen die Lohnquote steigen, die Zinsquote sinken. Bewegungen auf der Lohn-Zins-Grenze beschreiben gleichzeitige Veränderungen der Lohn-Zins-Relation und der Kapitalintensität, der Arbeits- und Kapitalproduktivität: Die Substitutionselastizität kann kleiner oder größer als eins, sie kann gleich eins, gleich null oder unendlich groß sein. Die Entwicklung der Einkommensquoten hängt bei Bewegungen auf der Lohn-Zins-Grenze von den Charakteristika der Produktionsfunktion ab. Handelt es sich beispielsweise um eine lineare COBB-DOUGLAS-Produktionsfunktion, so ist die Substitutionselastizität in Höhe von eins konstant. Die funktionellen Einkommensquoten sind dann bei Operationen auf der Lohn-Zins-Grenze konstant. Veränderungen der Lohn-Zins-Relation werden durch Anpassung der Kapital-Arbeit-Relation, durch den Wechsel der Technik ausgeglichen. Wäre die Substitutionselastizität größer oder kleiner als eins, so würde die über- oder unterproportionale Anpassung der Kapitalintensität die Lohnquote bei einer Erhöhung der Lohn-Zins-Relation sinken oder steigen lassen.

Insoweit wurde die gesamtwirtschaftliche Sparquote als exogene Größe vorgegeben. Stattdessen wird in einer Reihe neoklassischer Wachstums- und Verteilungsmodelle eine sogenannte klassische Sparfunktion unterstellt. Es wird angenommen, das gesamte Lohneinkommen fließe einer sozialen Klasse, den "Arbeitern", das gesamte Zinseinkommen einer anderen sozialen Klasse, den "Kapitalisten", zu. Die Sparquote der "Arbeiter" sei gleich null und die der "Kapitalisten" größer als null und kleiner als eins. Unter diesen Annahmen ist die gesamtwirtschaftliche Ersparnis gleich jener der "Kapitalisten": $S=S_R=s_RR=s_RrK$ und damit ist die Wachstumsrate des Kapitalstocks $g=S/K=I/K$ gleich dem Produkt aus der Sparquote der "Kapitalisten" (s_R) und dem Zinssatz (r). Ganz unabhängig von den Annahmen über die Sparquoten einzelner sozialer Gruppen oder Klassen, nämlich ex definitione ist die Wachstumsrate des Kapitalstocks gleich dem Produkt aus der gesamtwirtschaftlichen Sparqote (s_0) und der Kapitalproduktivität (x). Von den beiden Gleichungen

$$g = s_0x$$

$$g = s_Rr$$

gilt also die erste in allen Fällen und die zweite unter der Annahme einer klassischen Sparfunktion. In der Diskussion keynesianischer Wachstums- und Verteilungsmodelle wird sich zeigen, daß die Gleichung $g=s_Rr$ nicht nur bei einer klassischen Sparfunktion, sondern auch unter sehr viel weniger restriktiven Annahmen gültig ist.

b. Wachstums- und Verteilungsgleichgewicht mit technischem Fortschritt

In den neoklassischen Ein-Sektor-Modellen wird technischer Fortschritt im allgemeinen durch Einführung eines Niveauparameters in die makroökonomische Produktionsfunktion erfaßt, dessen Höhe eine Funktion der Zeit ist. Je nachdem, ob diese multiplikative Größe auf den Arbeits-, den Kapital- oder den Arbeits- und den Kapitaleinsatz bezogen wird, liegt arbeitsvermehrender, kapitalvermehrender oder arbeits- und kapitalvermehrender technischer Fortschritt vor. Arbeitsvermehrender Fortschritt erhöht die Effizienz des Arbeits-, kapitalvermehrender Fortschritt die des Kapitaleinsatzes.

Eine konstante Rate f_A arbeitsvermehrenden oder eine konstante Rate f_K kapitalvermehrenden technischen Fortschritts modifiziert die makroökonomische Produktionsfunktion in dieser Weise:

$$Y(t) = Y\left[e^{f_A t} A(t), K(t) \right]$$

$$Y(t) = Y\left[A(t), e^{f_K t} K(t) \right] \quad .$$

Arbeitsvermehrender technischer Fortschritt mit der Rate f_A wirkt ceteris paribus wie eine um diese Rate höhere Wachstumsrate des Arbeitseinsatzes, kapitalvermehrender technischer Fortschritt mit der Rate f_K ceteris paribus wie eine um diese Rate höhere Wachstumsrate des Kapitalstocks auf das reale Volkseinkommen ein:

(1) Eine gegebene Wachstumsrate g_A des Arbeitseinsatzes läßt das reale Volkseinkommen mit einer Rate steigen, die gleich der mit der partiellen Produktionselastizität der Arbeit gewogenen Wachstumsrate des Arbeitseinsatzes ist. Bei einer Rate f_A arbeitsvermehrenden Fortschritts und einer Wachstumsrate g_A des Arbeitseinsatzes wächst das reale Volkseinkommen mit der Rate $g_Y=\alpha(g_A+f_A)$. Dabei ist α die partielle Produktionselastizität der Arbeit, das Verhältnis der relativen Variationen von Volkseinkommen und Arbeitseinsatz.

(2) Eine gegebene Wachstumsrate g_K des Kapitaleinsatzes läßt das reale Volkseinkommen mit einer Rate steigen, die gleich der mit der partiellen Produktionselastizität des Kapitals gewogenen Wachstumsrate des Kapitalstocks ist. Bei einer Rate f_K kapitalvermehrenden Fortschritts und einer Wachstumsrate g_K des Kapitaleinsatzes wächst das reale Volkseinkommen mit der Rate $g_Y=\beta(g_K+f_K)$. Dabei ist β die partielle Produktionselastizität des Kapitals, das Verhältnis der relativen Variationen von Volkseinkommen und Kapitaleinsatz.

Bei einer Rate f_A arbeits- oder einer Rate f_K kapitalvermehrenden Fortschritts und Wachstumsraten g_A und g_K des Arbeits- und Kapitalstocks ist also die totale Wachstumsrate des realen Volkseinkommens

$$g_Y = \alpha(g_A + f_A) + \beta g_K$$

$$g_Y = \beta(g_K + f_K) + \alpha g_A \ .$$

Bei Konstanz von f_A oder f_K, g_A und g_K ist die Wachstumsrate des realen Volkseinkommens nur dann konstant, wenn die partiellen Produktionselastizitäten konstant sind. Diese stimmen im Wachstums- und Verteilungsgleichgewicht mit den funktionellen Einkommensquoten überein: Lohn- und Zinssatz sind gleich den partiellen Grenzproduktivitäten, Lohn- und Zinsquote gleich den partiellen Produktionselastizitäten von Arbeit und Kapital. Die Wachstumsrate des realen Volkseinkommens ist also nur dann konstant, wenn (1) der reale Lohnsatz mit der gleichen Rate wie die durchschnittliche Arbeitsproduktivität, wenn also (2) der reale Zinssatz mit der gleichen Rate wie die durchschnittliche Kapitalproduktivität wächst. Dies impliziert (1) bei einer positiven Rate f_A arbeitsvermehrenden Fortschritts, daß die Arbeitsproduktivität und der reale Lohnsatz mit der Rate f_A, die Kapitalproduktivität und der reale Zinssatz mit der Rate Null wachsen (HARROD-neutraler Fortschritt; labour augmenting technical progress), (2) bei einer positiven Rate f_K kapitalvermehrenden Fortschritts, daß die Kapitalproduktivität und der reale Zinssatz mit der Rate f_K, die Arbeitsproduktivität und der reale Lohnsatz mit der Rate Null wachsen (SOLOW-neutraler Fortschritt; capital augmenting technical progress).

Als neutral wird der technische Fortschritt in diesen Fällen bezeichnet, weil die Einkommensquoten von Arbeit und Kapital konstant sind, wenn (1) bei einer positiven Rate f_A allein der reale Lohnsatz und die Arbeitsproduktivität, (2) bei einer positiven Rate f_K allein der reale Zinssatz und die Kapitalproduktivität steigen. Eine dritte Konstellation mit konstanten Einkommensquoten ergibt sich dann, wenn man annimmt, der technische Fortschritt sei sowohl arbeits- als auch kapitalvermehrend und die Raten f_A und f_K stimmten überein. Diese HICKS-Neutralität des technischen Fortschritts impliziert konstante Einkommensquoten, wenn beide Faktorpreise und beide Faktorproduktivitäten mit der Rate des arbeits- und kapitalvermehrenden technischen Fortschritts wachsen; Lohn-Zins-Relation und Kapitalintensität sind dann konstant.

Von diesen drei in der neoklassischen Theorie diskutierten Neutralitätsfällen (1) einseitig arbeitsvermehrenden, (2) einseitig kapitalvermehrenden und (3) sowohl arbeits- als auch kapitalvermehrenden Fortschritts ist in den Standardmodellen der Wachstums- und Verteilungstheorie allein der erste relevant. Die Wachstumsrate des Kapitalstocks $g=sx$ ist bei gegebener Sparquote dann konstant, wenn die Kapitalproduktivität konstant

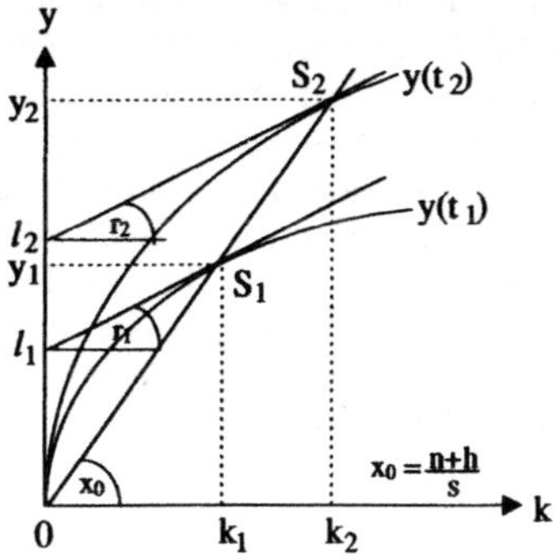

Abb. 124a

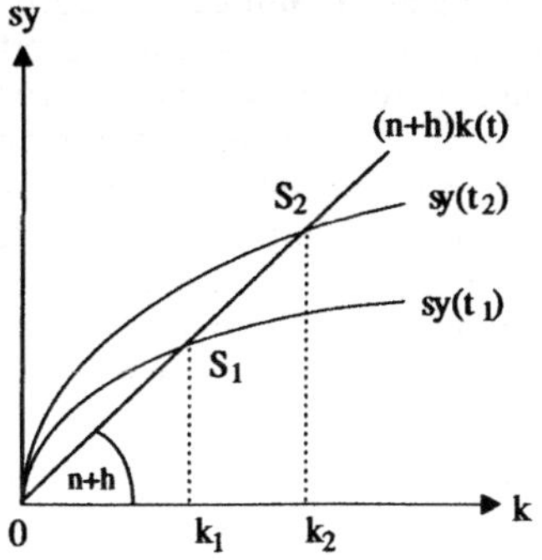

Abb. 124b

ist. Die Konstanz (1) der funktionellen Einkommensquoten und (2) der Wachstumsrate des Kapitalstocks impliziert also HARROD- und nicht SOLOW- oder HICKS-Neutralität des technischen Fortschritts. Mit anderen Worten: Ein Wachstums- und Verteilungsgleichgewicht verlangt arbeits-, nicht kapitalvermehrenden technischen Fortschritt. Die für die Erhaltung der Vollbeschäftigung von Arbeits- und Kapitalausstattung erforderliche Wachstumsrate des Kapitalstocks ist bei einer positiven Wachstumsrate (1) des Arbeitsstocks in Höhe von n und (2) der Arbeitsproduktivität und der Kapitalintensität in Höhe von f_A gleich der Summe dieser beiden Wachstumsraten. Der Kapitalstock muß einerseits mit der Rate n wachsen, weil der Arbeitsstock mit dieser Rate steigt, und er muß andererseits mit der Rate f_A wachsen, weil das Verhältnis von Kapital- und Arbeitseinsatz, weil die Kapitalintensität mit dieser Rate steigt. Aus $g=n+f_A$ und $g=sx$ folgt, daß die für die Erhaltung der Vollbeschäftigung von Arbeits- und Kapitalstock erforderliche Kapitalproduktivität die Höhe $x^*=g^*/s$ mit $g^*=n+f_A$ hat. Wie im Modell ohne technischen Fortschritt lassen sich die Gleichgewichtswerte anhand der Pro-Kopf-Produktionsfunktion bestimmen:

Der technische Fortschritt verschiebt die Pro-Kopf-Produktionsfunktion zwischen zwei Zeitpunkten senkrecht mit der HICKS-, waagrecht mit der SOLOW- und entlang Ursprungsgeraden mit der HARROD-Fortschrittsrate $h=f_A$. Für die Bestimmung der Gleichgewichtswerte relevant ist allein die HARROD-Fortschrittsrate, die relative Verschiebung der Produktionspunkte entlang Ursprungsgeraden. Der Schnittpunkt S der Produktionsfunktion mit der Ursprungsgeraden, deren Anstieg gleich der erforderlichen Kapitalproduktivität $x^*=(n+f_A)/s$ ist, verschiebt sich mit der Produktionsfunktion. Arbeitsproduktivität und Kapitalintensität steigen im Wachstums- und Verteilungsgleichgewicht mit der gleichen Rate; die Kapitalproduktivität ist konstant. Der reale Lohnsatz steigt im Wachstums- und Verteillungsgleichgewicht mit der gleichen Rate f_A wie die Arbeitsproduktivität, der Zinssatz ist ebenso wie die Kapitalproduktivität konstant. Die Gleichgewichtspunkte S lassen sich ebensowohl durch die Schnittpunkte der $(n+f_A)k$- und sy-Kurven bestimmen. Im Wachstums- und Verteilungsgleichgewicht steigen die Pro-Kopf-Ersparnis sy und die erforderliche Pro-Kopf-Investition $(n+f_A)k$ ebenso wie die Arbeitsproduktivität, die Kapitalintensität und der reale Lohnsatz mit der konstanten Rate f_A. Die Pro-Kopf-Investition dient in Höhe von nk der Ausstattung zusätzlicher Arbeitseinheiten mit jeweils k Kapitaleinheiten (Erweiterungskomponente; capital widening), in Höhe von f_Ak der Erhöhung der Pro-Kopf-Kapitalausstattung (Verbesserungskomponente; capital deepening).

2. Schrumpfende Bevölkerung

In den neoklassischen Standardmodellen wird im allgemeinen eine positive Bevölkerungswachstumsrate unterstellt. In der neueren Diskussion spielt unter dem Einfluß der faktischen Entwicklung in den meisten Industrieländern nicht nur der Fall der wachsenden, sondern auch der einer schrumpfenden Bevölkerung eine Rolle. Schrumpft die Arbeitskräftezahl mit der konstanten Rate n, so impliziert Gleichgewichtswachstum, daß auch die Arbeitsplätzezahl mit dieser Rate schrumpft.

Dies bedeutet nicht notwendig, daß auch Kapitalstock und reales Volkseinkommen schrumpfen. Bevölkerungsschrumpfung geht solange mit Wirtschaftswachstum einher, wie die Schrumpfungsrate der Bevölkerung dem Betrage nach kleiner ist als die Rate des arbeitsvermehrenden technischen Fortschritts. Die Grenze zwischen Wirtschaftswachstum und -schrumpfung fällt nur in Abwesenheit technischer Fortschritte mit der zwischen Bevölkerungswachstum und -schrumpfung zusammen.

Angenommen darum, es sei die Schrumpfungsrate des Arbeitspotentials dem Betrage kleiner als die Rate arbeitsvermehrenden technischen Fortschritts, also kleiner als die Rate, mit der die Arbeitsproduktivität und die Kapitalintensität steigen. Gleichgewichtswachstum impliziert dann, daß der Kapitalstock mit der Rate $g=n+f_A<0$ schrumpft. Läßt man den Fall einer negativen Kapitalproduktivität als irrelevant außer acht, so erfordert das Schrumpfungsgleichgewicht eine negative Spar- und damit Investitionsquote. Die erforderliche Schrumpfung des Kapitalstocks kann durch (1) Nicht-Ersatz verbrauchter Produktionsmittel, (2) konsumtive Verwendung von Produktionsmitteln, (3) Vernichtung von Produktionsmitteln und, in einer offenen Volkswirtschaft, durch (4) Export von Produktionsmitteln bewerkstelligt werden. Im Schrumpfungsgleichgewicht wird der Kapitalstock mit der Rate $n+f_A$, die Zahl der Arbeitsplätze mit der Rate n verringert und die Kapitalausstattung je Arbeitsplatz mit der Rate f_A vergrößert. Geometrische Darstellung:

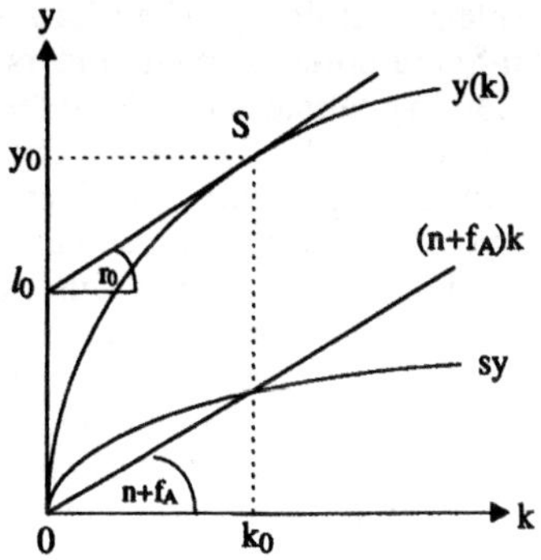

Abb. 125a

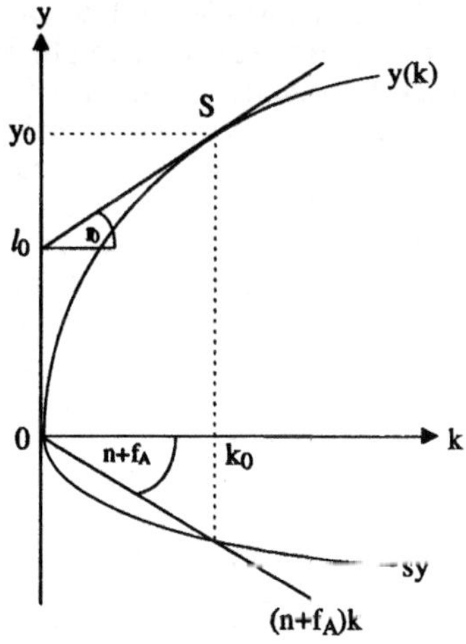

Abb. 125b

Das linke Diagramm demonstriert den Fall einer positiven, das rechte Diagramm den einer negativen Gleichgewichtswachstumsrate. Die Gleichgewichtswachstumsrate der Arbeitsproduktivität und der Kapitalintensität ist dem Betrage nach im linken Diagramm größer, im rechten Diagramm kleiner als die Bevölkerungsschrumpfungsrate. Darum ist die Gleichgewichtswachstumsrate im linken Diagramm positiv, im rechten Diagramm negativ.

In einer geschlossenen Volkswirtschaft impliziert eine negative Investitionsquote eine negative Sparquote. Nicht so in einer offenen Volkswirtschaft. Hier ist eine negative Investitionsquote bei positiver Sparquote denkbar. Die Differenz zwischen Investitions- und Sparquote ist dann gleich der Kapitalexportquote, gleich der Differenz zwischen der Leistungsexport- und der Leistungsimportquote. Dies impliziert freilich, daß in anderen Ländern die Differenz zwischen Investitions- und Sparquote und damit die zwischen Leistungsexport- und Leistungsimportquote negativ ist.

Nicht nur die Existenz, sondern auch die Stabilität des Schrumpfungsgleichgewichts wirft im Vergleich zum Wachstumsgleichgewicht besondere Probleme auf. Angenommen nämlich, in einer geschlossenen Volkswirtschaft sei ein Mechanismus wirksam, der die Vorzeichen von Gleichgewichtswachstumsrate und Investitionsquote in Übereinstimmung bringt. Es sei also die Spar- und damit die Investitionsquote immer dann positiv oder negativ, wenn die Gleichgewichtswachstumsrate $g=n+f_A$ positiv oder negativ ist. Im Schrumpfungsgleichgewicht, also unter der Annahme

$n+f_A<0$, schrumpft die Zahl der Arbeitsplätze mit der gleichen Rate wie die der Arbeitsplätze. Dies impliziert im Schrumpfungs- nicht anders als im Wachstumsmodell bestimmte Werte der Kapitalintensität, der Arbeitsproduktivität und damit auch der Kapitalproduktivität. Der entsprechende Produktionsprozeß wird von den Unternehmungen nur bei einer bestimmten Höhe von Lohn- und Zinsniveau gewählt. Angenommen nun, das Lohnniveau sei zu hoch oder zu niedrig. Dies veranlaßt die Unternehmungen im Schrumpfungs- nicht anders als im Wachtumsmodell dazu, eine höhere oder niedrigere als die für das Schrumpfungsgleichgewicht erforderliche Kapitalintensität zu wählen, und dies impliziert, daß die Zahl der Arbeitsplätze mit einer kleineren oder größeren Rate schrumpft als die der Arbeitskräfte. Es entsteht also im Schrumpfungsprozeß ein wachsender Überschuß an Arbeitsplätzen oder Arbeitskräften, und dies läßt im Konkurrenzmodell das Lohnniveau steigen oder sinken und das Zinsniveau sinken oder steigen. Ein zu hohes oder zu niedriges Lohnniveau löst also unter neoklassischen Prämissen im Schrumpfungs- anders als im Wachstumsmodell keine Lohnsenkungen oder -erhöhungen, sondern weitere Lohnerhöhungen oder -senkungen aus, mit anderen Worten: Unter den Prämissen des neoklassischen Standardmodells ist das Wachstumsgleichgewicht stabil, das Schrumpfungsgleichgewicht instabil.

B. ENDOGENE BEVÖLKERUNGSENTWICKLUNG

1. Geschlossene Volkswirtschaft

Die Bevölkerungswachstumsrate, positiv oder negativ, wird in den Standardmodellen der Wachstumstheorie als Datum genommen. Einige Autoren freilich behandeln die Bevölkerungswachstumsrate nicht als exogene, sondern als endogene Größe. Die Beiträge stehen allesamt in der durch MALTHUS und RICARDO begründeten Tradition: Die Bevölkerungswachstumsrate wird als Funktion des Pro-Kopf-Einkommens, des Pro-Kopf-Konsums oder des Reallohnsatzes genommen. So unterstellt NIEHANS (1963) im Rahmen eines neoklassischen Wachstums- und Verteilungsmodells, daß (1) die gesamtwirtschaftliche Produktionsfunktion vom COBB-DOUGLAS-Typ

$$Y = \delta L^{\alpha} K^{\beta}$$

und daß die Summe der Exponenten, der Produktionselastizitäten von Arbeit und Kapital, gleich eins ist, daß (2) die Wachstumsrate des Arbeitspotentials (gleich: Bevölkerungswachstumsrate) von der Differenz zwischen dem tatsächlichen und einem Mindest-Reallohnsatz die Wachstumsrate des Kapitaleinsatzes von der Differenz zwischen dem tatsächlichen und einem Mindest-Zinssatz abhängt und daß (3) der reale Lohnsatz gleich der Grenzproduktivität der Arbeit, der reale Zinssatz gleich der Grenzproduktivität des Kapitals ist:

$$n = p(l - l_m) = \frac{\partial Y}{\partial A}$$

$$g = s(r - r_m) = \frac{\partial Y}{\partial K} \, .$$

Die Parameter p und s können als Grenzraten der Vermehrung und der Vermögensbildung bezeichnet werden. NIEHANS ordnet die beiden Wachstumsfunktionen verschiedenen sozialen Klassen zu. Die eine soziale Klasse vermehrt sich, spart aber nicht; die andere soziale Klasse spart, vermehrt sich aber nicht.

In Abwesenheit technischer Fortschritte impliziert Gleichgewichtswachstum, daß die Wachstumsraten von Arbeitseinsatz, Kapitaleinsatz und realem Volkseinkommen übereinstimmen. Unter den getroffenen Annahmen existiert jedenfalls eine Gleichgewichtslösung. Die Parameterkonstellation entscheidet darüber, ob die Bevölkerungs- und damit die Gleichgewichtswachstumsrate positiv, null oder negativ ist. Diese Fälle lassen sich am einfachsten mit Hilfe der Lohn-Zins-Grenze $l(r)$ bestimmen, die für die angenommene COBB-DOUGLAS-Produktionsfunktion lautet:

$$l(r) = \frac{\alpha}{\beta} k(r)\, r\, .$$

Schneiden sich die Koordinaten des Lohnsatzes l_m, bei dem n=0, und des Zinssatzes r_m, bei dem g=0, unterhalb der $l(r)$-Grenze, so ist die Gleichgewichtswachstumsrate positiv, schneiden sie sich auf der $l(r)$-Grenze, so ist die Gleichgewichtswachstumsrate null, und schneiden sich die Koordinaten von l_m und r_m oberhalb der $l(r)$-Grenze, so ist die Gleichgewichtswachstumsrate negativ. Bei gegebener Höhe von l_m und r_m und gegebenen Exponenten α und β entscheidet also das Effizienzniveau (δ) des Produktionsprozesses darüber, ob die Bevölkerung, die Kapitalausstattung und das reale Volkseinkommen im Gleichgewicht wachsen, stagnieren, oder schrumpfen.

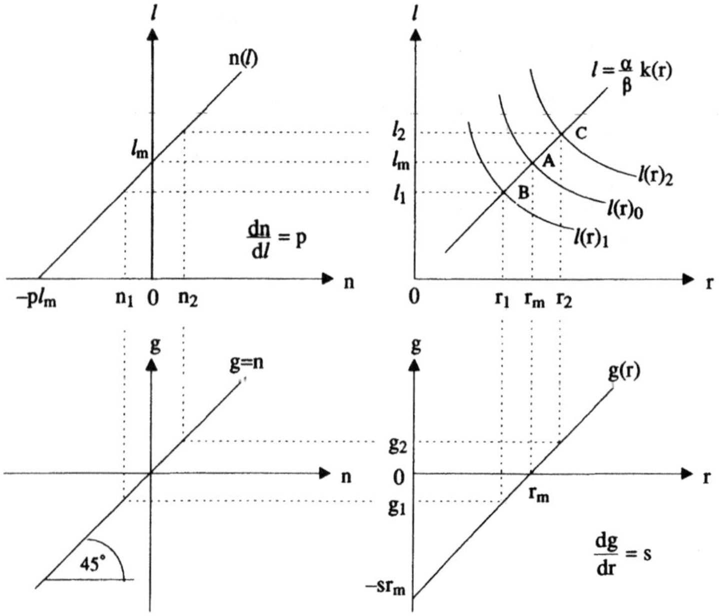

Abb. 126

Im Punkt A schneiden sich die Koordinaten von l_m und r_m. Hat die Lohn-Zins-Grenz die Lage $l(r)_0$, so liegt A auf der Lohn-Zins-Grenze; die Gleichgewichtswachstumsrate ist null. Eine Lohnhöhe $l > l_m$ impliziert eine Zinshöhe $r < r_m$; die Bevölkerung wächst, während die Kapitalausstattung schrumpft. Umgekehrt: Eine Lohnhöhe $l<l_m$ impliziert eine Zinshöhe $r>r_m$; die Bevölkerung schrumpft, während die Kapitalausstattung wächst. Hat die Lohn-Zins-Grenze die Lage $l(r)_1$, ist also das Effizienzniveau (δ) des Produktionsprozesses niedriger als bei einer Lohn-Zins-Grenze $l(r)_0$, so liegt Punkt A außerhalb des Bereiches realisierbarer Lohn- und Zinssätze, so daß im Punkt B nurmehr ein Schrumpfungsgleichgewicht herstellbar ist; die Schrumpfungsrate der Bevölkerung ist n_1, die der Kapitalausstattung g_1; beide Raten stimmen überein. Hat die Lohn-Zins-Grenze die Lage $l(r)_2$, ist also das Effizienzniveau (δ) des Produktionsprozesses höher als bei einer Lohn-Zins-Grenze $l(r)_0$, so liegt Punkt A innerhalb des Bereichs realisierbarer Lohn- und Zinssätze, so daß im Punkt C ein Wachstumsgleichgewicht herstellbar ist; die Wachstumsraten von Bevölkerung und Kapitalausstattung, n_2 und g_2, stimmen überein. Das Effizienzniveau des Produktionsprozesses (δ) entscheidet also unter den getroffenen Annahmen darüber, ob Bevölkerung und Kapitalausstattung im Gleichgewicht wachsen, stagnieren, oder schrumpfen.

2. Offene Volkswirtschaft

Welchen Einfluß hat die Einführung positiver und konstanter Einwanderungsquoten auf die Gleichgewichtswachstumsraten und die Gleichgewichtswerte der Lohn- und Zinssätze zweier Länder, die nicht durch Güter- und Kapitaltransaktionen verbunden sind? In beiden Ländern, so die Annahme, werden homogene Arbeits- und Kapitalbestände in der Produktion homogener Güter eingesetzt, und die Produktionsfunktionen beider Länder seien gleich. Das Arbeitspotential wachse in Land I mit der konstanten Rate n_1, in Land II mit der konstanten Rate n_2. Beide Wachstumsraten stimmen aufgrund unterschiedlicher altersspezifischer Geburtenratenbei gleichen altersspezifischen Sterberaten nicht überein: n_1 sei kleiner als n_2. Die Wachstumsraten des Kapitalstocks seien in beiden Ländern durch eine klassische Sparfunktion bestimmt: Die Wachstumsrate des Kapitalstocks ist gleich dem Produkt aus Zinssatz und Sparquote der Zinsempfänger. Stimmen zwar die Sparquoten s_1 und s_2, nicht aber die eigenen Wachstumsraten n_1 und n_2 beider Länder überein, so weichen bei gleicher Produktionsfunktion auch die für die Übereinstimmung der Wachstumsraten von Arbeits- und Kapitalbestand erforderlichen Lohn- und Zinssätze beider Länder voneinander ab. Welchen Einfluß hat unter solchen Annahmen die Einführung positiver und konstanter Einwanderungsquoten auf die Wachstumsraten und die Lohn- und Zinssätze beider Länder?

Angenommen, Land 1 fixiere eine konstante positive Einwanderungsquote m_1. Damit ist, wie sich zeigen wird, im Wachstumsgleichgewicht eine negative konstante Einwanderungsquote, also eine positive konstante Auswanderungsquote m_2 des Landes 2 bestimmt, und in jeder Periode t sind die Arbeiterzahlen beider Länder durch

$$N_1^t = (1 + n_1)(1 + m_1)\, N_1^{t-1}\, ;\ m_1>0$$

$$N_2^t = (1 + n_2)(1 + m_2)\, N_2^{t-1}\, ;\ m_2<0$$

determiniert. Land 1 ist Einwanderungs-, Land 2 Auswanderungsland. Die Einwanderungsquoten m_1 und m_2 implizieren bei Konstanz der natürlichen Wachstumsraten n_1 und n_2 die Angleichung der Wachstumsraten der Arbeitspotentiale beider Länder. Die Wachstumsrate der Bevölkerung wird im einen Land durch Nettoauswanderung herab-, im anderen Land durch Nettoeinwanderung heraufgeschleust. Die Wachstumsfaktoren beider Länder stimmen also im Bevölkerungsgleichgewicht überein:

$$(1 + n_1)(1 + m_1) = (1 + n_2)(1 + m_2) = 1 + n_0 .$$

Die Auflösung nach der Einwanderungsquote m_2 führt zu dem Ergebnis

$$m_2 = (1 + n_1)(1 + n_2)^{-1}(1 + m_1) - 1.$$

Die negative Einwanderungsquote m_2 des Landes 2 ist ein Reflex der von Land 1 fixierten positiven Einwanderungsquote m_1. Die Angleichung der Wachstumsraten beider Arbeitspotentiale durch die Wanderungsströme impliziert, daß die Migrantenzahlen M_1 und M_2 dem Betrage nach übereinstimmen, und diese Bedingung ist nur bei einem bestimmten ursprünglichen Verhältnis c* der beiden Arbeitspotentiale erfüllt:

$$c^* = \frac{N_2}{N_1} = -\frac{m_1(1 + n_1)}{m_2(1 + n_2)} .$$

Stehen die ursprünglichen Arbeitspotentiale beider Länder in diesem Verhältnis, so egalisiert eine von Land 1 fixierte positive konstante Einwanderungsquote die Wachstumsraten beider Arbeitspotentiale. Positive Werte für $c=N_2/N_1$ implizieren bei einseitiger Einwanderung, daß das Land mit der höheren natürlichen Wachstumsrate das Auswanderungs- und das mit der niedrigeren natürlichen Wachstumsrate das Einwanderungsland ist. Die Bevölkerungswachstumsrate wird im Land mit der höheren Bevölkerungswachstumsrate durch Auswanderung nach unten, im Land mit der niedrigeren Wachstumsrate durch Einwanderung nach oben geschleust. Die Annahme, nicht das Land mit der höheren, sondern das mit der niedrigeren Bevölkerungswachstumsrate habe eine positive Einwanderungsquote, impliziert, daß die Wachstumsraten beider Länder über negative Arbeiter- und Auswandererzahlen egalisiert werden. Solche Konstellationen entziehen sich der ökonomischen Interpretation.

Unter der Annahme gegebener klassischer Sparfunktionen implizieren positive und konstante Einwanderungsquoten im Vergleich zur vollständigen ökonomischen Isolation beider Länder, daß der Gleichgewichtszinssatz im Nettoeinwanderungsland steigt, im Nettoauswanderungsland sinkt, und dies bedeutet bei gegebener neoklassischer Produktionsfunktion, daß der Gleichgewichtslohnsatz im Nettoeinwanderungsland sinkt und im Nettoauswanderungsland steigt. Die relative Höhe der eigenen Bevölkerungswachstumsraten einerseits, der Sparquoten andererseits entscheidet darüber, ob die Angleichung der Wachstumsraten die Lohn- und Zinsunterschiede zwischen beiden Ländern verringert oder vergrößert.

Stimmen die Sparquoten beider Länder überein, so impliziert die durch die Einführung positiver und konstanter Auswanderungsquoten verursachte Angleichung der Wachstumsraten den vollständigen Ausgleich der Lohn- und Zinssätze. Der internationale Faktorpreisausgleich wird unter den getroffenen Annahmen nicht über die Öffnung der Gütermärkte und damit über den Güterpreisausgleich, sondern über die Öffnung der Arbeitsmärkte bewerkstelligt. Weichen die Sparquoten beider Länder voneinander ab, so impliziert die Angleichung der Wachstumsraten keinen vollständigen Faktorpreisausgleich. Die Zins- und Lohnunterschiede zwischen beiden Ländern können im Vergleich zum Zustand der vollständigen ökonomischen Isolation kleiner, sie können ebensowohl größer sein. Das Verhältnis der eigenen Wachstumsraten einerseits, das der Sparquoten andererseits entscheidet darüber, ob die Faktorpreisunterschiede aufgrund der Angleichung der Wachstumsraten kleiner oder größer werden. Ist Land I das Nettoeinwanderungs-, Land II das Nettoauswanderungsland, ist also $n_1<n_2$, so impliziert

(1) $n_1/n_2<s_1/s_2$, daß Land I im Zustand der ökonomischen Isolation einen niedrigeren Gleichgewichtszinssatz, einen höheren Gleichgewichtslohnsatz als Land II aufweist. Die durch Aus- und Einwanderung verursachte Angleichung der Wachstumsraten von Arbeits- und Kapitalbestand verringert die Unterschiede der Gleichgewichtszins- und -lohnsätze beider Länder.

(2) $n_1/n_2=s_1/s_2$, daß beide Länder im Zustand der ökonomischen Isolation übereinstimmende Gleichgewichtszinssätze und -lohnsätze aufweisen. Die durch Aus- und Einwanderung verursachte Angleichung der Wachstumsrate von Arbeits- und Kapitalbestand schafft Unterschiede der Gleichgewichtszins- und -lohnsätze beider Länder.

(3) $n_1/n_2>s_1/s_2$, daß in Land I im Zustand der ökonomischen Isolation einen höheren Gleichgewichtszinssatz, einen niedrigeren Gleichgewichtslohnsatz aufweist als Land II. Die durch Aus- und Einwanderung verursachte Angleichung der Wachstumsrate von Arbeits- und Kapitalbestand vergrößert die Unterschiede der Gleichgewichtszins- und -lohnsätze beider Länder.

Es ist also das Verhältnis $(n_1/n_2)/(s_1/s_2)$, das darüber entscheidet, ob die durch die Einführung positiver und konstanter Auswanderungsquoten verursachte Angleichung der Wachstumsraten von Arbeits- und Kapitalbestand die internationalen Faktorpreisunterschiede verringert oder vergrößert. Die Fälle (2) und (3), in denen die Lohn- und Zinsunterschiede zwischen beiden Ländern vergrößert werden, implizieren $s_2>s_1$. Das heißt: Die Faktorpreisunterschiede werden vergrößert, wenn die Sparquote der Zinsempfänger im Nettoauswanderungs- höher als im Nettoeinwanderungsland ist. Ist die Sparquote der Zinsempfänger im Nettoeinwanderungs- höher als im Nettoauswanderungsland, gilt also $s_1>s_2$, so werden die Faktorpreisunterschiede durch die Angleichung der Wachstumsraten verringert. Dieses Ergebnis ist aber auch unter der Voraussetzung $s_1<s_2$ denkbar. Nicht s_1/s_2, sondern $(n_1/n_2)/(s_1/s_2)$ entscheidet darüber, ob die internationalen Faktorpreisunterschiede durch Migration verringert werden.

Bezeichnet man ein Land mit relativ niedriger eigener Bevölkerungswachstumsrate und relativ hoher Sparquote als kapitalreiches Land, das andere Land als kapitalarmes Land, so ist bei gleicher Produktionsfunktion im kapitalreichen Land der Gleichgewichtszinssatz niedriger und der Gleichgewichtslohnsatz höher als im kapitalarmen Land. Gleicht die Einführung positiver und konstanter Auswanderungsquoten (Auswanderung aus dem kapitalarmen in das kapitalreiche, aus dem Niedrig- in das Hochlohnland; Rückwanderung aus dem kapitalreichen in das kapitalarme Land) die Wachstumsraten beider Länder an, so wird zwar die Differenz der Bevölkerungswachstumsraten, nicht aber die der Sparquoten als Ursache der internationalen Faktorpreisdifferenzen unwirksam. Darum werden die Zins- und Lohnunterschiede zwar verringert, aber nicht beseitigt.

Insoweit ist über die Charakteristika der Güterproduktion beider Länder nur festgestellt, daß sie sich in gleichen neoklassischen Produktionsfunktionen spiegeln. Unterstellt, beide Länder produzierten mit Hilfe homogener Arbeits- und Kapitalbestände einerseits homogene Konsum-, andererseits homogene Investitionsgüter, und die sektoralen Produktionsfunktionen beider Länder stimmten überein. Angenommen nun, in beiden Ländern sei die Kapitalintensität der Konsumgüterproduktion bei jeder alternativen Höhe von Lohn- und Zinssatz höher oder niedriger als die der Investitionsgüterproduktion, so daß das eine der beiden Güter eindeutig als das relativ kapital-, das andere ebenso eindeutig als das relativ arbeitsintensive Gut bezeichnet werden kann. Weichen die relativen Faktor- und damit auch die relativen Güterpreise beider Länder aufgrund von Unterschieden der Wachstumsraten und Sparquoten voneinander ab, so ist im Land mit dem höheren Lohn- und niedrigeren Zinssatz das relativ kapital-, im Land mit dem niedrigeren Lohn- und höheren Zinssatz das relativ arbeitsintensive Gut vergleichsweise billig. Unter neoklassischen Prämissen spezialisiert sich das erste Land auf die Herstellung des kapital-, das zweite Land auf die des arbeitsintensiven Gutes.

Die unterstellte klassische Sparfunktion impliziert, daß unter der Annahme

(1) $n_1/n_2<s_1/s_2$ Land I einen komparativen Vorteil in der Produktion des kapital-, Land II in der des arbeitsintensiven Gutes

(2) $n_1/n_2>s_1/s_2$ Land I einen komparativen Vorteil in der Produktion des arbeits-, Land II in der des kapitalintensiven Gutes

(3) $n_1/n_2 = s_1/s_2$ keines der beiden Länder einen komparativen Vorteil

hat. Die Richtung der Spezialisierung wird also durch das Verhältnis einerseits der natürlichen Wachstumsraten, andererseits der Sparquoten bestimmt. Hat, wie oben unterstellt, Land II eine höhere eigene Bevölkerungswachstumsrate und eine niedrigere Sparquote als Land I, so verfügt Land I über einen komparativen Vorteil in der Produktion des relativ kapital-, Land II über einen komparativen Vorteil in der Produktion des relativ arbeitsintensiven Gutes.

Unterschiede der eigenen Wachstumsraten und der Sparquoten implizieren dann komparative Kosten- und damit Spezialisierungsvorteile, wenn $n_1/n_2 \neq s_1/s_2$, jedoch existiert bei einer Spezialisierung der Produktion gemäß den komparativen Kostenvorteilen unter der Annahme abweichender Gleichgewichtswachstumsraten keine Lösung für ein simultanes Gleichgewichtswachstum. Spezialisiert sich zum Beispiel Land I auf die Konsum-, Land II auf die Investitionsgüterproduktion, und ist die natürliche Wachstumsrate des Landes II größer als die des Landes I, so würde die Konsumgüterproduktion in Land I mit der niedrigeren Rate n_1 wachsen, während der Konsumgüterimport des Landes II mit der höheren Rate n_2 steigen müßte. Umgekehrt würde die Investitionsgüterproduktion in Land II mit der höheren Rate n_2 wachsen, während der Investitionsgüterimport des Landes I mit der niedrigeren Rate n_1 steigen müßte. Eine Konstanz der Produktions- und Handelsanteile, der realen Austauschrelation und der relativen Lohn- und Zinssätze ist bei unterschiedlichen Wachstumsraten unmöglich. Eine Lösung für das simultane Wachstumsgleichgewicht existiert bei Interdependenz allein der Güter- und nicht auch der Arbeitsmärkte nur bei Gleichheit der natürlichen Wachstumsraten.

Die Annahme gleicher eigener Wachstumsraten ist indessen wenig plausibel. Ungleiche eigene Wachstumsraten andererseits implizieren unter den getroffenen Annahmen die Nicht-Existenz einer Gleichgewichtslösung. Die Annahme, daß nicht nur Güter-, sondern auch Arbeitseinheiten die Grenzen überschreiten, löst das Dilemma: Positive und konstante Auswanderungsquoten gleichen die natürlichen Wachstumsraten an; Unterschiede der Sparquoten und der relativen Kapitalintensitäten verursachen in Gestalt differierender Faktor- und Güterpreisrelationen die komparativen Vor- und Nachteile, die eine Spezialisierung in der einen oder anderen Richtung induzieren. Eine Lösung für das simultane Gleichgewicht bei Spezialisierung der Produktion existiert dann, obwohl nicht nur die Sparquoten, sondern auch die eigenen Wachstumsraten beider Länder voneinander abweichen. In Wirklichkeit wandert nicht nur Arbeit, sondern auch Realkapital über die Grenzen. Kapitaltransaktionen indessen wirken zwar in Richtung auf eine Angleichung der Zins- und damit auch der Lohnsätze, führen aber nicht – wie die Wanderung von Arbeitern – zur Egalisierung der Gleichgewichtswachstumsraten beider Länder.

II. Drei-Faktor-Wachstumsmodelle: Begrenzte natürliche Ressourcen

Insoweit wurden allein Arbeit und Kapital und nicht auch die natürlichen Ressourcen als Summe aller nicht-produzierten, naturgegebenen Bedingungen des Produktionsprozesses in der Produktionsfunktion berücksichtigt. Dies läuft auf die Annahme hinaus, daß (1) die verfügbare Menge an natürlichen Ressourcen zu Kosten in Höhe von null mit dem Arbeits- und Kapitaleinsatz bzw. mit dem Güterausstoß wächst, daß natürliche Ressourcen unbegrenzt und kostenfrei zur Verfügung stehen oder daß (2) die Produktivität und damit die partielle Produktionselastizität der natürlichen Ressourcen gleich null sei, daß also die verfügbare Menge an natürlichen Ressourcen keinen Einfluß auf die Arbeits- und Kapitalproduktivität habe. Angenommen nun, die verfügbare Menge an natürlichen Ressourcen sei konstant, und die partielle Produktionselasizität dieses Faktors sei ebenso wie die der Arbeit und des Kapitals positiv. Der Einfachheit sei wiederum eine COBB-DOUGLAS-Produktionsfunktion mit den Produktionsfaktoren Arbeit (A), Kapital (K), natürliche Ressourcen (B), den partiellen Produktionselastizitäten α, β und γ dieser Faktoren und dem in der Zeit mit der Fortschrittsrate δ wachsenden Effizienzniveau ($e^{\delta t}$) angenommen:

$$Y = e^{\delta t} A^{\alpha} K^{\beta} B^{\gamma} .$$

Die partiellen Produktionselastizitäten, so die Annahme, sind allesamt positiv, und ihre Summe ist gleich eins. Die Funktion ist also linear-homogen. Zwischen den Wachstumsraten des realen Volkseinkommens (g_Y), des Einsatzes an Arbeit (g_A), Kapital (g_K) und natürlichen Ressourcen (g_B) besteht dann diese Beziehung:

$$g_Y = \delta + \alpha g_A + \beta g_K + \gamma g_B .$$

Wie im neoklassischen Zwei-Faktor-Modell gilt, daß im Wachstumsgleichgewicht die Kapitalproduktivität konstant ist, daß also die Wachstumsraten des realen Volkseinkommens und des Kapitaleinsatzes übereinstimmen. Nur dann ist bei gegebener gesamtwirtschaftlicher Sparquote die Wachstumsrate des Kapitaleinsatzes $g=sx$ konstant. Gleichsetzen von $g_Y=g_K=g$ und $g_A=n$ impliziert

$$g = \frac{\delta}{\alpha + \gamma} + \frac{\alpha}{\alpha + \gamma} n .$$

Die Differenz zwischen der Gleichgewichtswachstumsrate des realen Volkseinkommens (g) und der Wachstumsrate des Arbeitseinsatzes (n) hat also die Höhe

$$g - n = \frac{\delta}{\alpha + \gamma} - \frac{\gamma}{\alpha + \gamma} n .$$

Das obere Diagramm in Abb. 127 zeigt den Zusammenhang zwischen der Wachstumsrate der Bevölkerung (n) – hier gleich der Wachstumsrate des Arbeitspotentials – und jener des realen Volkseinkommens (g), das untere Diagramm die Beziehung zwischen der Wachstumsrate der Bevölkerung (n) und jener der Arbeitsproduktivität, des Pro-Kopf-Einkommens (g–n). Drei Grenzfälle sind augenfällig:

(1) n=0. Bei Konstanz der Bevölkerungszahl und damit des Arbeitseinsatzes wächst das Pro-Kopf-Einkommen mit der Rate des arbeits- und ressourcenvermehrenden technischen Fortschritts.

$$g - n = \frac{\delta}{\alpha + \gamma} .$$

Das heißt: Bei konstantem Arbeits- und Ressourceneinsatz wirkt der technische Fortschritt so, als ob der Arbeits- und Ressourceneinsatz ceteris paribus mit dieser Rate gestiegen wäre.

(2) g=0. Bei Konstanz des realen Volkseinkommens wächst das Pro-Kopf-Einkommen und es schrumpft die Bevölkerung und damit der Arbeitseinsatz mit der Rate des rein arbeitsvermehrenden technischen Fortschritts.

$$g - n = \frac{\delta}{\alpha}$$

Das heißt: Bei einem mit dieser Rate schrumpfenden Arbeitseinsatz wirkt der technische Fortschritt so, als wäre der Arbeitseinsatz ceteris paribus konstant geblieben.

(3) g-n=0. Bei Konstanz des Pro-Kopf-Einkommens wächst die Bevölkerung und damit der Arbeitseinsatz ebenso wie das reale Volkseinkommen mit der Rate des rein ressourcenvermehrenden technischen Fortschritts

$$g = n = \frac{\delta}{\gamma} .$$

Das heißt: Der technische Fortschritt wirkt bei konstantem Ressourceneinsatz so, als wäre der Ressourceneinsatz ceteris paribus mit dieser Rate gewachsen.

Unter den Annahmen des Drei-Faktor-Modells existieren also charakteristische Wachstums- und Schrumpfungsgrenzen Wächst die Bevölkerung mit einer höheren Rate als der des rein ressourcenvermehrenden technischen Fortschritts, so schrumpft das Pro-Kopf-Einkommen. Das gegebene Fortschrittspotential kann in solchen Fällen die Knappheit an natürlichen Ressourcen nicht voll ausgleichen; das reale Volkseinkommen wächst mit einer kleineren Rate als die Bevölkerung und der Arbeitseinsatz. Umgekehrt: Schrumpft die Bevölkerung und damit der Arbeitseinsatz mit einer dem Betrage nach größeren Rate als der des rein arbeitsvermehrenden technischen Fortschritts, so schrumpft das reale Volkseinkommen. Das gegebene Fortschrittspotential kann in solchen Fällen die Knappheit an Arbeitskräften nicht voll ausgleichen; die Arbeitsproduktivität wächst mit einer höheren Rate als jener, mit der die Bevölkerung und damit der Arbeitseinsatz schrumpft. Die Rate des rein ressourcenvermehrenden technischen Fortschritts wirkt als Grenze des Bevölkerungswachstums, die Rate des rein arbeitsvermehrenden technischen Fortschritts als Grenze der Bevölkerungsschrumpfung. Ist der technische Fortschritt gleich null, so fällt die Wachstums- mit der Schrumpfungsgrenze zusammen: Eine positive Bevölkerungswachstumsrate impliziert ohne technischen Fortschritt ein stetig sinkendes Pro-Kopf-Einkommen, weil das reale Volkseinkommen mit einer kleineren Rate wächst als der Arbeits- und Kapitaleinsatz, und eine negative Bevölkerungswachstumsrate impliziert ohne technischen Fortschritt ein stetig steigendes Pro-Kopf-Einkommen, weil das reale Volkseinkommen mit einer dem Betrage nach kleineren Rate schrumpft als der Arbeitseinsatz.

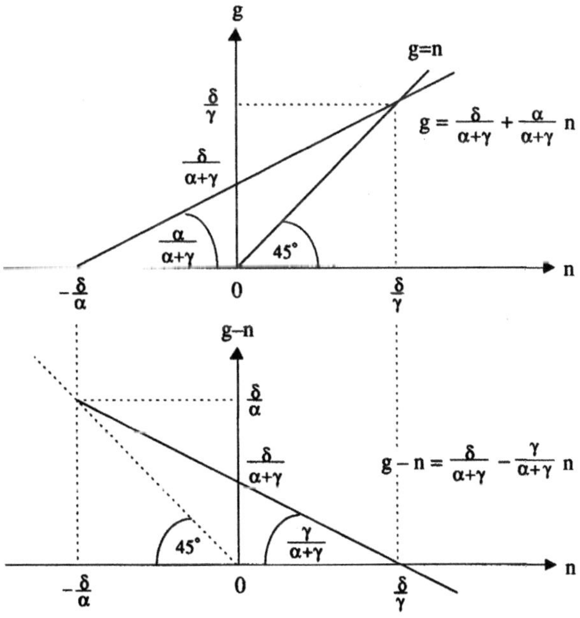

Abb. 127

Sind alle drei Produktionsfaktoren in privater Verfügung, dann stimmen die realen Faktorpreise unter neoklassischen Bedingungen im Wachstums-

und Verteilungsgleichgewicht mit den Grenzproduktivitäten überein, und die Einkommensquoten der Produktionsfaktoren sind gleich den partiellen Produktionselastizitäten. Wären die natürlichen Ressourcen stattdessen ein Kollektivgut, das zu einem Preis von null im Produktionsprozeß genutzt werden kann, so würde die Entlohnung der beiden anderen Produktionsfaktoren nach dem Grenzproduktivitätsprinzip implizieren, daß ein Teil des realen Volkseinkommens unverteilt bleibt. Die kostenlose Verfügung über die natürlichen Ressourcen würde einen Verteilungsspielraum schaffen, der in der Weise ausgeschöpft werden könnte, daß der Zinssatz und/oder der Lohnsatz höher als die Grenzproduktivität des Kapitals und/ oder der Arbeit ist. Solche Renten würden dann nicht entstehen, wenn der Staat die Nutzung der natürlichen Ressourcen mit einer Steuer belegen oder die Nutzungsrechte versteigern und derart die Renten der Zins- und/ oder Lohnbezieher abschöpfen würde. So würde eine Einkommensteuer, deren Satz gleich der partiellen Produktionselastizität der natürlichen Ressourcen wäre, unter sonst gleichen Annahmen eine funktionelle Verteilung herbeiführen, die mit jener übereinstimmt, die sich bei privater Verfügungsmacht nicht nur über den Arbeits- und Kapitaleinsatz, sondern auch über den der natürlichen Ressourcen ergäbe.

Literaturangaben

BARTMANN, H., Verteilungstheorie, München, 1981.

CIGNO, A., Growth with Exhaustible Resources and Endogenous Population, in: The Review of Economic Studies, 48 (1981), S. 281-287.

CIGNO, A., Consumption vs. Procreation in Economic Growth, in: STEINMANN, G. (Hrsg.), Economic Consequences of Population Change in Industrialized Countries, Berlin u.a., 1984, S. 2-28.

DIXIT, A.K., The Theory of Equilibrium Growth, Oxford-London, 1976.

FEICHTINGER, G., Demographische Analyse und populationsdynamische Modelle, Wien u.a., 1979.

FELDERER, B., Wirtschaftliche Entwicklung bei schrumpfender Bevölkerung, Berlin u.a., 1983.

JAEGER, K., Altersstrukturveränderungen der Bevölkerung, Ersparnis und wirtschaftliches Wachstum. Eine theoretische Analyse, Berlin, 1973.

JAEGER, K., Wachstumstheorie. Eine kapitaltheoretisch fundierte Einführung, Stuttgart u.a., 1980.

KRELLE, W., Theorie des wirtschaftlichen Wachstums. Unter Berücksichtigung von erschöpfbaren Ressourcen, Geld und Außenhandel, Berlin u.a., 1985.

KRELLE, W. / COENEN, D., Theorie des wirtschaftlichen Wachstums, Berlin u.a., 1985.

KRELLE, W. / GABISCH, G., Wachstumstheorie, Berlin u.a., 1972.

MEADE, J.E., A Neoclassical Theory of Economic Growth, 2.A., London, 1962.

NIENHANS, J., Economic Growth with Two Endogenous Factors, in: Quarterly Journal of Economics, 77 (1963), S. 349-371.

PITCHFORD, J.D., Population in Economic Growth, Amsterdam-London, 1974.

ROSE, K., Grundlagen der Wachstumstheorie, 5.A., Göttingen, 1987.

SAMUELSON, P.A., Parable and Realism in Capital Theory: The Surrogate Production Function, in: Rewiew of Economic Studies, 39 (1962), S. 193-206.

SCHMITT-RINK, G., Grundlagen der Verteilungstheorie, Göttingen, 1971.

SCHMITT-RINK, G., Wachstumstheorie, Tübingen-Düsseldorf, 1975.

SCHMITT-RINK, G., Verteilungstheorie, Düsseldorf, 1978.

SCHMITT-RINK, G., Demographische Variablen in der ökonomischen Wachstumstheorie, in: FELDERER, B. (Hrsg.), Beiträge zur Bevölkerungsökonomie, Schriften des Vereins für Socialpolitik, N.F. Bd. 153, Berlin, 1986, S. 65-84.

SOLOW, R., A Contribution to the Theory of Economic Growth, in: Quarterly Journal of Economics, 70 (1956).

STEINMANN, G., Bevölkerungswachstum und Wirtschaftsentwicklung. Neoklassische Wachstumsmodelle mit endogenem Bevölkerungswachstum, Berlin, 1974.

WANDER, H., Bevölkerungs- und Wirtschaftswachstum im Entwicklungsprozeß, in: Probleme der Bevölkerungsökonomie. Beihefte der Konjunkturpolitik. Zeitschrift für angewandte Wirtschaftsforschung, Nr. 26, Berlin, 1979, S. 31-50.

WEIZSÄCKER, C.C.v., Zur ökonomischen Theorie des technischen Fortschritts, Göttingen, 1966.

ZIMMERMANN, R., Demographische Variablen in linearen Produktionsmodellen, Bochum, 1983.

§ 2 Keynesianische Standardmodelle

I. Keynesianische Makromodelle ohne Querverteilung

A. Wachstums- und Verteilungsgleichgewicht ohne technischen Fortschritt

Im Wachstums- und Verteilungsmodell von KALDOR (1956) wird nicht Substitutionalität, sondern Limitationalität von Arbeit und Kapital angenommen. Die Arbeitsproduktivität, die Kapitalproduktivität und damit auch die Kapitalintensität der Produktion sind in jeder Periode als Daten gegeben. Die Unternehmungen sind darum nicht, wie in den neoklassischen Modellen, in der Lage, den relativen Faktoreinsatz in Abhängigkeit von den relativen Faktorpreisen zu verändern. Variabel ist im KALDOR-Modell nicht der Produktionsprozeß, sondern die durchschnittliche Sparquote. Den beiden sozialen Klassen der Lohnempfänger (die keinen Anteil am Zinseinkommen haben) und der Zinsempfänger (die keinen Anteil am Lohneinkommen haben) sind konstante Sparquoten s_L und s_R zugeordnet. Die durchschnittliche Sparquote (s_0) ist unter dieser Annahme gleich der Summe der mit den Einkommensquoten $w=L/Y$ und $1-w=R/Y$ gewogenen Klassen-Sparquoten s_L und s_R:

$$s_0 = s_L w + s_R(1-w) = s_R + w(s_L - s_R).$$

Im Wachstums- und Verteilungsgleichgewicht ist die durchschnittliche Sparquote gleich dem Quotienten aus der Gleichgewichtswachstumsrate (n) des Kapitalstocks und der Kapitalproduktivität (x). Anders als im neoklassischen Modell ist die Kapitalproduktivität unter keynesianischen Annahmen eine Konstante. Mit der Wachstumsrate und der Kapitalproduktivität ist darum auch die für Wachstumsgleichgewicht erforderliche Höhe der durchschnittlichen Sparquote determiniert. Wächst das Arbeitspotential mit konstanter positiver Rate n, so muß bei gegebener Arbeits- und Kapitalproduktivität die Kapitalausstattung mit der gleichen Rate wachsen, wenn eine im Ausgangszustand gegebene Vollbeschäftigung von Arbeits- und Kapitalbestand in der Zeit erhalten bleiben soll.

Die Wachstumsrate des Kapitalstocks $g=I/K$ ist gleich dem Produkt aus der durchschnittlichen Spar- und damit Investitionsquote $s=I/Y=S/Y$ und der durchschnittlichen Kapitalproduktivität $x=Y/K$. Bei gegebener Kapitalproduktivität (x) variiert die Wachstumsrate des Kapitalstocks (g) linear mit der durchschnittlichen Sparquote (s_0). Eine Wachstumsrate des Kapitalstocks $g=n$ impliziert darum eine durchschnittliche Sparquote

$$s_0 = \frac{n}{x}.$$

Bei konstanter Kapitalproduktivität (x) und unter der Annahme

$$0 < s_L < \frac{n}{x} < s_R < 1$$

ist mit der Wachstumsrate n, der Kapitalproduktivität x und den partiellen Sparquoten s_L und s_R der Lohn- und Zinsempfänger auch die für die Erhaltung der Vollbeschäftigung von Arbeit und Kapital erforderliche funktionelle Verteilung des Volkseinkommens bestimmt.

Aus $s_0=s_Lw+s_R(1-w)=s_R+w(s_L-s_R)$ ergibt sich durch Auflösung nach der Lohn- und Zinsquote

$$w = \frac{s_0 - s_R}{s_L - s_R}$$

$$1-w = \frac{s_L - s_0}{s_L - s_R} \; .$$

Unter der Voraussetzung $0<s_L<s_0<s_R<1$ steigt und sinkt die durchschnittliche Sparquote linear mit der Lohnquote:

$$\frac{ds_0}{dw} = s_L - s_R > 0 \, .$$

Ist die für die Übereinstimmung der Wachstumsraten von Arbeits- und Kapitalausstattung, die für die Erhaltung der Vollbeschäftigung erforderliche durchschnittliche Sparquote in Höhe von $s_0=n/x$ gegeben, so ist mit den partiellen Sparquoten der Lohn- und Zinsempfänger auch die erforderliche Höhe von Lohn- und Zinsquote bestimmt. Je höher unter sonst gleichen Voraussetzungen die erforderliche Wachstumsrate des Kapitalstocks und je niedriger die Kapitalproduktivität, umso niedriger die erforderliche Lohnquote. Variationen der Einkommensverteilung haben im KALDOR-Modell die Aufgabe, die Einkommensverwendung, die Aufteilung des Volkseinkommens auf Konsum und Ersparnis (=Investition) so zu regulieren, daß die Wachstumsraten von Kapital- und Arbeitsausstattung übereinstimmen. Dies ist freilich nur innerhalb bestimmter Grenzen möglich:

(1) Die minimale Wachstumsrate $g_{min}=s_Lx$ ergibt sich, wenn die Lohnquote gleich eins, die Zinsquote gleich null ist. Die durchschnittliche Sparquote stimmt dann mit der partiellen Sparquote der Lohnempfänger überein.

(2) Die maximale Wachstumsrate $g_{max}=s_Rx$ ergibt sich, wenn die Lohnquote gleich null, die Zinsquote gleich eins ist. Die durchschnittliche Sparquote stimmt dann mit der partiellen Sparquote der Zinsempfänger überein.

Es sind also $s_L x < n < s_R x$ die Grenzen der realisierbaren Wachstumsraten des Kapitalstocks. Innerhalb dieser Grenzen variiert die für die Erhaltung der Vollbeschäftigung erforderliche Lohnquote linear mit der Wachstumsrate.

Bei gegebener Wachstumsrate von Kapital- und Arbeitsausstattung steigt die erforderliche Lohn-, sinkt die erforderliche Zinsquote, wenn eine der beiden partiellen Sparquoten steigt oder wenn beide Sparquoten steigen, und es sinkt die erforderliche Lohn-, steigt die erforderliche Zinsquote, wenn eine der beiden partiellen Sparquoten sinkt oder wenn beide Sparquoten sinken. Erhöhungen einer der beiden oder beider partiellen Sparquoten würden ohne Erhöhung der Lohn-, Senkung der Zinsquote die durchschnittliche Sparquote und damit die Wachstumsrate des Kapitalstocks steigen lassen. Umgekehrt: Senkungen einer der beiden oder beider partiellen Sparquoten würden ohne Senkung der Lohn-, Erhöhung der Zinsquote die durchschnittliche Sparquote und damit die Wachstumsrate des Kapitalstocks sinken lassen. Wäre derart die Wachstumsrate des Kapitalstocks größer oder kleiner als die des Arbeitsstocks, so müßte eine sinkende Beschäftigungsquote des Kapitals oder der Arbeit den Lohnsatz steigen oder sinken und den Zinssatz sinken oder steigen lassen, was unter der Voraussetzung $s_L < s_R$ über eine Senkung oder Erhöhung der durchschnittlichen Sparquote zur Angleichung der Wachstumsrate des Kapitalstocks an die des Arbeitsstocks führen würde. Bei Konstanz von Arbeits- und Kapitalproduktivität stimmen die relativen Variationen von Lohnsatz und Lohnquote einerseits, von Zinssatz und Zinsquote andererseits notwendig überein, denn die Lohnquote ist gleich dem Quotienten aus realem Lohnsatz und Arbeitsproduktivität, die Zinsquote gleich dem Quotienten aus Zinssatz und Kapitalproduktivität.

B. Wachstums- und Verteilungsgleichgewicht mit technischem Fortschritt

1. Autonomer technischer Fortschritt

Die Konstanz der Wachstumsrate des Kapitalstocks erfordert in den keynesianischen Wachstums- und Verteilungsmodellen nicht anders als in den neoklassischen, daß (1) die funktionellen Einkommensquoten und (2) die Kapitalproduktivität konstant sind. Den Gruppen der Lohn- und Zinsempfänger sind spezifische Sparquoten zugeordnet, so daß die durchschnittliche Sparquote nur dann konstant ist, wenn die Einkommensquoten der Lohn- und Zinsempfänger konstant sind. Mit der durchschnittlichen Sparquote ist die Wachstumsrate des Kapitalstocks nur dann konstant, wenn die Kapitalproduktivität konstant ist, denn die Wachstumsrate des Kapitalstocks ist gleich dem Produkt aus durchschnittlicher Sparquote und durchschnittlicher Kapitalproduktivität. Konstanz der Wachstumsrate des Kapitalstocks impliziert darum bei gegebenen partiellen Sparquoten (1) Konstanz der funktionellen Einkommensquoten und (2) Konstanz der Kapitalproduktivität. Wie in den neoklassischen Modellen ist also auch in den keynesianischen HARROD- und nicht SOLOW- oder HICKS-Neutralität des technischen Fortschritts erforderlich, wenn der Kapitalstock mit konstanter Rate wachsen soll. Der Kapitalstock muß mit konstanter Rate wachsen, wenn die Vollbeschäftigung von Arbeits- und Kapitalausstattung in der Zeit erhalten bleiben soll, wenn die Wachstumsraten der Arbeitsplätze- und der Arbeitskräftezahl übereinstimmen sollen.

Die für die Erhaltung der Vollbeschäftigung von Arbeits- und Kapitalstock erforderliche Wachstumsrate des Kapitalstocks ist gleich der Summe der Wachstumsraten von Arbeitsstock und Arbeitsproduktivität bzw. Kapitalintensität. Wächst die Zahl der Arbeitseinheiten, die mit Kapital ausgestattet sein müssen, mit der Rate n und die Zahl der Kapitaleinheiten, mit denen eine Arbeitseinheit ausgestattet werden muß, wenn die Arbeitsproduktivität steigen soll, ebenso wie die Arbeitsproduktivität mit der Rate f_A, so muß der Kapitalstock mit der Rate $g=n+f_A$ wachsen, wenn die Wachstumsraten der Arbeitsplätze- und der Arbeitskräftezahl übereinstimmen sollen. Die Wachstumsrate des Kapitalstocks wird in den neoklassischen Modellen durch die Anpassung der Kapitalproduktivität bei gegebener Sparquote, in den keynesianischen Modellen durch die Anpassung der Sparquote bei gegebener Kapitalproduktivität auf die erforderliche Höhe

$$sx = n + f_A$$

gebracht. Das heißt: Ist die Wachstumsrate des Kapitalstocks im Vergleich zu den Wachstumsraten von Arbeitsstock und Arbeitsproduktivität zu niedrig, so läßt die wachsende Unterbeschäftigung des Arbeitspotentials Lohnsatz und Lohnquote sinken, Zinssatz und Zinsquote steigen. Dies läßt unter der Annahme $s_L<s_R$ die durchschnittliche Sparquote und damit die

Wachstumsrate des Kapitalstocks steigen. Umgekehrt, wenn die Wachstumsrate des Kapitalstocks im Vergleich zu den Wachstumsraten von Arbeitsstock und Arbeitsproduktivität zu hoch ist: Die wachsende Unterbeschäftigung des Kapitalstocks läßt Lohnsatz und Lohnquote steigen, Zinssatz und Zinsquote sinken, und dies impliziert unter den getroffenen Annahmen, daß die durchschnittliche Sparquote und damit die Wachstumsrate des Kapitalstocks sinkt. Die funktionelle Verteilung wirkt also über die unterschiedlichen Sparquoten von Lohn- und Zinsbeziehern auf die Wachstumsrate des Kapitalstocks ein. In den neoklassischen Modellen dagegen reagiert nicht die Sparquote, sondern die Kapitalproduktivität auf Abweichungen der Wachstumsrate des Kapitalstocks von dem für die Erhaltung der Vollbeschäftigung erforderlichen Wert: Ist die Wachstumsrate des Kapitalstocks zu klein oder zu groß, so läßt die wachsende Unterbeschäftigung des Arbeits- oder Kapitalstocks die Lohn-Zins-Relation sinken oder steigen, und diese relative Verbilligung oder Verteuerung des Arbeitseinsatzes veranlaßt die Unternehmungen zur Senkung oder Erhöhung der Kapitalintensität. Mit sinkender Kapitalintensität steigt, mit steigender Kapitalintensität sinkt bei einer neoklassischen Produktionsfunktion die Kapitalproduktivität, und diese Variation der Kapitalproduktivität läßt bei gegebener Sparquote die Wachstumsrate des Kapitalstocks steigen oder sinken. Die gegenläufige Veränderung der relativen Preise und der relativen Einsatzmengen von Arbeit und Kapital kann, aber sie muß nicht die funktionellen Einkommensquoten ändern: Dies hängt von der Substitutionselastizität und damit von den Eigenschaften der Produktionsfunktion ab. Die Substitutionselastizität ist im produktionstheoretischen Kontext gleich dem Verhältnis der relativen Veränderungen der Kapitalintensität und der Lohn-Zins-Relation. Oder: Die Substitutionselastizität ist gleich dem Verhältnis der relativen Veränderungen von Faktormengen- und Faktorpreisrelation. Ist die Substitutionselastizität in Höhe von eins konstant, so sind auch die funktionellen Einkommensquoten konstant. Ist die Substitutionselastizität kleiner als eins, so verändern sich Faktorpreise und Faktoreinkommensquoten gleich-, ist sie größer als eins, so variieren sie gegenläufig. In den keynesianischen Wachstums- und Verteilungsmodellen dagegen bestehen keine Substitutionsmöglichkeiten: Mit dem realen Lohnsatz ändert sich bei gegebener Arbeitsproduktivität immer auch die Lohnquote, mit dem realen Zinssatz bei gegebener Kapitalproduktivität immer auch die Zinsquote. Die Substitutionselastizität ist in Höhe von null konstant.

2. Induzierter technischer Fortschritt

Insoweit wurden die Wachstumsraten von Arbeits- und Kapitalproduktivität als Daten, als vorgegebene Größen genommen. Es bleibt, eine Hypothese von KALDOR zu diskutieren, wonach in der wirtschaftlichen Wirklichkeit in Hinsicht auf die absolute und relative Höhe der Wachstumsraten von Arbeits- und Kapitalproduktivität Alternativen existieren, die sich in einer "Technical Progress Function" darstellen lassen. Die lineare Version dieser Fortschrittsfunktion lautet:

$$g_y = \alpha + \beta g_k$$

Nach dieser Hypothese ist also die Wachstumsrate der Arbeitsproduktivität ($g_y = g_Y - g_A$) in Höhe von α autonom und in Höhe von βg_k von der Wachstumsrate der Kapitalintensität ($g_k = g_K - g_A$) abhängig. KALDOR geht davon aus, daß (1) die Erhöhung der Arbeitsproduktivität im allgemeinen an die Einführung von Verfahren geknüpft ist, die durch eine höhere Kapitalintensität gekennzeichnet sind und daß (2) die Einführung und Anwendung neuer Verfahren Erkenntnisse vermitteln, die zur Entwicklung wiederum verbesserter Verfahren führen (Learning by Doing). Nach KALDOR ist nicht die Erhöhung der Kapitalintensität die Ursache und die der Arbeitsproduktivität die Folge, sondern beide Änderungen sind untrennbar verknüpft: Die besseren Verfahren sind nach aller Erfahrung auch die teureren. Erinnert man sich, daß $g_y = g_x + g_k$, $g_x = g_y - g_k$ und setzt man in der "Technical Progress Function" (1) $g_x = 0$, (2) $g_y = 0$ oder (3) $g_k = 0$, so hat man die Fälle der HARROD-, SOLOW- und HICKS-Neutralität des technischen Fortschritts:

$$g_y = g_k = \frac{\alpha}{1 - \beta} = f_A$$

$$g_x = -g_k = \frac{\alpha}{\beta}$$

$$g_y = g_x = \alpha .$$

Die früher diskutierten Fälle neutraler technischer Fortschritte sind also Spezialfälle der Fortschrittsfunktion: $\alpha/(1-\beta)$ ist die Wachstumsrate der Arbeits- bei konstanter Kapitalproduktivität, α/β die Wachstumsrate der Kapital- bei konstanter Arbeitsproduktivität und α die übereinstimmende Wachstumsrate von Arbeits- und Kapitalproduktivität.

In Abb. 128 ist diese Beziehung zwischen den Wachstumsraten von Arbeitsproduktivität, Kapitalproduktivität und Kapitalintensität dargestellt. Abb. 128a zeigt die Beziehung zwischen g_y und g_k, Abb. 128b die entspre-

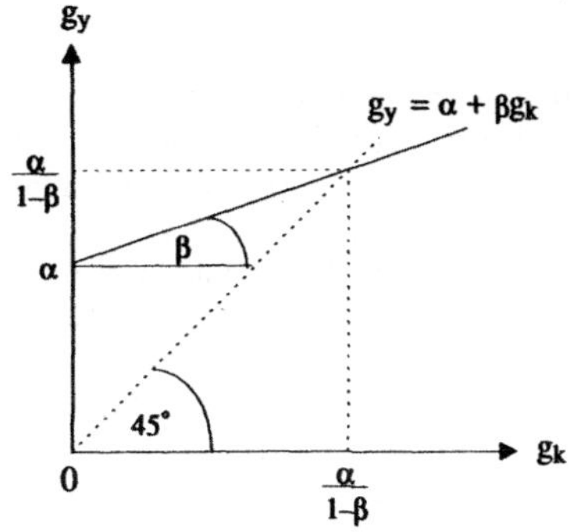

Abb. 128a

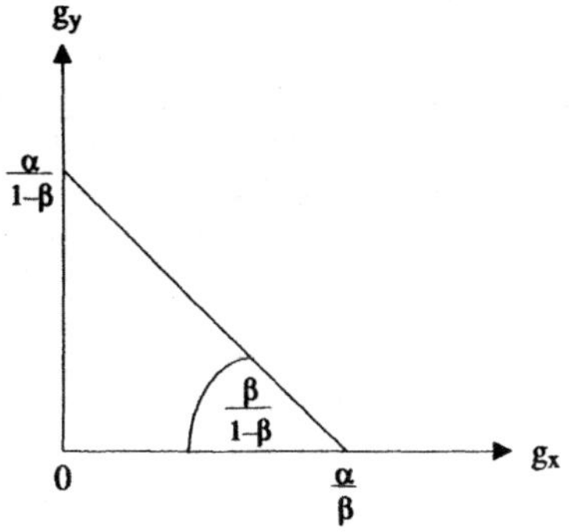

Abb. 128b

chende Beziehung zwischen g_y und g_x. Im rechten mehr noch als im linken Diagramm wird deutlich, daß die Erhöhung der Wachstumsraten von Arbeits- und Kapitalproduktivität in KALDORs "Technical Progress Function" Alternativen sind. Die Unternehmungen stehen vor der Wahl zwischen höherem g_y, aber niedrigerem g_x oder höherem g_x, aber niedrigerem g_y. Wachstumsraten der Arbeitsproduktivität, die höher als die HARROD-Fortschrittsrate $g_y=g_k=\alpha/(1-\beta)$ sind, implizieren negative Wachstumsraten der Kapitalproduktivität, und Wachstumsraten der Kapitalproduktivität, die höher als die SOLOW-Fortschrittsrate $g_x=-g_k=\alpha/\beta$ sind, implizieren negative Wachstumsraten der Arbeitsproduktivität.

KALDOR sieht die "Technical Progress Function" als eine Alternative zur neoklassischen Produktionsfunktion. Die neoklassische Unterscheidung von Substitutionseffekten, von Änderungen der Arbeits- und/oder Kapitalproduktivität, die durch Bewegungen auf der Produktionsfunktion und Fortschrittseffekten, die durch Verschiebungen der Produktionsfunktion ausgelöst werden, ist nach seiner Auffassung wirklichkeitsfremd. Sie trenne Erscheinungen, die in der Praxis im allgemeinen nur in Verbindung miteinander auftreten. Nun läßt sich freilich zeigen, daß die lineare "Technical Progress Function" als eine in Wachstumsraten formulierte COBB-DOUGLAS-Funktion gesehen werden kann. Die COBB-DOUGLAS-Produktionsfunktion und die lineare Fortschrittsfunktion unterscheiden sich allein darin, daß in der Fortschrittsfunktion (1) das Ausgangsniveau von Arbeits- und Kapitalproduktivität unbestimmt ist und (2) Variationen der Arbeits- und Kapitalproduktivität nur in der Zeit möglich sind.

II. Keynesianische Makromodelle mit Querverteilung

Die Annahme, die Lohnempfänger hätten eine positive Sparquote, aber keinen Anteil am Zinseinkommen, impliziert, daß das Vermögen dieser Klasse in Aktiva gehalten wird, deren Verzinsung gleich null ist. Diese Implikation des KALDOR-Modells wird im Wachstums- und Verteilungsmodell von PASINETTI (1962) aufgehoben. Er unterstellt statt dessen, die Vermögen der Lohn- ebenso wie die der Nur-Zinsempfänger würden mit dem Gleichgewichtszinssatz verzinst. Die Lohnempfänger beziehen also das gesamte Lohneinkommen und einen Teil des Zinseinkommens, die Nur-Zinsempfänger den anderen Teil des Zinseinkommens. Die Einkommensquote der Lohnempfänger ist größer als die Lohn-, die Einkommensquote der Nur-Zinsempfänger kleiner als die Zinsquote. Die Aufteilung des Volkseinkommens auf diese beiden sozialen Klassen stimmt nicht mit der auf die Faktoren Arbeit und Kapital überein. Sind m und 1–m die Einkommensquoten beider sozialer Klassen,

$$m = \frac{Y_L}{Y} = \frac{L + R_L}{Y} = \frac{L}{Y} + \frac{R_L}{R}\frac{R}{Y}$$

$$1 - m = \frac{Y_R}{Y} = \frac{R_R}{Y} = \frac{R_R}{R}\frac{R}{Y}$$

und bezeichnet man die Vermögens- und damit Gewinnanteile beider Klassen mit b und 1–b,

$$b = \frac{K_L}{K} = \frac{R_L}{R} = \frac{rK_L}{rK}$$

$$1 - b = \frac{K_R}{K} = \frac{R_R}{R} = \frac{rK_R}{rK} ,$$

so sind also die Einkommen beider Klassen

$$Y_L = L + bR = wY + b(1-w)Y$$

$$Y_R = (1-b)R = (1-b)\,(1-w)Y$$

und die Einkommensquoten

$$m = w + b(1-w)$$

$$1 - m = (1-b)\,(1-w) \;.$$

Die Einkommensquote der Lohnempfänger ist gleich der Lohnquote plus der mit der Vermögensquote b gewogenen Zinsquote, die Einkommensquote der Nur-Zinsempfänger gleich der mit der Vermögensquote 1–b gewogenen Zinsquote.

Mit der für die Übereinstimmung der Wachstumsraten von Arbeits- und Kapitalausstattung erforderlichen durchschnittlichen Sparquote $s_0=n/x$ sind nun unter der Voraussetzung $0<s_L<n/x<s_R<1$ unmittelbar nicht die Einkommensquoten von Arbeit und Kapital, sondern die der beiden sozialen Klassen der Lohn- und der Nur-Zinsempfänger bestimmt.

Aus $s_0=s_L m+s_R(1-m)=s_R+m(s_L-s_R)$ folgt

$$m = \frac{s_0 - s_R}{s_L - s_R}$$

$$1 - m = \frac{s_L - s_0}{s_L - s_R} \ .$$

Wie im KALDOR-Modell, in dem die Lohnempfänger keinen Anteil am Zins-, die Zinsempfänger keinen Anteil am Lohneinkommen haben, gilt im PASINETTI-Modell, daß mit der für die Übereinstimmung der Wachstumsraten von Arbeits- und Kapitalausstattung erforderlichen durchschnittlichen Sparquote und den partiellen Sparquoten die erforderlichen Einkommensquoten beider Klassen bestimmt sind. Je höher mit der Wachstumsrate von Kapital- und Arbeitsstock die für die Erhaltung der Vollbeschäftigung erforderliche durchschnittliche Sparquote, umso höher die erforderliche Einkommensquote der Klasse mit der höheren partiellen Sparquote.

Die erforderliche Aufteilung des Volkseinkommens auf beide Klassen muß durch bestimmte funktionelle Einkommensquoten herbeigeführt werden: Je höher die für die Erhaltung der Vollbeschäftigung erforderliche durchschnittliche Sparquote, umso niedriger die erforderliche Lohn-, umso höher die erforderliche Zinsquote, wenn die Sparquote der Lohnempfänger kleiner als die der Nur-Zinsempfänger ist. Auflösung der Gleichung $m=w+b(1-a)=b+w(1-b)$ nach w und 1–w ergibt die Beziehung zwischen den Einkommens- und Vermögensquoten beider Klassen und den funktionellen Einkommensquoten:

$$w = \frac{m - b}{1 - b}$$

$$1 - w = \frac{1 - m}{1 - b} \ .$$

Die Vermögensquoten b und 1–b beider sozialer Klassen können zwar in kurz-, nicht aber in langfristigen Überlegungen als Daten genommen werden. Auf die Dauer verhalten sich die Vermögen beider Klassen zueinander wie die Vermögenszuwächse, wie die Ersparnisse:

$$\frac{b}{1-b} = \frac{K_L}{K_R} = \frac{dK_L}{dK_R} = \frac{S_L}{S_R} = \frac{s_L Y_L}{s_R Y_R} = \frac{s_L}{s_R}\frac{m}{1-m}.$$

Die langfristigen Vermögensquoten sind also durch die Spar- und die Einkommensquoten beider Klassen bestimmt. Das heißt:

(1) Je höher bei gegebenen Einkommensquoten die Sparquote der Lohn- im Vergleich zu jener der Nur-Zinsempfänger, umso höher langfristig auch die Vermögensquote der Lohnempfänger.

(2) Je höher bei gegebenen Sparquoten die Einkommensquote der Lohnempfänger, umso höher langfristig auch ihre Vermögensquote.

Partielle Spar- und Einkommensquoten der beiden sozialen Klassen sind unter den getroffenen Annahmen nicht unabhängig voneinander: Die für die Erhaltung der Vollbeschäftigung von Arbeits- und Kapitalstock erforderliche durchschnittliche Sparquote impliziert bei gegebenen Sparquoten bestimmte Einkommensquoten beider Klassen. Die langfristigen Vermögensquoten $b=(s_L/s_0)m$ und $1-b=(s_R/s_0)(1-m)$ sind darum simultan mit den Spar- und Einkommensquoten beider Klassen bestimmt:

$$b = \frac{s_L}{s_0} = \frac{s_L}{s_0}\frac{s_0 - s_R}{s_L - s_R}$$

$$1 - b = \frac{s_R}{s_0}(1 - m) = \frac{s_R}{s_0}\frac{s_L - s_0}{s_L - s_R}.$$

Mit der für Vollbeschäftigungswachstum erforderlichen durchschnittlichen Sparquote s_0 und den partiellen Sparquoten s_L und s_R ist also nicht nur die Einkommens-, sondern auch die Vermögensverteilung auf beide Klassen determiniert. Je höher die für die Erhaltung der Vollbeschäftigung erforderliche durchschnittliche Sparquote, umso höher mit der Einkommens- auch die Vermögensquote der Klasse mit der höheren Sparquote.

Unter den Annahmen des PASINETTI-Modells, bei einer den Vermögensquoten beider Klassen entsprechenden Querverteilung des Zinseinkommens, haben Veränderungen der Sparquote der Lohnempfänger zwar kurz-, nicht aber langfristig Einfluß auf die funktionellen Einkommensquoten:

(1) Kurzfristig ist die Vermögensquote der Lohnempfänger konstant. Erhöhen oder senken sie ihre Sparquote, so bleibt die durchschnittli-

che Sparquote und damit die Wachstumsrate des Kapitalstocks nur dann konstant, wenn die Einkommensquote der Lohnempfänger steigt oder sinkt. Dies impliziert bei konstanten Vermögens- und damit Zinsanteilen beider Klassen, daß die Lohnquote steigt oder sinkt.

(2) Langfristig steigt oder sinkt die Vermögensquote der Lohnempfänger mit ihrer Sparquote. Ihre Einkommensquote $m=w+b(1-w)$ steigt oder sinkt bei konstanter Lohnquote (w), weil mit ihrer Sparquote auch ihre Vermögensquote und damit der Anteil dieser Klasse am Zinseinkommen steigt oder sinkt.

Kurzfristig, vor Anpassung der Vermögensquoten, hat also eine Variation der Sparquote der Lohnempfänger im PASINETTI- wie im KALDOR-Modell die gleichen Implikationen: Erhöhungen oder Senkungen der partiellen Sparquote der Lohnempfänger erfordern Erhöhungen oder Senkungen der Lohnquote. Langfristig, nach Anpassung der Vermögensquoten, weichen die Konsequenzen einer solchen Variation der Sparquote der Lohnempfänger in beiden Modellen voneinander ab, weil die für die Konstanz der durchschnittlichen Sparquote erforderliche Erhöhung oder Senkung der Einkommensquote der Lohnempfänger im PASINETTI-Modell bei Konstanz von Lohn- und Gewinnquote durch einen höheren oder niedrigeren Anteil der Lohnempfänger am Zinseinkommen realisiert wird, während im KALDOR-Modell, in dem der Anteil der Lohnempfänger am Zinseinkommen trotz positiver Vermögensquote gleich null ist, eine Erhöhung oder Senkung der Lohnquote notwendig ist, um die Einkommensquote der Lohnempfänger zu erhöhen oder zu senken.

Dieses PASINETTI-Paradoxon, die Tatsache, daß Veränderungen der Sparquote der Lohnempfänger zwar kurz-, nicht aber langfristig auf die funktionellen Einkommensquoten einwirken – daß, anders ausgedrückt, die Lohnquote auf lange Sicht zwar von der Sparquote der Nur-Zinsbezieher, nicht aber von jener der Lohnbezieher abhängig ist –, läßt sich mit Hilfe der oben hergeleiteten Gleichungen für die Zinsquote $1-w$ und die Vermögensquote der Nur-Zinsempfänger $1-b$ auf einfache Weise belegen:

$$1-w = \frac{1-m}{1-b}$$

$$1-b = \frac{s_R}{s_0}(1-m) \; .$$

Einsetzen der zweiten Gleichung in die erste führt zu dem Ergebnis

$$1-w = \frac{s_0}{s_R}$$

$$w = 1-\frac{s_0}{s_R} \; .$$

Die funktionellen Einkommensquoten sind bei Konstanz der durchschnittlichen Sparquote s_0 zwar von der Sparquote s_R der Nur-Gewinnempfänger, nicht aber von der Sparquote s_L der Lohnempfänger abhängig, wenn beide sozialen Klassen Anteile am Zinseinkommen beziehen, die mit ihren Vermögensquoten übereinstimmen. Erhöhungen oder Senkungen der Sparquote der Lohnempfänger lassen dann ihre Einkommensquote bei Konstanz von Lohn- und Zinsquote steigen oder sinken, weil mit ihrer Vermögensquote ihr Anteil an den Zinseinkommen steigt oder sinkt. Dies einfach darum, weil unter den getroffenen Annahmen die Lohnempfänger insgesamt in jeder Periode immer so viel sparen, wie die Nur-Zinsempfänger aus dem Zinseinkommen der Lohnempfänger sparen würden, wenn ihre Sparquote gleich null wäre. Darum ergibt sich in der PASINETTI-Welt die gleiche Konstellation wie bei Vorliegen einer klassischen Sparfunktion.

Literaturangaben

DOMAR, E.D., Essays in the Theory of Economic Growth, Oxford, 1957.

HARROD, R.F., Towards a Dynamic Economics. Some Recent Development of Economic Theory and Their Application to Policy, London/New York 1948, Neudruck 1956; dt. Ausgabe: Dynamische Wirtschaft. Einige Neuere Entwicklungen der Wirtschaftstheorie und ihre Anwendung auf die Wirtschaftspolitik, Stuttgart/Wien, 1949.

KALDOR, N., Alternative Theories of Income Distribution, in: Review of Economic Studies, 23 (1956-57).

KALDOR, N., A Model of Economic Growth, The Economic Journal, 67 (1957), S. 591-624.

KALDOR, N., The Irrelevance of Equilibrium Economics, in: Economic Journal, 82 (1972), S. 1237-1255.

PASINETTI, L.L., Rate of Profit and Income Distribution in Relation to the Rate of Economic Growth, in: Review of Economic Studies, 29 (1962), S. 267-279.

PASINETTI, L.L., Lectures on the Theory of Production, London, 1980.

ROSE, K., Grundlagen der Wachstumstheorie, 5.A., Göttingen, 1987.

§ 3 Verknüpfung von neoklassischen und keynesianischen Modellelementen

Im SAMUELSON-MODIGLIANI-Modell (1966) wird das Standardmodell der neoklassischen Wachstums- und Verteilungstheorie, das SOLOW-Modell (1956), mit den keynesianischen Wachstums- und Verteilungsmodellen von KALDOR (1956) und PASINETTI (1962) verknüpft, in denen die Einkommens- und Vermögensverteilung auf zwei soziale Klassen mit Hilfe von klassenspezifischen Sparquoten determiniert wird. Im KALDOR- ebenso wie im PASINETTI-Modell impliziert das Wachstumsgleichgewicht eine bestimmte Höhe der durchschnittlichen Sparquote und darum eine bestimmte Verteilung des Einkommens auf die beiden sozialen Klassen der Lohn- und Nur-Zinsempfänger, deren Sparquoten voneinander abweichen. Verbindet man diesen keynesianischen Ansatz mit dem neoklassischen, in dem das Wachstumsgleichgewicht bei gegebener Sparquote einen bestimmten Produktionsprozeß, nämlich eine bestimmte Höhe der Faktorproduktivitäten und der Faktorpreise und damit bestimmte funktionelle Einkommensquoten erfordert, so existiert je nach der relativen Höhe der Klassen-Sparquoten eine Ein- und/oder Zwei-Klassen-Gleichgewichtskonstellation.

Ist die Sparquote der Lohnempfänger kleiner, die der Nur-Zinsempfänger größer als die für das Zwei-Klassen-Gleichgewicht des KALDOR- und PASINETTI-Modells erforderliche durchschnittliche Sparquote, so existiert die Gleichgewichtslösung des PASINETTI-Modells, in der die Lohnempfänger das gesamte Lohneinkommen und einen Anteil am Zinseinkommen beziehen, der ihrem Anteil am Kapitalstock entspricht. Die Anteile beider Klassen am Kapitalstock und am Zinseinkommen stimmen im Wachstums- und Verteilungsgleichgewicht mit ihren Anteilen an der gesamten Ersparnis überein, die wiederum durch die Spar- und Einkommensquoten bestimmt sind. In diesem Zwei-Klassen-Gleichgewicht gilt darum das PASINETTI-Paradoxon: Die Wachstumsrate des Kapitalstocks und die funktionelle Verteilung hängen zwar von der Sparquote der Nur-Zinsempfänger, nicht aber von jener der Lohnempfänger ab. Dies einfach darum, weil die Lohnempfänger unter den getroffenen Annahmen immer gerade so viel sparen wie die Nur-Zinsempfänger aus dem Gewinnanteil der Lohnempfänger gespart hätten, wenn deren Sparquote gleich null gewesen wäre. Anders ausgedrückt: Im Zwei-Klassen-Gleichgewicht nehmen Wachstumsrate, Faktorproduktivitäten und Faktorpreise immer jene Werte an, die sie hätten, wenn die Sparquote der Lohnempfänger unter sonst gleichen Annahmen gleich null, wenn also eine klassische Sparfunktion gegeben wäre.

Im Unterschied zum PASINETTI-Modell, in dem Limitationalität von Arbeit und Kapital angenommen wird, ist die Kapitalproduktivität im SAMUELSON-MODIGLIANI-Modell keine exogene, sondern eine endogene, eine im Modellzusammenhang bestimmte Größe. Im Zwei-Klassen-Gleichgewicht gilt in Abwesenheit des technischen Fortschritts $n=s_R r$ und damit $r=n/s_R$. Ist technischer Fortschritt in Gestalt einer konstanten positiven Wachstumsrate der Arbeitsproduktivität bei konstanter Kapitalproduktivität wirksam, so gilt im Zwei-Klassen-Gleichgewicht $n+f_A=s_R r$ und damit $r=(n+f_A)/s_R$. Im Zwei-Klassen-Gleichgewicht des SAMUELSON-MODIGLIANI-Modells gelten also alle Ergebnisse des bereits diskutierten neoklassischen Standardmodells bei Annahme einer klassischen Sparfunktion. Anders als im SOLOW-Modell wird im SAMUELSON-MODIGLIANI-Modell freilich nicht notwendig angenommen, die Sparquote der Lohnempfänger habe eine Höhe von null. Es gelten vielmehr die oben diskutierten Annahmen und Implikationen des PASINETTI-Modells. Das Zwei-Klassen-Gleichgewicht impliziert bei gegebener neoklassischer Produktionsfunktion und gegebner Sparquote s_R einen bestimmten Produktionsprozeß und damit bestimmte Werte der Arbeitsproduktivität, Kapitalproduktivität und damit auch der Kapitalintensität. Mit den realen Gleichgewichtswerten ist auch die erforderliche durchschnittliche Sparquote bestimmt. Sie ist gleich dem Quotienten aus der Gleichgewichtswachstumsrate und der – modellendogen bestimmten – Kapitalproduktivität. Darum existiert das Zwei-Klassen-Gleichgewicht nur dann, wenn die Sparquote der Lohnempfänger kleiner, die der Nur-Zinsempfänger größer als die im Produktionssystem determinierte Gleichgewichtssparquote $s_0=(n+f_A)/x$ ist. Nur dann nämlich ist eine Aufteilung des Einkommens auf beide Klassen realisierbar, bei der die durchschnittliche Sparquote die für Wachstums- und Verteilungsgleichgewicht erforderliche Höhe annimmt.

Ist die Sparquote der Lohnempfänger zwar kleiner als die der Nur-Zinsempfänger, aber größer als die für das Zwei-Klassen-Gleichgewicht erforderliche durchschnittliche Sparquote, so besteht keine realisierbare Aufteilung des Einkommens auf beide Klassen, bei der die durchschnittliche Sparquote die erforderliche Höhe hat. Unter dieser Annahme existiert allein das Ein-Klassen-Gleichgewicht. Die Klasse der Nur-Zinsempfänger ist dann inexistent, die der Lohnempfänger erhält zugleich das gesamte Zinseinkommen, und die durchschnittliche Sparquote stimmt mit jener der Lohnempfänger überein. Da diese nicht nur das gesamte Lohn-, sondern auch das gesamte Zinseinkommen beziehen, ist das Problem der Klassenverteilung von Einkommen und Vermögen, das im Mittelpunkt der keynesianischen Wachstums- und Verteilungstheorie steht, inexistent. Die Analyse ist unter solchen Prämissen auf das Standardmodell der neoklassischen Wachstumstheorie, auf das SOLOW-Modell, reduziert, in dem das Wachstums- und Verteilungsgleichgewicht unter der Annahme einer vorgegebenen Sparquote bestimmt wird.

Das SAMUELSON-MODIGLIANI-Modell impliziert also (1) unter der Annahme, die Sparquote der Lohnempfänger sei kleiner als die gesamtwirtschaftliche Gleichgewichtssparquote die Existenz sowohl des Zwei- wie des Ein-Klassen-Gleichgewichts, und (2) unter der Annahme, die Sparquote der Lohnempfänger sei nicht kleiner als die für Wachstums- und Verteilungsgleichgewicht erforderliche gesamtwirtschaftliche Sparquote, die Existenz allein des Ein-Klassen-Gleichgewichts. Zusammengefaßt: Das SAMUELSON-MODIGLIANI-Modell unterscheidet sich vom SOLOW-Modell darin, daß die gesamtwirtschaftliche Sparquote nicht als Datum eingeführt, sondern wie im keynesianischen Ansatz modellendogen bestimmt wird, und vom PASINETTI-Modell unterscheidet sich das SAMUELSON-MODIGLIANI-Modell darin, daß Arbeits- und Kapitalproduktivität nicht als Parameter eingeführt, sondern wie im neoklassischen Ansatz mit Hilfe der neoklassischen Produktionsfunktion im Modellzusammenhang bestimmt wird.

Literaturangaben

KALDOR, N., Marginal Productivity and the Macro-Economic Theories of Distribution, Comment on Samuelson and Modigliani, in: Review of Economic Studies, 33 (1966), S. 309-320.

PASINETTI, L.L., New Results in an Old Framework, Comment on Samuelson and Modigliani, in: Review of Economic Studies, 33 (1966), S. 303-306.

NIEHANS, J., Economic Growth With Two Endogenous Factors, in: Quarterly Journal of Economics, 77 (1963), S. 349 ff.

ROBINSON, J., Comment on Samuelson and Modigliani, in: Review of Economic Studies, 33 (1966), S. 307-308.

SAMUELSON, P.A. / MODIGLIANI, F., The Pasinetti Paradox in Neoclassical and More General Models, in: Review of Economic Studies, 33 (1966), S. 269-302.

SAMUELSON, P.A. / MODIGLIANI, F., Reply to Pasinetti and Robinson, in: Review of Economic Studies, 33 (1966), S. 321-330.

SATO, K., The Neoclassical Theorem and Distribution of Income and Wealth, in: Review of Economic Studies, 33 (1966), S. 331-335.

Schlagwortverzeichnis

9 783540 559054